GW01150023

JULIO LLAMAZARES

LAS ROSAS DE PIEDRA

ALFAGUARA

ALFAGUARA

© 2008, Julio Llamazares
© De esta edición:
   2008, Santillana Ediciones Generales, S. L.
   Torrelaguna, 60. 28043 Madrid
   Teléfono 91 744 90 60
   Telefax 91 744 92 24
   www.alfaguara.santillana.es

ISBN: 978-84-204-7382-6
Depósito legal: M. 13.457-2008
Impreso en España - Printed in Spain

© Fotografías de cubierta e interiores:
   Cecilia Orueta

Queda prohibida, salvo excepción prevista
en la ley, cualquier forma de reproducción,
distribución, comunicación pública y transformación
de esta obra sin contar con autorización de
los titulares de propiedad intelectual.
La infracción de los derechos mencionados
puede ser constitutiva de delito contra la propiedad
intelectual (arts. 270 y ss. Código Penal).

Índice

Preámbulo   15

Primer viaje
GALICIA

A los pies del señor Santiago   19
La barca del Miño   32
Las maravillas de Orense   43
La Virgen de los Ojos Grandes   55
Con Merlín en Mondoñedo   69

Segundo viaje
EL REINO PERDIDO

En San Salvador de Oviedo   87
La catedral de vidrio   99
Los pintores de Astorga   114
Los tapices de Zamora   128
La piedra de Salamanca   144
El guía de Ciudad Rodrigo   157

Tercer viaje
DONDE LA VIEJA CASTILLA

La catedral quemada   175
La filigrana de Burgos   189
Villancico castellano   202
El frío de Valladolid   215
Ávila, sueño de hielo   227

El árbol de la vida   239
Los canónigos de El Burgo   252

Cuarto viaje
VASCOS, NAVARROS Y RIOJANOS

Vitoria: abierto por obras   271
Personajes de Bilbao   283
La pelota vasca   298
La sombra de Hemingway   308
Los judíos de Tudela   320
¡Calahorra, Calahorra...!   334
Las gallinas de Santo Domingo   351

Quinto viaje
ARAGÓN DE NORTE A SUR

La perla del Pirineo   367
La Campana de Huesca   384
Barbastro y Roda de Isábena   399
Las catedrales del Ebro   414
Las torres de Tarazona   429
La catedral más pobre de España   444
Fiesta en Teruel   456

Sexto viaje
LAS SEOS DE CATALUÑA

Lérida: la vieja y la nueva   473
Los obispos de Solsona   490
El Beato de la Seo de Urgel   505
La creación del mundo   517
Corazón de Cataluña   533
Si la bolsa sona   544
La Cataluña obrera   556
Tarragona para turistas   570
El vergel de Tortosa   585

Para Cecilia

Muy pocos hombres —las soledades se extienden hacia el oeste, hacia el norte, hacia el este, inmensas, y terminan por invadirlo todo—, tierras yermas, ciénagas, ríos vagabundos y landas, bosquecillos, pastizales, todas las formas degradadas del bosque que subsisten después de los zarzales y de los quemadores de bosques —de tanto en tanto claros, un suelo conquistado esta vez, pero que sin embargo apenas ha sido dominado, surcos irrisorios que instrumentos de madera arrastrados por flacos bueyes han trazado sobre una tierra reacia; en este espacio nutridor del que aún están ausentes las grandes empresas, los campos que se dejan en barbecho uno, dos, tres años, diez a veces, para que se reconstituyan naturalmente los principios de su fertilidad (chozas de piedra, de barro o de ramas, reunidas en pequeñas aldeas, rodeadas por cercas de espinos y por huertos), a veces, en medio de las empalizadas que protegen la residencia de un jefe, una construcción en madera, graneros, los cobertizos de los esclavos y las cocinas, que se mantienen apartados—, de tarde en tarde, una ciudad, penetrada por la naturaleza rural, que no es más que el esqueleto rejuvenecido de una ciudad romana, barrios enteros de ruinas contorneados por los arados, una muralla tal vez reparada, edificios de piedra que datan del Imperio, convertidos en iglesias o en ciudadelas; no lejos de ellas algunas docenas de cabañas en las que viven viticultores, tejedores, herreros, aquellos artesanos domésticos que fabrican para la guarnición o para el señor obispo armas y ornamentos; por último, dos o tres familias de judíos que prestan un poco de dinero a interés; caminos, largas filas de hombres obligados al transporte de mercancías, flotillas de embarcaciones en todos los cursos de agua: así es el Occidente en el año 1000. Un mundo salvaje. Un mundo acechado por el hambre (...).

Sin embargo, desde hace cierto tiempo, movimientos imperceptibles empujan a esta humanidad miserable a emerger lentamente de la barbarie.

GEORGES DUBY
La época de las catedrales

La más fuerte impresión de nuestra primera juventud —teníamos a la sazón siete años—, de la que conservamos todavía un vívido recuerdo fue la emoción que provocó, en nuestra alma de niño, la vista de una catedral gótica (...). Después, la visión se transformó, el hábito modificó el carácter vivo y patético de aquel primer contacto, pero jamás hemos podido dejar de sentir una especie de arrobamiento ante estos bellos libros de imágenes que se levantan en nuestras ciudades y que despliegan hacia el cielo sus hojas esculpidas en piedra.

FULCANELLI
El misterio de las catedrales

Preámbulo

Éste es un viaje en el tiempo y en la geografía. En el tiempo, hacia el pasado, hacia la época en la que se construyeron esos maravillosos edificios que han sobrevivido al tiempo como representaciones de la ciudad de Dios en la Tierra y que conocemos como catedrales, y, en la geografía, a través de un país que es un mosaico de regiones tan diferentes como sus paisajes.

Lo emprendí cuando empezaba el tercer milenio y lo acabaré algún día, espero, después de haber recorrido todas las catedrales de ese país. Setenta y cinco exactamente, sin contar las que lo fueron, pero dejaron de serlo en algún momento. Advierto a este respecto que en mi periplo he seguido la terminología eclesiástica, que es la que determina lo que es una catedral: la iglesia en la que tiene su cátedra el obispo. Así que he dejado fuera, además de a las catedrales que ya dejaron de serlo, salvo alguna, como la de Roda, en Huesca, por mi debilidad por ella, a las llamadas concatedrales, confuso término que define a las iglesias habilitadas como catedrales cuando el obispo vive fuera de la sede episcopal, cosa que sucede a veces cuando ésta no coincide con la ciudad más grande de la diócesis o no es la capital de la provincia (las de Vigo, Soria, Cáceres, Alicante o Castellón serían algunos de esos ejemplos). Del mismo modo que advierto, para que nadie malinterprete mis intenciones, que, cuando me refiero a España, lo hago como territorio, el que lleva ese nombre en la actualidad, sin entrar en la discusión política existente sobre su identidad, como tampoco entro en la de su actual división autonómica. De hecho, me guío por la división antigua, más coherente a mi parecer, que por la que está en vigor, demasiado artificial en muchos casos.

Por lo demás, no establezco ninguna teoría ni pretendo llegar a ninguna conclusión. Al revés, me limito, como hago siempre que viajo, a contar lo que he visto y me ha sucedido, sin pretender convertir mi viaje en una lección. Ni de historia, ni de arte, ni, mucho menos, de espiritualidad. Como ya he dicho más de una vez, el único sentido de los viajes es enfrentarse a otras realidades para confrontarlas luego con la que uno vive.

Qué es lo que me llevó a elegir esos edificios para este nuevo viaje literario —el cuarto de los que escribo y el más ambicioso, sin duda, de todos ellos— tampoco sabría decirlo. Intuyo que la atracción que siempre me han producido las catedrales desde que, cuando era niño, entré por primera vez en la de León y también, acaso, la preferencia que siento por esos mundos que han quedado a desmano de la historia o simplemente de la realidad. Y las catedrales, por más que algunos pretendan, no son ya más que espejismos, reliquias de un tiempo ido que quedó aprisionado en ellas.

A deshojarlas como si fueran rosas de piedra, enormes rosas arquitectónicas surgidas en nuestras ciudades hace ya cientos de años y hoy olvidadas por la mayoría, he dedicado este libro cuya primera parte adelanto ahora, mientras sigo recorriendo y mirando las restantes para deshojarlas en una segunda entrega. Y todo ello, ya digo, sin otra voluntad que la viajera y sin otra intención que la literaria. Esa que sigue la estela de los antiguos viajeros, aquellos que partían por partir, en palabras de Rimbaud, o que preferían un mal camino a una buena venta, en las de Cervantes. Los viajeros, en suma, que iban buscando la magia que el mundo ofrece a los que lo andan.

JULIO LLAMAZARES

Primer viaje

GALICIA

A los pies del señor Santiago

Dicen los santiagueses que en Compostela la lluvia es arte y debe de ser verdad. Basta mirar los tejados, las galerías, los soportales, hasta los canalones y los desagües por los que esta ciudad recibe y se libera de la lluvia que cae sobre sus tejados trescientos veinte de los trescientos sesenta y cinco días del año, según datos oficiales, para imaginar la melancolía que tiene que impregnarla en ese tiempo y aun la música que debe de brotar de sus tejados y sus calles.

Pero, para sorpresa del viajero, la mañana en la que éste empieza en ella su viaje (a los pies del señor Santiago, como no podía ser de otro modo, tratándose aquél de las catedrales de España) amanece esplendorosa, como si fuera un día de fiesta. No lo es (al contrario: es primer lunes de septiembre, el día en que mucha gente regresa a la actividad después de sus vacaciones), pero el sol, que ya ha salido, brilla con toda su fuerza, anunciando un día magnífico en la ciudad y en toda Galicia. Por la Compostela vieja, la gente se dirige a sus trabajos entre el olor a café que sale de las cafeterías y los saludos de los tenderos que abren de nuevo sus tiendas después del fin de semana. Entre ellos, confundido, con el sueño todavía agarrado de los ojos y el periódico del día bajo el brazo (lo termina de comprar, junto con una guía de la ciudad, en la papelería El Sol), va un viajero que llegó de la meseta con las primeras luces del alba y al que el amanecer sorprendió ya cerca de la ciudad.

Pero el viajero no es el único que ha madrugado este día. Ni siquiera es el más madrugador. Aparte de los tenderos y de los vendedores callejeros que ya ocupan sus lugares en los distintos caminos que llevan a la catedral, el viajero, mientras se aproxima a ésta, va encontrando a numerosos peregrinos que esta noche han debido de dormir cerca de ella para hacer su entrada en Santiago con las primeras luces del día, que es lo que manda la tradición. Los hay de todos los tipos: españoles, extranjeros, en grupos, en solitario, jóvenes, viejos, mujeres, niños, inválidos... Todos con los distintivos tradicionales del peregrino (el bordón y la concha, sobre todo) y todos muy felices por haber cumplido viaje. El viajero, a pesar de su indumentaria, podría pasar por uno de ellos, pero no quiere engañar a nadie. El viajero empieza su viaje donde los demás lo acaban y no le importa decirlo, aunque ello le suponga renunciar a los privilegios que aquí tiene el peregrino. Al viajero le gusta andar a contracorriente tanto por los caminos como en la vida y está ya acostumbrado a asumir las consecuencias:

—¿Cómo ha venido?

—En coche.

—¡¿En coche?!... Entonces, no le puedo dar la Compostelana —le comunica una de las chicas de la Oficina del Peregrino, que se encuentra en su camino, al lado ya de la catedral.

—Pero yo he venido a Santiago...

—Ya. Pero es que la Compostelana —le explica aquélla, un tanto molesta— sólo se da a quien demuestre que ha hecho andando los cien últimos kilómetros del camino o los doscientos últimos en bicicleta.

—¿Y cuatrocientos en coche no sirven?

—No sirven, no, señor.

—Bueno, pues nada. Qué se le va a hacer, mujer —se disculpa el viajero, volviendo afuera, con la sensación de haber molestado por preguntar.

La sensación de haber molestado, o de estar a punto de hacerlo, le perseguirá durante todo el día, tanto dentro como fuera de la catedral. El santiagués es amable y hospitalario con los turistas (no en vano vive de ellos), pero, como buen gallego, no le gustan demasiado las preguntas. Sobre todo si el que las hace no es peregrino ni se sabe bien qué busca en la ciudad.

—¿Peregrino?

—No.

—¿Turista?

—Tampoco.
—¿Viaje de negocios?
—Menos.
—¿Entonces?... —le miró con desconfianza la recepcionista de la Hospedería Xelmírez, cuando llegó esta mañana.
—Digamos que estoy de viaje —dijo el viajero, sonriendo, recogiendo su maleta para subirla a la habitación.

Pero eso fue hace ya un rato. Ahora el viajero está en plena plaza del Obradoiro, confundido con el mar de peregrinos y turistas que desembocan en ella, como en un inmenso puerto de granito, desde todas las calles de alrededor. La imagen, por conocida, no deja de sorprender. Abierta al pie de la catedral, que alza sus torres sobre ella al tiempo que la domina con la gran escalinata de granito que le hicieron en el siglo XVIII para salvar el desnivel que había entre ambas, la plaza del Obradoiro está ya llena de gente, a pesar de que es muy temprano. La vieja plaza del Hospital, el lugar donde un día estuvo el *obradoiro* de los canteros que tallaron piedra a piedra la fachada principal y sus dos torres (la de la Carraca y la de las Campanas), sigue siendo el lugar cosmopolita que ya era en la Edad Media, cuando se generalizaron en toda Europa las peregrinaciones hacia Santiago. Hay gente por todas partes, peregrinos llegados de todos los países que deambulan por la plaza con sus conchas y bordones, saludándose unos a otros, haciéndose fotografías para el recuerdo y comprando todo lo que les ofrecen los mil y un vendedores que se disputan la plaza y las calles aledañas. Crucifijos, conchas, postales, grabaciones con canciones de la tuna, botafumeiros de alpaca, nada que tenga que ver con la ciudad y su catedral o que simplemente pueda ser vendido a los turistas está fuera del comercio en este inmenso Babel que es la gran plaza del Obradoiro en este bello día de septiembre que el viajero ha elegido para comenzar su viaje.

Y lo hace precisamente aquí, en el corazón del mundo, en el mítico lugar donde confluyen caminos y peregrinos procedentes de todos los países de la Tierra, siguiendo las pisadas de otros muchos anteriores que, a lo largo de los siglos, llegaron a esta ciudad atraídos por su estrella y su fama milagrosa, igual que hiciera años antes —en el 813— el obispo de Iria Flavia Teodomiro, que fue el primero en llegar y el que descubrió el sepulcro sobre el que hoy se levanta la catedral. Una catedral que es, como la mayoría de ellas, el resumen de muchas catedrales superpuestas, desde aquel templo inicial que ordenó construir el rey Alfonso II el Casto a raíz del descubrimiento de los restos del apóstol y en torno al que surgiría la ciudad de Compostela.

Por si faltara algo, además, el viajero accede a ella por la puerta más hermosa de la Tierra: el pórtico de la Gloria, la obra en piedra más fabulosa de todas las de su estilo posiblemente del mundo. Debida a la inspiración del Maestro Mateo, el artista más genial de cuantos intervinieron en este templo, y al impulso económico y político del monarca leonés Fernando II, que fue quien lo financió, el pórtico de la Gloria constituye, según la guía del viajero, «la representación en piedra más completa y más hermosa de la teología cristiana». No será él quien lo niegue. Al contrario, cuando por fin llega al pórtico, empujado por la gente que se agolpa en la escalera, se queda tan extasiado, tan impactado por su belleza, que, durante unos minutos, permanece ajeno a la gente y al ceremonial extraño que se desarrolla delante de él: tras admirar brevemente el pórtico, que merecería toda una vida, los peregrinos van pasando bajo él, poniendo la mano abierta en el parteluz central (el que sirve de soporte a la imagen del apóstol), y, después, al dorso de éste, se arrodillan o se inclinan para dar tres cabezazos sobre el misterioso busto que la tradición pretende sea el del Maestro Mateo, pese a que los compostelanos lo han bautizado hace tiempo con el más castizo nombre de *Santo dos Croques,* o de los Coscorrones en castellano. El viajero, a pesar de su agnosticismo, cuando le llega su turno, hace lo mismo que aquéllos, pero, una vez termina, se entera de que no lo ha hecho muy bien. La muchacha que vigila el buen orden de la fila le confiesa entre sonrisas que, al poner los dedos en la columna (que representa, según le dice, el árbol genealógico de Cristo, desde David a la Virgen María), hay que pedir tres deseos (el viajero, antes, pidió uno solo), y que los cabezazos al Maestro no se le dan por dárselos, sino para que éste trasmita al que se los da algo de su inteligencia. Obediente, el viajero vuelve a ponerse en la fila, llevando a cabo, ahora sí, el ritual como Dios manda. Al poner los dedos en la columna, solicita tres deseos: larga vida y feliz para su hijo, lo mismo para sí mismo y para quienes le acompañan en el viaje de la suya y suerte para este que empieza hoy, mientras que al Maestro Mateo le pide inteligencia y fuerzas para escribirlo. Las mismas al menos que él tuvo para hacer de este gran bloque de granito una de las filigranas más hermosas y perfectas de la Tierra.

—¿Qué tal ahora? —le pregunta la chica, cuando termina con el ritual, después de tanto deseo.

—Bien —dice el viajero, sonriendo y frotándose la frente con la mano para quitarse la sensación de haberse hecho un chinchón contra el Maestro.

Para recuperarse del todo (del coscorrón y de la impresión del pórtico), va a sentarse en uno de los bancos de la nave principal, donde ahora empieza una misa. Es la misa de las doce, la de los peregrinos, según anuncia en seguida una voz angelical cuya dueña el viajero no alcanza a ver (tan grande es la catedral), y se promete importante, a juzgar por el número de los concelebrantes: seis sacerdotes que avanzan por el pasillo central mientras, detrás de ellos, vienen cerrando el acceso dos jóvenes sacristanes (se ve que, aquí, los tradicionales ya han pasado a mejor vida). El oficiante, antes de empezar la misa, saluda a los peregrinos. Los hay de todos los sitios: de Portugal, de Inglaterra, de Francia, de Alemania, de Brasil... Incluso, dice, cuatro de los sacerdotes que concelebrarán la misa con él son también peregrinos ellos mismos: un alemán, un francés y dos polacos misioneros en Brasil. De entre los españoles, las procedencias son también muy diferentes. Lo mismo que los lugares donde se echaron a andar: Roncesvalles, Somport, Pamplona, León, Astorga, Ponferrada... Del que no dice nada, por supuesto, es del viajero, ya que, al haber venido en coche, la chica de la Oficina del Peregrino le negó el pan y la sal y no consta como tal en ningún sitio.

En cualquier caso, al viajero tampoco eso le importa mucho. Como tampoco le importa estar atrapado ahora en el medio de la nave principal, obligado a oír una misa que se promete bastante larga a juzgar por las apariencias. Se está bien allí sentado y, además, desde allí ve, no sólo la catedral, sino cuanto ocurre en ella. Que no es sólo la misa. Al contrario, pese a la solemnidad de ésta, la actividad no se para en las tres puertas de entrada ni en las naves laterales, que es donde están los confesionarios. Son quince, algunos con idiomas optativos para los peregrinos que llegan de otros países. En la catedral de Santiago de Compostela se confiesa en italiano, en inglés y hasta en gallego. Todo con tal de garantizar la salvación eterna a quien la desee. Aunque el único confesionario que se ve ocupado ahora es el que lleva el número dos, donde sólo confiesan en castellano.

La nave principal, por lo demás, es lo suficientemente grande como para que al viajero se le pase la misa sin sentirla admirando desde su banco sus dimensiones (97 metros de largo, según la guía), así como los distintos elementos que la adornan y decoran. A falta del coro pétreo que realizó también el Maestro Mateo, algunas de cuyas piezas están ahora en el museo, y del que lo sustituyó a principios del XVII (que fue, a su vez, desmontado y llevado pieza a pieza al cercano monasterio de Sobrado de los Monjes), la atención del visitante se la disputan ahora los dos órganos barrocos decorados por el gallego Miguel de Romay a comienzos del siglo XVIII y el curioso mecanismo construido por el aragonés Juan Bautista Celma para soporte del botafumeiro, el gigantesco incensario que sólo se desempolva en las grandes ocasiones y que, teniendo que ser tirado por varios hombres, es el objeto más conocido y popular de la catedral. Aunque al viajero le llaman más la atención las lámparas, construidas por el francés Baladier en el siglo XVIII, y, al fondo, tras el altar, el barroco camarín con la imagen del apóstol (apenas un fogonazo de oro entre tanta luz) y el fastuoso baldaquino que envuelve todo el conjunto y cuyo pedestal sujetan ocho hermosísimos ángeles. Sumido en su contemplación, mientras trascurre la misa, el viajero apenas advierte que la monja que tiene al lado y que también canta como los ángeles se acerca a darle la paz, ni que los dos sacristanes pasan ahora pidiendo con sendos cestos y vestidos con el hábito morado de Santiago. En cambio, se da cuenta en seguida de un detalle que le llama la atención más que los otros: cuando llega la hora de la comunión, dos de los concelebrantes se introducen repartiéndola entre el público, acompañados cada uno de ellos por dos chicas con paraguas.

—¿Y eso?

—Es para que les vean —le confiesa una de éstas, cuando termina la misa, decepcionando al viajero, que pensaba que el paraguas era un símbolo litúrgico moderno.

—¡Ah! —se disculpa el viajero, decepcionado.

Acabada la misa, los bancos se desalojan y la catedral de Santiago se convierte en una auténtica romería. Sin nadie que se lo impida, los turistas van y vienen por las naves laterales, se saludan, se hacen fotos, se agolpan ante las tiendas de *souvenirs*, forman grupos y tertulias, como si la catedral fuera una prolongación de la plaza del Obradoiro y no un espacio sagrado. El viajero, en medio de ellos, recorre también el templo esquivando los cepillos y a los grupos de turistas y sintiéndose cada vez más extraño entre la gente. Pese a ser seguramente el único que ha llegado hasta aquí en coche, es el que más interés demuestra por el templo como tal. De hecho, es el único que pregunta, no hoy, sino desde hace ya tiempo, por la pila bautismal del siglo IX en la que, según las guías, el caudillo árabe Almanzor hizo abrevar al caballo o por el sitio en el que se guarda, al decir de la leyenda, el bordón de San Francisco, según le dice, al hacerlo, uno de los vigilantes. En cualquier caso, tampoco escapa de cumplir con los rituales que la catedral de Santiago impone a todos los peregrinos, incluidos los ateos como él. El principal, por supuesto, hacer cola ante el apóstol para abrazarle en su camarín (por detrás y de uno en uno) y, después, seguir aquélla para, en la cripta inferior, contemplar la arqueta de plata donde, según la creencia, guardan sus venerables reliquias en el mismo lugar en que reposan desde hace veinte siglos, cuando sus seguidores las trajeron en un carro desde el mar, y cuyo descubrimiento dio origen al fenómeno místico y religioso que el viajero tiene ahora en torno a él. Aunque no todo es religioso ni místico en este sitio. Al contrario, a poco que uno se fije, observará que la mayoría de la gente está de paso, por más que haya hecho el Camino andando, de la misma manera que, en Compostela, la mayor parte de los vecinos se toman éste como un negocio. Un negocio que crece de día en día desde su recuperación turística hace ahora algunos años y que les reporta a los santiagueses una gran parte de sus ingresos, aunque haya quien se queje, por supuesto, como siempre, del reparto:

—¡Una vergüenza!... La gente les da a los curas, pero a nosotros nada. ¿Qué es, que sólo comen los curas? —se lamenta en la puerta de las Platerías, bajo la representación de la Adoración de Cristo, el mendigo que la vigila.

El mendigo no es, no obstante, el único que está allí. Alrededor de la puerta de las Platerías y en las escalinatas que llevan hacia la plaza, numerosos peregrinos se disputan a esta hora la balaustrada y los escalones. Es mediodía y todos buscan la sombra, aunque los hay que están tumbados al sol, como los lagartos. Después de tanta penumbra, después de tanta piedra y tanto arte, la cabeza no da para mucho más y se agradecen la luz del sol y un cigarro. Aunque el viajero, que ya no fuma, cosa de la que se arrepiente ahora, prefiere sustituirlo por la contemplación del pórtico, el único que perdura de la primitiva basílica románica (y en el que destacan, por su solemnidad, una imagen de David tocando el arpa y, por su curiosidad, la de la Mujer Adúltera, así llamada popularmente por representar a una figura femenina que sostiene en su vientre una calavera, la de su amante, asesinado por su marido, y a la que debe besar cada día como castigo), y, después, por un paseo alrededor de la catedral, que es donde se encuentra ahora el verdadero pórtico de la Gloria. El paso de la mañana y la afluencia de peregrinos han reunido en torno a aquélla a todos los pedigüeños y pícaros de Santiago. Que son muchos y variados. Desde el músico que toca la guitarra con la cara cubierta por una media (para darse más misterio, se supone) hasta los muchos tunos que cantan por todas partes, algunos de los cuales podrían, por su edad, ser catedráticos. Aunque ninguno con la imaginación de Suárez, un pintor con aspecto de parisino que ha montado el caballete en la esquina de la calle de Fonseca y que explica, mientras pinta, su pintura a los turistas sin excesiva modestia ni precaución:

—Aquí donde me ven, yo he hecho un largo camino hasta encontrar este estilo, esta síntesis entre la pincelada esquizofrénica de Van Gogh y la elegancia y la *finezza* de Renoir —dice, contemplando el lienzo que pinta en este momento y que representa a dos chicas peinándose ante un espejo.

—¿Y cómo se llama el cuadro? —le pregunta el viajero, interesándose por él.

—Como usted quiera —le dice Suárez, sonriendo, sabedor de que el cliente siempre tiene la razón.

La voz de Suárez queda detrás, confundida entre las voces de la gente, mientras el viajero se aleja de la catedral, huyendo de los turistas y de los peregrinos y buscando un lugar donde comer. Son las dos del mediodía y ya empieza a tener hambre. No tardará en encontrarlo. El restaurante San Jaime, a dos pasos de la calle de Fonseca, no es el mejor de Santiago, pero parece limpio y honrado y ofrece, sobre todo, desde su emplazamiento en un primer piso, una soleada vista a la plaza de la que ha tomado su nombre. Un caldo y una mariscada (que, en efecto, como el viajero preveía, no es lo mejor de Santiago) le sirven, sin embargo, para sentirse un privilegiado y, sobre todo, para recuperar las fuerzas, que ya empezaban a abandonarlo. Hoy ha hecho muchos kilómetros y lleva ya diez horas levantado.

De vuelta a la catedral, el viajero se sienta a tomar café en una de las terrazas que se extienden por la plaza de la Quintana. Lo hace en las de la parte baja, la de los Muertos, como le llaman a ésta los santiagueses por oposición a la de los Vivos, que ocupa el nivel más alto, sin saber que lo está haciendo (hasta que lo lee en la guía) sobre un viejo cementerio muy apreciado en su tiempo por cuanto ser enterrado en él suponía estar al lado de la tumba del apóstol. Pero el viajero no está habituado a tomar café con los muertos, por más antiguos que sean, y, en cuanto termina el suyo, se levanta y se va de la terraza decidido a poner tierra por medio y a reanudar la visita a la catedral que interrumpió en este mismo punto hace ahora ya dos horas, según le indica el reloj de la torre a la que nombra.

Antes de entrar en ella, no obstante, el viajero le da una vuelta entera al edificio. Lo hace en dirección contraria a la de las agujas de aquél (o, mejor dicho, la aguja, puesto que sólo le hicieron una) y parándose a admirar cada una de las puertas que le van saliendo al paso: la de la Quintana, también llamada Real por el escudo que la preside; la célebre Puerta Santa, solitaria y cerrada hasta que llegue un nuevo año de jubileo (que ocurrirá cuando la festividad de Santiago Apóstol caiga otra vez en domingo); la de los Abades, más modesta y sin el nombre de las otras, y, ya al norte, en la plaza de la Azabachería, así llamada, como la de las Platerías, por las artesanías que aquí tenían su comercio, la antigua puerta del Paraíso, también llamada Francígena por acabar en ella el Camino Francés. Una puerta que, durante muchos siglos, fue la principal del templo (no en vano se accedía a éste por ella), pero que, derribada, junto con la fachada entera, en el siglo XVIII debido a su mal estado y sustituida por la actual, de inspiración neoclásica, languidece desde entonces prácticamente olvidada por todos, salvo por algún vendedor de *figas* (amuletos de azabache que protegen a su vuelta al peregrino) y por un mendigo inválido que resume su tragedia en un cartel: CASADO. OPERADO DE CADERA. POR CARIDAD SU AYUDA: PTS 4.700. PARA IR A CASA: A VALLADOLID. Compungido, el viajero le da unas pocas monedas (muchas menos de las que necesita) y se introduce en la catedral dispuesto a ver las capillas, que, esta mañana, ante la aglomeración de gente, tuvo que dejar de lado. Son por lo menos una docena, sin contar las de la nave principal. Entrando por la puerta de la Azabachería y empezando por la izquierda, como él hace, la de San Antonio, la de San Andrés, la de la Corticela (de gran fervor entre los compostelanos, que aquí vienen a rezarle y a pedirle en un papel un deseo a la imagen de Jesús), la del Espíritu Santo y, ya en el deambulatorio, rodeando la capilla principal (la que guarda el camarín con la imagen del Apóstol), la de San Bartolomé, la de San Juan Apóstol —cuya estructura románica se conserva casi intacta—, la de la Virgen Blanca y las tres más importantes, a saber: la del Salvador, situada en el centro de la girola, por donde empezó a levantarse la catedral, como recuerda todavía una inscripción en un muro lateral con la fecha del inicio de las obras: año 1075; la de Mondragón, llamada así por haberla construido un canónigo de ese apellido y que conserva un retablo de terracota con figuras de tamaño natural, y la del Pilar, que fue mandada erigir por el arzobispo Monroy para albergar una sacristía, pero que se acabó convirtiendo en su propia tumba. Aunque el viajero se para también un rato, entre la del Salvador y la del Pilar, en la de la Virgen de la Azucena o de Doña Mencía, así llamada indistintamente por la Virgen que se expone en el retablo y por el nombre de su benefactora, cuyo sepulcro reposa al lado, y, a la derecha de la puerta de la Azabachería, en la de Santa Catalina, hoy sin mayor interés, pero que albergó en su día el Panteón de los Reyes hasta que éste fue trasladado, a principios del siglo XVI, a su actual emplazamiento en la capilla de las Reliquias.

—Pues todavía le quedan más —le comenta un vigilante que le ve ir y venir de capilla en capilla sin descanso.

—Ya lo veo —dice el viajero, sonriendo, comprobando desde lejos las que aún le faltan por ver.

Antes de seguir con ellas (si es que sigue, que eso ya lo decidirá después; tampoco tiene por qué visitarlas todas), decide sentarse un rato. Lo hace en un banco, como por la mañana, y, como por la mañana, le sorprende una nueva misa apenas se ha acabado de sentar. Por fortuna, ésta es de un solo cura, aunque tampoco le faltan los alicientes: aparte de algunos místicos y de los inevitables peregrinos entregados a la causa, a la mitad de la ceremonia aparecen por la puerta del Obradoiro unos compañeros de éstos vestidos de tiroleses y cantando en alemán.

—¿Y éstos? —le pregunta el viajero al hombre de su derecha.

—No lo sé. Deben de ser *boy scouts* —dice éste, confundido por el aspecto de los austriacos o alemanes.

Los tiroleses (austriacos o alemanes, vaya usted a preguntárselo) desaparecen por el crucero sin dejar de cantar ni romper la formación y la misa recupera la atención que aquéllos le arrebataron por un momento. Aunque el viajero está más pendiente de lo que ocurre en los confesionarios. Sobre todo, en uno de la derecha, donde un niño se confiesa mientras su padre le graba en vídeo, como si el niño estuviera haciendo una valentía.

Lo que queda de la tarde el viajero lo utiliza en visitar el museo catedralicio, que en Compostela tiene tres partes: una en la cripta del pórtico, a la que se accede desde el Obradoiro, otra en el antiguo claustro y la tercera —la del Tesoro— en la capilla de las Reliquias y en la contigua de San Fernando. En cualquiera de las tres, la concentración de arte es tan fabulosa que, cuando acaba su recorrido, el viajero ya no sabe lo que ha visto ni, puesto en la tesitura, lo que le gustaría llevarse a casa. Quizá las tallas del siglo XIII del antiguo coro pétreo que se salvaron de la destrucción o quizá el *Codex Calixtinus,* la legendaria obra del peregrino francés Aymeric Picaud fechada en el siglo XII que se guarda entre los fondos del Archivo; quizá la custodia de Antonio de Arfe, considerada la joya del Tesoro a pesar de las muchas que integran éste, o tal vez el relicario de la Cabeza de Santiago Alfeo, pieza de plata sobredorada y con incrustación de piedras preciosas que contiene, según dicen, la cabeza de verdad del menor de los Santiagos. Aunque, puesto a llevarse a casa y si pudiera con ella, el viajero elegiría la hermosa pila de piedra labrada en forma de concha que durante muchos siglos estuvo situada ante la puerta del Paraíso y en la que se lavaban los peregrinos antes de entrar en la catedral y que ahora languidece en mitad del claustro.

—Podrían al menos ponerle agua... —le sugiere al vigilante antes de irse.

—Cuando llueve —responde éste sin interés.

Cae la tarde sobre el claustro, sobre las torres y los tejados y el campanario de la catedral, donde se observa ahora a un obrero (¿qué estará haciendo allá arriba?), cuando el viajero da por fin por acabada su visita, coincidiendo con la hora en la que cierra. Poco a poco, la gente se ha ido marchando y, cuando él la abandona (por el pórtico de la Gloria, por donde entró al llegar), es ya uno de los últimos. La mayoría de los turistas están ahora en la plaza contemplando con la gente de Santiago el atardecer sobre la ciudad, que es otro gran espectáculo. Son las ocho de la tarde y, entre el repique de las campanas, el murmullo de los pájaros, el sonido de las gaitas y los reclamos de los vendedores, la plaza del Obradoiro parece ahora otro sueño, sobre todo con el sol arrancándole destellos al oro pétreo de la fachada. El viajero, lentamente, se va alejando de ésta con intención de verla mejor, hasta que, al final, se sienta en la terraza del Parador (el antiguo hospital de peregrinos), donde otros como él han hecho también lo mismo para poder contemplar delante de una cerveza el espectáculo del atardecer sobre la catedral de Santiago. Un espectáculo que se repite todas las tardes, pero que, en días como hoy, cobra otra dimensión por el color que toma la piedra al contacto con el sol cuando se pone. Y es que, en Santiago de Compostela, no sólo la lluvia es arte.

La barca del Miño

Galicia de arriba abajo, de Santiago hasta la raya portuguesa. El viajero, que ha madrugado de nuevo, recoge sus pertenencias y abandona la ciudad con la satisfacción del deber cumplido y con la sensación de haber comenzado con buena estrella su viaje. ¿Será la estrella de Compostela?

La estrella de Compostela le acompaña unos kilómetros por la autopista que va hacia Vigo hasta que desaparece en el horizonte. Tarda en hacerlo, pues su resplandor es largo.

Hasta la ría de Pontevedra, la autopista va cruzando un paisaje de colinas y de valles sucesivos en los que se alinean los pueblos entre los eucaliptos y los viñedos y los campos de maíz y de hortalizas que se suceden uno tras otro. Huele a mar y a tierra húmeda y, a partir de Pontevedra, a pescado y a detritos industriales. Igual que sucede en Vigo, que queda a un lado, frente al Atlántico, y en Porriño, más pequeño, pero tan industrializado proporcionalmente como las dos capitales de las Rías Bajas. Por fin, aparece Tuy, más serena y elegante, como corresponde a la ciudad que fuera —hasta 1833— capital de toda la zona y, junto con Betanzos, Santiago de Compostela, La Coruña, Lugo, Orense y Mondoñedo, una de las capitales del Reino de Galicia, y que continúa ostentando, aun compartida ahora con Vigo, la sede episcopal y religiosa de todas las comarcas que se extienden al noroeste del río Miño.

Pero, hoy, la vieja capital sueva, la ciudad que conociera a lo largo de su historia la presencia de los celtas, los romanos, los normandos, los portugueses o los franceses y en cuyo puerto fluvial se embarcaba hasta hace poco vino, sal, madera, carne y toda suerte de mercancías, amén de servir de base para las barcas que pasaban a Portugal, languidece junto al Miño, rodeada de carreteras y de viñedos que reverberan como en los sueños bajo el sol que los alumbra esta mañana. Un sol que también alumbra el caserío de la ciudad.

El caserío de Tuy, en el que el viajero entra después de varios intentos (tan mal anunciado está), se arracima como un nido a la orilla del río Miño, que pasa majestuoso lamiéndole los cimientos. Enfrente, en el horizonte, se ve Valença do Minho, la primera ciudad de Portugal, y, al fondo, sobre las casas, la fortaleza que ocupa la cumbre de la colina y que no es otra cosa al fin que la propia catedral. Y es que la catedral de Tuy, que fue sueva antes que gótica y, antes que todo ello, un castillo, cumplió también mucho tiempo funciones de fortaleza, de las que conserva aún sus torres llenas de almenas y su aspecto amenazante. Aunque, vista desde más cerca, la belleza de sus puertas dulcifique la impresión que produce desde lejos.

El viajero lo comprueba después de dejar el coche y de acomodar sus cosas en un hotel de la parte nueva, a medida que se acerca hacia la vieja por la calle de Augusto González Besada, primero, y, luego ya, por la Corredera, que es el nombre de la rúa principal de la ciudad. Una calle que separa la Tuy nueva de la vieja y por la que ahora pasean docenas de jubilados.

—¡Buenos días!

—¡Buenos días! —le responden cortésmente todos ellos, en gallego o en castellano.

La parte antigua de Tuy es, en realidad, pequeña; apenas un laberinto de callejuelas que se aprietan en el cerro que corona la ciudad y que cerca, por un lado, el río Miño y, por el otro, los trozos supervivientes de sus viejas murallas medievales. Que son todavía bastantes. No en vano Tuy continúa siendo, como Valença do Minho del otro lado, la primera avanzadilla fronteriza entre España y Portugal. Entre ellos, por la puerta de la Pía, por donde la ciudad vieja se abrió a la nueva cuando Tuy desbordó sus muros a mediados del siglo XIX, el viajero entra en aquélla con la sensación de estar penetrando en un mundo medieval y misterioso; sensación a la que contribuye la poca gente que hay y, al llegar a la plaza del Ayuntamiento, el sonido de unas campanas que han comenzado a tocar a muerto.

—Tocan por un vecino que murió ayer —le comenta el policía que vigila el Consistorio y que es el único ser humano que el viajero se cruza por la plaza.

Con el sonido de las campanas, que le dan a Tuy un aspecto todavía más antiguo, y las palabras del policía retumbando a sus espaldas, el viajero se enfrenta al fin a la primera visión de la catedral. Y lo hace con su parte más antigua, la de la fachada norte, construida en el siglo XII sobre los cimientos del antiguo templo suevo, época de la que conserva aún, aparte de otros detalles arquitectónicos, una magnífica puerta románica; una portada de piedra, enmarcada por tres arcos y dos torres superpuestas (la torre de San Andrés, edificada en el siglo XV por el obispo don Juan Fernández de Sotomayor II, y la de las Campanas, también de la misma época, pero con un cuerpo añadido en el XVI por un sucesor de aquél), que presenta motivos decorativos florales y geométricos y que preside desde lo alto San Epitacio, el primer obispo de Tuy, quien, según la tradición, rigió la sede en el siglo I, pese a lo cual la puerta ha pasado a un segundo plano, desplazada por la de poniente, que es la principal ahora.

Y lo merece. Sin duda que lo merece. No porque aquélla no fuera buena, sino porque ésta, amén de más soleada, esconde bajo el saliente que le sirve de antesala una de las portadas góticas más bellas de toda España. Los obreros que trabajan frente a ella, al pie de la escalinata, se lo dicen al viajero a su manera, cuando le ven contemplarla:

—¿Qué le parece?

—Preciosa —les dice él, halagándolos.

Los obreros siguen con su trabajo y el viajero se queda un rato en el pórtico, admirando el gran conjunto escultórico, que, como el del pórtico de la Gloria de Compostela, conserva aún en algunas zonas restos de sus colores originales. En conjunto, el pórtico lo componen ocho pares de columnas que sostienen seis imágenes de profetas y de apóstoles y otras dos que representan, según unos, al rey Fernando II y a su esposa doña Urraca, grandes mecenas de la ciudad, y, según otros, más fantasiosos, a Salomón y a la reina de Saba. Sean quienes sean los reyes y reconociendo la perfección de las esculturas, el viajero prefiere el tímpano, esculpido en tres alturas y dividido en varias escenas que representan, de abajo arriba y por orden, el Anuncio del Ángel a María, el Anuncio a los Pastores, el Nacimiento del Niño Jesús y la Adoración de los Reyes Magos y que rematan una visión de la ciudad de Jerusalén y ocho esbeltas arquivoltas decoradas con motivos vegetales. Lo que no quita para que también se fije en la impresionante puerta, de castaño del país, y en la solemnidad del hombre que la guarda esta mañana. Ironías de la vida, un portugués que ejerce aquí de mendigo, pese a que, como la mayoría de sus compatriotas, tenga nombre de aristócrata: Avelino Fernando da Silva Castro.

Mientras conversa con él, aparece por la plaza el primer grupo de turistas. Se trata de jubilados que están visitando Tuy y que, después de ver la ciudad, se disponen a entrar en la catedral. El viajero, que estaba a punto de hacer lo mismo, aprovecha la ocasión y se une a ellos, no sin antes pedir permiso a la guía.

La muchacha, que es de Tuy y que conoce la catedral como su propia casa, se lo da de buen grado y le lleva, junto con los jubilados, a todo lo largo de ella, recitando la historia del viejo templo y deteniéndose cada poco para contar una anécdota o mostrar algún detalle interesante. La historia no debe de variar mucho de la que contarán los libros (que dos colegas de aquélla venden en una mesa en un lateral), pero las anécdotas son más curiosas. Gracias a ellas, el viajero se entera, por ejemplo, de que Herodes tenía sarna (por eso se está rascando en el pórtico) o de que, en otra escena de éste, la Virgen está pariendo y, por eso, está en la cama. Y, también, de que al San Benito que hay al lado de la puerta le traen huevos los vecinos para que les proteja de las enfermedades de la piel (se ve que Herodes no se ha enterado) o de que al San Francisco Javier que se expone en un retablo, a la derecha de la sacristía, lo llaman popularmente el *santo do puro* por el «puro» que, en efecto, tiene en una de sus manos y que, según parece, no es otra cosa que el trozo que se conserva del lirio que tuvo en tiempos. En cualquier caso, lo que a los jubilados les impresiona más es la noticia del pasadizo que, según dice la guía, arranca bajo una losa de la capilla de las Reliquias y lleva hasta el río Miño y, sobre todo, la razón de los tirantes que atraviesan todo el templo impidiendo verlo bien y que no es otra que la de servirle de sujeción ante los desplazamientos sufridos por su estructura a raíz del terremoto de Lisboa, que lo afectó en gran medida, como se puede ver en la nave sur, cuyos arcos y columnas aparecen desplazados y torcidos.

—A ver si se va a caer... —bromean los jubilados con el optimismo típico de los de su condición.

Los jubilados se van antes de que se les caiga encima y la catedral de Tuy recupera la paz que necesitaba. Una paz que ahora comparten los dos chicos de la entrada, más el que vigila el claustro, y los cinco o seis turistas que deambulan en silencio por las naves. El viajero la aprovecha para, sentado en un banco, tomar algunas notas, ajeno al ruido de los obreros y al calor que hace en la plaza. Son ya las doce del mediodía y el sol calienta sin compasión.

Dentro de la catedral, en cambio, la temperatura es muy agradable; tan agradable como la música que suena por la megafonía y que pertenece al tiempo en el que las catedrales eran lugares de culto y no, como ahora, museos. Al menos, esta de Tuy lo parece, de tan vacía como se ve. Quizá influya en eso el hecho de que el obispo se haya trasladado a Vigo o la propia pequeñez de la ciudad. Sea por lo que fuere, lo cierto es que, esta mañana, la catedral de Tuy está desierta y no parece que otras mañanas la cosa sea distinta. Al menos, eso confiesan los chicos de los *souvenirs,* que, en realidad, no son empleados de ella, sino estudiantes de la ciudad que trabajan aquí por el verano. En invierno, le dicen al viajero, la catedral suele estar cerrada.

Así que el viajero, piensa, ha tenido suerte. Suerte de encontrarla abierta y suerte de poder verla, primero de la mano de la guía y después en solitario, puesto que apenas hay nadie más que él. Los turistas que había antes ya se han ido y él es el único que deambula ahora por las naves de este silencioso templo que, aunque vacío y casi olvidado, sigue siendo uno de los más hermosos de Galicia y de toda la Península. O qué decir de una catedral que, además de poseer la primera obra gótica que se realizó en España (el pórtico de poniente) y de conservar aún su claustro gótico original (la única en toda Galicia), ofrece al visitante la planta de cruz latina característica del románico, además de una serie de restos del mismo estilo, como las bóvedas del crucero o los muchos capiteles que hay en éste, y un sinfín de retablos y de imágenes, a cuál más interesante. Como el retablo de las Reliquias, que guarda las de San Telmo, patrón de la ciudad y de la diócesis —y de los navegantes—, junto con las de otros santos y santas, y cuyas puertas sólo se abren el día de su festividad, o como el de la Expectación, realizado en el siglo XVIII por el escultor gallego Antonio del Villar y que guarda en su camarín la Virgen del mismo nombre, también llamada la Virgen de la O o la Preñada. Aunque, sin lugar a dudas, lo mejor de la catedral, al menos para el viajero, es la sillería del coro, desplazada tras el altar en 1954 y que representa escenas de la vida de San Telmo y de la Virgen, y la capilla de San Andrés, la única que la guía no enseñó a los jubilados («porque está expuesto el Santísimo») y que, aislada como está de la nave principal por un cristal, permite casi oír la respiración de los distintos obispos que hay enterrados en ella, entre otros el último muerto en Tuy: *el Excmo. y Rvdmo. D. Enmanuel Vidal et Boullon, fallecido el 26 de enero de 1929* y que espera desde entonces *la resurrección y la vida eterna* bajo una pesada losa de mármol blanco.

Acongojado por tanta muerte (las campanas, además, vuelven a tocar a muerto) e impresionado por tanta paz, el viajero abandona la capilla y regresa a la nave principal, donde los dos muchachos que la vigilan y los ruidos que llegan desde la plaza le devuelven a la realidad. Avelino, sin embargo, ya no está. Debe de haberse ido a comer, lo mismo que los obreros, y en la plaza apenas se ve ni gente. Sólo un perro en una esquina y dos hombres que la cruzan, en dirección a la parte nueva, con pasos cortos y rápidos. Es la una y media del mediodía y se ve que ya aprieta el hambre.

El viajero la contiene, sin embargo, para ver un poco Tuy mientras, por sus callejuelas, busca O Cabalo Furado, el restaurante que le recomendó la guía y que, al parecer, cuenta con dos establecimientos, el viejo, más popular, y el nuevo, más elegante y dirigido principalmente al turismo. Como es lógico, el viajero busca el viejo y no tarda en encontrarlo. Junto a la puerta de la Pía y frente a la Pensión Obdulia (HABITACIONES, dice un cartel en cada ventana), abre las suyas esta casa de comidas que debe su extraño nombre al cuadro que la preside (un cuadro que representa a un caballo corneado por un toro) y que, en sus mesas corridas, reúne en este momento a la mitad de la gente que debe de haber en Tuy. Lo cual no es inconveniente para que el viajero encuentre también un sitio y pida el menú del día, que hoy lo componen, según le dicen, un salpicón de bonito y un arroz con calamares. Ambos platos, por supuesto, en copiosas y sabrosas cantidades.

Atiborrado, con el estómago lleno y el bonito recordándole sus sabores y sus salsas indigestas, el viajero abandona el restaurante y se lanza cuesta arriba por la calle en dirección de nuevo a la catedral. No es que desee volver a ésta tan pronto. Lo que quiere es rodearla para llegar hasta el río Miño, que está justo detrás de ella. ¿Qué mejor lugar que el río para tirarse un rato a la sombra, con el sofocón que tiene?

En efecto, en las orillas del Miño, hasta las que el viajero llega no sin algún esfuerzo, sobre todo en la subida hacia la seo, la calma y la soledad acompañan a esta hora la corriente, que pasa sin hacer ruido, como si fuera un canal de agua. Enfrente, en la orilla opuesta, se ven los pueblos de Portugal y los coches que transitan entre ellos y, en el centro, se refleja la ciudad. Un perfil que delimitan los tejados y los muros de las casas y, presidiéndolo todo, la silueta almenada de la catedral.

El ruido de la corriente, el murmullo de los chopos, el rumor de la ciudad y de los pájaros... Tendido sobre la hierba, con la cabeza sobre una piedra y el alma llena de agua, el viajero, cumplido al fin su objetivo, se va quedando traspuesto, contemplando cómo el río va llevándose sus penas y, con ellas, las imágenes que se reflejan en su superficie: los chopos, la Comandancia Naval, las barcas de la ribera, el perfil de las higueras y las casas y esa gran mole de piedra, oscura, desafiante, que domina la ciudad y el horizonte, pero que se desgaja de él como si fuera una enorme barca. Una barca que se aleja poco a poco por el río en dirección al océano Atlántico...

Al viajero le despiertan de repente unas campanas. No son de aquélla (de la gran barca), sino de alguna de las iglesias de los pueblos portugueses que se ven en la otra orilla. Aunque pronto les responden las de Tuy. Son las cinco de la tarde, una hora menos, según los usos, en Portugal.

El viajero, tras contarlas, se incorpora con esfuerzo, calculando el tiempo que debe de haber dormido: una hora, por lo menos, pues llegó allí hacia las cuatro. Pese a ello, le cuesta ponerse en pie. Hoy ha vuelto a madrugar y no está habituado a hacerlo.

Aunque más le va a costar volver a la catedral. Cuesta arriba y con el sol cayendo a plomo sobre las calles, al viajero la subida se le hace interminable. Y eso que, por el camino, le ayudan un lavadero de piedra, hermoso, majestuoso, tan fresco como una iglesia, y el zaguán de un convento de clausura, donde se repone un rato (gracias a Dios, las monjitas no le han oído llegar). Por fin, tras muchos esfuerzos, llega al pie de la gran barca y se zambulle dentro de ella como un náufrago llegado de alta mar.

La catedral está tan desierta como cuando la dejó hace un rato. Incluso parece ahora más solitaria que antes. Solamente los tres chicos que vigilan sus dos puertas (la de la entrada y la del museo) permanecen en sus sitios esperando a unos turistas que no llegan.

Así que el viajero tiene toda la catedral para él. Aunque, como ya la ha visto, le da una vuelta muy rápida (sin poder ver la sacristía, que era lo que pretendía; sigue cerrada, como por la mañana) y les compra a los muchachos el billete para acceder al museo, que está justo detrás de ellos. El billete permite acceder también, según dice en su reverso, al museo diocesano, vecino a la catedral, y a la iglesia de Santo Domingo, situada a orillas del Miño y que perteneció, al parecer, a un monasterio desamortizado.

La capilla de Santa Catalina, llamada así por su advocación, pese a que ahora haga de museo, reúne, como corresponde a éste, una ingente colección de obras de arte alineadas en vitrinas o protegidas de los ladrones en grandes urnas blindadas. Sin llegar al valor del de Compostela, el de la catedral de Tuy es también digno de elogio. Hay cruces, aguamaniles, casullas, petos, joyas, imágenes... De entre todos los objetos que se exponen, los folletos encarecen la imagen de la Virgen con el Niño conocida como la Patrona (una talla del XIV que presidió, al parecer, la capilla mayor hasta el XVII), la custodia procesional realizada en Valladolid en el mismo siglo, el báculo y la casulla del obispo Manuel Lago, natural de la ciudad, y el relieve del Descendimiento, obra en piedra del siglo XVI del portugués Jacomé de Brancas y que perteneció al primitivo retablo mayor de la catedral. Aunque el viajero, quizá por su heterodoxia, añadiría también a la lista el pintoresco Copón de Coco, un cáliz del siglo XV cuyo cuerpo lo constituye, en efecto, una corteza de coco, el llamado Atril de la China, hecho realmente en Japón para los misioneros jesuitas, y el barco de plata blanca realizado en el siglo XVIII por el artista local Simón Pérez de la Rocha en honor del patrón San Telmo.

La sección más valiosa del museo está, no obstante, en el claustro. La componen los restos arqueológicos de las distintas excavaciones realizadas en la catedral, aunque la mejor pieza es el propio claustro, un espacio conservado prácticamente como cuando lo construyeron allá por el siglo XIII (gótico puro, por tanto) y al que se accede por una pequeña puerta entre el retablo de la Expectación y la capilla de las Reliquias. El patio, rectangular, con un ciprés en el centro y rodeado por grandes muros, lo componen cuatro largas galerías trufadas de hermosos arcos (que cobijan, a su vez, otros dos arcos menores) e incluye, en su lado este, la antigua sala capitular, la única parte románica, y, en la esquina suroeste, dando vista al río Miño, una torre defensiva construida en el siglo XV por el obispo don Juan Fernández de Sotomayor II, el gran artífice de la catedral de Tuy, y desde la que se domina posiblemente la mejor perspectiva de ésta, de la ciudad y de Portugal. Un paisaje atravesado por el Miño y salpicado de casas y huertos de labrantío que destella a esta hora bajo el sol que ya empieza a declinar hacia el oeste y del que nadie diría, viéndolo desde allá arriba, que lleva siglos partido entre dos países.

—¿Qué le pareció?

—Precioso —le responde el viajero al de la puerta, cuando éste le pregunta a su regreso, sin saber si se refiere al claustro o al paisaje.

En cualquier caso, piensa el viajero, el adjetivo sirve para los dos. Como también serviría para la catedral entera, de no ser por el vacío enorme que ahora la invade. Un vacío que parece acrecentarse con el paso de las horas y que nadie viene a romper, ni siquiera los canónigos que deberían estar encargados de ello.

—Sólo hay uno: don Ricardo —le dicen los dos chicos de la puerta, respondiendo a su pregunta, con el gesto de paciencia de quien ya está acostumbrado a hacerlo—. Pero ahora está en un entierro.

—¿Y el cabildo?

—No hay... Bueno, lo hay, pero como si no lo hubiera.

—¿Y eso?

—Está en Vigo, con el obispo.

—¡Pues vaya! —dice el viajero.

Lo dice por decir algo. Pero, en el fondo, le da pena de estos chicos que se pasan aquí solos todo el día, esperando a que llegue algún turista para venderle una postal o una entrada para el museo. Como también le da pena de la catedral en sí, sobre todo ahora que la tarde la va llenando de sombras y dejando al descubierto su grandiosa e inquietante soledad. Una soledad que, dicen, comenzó hace ya mucho tiempo con el declinar de Tuy, pero que se consolidó a partir del año 1959, cuando el obispo se trasladó a vivir a Vigo, llevándose consigo el obispado.

—¿Y no viene nunca aquí?

—Poco, cada vez menos —dicen los chicos, indiferentes, pero, en el fondo, molestos, como todos sus vecinos, con la nueva situación episcopal.

Cae la tarde sobre Tuy cuando el viajero, dejada la catedral (que no cierra hasta las nueve), regresa sobre sus pasos en busca del hotel y de un buen baño. Se ha prometido a sí mismo ir a cenar esta noche al otro lado de la frontera, a la ciudad que ahora ve a lo lejos, y quiere descansar un poco. Por el camino, no obstante, se demora contemplando la animación que hay en la Corredera, que está llena de familias y de niños, y admirando las terrazas de los bares que jalonan el paseo frente a la iglesia de San Francisco y el Seminario. Pero Portugal le llama con su música de fados (que se imagina, más que escuchar) y, en cuanto recorre aquél, regresa hacia el hotel y se da el baño y, con el anochecer caído, atraviesa el viejo puente sobre el Miño y se llega hasta Valença, la ciudad hermana de Tuy (y como ella y por la misma causa amurallada), donde, después de un paseo, se da una cena de lujo, más por el sitio que por el *bacalhau à brás,* rodeado de casonas y palacios portugueses y contemplando a lo lejos la catedral de Tuy, que parece una estrella ahora en el horizonte, iluminada como está bajo la noche. Una estrella que se rompe al contacto con las aguas del río Miño, que pasa abajo, en silencio, esperando desde siempre a que se caiga a su cauce para llevarla con él.

Las maravillas de Orense

De nuevo al norte, hacia el interior, el viajero, al día siguiente, vuelve a pasar por Porriño, donde toma la autovía que va a Orense remontando en paralelo el cauce del río Miño. Es la vieja carretera de Madrid, que ha sido convertida en autovía.

La autovía, sin embargo, conserva en su mayor parte el sinuoso trazado de su predecesora, lo que hace que el trayecto siga siendo complicado. Pero el paisaje es hermoso. Sobre todo esta mañana, que ha amanecido nubosa, pero que se empieza a abrir a medida que el sol va cogiendo altura. Como la propia autovía, que, a medida que se aleja de la costa, va dejando detrás de ella la compañía de los eucaliptos para internarse entre los carvallos y las matas de piorno de las sierras orensanas. Durante bastantes kilómetros, además, el Miño corre muy lejos, encajonado tras las montañas, lo que hace que el paisaje apenas se vea habitado. Sólo alguna antigua aldea encaramada en el horizonte y quizá ya abandonada y alguna casa de campo saludan desde los montes el paso de la autovía hasta llegar casi a Orense. Rivadavia, el único pueblo grande que queda al lado de ésta, está tan encajonado que apenas se ve a lo lejos.

Orense, en cambio, se ve desde mucho antes. De trazado tan angosto y difícil como el río, a cuyo estrecho cauce se adapta siguiendo sus torceduras, se prolonga largo rato por sus márgenes saltando de puente en puente y provocando en el visitante la impresión de ser mayor de lo que dicen las guías: apenas ciento veinte mil almas.

En cualquier caso, o las guías se equivocan u Orense está mal organizada. Si no, ¿cómo se explica que el viajero tarde tres cuartos de hora en alcanzar el centro de la ciudad? El viajero, la verdad, no es que sea una lumbrera, pero tampoco se considera un idiota, pese a lo cual da mil vueltas antes de llegar al centro, que es adonde se dirige, y ello a pesar de las informaciones de los múltiples vecinos que le indican o corrigen la dirección en cada semáforo; que deben de ser tantos como aquéllos, a juzgar por los que lleva ya cruzados. Por fin, tras dar muchas vueltas, llega al pie del casco antiguo y, tras estacionar el coche al lado de un gran mercado, se encamina hacia la catedral, que está muy cerca de allí, según le dice la gente, pero que, por el momento, no se ve por ningún lado.

Y es que la primera sorpresa que la catedral de Orense depara es su propia situación en la ciudad. No por su emplazamiento, que es el mismo de todas las ciudades: en el corazón de su parte vieja, sino por su ocultamiento entre los edificios que la rodean. Al revés que la de Tuy o la de Santiago, que se avistan desde lejos, incluso desde antes de llegar a la ciudad, la catedral de Orense está tan metida en ésta que apenas si se ve hasta que se la tiene encima. Al viajero, al menos, así le pasa cuando, después de cruzar el Ayuntamiento y de buscarla durante un rato con ayuda de sus guías y sus planos, se la encuentra de repente frente a sí, surgiendo tras una esquina.

La segunda sorpresa que la catedral de Orense depara es su propia sobriedad arquitectónica. Pequeña y sin grandes torres, como si fuera una iglesia más, surge en medio de las casas sin llamar demasiado la atención en un principio. Pero en seguida se advierte su relevancia. A poco que uno se fije, descubrirá su vetusto sello, que la sitúa en la transición de los siglos XII y XIII, y la influencia en su construcción de su vecina la de Santiago de Compostela. Lo que, unido a su pureza y a la limpieza de su estructura, hace que se la considere una de las catedrales románicas más bellas de este país.

El viajero lo comprueba después de desayunar en un bar cercano a ella desde la plaza del Trigo, la pequeña plazoleta que se abre al mediodía y desde la que se divisa, sin duda alguna, la mejor perspectiva del templo; no sólo por el ángulo que ofrece, sino por la hermosa puerta a la que antecede: la del sur, construida en el siglo XII en el más puro estilo románico y que es la única de las tres que se conserva como fue hecha, pese a la burda intromisión que supone la presencia de la torre del Reloj, construida siglos más tarde prácticamente encima de ella. Aunque eso no le importe a la gitana que está pidiendo a la puerta ni a los periodistas de la televisión gallega que ahora toman imágenes de ella:

—Perdone. ¿Se puede quitar del medio? —le suplican al viajero, al ver que no se ha enterado.

—Por supuesto —responde éste, entrando en la catedral.

La primera impresión que ésta produce (la tercera ya en la lista del viajero) es la de que es muy oscura. Algo con lo que no está de acuerdo el canónigo don José Gómez, un cura alto y delgado al que el viajero descubre en la sacristía y al que en seguida acude en busca de una guía y de conversación. La guía se la vende el sacristán, un tipo gordo y extraño que la saca de un armario lateral lleno de polvo, mientras que el canónigo le acompaña hasta el exterior de aquélla para demostrarle que la catedral de Orense no sólo no es muy oscura, como el viajero pretende, sino que tiene una gran luminosidad:

—¿Ve usted? —dice, llevándole bajo el cimborrio, en el eje de las naves principal y del crucero y por el que se cuela ahora la magnífica luz de la mañana—. Y eso que la puerta principal está cerrada —añade, señalándole al fondo la de poniente.

—Pues es verdad —dice el viajero, asintiendo a la vez que contempla en torno suyo la armonía y la belleza del conjunto. A pesar de su oscuridad, el interior de la catedral produce una impresión de equilibrio difícil de imaginar desde fuera.

—Es que las maravillas hay que ir descubriéndolas poco a poco —le dice don José Gómez, volviendo a la sacristía, donde le espera Benito, que así se llama el sacristán.

El viajero, por su parte, se queda un rato en el mismo sitio. Bajo la bella luz del cimborrio, que aún entra muy ladeada, contempla esta maravilla que es la catedral de Orense, como bien dijo el canónigo. Una maravilla en piedra, pero maravilla al fin. No sólo por su pureza, sino por su proporcionalidad.

Lo que ya no es tan proporcional es la abundancia de petos, cepillos y limosneros que la recorren de punta a rabo. En su primera vuelta a la iglesia (vuelta de reconocimiento, como le gusta hacer al viajero), éste descubre no menos de quince o veinte, repartidos por todos los rincones: en las capillas, en los retablos, en cada esquina de las paredes. Las causas son muy diversas: para San Roque, para las Ánimas, para Santa Olaya, para el culto de la Virgen de Belén, para el Santísimo, para la Virgen de las Nieves, para el Sagrado Corazón de Jesús, para San Martiño (el patrón de la catedral), para la Virgen del Pilar, para la Dolorosa, para San Pablo, para los Pobres... Todo ello sin hablar de los cajones con las velas (a cien pesetas la pieza) y de los interruptores que encienden cada capilla, que apenas duran unos minutos y solamente funcionan con monedas de la misma cantidad.

El asunto no es baladí. Mientras los iba contando, el viajero ha visto también cómo cada cierto tiempo personas de todas las edades iban dejando sus óbolos en los distintos cepillos después de rezar un rato. Al revés que la de Tuy, que parecía casi un museo, se ve que esta catedral continúa viva. Lo demuestran las continuas visitas que recibe y los múltiples exvotos que se ven por todas partes y que le dan a la catedral un aspecto un tanto tétrico, sobre todo en sus zonas más oscuras.

Pese a ello, el viajero la ve a sus anchas. Comenzando por la sacristía y terminando por la girola, la recorre lentamente, sin que nadie le interrumpa ni le venga a molestar. Ni siquiera el sacristán, que cada poco se cruza en su recorrido, atendiendo a sus ocupaciones.

En cualquier caso, lo mejor de la catedral de Orense, ahora que está cerrado el museo, es, como dicen las guías, el pórtico del Paraíso, esa gran joya escultórica de la que aquéllas señalan que es una réplica del de la Gloria de Compostela, si bien que a escala menor, y del que el viajero puede añadir que se vería mucho mejor si la puerta principal estuviera abierta. Aunque, eso sí, en ese caso, el cabildo perdería los dineros que el visitante debe soltar para poder verlo iluminado. Que es lo que también sucede en la capilla del Santo Cristo, ese delirio barroco que guarda y muestra la imagen de mayor devoción en la ciudad, o con el retablo del altar mayor, obra gótica de magnífica belleza atribuida a Cornelius de Holanda, que cons-

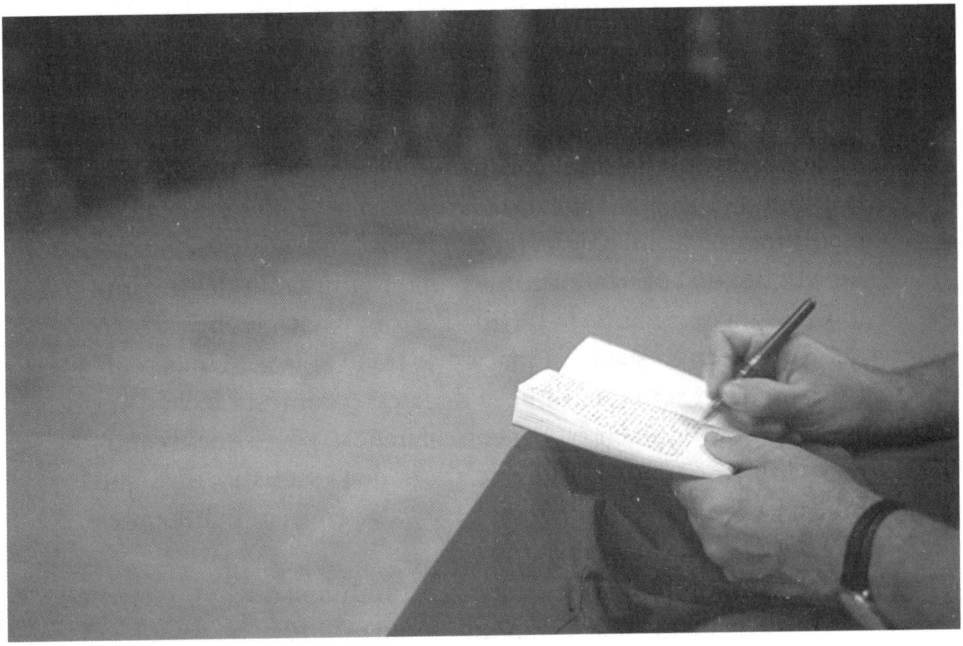

tituyen sin duda alguna, junto con el pórtico y el museo, las principales maravillas de la catedral de Orense. Aunque el viajero añadiría también a ellas los varios sepulcros góticos, de obispos y principales, y el más pequeño de la Infantina (llamado así, al parecer, por creerse que guardaba los restos de una infanta de Castilla, aunque nadie ha podido demostrarlo) que aparecen alineados a lo largo de las naves laterales y el conjunto de curiosos tragaluces que señalan la existencia de una escalera interior en un ángulo del brazo del crucero —el de la fachada norte— y cuya irregularidad y espontaneidad los hacen todavía mucho más interesantes: hay un hombre que se asoma por un ojo, otro que porta una maza, otro que lucha con una quimera, una rosa que rodea a otro gran ojo... Por el contrario, y en el extremo opuesto, lo peor de la catedral es el deambulatorio, construido en el siglo XVII a costa de la antigua cabecera (la primitiva románica), y, dentro de él, la escultura que homenajea, frente a la sacristía, al Beato Faustino Míguez de la Encarnación, escolapio fundador del Instituto Calasancio Hijas de la Divina Pastora y nacido en Acevedo del Río, Orense, según la placa que tiene al lado. Una escultura que, con ser la más nueva de la catedral (está fechada el año 2000), es también la peor con diferencia, pese a que el canónigo don José Gómez, que sale ahora de la sacristía, diga que no está tan mal. Lo que ocurre, señala, contemplándola, es que hay que acostumbrarse a verla.

—Don José, a esto no se acostumbra nadie...

A la una y media en punto (¡qué pronto se ha pasado la mañana!), la catedral de Orense cierra sus puertas, al revés que las de Santiago y Tuy. No se sabe si porque en ella no está expuesto el Santísimo o en función del horario del sacristán. Que es el que cierra las puertas, un poco antes de la hora, ante la contrariedad de alguna beata:

—Todavía no son y media.

—¡Hmmmm! —le gruñe aquél, alejándose.

Al viajero, en cambio, no le molesta su celo. Al contrario, tiene hambre y, antes de ir a comer, quiere dar una vuelta por Orense. Al menos hasta las *burgas,* los manantiales de agua termal que provocaron su poblamiento en tiempo de los romanos y que están muy cerca de allí, a apenas quinientos metros, según ha visto en el plano.

—¿Quema?

—Toque... —le invita a comprobarlo la señora que llena una garrafa en una de ellas.

A 67 grados. A esa temperatura sale el agua en estas fuentes, según dicen los letreros, cosa que el viajero no pone en duda, a la vista del vapor que emana de ellas. Un vapor denso y ardiente, como surgido del mismo infierno, que envuelve los manantiales y que hace que el calor del mediodía sea aún mayor a su lado. Huyendo de él, el viajero regresa sobre sus pasos y se interna de nuevo en la parte antigua, que a esta hora se ve más animada. Sobre todo, la calle de San Miguel, que es donde están los mesones. A voleo, guiándose por su instinto (y por el nombre, que le llama la atención), el viajero elige el Pingallo, una casa de comidas parecida a la de Tuy, pero con peor comida. Menos mal que la salva la terraza, interior y muy pequeña, pero cubierta por un gran plátano, y la locuacidad del dueño, quien, a preguntas de aquél acerca del nombre del local (que, en realidad, según dice, no quiere significar nada), le cuenta toda su vida y la del restaurante que rige desde hace años y en el que, según asegura con mucho orgullo, se reunía la flor y nata de la intelectualidad orensana de la posguerra. Y, para demostrarlo, le muestra una por una todas las fotografías que adornan las paredes del local y en las que aparecen retratados, entre otros, Antón y Vicente Risco, Nogueira, Baltar, Piñeiro, Otero Pedrayo...

—¿Qué le parece?

—Impresionante —dice el viajero, halagándolo.

Pero ni así logra librarse de él. Ni por decirle lo buena que estaba la comida ni lo maravilloso que es su local, el viajero consigue zafarse de Luis Ranluy, que así asegura llamarse el hombre, pese a que el apellido no parezca muy gallego que digamos.

—Es aragonés —señala—. Pero yo nací en Orense.

—Bueno, pues encantado —aprovecha el viajero la ocasión para darle la mano y despedirse. Y, antes de que sea tarde, se escabulle a toda prisa en dirección a la catedral.

Calle abajo, sin embargo, el viajero se detiene a contemplar las tiendas y los comercios que perviven alrededor de ella. Son tiendas viejas, pequeñas, con nombres como La Dalia o Cuchillería Formoso (que está encajada en la catedral, bajo la puerta del Paraíso: «Estoy en el Purgatorio», dice la chica que la regenta) y negocios tan vetustos como el de la sombrerería La Lucha, la licencia fiscal más veterana de Orense, según pretende su dueño, y la única de su género que queda abierta en toda Galicia. De hecho, todavía conserva en el mostrador el conformador que se utilizaba para ensanchar las tejas de los canónigos, que todavía siguen vendiendo, pese a que apenas las compre nadie. En cambio, lo que no hay son talleres de zapatero, como el viajero comprueba con gran disgusto, puesto que necesita uno con toda urgencia: al regresar del Pingallo, y quizá por escapar a toda prisa, se rompió la correa de una sandalia y ahora la lleva arrastrando. Según le dice un vecino, de los cuatro zapateros que había aquí, dos se han jubilado ya y los otros están de baja.

Así que al viajero no le queda otro remedio que regresar a la catedral arrastrando la sandalia o volver hasta su coche para cambiar de calzado. Algo que no le apetece, y menos con la hora que ya es: las cuatro y media, según indica el reloj de la catedral ahora.

—¡Buenas tardes!
—¡Hmmmmm!

El gruñido, cómo no, corresponde al sacristán. Está sentado en un banco, justo enfrente de la puerta, con cara de tener sueño. Se ve que acaba de abrir después de dormir la siesta y que ésta ha sido muy corta o no le ha sentado bien. Pese a ello, el viajero se atreve a preguntarle:

—¿A qué hora abren el museo?

Pero el hombre no le responde. Le mira de arriba abajo con gesto de abatimiento y ni siquiera le contesta con un gruñido, como acostumbra. Al contrario, se levanta y se va a la sacristía, dejándole desconcertado.

Pero, al instante, vuelve con unas llaves. Le hace un gesto con la cara, no se sabe en qué sentido, y se dirige, arrastrando los pies como acostumbra, hacia el lugar donde está el museo: en la nave de la Epístola, en lo que debería haber sido el claustro, pero que, según las guías, se quedó, por mor de las penurias económicas de la época, en apenas un arranque mutilado.

El espacio, sin embargo, es lo suficientemente hermoso como para que mereciera la pena verlo, con independencia de lo que en él ofrece el museo; que es más de lo que el viajero podría soñar siquiera. Bajo los cuatro arcos de impresionante factura gótica que dan idea de lo ambicioso de la concepción original del espacio, se exponen en vitrinas o alineadas en paneles las auténticas maravillas de la catedral de Orense. Que no son el pórtico del Paraíso ni la capilla del Santo Cristo, sino las piezas que aquí se exhiben, especialmente el Misal Auriense (el incunable más antiguo que se conserva en toda Galicia: del 1494) y, sobre todo, los esmaltes de Limoges del siglo XIII supervivientes de alguna arqueta o de un altar-relicario y el llamado Tesoro de San Rosendo, compuesto por un conjunto de piezas de los siglos X al XV (hay peines, mitras de tela, báculos, cálices, joyas y hasta piezas para el juego de ajedrez) que pertenecieron al santo del mismo nombre y que fueron traídos de Celanova, que es donde antes estaban. Y, si no, que se lo pregunten al sacristán, que también vino de allí, según le cuenta al viajero, aunque, en su caso, eso sí, después de estar en Suiza trabajando unos cuantos años.

—¿Cuántos?

—Veintitrés —precisa el hombre, sin demostrar emoción ninguna.

Lo hace, además, guturalmente, arrastrando las palabras como hace con los pies, lo que obliga al viajero a un gran esfuerzo de entendimiento. Pero el hombre, aparte de ello, se muestra amable con él. Lo prueba el que no le quiera cobrar la entrada para el museo y, más tarde, nuevamente, cuando, sentado aquél en un banco, se le acerca con sigilo por detrás.

—A usted le gusta el arte, ¿verdad? —le dice, sobresaltándolo. Y, sin esperar respuesta, le lleva a la capilla del Santo Cristo, cuya puerta abre delante de él—. Usted quédese aquí —le dice—, que yo volveré a buscarlo.

El viajero ni siquiera ha podido decir nada. El viajero, sobre todo, está tan desconcertado que no sabe si agradecerle al hombre la deferencia o comenzar a gritar para que le abra. El viajero padece de claustrofobia y, como aquél ha vuelto a cerrar con llave, está empezando a sentir sudores al saberse de repente prisionero en este sitio que, por si faltara algo, además, es claustrofóbico por sí mismo, de tan barroco como se ve. Hay no menos de cien ángeles esculpidos o pintados por el techo y las paredes y diecisiete lámparas (¡diecisiete!, ni una menos ni una más) alumbran los estofados y el oro de los retablos, dándole a todo el conjunto un aspecto, más que mágico, irreal. El viajero, acongojado, contempla todo en silencio, parado en medio de la capilla, sin atreverse casi ni a andar. No sólo siente sudores, sino que le falta el aire. Sobre todo cuando advierte, después de empujarla un poco, que la verja que separa la capilla de la nave del crucero, a la que da por el otro extremo, está también bien sujeta y que tampoco, aunque lo quisiera, podría salir por allí. Menos mal que, de repente, se oye un crujido en la puerta y aparece una señora —la mujer de la limpieza— justo cuando ya el viajero comenzaba a preocuparse seriamente con la idea de que el sacristán pudiera olvidarse de él o, peor, de que lo hiciera a propósito, si, como ya empezaba a pensar, es que se trata de un sádico.

La mujer de la limpieza le saca, pues, de una pesadilla. Con su plumero y su bata azul, pone un punto de realismo en la capilla, sobre todo a esta hora de la tarde en la que la oscuridad ya empieza a apoderarse de la catedral. La mujer, además, mientras trabaja (o simula que trabaja: aparte de que tendría que emplear miles de horas, que no tiene, según dice, para limpiar tanta exuberancia, está «molida de los riñones» porque esta mañana estuvo cosechando patatas en su pueblo), le da animada conversación y le cuenta, entre otras cosas, que el Santo Cristo que ahora están viendo apareció en la playa de Finisterre, donde lo halló un pescador y de donde lo trajo a Orense un obispo, y que, contra lo que muchos creen, la imagen no es una momia, sino de vulgar madera, como los otros, y que ella puede probarlo.

—Este verano —comenta—, el seminarista que pusieron al cargo del museo me dijo que le tocara al Cristo las piernas, que vería cómo se hundían como las nuestras. Un día, lo hice y le puedo decir que no es verdad. Están duras como palos. Y lo mismo le pasa con el pelo...

—¿Qué le pasa con el pelo? —le pregunta el viajero para que siga.

—¿Con el pelo?... Pues que hay gente que cree que le crece. Pero es mentira. Lo que pasa es que tiene dos pelucas, una más larga que otra, y, cuando se las cambiamos para limpiarlas, parece que le crece o que le merma, pero es postizo, como la barba.

—¡Ah! Pero ¿la barba también es falsa? —dice el viajero, haciéndose el inocente, mientras observa la imagen del Cristo, que, en efecto, a la luz de las bombillas y las velas, parece de carne y hueso, de tan realista como fue hecho.

—Por supuesto. Aunque dicen —continúa la mujer, observándolo también— que, al principio, le crecía, pero que se murió el barbero que le afeitaba y el que lo sustituyó le pinchó la cara con una aguja y dejó de crecerle más.

—¡Vaya! —dice el viajero, admirado—. ¿Y los curas qué dicen de todo esto?

—Nada. Ésos con tal de que caiga... —sonríe la mujer, señalándole al viajero los cepillos y las velas encendidas que hay por detrás de la verja y junto a los que ahora se ven varias mujeres rezando.

El resto están en los bancos de la nave principal. Son otra media docena y rezan ahora el rosario, en un acto que al viajero le recuerda sus tiempos de monaguillo, cuando tenía que hacer lo propio. Pero el viajero, ahora, no reza ya. El viajero hace ya tiempo que dejó de creer y de rezar, lo que no impide que escuche con gran respeto los rezos de las mujeres mientras contempla el retablo de la capilla mayor, nacido seguramente de una gran fe —la de Cornelius de Holanda—, pero que se puede ver sin creer en nada. Y es que es tan fabuloso que al viajero se le terminan los adjetivos para tratar de calificarlo.

—Yo diría que es magnífico —le socorre don Luis Ramos, un canónigo ya viejo que viene a decir su misa y que se acerca a avisarle de que tendrá que abandonar la zona cuando vaya a empezar aquélla.

—No se preocupe —le tranquiliza el viajero, haciéndolo en ese instante.

El viajero está cansado. El viajero lleva ya unas cuantas horas deambulando por el templo y lo que desea ahora es sentarse a descansar en cualquier sitio. Si pudiera, lo haría en algún banco del coro, que está detrás del altar, pero como es imposible lo hace en uno cualquiera. A esta hora de la tarde, en la que la luz se extingue y en la que la actividad en la catedral empieza a caer también, una extraña paz la invade, como preludio seguramente del cierre que ya se acerca. Un preludio que señala la misa de don Luis Ramos, que es la última del día y a la que suele acudir más gente.

A las ocho y veinticinco, el sacristán toca la campana. La misa ya ha terminado y hay que avisar a la gente que todavía queda por las capillas. Poco a poco, sin embargo, la gente va obedeciendo y, a las ocho y media en punto, ya no queda nadie dentro. Como todas las tardes a esta hora, don Luis Ramos se despide sin detenerse a escuchar siquiera (debe de tener gran prisa) y Benito cierra la verja con la satisfacción del deber cumplido y con la celeridad de quien sabe ya que al día siguiente tendrá que volver a abrirla. Y, así, un día y otro día, hasta que la jubilación o la enfermedad le devuelvan a Celanova, de donde salió hace años, como el tesoro de San Rosendo, para venir a parar aquí. ¿Quién se lo iba a decir a él cuando andaba de emigrante por Suiza o, en el pueblo, tras las vacas de sus padres?

—¡Adiós, Benito! —le despide el viajero, que se ha quedado ya solo, agradeciéndole sus atenciones.

—¡Buen viaje! —responde él.

La Virgen de los Ojos Grandes

Con Orense, Lugo es la ciudad gallega por definición. La Coruña, Pontevedra, Vigo o la propia Santiago están abiertas al exterior, ya sea a través del mar o a través del camino de su nombre, mientras que Orense y Lugo están cerradas sobre sí mismas, en mitad de unas provincias tan aisladas y tan pobres como ellas. Especialmente Lugo, que incluso conserva aún casi como una metáfora las murallas que le hicieron los romanos. Por eso sorprende aún más la importancia que tuvo en otros tiempos (no sólo como ciudad, sino como capital de una antigua diócesis, la más antigua de la región), de la misma manera en que lo hace el nombre de su periódico, que el viajero ya conoce y que compra apenas llega a la ciudad: *El Progreso de Lugo*.

El viajero ha llegado a ésta hace apenas media hora. Viene de Orense, donde ha dormido y de donde salió temprano con intención de llegar a Lugo a una hora prudencial. Pero la carretera de Orense a Lugo, que atraviesa ambas provincias siguiendo el curso del río Miño y cruzando las montañas de Chantada y de Guntín, está tan llena de curvas que el viajero tarda hora y media en recorrer los menos de cien kilómetros que hay entre las dos ciudades. Pero, aun así, llega a tiempo. A las diez de la mañana, Lugo aún se despereza y despierta de una noche que, por otra parte, cabe pensar no ha debido de ser emocionante. El viajero lo deduce de las caras que se cruza en su camino (caras serias, aburridas, como de resignación o frío; las dos cosas son posibles, pues la temperatura ha caído mucho) y de la poca gente que encuentra a estas horas por la calle.

—Aquí no madruga nadie —le dice el dueño del Alameda, el bar en que desayuna—. Aquí somos todos ricos —añade, entre las sonrisas de sus pocos parroquianos.

Son cuatro. Los cuatro muy trajeados y con aspecto de funcionarios o de administrativos de alguna empresa. Aunque, por lo que hablan, quizá sean empresarios. Se quejan de que la Bolsa ha vuelto a bajar ayer.

Al viajero, al que la Bolsa le trae al fresco (o, mejor, que no la entiende), le interesa mucho más lo que comenta el periódico y, en concreto y dentro de éste, una carta al director. Es de alguien que se queja de la actitud del obispo de Mondoñedo, la otra diócesis de Lugo, y que lo hace en la lengua del país (en esto sí que se nota el progreso del periódico *El Progreso*): «*Teño a sensación de que moitos bispos imaxinan que eles no son pobo de Deus. Están encima de ese pobo. Como pastores de ovellas-animais, sentados no alto do peñasco tocando a flauta da prepotencia...*». ¡Toma ya! ¿Qué es lo que habrá hecho el señor obispo para que escriban así de él?

La catedral de Lugo está muy cerca del Alameda. Al final de los jardines a los que el bar ha robado el nombre y rodeada por varias plazas, se levanta entre las casas que bordean la muralla por el sur. De hecho, su fachada principal se abre ante ésta (en concreto, ante la puerta de Santiago), aunque el viajero, como la mayoría de los lucenses, accede a la catedral por las del crucero, que son las que de verdad se abren a la ciudad. Puesto a precisar aún más, el viajero lo hace por la del norte, que es la más bella de todas, aunque, eso sí, después de darle una vuelta a toda la catedral.

Dice la guía que el viajero compró también al llegar a Lugo que la catedral lucense es una lección de arte. Lo dice porque resume todas las épocas arquitectónicas: el románico, el gótico, el renacentista, el barroco y el neoclásico, y especifica, incluso, en qué partes se encuentra cada una de ellas. Son románicos, señala, la bóveda del crucero y el arranque de la nave principal, góticos el primer cuerpo de la capilla mayor y las de la girola (excepto la de la Virgen de los Ojos Grandes), así como la del Pilar y la puerta norte, renacentista la torre de las Campanas (salvo la parte baja, que es también gótica), barrocos la sacristía, la sala capitular, el claustro y la capilla central de la girola (la de la Virgen de los Ojos

Grandes) y, en fin, neoclásicos el segundo cuerpo de la capilla mayor, la actual capilla de San Froilán (la antigua, que, junto con la de Santo Domingo de los Reyes, sirvió, al unirlas, para hacer la del Pilar, era románica) y la fachada principal, todos estos últimos elementos construidos, según dice, a finales del siglo XVIII. Así pues, todo un hojaldre que el viajero habrá de ir descubriendo poco a poco con ayuda de la guía y de quien le salga al paso.

Las primeras que le salen al paso poco le van a ayudar, no obstante. Son dos gitanas que están pidiendo a la entrada (en la puerta, pero por dentro), mientras sus churumbeles corren y saltan por la escalera y entre los bancos que están más próximos. Que son ya los de la nave principal.

—¡Deme *argo, zeñorito*!

—No tengo nada —intenta el viajero librarse de ellas.

—¡Por el amor de Dios, caballero! —le persiguen las gitanas, seguidas por los chiquillos, hasta el mismo centro de la nave.

—Que no tengo —vuelve a decir el viajero, pretendiendo ingenuamente despistarlas.

—¡Por favor! —insisten las gitanas.

Al final, como es lógico, acaba dándoles algo para que se olviden de él. Pero ni aun así consigue librarse de las gitanas. Las gitanas son las dueñas de la iglesia, en cuyo interior deben de pasar el día, y le persiguen por ella, pidiéndole y reclamándole, hasta que el viajero, desesperado, se refugia en la sacristía, cuya puerta ha visto abierta de repente.

—¡Buenos días!

—¿Qué desea?

El que le pregunta ahora es uno de los tres curas, los tres de estricta sotana, que departen dentro de aquélla. Los tres son viejos y están muy blancos, sobre todo el que pregunta, que parece es el que manda.

—Estoy buscando una guía —dice el viajero, por despistar.

—¿De la catedral?

—Claro.

El cura, claro está, le toma en serio y le va a buscar la guía mientras sus compañeros siguen con su conversación. La sacristía (una pieza enorme, posiblemente del XVII), a la luz de la mañana, tiene un aspecto como de otro tiempo, como de cuadro de Zurbarán.

—Aquí tiene —dice el cura, volviendo con una guía que es la misma que el viajero tiene ya. Huyendo de las gitanas, éste ha escapado de Málaga para ir a caer en Malagón.

—¿Cuánto cuesta?

—Nada —le sorprende, empero, el cura, que habla con mucho acento gallego y que parece que no ha tomado el sol desde que entró de alumno en el Seminario.

—Muchas gracias —le responde el viajero, sorprendido; y le pregunta, para anotarlo—: ¿Cómo se llama?

—¿Quién? ¿Yo?

—Claro.

—Manuel.

—Manuel... ¿qué?

—Castiñeira —responde el cura, muy serio, después de pensarlo un rato.

Pero es su nombre completo: Manuel Castiñeira Pardo, toda una institución en Lugo, como el viajero comprobará en seguida cuando, al cruzarle por la catedral, vea cómo todos le saludan. Al parecer, Manuel Castiñeira es el encargado de ésta, función en la que lleva cuarenta años seguidos (casi los mismos que debe de llevar de cura), lo que quizá explique que esté tan blanco.

Y es que la catedral de Lugo es aún más oscura que la de Orense. Sin apenas aberturas y con el coro en el centro, como Dios manda, a duras penas la luz que entra por las vidrieras y por los seis ventanales de su fachada neoclásica alcanza a iluminar el interior. Y menos en la zona del trascoro, donde la oscuridad es tal que las lucecitas de los confesionarios en los que hay curas confesando ahora es casi lo único que se ve. Parecen barcos entre la niebla.

Pero, a pesar de su oscuridad, la catedral de Lugo está muy concurrida. Sobre todo la girola, donde hay ahora una misa, que celebra, en la capilla central de aquélla, un compañero de Castiñeira. La capilla, que es la de los Ojos Grandes (llamada así por los de la Virgen, que es la patrona de Lugo), está atestada de gente y todavía ésta se dispersa por el deambulatorio hacia los dos lados. Si bien hay que señalar que la media de edad de los presentes sobrepasa los setenta años.

La misa sigue su curso y el viajero aprovecha la circunstancia para admirar sin que le molesten el resto de las capillas, comenzando por la principal: la gran capilla mayor, obra de varios estilos, como todo en este templo. Y es que no sólo en lo arquitectónico la catedral de Lugo es una lección de arte. También lo es en lo artístico, aunque no siempre eso sea positivo. La capilla mayor, por ejemplo, presenta una mezcolanza de estilos y materiales que la hace parecer fuera del tiempo. Y, en cierto modo, lo está, teniendo en cuenta que mezcla, bajo las arquerías góticas que la envuelven (cuyos capiteles bajos han sido recubiertos, encima, con pan de oro) y su bóveda neoclásica, un enorme tabernáculo de mármol (de distintas procedencias y colores, además: los hay traídos del País Vasco, pero también de Carrara y Génova) que rodean varios ángeles también de mármol bruñido y que presiden desde lo alto un sol de plata dorada repleto de querubines y, sobre él, una enorme imagen que representa a la Virgen de la Asunción, la patrona de la catedral, al parecer hecha de madera, pero que, desde abajo, parece también de mármol. Y todo ello para rellenar el hueco que ocupara con muchísimo más mérito el retablo hecho ex profeso para allí por el escultor Cornelius de Holanda, retablo que, a pesar de constituir, junto con la sillería del coro, el principal tesoro del templo, fue arrancado y partido en dos mitades, que ahora se exhiben, es un decir (aparte de separarlas, las han colgado tan altas que apenas se distinguen sus figuras desde abajo), sobre los dos extremos de la nave del crucero. Menos mal que el coro sigue en su sitio y, por el momento, intacto.

Intactas siguen también, aunque con menores méritos, las capillas que flanquean, en la semicircunferencia de la girola, a la de la Virgen de los Ojos Grandes. Que son cuatro exactamente; a saber: la de San Juan, la de Santiago, la de la Virgen de la Esperanza y la de San Miguel. Las cuatro con buenas rejas y con interesantes tallas, especialmente las dos del medio, esto es, la de Santiago, cuya verja, ahora cerrada, como el resto, mientras dura la misa en la de al lado, es una auténtica joya, y la de Nuestra Señora de la Esperanza, talla que, al parecer, responde también a la inspiración de Cornelius de Holanda. Lo cual no impide que las dos estén a oscuras, eclipsadas por la principal, que, ésa sí, está más que de sobra iluminada.

Aunque para oscuridad la que envuelve las capillas del trascoro y las de la nave norte. Las del trascoro no tienen gran interés, por lo que su oscuridad puede ser hasta indiferente (en particular, la del Ecce Homo, cuya falta de luz llega hasta el nombre: Ecce Homo Oscuro se llama popularmente), pero las de la nave norte son lo suficientemente ricas como para que estuviesen iluminadas. En especial, la de San Froilán, que, por estar en obras, no puede ser visitada, lo que obliga al viajero a imaginar el bellísimo sepulcro que dicen de Santa Froila, la madre del obispo y patrón de la diócesis de Lugo, aunque haya quien sostiene que se trata del de un predecesor de éste, el legendario obispo Odoario, del que aún existe un acróstico incrustado en una puerta del crucero —la del norte— y que, al parecer, fue quien restauró, allá por el siglo VIII, la catedral y la diócesis de Lugo tras la reconquista de la ciudad a los musulmanes. En cualquier caso, y sea quien sea su dueño, lo que es cierto es que se trata de la muestra funeraria más antigua de Galicia y que el viajero se va a quedar sin verla, salvo que ocurra un nuevo milagro.

La capilla del Pilar, con la que aquélla se corresponde, está, sin embargo, abierta. Es el fruto de la unión de dos capillas, la antigua de San Froilán y la de Santo Domingo de los Reyes, y se puede acceder a ella desde el crucero o, por una segunda puerta, desde la nave. El viajero recomienda, sin embargo, la primera, aunque sólo sea por ver, justo encima de la puerta, el hermoso ventanal con arco de medio punto que ilumina desde dentro la capilla y, a la izquierda de la puerta, el simpático cepillo que representa a un hombre entre llamas y que pide, mientras se abrasa, *Limosna para las almas del Purgatorio*. Como si las almas del Purgatorio también comieran, como los curas.

La capilla, por su parte, tiene también su interés. En especial, sus dos puertas (románicas, ajedrezadas, las dos muy bien conservadas) y los dos enterramientos del muro norte y del presbiterio —que se encuentra en posición invertida a la del resto—, que guardan en sus yacijas profusamente esculpidas las cenizas de dos nobles eclesiásticos, tío y sobrino posiblemente, los García de Gayoso, cuyas armas son tres truchas, o cuatro, según los casos, como el escultor de aquéllas se ocupó de dejar claro. En cualquier caso, sean las que sean las truchas, la verdad es que al viajero su visión le ha dado hambre.

Y es que, entre unas cosas y otras, son ya las doce del mediodía; una hora prudencial para hacer el primer descanso. El viajero lo aprovecha para salir de la catedral, en la que continúan las misas (hasta nueve hay cada día, según dicen los letreros a la puerta), y regresar a una claridad que ya empezaba a echar en falta. Ahora comprende por qué Manuel Castiñeira está descolorido.

La claridad, en el exterior, es casi una llamarada. Las nubes se han diluido y, en la plaza de poniente, la más abierta de todas, la gente toma ahora el sol paseando por el atrio o subida a la muralla. Que es desde donde mejor se ve la catedral y todo su entorno.

Un trago, una empanadilla (de bonito, como la costumbre manda), una mirada al río Miño, que pasa al fondo de la ciudad, y el viajero regresa a la catedral, ahora por su fachada neoclásica. Obra de gran monumentalidad, al decir de los expertos, aunque tampoco hay que saber mucho para llegar a esa conclusión. Desde el atrio al que se abre, incluso desde más lejos, del otro lado de la muralla, la fachada principal de la catedral de Lugo es tan rígida y severa que impresiona mucho más por la frialdad de sus proporciones que por su monumentalidad. Sin la antigüedad del resto y sin demasiado uso, sustenta su primacía en la arrogancia de sus dos torres, que ocultan la más vieja y más bella del Reloj, y en el tamaño de sus tres puertas, de las cuales sólo una está abierta normalmente. Y es que, por más que insistan las guías y recuerden los nombres de sus arquitectos: Sánchez Bort, Elexalde y Ferro

Caaveiro, con el asesoramiento y la ayuda de Ventura Rodríguez, que fue el que la dio de paso, ni la gente de Lugo la ha aceptado como tal ni el viajero convendrá en hallarla hermosa. Al viajero, el neoclásico siempre le ha parecido arquitectura de cementerio.

Por el contrario, el renacentista, sin ser su estilo preferido, le parece más hermoso. El viajero lo ha pensado siempre así y lo piensa ahora en el coro, adonde ha ido a sentarse tras regresar a la catedral y después de hacer otro intento por visitar la capilla de los Ojos Grandes. De nuevo, una nueva misa le impidió acercarse a ella. Pero tampoco ahora se preocupa. Ya tendrá tiempo de verla cuando termine la nueva misa (o por la tarde, si antes no puede) y, además, por muy principal que sea, no le restará ni un ápice a la de esta sillería que constituye, al decir de algunos, una de las mejores de toda España. Opinión que comparte el viajero, desde luego, pero también, seguramente, esa vieja que, en la oscuridad del coro, ha instalado sus reales. Aprovechando la oscuridad y a recaudo de miradas indiscretas, trajina con varias bolsas sin saberse bien qué hace. ¿Será una pobre? ¿Será empleada de la catedral? El viajero, sin que ella se dé cuenta, la vigila largo rato sin conseguir entender qué hace, pero advirtiendo, eso sí, que la vieja no está bien de la cabeza y, sobre todo, que no le gusta que la vigilen. Cuando observa que él la mira, ella, al instante, se para.

Para no incomodarla más (la vieja, aparte de todo, tiene un aspecto inquietante), el viajero abandona su lugar dispuesto a intentar de nuevo ver la Virgen de los Ojos Grandes. Pero tampoco ahora tiene suerte. La misa ya ha terminado y la girola está ahora desierta, pero, justo cuando él llega a la capilla, viene un hombre cerrándola con llave.

—Disculpe, pero vamos a cerrar.

—¿Y eso? —le pregunta el viajero, sorprendido.

—Cerramos a mediodía. Para evitar posibles profanaciones. Pero la catedral sigue abierta para veneración del Santísimo —le responde el hombre, mientras busca entre sus llaves la que corresponde a la capilla de Santiago.

—¿Usted es el sacristán? —le pregunta el viajero, antes de irse.

—*Eu non sou nadie* —le dice el hombre en gallego, siguiendo con su trabajo.

Las dos y media del mediodía. La catedral de Lugo, cesada su actividad, parece ahora más silenciosa, pese a que todavía se vean personas que entran y salen de ella. Las gitanas y los curas deben de haberse ido a comer, pero, en los bancos, aún se ve gente que aprovecha el mediodía para visitarla un rato. Justo todo lo contrario de lo que quiere hacer el viajero, que lleva ya varias horas vagando por estas naves y que siente un gran vacío en el estómago. La empanadilla sólo sirvió para disimularlo un poco.

Al restaurante Anda, en la calle de la Cruz, confía el viajero su suerte después de pedirles inútilmente a unos cuantos peatones que le recomendaran un sitio para comer. Ni siquiera el camarero del Café del Centro, en la plaza, fue capaz de decirle si servían comidas en la terraza. Está claro que, aquí sí, el hábito sí hace al monje y que, en cuestión de hábitos y de tópicos, si el gallego es profesor, el de Lugo es catedrático. Si no, qué se puede decir del camarero, o del hombre que cerraba las capillas (que, según él, no era nadie), o del propio Castiñeira, quien, aparte de generoso, fue incapaz de precisarle el número de canónigos que componen el cabildo, pese a que el viajero insistiera en preguntárselo.

—Más de diez y menos de veinticinco —le dijo, sin inmutarse.

Más de diez y menos de veinticinco son también los comensales que al viajero le acompañan en el Anda, en el comedor de arriba, entre los que destaca por su particularidad una familia de ciegos. O, mejor, de padres ciegos, pues los hijos, por fortuna, nacieron sin esa lacra y ahora cuidan, amorosos, de sus progenitores. Les ayudan con la comida y están pendientes de ellos, sobre todo, como ahora, al salir del restaurante.

—Son de Coruña —le confiesa al viajero el dueño, que, al parecer, los conoce bien—. Encantadores —remacha, al tiempo que los despide.

Aunque al hombre, quizá porque los conoce, le impresiona mucho más que haya aún quien escribe a mano. Lo dice por el viajero, al que ha visto tomar notas mientras come en la pequeña libreta roja que siempre lleva con él.

—Ya no se ve a nadie escribir —le confiesa, sorprendido.

Con el estómago lleno (y la libreta llena de notas, pues la mañana ha sido muy larga), el viajero, después de tomar café, callejea un buen rato por la zona, entre comercios y tiendas que ahora aparecen cerrados. Son comercios y tiendas muy antiguos, como las casas en las que están, aunque también los hay más modernos. Al contrario que en Orense, se ve que en Lugo la parte antigua sigue todavía viva.

Viva sigue, por ejemplo, la zapatería López, abierta al pie de la catedral y a la que el viajero acude antes de volver a ésta para arreglar la sandalia que ayer se rompió en Orense.

—¿Va hacia Santiago? —le pregunta el zapatero, observando atentamente el roto de la correa.

—No. A Mondoñedo.

—¿A Mondoñedo?

—Sí —dice el viajero, muy serio; no entiende por qué la gente tiene que ir toda a Santiago.

—Bueno, bueno... —le responde el zapatero, retorciendo con la mano la sandalia para ver su resistencia—. Venga a las ocho, a ver si ya está arreglada.

—De acuerdo —dice el viajero.

A las cinco de la tarde, que es cuando vuelve a la catedral, ésta duerme la siesta todavía, ajena al despertar de la ciudad. En la nave del crucero, la oscuridad es ya más espesa y, en la capilla mayor, apenas se ve gente rezando. Sólo cuatro o cinco viejas, entre ellas, cómo no, la de las bolsas.

Así que el viajero aprovecha ahora para ver por fin la capilla de la Virgen de los Ojos Grandes. Una capilla en torno a la que gira todo el culto de este templo, que tiene en ella su centro, pese a no ser la mayor.

Dicen las guías que fue encargada por el cabildo de la catedral de Lugo en el año de 1725 al arquitecto Fernando de

Casas Novoa, que había construido antes el claustro y de cuyos servicios, según parece, había quedado conforme. La obra se desarrolló sin interrupciones, cosa extraña en estas obras, así que once años más tarde, en el 1736, la capilla ya estaba concluida. Se trata, pues, de una obra barroca característica de su arquitecto (autor también, por ejemplo, de la fachada del Obradoiro compostelana), que aquí usó con profusión todos los elementos de ese estilo; esto es: pilares de orden corintio, volutas interminables, decoración profusa y exuberante y ángeles por todas partes. En especial en torno a la Virgen, que preside la capilla con su impávida belleza y sus ojos sin igual. Esos ojos que, aparte de darle el nombre, la leyenda quiere también que inspiraran al arzobispo de Compostela San Pedro de Mezonzo cuando, allá por el siglo X, añadió a la Salve la frase «esos tus ojos misericordiosos». Aunque cabe suponer, entonces, que se referiría a otra imagen anterior, puesto que la actual es del siglo XV.

Sea verdad o mentira (lo del verso de la Salve), lo cierto es que esta Virgen que ahora mira al viajero indiferente desde su camarín de oro es la más querida en Lugo, como demuestran las continuas visitas que recibe y el hecho de que en su capilla se celebren cada día la mayoría de las misas que hay en la catedral y, por supuesto, el rosario de la tarde. Un rosario que dirige, a las seis y media en punto, una mujer ya mayor secundada por otras diez o doce, todas ellas ya entradas en edad.

El viajero, aunque es más joven, se queda un rato mirándolas. Se está bien en la capilla y, además, se ha enamorado de esta Virgen, que sin duda es especial. No porque sea más bella, ni siquiera más antigua que las otras —aunque su patronazgo es antiguo, de los siglos VIII o IX, la imagen, ya se ha dicho, es más tardía—, sino por la majestad que desprenden su figura y, sobre todo, su mirada. Una mirada perdida en algún lugar remoto, muy lejos de esta capilla donde resuenan ahora las oraciones de las mujeres: «Dios te salve, María, llena eres de gracia...».

La que dirige el rosario, que es la más beata de todas, a medida que éste avanza, parece ir animándose. Arrastra las palabras con gran arrebato místico, mientras las avemarías van cayendo una tras otra, como piedras preciosas, de sus labios: «Dios te salve, María, llena eres de gracia...». Las demás la secundan como pueden, pero sin su dicción y su misticismo. Un misticismo que va aumentando con el rezo y que alcanza su punto culminante cuando comienza las letanías, que lanza como piropos a la cara de la Virgen, que ésta recibe sin inmutarse: «Estrella de la mañana... Torre de David... Reina de los mártires...», y, sobre todo, cuando, iniciada por fin la Salve, llega a la frase: «esos tus ojos misericordiosos...». Aquí, directamente, la mujer sufre un orgasmo. Se queda un rato en silencio, como saboreando el momento, y luego sigue en voz baja: «... y, después de este destierro, muéstranos a Jesús, fruto bendito de tu vientre», etcétera. El rosario se termina con una petición: «Virgen de los Ojos Grandes, ruega por nosotros», que la mujer repite tres veces y que, a la cuarta, remata con la apostilla «y por España entera y, en especial, por Galicia y por nuestros familiares».

El final del rosario deja a la mujer exhausta. Un silencio de cristal cae sobre la capilla mientras, en el camarín, se oye una especie de aleteo, como de plumas de ángeles. Si no fuera como es, el viajero pensaría que está pasando algo extraño. Pero no. No es más que una percepción. Acústica o imaginaria. Pese a que a alguna de las mujeres le parecerá un milagro. Sobre todo a la que manda, que se ha quedado transpuesta, como en arrebato místico, contemplando a esta Virgen extrañísima cuyos ojos parecen ahora más grandes. Debe de ser porque a ella también el clímax la ha emocionado.

Para liberarse de ellos (y de los de las mujeres, que no dejan de mirarlo ni un momento; ¿qué hará, parecen pensar, ese hombre aquí mirándolas?), el viajero se va de la capilla dispuesto a tomar el aire. Y, de paso, si es posible, a ver el museo y el claustro.

Pero los dos continúan cerrados: el claustro porque no abre y el museo por vacaciones del director. Así que no le queda otro remedio que ir a estirar las piernas por el trascoro, o fuera, hasta la muralla. Tampoco es que sea mal sitio. A las siete de la tarde, que es la hora que ya marca su reloj, el sol empieza a caer en dirección a Santiago y a Finisterre.

La muralla, por su parte, se prolonga en torno a Lugo partiéndola en dos mitades: una, la que está por fuera, que es la más poblada ya, y otra la que está por dentro. Una especie de cogollo aprisionado entre sus piedras y erizado por las torres de las muchas iglesias que hay en él: la de Santo Domingo, la de Santa María *a Nova*, la de San Pedro, la de la Soledad... Un sinfín de capillas y de iglesias que se alzan entre las casas, igual que la catedral, y que le dan a Lugo un aspecto místico, como de ciudad levítica, sobre todo a esta hora de la tarde en la que el sol estalla en las galerías y realza el brillo de las pizarras. Que es el material que cubre la mayoría de sus tejados.

De vuelta a la catedral, el viajero se pasa por la zapatería para ver si ya le tienen arreglada su sandalia. La tienen. Y se la dan: envuelta en una hoja de *El Progreso* y, después, eso sí, de pagarle al zapatero su trabajo. Ciento cincuenta pesetas, que es en lo que éste lo ha valorado.

—A ver si le llega hasta Mondoñedo —le desea al viajero, sonriendo.

Cuando éste vuelve a la catedral, son ya las ocho pasadas. El sol está declinando y las sombras cubren la plaza, pero el interior está iluminado. En la capilla mayor, se celebra ahora la misa más importante del día, como lo prueba la presencia de hasta cuatro sacerdotes, uno de ellos Castiñeira, que, a la luz de las bombillas, parece aún mucho más blanco. La ceremonia la siguen desde los bancos un centenar de personas (entre ellas, cómo no, la vieja de las bolsas, que definitivamente no debe de estar muy cuerda: no deja de mirar hacia los lados), que llenan incluso el coro y que, cuando termina aquélla, acompañan a los curas en procesión por la catedral, primero por el trascoro y después por la girola, hasta dejar por fin al Santísimo recogido en su sagrario.

Es el final de la ceremonia. Y del día en la catedral. Un día que se prolonga todavía fuera de ésta (especialmente entre las beatas, que no quieren, por lo visto, que se acabe), pero que el viajero, que está muy cansado ya, prefiere ver cómo se termina sentado en un butacón del Círculo de las Artes, el bellísimo casino modernista al que acuden los lucenses todos los días del año, algunos mañana y tarde, y desde el que se domina ahora, aparte de todo un siglo de historia y de vida pública, el anochecer sobre la ciudad.

Con Merlín en Mondoñedo

Mondoñedo, rico en pan, en aguas y en latín.
La frase de Cunqueiro, hijo ilustre de la villa, define como ninguna la esencia de este lugar que parece no existir más que en los mapas de Galicia. El viajero, de hecho, llega a creerlo realmente mientras, por la Terra Chá, la comarca que atraviesa desde Lugo (tierras suaves, campesinas, de bosques y pastizales), lo busca bajo la niebla sin que aparezca en el horizonte y, cuando por fin lo ve, piensa que se ha equivocado. ¿Cómo va a ser que ese pueblo que ve en el fondo del valle sea la capital de una diócesis? Y, sobre todo: ¿cómo va a ser que atesore, estando donde se encuentra, tanta historia a sus espaldas?

Pero la tiene, sin duda alguna. Más, incluso, que muchas capitales. Entre otras cosas, porque él mismo lo fue antes, cuando Galicia aún se dividía en siete provincias y no en cuatro como ahora, de las que la de Mondoñedo no era la menor. Al contrario, se extendía desde el límite con Asturias, por un lado, hasta el océano Atlántico, por el otro, amén de llegar casi hasta Lugo por el sur, coincidiendo con las lindes geográficas de la circunscripción eclesiástica que todavía hoy lleva su nombre: la diócesis mindoniense. Una diócesis que se estableció ya aquí en el año de 1112, pero que existía desde mucho antes (desde el 866, fecha de su fundación) radicada en un antiguo monasterio, el de San Martín de Dumio o de Mondoñedo, cuya iglesia todavía se conserva, convertida ahora en abadía, cerca de la ría de Foz.

Y es que la diócesis de Mondoñedo, que hoy ocupa todavía gran parte de las provincias de Lugo y de La Coruña y que comprende pueblos tan importantes como Ferrol, fue en tiempos una de las mayores de España, y de las más poderosas, como lo demuestran su antigua condición capitalina y la fama de muchos de sus obispos. Así, por ejemplo, por la silla episcopal de Mondoñedo pasaron, entre otros, el famoso Fray Antonio de Guevara, que fue cronista de Carlos V y que escribió en Mondoñedo algunas de las mejores páginas de cuantas se han escrito en la lengua castellana, o el no menos famoso obispo Sarmiento, que fue el principal artífice, a mediados del siglo XVIII, del mayor esplendor de la ciudad. Un esplendor del que hoy, por desgracia, queda muy poco, como lo prueba el que Mondoñedo apenas alcance ya los tres mil vecinos.

Pero se le ve aún la pátina. El viajero, por lo menos, la percibe en cuanto llega después de descender por la estrecha carretera desde lo alto de las montañas que rodean el valle en el que se asienta; un valle, el del río Masma, que vierte ya hacia el Cantábrico, que está a un tiro de piedra, al contrario que el resto de la provincia de Lugo, que lo hace, por el Miño, hacia el Atlántico. Sus calles y sus casonas y sus viejos soportales de granito le hablan mejor que nadie de la historia y la grandeza de este pueblo que ahora parece casi desierto, como las celdas de su Seminario.

Al lado de éste, precisamente, deja el viajero su coche, junto a la misma puerta de entrada, no porque tema no encontrar sitio después, sino porque quiere entrar en el centro andando. Tampoco es que esté muy lejos, pues la catedral ya asoma con sus torres y tejados frente a él.

Y, la verdad, merece la pena hacerlo, aunque solamente sea por descubrir la vista que aquélla ofrece. Erguida en medio de una gran plaza, entre casas y palacios dieciochescos, y rodeada de soportales para la lluvia, parece un imán de piedra en el que confluyen tarde o temprano todos los visitantes de la ciudad. Por eso en torno a su plaza, bajo los soportales que la circundan y en las callejas que dan a ella, abren sus vetustas puertas los mejores comercios y negocios de la villa, entre otros el museo de Merlín. Un curioso personaje que parece sacado de un relato de Cunqueiro, a juzgar por su indumentaria y por lo que dice:

—¡Bienvenido a Mondoñedo, viajero! Soy Merlín. El mago de las estrellas. El hijo del gran druida. El único capaz de

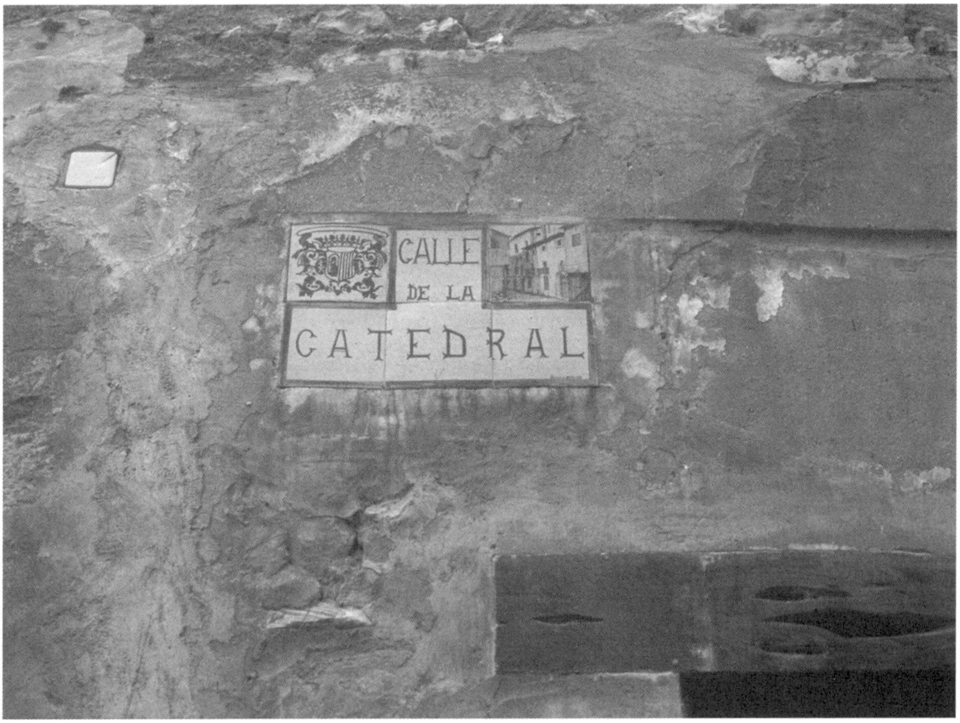
CALLE
DE LA
CATEDRAL

espantar las nubes y curar el mal de ojo... ¿Quiere usted ver mi museo?

El hombre se ha abalanzado sobre el viajero en cuanto lo vio llegar. El hombre, que viste de un modo extraño, como si fuera un mago de cuento, parece, efectivamente, sacado de un relato de Cunqueiro o de una fiesta de Carnaval. Pero no. El hombre es de carne y hueso, pese a su curioso aspecto, y que el viajero sepa hoy no es día de disfraces. Aunque en Galicia nunca se sabe. Tan pronto se encuentra uno con una meiga como se topa por un camino con un licántropo.

—Venga, venga. Le enseñaré todos mis tesoros: libros, joyas, objetos que nunca ha visto... Pase, pase, conozca el museo de Merlín —le arrastra el hombre hasta éste, entre la curiosidad de un viajero que todavía no ha reaccionado. Es difícil que lo haga en un buen rato, a la vista de tan histriónico personaje.

Es un hombre ya mayor. Vestido con una túnica y cubierto de abalorios, la mayoría en forma de pez, porta un bastón de madera y un gran anillo de oro que le da cierto aire de obispo. Quizá lo fue en algún tiempo, a juzgar por sus ademanes.

El museo, o lo que sea, tampoco le desmerece. Al contrario, supera cualquier idea que alguien se pudiera hacer. Al viajero, al menos, así le pasa y se lo reconoce en cuanto entra en él. Ni en el más fantástico de sus sueños podría haber soñado un lugar así.

Y es que el museo de Merlín, que ocupa lo que fuera seguramente una antigua tienda, sobre la plaza de la catedral, acoge tal cantidad de curiosidades que es difícil siquiera enumerarlas. Hay, por ejemplo, libros de literatura, la mayoría de Cunqueiro, el escritor más famoso de Mondoñedo, cuya estatua se ve enfrente del museo presidiendo los jardines del lugar en que nació, pero también objetos antiguos y recortes de periódicos y bastones de madera (de boj, precisa Merlín) y piedras y calendarios y carteles de productos farmacéuticos y hasta fotografías de personajes famosos que, al parecer, pasaron por el museo y dejaron de recuerdo sus retratos dedicados.

—Éste es el druida gallego, el que casó a la cantante Karina. Y este de aquí, el de negro, el Drácula de Pontevedra —le va explicando Merlín a un viajero cada vez más asombrado.

—¡¿El Drácula de Pontevedra?!

—Sí, señor —continúa Merlín, como si tal cosa, devolviendo el retrato a su lugar—. Chupa la sangre de las mujeres y asalta los cementerios... ¿Nunca lo ha oído nombrar?

—Pues no —dice el viajero, asombrado, mirando a su alrededor.

El viajero no sale de su estupor. El viajero, a estas alturas y sin desayunar aún, está tan alucinado que comienza a sospechar si no seguirá dormido. ¿Cómo va a creer, si no, que lo que este hombre le cuenta se lo está contando en serio o que el lugar en que ahora se encuentra no es un lugar irreal?

Pero no. Tanto Merlín como su museo son tangibles y reales. Como real es también el día y la fachada de la catedral. Una fachada que mira justamente hacia el museo y en cuyas torres suenan ahora unas campanadas. Las de las once de la mañana.

—¿Y todo esto lo vende? —le pregunta el viajero a su anfitrión, más que nada por decir también él algo.

—¡Por favor!... Nada de esto está a la venta, amigo mío. Éstos son objetos mágicos que he ido reuniendo a lo largo de mi vida para disfrute personal mío —dice Merlín, mirándole con ternura—. Esto está en exposición.

—Claro, claro —se disculpa el viajero, arrepentido.

—Yo fui librero de cámara de don Álvaro Cunqueiro —sigue Merlín por su cuenta, mostrándole ahora un escaparate (el otro está también lleno de libros)—, que fue quien me descubrió mis poderes mágicos. Por eso, tengo aquí todos sus libros —dice, mostrándole uno de ellos, una primera edición de *Merlín y familia* dedicada por su autor.

—¿Y cuándo descubrió que tenía esos poderes? —le pregunta el viajero, intentando aparentar normalidad.

—Hace años. Aunque desde pequeñito sentía ya cosas raras. Porque el mago nace, ¿sabe usted? El mago nace y se hace con el tiempo, como me está sucediendo a mí... ¿Ve usted estos cuernecillos? —le dice Merlín ahora, despojándose del gorro que le cubre la cabeza, una especie de bonete bordado en vivos colores y del que cuelgan más peces, amén de varias estrellas, para mostrarle los dos bultos que, en efecto, le han salido en ambos lados de la frente, y que, según él, son la confirmación de que se trata en verdad de un mago—. Fui al médico a que me los viera y me dijo lo que yo ya sospechaba: que son duros, no de grasa, pero que, si yo quería, me los quitaba... Por supuesto, no le dejé. Me hubiera quitado mis poderes, ¿no comprende?

Ahora sí, el viajero ya no sabe qué pensar. Ahora el viajero está ya tan estupefacto que lo único en que piensa, aparte de en cómo huir, es en cómo va a contarlo. Seguramente, no le creerán, como tampoco nadie cree a Merlín. Aunque tenga los dos cuernos en la frente como prueba.

—Dicen que a cada pueblo le toca uno y a nosotros nos tocó éste —le dice el dueño del bar de enfrente, en el que por fin recala después de escapar de aquél. Lo dice con más pena que alegría, porque se ve que no le hace gracia.

—¿Y siempre ha sido así?

—Siempre. Aunque antes, como trabajaba, se le veía menos.

—Tenía una librería —interviene la mujer desde la barra—. Y se ve que se volvió loco de tanto leer libros.

—Como don Quijote —dice el viajero, mirándola.

—Pues seguro —dice la mujer del bar.

Pero, aunque Merlín es un personaje (por usar una palabra inofensiva) y aunque el viajero sigue asombrado (por usar otra aproximada), éste está aquí por otro motivo, que no es otro que el de ver la catedral. Así que, en cuanto acaba su desayuno, abandona el bar y vuelve a la plaza, con gran cuidado, eso sí, de que Merlín no le vuelva a ver. No le extrañaría nada que, si le viera, le volviera a secuestrar.

Por fortuna para él, Merlín está ahora a otras cosas. Está charlando con otros hombres que, a lo que se puede ver, ya no se asustan de él. Así que el viajero puede atravesar la plaza e, incluso, detenerse en mitad de ella para ver la catedral, sin más problema que el de sortear los coches que circulan o que aparcan junto a él.

La catedral, a primera vista, es más pequeña que la de Lugo. Recuerda a la de Santiago por su presencia en medio de la ciudad y a la de Orense por su tamaño. Aunque ésta se ve mejor. Desde el centro de la plaza o desde los soportales que la circundan (y por los que Merlín vuelve a pasear ahora, a la caza de nuevos forasteros), se abarca sin gran esfuerzo y aun sobra espacio para alargar la vista sobre ella hacia los montes que rodean Mondoñedo. Que son verdes y sombríos, como prueba de las lluvias de Galicia.

La huella de este elemento se ve también en la catedral. Sobre todo en sus dos torres y en el frontón que remata el frente y que le da ese aspecto característico, como de templo en evolución. Y es que, mirada de abajo arriba, como la mira el viajero ahora, la fachada de la catedral va pasando del románico al barroco sin que desentone, a pesar de ello, todo el conjunto. Al contrario, pocas obras como ésta para ver representada la evolución que supuso la transición de un estilo a otro y lo que cada uno de ellos significó: la pureza del románico, la perfección de líneas del gótico, la armonía exacerbada del barroco...

La pureza del románico se puede ver en el pórtico, obra de gran originalidad, mientras que la perfección del gótico se advierte en el rosetón y en los tres arcos centrales y el barroco en las dos torres y en el friso que corona el frontón de la fachada. Un friso en el que se ve una imagen de la Virgen (la Virgen de la Asunción, patrona de la catedral) y que remata otra de San Rosendo, el patrón de la ciudad.

Por dentro, la catedral es más homogénea. Integrada por tres naves prácticamente desnudas, sin capillas adosadas y con el coro fuera de sitio, parece una abadía gótica más que una catedral. La sensación la produce la desnudez de las naves, sin apenas ornamentos ni figuras religiosas, pero también la penumbra y el silencio sepulcral en que se halla. Apenas dos viejecitas se ven rezando en los bancos e incluso éstas parecen sombras.

Y es que la catedral mindoniense, que amontonara tantos tesoros en tiempos aún no lejanos según refieren las crónicas, ha sido desvalijada de la mayoría de ellos, lo que la convierte hoy en un decorado. El viajero, de hecho, la visita en poco tiempo, sin encontrar en su recorrido muchas cosas de interés. Solamente, en la girola (cuadrada, al revés que el ábside, lo que rompe, entre otras cosas, la armonía del espacio), una imagen de la Virgen, la Inglesa, como la llaman por haber sido traída desde Inglaterra en 1555 por un inglés que se estableció en Vivero, el retablo de la capilla mayor (que pide a gritos una limpieza), la sillería del coro (que se halla dividida en varios trozos y dispersa entre el altar y otros lugares) y, sobre todo, las dos pinturas murales que sobreviven como un milagro en los muros de la nave principal y que constituyen sin duda alguna lo mejor de todo el templo. Dos pinturas mutiladas y restauradas recientemente que representan escenas del Evangelio (la Degollación de los Inocentes, una, y momentos de la vida de San Pedro, la segunda) y que recuerdan las miniaturas de los viejos manuscritos medievales, que es el tiempo del que datan al decir de los expertos.

Uno de ellos, quizá el principal de todos, lo tiene ahora el viajero al lado. Lo que ocurre, claro está, es que aún lo desconoce. Se trata de un hombre gordo, entrado ya en la vejez, que acaba de hacer su entrada en la catedral acompañando a unos familiares. El viajero lo deduce de la forma en la que hablan y de la cordialidad que se manifiestan, pese a que también advierte que hace bastante que no se ven. Deben de ser sus sobrinos, o sus hijos, por la edad.

—Perdone, ¿ustedes son de aquí? —les pregunta el viajero, interrumpiéndolos.

—No, somos de Segovia —le dice uno de los más jóvenes; aunque en seguida rectifica y responde, por el viejo—: Bueno, él sí vive aquí.

—¿Por qué está tan vacía? —se dirige a él el viajero, mirando la catedral.

—¡Uf!... Pues por muchas causas —dice el hombre, sentándose en un banco; está tan gordo que se ve que le cuesta estar de pie—. Expolios, robos, profanaciones... Y una serie de reformas, en mi opinión, desafortunadas.

—¿Usted es cura? —le pregunta el viajero, sorprendido por la forma en la que habla.

—Sí —asiente el hombre, sin inmutarse. Aunque del modo en que va vestido debería haberlo hecho: lleva un pantalón vaquero y una camisa de manga corta. Nada que indique a primera vista su condición de clérigo.

—¿No será también canónigo?

—También —responde el hombre, sonriendo. Se ve que las preguntas del forastero no sólo no le molestan, sino que hasta le divierten. Al menos por el momento.

—Bueno, pues muchas gracias —se despide el viajero, sonriendo, antes de que aquél se canse.

El resto de la mañana el viajero lo dedica a contemplar el templo más lentamente, pese a su oscuridad. Como sucedía en Orense, para poder verlo iluminado hay que meter monedas y no precisamente de duro: de quinientas pesetas para iluminar las naves y otro tanto para poder ver el altar. Menos mal que, de cuando en cuando, aparece algún turista que le ayuda en el empeño, que, si no, se habría arruinado.

A la una y cuarto, antes de lo anunciado, el que aparece es otro canónigo (éste de estricta sotana) cerrando la catedral. El viajero, que está solo, aprovecha la ocasión para decírselo:

—Perdone, pero ¿no le parece que cobran demasiado por dar las luces?

—Seguramente —se encoge de hombros el cura, sonriendo amablemente, pero empujándole hacia la calle.

—Muchas gracias —dice el viajero, en la puerta, sin más remedio que obedecer.

En la plaza, el mediodía ha vaciado los soportales. Los viejos de Mondoñedo deben de estar ya comiendo y, en su lugar, grupos de niños y adolescentes juegan en los jardines, junto al quiosco, bajo la mirada pétrea de don Álvaro Cunqueiro, que permanece impasible en su pedestal. El viajero le saluda como si fueran viejos amigos mientras recuerda una de las frases que el municipio de Mondoñedo ha colocado por todo el pueblo en grandes placas de bronce en los sitios preferidos del autor: «Escribo sin duda del lugar más próximo a mis ojos, del país que tuvieron delante mis ojos cuando nací; la plazuela de la Fuente Vieja...».

La plazuela de la Fuente Vieja no es exactamente ésta; es la que antecede a ésta viniendo del Seminario, pero a don Álvaro no le habrá importado mucho que su busto lo erigieran en la grande, junto al quiosco donde compraba el periódico y en el jardín donde se sentaba a leerlo, mirando a la catedral. Al viajero, por lo menos, el lugar le parece de lo más recomendable, sobre todo a esta hora del mediodía en la que el sol calienta con fuerza, pues todavía dura el verano.

En la plaza, mientras tanto, los comercios van cerrando. Tan sólo quedan ya abiertos el quiosco y los dos bares y, en la esquina de la plaza, el museo de Merlín. Con él, claro está, a la puerta. Aunque no parece el mismo. En lugar de la túnica de mago, ahora viste de paisano, aunque continúa llevando el bastón y una especie de bonete, éste, seguramente, para que no se le vean los cuernos. Y, además, le acompaña una mujer.

—Es su hermana —le dice el dueño del bar de enfrente, al que el viajero vuelve para tomar el aperitivo—. Montero está soltero —añade, refiriéndose a Merlín.

—¿Y por qué está tan callada? —le pregunta el viajero, por la hermana.

—Tiene alzheimer —responde el hombre, compadeciéndola, sin ver lo que tiene en casa.

Y es que en todas cuecen habas. Y más en este lugar en el que parece haber una vena loca, como de aflicción levítica, quizá por culpa de su aislamiento o por su abundancia en lluvias. Mientras el dueño del bar le habla, su hijo, de unos diez años, pelea a brazo partido con unos monstruos que le atacan por doquier a juzgar por los aspavientos con los que se defiende de ellos y por los gestos de desesperación que hace. Si el viajero no lo estuviera viendo de cerca, pensaría que el niño está realmente en apuros.

—¿Qué le pasa?

—Nada —dice la madre, mirándolo—. Que tiene mucha imaginación.

—¿Usted cree?

—Sí, señor —dice la mujer, muy seria, mientras el niño sigue matando monstruos—. Yo creo que va a ser escritor.

—Seguro —corrobora el viajero, convencido de que el niño está también ya afectado.

Pero la vena loca de Mondoñedo no le abandona en la plaza. La vena loca de Mondoñedo le acompaña sin dejarlo por el pueblo mientras lo recorre a pie, contemplando sus palacios y casonas y sus viejas callejuelas de trazado medieval. La vuelve a hallar en el restaurante, un lugar inverosímil que parece el portal de una vivienda, pero en el que se come bien (asado y caldo gallego), y, más tarde, en varios sitios: en la pastelería El Rey de las Tartas, un clásico en Mondoñedo a tenor de los carteles y las fotos en las que aparece el dueño, fallecido hace ya ocho años según le dice su viuda, con distintos personajes y figuras del país; en la librería Montero, la auténtica librería —ya cerrada— de Merlín, y, dos calles más abajo, en Sucesor de Mancebo, el taller que porta el testigo de aquella primera imprenta que abrió sus puertas en Mondoñedo en el año 1534 (una de las primeras de España) y en el que se imprimen hoy todos los libros y los folletos que se publican en la ciudad. Entre ellos, los de Ángel García Sanz, un viejo veterinario al que Merlín tiene dedicado un escaparate (el otro lo está a Cunqueiro) y cuyo mayor mérito, al parecer, fue el descubrimiento de «una solución quirúrgica para el prolapso de vagina en bóvidos», según reza en la solapa de su libro de memorias.

Pero el veterinario y Cunqueiro, como Merlín y El Rey de las Tartas, no son los únicos personajes famosos de Mondoñedo. De Mondoñedo fueron también, según le cuentan los de la imprenta, los también escritores Manuel Leiras Pulpeiro y Antonio Noriega Varela, «entre otros de menor fama», y los músicos Pacheco y Pascual Veiga, este último el autor del himno oficial gallego, que nació y vivió en la villa y cuya casa el viajero se topa ahora, advertido por la placa que hay encima de la puerta, en su paseo en torno a la catedral. Un paseo que empezó frente al palacio del obispo, paredaño de ésta y rodeado de una gran tapia, y que concluye nuevamente frente a aquél. No en vano por él se accede al museo, que es lo que el viajero se dispone a admirar ahora.

Es lo único que le falta. Y lo que le atrae más, pues, según le contó Merlín, en él ha sucedido hace unos días el último episodio fabuloso de este pueblo que tan lleno está de ellos. Al parecer, hace una semana, una mujer que lo visitaba vio a dos monjes que cruzaron de repente frente a ella caminando por el aire como dos aparecidos. La noticia salió en todos los periódicos.

—Tonterías —le dice uno de los chicos que se turnan en la guarda del museo—. Yo estoy aquí todo el día y jamás vi nada raro.

El chico es despabilado. Y demuestra ideas propias. Así, piensa, por ejemplo, mientras enseña aquél al viajero, que la catedral de Mondoñedo está muerta porque la han despojado de todo. Los retablos, las imágenes, hasta los púlpitos del altar están ahora en este museo. Antes, dice, cuando la Virgen Inglesa estaba en su sitio, a la entrada de la puerta principal, cada día se recaudaban en su cepillo más de doce mil pesetas. Ahora la gente ni viene a verla.

—¿Y por qué la han trasladado? —le pregunta el viajero, por saber.

—¡Ah! —se encoge de hombros el chico—. Pregúnteselo al obispo.

La respuesta, que denota su escasa simpatía hacia su jefe, la repite varias veces a lo largo de la visita, que se prolonga más de una hora. Y es que, al revés que la catedral, el museo diocesano guarda tal cantidad de piezas, y tan buenas, que se hace interminable. Por si faltara algo, además, ocupa varios salones y diversas dependencias del propio templo catedralicio, como la sacristía menor o la antigua cocina episcopal, lo que hace la visita todavía más atractiva. ¿Cómo podía pensar el viajero que iban a ver el despacho en el que el obispo Fray Antonio de Guevara escribió su archifamoso *Menosprecio de Corte y alabanza de aldea,* su obra más conocida, o el dormitorio de su colega Luján (con toda su impedimenta: cama, mesita, brasero, vestidor y hasta palangana), o, en fin, a tres palmos de la cara, mientras cruzaban la catedral por un estrecho pasillo adosado al interior de su fachada, su espléndido rosetón, que, más que una flor submarina, como la definió Cunqueiro, parece un caleidoscopio, visto a tan corta distancia?

Dentro de la colección artística, cuya mera relación llevaría un libro entero, los folletos recomiendan, como es obvio, las piezas de más valor, pero el guía y el viajero se demoran viendo otras que le llaman la atención por otras causas. En concreto, la colección de zapatillas de obispos, todas bordadas en oro (se ve que no iban descalzos), la colección de alabastros, la sala de orfebrería, alguna tabla flamenca y, cada uno en su dimensión, la matraca y el violín Stradivarius. Dos extremos de la música y del arte unidos en este espacio que constituye sin duda alguna la mayor fantasía de Mondoñedo.

—Pues el obispo quiere cerrarlo —le dice el guía al viajero, a punto de acabar ya el recorrido; un recorrido en cuyo transcurso han intimado bastante.

—¿Por qué? —se extraña el viajero.

—Pues porque se ve que al señor obispo, que sólo vive aquí quince días al mes (el resto vive en Ferrol), le molesta que la gente entre al museo por la misma puerta que él.

—Pero eso es imposible —dice el viajero, asombrado—. Alguien tendrá que impedírselo.

—¿A quién? ¿A éste? —sonríe el chico con ironía—. A éste no lo para nadie. Como diga que cierra el museo, lo cierra. Si es famoso en toda España...

—¿Cómo se llama? —le pregunta el viajero, recordando el artículo de ayer en *El Progreso*.

—Gea Escolano. Monseñor Gea Escolano —dice el chico, remarcando las palabras.

La visita al museo se termina en una sala que comunica con la catedral. Allí, el guía se despide para volver de nuevo a su puesto, mientras que los visitantes han de atravesar aquélla para poder volver a la calle. El viajero, sin embargo, abandona a los turistas y se queda dentro de ella para asistir a la única misa que ha visto que se celebre (a lo mejor, las dicen temprano).

Como la de ayer en Lugo, ésta parece también de peso. La dicen cuatro canónigos de los cinco que componen el cabildo según le dijo el de esta mañana, que, por cierto, es el único que falta. Por contra, el público es escasísimo. El viajero cuenta dieciséis personas, incluido él mismo, lo que da una cifra de cuatro por celebrante. Ciertamente, la catedral de Mondoñedo, si no está muerta, está agonizando.

Al finalizar la misa, el viajero pega la hebra con uno de los canónigos. Es alto y muy atildado y de origen madrileño, según dice, ciudad en la que nació en plena guerra civil («cuando quemaban los rojos las iglesias»), pero lleva medio siglo en Mondoñedo, adonde llegó acompañando a un tío y de cuya catedral es ahora canónigo. Beneficio que conjuga con el cargo de arcipreste y provicario del obispado, lo que le sitúa en el área de influencia del obispo. Menos mal que, calle abajo, de regreso hacia su coche, el viajero vuelve a encontrarse con el de esta mañana, que despide a su familia, que regresa ya a Segovia, y que resulta ser el autor de la guía que ha comprado hace un rato en el museo. El viajero lo descubre, no porque él se lo diga, sino al escuchar su nombre a uno de sus parientes.

—¿Usted es...?

—Sí, señor —asiente el hombre, señalando la guía del viajero.

—Claro, claro —exclama éste, comprendiendo—. Por eso está dedicada a Segovia...

—Es que yo soy de Segovia —le dice él, sonriendo, ante la satisfacción de sus familiares.

—¿Y cómo vino a parar aquí?

—Pues ya ve: el destino... —se encoge de hombros el hombre, que no es de mucha conversación.

—Pues siga, siga —le felicita el viajero, antes de despedirse del todo, demostrándole que sabe ya quién es. Aparte de haber escrito la guía, don Santos San Cristóbal Sebastián, que es como se llama el cura, es también el director del museo, que él mismo fundó hace años.

—Lo intentaremos —le dice el hombre, que al parecer está ya cansado.

El barrio de los Molinos, el de los artesanos y campesinos de Mondoñedo, merece sin duda alguna el paseo que hay que dar hasta encontrarlo. Sobre todo a esta hora de la tarde en la que el sol relumbra en los huertos y en las acequias de agua que dan vida a los molinos que nombran este lugar. Un lugar con aroma de otro tiempo que al viajero le recomendó don Santos antes de saber quién era (a través de la lectura de su guía) y que, efectivamente, conserva sitios tan pintorescos como los que aparecen en sus ilustraciones. Como la fuente de los Pelamios, una sinfonía de agua con sus diez o doce caños, o como el puente del Pasatiempo, el bello puente romano en el que, según la historia, fue entretenida por emisarios de sus enemigos la esposa del mariscal mindoniense Pardo de Cela mientras éste era ejecutado, al no llegar el indulto que ella traía, en la plaza de la catedral. Una triste leyenda que rodó de boca en boca desde entonces, como la cabeza del mariscal por la plaza.

Anochece en Mondoñedo cuando el viajero regresa a ésta. La plaza está ahora desierta y los comercios están cerrados, incluido el museo de Merlín. El viajero, pese a ello, se acerca a verlo de nuevo (no vaya a ser que esté dentro) y, luego, ya en el jardín, se sienta junto a Cunqueiro para contemplar con él la catedral ahora iluminada y las montañas de Mondoñedo, que van quedando en penumbra, mientras recuerda las palabras de este hombre que tanto quiso a su pueblo y tanto amó a este país: «Loado sea Dios por permitirme nacer, crecer, hacerme hombre y ahora envejecer en este hermoso reino que llamamos Galicia».

Segundo viaje
EL REINO PERDIDO

En San Salvador de Oviedo

En la introducción al libro, antes de empezar su viaje, el viajero ya dejó dicho que éste lo haría siguiendo sus propios gustos, sin fiarse demasiado de fronteras religiosas o políticas. El viajero no cree en otras fronteras que las que forjó la historia y éstas no siempre coinciden con lo que a veces dicen los mapas.

Así, esta vez, el viajero va a recorrer un país que ya no figura en éstos. Desapareció de ellos con el correr de los siglos y de sus tribulaciones, pero continúa viviendo en la memoria de muchas de sus gentes. Se trata de un viejo reino que existió un día en España, pero que desapareció de ella a medida que ésta se configuraba. Mas el viajero, que nació en él y que alcanzó todavía a verlo en los libros y en los mapas oficiales de su infancia, bien es cierto que partido en dos regiones: Asturias y León, se niega a aceptar aquéllos y hoy va a regresar a él como si fuera un viajero también perdido en la historia, más que un simple buscador de catedrales. Por eso sigue su viaje, después de dejar Galicia, por la primera gran capital que tuvo aquel viejo reino (antes lo fueron también Cangas de Onís y Pravia), que no es otra que el Oviedo hasta el que los peregrinos se desviaban desde León, la segunda capital del viejo reino y la que le dio su nombre, para hincar la rodilla ante el Salvador antes de seguir viaje a Santiago. No en vano dice el refrán que el que va a Santiago y no al Salvador visita al criado y deja al señor.

El viajero hace ya tiempo que estuvo viendo al criado. Lo hizo un día de septiembre, hace ahora ya seis meses, y hora es ya de que visite al que dicen el señor, por más que popularmente sea conocido como si fuera otro santo más: no en vano lo llaman San Salvador. El viajero va pensando la razón de que así sea mientras se dirige a Oviedo por la vieja carretera que, partiendo de León, atraviesa las montañas de la alta cordillera que separa ambas provincias. Es primavera (1 de abril, señalan los calendarios), pero aquéllas aparecen coronadas todavía de las guirnaldas de nieve que les recuerdan a sus vecinos que hasta dentro de dos meses no deben quitarse el sayo.

A partir del puerto, además, el cielo, que estaba limpio, comienza a volverse gris. Se hace asturiano, como el paisaje, y se tiñe de esa gris melancolía que al viajero le recuerda su época de estudiante; una época que pasó bajo la capota gris de este cielo y en esa vieja ciudad norteña a la que ahora se dirige entre montañas y túneles y, a partir de Pola de Lena, entre un tráfico cada vez más abundante. Por fin, aparece Oviedo al coronar una larga cuesta y, en su centro, el viejo faro que preside el caserío: la solitaria torre de su catedral.

Estacionado el coche en la Escandalera, como los ovetenses llaman al centro de su ciudad (vaya usted a saber por qué), y tras desayunar en la cafetería Logos, la más moderna de Oviedo en sus años de estudiante, el viajero se dirige sin perder tiempo hacia la catedral, pues la mañana ya está un tanto avanzada. Aunque madrugó bastante, la carretera desde León sigue siendo también la de aquel tiempo.

Calle arriba, sin embargo, el viajero se detiene a contemplar la casa que llaman de Valdés Salas, un solemne edificio palaciego que hoy aparece lleno de andamios, pero en el que aquél estudió Derecho hace ya un cuarto de siglo sin sospechar que la vida le iba a llevar por otros caminos. Así son las circunstancias, piensa mientras lo contempla, ajeno al polvo y a los obreros y a la indiferencia de los conserjes, a los que los recuerdos del forastero les traen al pairo:

—Éste es el edificio histórico de la Universidad —le responde uno de ellos, el más joven de los dos, a su pregunta sobre si sigue siendo la facultad de Derecho de la Universidad de Oviedo.

—Ya. Pero ¿sigue siendo la facultad de Derecho?

—Le digo —le repite el conserje, un tanto hosco— que éste es el edificio histórico de la Universidad.

—Ya. Pero ¿sigue siendo Derecho? —le repite el viajero, sin inmutarse.

—No, señor.

—Pues antes sí lo era.

—¡Antes!... —exclama el vigilante con desprecio, como si hubiese ya pasado medio siglo desde entonces.

Medio siglo no, pero casi, parece haber pasado por esta vieja ciudad que el viajero recuerda más sombría y, sobre todo, llena de tráfico. La peatonalización del centro, unida a la limpieza de muchas de sus fachadas, le dan a Oviedo un aire más nuevo o, cuando menos, más elegante. Como si, en todo este tiempo, hubiese dado un salto hacia adelante.

Pero es sólo en apariencia. En su corazón, Oviedo (y el viajero se da cuenta en cuanto la recorre un poco) sigue siendo la ciudad que conoció en los años setenta y que respondía aún al retrato que Clarín, su principal relator, reflejara en sus escritos sobre ella. Sobre todo en *La Regenta,* esa novela a la que tanto deben los ovetenses, pese a que a la mayoría no les guste nada.

—¡Por favor! —se santigua, ofendido, el sacerdote que pasea hablando solo por la plaza.

El cura, que ya es mayor y que tiene el pelo blanco por completo, lo que contrasta violentamente con el negro riguroso de sus ropas, parece no estar bien de la cabeza. Sin dejar de hablar entre dientes, continúa dando vueltas por la plaza, mientras el viajero prosigue su camino en dirección a la catedral y, en concreto, a la puerta que se ve abierta desde fuera.

En efecto, la puerta de la izquierda, que es la menor de las tres que hay, aparece desprovista de la verja que cubre las otras dos: la del centro, que es más ancha, y la de la derecha, que es la que sirve de base a la única torre. Pero, antes de cruzarla, antes de acercarse a ella y de ingresar en la catedral como ahora hacen otras personas, el viajero se queda un rato mirando la fachada y el conjunto arquitectónico y, en especial, esa hermosa torre que es su imagen más famosa y conocida y la altura —todavía— principal de la ciudad. «Poema romántico de piedra, delicado himno de dulces líneas de belleza muda y perenne», que escribiera un día Clarín, el viajero la contempla una vez más, como cuando era estudiante, como esa saeta gótica siempre cubierta de nubes que le hacía soñar con otros cielos más azules que el de Oviedo.

Por dentro, la catedral tampoco ha cambiado mucho. Sigue siendo aquel templo medieval que el viajero conoce bien y que continúa arrastrando, junto a su historia de monarquías y monasterios (los que cedieron parte de sus terrenos para que fuese erigida), la de la guerra civil española y la de la revolución asturiana del 34. Una historia totalmente diferente, según quien te la relate.

Según los oficialistas, los ovetenses de pro y la gente de derechas, la catedral de Oviedo es el símbolo de la monarquía asturiana (no en vano fueron sus reyes los que la construyeron) y de la pervivencia de aquélla en la actual monarquía española (de ahí que sus herederos lleven el título del Principado), mientras que, para los republicanos, el templo es, al contrario, como demuestran sus piedras negras y las huellas en sus puertas y columnas de las balas, el símbolo del republicanismo y de la legendaria rebeldía de los asturianos. Hoy, que todo aquello ha pasado (lo de las guerras y las insurrecciones), al viajero le parece que esta vieja catedral, como todas las de España, no es sino un ejemplo más de las grandezas y las miserias de este complejo país y de las contradicciones que han conformado su historia y que, posiblemente, continuarán conformándola muchos siglos.

—Completamente de acuerdo —le dice el racionalista que lleva dentro, cuando termina su reflexión.

Es el único que puede hacerle caso. La catedral está tan desierta, tan vacía y en silencio, que casi hace de caja de resonancia. Tampoco sería eso extraño habida cuenta de su majestuosidad y de la casi total ausencia de elementos que interfieran en su acústica. Sólo el retablo mayor, que apenas se ve sin luz, y alguna imagen aislada atrae ahora la atención de los turistas. El coro ha desaparecido de su lugar y, como él, la mayoría de las imágenes.

En cualquier caso, el viajero tampoco pierde gran tiempo en contemplar las que permanecen. Como los peregrinos de la Edad Media, tiene prisa por entrar en la capilla palatina en la que se veneran desde hace siglos las reliquias y las joyas principales de este templo y que se conoce popularmente como la Cámara Santa de Oviedo. Un nombre que en modo alguno es exagerado, a tenor de lo que guarda.

Lo que la Cámara Santa guarda, no sin cierta prevención, habida cuenta de lo que sucedió hace años, son las dos cruces más importantes para el imaginario de los asturianos: la de los Ángeles y la de la Victoria, a cuál más bella y llena de historia (aquélla del siglo IX y ésta del X), y la Caja de las Ágatas, un valiosísimo cofre hecho de oro y piedras preciosas que el rey Fruela II regaló a la catedral y que se conserva prácticamente íntegro, como las cruces, a pesar del robo sufrido hacia mediados de los setenta. El viajero vivía entonces en Oviedo y recuerda todavía la conmoción que el hecho causó.

La Cámara Santa guarda también (en la llamada Arca Santa, hermoso cofre del siglo XI realizado en madera de cerezo y recubierto de plata que el rey Alfonso VI ordenó hacer para acoger las reliquias recogidas en Oviedo a raíz de la invasión árabe) son las reliquias de varios santos y la pieza que en verdad provocó en la Alta Edad Media la avalancha de peregrinos hacia la capital de Asturias: el sudario de Cristo o Santo Sudario. Una pieza de tanta veneración como controvertida a lo largo de su existencia. Aunque, al decir de Francisco, el guía que ahora la enseña, hace poco se ha podido demostrar, mediante la aplicación del carbono-14, que el sudario pertenece a la época de Cristo, que cubrió a un hombre joven que murió crucificado (¡y que fue coronado de espinas!) y que es de la misma tela que la Sábana Santa de Turín. O sea: blanco y en botella, leche.

De la Cámara Santa (y del vecino museo, que tampoco es poca cosa: solamente los tres dípticos, uno de inspiración bizantina, otro románico y otro gótico, que en él se exponen merecerían una visita a esta catedral), el viajero sale tan excitado que duda de si habrá algo que le pueda llamar ya la atención en este templo. Pero lo hay. Prácticamente a continuación: la sala capitular por la que empezó a erigirse en el año 1239 el actual edificio gótico y en la que se guardan hoy los pocos bancos del coro que se salvaron de los sucesos del 34 y el claustro del mismo estilo con el que aquélla se comunica y en el que se pueden ver, aparte de las tres fases del arte gótico: el original o puro, el manierista y el flamígero o tardío (no en vano tardó en hacerse doscientos años), las huellas de la humedad y, junto a ellas, las de los acontecimientos de los años 34 y 36. Unos acontecimientos que aquí serían particularmente trágicos y dramáticos, como lo demuestra la relación de los curas asesinados en esos años que se expone en letras rojas en el claustro y que supera con creces el centenar. Una cifra que al viajero, como a Arturo, el sustituto hoy del guía oficial, le parece hasta difícil de creer:

—¡Muchos, hombre! —dice Arturo, compungido, ayudándole a contarlos en voz alta.

Acongojado por tanto muerto e impactado por las huellas de las balas en las piedras, que aquí se ven todavía, el viajero sale a la calle sin regresar a la catedral. Lo hace desde el propio claustro, por la puerta que da al este, a la calle que rodea el cementerio que se conoce como de los peregrinos (por servir antiguamente a tal efecto) y los restos del conjunto palaciego que construyeran en los siglos VIII y IX los reyes Fruela I y Alfonso II el Casto y de los que apenas subsisten ya, amén de unas cuantas piedras restantes de su estructura, la capilla palatina y la cripta subterránea (la actual Cámara Santa) y la torre cuya base hoy les sirve de antesala, pero que en tiempos fue el campanario de la basílica de San Salvador, la antecesora de la catedral. Todo esto, que el viajero ya conoce por sus guías, se lo está contando ahora a unos turistas una guía joven de carne y hueso, pero de recio y fuerte carácter. A los que no forman parte del grupo los echa sin contemplaciones.

—Pero podremos estar aquí... —dice uno, resistiéndose a marchar.

—Sí, pero sin aprovecharse —dice la chica, inflexible.

Por si acaso (y porque ya sabe lo que ésta cuenta), el viajero obedece y se aleja calle arriba en dirección de nuevo a la plaza. El cura que hablaba solo ya se ha marchado. Es la una y debe de estar comiendo, algo que al viajero le gustaría hacer ya también, pues se levantó muy pronto y comienza a tener apetito. Aunque antes tendrá que buscar un sitio. O, mejor, un lugar en el que hoy sirvan el plato con el que sueña desde que salió de casa: una fabada asturiana.

Buscándolo (y recordando viejos rincones), recorre la parte vieja, desde la calle Oscura a El Fontán, lugares en los que tantas horas pasó en sus épocas de universitario. Pero ya no conoce a nadie. Ni siquiera recuerda ya los locales, remodelados por la especulación, o por deseo de sus dueños, como la mayoría de las fachadas. Tan sólo el Café Sevilla, donde solía tomar café, y la sidrería Litos continúan más o menos como estaban. Ésta, incluso, con los mismos parroquianos de aquel tiempo: varias tertulias de hombres que comentan los sucesos ciudadanos sentados en torno a una botella.

—¿Hay fabada? —le pregunta el viajero al dueño, con esperanza.

—Por supuesto —dice éste, sorprendido de que alguien pueda ponerlo en duda.

Es más. Hoy es el menú del día: fabada y huevos en salsa y flan o fruta de postre, que se sirve en abundancia en el comedor de arriba, que permanece igual que cuando lo abrieron. Aunque el viajero, que lo toma en un rincón, rodeado de comensales, lo reduce a la mitad, es decir, a la fabada y a la fruta, no vaya a ser que se duerma cuando regrese a la catedral.

Lo hace a las cuatro, que es la hora a la que abre después de la breve pausa del mediodía. Al parecer, en Oviedo, como en Orense, tampoco está expuesto el Santísimo. Y, si lo está, da lo mismo. Cierran la puerta y lo dejan solo, que tampoco le va a pasar nada.

De todos modos, después de abierta, tampoco hay gente que lo acompañe. Sólo el viajero y otras dos o tres personas se reparten ahora las tres naves de este templo que cada vez está más oscuro, como la ciudad entera. Con el discurrir del día el cielo se ha encapotado y, aunque todavía no llueve, amenaza con hacerlo pronto. Lo cual, en la catedral, hace que la oscuridad sea todavía mayor. El viajero se da cuenta en cuanto entra y, después, cuando se sienta a tomar algunas notas en un banco de la nave principal: apenas puede ver ya. Menos mal que de tarde en tarde alguien enciende el retablo, permitiéndole al viajero escribir algunas líneas y contemplar a la vez la, según los estudiosos, mejor obra manierista que se conserva en todo el país. Una obra proyectada por Giralte de Bruselas, que entonces vivía en España, pero en la que intervinieron también otros artistas, algunos tan renombrados como Juan de Balmaseda o Berruguete, aunque éste, al parecer, no llegó a hacerlo en persona.

Suyo es, en cambio, y sin duda alguna, el Cristo de Velarde, la sobrecogedora imagen que se expone en la capilla de este nombre, en la nave de la Epístola, frente por frente de una inscripción funeraria dedicada a la memoria de su esposa y sus dos hijas por Fernando de Galarza, «que las llora y les dedica este recuerdo». Al menos, así le dice al viajero que reza en dicha inscripción el hombre que se ha acercado en su ayuda al verle intentar leerla.

—¿Quiere que le enseñe la catedral?... No cobro ni acepto propinas —se apresura el hombre a tranquilizarlo.

—¿Cómo dice?

—Que no cobro ni acepto propinas —repite el hombre, alto y claro.

Es un hombre ya mayor, vestido con sobriedad y con cierto aire de cura. Pero no lo es, asegura. Ni guía. Ni profesor de arte. Se trata simplemente, según él, de un gran amante de la catedral que se dedica a enseñársela a los turistas para que no se vayan de vacío. La mayoría, asegura, salen de ella sin enterarse de nada.

—¿Y por qué lo hace? —le pregunta el viajero, que no acaba de creerle que no cobre.

—Por servir a los demás —responde el hombre, muy serio.

Por servir a los demás o por interés espurio, al viajero, en cualquier caso, le interesa su proposición. No sólo por lo espontánea, sino por curiosidad: intuye que frente a él tiene ahora a un personaje. Así que acepta el ofrecimiento y se apresta a seguirle por el templo, sin importarle o no que sea cierto el altruismo del que presume.

Y no se arrepentirá. El hombre, que habla muy bajo, como si estuviera en misa, conoce la catedral como si fuera su propia casa. Solamente de ese modo puede llevarle por ella como le lleva, teniendo en cuenta la oscuridad en la que está sumergida ahora. En especial la girola, a la que apenas llega la luz.

Pero al hombre le da lo mismo. La conoce de memoria, lo mismo que las capillas, que recorren una a una, parándose cada poco para ver o leer alguna cosa. El hombre no sólo sabe toda la historia del templo, sino también la de la ciudad de Oviedo.

—¿Quiere que sigamos?

—Por supuesto —dice el viajero, encantado.

—Se lo digo porque hay gente que se cansa... —se excusa el hombre por su pregunta.

Pero no tiene por qué. El viajero está tan contento que le seguiría durante horas. No sólo por la catedral, sino también por Oviedo, que, al parecer, su espontáneo guía también enseña a los turistas que se lo piden. Eso sí, sin cobrar ni admitir propinas, como insiste en recordarle al viajero cada poco.

—Pero ¿usted a qué se dedica?

—Yo estoy jubilado —responde el hombre, sin dar más explicaciones.

Y es que el hombre es reservado. Solamente en materia personal. En lo tocante a la catedral, por contra, es una auténtica catarata de datos e informaciones que el viajero apenas puede asimilar. Fechas, santos, influencias, estilos, intervenciones, el hombre lo sabe todo sobre este viejo edificio en el que pasa, según le dice, todas las tardes del año y que se abre ante su presencia como si fuera una caja fuerte. El viajero le sigue a duras penas intentando retener lo que le cuenta. Pero no puede. Es imposible almacenar tanta información como no sea grabándola en un magnetófono. Al final, abandona y decide quedarse solamente con lo más interesante. Así, el sepulcro del obispo Juan Arias del Villar, mandado hacer por éste para sí mismo en el estilo gótico de la época, pero que nunca llegó a ocuparlo (al parecer, fue trasladado a Segovia); o la portada de acceso al claustro, joya escultórica hispano-flamenca realizada por Juan de Badajoz el Viejo, autor también de la torre nueva; o la capilla de Santa Eulalia, con su cúpula barroca y su original cimborrio;

o, en fin, en la que llaman de Alfonso el Casto, la mayor de la catedral y la que albergó en sus tiempos el panteón real, la bellísima puerta flamenca obra de Juan de Malinas (junto a la Cámara Santa y el retablo, lo mejor de todo el templo) y el sepulcro visigodo que perteneció, según su inscripción, a un personaje llamado Itacio, pero que fue reutilizado, al parecer, para recoger los restos de algún monarca asturiano. Y, por supuesto, la estatua del Salvador, obra románica del siglo XI que presidió el altar y la catedral hasta que la desplazó el retablo a una columna del presbiterio y ante la que se arrodillaron y siguen arrodillándose millones de peregrinos de paso hacia Compostela.

Esto por lo que se refiere al arte. Porque luego está la historia, que también es extensa aquí. Baste saber que esta catedral fue una de las primeras en construirse en España. Aunque el viajero, ya se sabe, prefiere las historias con minúsculas, de las que también el templo está lleno, como corresponde a su antigüedad. Dos ejemplos solamente: el de la hidria, la vasija que, según la tradición, se utilizó en las bodas de Canaán y que se guarda en una hornacina que sólo es abierta al público un par de veces al año (el día de San Mateo, el patrón de la ciudad, y el que en la homilía toca leer ese pasaje del Evangelio), y la de Melchor de Quirós, el primer santo asturiano —y único por el momento—, cuyos restos fueron traídos hasta la catedral de Oviedo desde su lugar de martirio en Tonkin, Vietnam. Aunque la mejor de todas es quizá la del San Pedro que se venera en el panteón real y que tiene ya los dedos de la mano desgastados, pues existe la creencia de que, girando la llave que lleva en ella, te abrirá las puertas del cielo cuando te mueras o te ayudará a encontrar novio, según la circunstancia o el interés de cada cual.

—¿Y usted dónde ha aprendido todo esto? —le pregunta el viajero al guía, llegados ya ante la puerta.

—Escuchando —dice éste, sonriendo.

Y es que aún no ha terminado. Todavía le falta por enseñarle el pórtico de la entrada, cosa que debe hacer en seguida, si quiere que les dé tiempo. Son las siete menos cinco de la tarde y la catedral está a punto de cerrar.

Pero hay tiempo suficiente para verlo: el pórtico y las dos torres (la que existe y la que no, que iba a ser igual que aquélla, pero que se quedó en el plano) y las tres puertas principales, todas muy bien trabajadas. Sobre todo la del medio, preciosa pieza de doble hoja tallada en el XVIII con motivos religiosos y paisajísticos asturianos. Hay prados, vacas, montañas...

—Preciosa —le dice el viajero al guía, justo cuando sobre sus cabezas suenan las siete campanadas.

Es la hora de acabar. Y de salir a la plaza. Y, en el caso del viajero, de comprobar si es verdad lo que su espontáneo guía le ha repetido cien veces: que no admite otra propina que las gracias.

—Ya sé que usted no admite propinas. Pero yo quisiera... —le dice, buscando en el bolsillo, en ademán inequívoco.

—De ninguna manera —le dice el hombre, ofendido.

—¿Ni un café? —pregunta el viajero.

—Un café sí —admite el hombre, con humildad. Y añade, mirando, en torno, la plaza—: ¿Dónde?

—En el Sevilla —dice el viajero.

—¿En el Sevilla? —repite el hombre, extrañado.

—Era el sitio al que yo iba cuando estaba estudiando aquí —le explica aquél con nostalgia.

El hombre le mira de arriba abajo.

—¿En qué años?

—En los setenta —dice el viajero, pensando un poco.

—Pues entonces —dice el hombre—, yo a usted le he puesto más de un café —y, a continuación, le cuenta, mientras se alejan bajo la lluvia que ya ha empezado a caer, que fue junto a su hermano propietario de aquél muchos años, hasta que se jubilaron, y que todavía siguen siéndolo del local, aunque ahora lo tengan alquilado a otras personas.

—¡Qué casualidad! —dice el viajero, asombrado.

Pero las casualidades no han terminado. Cuando por fin llegan al café, que está cambiado respecto de sus recuerdos (apenas hay ya tres mesas y la música está a todo volumen), el viajero le pregunta al antiguo dueño su nombre.

—Salvador.

—¿Cómo dice?

—Salvador.

—No puede ser... —dice el viajero, mirándolo.

—Sí puede ser —le dice el hombre, sonriendo, al ver la cara que ha puesto.

—Ahora lo comprendo todo —exclama el viajero, sentándose en una mesa y buscando en el bolsillo su libreta, pues tiene mucho que escribir hoy.

La catedral de vidrio

A la mañana siguiente, cuando despierta, el viajero está ya en León. En la casa de sus padres, que es donde ha estado durmiendo.

A pesar de ello, cuando despierta, tarda en saber dónde está. Y es que apenas ha dormido cuatro horas; las justas para olvidarse de todo, pero menos de las que necesitaría. Sobre todo, después de haber cruzado dos veces la cordillera en un mismo día: una entre León y Oviedo y otra entre Oviedo y León.

Pero la devoción es la devoción y, aunque se acostó muy tarde, se levanta y desayuna y se echa a la calle a toda prisa, dispuesto a ir a la catedral. Quiere estar allí a las nueve, que es la hora a que le han dicho que la abren.

Pero le informaron mal. A las nueve de la mañana, la catedral lleva ya un buen rato abierta, según le informa en la misma puerta Máximo Gómez Rascón, el canónigo encargado del museo, que viene ya de decir la misa y que se sorprende de ver al viajero, al que reconoce, a estas horas tan tempranas por aquí.

—Abrimos a las ocho y media —le dice, como si fuera el gerente de una oficina.

Y, en cierto modo, lo es. Aparte de director del museo, que él mismo ayudó a crear, y de responsable del patrimonio artístico de la diócesis, don Máximo es, como Castiñeira en Lugo, el principal valedor de la catedral, que conoce y ha estudiado como pocos. Lástima que tenga que irse, pues le esperan, parece, en el Obispado.

El viajero, en cambio, no tiene ninguna prisa. Su intención de estar presente en el momento de abrir el templo ha vuelto a quedar truncada (quizá mañana, en Astorga) y le queda todo el día para ver la catedral. Así que, piensa mientras la contempla, lo mejor que puede hacer es tomar otro café, pues continúa estando un poco dormido.

Lo toma en el bar León, en el brocal de la calle Ancha. El bar, un local histórico, el más histórico quizá ya de la calle, acaba de abrir sus puertas y, aparte de los dueños, solamente hay un cliente todavía: un policía municipal que está jugando a la máquina. Se ve que en esta ciudad tampoco madruga nadie.

—¿Para qué? —le dice el dueño, que le conoce también de sus años jóvenes.

Se refiere a la ciudad. Y a su escasa actividad profesional. Como desde hace ya siglos, León sigue siendo una ciudad de tenderos y éstos no necesitan madrugar mucho, a lo que se ve.

—¡Pero a las nueve y media...! —dice el viajero, asombrado.

A las nueve y media de la mañana, o, mejor dicho, a las diez, que es cuando vuelve a la catedral, ésta está tan solitaria y vacía como antes. Solamente dos turistas disfrutan del espectáculo que les ofrece esta gran caja de cristal que ilumina en su ascensión el sol de la primavera.

Antes de entrar en ella, no obstante, el viajero se demora brevemente en su fachada. La del poniente, que es la más reconocida y por la que se accede al templo, cerradas como están las otras dos, la del norte por el claustro y la del sur por la hermosa reja que rodea todo el templo, aislándolo de la calle. La fachada de poniente, que comprende las dos torres, gemelas pero asimétricas (una es más alta que otra), la forma un hermoso hastial con rosetón y cuatro ventanas (eurítmicas, dicen los libros), y, abajo, y a ras de suelo, lo mejor de la fachada: el atrio de triple vano y góticas esculturas que lleva el nombre de la Virgen Blanca. Lo preside una copia de ésta (la original está dentro, en una capilla, para preservarla de la erosión) y lo componen tres grandes arcos que se abren a las tres naves y que representan, de norte a sur, escenas de la vida de Cristo y de San Juan, otra del Juicio Final y otras de la Coronación de la Virgen. Sobre ellas y entre medias, apóstoles, ángeles, vírgenes, reyes y, en la del Juicio Final, en el partenón de abajo, condenados que arden entre las llamas o se entrecallan como chorizos en las calderas del fuego eterno mientras que los elegidos les miran sin hacer nada. ¡Qué insolidarios!, piensa el viajero, observándolo.

Aunque se contradice. Él mismo, al cruzar la puerta, hace lo propio con el mendigo que le extiende su mano pedigüeña. Ni siquiera se fija en él.

Pero hay que perdonárselo. Hay que entender su actitud, que en modo alguno motivan la indiferencia o la falta de compasión, sino la emoción que siente por volver a entrar en un templo que es para él más que eso. Es el primero de todos, en el tiempo y en belleza. En el tiempo, porque fue el primero que vio, cuando tenía seis u ocho años, y, en belleza, porque sinceramente lo cree así. A lo largo de su vida, ha visto muchas iglesias y ninguna le ha parecido tan bella como esta catedral que parece suspendida, más que alzada, sobre el suelo, y que semeja un caleidoscopio de tanto cristal que tiene. Así al menos lo imagina mientras, desde el portalón de entrada, contempla una vez más este edificio que se abre esta mañana solamente para él.

Porque en su interior no hay nadie. La catedral está tan vacía que hasta se oye latir el aire. Cuanto más las pisadas del viajero, que retumban en las losas como si fueran las de un ladrón que estuviera violando algo sagrado.

Y es que el viajero nunca la había visto tan pronto. Ni tan vacía como está ahora. El viajero le da vuelta por completo, desde el portalón de entrada hasta regresar a él, sin encontrar más personas que las chicas que regentan la taquilla del museo. Acaban de abrirlo al público y aún no ha aparecido nadie.

Así que, dada esa vuelta (que le sirve, entre otras cosas, para adaptarse a la luz de dentro), el viajero se dedica a ver el templo despacio. Sin nadie que le interrumpa, lo puede hacer a su antojo, demorándose en las naves y capillas y deteniéndose cada poco para admirar las vidrieras; esa sucesión de estampas grabadas sobre cristal que ocupan toda la fábrica (de ahí su impresión de fragilidad) y que componen uno de los más bellos conjuntos en su género en el mundo. Lástima que no pueda verlas, como le enseñó su padre, reflejadas en el agua de la pila de la entrada, que está completamente vacía, según las chicas del museo, para evitar que los drogadictos laven en ella sus jeringuillas.

—¡No es verdad!...

—Pregúntele al sacristán —le responden las dos chicas, al ver que aquél no les cree.

Cincuenta y siete rosas u óculos, tres enormes rosetones, más de ciento veinticinco ventanales... La profusión de vidrio es tan fabulosa (mil ochocientos metros cuadrados, lee el viajero en sus guías) que éste no sabe adónde atender ni desde qué sitio mirar mejor ese juego infinito de figuras y colores que cubre toda la fábrica, desde la fachada al ábside. La impresión que produce es la de estar en un sueño. Un sueño que va creciendo a medida que la vista se desliza por los muros, de abajo arriba y de un lado a otro, descifrando los motivos de una iconografía que, como el mundo en la religión, se divide y se organiza en tres planos diferentes: abajo los vegetales, en medio el mundo animal y, en lo más alto de todo, el sobrenatural o místico. Es decir, la célebre pirámide religiosa tan del gusto de las gentes del medievo.

Y es que la mayoría de estas vidrieras son coetáneas del templo (del siglo XIII, por tanto). Trabajaron en ellas, según los historiadores, los mejores vidrieros españoles y extranjeros de la época, aunque, con el tiempo, lo harían también algunos menos brillantes. En conjunto, las más antiguas son las del claristorio, aunque las hay también de ese tiempo repartidas por el resto de los muros. Representan personajes del Antiguo Testamento, excepto la de la Cacería, de iconografía profana, detalle este muy novedoso en el arte religioso medieval, lo que ha hecho pensar a algunos que quizá estuviera antes en un palacio real, posiblemente el de Alfonso X.

Con las manos en los bolsos, caminando muy despacio y deteniéndose cada poco para volver a admirar lo visto, el viajero recorre una por una las vidrieras, que se deslizan ante sus ojos como si fueran un libro abierto. El viajero va embriagado por la luz que las alumbra (luz de Dios, diría un creyente) y por la música que ahora suena, que parece elegida para ello. Al final, llegado ya ante el altar, se sienta a seguir mirándolas en un banco de la nave principal, en la que se ve ya gente. Mientras lo hace, lee su historia. Las guías hablan ahora de la construcción del templo, que comenzó, al parecer, en el 1205 un tal Manrique de Lara sobre el mismo solar en que se alzara la primitiva catedral románica (que, a su vez, había ocupado el del Palacio Real, construido, por su parte y a su vez, sobre unas termas romanas), en el lugar más alto y noble de la ciudad. Un solar, por lo tanto, lleno de historia (y disputado por todos los invasores) en torno al que ha girado desde siempre la de esta vieja ciudad en la que el viajero tiene también parte de su propia historia.

Pero su historia es casi un suspiro comparada con la de esta catedral. Desde que se concluyó, la catedral de Santa María, o la *Pulchra Leonina,* como la llaman los más redichos, ha vivido y conocido tantas cosas que es imposible sintetizarlas. El viajero recuerda, por ejemplo, aquel incendio que a punto estuvo de destruirla en 1966 (tenía él once años), pero, antes, la catedral ya había conocido terremotos y desplomes y diversas agresiones, entre las que no es la menor la enfermedad del mal de la piedra que roe sus estructuras y que amenaza con deshacerla como si fuera un azucarillo. Aunque no todo han sido desgracias. A lo largo de su vida, como es lógico, la catedral de León ha conocido también momentos más jubilosos y épocas de esplendor. Esplendor que se manifiesta en su arquitectura, de gran pureza y belleza, pero también en sus dimensiones, que la hacen casi única en su género.

Porque, si las vidrieras son impresionantes (sobre todo una mañana como ésta), no lo es menos el tamaño de estas naves que parecen concebidas, más que para permanecer en ellas, para elevarse hacia las alturas. Desde el exterior, agujas, pináculos y arbotantes la convierten en un bosque fabuloso (un bello bosque de piedra), pero, por dentro, la catedral parece más una gran bodega en la que los rosetones hacen las veces de ojos de buey. Construida al estilo francés, siguiendo el mismo modelo de las de Reims o Chartres, es, junto con las de Toledo y Burgos, el edificio gótico más importante de cuantos se conservan en la Península, aunque tiene sobre éstas todavía una ventaja:

casi la cuarta parte de su estructura es de vidrio, lo que la hace aún más esbelta y delicada. Lo cual contrasta con su tamaño y con la altura de sus dos torres, que el viajero recuerda ahora desde dentro. Las recuerda y vuelve a verlas: cuadradas y puntiagudas, como flechas que apuntaran hacia el cielo de León. Ese cielo azul y puro que alumbra los ventanales y en el que se oyen ahora las campanadas que dan las once.

¿Dónde estará Teodorino? ¿E Ico, el viejo campanero enamorado de su oficio? El viajero los conoció ya hace años, cuando aún vivía en esta ciudad y visitaba la catedral a menudo. Ico se murió hace tiempo (y con él su viejo oficio: hoy las campanas se tocan mediante un sistema electrónico), pero Teodorino sigue viviendo y, aunque jubilado ya, vuelve aquí de cuando en cuando. El viajero se lo encontró hace algún tiempo, en una de sus visitas, y todavía le recordaba.

Pero su sustituto no le conoce, ni hace por conocerlo. El hombre, que debe de tener mucho trabajo esta mañana, apenas se detiene a hablar con él cuando le pregunta por su antecesor, al verlo salir de la sacristía.

—Vive. Claro que vive —le dice, sin entusiasmo.
—¿Y viene por aquí?
—Cuando le parece —responde el hombre, entrando en el presbiterio y dejando al viajero con la palabra en la boca.

Con la palabra en la boca, pero sin sorprenderse apenas (el viajero ya conoce a sus paisanos), reanuda su paseo por el templo, camino de la girola, donde se encuentran la mayoría de las capillas. Están todas abiertas, salvo una, que es la que guarda a la Virgen Blanca. A través de la reja, sin embargo, la talla compite con ventaja con las que la rodean, entre las que las hay también muy hermosas, como el Calvario renacentista de Valmaseda o el Nacimiento hispano-flamenco del siglo XV que da nombre a la capilla en que se expone, y con la misma puerta del Cardo, llamada así por su decoración y que comunica la sacristía con la capilla mayor. La puerta, obra de Juan de Badajoz el Viejo, como el trascoro y parte del claustro, combina elementos mudéjares y góticos y está considerada por los expertos como uno de los trabajos decorativos mejores de la catedral.

Al viajero, sin embargo, le gustan más otras cosas. El retablo mayor, por ejemplo, aun a pesar de estar recompuesto (del original sólo quedan ya, y no enteras, cinco tablas). O el arca de San Froilán, que guarda bajo el altar las reliquias del santo que fue obispo de León antes de serlo de Lugo y que destella en la oscuridad como una barca de plata. Y, por supuesto, la colección de sepulcros que, empotrados en los muros de las naves y capillas, recuerdan al visitante lo efímera que es la vida y que son, junto con las vidrieras, las auténticas joyas de esta catedral. Los de los obispos Martín Fernández y Martín Rodríguez el Zamorano, ambos góticos, del siglo XIII, son los más bellos de todos, aunque el más monumental, como no podía ser de otro modo, es el de Ordoño II, el monarca que cediera su palacio para la construcción del templo y que por eso descansa en él, en lugar de hacerlo en San Isidoro, como el resto de los reyes de la corte leonesa. Está en el trasaltar, en la girola, frente por frente de la Virgen Blanca.

La librería capitular, hoy capilla de la Virgen del Camino, merece también un alto. Aunque sea solamente por su puerta y sus relieves tardogóticos. Y lo mismo sucede con la de al lado, que es la que da acceso al claustro, y con el coro, y con el trascoro, y con las bases de las dos torres, que acogen sendas capillas, la de Santa Lucía y la de San Juan de Regla, dignas también de ser visitadas (la de Santa Lucía, principalmente, por la pila bautismal que allí se guarda). Pero el viajero, después de casi dos horas, empieza a estar ya cansado. Necesita salir fuera para asimilar lo visto y regresar a la realidad, aunque sea solamente unos minutos.

Así hace, y lo agradece. La plaza está ahora tan bella, tan radiante bajo el sol de la mañana que parece, más que una plaza, un reflejo de aquél en la ciudad. Sobre todo a esta hora del mediodía en la que el sol está en lo más alto y cae con toda su fuerza sobre los paseantes que la atraviesan y sobre los bancos de los jubilados. Una fuerza relativa y soportable, teniendo en cuenta que todavía estamos a 2 de abril.

La ciudad, por su parte, ya ha despertado del todo. Se agita con el ir y venir de sus vecinos y con el de los numerosos turistas que hoy la visitan y que confluyen tarde o temprano en la catedral. La mujer de la Oficina de Turismo, frente a ella, no parece muy contenta, sin embargo. Recibe a los visitantes con cara de circunstancias y anota sus procedencias en una hoja con el mismo interés de un funcionario. Menos mal que el viajero ya conoce el peculiar carácter de sus paisanos.

—¿Usted de dónde es?
—De León.
—¿Cómo que de León? —le mira la mujer con desconfianza.
—Pues de León... Nací en León, en un pueblo —dice el viajero, extrañado.
—¡Ah! —retira la mujer el lápiz de la planilla—. Entonces usted no es turista.
—Bueno... Depende —se atreve el viajero a ponerlo en duda.
—Si usted es de León, no es turista —le corta, contundente, la mujer—: Y si usted no es turista, no tengo por qué apuntarlo —añade, pasando a los siguientes, que, éstos sí, son turistas de verdad (de Buenos Aires, para más señas).

Pero el viajero no se da por ofendido. El viajero ya conoce a sus paisanos y, cuando le parece, vuelve a la plaza, después de coger unos folletos de los que la Oficina tiene a disposición de sus visitantes.

—Adiós —le dice a la cancerbera, que ni siquiera alza la vista para mirarlo.

El que la levanta ahora, pero por necesidad, es él. Para poder ver entera la catedral, para contemplar sus torres, sus crestas y sus pináculos (sobre la mayoría de los cuales hay posada una cigüeña), no sólo hay que alejarse un poco, sino que hay que levantar la vista como para mirar al cielo. Y es que esta catedral es tan alta que parece, más que elevarse hacia el cielo, estar pintada directamente sobre su fondo. Sobre todo esta mañana en la que el cielo es tan azul que parece más pintado que real.

Pintado parece también el pórtico que el viajero observa ahora desde cerca. Es el del mediodía, también llamado de San Froilán por la figura que lo preside y que enfrenta las fachadas del Obispado y del Seminario. Compuesto de triple arco, como el de la fachada oeste, representa también varias escenas, una de ellas del Apocalipsis, y data del 1300. Aunque para pintado el reloj de aguja que campea a media altura en la torre a la que nombra (a la otra se lo han dado las campanas) y que, restaurado recientemente en Suiza, destella con su azul electrizante sobre el ocre de la piedra, por encima de la placa que señala la altitud de este lugar: *839,6 metros sobre el nivel medio del mar en Alicante.*

Dentro de la catedral, no obstante, la altura desaparece, igual que la realidad. El viajero, otra vez dentro (ya queda poco para la una), se sumerge nuevamente en su gran sueño, que ahora es todavía más bello. Por otra parte, hay más gente; docenas de visitantes que se dispersan por todas partes contemplando el espectáculo de estas hermosas vidrieras que el viajero no se cansa de mirar. Cada vez que las vuelve a ver le parecen nuevas.

—¡Qué maravilla!... ¿Verdad?

El que le habla no es ningún ángel. Es un hombre como él que, en compañía de una muchacha, mira también las vidrieras y que le habla porque le conoce, dice, aunque comprende que él no le recuerde.

—Pues no —le confiesa el viajero, muy sincero.

Pero no importa. El hombre, que lo esperaba, no sólo lo justifica, sino que le quita hierro al asunto. El hombre, simplemente, quería saludarlo, según dice, y presentarle, eso sí, a su hija, que es la muchacha que lo acompaña.

La hija, que andará por los quince años, le mira sin interés. La chica lo mira todo con ese hastío con el que los adolescentes miran a los adultos. Máxime en el caso de ella, que ha venido aquí obligada, arrastrada por su padre para ver la catedral. Al parecer, viven en un pueblo y han venido de compras a León.

Por ayudar al progenitor, más que por la muchacha en sí, el viajero se ofrece a hacerles de guía. El viajero se acuerda ahora del suyo cuando le trajo a él siendo un niño y piensa que le gustaría verle ahora enseñársela a esta chica, aunque a ella no le importe demasiado.

Y, de paso, aprovecha él mismo para ver lo que todavía no ha visto. Fundamentalmente el coro, que es la otra joya del templo junto con las vidrieras y los sepulcros. Una joya de madera de nogal creada en el siglo XV por los maestros Enrique y Juan de Malinas, aunque el que lo remató fue Copín de Holanda, y que contiene setenta y seis asientos, incluidos el del rey y el del obispo, todos ellos con sus misericordias y sus respaldos y baldaquinos profusamente labrados. Aunque a la chica lo único que le interesa (no hay más que verle la cara) es la leyenda del topo cuya piel cuelga del muro sobre el portalón de entrada (en realidad es la concha de una tortuga) y que, según aquélla, destruía por las noches los cimientos de la catedral a medida que la construían.

A la una y media en punto, la catedral se cierra para comer. La gente se dispersa poco a poco por la plaza (los turistas para seguir mirándola desde fuera y el sacristán y los empleados camino de sus casas respectivas) y el viajero, tras despedirse a la puerta del padre y de la chica, que lo hacen con gran agradecimiento, se encamina hacia la suya, donde su familia le espera para comer. Aunque antes, cómo no, pasa por el Barrio Húmedo. A cumplir con la tradición de tomar los vinos, como hacen todos los días los leoneses, algunos mañana y tarde, y como le gusta también hacer a él cuando viene a la ciudad. Uno lo toma en el Miche, un histórico del barrio, en la plaza de las Tiendas, que es el corazón de éste, y el otro en Casa Benito, el decano de la zona, semiescondido en los soportales de la vecina Plaza Mayor. Alfredo, el dueño del bar, le recibe, como siempre, afectuoso:

—Buenos días.

—Buenos palos merecías.

Es por la rima, que Alfredo procura siempre con su sabiduría antigua de mostrador. Una sabiduría que no sólo abarca el vino, sino que se extiende a otros muchos temas, algunos tan complicados y discutibles como el del fútbol. Aunque Alfredo lo tiene todo claro. El mejor jugador de fútbol que ha habido nunca en España, dice, fue César, un leonés que triunfó en el Barcelona a la vez que Di Stéfano lo hacía en el Real Madrid.

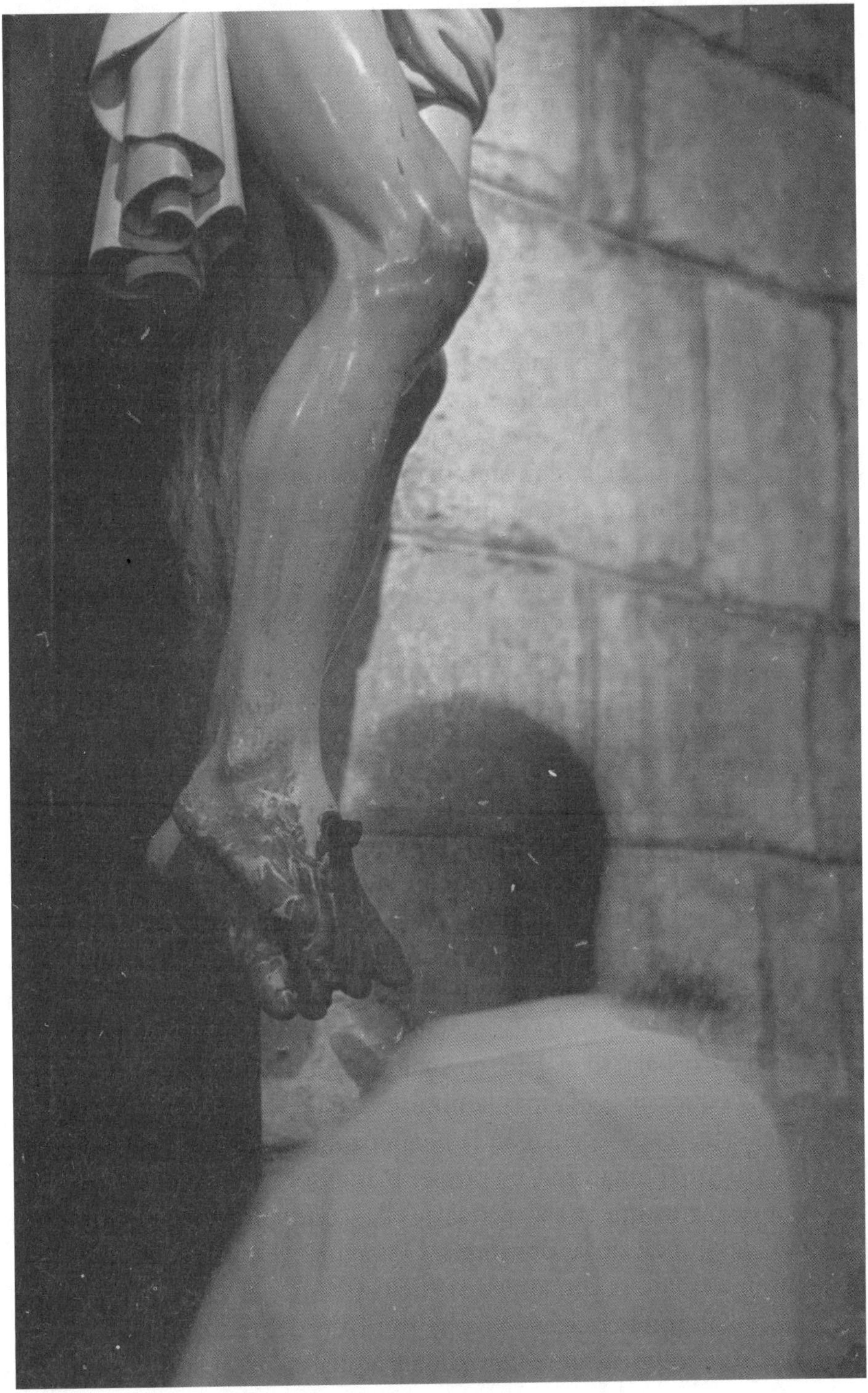

—¿Mejor que el propio Di Stéfano?

—Mejor —dice Alfredo, convencido, contemplando con nostalgia el retrato de aquél en la pared—. Lo que pasa es que César era de aquí.

—Claro, claro —dice el viajero, apurando el vaso.

Mientras el viajero come (y duerme luego la siesta, aunque no llegue a acostarse), el tiempo cambia su rumbo. Como ocurrió ya ayer en Oviedo, mientras el viajero come, el cielo se va nublando y, a las cinco de la tarde, está cubierto casi del todo. Además, se ha puesto frío. El viajero lo descubre cuando sale, todavía abotargado por el peso de la siesta, y siente aquél en la cara. ¡Qué dura es esta ciudad!

¡Y qué bella al mismo tiempo! El viajero ya lo sabe, pero vuelve a comprobarlo mientras, por sus viejas calles, regresa a la catedral, que aparece poco a poco sobrevolando los edificios y los tejados que la rodean. No en vano sigue siendo el mayor de todos, al margen de que esté en el lugar más alto.

Desde cualquier esquina, además, se la puede ver entera; sobre todo por las noches, cuando luce iluminada. Desde la calle Ancha, desde la de don Mariano Domínguez Berrueta (*vulgo* de la calle Nueva), desde la plazoleta de Puerta Obispo o desde la carretera que hasta hace poco la bordeaba (y que se sigue llamando así: carretera de los Cubos, por los de la muralla, pese a estar ya cerrada al tráfico), la catedral se puede ver casi entera merced a su gran altura y a la escasa de las casas de su entorno. Solamente por el norte, donde sus contrafuertes se apoyan en la muralla (no en vano hubo que romperla para poder construir el ábside), las casas están tan cerca que impiden verla en su parte baja. El viajero, en cualquier caso, prefiere una perspectiva que, sin ser la más famosa, es para él la más bella: la del este, sobre la cabecera, con la pequeña iglesia de San Pedro de los Huertos enmarcada, en primer plano, sobre el inmenso bosque de piedra que se alza detrás de ella y que coronan, en lo más alto, las puntas de las dos torres. Dos agujas verticales que amenazan a esta hora con atravesar el cielo.

Porque el cielo ya se ha nublado del todo. El viajero puede verlo mientras se aproxima a aquéllas, pero se da cuenta mejor en cuanto entra en la catedral y ve el cambio que ha sufrido: apenas si puede ver el altar desde el trascoro. Así que menos la gente que deambula ahora por él y que es, en su mayor parte, personal de la catedral. Al parecer, están preparándola para la misa que se celebrará más tarde.

Pero al viajero no le preocupa. El viajero ya la ha visto y le ha dado muchas vueltas en su vida (y durante esta misma mañana) y, aunque le da ahora otra más, lo que realmente desea ver a partir de ahora está fuera de estas naves. El viajero quiere emplear la tarde en admirar el museo y el claustro.

El primero está dentro del segundo. Así que, para ver ambos, hay que sacar una entrada y esperar a que la guía considere que ya hay gente suficiente para entrar. Menos mal que no necesita mucha: apenas media docena de candidatos le bastan.

—Buenas tardes.

—Buenas tardes.

Lo primero que les enseña es la portada septentrional. Es por la que se accede al claustro y la única que conserva (por estar protegida precisamente por éste) su policromía intacta. Es obra posterior de León Picardo, según dice, puesto que la portada data de comienzos del siglo XIV. Lo que no merma de ningún modo su relevancia, sobre todo a la vista de la titular, la pintoresca Virgen del Dado.

El claustro, por su parte, es ya un museo en sí mismo. No sólo por su arquitectura, de transición del gótico al renaciente, que sustituyó a la anterior románica, sino por la gran cantidad de piedras que hay en él depositadas. Unas de forma definitiva, como el célebre sepulcro del canónigo Juan de Grajal, famoso por su epitafio («¡Oh, tú, quienquiera que seas, que pasas y contemplas la mezquina superficie de este mármol, mira adónde lleva la vana gloria de este mundo!»), y otras de modo provisional. Desde desechos arquitectónicos de alguna antigua restauración hasta esculturas de todo tipo; desde algún retablo pétreo hasta lápidas romanas. Todo ordenado y catalogado, pero a merced de las inclemencias. Y es que no caben en otro sitio, según la guía.

El museo, en cambio, está más protegido. Distribuido por varias salas y dividido según los temas (escultura, pintura, ornamentos, documentos), pero también por sus materiales (piedra, madera, metales nobles), incorpora a la visita como un aliciente más los elementos arquitectónicos de los lugares en que se halla. Fundamentalmente, el claustro y la antigua sala capitular, a la que se sube por una gran escalera esculpida en el más puro plateresco, obra, según la guía del museo, de Juan de Badajoz el Mozo.

Del contenido, que es muy valioso, el viajero toma nota solamente de lo más interesante; a saber: la Biblia del siglo X, el Antifonario mozárabe del XI, el Libro de las Estampas, del siglo XII (con retratos y documentos de los reyes que contribuyeron a la construcción de la catedral), el misal leonés del XV, el órgano realejo del XVI, el armario mudéjar del XIV, la gran matraca del XVII, las esculturas de piedra de la sala a la que nombran (muchas de ellas procedentes de la catedral románica) y, también, la magnífica colección de tallas góticas y románicas procedentes de toda la provincia, muchas de ellas de los pueblos desaparecidos bajo los pantanos construidos en las tierras de León. Uno de ellos el del viajero, quien, al subir la escalera, descubre de repente en la pared, no una Virgen o una gran imagen gótica, que su pueblo nunca tuvo, sino los cueros frontales de la pequeña iglesita en la que fue bautizado.

Paradójicamente, lo más pobre del museo es la sala llamada del Tesoro. Está en un pequeño cuarto, al final del todo, y acoge apenas algunas esculturas y pinturas y alguna pieza de orfebrería. La razón de esa pobreza hay que buscarla, al parecer, en la generosidad de los leoneses. Que lo entregaron, según la guía, para sufragar los gastos de las tropas españolas que combatían a las francesas durante la guerra de la Independencia.

—Para que luego digan de los leoneses... —dice el viajero, guiñando un ojo.

A las siete menos cinco, el grupo vuelve a cruzar el claustro. La guía les despide en la misma puerta y el cortejo se disuelve camino de la salida, que indica ya el sacristán, quien viene apagando luces y asegurándose de que nadie se queda dentro del templo. En la oscuridad de éste, el hombre parece un personaje de película de miedo, con su ruido de llaves y sus pasos. El viajero, a pesar de ello, aprovecha esos últimos instantes para asomarse a la pila del agua bendita, ahora vacía por mor de los drogadictos. Lo hace con la esperanza de que esté llena de nuevo y pueda ver las vidrieras como le enseñó su padre, esto es, reflejándose en el agua de la pila, y, sea por eso o sea porque no hay luz, por un instante cree que ello es así e incluso se ve a sí mismo surgiendo detrás de aquéllas, con el rostro que tenía cuando niño, entre las transparencias multicolores de esta enorme y temblorosa palangana.

—Vamos a cerrar —le dice alguien a sus espaldas.

—Perdón —se disculpa el viajero al punto, volviendo a la realidad.

Los pintores de Astorga

Las ocho de la mañana.

León, la vieja ciudad romana, el antiguo campamento militar que fuera corte de reyes y solar de caballeros antes de ser lo que hoy es: una ciudad olvidada, se despereza con lentitud bajo un cielo azul y blanco que eriza el frío de la mañana. Dos grados marca el termómetro, a pesar de que luce el sol.

Desde la carretera de La Virgen del Camino, el viajero mira ahora la ciudad, que queda abajo, en la vega, con la melancolía del que la dejó mil veces, pero que sabe que volverá muy pronto puesto que su destino es ése: abandonarla y volver a ella continuamente. En eso se parece a las cigüeñas cuyo vuelo observa lejos, sobrevolando las torres de la catedral.

Entre León y Astorga, la carretera se solapa en el Camino de Santiago. Lo señalan los letreros y los nombres de los pueblos (Trobajo del Camino, La Virgen del Camino...) y lo delatan los peregrinos que, pese a estar en el mes de abril, cada poco se ven por los arcenes. Cruzan el Páramo leonés cumpliendo una de las jornadas más duras del recorrido.

Y es que, entre León y Astorga, la carretera cruza un paisaje tan frío como inclemente. Pueblos viejos, pero feos (por culpa de la carretera), se alinean a ambos lados de una ruta por la que continuamente pasan camiones y coches a toda prisa. El tráfico es muy intenso y los peregrinos bastante hacen con sustraerse al ruido de aquéllos y a la tremenda fuerza del viento que bate la carretera procedente de la inmensidad del Páramo. Menos mal que, llegado a un punto, se empieza a ver ya a lo lejos la vega del río Órbigo y, detrás y ya muy cerca, las montañas que anticipan la proximidad de Astorga.

El viajero, que lo sabe, pisa el acelerador, cruza el puente de Hospital y corona las colinas de San Justo, desde las que se divisa ya la capital de los maragatos: alzada en otra colina, en medio de otra gran vega y con el Teleno al fondo. Esa vista panorámica que el viajero ha contemplado tantas veces desde aquí, pero que le sorprende siempre como la primera vez.

Astorga, en cambio, no le sorprende. Le recibe, como de costumbre, con su aire clerical y pueblerino y ese olor a mantecada que parece formar parte ya de ella. Sobre todo en esta hora en la que deben de estar haciéndolas, puesto que apenas se ve a nadie por las calles. El viajero, de ese modo, cruza el centro, llega hasta la catedral y aparca el coche enfrente de ella sin que nadie se interponga en su camino. Ni siquiera el guardia municipal que, en teoría, debe de estar allí para eso.

Desde la calle, el viajero observa el antiguo templo. Y el Palacio Episcopal, que está a su lado. Contrastan violentamente, uno con sus bellas torres (una gris y otra dorada, por el color de sus viejas piedras) y el otro con su aspecto entre fantástico y neogótico. Aunque al viajero le ha parecido siempre más bien una invención para niños. Definitivamente, Gaudí o le apasiona o le espanta y este Gaudí leonés le espanta más que otra cosa.

Y más si lo compara con la bella catedral que tiene al lado. Una catedral sencilla, sin grandes torres ni aditamentos, pero que crea una gran belleza alrededor de su vieja fábrica. Una fábrica forjada a trompicones a lo largo de tres siglos y, por lo tanto, en muchos estilos, pero que cumple perfectamente con su papel de faro y de guía de esta vieja ciudad bimilenaria y de la enorme y antigua diócesis de la que es capital. La extensa diócesis asturicense, que se extiende a tres provincias: León, Zamora y Orense, sin atender a otras fronteras que a las antiguas romanas. Como debe ser, piensa el viajero mirando al cielo, que está tan frío como la plaza.

Por fortuna, la catedral tiene el suelo de madera. Algo que se agradece al entrar, pues calienta los pies y hasta el espíritu. Que se lo digan, si no, a la vieja que saluda al viajero en cuanto entra, interrumpiendo sus oraciones. Es la única persona que se ve, aparte de unos obreros que están montando un andamio en un brazo del crucero.

¿El del norte o el del sur? El viajero no se orienta todavía dentro de esta catedral que mantiene el coro en el centro, como la liturgia manda. Una tradición litúrgica abandonada ya en muchos sitios para que las catedrales se puedan ver enteras desde cualquier lugar desde el que se las mire.

Eso no ocurre con la de Astorga. Al contrario, el visitante tarda en hacerse una idea de ella precisamente por su disposición. Al viajero, al menos, así le pasa hasta que le da la vuelta, cosa que hace despacio, sumergido en el silencio que se extiende sobre todo por la zona del trascoro. Aunque los obreros trabajan en el crucero, hasta allí apenas llegan los ecos de su presencia.

Ni de la calle. La catedral, a esta hora, parece una gran campana en la que no solamente se ha detenido el tiempo, sino que está ajena al mundo y a todo lo que la envuelve. Incluida la ciudad a cuya magnificencia debe su razón de ser.

Porque —lee el viajero en sus guías— este edificio tiene su origen en la importancia que Astorga tuvo en sus tiempos. Porque, si Astorga hoy apenas llega a los quince mil vecinos (cifra que se mantiene desde hace años), no hay que olvidar que, en sus buenos tiempos, dobló esa cantidad y fue capital y centro de una provincia romana; la provincia asturicense, que se extendía por todo el noroeste, desde el Cantábrico al sur del Duero, y en la que estaban las grandes minas de oro de aquella época. Por eso no es de extrañar que, desde muy temprano, conociera el cristianismo y se convirtiera en la capital de uno de los primeros episcopados de la Península (del que se tiene noticia ya en el siglo III, por una carta de San Cipriano), capitalidad que todavía conserva, a pesar de la decadencia sufrida por Astorga desde entonces.

La catedral actual, que tiene en ella su origen, se asienta sobre otra más antigua (románica, del siglo XII) de la que apenas se conservan ya vestigios. Se comenzó a construir hacia finales del siglo XV y se acabó a comienzos del XVIII. Un período, por lo tanto, muy extenso que explica que recoja los estilos más diversos, desde el gótico florido de los ábsides hasta el rabioso neoclásico del claustro y la sacristía. Lo cual se advierte a primera vista, pero aún más al darle la vuelta, como el viajero está haciendo ahora en su primer contacto con ella.

El contacto se termina en cuanto termina aquélla. Coincide con la llegada de cuatro o cinco personas, todas ellas ya mayores, que se unen a otras tantas que ya están frente al altar. Al parecer, esperan la misa que va a comenzar ahora.

La misa empieza a las diez en punto. La celebra un sacerdote de edad también avanzada al que ayuda un sacristán que tampoco es un chaval. Sus palabras suenan huecas y gastadas. A fuerza de repetidas, suenan a discurso huero, aunque a la gente, a lo que se ve, le parecen muy normales. Deben de estar ya habituados. El viajero, sin embargo, cada vez las oye más lejos. Las oye rebotar contra los muros mientras, desde su lugar, contempla el retablo que se alza detrás del cura y que destella bajo las luces con sus brillos y dorados deslumbrantes. Es el retablo mayor de Gaspar Becerra, referente del romanismo escultórico en todo el norte peninsular y, sin lugar a dudas, la obra más ambiciosa que guarda esta catedral. Al menos, así lo dicen las guías, que se explayan largamente en su historia y descripción, con un lenguaje tan hueco («Con un protagonismo acusado del colosal marco arquitectónico, pleno de vocabulario clasicista, las figuras se tornan de una corporeidad monumental, ajustando su volumetría a las necesidades topográficas», etcétera) que el viajero deja de seguir leyendo para volver a escuchar al cura. Está ya en el Ofertorio, que ejecuta con gran teatralidad entre el respetuoso silencio de todos los asistentes. Que se sientan y levantan al ritmo que les señala y que, llegado el momento, comulgan todos en masa, dejando al viajero solo.

Está en el último banco. Detrás, una doble reja cierra el paso a la Vía Sacra, como se llama el pasillo que comunica el coro con el altar. Un coro que está cerrado por otra imponente verja (según las guías del viajero, obra de Lázaro de Azcaín) que lo guarda de posibles agresiones, pero que impide verlo de cerca. Menos mal que la verja en sí es ya otra obra de arte.

Finalizada la misa, la catedral se vuelve a quedar vacía. El cura y el sacristán desaparecen en la sacristía y la gente hace lo propio por la puerta principal, conversando entre ellos mientras salen. Solamente la señora que saludó al viajero al entrar se resiste de momento a abandonarla. La señora y los obreros, que siguen en el crucero y que ni siquiera mientras la misa dejaron de trabajar.

Son obreros de Madrid. Y están aquí esta mañana instalando las vidrieras diseñadas por el hombre que dirige los trabajos y que resulta ser un pintor de Astorga. Se llama Benito Escarpizo, dice, y andará por los sesenta años.

El hombre, que está orgulloso de su trabajo, se lo explica al viajero con detalle. Al parecer, se trata de un encargo hecho por dos hermanos, los dos curas en Astorga (uno de ellos canónigo de la catedral), que han querido contribuir a la riqueza de ésta sufragando unas vidrieras para la capilla de la Purísima con el dinero obtenido por la venta de la casa familiar. En total, casi cincuenta mil euros que servirán para recubrir con los símbolos marianos de la diócesis treinta metros cuadrados de ventanas que durante seiscientos años han permanecido cubiertos con simples cristales blancos. En total, doce vidrieras en las que predomina el color azul y que irán acompañadas de otras siete más pequeñas, en forma de triángulos y de lágrimas.

—¿Y les han gustado? —le pregunta el viajero al pintor por los mecenas, mientras contempla los bocetos que le muestra.

—Parece ser que sí —le responde el hombre, que no oculta su satisfacción.

Mientras conversa con él (el hombre, aparte de buen pintor, conoce bien esta catedral), aparece Martín Martínez, un periodista local al que el viajero conoce y que viene a ver in situ las vidrieras.

Martín Martínez, que gasta una perilla inconfundible y tiene un ojo extraviado (el viajero no sabe si de cristal), se sorprende tanto como se alegra de encontrar a éste en la catedral. Martín Martínez es un amante de ésta y agradece que el viajero haya venido hoy a verla, se supone que para escribir un artículo sobre las nuevas vidrieras para algún periódico de Madrid.

—No, Martín, estoy de paso.

—¿De paso? —exclama Martín, al que su ojo sin vida le da un aspecto inquietante.

Pero, al contrario, Martín es hombre afable y muy cordial y, en seguida, se le ofrece, cuando sabe los motivos verdaderos de su viaje, para enseñarle la catedral, eso sí, cuando termine él su trabajo. Que no es otro que el de subir al andamio junto a su amigo Escarpizo para poder contemplar de cerca el vitral que los obreros están colocando ahora. Se ve que Martín Martínez es periodista de raza.

Y de cultura. No en vano ha sido nombrado recientemente cronista oficial de Astorga, cargo que lleva con gran orgullo, a la vez que con modestia. El viajero se entera de ello por Escarpizo, que le va tomando el pelo mientras suben el andamio con torpeza.

—Los años no pasan en balde —exclama Martín, cuando vuelve abajo.

Pero tampoco parece que le afecten demasiado. Al menos no le impiden moverse con soltura, ni le han hecho perder su gran memoria. Una memoria local que abarca toda la historia, la oficial y la oficiosa, de esta pequeña ciudad en la que ha pasado su vida. Lo cual le convierte en el mejor guía que uno puede encontrarse cuando llega.

Y el viajero ha tenido la suerte de encontrárselo. Y con tiempo por delante, que es más raro. Un tiempo que le dedica de motu proprio, pues para él, asegura, enseñar la catedral es un placer.

Lo hace, además, con inteligencia, entremezclando datos y anécdotas e incluyendo en medio de éstos su experiencia personal. Una experiencia que se remonta a sus años de seminarista y que se prolonga hasta el día de hoy a través de la Asociación de Amigos de la Catedral de Astorga, de la que, cómo no, forma parte. Aunque a veces eso le obligue a chocar con la oficialidad.

—Tenemos un pleito con el cabildo para que quite la tabla de la Vía Sacra —dice Martín, señalándola—; pero no nos hacen caso. Lo lógico es que se vieran las lápidas que hay debajo...

El viajero le escucha sin decir nada. El viajero no se atreve a llevarle la contraria, primero porque no quiere y, segundo, porque no tiene motivos. ¿Quién es él, piensa mientras lo acompaña, para meterse en una disputa entre personas tan respetables?

Respetables, lo que se dice muy respetables, debieron de ser también el general Santocildes y el soldado de húsares Tiburcio Fernández Maroto, defensores de la ciudad de Astorga durante la guerra de la Independencia (en el caso del soldado hasta el final, puesto que, al parecer, se negó a rendirse y cargó en solitario contra los franceses, que lo fusilaron, claro), cuyas lápidas siguen rindiéndoles homenaje en la misma capilla en la que trabajan Escarpizo y sus obreros y al lado de otra contigua que se mete ya en el ábside y en la que está la imagen más importante del templo: la Virgen de la Majestad, preciosa talla del siglo XI muy venerada por los astorganos y que quizá presidió el retablo de la anterior catedral románica. La talla, de gran belleza, es para Martín Martínez una de las mejores de toda España, como lo demuestra, dice, que el mismísimo Calderón de la Barca la citara en una de sus obras. Y también, añade a continuación, señalándole al viajero la lápida que hay en el suelo, que monseñor Briva Miravent, el último obispo de Astorga (antes del actual, claro está), quisiera reposar para siempre bajo ella después de su larguísimo episcopado.

Martín está interesado ahora en hacerle ver el cuadro que hay al lado de la Virgen y que, dice, es de una gran importancia, más que por su calidad pictórica, por lo que tiene de testimonio. El cuadro, del XVII, representa a unas personas que están rescatando a otras que, al parecer, se han caído a un pozo. Al lado, pasan unos seminaristas (en fila y de dos en dos) y, al fondo, se divisa una ciudad. ¿Dónde está el valor del cuadro?

Martín Martínez lo explica:

—El cuadro, aunque del XVII, cuenta un hecho acaecido siglos antes, en el año de 1436, que se conoce como el milagro del pozo. Al parecer, unos vecinos de San Román, un pueblo cercano a Astorga, se quedaron atrapados en un pozo mientras lo estaban limpiando y sólo tras la intersección de esta Virgen, a la que se encomendaron, pudieron ser rescatados. Ahí se ve cómo los sacan. Pero lo mejor —dice Martín Martínez— es que también se ve cómo era Astorga cuando el pintor pintó el cuadro, con la catedral actual en construcción y la torre de la anterior románica todavía en pie.

—Es verdad —dice el viajero, mirándola.

—Interesante, ¿eh? —sonríe el cronista de Astorga, llevándole hacia otra parte.

La lección de Martín Martínez se extiende a toda la catedral. Incluso se prolonga más allá de su hora de cierre, merced a su intercesión ante el sacristán. Martín Martínez le tranquiliza y le dice que el viajero es de confianza.

El retablo mayor de Gaspar Becerra, la sillería del coro desde la verja (el viajero es de confianza, pero no la suficiente como para que se la hayan abierto), las capillas y la zona del trascoro... Hasta las zonas más secundarias integran un recorrido que Martín concluye en la sacristía, que es otro templo en sí misma. No en vano la componen cuatro naves engarzadas en redondo en torno a un pozo central que alumbra una gran linterna y cubre una inmensa cúpula cuyas grandes proporciones justifican los versillos que Martín recita ahora: «Campanas las de Toledo, / catedral la de León, / sacristía la de Astorga / y rollo el de Villalón».

La visita se ha acabado. Martín Martínez se despide del viajero estrechándole la mano y se aleja hacia la puerta, que está cerrada por dentro. Escarpizo se la abre. Él se queda hasta las dos, posibilidad que ofrece también al viajero, quien, por supuesto, la acepta de muy buen grado.

—Pero sin robar nada, ¿eh? —bromea Martín Martínez.

Mientras Escarpizo y sus obreros prosiguen con su trabajo, el viajero, sentado frente al altar, se dedica a anotar en su libreta todo lo que Martín le ha contado. Que ha sido más de lo que recuerda, pues, después de varios días, comienza a confundir ya lo que acaba de ver ahora con lo que ayer vio en León y antes de ayer en Oviedo. Definitivamente, le empiezan a pesar ya tantos datos y seguidos.

Cuando termina, se da otra vuelta, quizá para refrescarlos. La catedral continúa en silencio, pero se escuchan ruidos y voces fuera. Se nota que es mediodía. También hay más luz que antes. Sobre todo en el trascoro, en el que el polvo que flota en él se está convirtiendo en oro. Un oro casi invisible que se posa en las columnas y en las copas de las bóvedas y en los retablos de las capillas que ven pasar al viajero. Casi todas en penumbra, lo que impide verlas a gusto. Aunque tampoco le importa mucho. Salvo el retablo de Santa Teresa, del cordobés Juan de Peñalosa, o el hispano-flamenco de San Miguel atribuido al Maestro de Astorga y que es el más conocido, los demás, incluido el del trascoro, carecen de relevancia (sobre todo comparados con el de Gaspar Becerra). Relevancia que sí tienen algunas tallas aisladas, como el popular Cristo de las Aguas, hermosísima talla gótica de gran devoción aquí, o el San Jerónimo que preside el retablo de su nombre, en la capilla del brazo sur del crucero. Al viajero, empero, le llama más la atención una lápida que está a la izquierda de aquél y que recuerda a tres enfermeras de la Cruz Roja de Astorga «asesinadas por los rojos en el Hospital de Sangre de Pola de Somiedo, en Asturias, en 1936». Junto a ella, una bula y la bendición del Papa (Pío XI, que también bendijo a Franco) recuerdan al visitante que está en Astorga, la, para muchos, reserva espiritual de España.

—Nos vamos.

Es Escarpizo, que le reclama para comer. Le invita, incluso, a hacerlo con ellos, en el mesón en que ha encargado un cocido en honor a sus obreros. Para que sepan, dice, los madrileños lo que es un cocido de verdad.

—Gracias, pero he quedado con Sendo.

Sendo es otro pintor. Amigo del viajero desde hace años y que vive cerca de Astorga, en una casa en un alto desde la que se domina toda la Maragatería. Que así se llama la tierra de la que es capital Astorga y que ha dado, entre otros frutos, el famoso cocido maragato.

—Pues que os siente bien —dice Escarpizo, cerrando.

Mientras aparece Sendo, el viajero se dedica a contemplar la catedral por afuera. Con el sol del mediodía, está mucho más hermosa, aunque sigue haciendo frío. Especialmente en el atrio, por el que el viento corre y sopla sin compasión.

Y es que el atrio que rodea a la catedral (salvo en la parte de la muralla) está sujeto a todos los vientos, dada su disposición: abierto al norte y al sur, hacia los montes de La Cepeda, que ya apuntan hacia Babia y hacia Asturias, y hacia el mítico Teleno, el legendario monte leonés que preside todo el sur de la provincia y que casi siempre está cubierto de nieve.

Hoy no lo está, pero sopla. Aunque estamos ya en abril, sopla con frío de invierno, lo que obliga al viajero a envolverse en su chaqueta mientras contempla la catedral y su portada renacentista. Es la que se usa a diario y la que mira hacia la ciudad. La principal, que da al mediodía, la deja para la tarde.

—Vamos, que me quedo helado —le dice a Sendo, cuando aparece.

Aunque lo espanta rápidamente. Primero, con un vino en un bar por el camino y, después, en La Peseta, ante un plato de cocido maragato. El restaurante más conocido y antiguo de la ciudad debe precisamente su fama a esta especialidad. Aunque tampoco es para tanto. Al menos, el del viajero no es nada del otro mundo. Lleva, eso sí, de todo: gallina, morro, morcillo, chorizo fresco, tocino, cecina ahumada y curada, oreja, pata de cerdo, relleno y lacón con hueso, aparte, claro está, de los garbanzos y de la sopa, y lo sirven como manda la costumbre maragata, esto es, al revés que en otros sitios: en primer lugar, las carnes, luego, la berza con los garbanzos y, finalmente, la sopa, pero le falta sustancia. Debe de haberla perdido al tiempo que el restaurante iba cogiendo prestigio.

El café lo toman junto al Ayuntamiento, un edificio barroco presidido por dos torres y una espadaña central en la que dos maragatos en miniatura (Colasa y Juan Zancuda son sus nombres populares, según Sendo) señalan a martillazos el paso de cada hora y que da a la Plaza Mayor. Mucho más proporcionada y hermosa que la contigua, dedicada al Sitio de Astorga y que apunta ya hacia la calle que lleva a la catedral. De nuevo junto a ella, el viajero inquiere a su amigo.

—¿A ti te gusta Gaudí?

—Depende —le dice Sendo, contemplando el Palacio Episcopal.

—Éste —concreta el viajero más su pregunta.

—¡Bueno!... —se encoge Sendo de hombros, sin atreverse a pronunciarse claramente.

Donde sí se pronuncia Sendo es ante la capilla de Santa Marta. En especial ante el ventanuco por el que los peregrinos tiraban en la Edad Media los restos de su comida a las emparedadas que penaban detrás de él y que no eran otras que las mujeres de Astorga a las que habían cogido en adulterio. Casi nada, piensa el viajero, asomándose.

Pero donde Sendo se explaya más es ante la fachada principal de la catedral. Abierta al sur, hacia la Maragatería, es una joya barroca, con sus dos torres gemelas, aunque de color distinto (una es ocre y la otra gris), y su hastial churrigueresco (que se une a aquéllas por arbotantes), en el que destaca principalmente, aparte del gran óculo central, la triple bóveda obocinada que compone la portada, más ancha y alta la del medio, y que contiene una abundante iconografía que Sendo, como pintor, se conoce de memoria: la expulsión de los mercaderes del templo, la curación del hidrópico y la del ciego de Betsaida, el Descendimiento de la Cruz, en el tímpano, junto a alegorías de la Inocencia y de la Piedad, así como disposiciones para entrar en la casa del Padre, y, sobre éstas, imágenes de San Pedro y de San Pablo, de un Santiago peregrino que saluda a los que van a Compostela y, en la hornacina central, en medio de un gran templete, la Asunción de la Virgen, patrona de la catedral. Un gran conjunto escultórico cuya contemplación y examen deja a Sendo y al viajero casi exhaustos.

Menos mal que les falta poco: la peineta de la cumbre con su rosetón calado, las dos torretas que la flanquean, los capiteles de las dos grandes (de pizarra de la zona) y, bajo la cruz de arriba, que corta y preside el templo como, por el lado norte, la efigie de Pedro Mato —otro maragato ilustre—, el relieve de un pelícano que alimenta a sus polluelos y que, según dice Sendo, simboliza la Eucaristía.

—¿Y tú cómo sabes tanto? —le pregunta el viajero, cada vez más asombrado.

—Porque estuve en el Seminario —dice Sendo, sonriendo.

En el museo, que ocupa parte del claustro y de las dependencias de los antiguos canónigos, una chica les saluda y da las gracias por entrar. Aunque las gracias se las deberían dar ellos a ella. Pues, por un euro y cincuenta céntimos, pueden ver, entre más de quinientas piezas, todas ellas de interés, la arqueta de San Genadio del siglo X, el arcón de Carrizo de la Ribera del siglo XIII, un esenciero árabe fatimí del X, un broche románico del XII o el Lignum Crucis del siglo XIII, además de un sinfín de obras (esculturas, pinturas, ornamentos), entre las que destacan la colección de tallas románicas (impresionantes la Virgen de Palaciosmil y el Calvario de Compludo, el pueblo de la célebre herrería medieval) y un púlpito de nogal perteneciente a la catedral y atribuido quizá por eso a Gaspar Becerra. Y el viajero añadiría, por su parte, dos bellas tablas anónimas y de origen desconocido que representan el traslado del apóstol Santiago a Compostela y la conversión de la mítica reina Lupa. Lo hace por su belleza, pero también por el título: *El puente de la vida y la reina Lupa*.

Del museo se accede directamente a la catedral. Que se ve ahora muy animada, con la presencia de un grupo de personas que contemplan el trabajo de Escarpizo y sus obreros y entre las que hay varios sacerdotes.

En efecto, entre la gente que mira trabajar a los obreros, hay un cura y tres canónigos, aunque solamente dos llevan sotana. Se trata precisamente, le dice Sendo, de los mecenas, los hermanos Velado Graña, don Hortensio y don Bernardo, éste canónigo de la catedral (y director del museo, del que ha escrito varias guías) y su hermano cura raso. Por eso miran a los obreros con tanta curiosidad (sobre todo don Bernardo, que se ha traído hasta unos prismáticos) y, por eso, reciben a los que llegan con tanta amabilidad. Se ve que están encantados de que vengan a ver su obra.

Pero no es por vanidad. Se trata de devoción, que es por lo que la han sufragado. Y es que los dos hermanos Velado, don

Hortensio y don Bernardo, lo han hecho de corazón, no porque les sobre el dinero, que no les sobra. Al contrario: es todo el que heredaron de una madre muy devota que se quedó viuda de muy joven y que los sacó adelante (a ellos y a otros dos hijos, estos dos ya fallecidos) trabajando de cocinera en el Seminario de Astorga, lo que explica que sus hijos fueran todos sacerdotes. Y, también, su peculiar carácter. Don Bernardo es más inteligente (por eso llegó a canónigo) y don Hortensio más simple, pero los dos son igual de místicos. Especialmente éste, que parece que fuera a levitar, de tan ingenuo como parece, en cualquier instante:

—La rosa representa la belleza, la azucena la pureza, la violeta la humildad... Y la hortensia —dice, mirando al viajero, que le acaba de preguntar por su pintoresco nombre—, la piedad. Por eso soy tan piadoso: porque me llamo Hortensio —añade, convencido de todo lo que dice, mientras Sendo sonríe por lo bajo.

Don Bernardo es más curtido. Aunque también es piadoso y cree en su ministerio (también sería, después de sesenta años), conoce más a sus semejantes y, sobre todo, sabe mucho más de todo. Incluida la catedral.

Así, don Bernardo les explica a los presentes, a los que se une Escarpizo, que baja ahora del andamio, el porqué de los motivos que han elegido su hermano y él como decoración para las vidrieras. Los lugares marianos de la diócesis de Astorga, dice, son por la devoción de ambos hacia la Virgen; la imagen de San Bernardo, en honor a su patronímico; la fachada del Seminario de Astorga, porque fue su hogar desde muy pequeños, y los instrumentos musicales por su afición a la música. Todo ello, por supuesto, como homenaje a su madre, que compartía también esas devociones y que al fin y al cabo es la que paga la obra con los ahorros de toda su vida.

—Pobrecita —exclama don Hortensio, cuando termina de hablar su hermano.

Pero su hermano aún no ha terminado. Todavía le falta por explicarles lo contentos que están ambos con la obra de Escarpizo y aprovecha para felicitar a éste. Aunque tiene para él y para Sendo una advertencia que hacer:

—Los artistas tenéis un compromiso intelectual con la religión —les dice.

—Y con la Iglesia —subraya don Hortensio, por su parte.

Cae la tarde cuando la comitiva, con los dos hermanos Velado al frente, abandona la catedral. El frío sigue en aumento, pero el sol, que dora el atrio a pesar de estar ya lejos, le da al exterior de aquélla un color aún más hermoso. Sobre todo a la fachada principal, por la que la comitiva pasa (han salido por la puerta del museo, pues la otra está cerrada) y ante la que se disuelve el grupo, don Bernardo y don Hortensio camino del Seminario y los demás —pintores, obreros y viajero— cada uno por su camino.

—Lo principal —dice don Hortensio, calándose la boina campesina y enrollándose al cuello la bufanda— es que nos reciban bien allí donde vayamos.

—Y que lo diga —dice el viajero, sonriendo, mientras se aleja hacia la muralla.

Los tapices de Zamora

—¡El Teleno! —exclama el de la gasolinera, mirando hacia el noroeste y señalando aquél con la mano.

El hombre, que ya es mayor, continúa llenando el depósito del coche mientras el viajero mira el perfil borroso del monte, que hoy tiene un penacho blanco. Se ve que anoche ha nevado.

Por eso hace tanto frío. Sobre todo en esta gasolinera aislada y sola en mitad del campo, en la llanura de Benavente. Que es tierra ya zamorana, como la ciudad del Esla, pese a que administrativamente perteneciera hasta hace muy poco, como todavía hoy todo el noroeste de la provincia, a la diócesis de Astorga. De hecho, Castrogonzalo, el pueblo que quedó atrás, y Castropepe, que es el de enfrente, fueron las dos primeras parroquias de don Isidro, el curilla que el viajero conoció ayer en Astorga en una papelería y que le regaló, a petición suya, un ejemplar del folleto que estaba fotocopiando: *Junto al Maestro. Pinceladas de una vida sacerdotal.*

Pero el de la gasolinera ya no se acuerda de él («Sería antes de nacer yo», dice, sin mucho interés) y al viajero le da lo mismo. Astorga ya quedó atrás con sus curas y pintores de vidrieras y ahora le espera Zamora, que está ya a pocos kilómetros. A poco más de cincuenta, según dicen los letreros, aunque son de los de antes: llenos de curvas y prohibiciones, a pesar de que el paisaje es casi plano.

Al fin, aparece aquélla en lo alto de su atalaya y el viajero se relaja de inmediato. Por fin, piensa mientras se aproxima entre garajes y casas viejas que parecen muchas de ellas todavía de otra época.

Y es que Zamora ha cambiado poco o muy poco desde entonces. Anclada al lado del Duero, en mitad de la meseta y en el camino hacia Portugal, o sea, a ninguna parte, Zamora sigue siendo una ciudad muy pequeña y provinciana. Lo delatan sus edificios y el aire de sus jardines y lo confirman sus habitantes. Que parecen muchos de ellos sacados de la posguerra, por lo menos los que ahora el viajero va cruzando por la calle.

En la subida a aquélla, no obstante, prácticamente desaparecen. La parte vieja de la ciudad está casi despoblada, por lo menos a esta hora, que tampoco es que sea tan temprana. Entre unas cosas y otras, el viajero ha tardado casi dos horas en llegar de Astorga a aquí.

Pero ha merecido la pena el viaje. Porque Zamora, la ciudad de doña Urraca, la de Viriato y Bellido Dolfos, la «bien cercada» de los romances que arrasaron, sin embargo, hasta dos veces los árabes (obligando al rey de León a reconstruirla otras tantas), resplandece en su atalaya bajo el cielo azul de abril como en las fotografías. A un lado y a otro, sus torres se alzan sobre el caserío, que parece, ciertamente, no haber cambiado en mil años. Y no lo ha hecho, en su mayor parte. De hecho, siguen en pie, ocultos tras las murallas, muchos palacios y caserones que destilan historia por cada piedra y la mayoría de las iglesias que le han dado a esta ciudad el título de románica. Comenzando por la catedral, que es la primera de todas y que, desde el espigón final, preside y vigila al resto.

El viajero la viene viendo ya desde lejos. Desde que avistó Zamora al doblar una colina, lo primero que vio de ella es esta torre cuadrada, robusta, de fortaleza, que ahora tiene frente a él. Es la única del templo y, por tanto, la que le hace de estandarte. Aunque es infinitamente más conocido, en Zamora y fuera de ella, el original cimborrio que se alza justo detrás y que recuerda de alguna forma a Bizancio, con su cúpula redonda y sus crestas y tambores gallonados. Algo que no debería extrañar tampoco, pues, según los estudiosos, es, en efecto, de inspiración bizantina, que traerían a Occidente los primitivos cruzados.

Pero ¿cómo llegaría hasta Zamora? ¿Por qué caminos? ¿En qué momento? El viajero va pensando en todo ello mientras se aproxima al templo después de dejar el coche en una pequeña plaza en la que desembocó tras dar varias vueltas buscando dónde dejarlo, pues el centro es casi todo peatonal. Algo que es de alabar, siempre y cuando, eso sí, lo avisen antes.

—¿No ha visto usted las señales? —le dice el guardia municipal que encuentra al pie de la catedral.

—Pues no —se disculpa el viajero, arrepentido por atreverse a poner en duda la organización del Ayuntamiento.

La del Ayuntamiento no sabe bien si es muy buena, pero la de la catedral es inmejorable. El viajero lo comprueba en cuanto entra después de darle una vuelta y de asomarse a ver el río Duero a la puerta que hay al lado del Palacio Episcopal. Salvo la puerta de entrada, que es la que mira hacia el norte, todo está quieto y a oscuras y protegido por grandes rejas, como si la catedral entera estuviera ya cerrada.

—No, no lo está —le dice la mujer sonriente que regenta la tienda de *souvenirs* que hay al lado de la puerta.

—Pues lo parece —le responde el viajero, sorprendido.

Y es que lo que está viendo a su alrededor es una catedral pequeña, la mitad quizá que la de León, con el altar en la cabecera y tres naves no muy grandes, la principal con el coro en medio, como Dios manda, y las otras rodeadas de capillas. Pero todo está cerrado. Incluida la mayor, que parece un mausoleo por la verja gigantesca que la guarda, pese a que, a primera vista, no parece que tenga grandes cosas de valor.

—Lo mejor de la catedral —le señala la mujer, que está sola ahora en el templo— es, aparte del cimborrio, la puerta del mediodía —la mujer señala al frente—, que es la única románica que queda, y, en cuanto a arte, la sillería del coro —ahora lo hace hacia éste—, la Virgen de la Majestad —ahora hacia el presbiterio—, románica, del siglo XIII, el Cristo de las Injurias, que es gótico —ahora a lo lejos, hacia el trascoro—, y la capilla del Cardenal... Y, por supuesto, los tapices del museo, que son lo mejor de todo —remacha su recorrido virtual por la catedral.

—¿Cuánto cuesta? —se interesa el viajero por la guía que le ofrece por su aspecto más confianza.

—Nueve euros.

Se la lleva, qué remedio. Después de la explicación y habida cuenta de que no es cara (para lo que suele ser habitual), qué remedio que comprarle un ejemplar de la guía por cuyo precio le ha preguntado. Aunque no sabe si le servirá de mucho.

Pero le sirve, ¡vaya que si le sirve! A falta de un cicerone, como Martín ayer en Astorga o el enigmático Salvador de Oviedo, qué mejor acompañante que este pequeño librito escrito por dos canónigos, don Fabriciano Martín y don Jerónimo Aguado González, para que le haga de cicerone en su visita a la catedral. Una visita que empieza bajo el cimborrio, en el eje de las naves principal y del crucero y que, por dentro, semeja una gran naranja o una gigantesca rueda que se pudiera poner a girar en cualquier momento. De hecho, lo debe de hacer a veces, cuando el que lo contempla lo hace más tiempo del prudencial, obligándole al cuello —y a todo el cuerpo, de paso— a esforzarse más de la cuenta.

Siguiendo el libro, el viajero le da la vuelta a la catedral. Comenzando por la cabecera y rodeando después el coro, que ocupa prácticamente la cuarta parte del templo. Menos mal que las capillas le dan cierto desahogo, sobre todo por el norte, que es donde están casi todas.

Pero están todas cerradas. El viajero las recorre deteniéndose en las rejas, que son a cuál más severa. Sobre todo las del altar, que son tres, como las capillas que integran éste: la capilla mayor propiamente dicha, de estilo gótico muy vulgar, con un escudo de Carlos V y un retablo neoclásico de mármol (salvo el relieve central, que es barroco), y otras dos más pequeñas a los lados. Aunque es en éstas donde se exponen las piezas de más valor: la Virgen de la Majestad, en la de la izquierda, y el altar del Cristo, en la de la derecha. Ambos de gran devoción entre los zamoranos, pese a que llamen a aquélla la Virgen Calva (por su despejada frente) y a que en el altar del Cristo ya no se exponga (ahora está en una capilla, como el viajero verá en seguida) la célebre Cruz de Carne, la milagrosa cruz medieval que, según la tradición (que rememora y explica un cuadro junto al altar), un ángel entregó a un monje para que bendijera con ella a los enfermos de la peste que, a principios del siglo XIV, asolaba a la ciudad, costumbre que perduró —con los enfermos normales— hasta hace solamente algunos años.

Las capillas laterales son igual de irregulares. Las hay francamente hermosas, como la de San Ildefonso (también llamada del Cardenal, por el que la mandó erigir; Juan de Mella era su nombre), y las hay más anodinas. En cualquier caso, en todas se guarda algo que, por su significado o por su originalidad, y aun a pesar de que a veces apenas se pueda ver (por la penumbra en la que se halla), vale la pena buscarlo. Así, en la de San Miguel, que es la primera de la nave norte, la guía le recomienda al viajero, y éste a quien lea su libro, las tumbas de los Balbases, dos canónigos, tío y sobrino, cuyas estatuas yacentes siguen durmiendo en la oscuridad; en la de San Nicolás, la momia de Santa Benigna, esa a la que, según la gente, le continúan creciendo las uñas (por eso debe de llevar guantes); en la de San Pablo, el enterramiento del fundador, el chantre Diego del Val, y su retablo barroco; en la de Santa Inés, el sagrario que guarda la Cruz de Carne; en la de San Ildefonso o del Cardenal, el espectacular retablo atribuido a Fernando Gallego que cuenta vida y milagros del titular y el Calvario y el Nacimiento que lo flanquean; en la de San Juan Evangelista, el fabuloso sepulcro del doctor Grado, quien mandó construirlo para él en vida, y, en fin, en la de San Bernardo, que es ya la última (y la única abierta en la nave sur), el popularísimo Cristo de las Injurias, hermosa talla del XVI procedente de un antiguo monasterio junto al río y al que los zamoranos profesan una enorme devoción, como lo demuestra el hecho de que lo sacan en procesión todos los Miércoles Santos y de que las tres personas que están ahora en la catedral están rezando ante él.

La tumba de don Bernardo («el primer Obispo de los modernos», muerto en el año de 1149, según reza la inscripción), la de López Rodríguez de Olivares («caballero alcaide del Rey e oidor de su audiencia», fallecido en el 1402) y las de los obispos Pedro y Suero (muertos en 1254 y 1286, respectivamente, pero unidos para siempre por la muerte junto a la puerta sur del crucero), y el viajero está otra vez bajo el cimborrio. Realmente esta catedral tampoco es que sea muy grande.

Aunque al viajero le queda por ver aún su joya más destacada. Que es la que tiene ahora ante él, protegida por otra reja, según unos, obra de Fray Francisco de Salamanca y, según otros —los más—, de Esteban de Buenamadre. Sea quien sea su autor y reconociendo su gran valor (es gótica, entre otras cosas), lo cierto es que impide ver lo que guarda: el coro, obra, ésta sí, de gran belleza y valor diseñada y creada a principios del siglo XVI por el maestro Juan de Bruselas siguiendo el modelo del de León, al que, según la guía, supera. Lástima que apenas se pueda ver sin luz y que ésta, que se enciende, cómo no, metiendo un euro, apenas dure minuto y medio. En verdad, esta catedral está magníficamente organizada.

—¿Y con quién hay que hablar para poder verlo bien? —le pregunta el viajero a la de la tienda.

—Con el deán. Pero hoy no está —le advierte antes de que pregunte.

—¿Y cuando no está el deán?

—Con nadie —le responde, contundente, la mujer. Aunque, a continuación, le sugiere, sin mucho convencimiento—: Pregunte, a ver, en el Obispado.

Por molestar, más que nada (al fin y al cabo, tampoco tiene mucho que ver ya dentro), el viajero le hace caso. Sale a la calle por donde entró (o sea, por la portada renacentista que se abre al enorme patio que ocupa desde finales del XVI el lugar en el que estuvo el primitivo claustro románico, destruido, como toda la fachada, por un gigantesco incendio) y se dirige hacia el Obispado. Que está dándole la vuelta al templo, emparedado entre la muralla y la portada románica que cierra el brazo sur del crucero y que, por eso, recibe el nombre de puerta del Obispo. Es la más bella con diferencia y la única que se conserva de la catedral románica. Sin embargo, se basta y sobra ella sola para hacerle justicia a ésta. Con el sol del mediodía, que ahora le pega de lleno, relumbra como una lámina de un libro de arquitectura, con sus tres cuerpos horizontales, sus ventanas adornadas por esbeltas y elegantes columnitas, las dos bellas hornacinas (una, la de la derecha, con una Virgen con Niño de gran belleza y serenidad y la otra, con las imágenes de San Juan y de

San Pablo con sendos libros entre las manos) y las cuatro arquivoltas de la puerta, taladradas todas ellas por una especie de bucles o de orificios redondos de gran sabor popular en la mayoría de los cuales hay posada en este instante una paloma. Se ve que por esta parte apenas transita gente.

Frente a ellas, el Palacio Episcopal no parece tampoco muy movido. El patio, que está desierto, parece un jardín vacío y el conserje, que tarda en aparecer, un jardinero de éste. Realmente se debe de vivir bien aquí dentro, piensa el viajero, por el obispo.

—¿Qué quería?

El viajero le cuenta lo que quería al conserje-jardinero, que le observa con recelo. El hombre, que ya es mayor, no acaba de comprender por qué se lo cuenta a él, teniendo a la vigilante en la catedral.

—Porque me ha mandado ella —le responde el viajero, sonriendo.

—¿Ella?... ¡Pero si es ella la que se lo puede abrir! —le responde el conserje-jardinero, con gesto de desconcierto. Y, a continuación, le cuenta que la mujer de la tienda de *souvenirs* es hija del sacristán (y mujer del vigilante del museo) y que, entre los tres, se lo guisan y comen todo, sin dar explicaciones prácticamente a nadie.

—¡Pues vaya! —exclama ahora el viajero, que cada vez entiende menos lo que sucede.

—¿Qué quería? —le pregunta un cura joven que baja por la escalera que nace al final del patio.

—Pregunta que con quién tiene que hablar para ver el coro —le responde, en lugar de él, el conserje-jardinero.

—¿De la catedral?

—Claro.

—Pues con el sacristán —le dice el cura joven, como si terminara de descubrir la pólvora.

—No está —le responde el viajero, contrariado.

—¿Y la hija?

—La hija sí; pero me dice que ella no puede hacer nada.

—¿Y el deán?

—Está de viaje.

—Pues entonces... —se encoge el cura de hombros, mirando al viajero como con pena.

—¿Y aquí no hay nadie con quien se pueda hablar? —le dice éste, mirando a su alrededor.

—Aquí no —le contesta el cura joven, comenzando ya a alejarse hacia la puerta—. Una cosa es el Obispado y otra la catedral.

Aturdido, convencido una vez más de lo difícil que es hablar —y entenderse— con el clero, el viajero vuelve a la calle resignado a no poder ver el coro, como ayer le ocurrió en Astorga. Aunque, aquí, en Zamora, la prohibición se extiende prácticamente a todo. Salvo el exterior del templo, todo lo que ha podido ver ha sido a través de rejas.

—¿Qué le han dicho? —le pregunta la mujer, cuando le ve entrar de nuevo en la catedral.

—Que hablara con usted.

—¿Conmigo? —exclama ella, extrañada.

—Eso me han dicho: que usted tiene las llaves.

—Las llaves sí; pero el permiso se lo tienen que dar ellos —le dice ella, como ofendida.

—¿Ellos? ¿Quiénes? —le pregunta el viajero, que ya empieza a estar cansado.

—Los curas —le responde la mujer, con un gesto inexpresivo.

—Da igual —dice el viajero, agotado.

Agotado, resignado, convencido nuevamente de que es inútil tratar de emplear la lógica cuando uno está ante la Iglesia (o ante sus representantes), el viajero abandona su intención y se despide de la catedral después de darle otra vuelta, ahora fijándose especialmente en lo que aún no lo ha hecho. Esto es: la puerta de la sacristía, de dos hojas, de nogal, del mismo estilo que el coro; las del claustro, mucho más impresionantes todavía (tanto por su tamaño como por su decoración); la magnífica tabla del trascoro (de estilo renacentista) y, por supuesto, las rejas. Esa sucesión de hierros y bronces entrelazados que cierran todos los huecos dándole a la catedral un aspecto de zoológico, con las naves convertidas en paseos y las capillas en grandes jaulas desde las que, en lugar de fieras, miran pasar a la gente los santos.

—Hasta luego —se despide el viajero nuevamente de la mujer de la tienda de *souvenirs*.

—Buen viaje —le dice ella, creyendo que, ahora sí, se marcha en serio.

Fuera, la luz del sol es más fuerte. Ilumina los jardines y las casas del entorno convirtiendo la ciudad en un tapiz cuyo fondo delimitan las murallas. Estas vetustas murallas que en tiempos fueran temidas, como el castillo al que guarecían, pero a las que ahora sólo se asoman parejas y algunos grupos de jubilados. Los tiempos de hacer la guerra por fortuna ya se han ido.

En dirección al centro, el viajero se va alejando de ellas y descubriendo, al hacerlo, una Zamora más nueva, a pesar de las iglesias que le obligan cada poco a detenerse: la de San Isidoro, la de San Pedro y San Ildefonso, la de la Magdalena, la de San Juan de Puerta Nueva... Todas románicas y hermosísimas y formando una especie de vía crucis en el camino a la catedral. O, al contrario, como le pasa ahora al viajero, hacia la Plaza Mayor, que es donde desemboca al fin tras recorrer enteras las calles y las plazuelas de alrededor.

En la del Ayuntamiento (o de los Ayuntamientos, pues son dos: el antiguo y el moderno, uno a cada lado de ella), el viajero busca un banco donde sentarse un rato a tomar el sol. Están todos ocupados, salvo uno, que es el que elige, como es normal. Pero en seguida le sale un acompañante: un hombrecillo menudo, con boina y barba de varios días y aspecto entre vagabundo y residente de algún asilo. Pero ni una cosa ni otra. El hombre, según le dice (con una voz de *castrati* que hace honor a su tamaño, mas no a su barba de varios días), es un viejo labrador vecino de un pueblo próximo que pasa los inviernos en Zamora, porque en el pueblo, asegura, se aburre como una ostra.

—¿Y está solo? —le pregunta el viajero, interesándose por su historia.

—Ahora sí —le dice el hombre.

—Soltero... —aventura, sin convicción, el viajero.

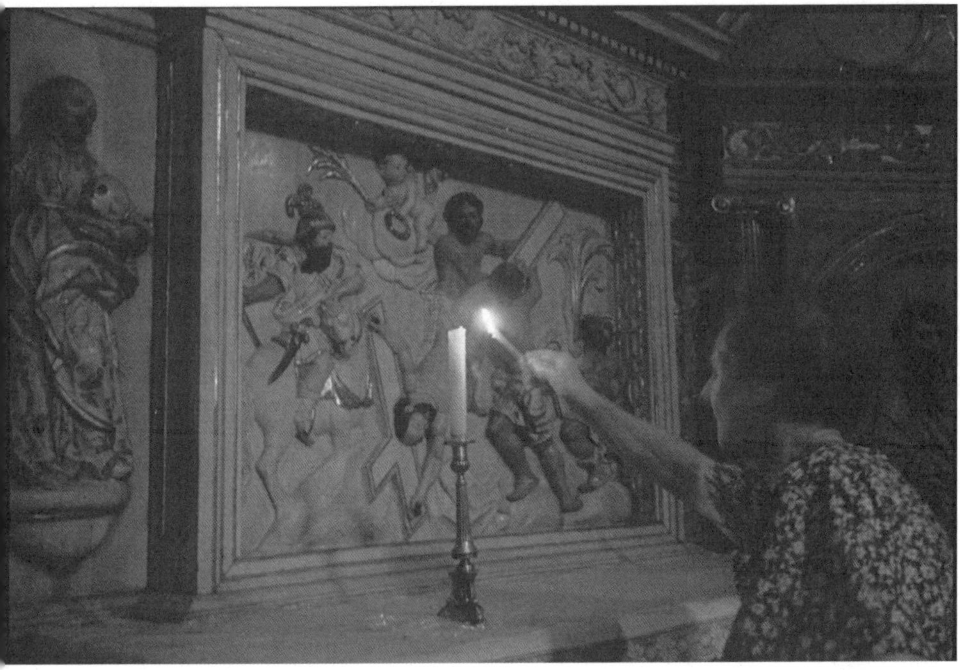

—No, casado.

—¿Y su mujer?

—En el pueblo —responde el hombre, tan natural—. A ella no le gusta la capital.

—O sea, que...

O sea, que, para abreviar el tema, que ya es hora de comer, resulta ser que Gonzalo Funcias *Minuto,* que así dice llamarse y apodarse el hombrecillo, así como ser vecino de la localidad de Gallegos del Pan, en la tierra zamorana de este nombre, como ya está jubilado y se aburre en el pueblo en el invierno, vive en Zamora, en una pensión, mientras su mujer se queda en aquél, cuidando de las gallinas y de la casa.

—¿Y no protesta?

—¿Quién?

—Su mujer.

—No —dice Gonzalo Funcias *Minuto,* con su voz de vicetiple, dejando sin argumentos a un viajero cada vez más asombrado.

A las tres en punto, un reloj (el del Ayuntamiento Nuevo) da la hora con una musiquilla que el viajero no identifica. Es el *Bolero de Algodre,* de la comarca de Tierra del Pan (la de Gonzalo Funcias *Minuto,* que se ha ido ya a comer a su pensión), según le dice una mujer joven, con aire de funcionaria, que sale del Ayuntamiento.

—¿El bolero de dónde?

—De Algodre.

La mujer, que, en efecto, es funcionaria, le desvela al viajero el origen de la música y le recomienda luego, a petición suya, un restaurante para comer. El mejor de Zamora, al decir de ella, que, además, está muy cerca.

El restaurante España, cuya historia le cuenta por encima la mujer antes de irse (al parecer, se trata del más antiguo de la ciudad), merece, en verdad, la pena. No sólo por su comida, que es excelente, como el viajero comprobará muy pronto, sino por el local en sí, que parece sacado directamente de la posguerra. No en vano sigue tal era entonces, según le cuenta Casilda, una de sus tres dueños, los tres hermanos y descendientes del fundador, quien lo abrió en el año de 1939, recién terminada la guerra civil, en la sede del antiguo Café Iberia, cuyos dueños habían sido fusilados. Les llamaban los Marañones y eran los suegros, según Casilda, del escritor Ramón J. Sender.

—¿Lo conoce?

—Lo conozco —dice el viajero, asintiendo, mientras contempla el viejo café anarquista (el viajero quiere pensar que lo fue) convertido por la guerra en el restaurante España. Un nombre más patriótico y acorde, claro está, a las circunstancias.

Lo que permanece igual es el decorado. Las mismas mesas, los mismos muebles, los mismos techos y paragüeros. Hasta el mostrador del fondo, que ahora se usa como alacena, sigue siendo el del café, con sus bombas de cerveza y su espejo gigantesco, con el reloj en el centro y biselado por las aristas. Incluso la clientela, que llena todas las mesas, parece también sacada de aquella época, sobre todo la que ocupa toda la pared del fondo y que, por su aspecto, parece una comida de una empresa o de una excursión de jubilados. Incluso uno de los presentes lee un poema a los postres, como en los años de la posguerra.

—Usted coma, que aquí se viene a comer —le riñe doña Casilda, que parece ser mujer de armas tomar, al sorprenderle tomando notas.

La merluza a la vinagreta y los entremeses que tomó de primer plato le devuelven a la realidad y le disponen en cuerpo y alma a enfrentarse nuevamente a la ciudad. Una ciudad que duerme la siesta, salvo los escolares y alguna gente mayor que, jubilada o sin más que hacer, pasea por los jardines que el viajero va cruzando mientras pasa: el de la Diputación, con la estatua de Viriato (con puñal) en un extremo, el pequeño de la plaza de los Ciento y los de la catedral, que ocupan todo el solar que acogiera tiempo atrás el castillo de Zamora y desde los que se domina ahora la mejor vista de la ciudad. Esa que se difumina hacia las tierras de Salamanca y de Portugal antes de precipitarse al Duero, que pasa abajo, sin meter ruido, tan sereno como el cielo que hoy lo cubre y tan ancho y caudaloso que parece navegable.

Contemplándolo (y recordando al hacerlo al gran poeta local, el fallecido Claudio Rodríguez, que lo cantara en tantos poemas), el viajero deja volar su imaginación, que se remonta hacia la Edad Media, cuando las distintas guerras entre los aspirantes al trono del Reino de León, o entre los leoneses y los castellanos luego, convirtieron muchas veces este río en un campo de batalla. Algo que ahora es difícil de imaginar, a la vista de la calma que lo cubre, mientras los pájaros revolotean entre los árboles y las campanas de la catedral, que dan ahora las cinco, se deshacen poco a poco con un ruido familiar entre los sonidos de una ciudad que de nuevo despierta a la actividad.

—Buenas tardes —saluda el viajero a una mujer que está tendiendo ropa entre dos árboles, uno de ellos medio seco, a la puerta de una casita adosada a la catedral por su parte oeste, mientras, a su lado, un hombre, seguramente el marido, la mira hacer en silencio, sentado en una sillita y con la pierna apoyada en otra. ¿Será él el sacristán?

—Buenas tardes —le contesta la mujer, sin muchas ganas.

Con mayor entusiasmo, aunque más por la sorpresa que otra cosa, le saluda la presunta hija de aquéllos, es decir, la mujer de la tienda de la catedral. Está haciendo un crucigrama y se ve que no comprende qué hace el viajero otra vez aquí, aunque, obviamente, no le pregunte.

El viajero tampoco se lo explica. Antes, por el contrario, la deja con el misterio, más que nada por entretenerla un poco. La catedral sigue clausurada, lo mismo que la dejó, e incluso está más oscura y silenciosa que esta mañana. No en vano el sol va alejándose y cayendo poco a poco hacia el oeste.

Así que, ahora, aún se ve menos. Ni en las capillas, cuya penumbra ha ido en aumento, ni en el coro, que es lo que realmente quería ver el viajero. Menos mal que la luz sigue encendiéndose, aunque sea solamente unos minutos, con un euro, y que la guía que esta mañana compró al llegar a la catedral reproduce una por una todas las sillas que lo componen, incluidas las misericordias, que son las que le han dado fama: «Ramera a horcajadas sobre un viejo a gatas, con las bragas caídas: ella le azota con una escoba y otro hombre le sujeta las piernas... Grupo, en igual forma, de mujer y fraile; éste con freno en la boca... Lobo, en traje de fraile, aprendiendo de un mono que le explica... Zorro, con hábito, predicando a unos pollos muy atentos... Hombre, de rodillas, sofaldando a una mujer sentada...». El viajero no se lo inventa. El viajero se limita a transcribir la descripción que la guía hace de algunas de ellas, puesto que él no las puede ver. Aparte de que no hay luz, todas están bajadas.

—¿Se va ya? —le pregunta al viajero la mujer, al verle salir de nuevo.

—No lo sé —le deja aquél con la intriga, por seguir entreniéndola otro poco.

El que no necesita entretenimiento es el mendigo del patio. Lo tiene gratis y durante todo el día viendo jugar al perrito que le hace compañía, según dice, desde hace solamente un par de días. El perro, cachorro aún, es negro como la noche, pero tiene el morro blanco. De ahí su nombre, que es el de *Pinto*.

—Tenga, para que le compre un hueso —le da el viajero un euro a su dueño.

—Tranquilo —le dice éste, cogiéndolo—, que antes me faltará a mí de comer que al perrito.

El claustro, que está a la izquierda (adosado a la torre de la catedral), parece un nuevo jardín, del estilo del del Obispado. Viejos árboles, algunos ya venerables, y un pozo con polea y todo contemplan desde su centro este gran patio renacentista concebido en el siglo XVI por el arquitecto Juan del Ribero (aunque los que ejecutaran la obra fueran los hermanos Juan y García de Vega) en sustitución del primitivo claustro románico, destruido por un incendio en 1591 y que estaba en lo que hoy es el patio septentrional de la catedral. El claustro, sin ser gran cosa, produce una inmensa paz, sobre todo a esta hora, en que no hay nadie.

O, para ser más precisos, sólo el guarda del museo. El hombre, que es el marido de la mujer de la tienda de *souvenirs*, según le contó al viajero el conserje-jardinero del Palacio Episcopal, le ve llegar con aburrimiento desde su mesa junto a la puerta. Que es la del norte del claustro, en cuyas salas está el museo, abajo los objetos y ornamentos religiosos y arriba la colección de tapices, según le indica al viajero él mismo después de darle el billete (dos euros cuesta la entrada) y de venderle otra guía, ésta específica sobre los tapices, que, al parecer, son únicos en España.

Y lo son, sin duda ninguna. Pese a que faltan algunos de los mejores (dos están en el taller y un tercero en Nueva York, en un museo) y pese a que no hay nadie vigilándolos. El viajero, de hecho, podría haberse llevado un trozo de cada uno, pues, durante casi una hora, permanece solo en la sala, sin que nadie se asome a ver qué hace. El guarda se quedó abajo, adormilado tras de la mesa, y no hay nadie más que él en el museo. ¿Para qué tanta vigilancia en el resto de la catedral si, luego, lo mejor, que es esta sala, está a merced de los visitantes?

El viajero echa de menos también una instalación mejor. O, cuando menos, más explicada. Porque, siendo estos tapices auténticas piezas únicas, en especial la serie de Troya y el también gótico de Tarquino —los cinco del siglo XV—, están expuestos sin protección y, algunos de ellos, sin un cartel que explique de qué se trata. A pesar de ello, el viajero se rinde ante su belleza y ante su plasticidad formal, que empieza en su colorido (vivísimo, modernísimo, con el rojo, el negro y el azul como tonos y colores dominantes) y culmina en su composición. Una composición que se ordena en la mayoría en base a tres episodios que, leídos en conjunto, determinan un relato. Así, el de Tarquino Prisco cuenta el viaje del quinto rey de Roma a esta ciudad, su coronación en ella y sus obras ciudadanas, mientras que los de la serie de Troya narran las guerras de esta ciudad y los de la Parábola de la Viña y Aníbal el pasaje evangélico de la viña y la vida y hazañas del general cartaginés, respectivamente. Todo un conjunto de historias (a las que habría que añadir los dos tapices del XVI sobre David y Goliat y sobre Saúl y David y otros seis del XVII sobre el tema de las Artes) tejidas por expertos artesanos para adornar las paredes de los palacios de los poderosos, de donde llegarían aquí, a saber de qué manera y en qué tiempo.

A las ocho menos cinco, antes de que suba el guarda, el viajero regresa a la realidad; esto es, a la escalera por la que se sale afuera («Adiós», le despide aquél) y, por el claustro, al patio renacentista cuya verja están a punto de cerrar. El vagabundo y *Pinto* ya se han marchado y ahora todo está desierto y solo, como si los zamoranos hubieran abandonado los alrededores de la catedral. Pero no es cierto. En cuanto el viajero sale del patio y se acerca a la muralla que da al sur, vuelve a ver alguna gente que está contemplando el Duero o que baja hacia su orilla por la cuesta de la que se está escapando el último sol del día. Siguiéndola, el viajero hace lo propio, cruza el puente sobre el río y, ya en la margen contraria, se acerca hasta un merendero en el que unas cuantas personas toman cerveza o café mientras contemplan el espectáculo de este atardecer de abril: enfrente la ciudad, con sus torres y sus murallas defensivas, al este la fértil vega y los barrios de extramuros con sus huertos, al oeste la catedral, dibujada contra el cielo en el que se pone el sol, y en medio el perfil del Duero, tranquilo como una balsa y azul como el horizonte, por el que se desliza ahora una barquita fluvial. Esto sí que es un tapiz y no los de la catedral.

La piedra de Salamanca

Amanece frío en Zamora. Amanece frío y nublado, como si hubiese vuelto el invierno.

Pero es primavera ya. Primavera en la meseta, que se anuncia ya en los campos por los que la carretera pasa camino de Salamanca.

Es la Tierra del Vino zamorana. Tierra de vid y de cereal, con viejos pueblos de adobe (Corrales, Cubo del Vino...) que ahora aparecen semidesiertos, como los campos que los rodean. Solamente algún tractor se cruza de cuando en cuando con el viajero.

A los cuarenta minutos, aparece Salamanca. La ciudad, toda de piedra, al menos vista de lejos, anuncia ya desde la distancia su gran importancia histórica. Un verdadero bosque de torres y de edificios monumentales rodea a esa inmensa nave que se alza en medio de todos y que le da a la ciudad su perfil más típico. Es el color de la piedra, levemente sonrosado, y es la gran nave catedralicia, con sus jarcias y sus velas y sus mástiles de fondo.

Hacia ella, cruzando calles y plazas, se va acercando el viajero bajo un cielo gris plomizo que continúa anunciando lluvia. Por si acaso, mucha gente va provista de paraguas, lo que acentúa el tono invernal del día. Parece enero en lugar de abril.

—Y que lo diga —exclama el recepcionista del hotel Byblos, moderno establecimiento al que el viajero ha ido a parar después de dar muchas vueltas. Por lo visto este año Salamanca celebra que es Capital Europea de la Cultura con centenares de actos y exposiciones, lo que hace que todos sus hoteles y pensiones, normalmente ya atestados, estén llenos cada día.

Cuando regresa a la calle, está empezando a llover. La gente abre sus paraguas y aviva el paso por las aceras y por las calles que van al centro, que son todas peatonales. En su camino a la catedral, el viajero, que no tiene gabardina ni paraguas, aviva también el paso mientras contempla sin detenerse edificios y comercios que, en cualquier otra ocasión, le obligarían a hacerlo sin duda alguna. La lluvia y el poco tiempo le hacen pasar de largo y dejar para otra vez el resto de la ciudad. Una ciudad, Salamanca, que, por otra parte, conoce bien, pues son muchas ya las veces que ha venido a visitarla.

Hoy viene por las dos cosas. De visita, porque efectivamente viene a ver sus catedrales, y de trabajo, porque, a la vuelta, habrá de contar lo visto. Y es que ése es el destino del viajero: viajar y contar su viaje, aunque a nadie le interese, salvo a él.

Dijo bien: las catedrales. Pues no una, sino dos, atesora esta ciudad, como si no tuviera ya suficiente con los cientos de edificios religiosos y civiles que la adornan. La razón no es la avaricia, sino la suerte, que obró a favor de los salmantinos. Al parecer, según relata la historia (y se puede comprender al visitarlas), la catedral antigua se salvó de perecer bajo la nueva, como ocurrió en tantos otros sitios, gracias a los retrasos en la construcción de ésta, que obligaron a conservar aquélla para atender el culto entre tanto, lo que hizo que, al final, fuese indultada.

Afortunadamente. Porque las dos catedrales de Salamanca, la románica y la gótica, son un ejemplo evidente de cómo la belleza nada tiene que ver con la ostentación. Se ve claramente en éstas que, pegadas una a la otra como si fueran un todo único, hay que mirarlas por separado. Cosa que desde fuera se hace difícil, tan grande es la catedral nueva, pero que por dentro es fácil, pues, aun compartiendo un muro, las dos están separadas.

Eso sí, para acceder a la catedral vieja hay que hacerlo por la nueva, tras pagar a la puerta los tres euros que cobran por entrar. Sólo a la catedral vieja, según le explica el guarda jurado que controla junto a otro el buen orden de la fila.

—¿Y si uno quiere ir a misa? —le pregunta el viajero, por provocar.

—No hay —le dice el guarda, muy serio, comprobando que, en efecto, éste tiene su billete—. La misa sólo es en ésta y ya ha sido esta mañana.

—¡Vaya! —dice el viajero, fingiendo pena.

Aunque ésta fuera real, se le quitaría en seguida. Porque, detrás de la puerta (y de la escalinata que salva el desnivel que existe entre los dos templos; el viejo está más hundido), se abre a un espacio tan bello que justifica cualquier entrada. Lástima que esté tan lleno de gente y que ésta no respete el silencio del lugar.

Y es que la catedral vieja de Salamanca parece una romería. Al contrario que la nueva, donde apenas se veían visitantes, la vieja está llena de turistas que la recorren en grupos siguiendo a sus respectivos guías, que se la cuentan en diferentes idiomas, dando un aire de museo a todo el templo. Que es en lo que se ha convertido, liberado ya del culto, al parecer.

Pero eso no justifica que sea una romería. Ni que la gente se agolpe por todas partes, siguiendo a sus cicerones, a los que ni siquiera escuchan. Entre ellos, el viajero se abre paso como puede, poniendo a veces la oreja para escuchar lo que dicen y buscando por su cuenta el hilo histórico y constructivo de esta catedral románica; un hilo que arranca en el siglo XII, cuando empezaron sus obras de construcción después de que Salamanca fuera reconquistada definitivamente a los árabes (antes lo había sido ya otras dos veces), y, en concreto, en lo arquitectónico, por la capilla de San Martín, también denominada del Aceite por haber servido en tiempos de depósito de este noble material litúrgico, que ocupa la parte baja de la gran torre de las campanas y que fue, según parece, el embrión de la catedral. Lo cual no puede extrañar habida cuenta de sus pinturas murales, del siglo XIII, espectaculares, las primeras firmadas de toda España (por un tal Antón Sánchez de Segovia, en 1262), y que representan diversas escenas bíblicas, así como un Pantocrátor (éste ya algo posterior), y de los dos sepulcros policromados, uno de ellos del obispo Pedro Pérez, fundador de la capilla y que está a la izquierda según se entra, y el otro de su colega Rodrigo Díaz, fallecido un siglo después y que reposa enfrente de aquél bajo un arco con pinturas que representan la Epifanía y otras escenas del Evangelio y los escudos ya emparejados de los reinos de Castilla y de León.

Desde la puerta de la capilla, se tiene enfrente la catedral. En concreto, la nave norte o del Evangelio, que aparece claramente recortada por el muro que comparte con la catedral moderna. Una obra nueva irrespetuosa que también amputó el crucero y parte de su absidiolo, pero que, afortunadamente, respetó el ábside principal.

Y es que esta catedral vieja, que se inició en estilo románico y derivó, como tantas, hacia el gótico, conserva aún muchos elementos de su primitivo espíritu, tanto en su arquitectura como en su ornamentación. Así, la cúpula del cimborrio (llamado Torre del Gallo por el gallo que corona sus cubiertas escamadas, que recuerdan a las de Zamora, y por parecer una torre más) responde a aquél todavía, al igual que las ventanas y las bóvedas nervadas del crucero (del brazo que sobrevive), del mismo modo en que también son románicos, o cuando menos de transición de este estilo al gótico, numerosos capiteles de las naves principal y de la Epístola (la amputación de la del Evangelio se llevó los que allí habría) y algunos de la del crucero. Aunque a la gente le llamen más la atención, como es lógico, los numerosos enterramientos que hay a lo largo de aquéllas y, sobre todo, el retablo mayor.

No es para menos. Los sepulcros que, en número de ocho o diez, se alinean a lo largo de la iglesia son ciertamente espectaculares, en especial los del presbiterio (que acogen, según parece, a un hijo natural de Alfonso IX, a un arcediano y a un par de obispos, uno de ellos el que sufragó el retablo) y los cuatro del crucero —todos del XIII al XV y policromados—, de la misma manera en que lo es el gran retablo mayor, impresionante obra del siglo XV atribuida a «los hermanos Nicolás Florentino y Dello Delli» por la guía del viajero, aunque, según algunos historiadores, aquéllos no eran sino los nombres (el nombre y el sobrenombre) de un mismo y único autor. Fueran dos o fuera uno, lo cierto es que este retablo es realmente espectacular, con sus numerosas tablas y la escena del Juicio Final que lo corona; está pintado directamente sobre el cascarón del ábside. El viajero pega la oreja a lo que cuenta un guía de él:

—Este retablo es obra de Nicolás Florentino, uno de los artistas más importantes de la pintura renacentista italiana. Aunque esta obra todavía es gótica. La realizó en torno al año 1450, es decir, hace ya más de quinientos —exclamación general del público—, y la componen cincuenta y tres tablas pintadas, una por cada semana del año bisiesto, cada una de ellas de un metro aproximadamente de altura, alineadas en cinco calles de a once, salvo en las dos de abajo, que son de a diez. Representan escenas de la vida de la Virgen y de Jesucristo... La pintura de arriba está hecha sobre el muro, como pueden comprobar —la gente estira ahora el cuello—, y representa el Juicio Final. Ésta ya es renacentista... La pieza, sin embargo, más importante de este retablo —concluye el guía su historia señalando la hornacina que hay debajo— es la Virgen de la Vega, patrona de Salamanca y que procede de un convento junto al Tormes. Es románica, de mediados del siglo XII, y es de madera, aunque está recubierta entera por una chapa de bronce...

El guía se aleja hacia el crucero llevándose detrás al grupo y el viajero se queda solo en el presbiterio, contemplando el retablo y los sepulcros, a cual más bello y conmovedor, y el órgano que tiene al lado, a la izquierda del altar, y que no es otro, según descubre, que el del célebre organista Francisco de Salinas, aquel que inspirara a Fray Luis de León su no menos famosísimo poema: «El aire se serena / y viste de hermosura y luz no usada, / Salinas, cuando suena / la música extremada, / por vuestra sabia mano gobernada...».

La puerta del crucero (del brazo que sobrevive) da al claustro que continúa el gran complejo catedralicio. La puerta es del siglo XII, la única que pervive del primitivo claustro románico, destruido, al parecer, por el tristemente célebre terremoto de Lisboa, que lo dejó reducido a unos pocos arcos. Lo que no quita para que la puerta vea cómo por encima de ella (de sus óculos calados y de sus dos columnas estriadas) discurren, afeándola, unos cables. ¿No habría otro sitio donde ponerlos?

El claustro, por el contrario, está mucho más cuidado. Reconstruido al gusto neoclásico por el arquitecto Jerónimo García de Quiñones en el año 1785, apenas recuerda en nada al que lo precedió, salvo en la puerta de acceso y algún capitel aislado y, eso sí, en las capillas que se abren sucesivamente a él; algunas de las cuales responden todavía al primitivo trazado y disposición de aquél.

La primera, por ejemplo, ocupa lo que un día fue la sala capitular y constituye, según parece, junto a la Torre del Gallo, el espacio constructivo más original del templo. Se llama de Talavera y data del siglo XII, aunque fue reformada en el XVI por un tal Rodrigo Arias, un catedrático de la universidad originario de Talavera (de ahí el nombre popular de la capilla), para que les sirviera de enterramiento a él y a sus familiares; de hecho, el de él está justo en el medio. Por otra parte, en esta capilla (cuya bóveda nervada recuerda mucho a las del crucero) se celebra de cuando en cuando la misa según el rito mozárabe, como le informa al viajero la voz que se ha puesto en marcha al accionar un botón eléctrico y que es una especie de guía robótico para gente solitaria como él.

El guía robótico le acompaña por el resto de las salas y del claustro. Sólo con accionar los botones se pone en marcha inmediatamente y le informa de todo lo que conoce. Así, de la capilla de Santa Bárbara, que es la que sigue a la de Talavera, le dice que es más moderna (aunque tampoco tanto: de 1344) y que su historia está muy unida a la de la universidad, por cuanto en ella se celebraban (en la tosca sillería que rodea a las paredes) los actos universitarios más importantes, tales como la elección del rector o los exámenes de licenciatura, en los que los estudiantes se sentaban en una silla entre el altar y la tumba de Juan Lucero, el obispo que fundó y decoró a su costa esta estancia y que reposa en el centro de ella, en una espectacular tumba cerrada por una reja. El relato del robot sigue diciendo que los examinandos, cuando acababan, salían a hombros de sus amigos a través de la catedral —los que habían aprobado— y, los que no, por el claustro, por la llamada puerta de los Carros.

—¡Qué faena! —le dice el viajero al hombre que comparte ahora el relato junto a él.

—Sin duda —responde el hombre, muy serio.

Las dos capillas siguientes son ahora el museo diocesano. Acogen obras muy diferentes, entre ellas varias tablas de los hermanos Gallego, que eran de aquí. Hay también una Virgen de marfil del siglo XIII y un tríptico de Juan de Flandes del XVI, pero, en general, el museo es pobre, comparado sobre todo con los que el viajero ha visto ya antes de hoy. Y con lo que continúa viendo en la capilla de Santa Catalina, que es la que sigue al museo, y la más grande de todas, que fue antigua biblioteca y posterior escuela de música y que hoy guarda, entre otras cosas, material utilizado en la construcción de la catedral nueva, como poleas, ruedas o cuerdas, o en la última de todas, y la más impresionante, la bellísima capilla de San Bartolomé, más conocida como de Anaya por el apellido de su fundador. La capilla —está contando el guía robótico cuando el viajero se asoma a ella— es un recinto funerario destinado a acoger los restos de la familia de Diego Anaya, arzobispo que fue de Sevilla, así como fundador del famoso Colegio Viejo, el primero de los colegios mayores de Salamanca. Su sepulcro, de alabastro, ocupa el centro de la capilla y es de estilo gótico tardío. Representa la figura yacente del fundador sobre una cama labrada y se halla rodeado de una reja también de factura gótica que se atribuye al lego cartujo Francisco de Salamanca...

El robot sigue contando, pero el viajero deja de oírlo, fascinado como está por la belleza de este impresionante túmulo que más parece un gran mausoleo y que con su presencia eclipsa al resto de los sepulcros (los de los padres de Diego Anaya, los de sus hijos Diego y Juan el arcediano y los de algún descendiente más, como el caballero Gutiérrez de Monroy y su esposa doña Constanza de Anaya, cuyas estatuas yacentes expresan tal placidez que parece que fueran a despertarse en cualquier momento), aunque no al soporte del órgano que se alza encima de éstos y que es tan impresionante como el sepulcro del fundador. De carpintería mudéjar, policromado y trufado en oro, el órgano que sostiene es uno de los primeros de toda Europa, según comenta el robot, que continúa con su relato. Un relato que concluye ponderando la arquitectura de la capilla, «de traza gótica, abovedada», y encareciendo a los que le escuchan —el viajero vuelve a hacerlo en este mismo momento— el túmulo funerario del arcediano Gutierre de Castro, ya fuera de la capilla, que es obra de Juan de Juni, y la inolvidable visión, antes de dejar el claustro, de la Torre del Gallo desde éste.

—¿Un cigarro? —le ofrece al viajero el hombre que ha venido junto a él desde el museo.

—Gracias, no fumo —le dice éste con pena, pues la ocasión bien lo merecía.

—Hace bien —le dice el hombre, encendiendo con placer su cigarrillo.

—¿Usted cree? —le responde el viajero con envidia.

De vuelta a la catedral, sin embargo, el viajero se alegra de no fumar. Aunque sólo lleva un año sin hacerlo, se considera ya ex fumador y le da por pensar ahora que está libre del peligro de morir, a la vista de los sepulcros que vuelve a ver a su alrededor. Sobre todo ante el más reciente, que antes no vio por la concurrencia y que corresponde a don Mauro Rubio, el último obispo muerto en la diócesis, hace sólo un par de años, según reza la leyenda de la lápida. Una lápida, por cierto, de piedra rubia de Salamanca que obligó a los operarios a servirse de una grúa para poder colocarla aquí, puesto que cuarenta hombres apenas podían con ella, según le cuenta al viajero el vigilante que está a su lado.

—¿Y fumaba?

—¿Quién?

—Don Mauro.

—No lo sé —le dice el hombre, observándole extrañado y con razón.

Afuera, sigue lloviendo. La piedra rubia de Salamanca chorrea agua por todas partes, lo que la hace mucho más parda que cuando la ilumina el sol. Pero el sol hoy no ha salido. Se quedó ayer tarde en Zamora (hundido en el horizonte de Portugal) y hoy, aquí, en Salamanca, el cielo es un grumo gris. En cierto modo, recuerda al de Compostela, la rival universitaria por excelencia de esta ciudad.

—¡No fastidie! —exclama, escéptico, el camarero del bar en el que el viajero espera a que amaine un poco—. Aquí llueve mucho menos...

Pero no amaina. Al contrario, cada vez llueve con más intensidad y, al final, el viajero no tiene otro remedio que regresar a la calle para buscar un sitio donde comer. Si el temor a mojarse le ha hecho dudar hasta ahora, el hambre, que ya le acosa, le quita todas las dudas.

Pero, como por la mañana le pasó con el hotel, le ocurre ahora con el restaurante. Los sitios que ya conoce están todos atestados de personas y los que no conoce también. Así que, tras muchas vueltas (menos mal que llueve menos), termina en uno para turistas cuyo nombre, ciertamente, no recordará gran tiempo. Menos mal que el Novelty sigue en su sitio, en la vetusta Plaza Mayor, ese sueño de piedra plateresco que constituye desde hace siglos el verdadero templo civil de los salmantinos, que en él dirimen sus cuitas mientras pasean de un lado a otro o, si llueve, como hoy, bajo los soportales. Que es lo que hace el viajero después de tomar café, demorándose en los escaparates y en los expositores de los quioscos que se protegen también debajo.

Hacia las cinco, vuelve a la catedral. Está ya abierta hace rato, pero al viajero, después de haber visto la vieja, le sobra tiempo para la nueva. De hecho, durante casi otra hora, se dedica a contemplarla por afuera, aprovechando que ha dejado de llover. Y, también, que el barrendero que se encarga de limpiar todo el entorno y al que se topa cerca del Patio Chico, en el callejón de atrás, tiene ganas de conversación:

—La piedra de Villamayor es bonita, pero muy blanda —dice, por la de la catedral—. La corroen los excrementos de las palomas...

—¿Tanto?

—Tanto, tanto —dice el hombre—. Y, luego, para limpiarla, no vea usted... A presión no se puede porque la piedra no aguanta nada. Y a mano ya me dirá...

—Claro, claro —corrobora el viajero, comprensivo, viendo la inmensa mole de la catedral moderna.

Es la más grande de todas las que ha visto a día de hoy. Mayor que la de León o que la de Compostela. Y tan alta que sepulta, no sólo a la catedral vieja, sino a toda Salamanca. Se ve que quienes la hicieron tenían aires de grandeza.

Y dinero. Porque lo primero en que hace pensar esta catedral es en lo que costaría erigirla. Máxime teniendo en cuenta que intervinieron en ella los mejores arquitectos españoles de la época (Gil de Hontañón, Antón Egas, Juan de Badajoz el Viejo...) y que tardaron en terminarla cerca de trescientos años. Pero Salamanca, gracias a su universidad, tenía dinero para pagarla y no reparó en esfuerzos. Sólo así puede entenderse la gran cantidad de piedra que tuvieron que emplear en su construcción y el gran número de casas que hubieron de demoler para dejar espacio a su enorme planta.

Por fuera, la catedral recuerda un poco a la de Sevilla. Inmensa, de estilo gótico (aun a pesar del tiempo en el que fue hecha), se alza sobre arbotantes y contrafuertes y se corona de agujas y grandes cúpulas: la de la bóveda del crucero y la de su única torre, frustradas como quedaron las otras tres, una a medio construir —la llamada Torre Mocha— y las dos de la cabecera interrumpidas en sus inicios. Las fachadas, en cambio, se concluyeron todas. La principal constituye, incluso, todo un derroche de fantasía, con sus cientos de arquerías y sus miles de relieves y figuras esculpidas. Derroche que se repite en las otras dos, la del norte y la del sur, aunque ésta apenas se pueda ver, comprimida como está por la catedral antigua y por los muros y los tejados de las casas colindantes.

Por dentro, la catedral es todavía más imponente. Comparada con aquélla, es infinitamente mayor, lo cual produce, al entrar, una extraña sensación de irrealidad, como le ocurre ahora al viajero. Máxime teniendo en cuenta que casi no hay nadie en ella.

¿Para qué tanta catedral si está vacía del todo? ¿Para qué tanto edificio si luego no hay culto en él, según señala a la puerta el horario de las misas? Según éste, solamente hay una al día, salvo las fiestas y los domingos.

—¿Y los curas? —le pregunta el viajero al de la puerta, pues todavía no ha visto uno en lo que lleva en la catedral.

—No vienen. Sólo por la mañana, a decir la misa, y a la hora de cerrar.

—A recoger la recaudación... —dice el viajero, malévolo.

—Más o menos —le contesta, sonriendo, el vigilante.

El vigilante se queda atrás y el viajero se adentra en la catedral nueva, cuya altura es espectacular. Al menos cinco o seis veces la de la catedral románica. Lo cual, unido a sus dimensiones, la convierten en una especie de inmenso buque al que le hace de puente la gran cúpula central, obra ya de Churriguera y, por lo tanto, de inspiración barroca. En cambio, la cabecera, que es recta en vez de poligonal, como le correspondería a su estilo gótico, es ya de estilo renacentista, estilo que se acentúa, al igual que el plateresco, en la ornamentación de todo el conjunto, que refleja así los cambios que vivía la arquitectura mientras la catedral seguía construyéndose fiel al estilo gótico de su inicio. De ahí que alguien haya dicho, al hablar de ella, que se trata del «último suspiro» del arte gótico en toda Europa.

Por eso, es artificial. Quizá por su propia historia o quizá porque está muerta, la catedral nueva de Salamanca produce una sensación de artificio que no logran disipar sus dimensiones ni las múltiples capillas que la envuelven. Entre otras cosas, porque tampoco éstas son tan hermosas, ni guardan tantos tesoros, comparadas con las de la catedral románica.

Así, la capilla mayor, que es tan grande ella sola como ésta, acentúa esa sensación de artificiosidad con su falta de retablo. En su lugar, unos tapices de terciopelo (granates o carmesíes) intentan disimular la desnudez del altar mayor, que preside una imagen de la Asunción, la patrona de la catedral, rodeada por seis ángeles. A ambos lados del altar, dos grandes urnas de plata acompañan a la Virgen, una con las reliquias de San Juan de Sahagún, el patrono de la diócesis, y la otra con las de Santo Tomás de Villanueva, procedentes, como aquéllas, del desaparecido convento de los Agustinos.

Las capillas laterales son, en cambio, abundantísimas. Repartidas por las naves, rodean la catedral, que así amplía aún más su fábrica. Pero la mayoría de ellas son anodinas. Solamente la Dorada (llamada así por la gran cantidad de oro que el arcediano de Alba don Francisco Palenzuela reunió en torno a su sepultura), la de la antigua entrada a la catedral vieja, que exhibe un par de piezas de Morales (una tablita del Nazareno y un gran lienzo de la Virgen con el Niño y San Juanito), y la del Cristo de las Batallas, en la girola, que guarda el Cristo románico que, según la tradición, el Cid portaba en todas las suyas, merecen una visita en caso de no haber tiempo, aunque el viajero, como le sobra, se para también un rato en la que está a la izquierda de la del Cristo, que esconde una Piedad de Luis Carmona francamente emocionante (recuerda un poco a la de Miguel Ángel) y que es la única que está abierta, porque, al parecer, en ella está expuesto el Santísimo. En cambio, el coro de Churriguera, que es la joya de este templo según dicen, apenas lo puede ver, porque, como sucedía en Zamora, está cerrado por una reja. Eso sí, muy rococó y, al parecer, de un autor francés.

—¿Se va ya? —le pregunta el vigilante de la puerta, cuando le ve acercarse para salir.

—Sí pensaba.

—Si tiene tiempo —le dice el chico—, le recomiendo que vea la exposición de la Torre Mocha.

—¿Sobre qué? —le pregunta el viajero, un tanto escéptico.

—Ieronimus —dice el chico, pronunciando lentamente la palabra—. Novecientos años de arte y de historia de las catedrales.

—No lo sé, lo pensaré —le agradece su consejo el viajero, despidiéndose.

Pero no lo piensa mucho. En cuanto sale a la calle, se encuentra la Torre Mocha de frente y, cuando se quiere dar cuenta, está ya dentro de ella.

Y no se arrepentirá. Porque la exposición, que alude al primer obispo de Salamanca (Jerónimo de Périgueux, capellán del Cid Campeador e impulsor de la catedral románica), ocupa varias estancias de las dos torres, la mocha y la terminada, lo que permite al viajero contemplar las dependencias en las que, al parecer, vivían los empleados de la catedral (campaneros, pertigueros, lampareros, sacristanes...) cuando ésta era un mundo vivo y no un museo, como ahora. Y, repartidos por ellas, documentos que hablan de su construcción, así como los planos y las maquetas de sus distintas remodelaciones. Aunque al viajero le impresiona mucho más la terraza que se asoma a la cubierta de una de ellas y desde la que se domina todo el conjunto catedralicio y su entorno (la Torre Mocha, el cimborrio, los tejados superpuestos de los templos y las distintas casas colindantes) y, detrás de ellos, el Tormes y los campos que se pierden hacia el sur y el suroeste; hacia Ciudad Rodrigo, donde el viajero terminará mañana su viaje. Todo mojado ahora por la lluvia que impide ver en su plenitud la rubia piedra de Salamanca. Esa piedra que el viajero lleva viendo todo el día esculpida de mil formas y en estilos muy distintos. Quizá por ello, para descansar un poco, para volver a la realidad después de tanto arte religioso, cuando regresa a la calle, se acerca a la Casa Lys, ese museo modernista que Salamanca guarda como un secreto detrás de sus catedrales, con el fin de olvidarse de tanta piedra entre los delicados vidrios y porcelanas del *art nouveau*.

El guía de Ciudad Rodrigo

De Salamanca a Ciudad Rodrigo (casi noventa kilómetros), la carretera atraviesa el célebre Campo Charro; esa enorme extensión adehesada en la que pastan los toros bravos de los que tan amantes son las gentes de esta provincia. Hay también grandes rebaños y vacas de todo tipo y piaras de cerdo ibérico que disfrutan a su antojo de la libertad del campo. Un campo que está vallado prácticamente todo el camino.

Por eso, apenas hay pueblos. La carretera cruza entre las dehesas sin ver más que alguna casa y alguna pequeña aldea y sin que le salga al paso ni un bar. Lo cual no se entiende bien habida cuenta del tráfico que discurre por ella habitualmente, sobre todo de camiones portugueses.

Y es que la raya de Portugal está ya muy cerca. Detrás de Ciudad Rodrigo, que es ciudad de frontera, como Tuy, y que quizá por eso tiene obispado. El menor de toda España y el de menos habitantes según dicen, lo que no impide que sea también uno de los más antiguos. Nada más y nada menos que de la época visigoda, si se le considera heredero, como parece, de la desaparecida diócesis de Caliabria. En todo caso, del año 1161, que es cuando el rey de León Fernando II lo restituyó de nuevo apenas años después de que el conde don Rodrigo reconquistara la plaza fuerte a los árabes.

El rey Fernando II, que repobló también la ciudad y la amuralló de nuevo, fue así mismo el responsable de que se pusiera en marcha la catedral, obra que se comenzó en el año 1165 y que devolvió a la vieja Miróbriga, como se llamó Ciudad Rodrigo en su origen, la importancia que tuvo en sus buenos tiempos y que atestiguan, entre otras cosas, las tres columnas romanas que saludan al viajero a su llegada. Tres imponentes columnas batidas ahora por la lluvia.

La ciudad está detrás, subida en un altozano y rodeada por el río Águeda y cercada por el muro que la cierra todavía por completo. De hecho, para pasar de la Ciudad Rodrigo nueva a la vieja, que están sólo separadas por aquél, el viajero lo ha de hacer por una puerta que, si quisieran cerrar, dejaría a ambas aisladas.

Pero el viajero no quiere aislarlas. Al contrario, alaba el gusto de los mirobrigenses (como se llama aún a los de Ciudad Rodrigo) por haber salvaguardado su ciudad, conservando la antigua tras la muralla y dejando que la nueva creciera fuera de ésta. Tampoco tanto, en verdad, puesto que, según las guías, apenas llega a los quince mil vecinos.

En cualquier caso, en la ciudad vieja, deben de vivir muy pocos. Como mucho, unos dos mil, a tenor del exiguo espacio que les deja la muralla. Dos mil vecinos privilegiados, en cualquier caso, por cuanto la Ciudad Rodrigo vieja es una auténtica joya monumental.

El viajero, que lo sabe, pues ya ha escrito sobre ella, le da una vuelta en el coche antes de bajarse de éste y vuelve a maravillarse de la belleza de la ciudad. Una ciudad a la que la lluvia le da una melancolía levemente portuguesa. No en vano Ciudad Rodrigo está ya al lado de Portugal.

La catedral, sin embargo, es muy española. Sobre todo a la vista de su torre, la única que le queda, en la que se aprecian huellas de bombardeos. Los que le propiciaron las tropas napoleónicas, primero, y, más tarde, las de Wellington, éste ayudando a los españoles a recuperar la ciudad de nuevo durante la guerra de la Independencia. De ahí que fuera nombrado duque de Ciudad Rodrigo.

La catedral, entonces, sirvió de polvorín y de cuartel a los dos ejércitos y sufrió por ello las consecuencias de los dos cercos, del mismo modo en que había sufrido antes las del fuerte terremoto de Lisboa, que derribó la torre de las Campanas, y, antes de éste, las de la guerra de los Comuneros, culpables involuntarios de que otra torre, la llamada de la Defensa, fuera mandada descabezar por el rey por haberles servido a aquéllos de refugio en la revuelta. Así que lo que el viajero ve de la catedral ahora es lo que queda de lo que tuvo, asolada como ha sido por la historia y por la incuria y por la decadencia de muchos años. Los que han tenido que transcurrir para que las autoridades competentes en el tema se hicieran cargo de su restauración.

El viajero lo dice a la vista del cartel que anuncia ésta, tan grande casi como la puerta. Se nota que lo importante es que se sepa quién paga el gasto: la Junta de Castilla y León. ¡Como si lo pagaran sus dirigentes de sus bolsillos!

Al viajero, en cualquier caso, le interesa mucho más la catedral. En concreto, su fachada principal, que es la que mira hacia el suroeste, hacia la plaza de San Salvador (las otras dos dan al norte y al nordeste, por donde la catedral se asoma ya a la muralla). La puerta de las Cadenas, como se la conoce popularmente por las que cerraron durante siglos el breve atrio que la protege (éste ya muy posterior), es, de pura sencillez, un espectáculo. Un simple arco escarzano cobija a otro más pequeño al que dan vuelo y belleza numerosas arquivoltas sostenidas por columnas. Pero por lo que destaca el pórtico es por sus esculturas. Por las cinco de la puerta, que representan al Salvador y a cuatro de sus apóstoles: San Pedro, San Juan, San Pablo y Santiago, todas de traza románica, y por las doce del friso que ocupa el centro de la fachada, una bellísima estela de arcos ciegos y apuntados (de estilo gótico ya, por tanto) desde cada uno de los cuales saluda al que se aproxima un profeta o un patriarca del Antiguo Testamento.

—Buenos días —les responde el viajero, aprovechando que hay gente ahora bajo ellos.

La lluvia cae sobre el enlosado y salpica todo el atrio hasta la puerta. Se cuela con el que llega y sigue oyéndose desde dentro. No ha cesado de llover en todo el día y no parece que vaya a hacerlo.

—No lo creo —dice un hombre, recogiendo su paraguas.

Dentro de la catedral, no obstante, el grosor de los muros amortigua su sonido. No así, en cambio, la humedad, que fluye casi del suelo, que es de piedra y de pizarra, a juzgar por su color. El viajero lo percibe en cuanto entra, pero lo percibirá mejor a medida que el día vaya transcurriendo sin que cese de llover un solo instante. Al contrario, lloviendo cada vez más.

Pero, a las once de la mañana, que es cuando el viajero llega, la humedad todavía es soportable. Y, además, no hace frío, como afuera. Quizá por eso dos docenas de personas se arraciman en los bancos de la nave principal o deambulan por las laterales, dándole a la catedral un aire muy familiar. Como si fuera una iglesia de pueblo.

Pero es una catedral. Y románica, además (aunque derivara al gótico, como todas las de su época). Lo demuestran sus tres naves y sus grandes dimensiones y los cinco sacerdotes que aparecen ahora mismo por el fondo. Salen de la sacristía vestidos para la misa que, al parecer, va a empezar ahora y que era a lo que esperaban los que estaban sentados en los bancos.

Los sacerdotes, que van cantando, dan la vuelta a la nave principal y se dirigen luego al altar, salvo uno, que se queda rezagado. Viste una especie de capa negra o sobrepelliz y lleva un libro en la mano. Y, mientras los demás se alejan, entra cantando en el coro, que le abre el sacristán en ese instante. El viajero, desde su banco, lo mira todo con interés, pues no comprende qué es lo que pasa. ¿Será una misa cantada?

En efecto, es una misa cantada. Concelebrada, además, por los cuatro curas que están ya frente al altar y que responden también cantando al que se quedó en el coro; que está gordo y colorado como un fraile medieval. Entre los del altar, hay de todo: dos son calvos, otro flaco y escurrido y el cuarto tan diminuto que apenas llega al altar. Entre los cuatro, deben de sumar mil años. El que menos andará por los setenta, aunque se ve que están saludables.

Mientras prosigue la misa, el viajero se dedica a observar la catedral. Lo hace con discreción, para que no se le note mucho, pues no sólo está rodeado de personas muy devotas (a la hora de comulgar, comulgan prácticamente todas), sino que nota a su izquierda la mirada vigilante del que pensó que era el sacristán. Que no lo debe de ser, puesto que, mientras la misa, permanece parado a la puerta del museo, que está en la nave del

Evangelio, rechazando a los turistas que se acercan para verlo y regañándoles por hacerlo mientras se celebra aquélla. Y no le falta razón: la mayoría lo hacen metiendo ruido y sin ningún respeto hacia los demás.

La catedral, al viajero, le recuerda vagamente a la de Astorga; aunque, según ha leído, es copia de la de Zamora. En cualquier caso, las tres son muy parecidas: las tres del mismo tamaño, las tres con ábsides superpuestos y las tres en cruz latina. Y las tres con el coro en medio, como la liturgia manda. Una liturgia que en la de Ciudad Rodrigo continúa viva, a tenor de los latines que está cantando ahora en él el de la capa pluvial.

Cuando la misa termina, la catedral se revoluciona. La gente que había en los bancos se abalanza sobre éste mientras los otros curas desaparecen dentro de la sacristía. El viajero, que no sabe lo que pasa, se acerca también a ver, pero no comprende nada. Por lo menos al principio. Pero lo comprende pronto al ver a aquél alejarse en dirección a un confesionario seguido por tres mujeres. Tres mujeres portuguesas, como el resto de la gente, que, al parecer, forma un grupo que viene a misa a Ciudad Rodrigo un sábado cada mes, según dice el sacristán, o presunto sacristán, que el viajero todavía no sabe bien lo que es.

—¿Yo?... Nada —le dice el hombre, muy serio, desconcertándole todavía más.

El grupo de portugueses se aleja hacia una capilla (la de la esquina, al final del templo) y el viajero se queda solo en los bancos, que se han quedado vacíos. Lo cual le permite ver a su gusto la capilla mayor y las dos que la flanquean, que son un poco más bajas, como corresponde al ábside. Con ayuda del folleto que le compra al que no es nada, el viajero las recorre una por una, aprovechando que ahora está solo. A la derecha, según se entra de la puerta, un altar dedicado a San Miguel deja paso a la primera, que es la llamada de los Pachecos, denominada así por pertenecer a esa familia mirobrigense, la de los poderosos marqueses de Cerralbo, cuyos miembros, muchos de ellos eclesiásticos, la utilizaron como enterramiento hasta que se construyeron una iglesia para ellos, justo enfrente de la catedral. Le sigue la capilla mayor propiamente dicha, que ocupa el centro del ábside y que, siendo románica también, como las laterales, fue rehecha en el siglo XVI, a la vista de su deterioro, por Rodrigo Gil de Hontañón, uno de los arquitectos que intervinieron en la catedral nueva de Salamanca. A falta del retablo original de Fernando Gallego, que fue quitado y vendido a mediados del siglo XIX a un anticuario (quien, a su vez, lo vendió a un museo, el de la Universidad de Tucson, en Arizona, que es donde se encuentra ahora), y del que lo sustituyó, que era de plata maciza y que desapareció también durante la guerra de la Independencia, la capilla mayor exhibe ahora una simple Asunción de Juan de Mena procedente de un monasterio cercano (el de la Caridad, al otro lado del río) y dos cuadros de autor desconocido y sin demasiado valor artístico: uno de San Sebastián, el patrono de la ciudad, y el otro de San Jerónimo. Por fin, en el lado opuesto, dando paso a la antesacristía, la capilla de San Bartolomé completa el bloque absidial, sin exhibir otros méritos, aparte de los arquitectónicos, que el de haber servido de enterramiento, como la opuesta a los de Cerralbo, a los poderosos Chaves.

    El crucero y las naves de la iglesia merecen, por el contrario, más atención. No sólo por su arquitectura, que conserva todavía muchos restos del románico, sino por su decoración. Decoración que incluye las esculturas y los objetos que los adornan, pero también los ventanales que permiten ver el templo y que son góticos en su mayoría. Aunque los hay todavía románicos. Como los de la nave del Evangelio, que son los más definidos, incluidas las arcadas que adornan la parte baja y que, a pesar de ser ciegas, son tan bellas y tan raras que, según el folleto institucional, le hicieron escribir a Manuel Gómez Moreno que «no tienen rival en cuanto a primor y magnificencia en edificio alguno español». El viajero, sin embargo, sin pretender corregir al historiador, se lo encuentra casi al lado: los hermosos rosetones de la nave del crucero.

    Las esculturas, que son legión, tampoco les desmerecen. Sobre todo las que ocupan las columnas de la nave principal. Entre ellas, las de los reyes que construyeron la catedral (el rey Fernando II y su esposa doña Urraca), otra del primer obispo (cuyo nombre no se conoce) y otra de San Francisco, quien, según la tradición, pasó por Ciudad Rodrigo en su peregrinaje hacia Compostela en el año 1212, por lo que la escultura se la habrían hecho copiando directamente del natural. Más difícil parece que lo hicieran con las de los cuatro ángeles que sobrevuelan la nave detrás de ellos o con las de los cuatro apóstoles (San Pedro, San Pablo, Santiago y un cuarto sin identificar) que presiden el último tramo. Y, mucho menos, con las de los personajes que llenan los capiteles y la imaginería del coro, que el sacristán ha vuelto a cerrar de nuevo, la mayoría de los cuales son mitológicos. En cualquier caso, al viajero lo que le llama más la atención de esta catedral tiene antes que ver con la leyenda que con el arte o la arquitectura. Se refiere a las varias que la rodean, algunas de las cuales son realmente muy pintorescas.

La primera, y más conocida, es la del obispo que resucitó. Se llamaba Pedro Díaz y murió en el 1343, año desde el que, al parecer, guarda el brazo derecho de la nave del crucero desde un hermoso sarcófago que tapa a medias una rejilla y que preside un enorme cuadro que reproduce gráficamente el milagro: en él, se ve al tal obispo incorporándose en su ataúd ante el terror de toda la gente que asistía a su funeral. Parece ser que el obispo había muerto de repente, sin tiempo de confesarse, y Dios, que es muy generoso, le devolvió a la vida por unos días para que pudiera hacerlo y arrepentirse de sus pecados. Así cualquiera, piensa el viajero, mirando el cuadro, cuyo mérito principal no es el de pintar la escena, sino el de incluir en ella el retablo que había en el altar mayor en el momento de ser pintado (el año 1700) y que no es otro que el de Fernando Gallego que ahora hay que ir a ver a Tucson.

Cerca de él, junto a la puerta de las Amayuelas, como se llama a la del crucero que da la réplica a la de entrada, otro sarcófago alude a otra famosa leyenda, que es la del obispo que se eligió a sí mismo. Se llamaba Domingo y vivió en el siglo XIII y se eligió a sí mismo siendo deán de la catedral, haciendo uso del voto de calidad de que disponía y ante los sucesivos empates entre los aspirantes. Lo mejor de la historia es que, según parece, su decisión fue acogida con obediencia por los canónigos y que el tal Domingo ejerció su episcopado con virtud e inteligencia contrastadas, como lo demuestra el hecho de que fuera sepultado en este sitio, en lugar de serlo en el suelo, como la mayoría de sus predecesores. Aunque, para virtud, piensa el viajero, siguiendo, la de doña Marina Alfonso, la Coronada, noble dama de la villa que prefirió arrojarse una olla de aceite hirviendo por la cabeza antes que entregarse al rey que la pretendía. La Coronada, cuyo apodo le sobrevino de la decisión de aquél de coronar su sepulcro con su corona, tan grande fue su arrepentimiento, compartió enterramiento durante un tiempo en la catedral con aquellos dos hasta que, hacia finales del siglo XVII, su sepulcro fue quitado junto a otros, sin que se sepa adónde fueron a parar.

—Yo, por lo menos, no —le confiesa al viajero el que no es nada, que aparece de repente dando palmas por la nave. Es la hora de cerrar.

—¿Ya? —comprueba el viajero la hora en su reloj.

—Es la una —dice Avelino, que así se llama el que no era nada, pero que resulta ser un poco de todo (sacristán, portero, guarda, vendedor de las entradas del museo...), según le confiesa al fin, mientras le acompaña hacia la puerta de salida, donde le espera ya el compañero, un hombrecillo pequeño con cara de espabilado, que es el que enseña el museo.

Los dos son ya muy mayores. Sobre todo el del museo, que parece más simpático. Aunque ahora ambos tienen la misma prisa por ir a comer a casa.

—¡Hasta luego! —se despiden del viajero, apenas cierran la puerta, desplegando sus paraguas a la vez. Sigue lloviendo como hace un rato.

En la plaza, sin embargo, la gente toma los vinos igual que cada mañana. La hermosa Plaza Mayor de Ciudad Rodrigo (para el viajero, sin duda alguna, una de las más bellas de toda España) está llena de personas que ven pasar la mañana bajo los arcos del Ayuntamiento o tomando, mientras leen el periódico en los bares, el aperitivo con su correspondiente tapa. Para el viajero, casi una necesidad, calado como viene hasta los huesos, a pesar de haber venido corriendo desde la puerta de la catedral.

—¿Qué va a tomar?

—Lo que sea —dice, a la vista del repertorio que recorre el mostrador del bar en el que se refugia.

La pregunta se repite en otros dos, los dos también bien surtidos y los dos llenos de gente que comenta, mientras bebe, la noticia de la semana en Ciudad Rodrigo: la del cura de un pueblecito cercano que se ha traído a una ex monja con la que, según parece, mantenía relación a través de Internet desde hacía tiempo, con el consiguiente escándalo de todos sus parroquianos. O de la mayoría. Pues, según lee el viajero en el periódico local, que habla ampliamente del tema, algunos le han ayudado a pagar los billetes de vuelta desde Perú, puesto que el pobre cura sólo tenía dinero para el de ida. «A nosotros nos parece bien que vuelva», dicen, incluso, algunos de ellos, demostrando una mayor amplitud de miras que los que comentan la noticia ahora en los bares, o que el obispo, que ya debe de haberlo fulminado.

—¡Hombre, claro! —le dice el chico del bar, no se sabe si porque está conforme con la medida o porque no cabía esperar otra cosa muy diferente del obispo.

El que esperaba otra cosa, no del obispo, sino del cocinero de El Sanatorio, que es como se llama el bar, es el viajero, a la vista de éste. El viajero lo eligió para comer por su decoración (está lleno de carteles y de fotos, la mayoría de ellos antiguos, del carnaval taurino de Ciudad Rodrigo), pero a fe que no ha acertado. No sólo tardan en atenderle, sino que la comida es francamente mala. Y eso que sólo ha pedido una sencilla ensalada mixta y —por hacer los honores a la gastronomía local— dos huevos fritos con farinato, el humilde e hipercalórico embutido de la tierra que se hace a base de harina (de ahí que se llame así) y manteca de cerdo salpimentada. Una bomba en toda regla, sobre todo si te la sirven fría.

—¿Qué tal? —le pregunta, cuando sale, al viajero el de la barra.

—Muy bonito —le dice éste, por el bar.

Afuera, sigue lloviendo. La plaza está ahora vacía (la gente estará comiendo) y el viajero la cruza a toda prisa, resignado a mojarse nuevamente. Ni siquiera se detiene a contemplar el Ayuntamiento, esa extraña construcción renacentista, ni la de la antigua Audiencia, ni, mucho menos, ya al lado de la catedral, la capilla de Cerralbo o los distintos palacios que se reparten la plaza.

—¡Buenas tardes!

—¡Buenas tardes! —le saludan los dos guardas (Avelino y el más viejo), que están abriendo en este momento.

Éste en seguida se ofrece para enseñarle la catedral. Al parecer, es el guía, mientras que aquél hace de portero, aunque van a medias en el «negocio». Manolo, como se llama el más viejo, es decididamente simpático:

—Yo predico y él pasa la bandeja.

Y, en efecto, predica, más que otra cosa. Porque Manolo, que, al parecer, trabajó de joven como vaquero y, luego, en una harinera hasta su jubilación (Avelino lo hizo en Francia en una fábrica), es guía sólo por afición y, por tanto, autodidacta. Lo cual no quita para que haya aprendido mucho y para que lo que enseña y dice lo haga con mucha gracia:

—¿Qué ve usted en esa esquina?

—Una imagen.

—¿Y en la otra?

—Otra imagen.

—¿Y ahí?

—¿Ahí? —dice el viajero, mirando a donde señala—. Nada.

—Claro. Porque no hay nada —le sonríe Manolo, divertido.

Manolo es un personaje. Con su gorra de visera y la camisa abrochada hasta el último botón, compone una extraña mezcla de pícaro y maestrescuela, con su soniquete antiguo. Un soniquete que se acentúa a la vez que coge carrera y que al viajero le recuerda al de los ciegos que cantaban por los pueblos romances de asesinatos:

—¡Coro de estilo gótico hispano-flamenco, de Rodrigo Alemán, de nogal macizo!... ¡Lo componen setenta y dos asientos, uno de ellos para el señor obispo!... ¡Todos ellos decorados con animales y monstruos, excepto aquél, que representa a San Pedro!... ¡Los órganos son barrocos, el pequeño con un ángel trompetero!... ¡La crestería es de piedra!... ¡Uno de los mejores de España!...

Y sigue:

—¡Altar de alabastro de mucho mérito, atribuido a Lucas Mitata!... ¡Representa la escena de la Quinta Angustia!... ¡Observe la expresión de las figuras!...

Y continúa:

—¡Capilla del Sagrario, también llamada de San Blas, elegante como ninguna!... ¡El retablo es barroco, la Virgen del siglo XV, de alabastro!... ¡Sin parangón en España!...

La cantinela no se detiene. La cantinela guía al viajero por toda la catedral (que se abre de nuevo a éste llena de paz y misterio) y le conduce, luego, hacia el claustro, que es donde está el museo y, por tanto, el territorio de Manolo. Pero, antes, hay que pagar la entrada. Cosa que el viajero hace uniéndose a los que esperan, que empiezan ya a ser bastantes. No menos de dos docenas, incluida la pareja que componen un anciano y una mujer de mediana edad, ésta tocada con un sombrero, quién sabe si por la lluvia.

—¡Buenas tardes! —les saluda Manolo a todos ellos, abriendo la puerta que da hacia el claustro.

—¡Buenas tardes! —le contestan, educados, los que esperan.

En su sitio y con más público, Manolo está ya a sus anchas. Manolo no es cualquier guía. Es un maestro y un preceptor y hasta un cura, si es preciso. Con su aire de maestro y su sorna campesina, enseña, corrige, explica, pregunta a los que le siguen, les pone en más de un apuro, regaña incluso a los despistados. Todo ello con humor y simpatía. De esta manera, les muestra el claustro, una auténtica joya, según dice, «del XIV la mitad y la otra mitad del XVI», y, luego, el museo catedralicio, que ocupa una de sus alas.

El claustro es, en verdad, maravilloso. Cerrado a los cuatro vientos, pero rasgado por grandes arcos, acoge cuatro cipreses de más de doscientos años (enfermos, según Manolo) y un sinfín de capiteles de distintos estilos y factura, según que correspondan a una de las dos partes: la de Benito Sánchez, que es la más vieja (y gótica, como la catedral), o la de Pedro de Güemes, que es la más nueva. Hay también un par de puertas, una de ellas muy curiosa, pues permite salir, pero no entrar, lo que habla de su origen defensivo, así como algún sepulcro y alguna imagen aislada, como las dos de la Virgen, la de la Paz y la de los Ángeles, las dos del siglo XIV. Aunque lo mejor, sin duda, son los cientos de relieves que adornan los capiteles y las peanas de las columnas y que, según Manolo, que los sabe todos ellos de memoria, son únicos en España:

—¡Monstruo con cabeza humana, cuerpo de ave y cola de serpiente!... ¡Hombre desnudo al que muerde una serpiente!... ¡Cerda amamantando a sus crías y mujer amamantando a un monstruo!... ¡Dragones mordiéndose las patas y leones peleándose!... ¡Hombre ahogándose!... ¡Hombre luchando con un león!... ¡Grifón mordiendo a una loba!... ¡León con cabeza humana!...

Manolo va señalándolos a la vez que los recita. Lo hace sin dejar de andar o deteniéndose brevemente para que los demás los vean. Él lo ha hecho ya tantas veces que ni siquiera precisa mirarlos:

—¡Aquí, un ángel con el culín al aire!... —Manolo sonríe al decirlo—. ¡Aquí, otro haciendo sus necesidades!... ¡Aquí, una zorra comiendo uvas!... ¡Aquí, un soldado tocando un cuerno!...

Manolo mira a los que le siguen. Observa sus reacciones. A veces, se limita a describir las figuras. Otras, en cambio, echa a volar la imaginación:

—¡Aquí, el árbol de la vida!... ¡Aquí, una perdiz cantando al reclamo!... ¡Aquí, un estudiante que se quedó dormido y se cae con el libro para atrás!... ¡Aquí, una serpiente devorando a una mujer!... ¡Aquí, una mujer devorando a un hombre!...

A medida que avanzan por el claustro, sin embargo, Manolo abrevia las frases («¡Un conejo!... ¡Una piña!... ¡Una tortuga!... ¡Un cocodrilo tocando el arpa!...»), tan numerosas son las figuras, entre las sonrisas de todos los que le siguen, que le agradecen el espectáculo, excepción hecha de la del sombrero, a la que no parece que le haga gracia.

Pero a Manolo le da lo mismo. Llegado al final del claustro, que cierra una capilla en la que antiguamente se velaba, según dice, a los canónigos, regresa sobre sus pasos e invita a los que le siguen a visitar el museo, que ocupa un par de salas del ala occidental. No es nada del otro mundo, pero Manolo hace que lo sea:

—¡Mirad qué libros!... ¡Mirad qué cuadros!... ¡Mirad aquí qué bordados!...

O bien, ya en plan más gracioso:

—¡Éste es *San* Tomás de Aquino, que, como su nombre indica, *no era de aquí*!... (Sonrisas del respetable.) ¡Éste, San Antón bendito, con su marranito, que no come ni bebe, pero está gordito!... (Risas ya abiertas de alguno.) ¡Ésta, Santa Catalina de Siena, que la mataron por ser más lista que los hombres (Manolo mira ahora a las del grupo), y el hombre no consiente que la mujer brinque por encima de él!...

A estas alturas, Manolo es ya un verdadero *showman*. Manda mirar, agacharse, imaginar lo que no se ve. Y, no contento con ello, hace preguntas a los que miran o les pone adivinanzas. Manolo, de tan simpático, se ha ganado ya el respeto de la gente, que le sigue, divertida, por las salas.

—Y usted, Manolo, ¿dónde aprendió tantas cosas? —le pregunta el viajero, de regreso ya hacia el claustro.

—En la universidad —le dice Manolo, irónico, sonriendo con sus ojillos de pícaro. Los mismos ojos con los que se despide de todos, deseándoles que tengan un buen viaje.

—Muchas gracias —le contesta a coro el grupo, excepto la del sombrero, a la que parece que no le divierte nada.

Le pasa como a Avelino. Sólo que éste tiene motivos. Después de todo el día aquí y con la humedad que hay, debe de estar deseando cerrar y volver a casa. Lo malo es que todavía queda más de una hora para eso, según le dice al viajero cuando los demás se marchan.

Pero, en seguida, llega otro grupo. Éste aún más numeroso. Incluso traen hasta un perro, y no precisamente pequeño.

¡Qué falta de educación!, le dice el viajero, al verlo, sin saber que se trata de un lazarillo, pues su dueño es invidente, como el resto.

Pero, a pesar de ello, lo miran todo. Quiere decirse que, aunque no vean, recorren la catedral siguiendo al guía que les precede, *mirando* todo lo que éste cuenta. El viajero, sorprendido, les sigue por el templo, primero a cierta distancia y, luego ya, sin complejos, y descubre que no se trata de un simple *tour*, sino de una visita en toda regla. De hecho, le sirve a él mismo para enterarse de algunas cosas y para ver otras que no había visto. Las capillas del trascoro y de los pies (la del Sagrario y la de los Dolores), por ejemplo, y, sobre todo, el pórtico del Perdón, la verdadera joya de la catedral, que está guardado por una puerta, pero que Avelino abre, puesto que, al parecer, lo tenía ya acordado con el grupo.

El pórtico es una maravilla. Un verdadero tesoro, semejante al de Compostela o al de la catedral de Orense, que se conserva milagrosamente íntegro, dada su particular historia. Según cuenta el guía a los ciegos (y al viajero, que se ha unido a la excursión), este magnífico pórtico construido en la primera mitad del siglo XIII y convertido en capilla en el XIV, por lo que fue cerrado por fuera, fue utilizado de polvorín durante la guerra de la Independencia, siendo por ello bombardeado.

Por fortuna, no le dieron. Gracias a lo cual se pueden ver todavía (quien pueda hacerlo, como el viajero) sus seis espléndidas arquivoltas, todas repletas de figuritas y sostenidas por los apóstoles (uno por cada columna), y su impresionante tímpano, de un protogótico muy arcaico. Así, al menos, lo define el guía a los ciegos, que le escuchan en silencio sepulcral, incluido el perro, que está delante.

Mientras les describe el pórtico, algunos lo van palpando. Palpan las formas de las columnas y las ropas de la Virgen del mainel, que es lo único a lo que llegan. Pero se les ve felices. Felices de estar aquí y felices de escuchar lo que sus ojos no pueden ver, pero que el guía les va contando. A cambio, piensa el viajero con cierta envidia, no les afecta la oscuridad que invade ya todo el templo a esta hora ya avanzada de la tarde.

—¿Qué hora tiene? —le pregunta el guía al viajero cuando están llegando al coro.

—Las seis y media —le dice éste.

—Muchas gracias.

El guía apura ahora el paso. Se dirige hacia Avelino, que está a la puerta del claustro, esperando para abrirles ya hace rato. Al parecer, los ciegos van también a ver el claustro, cosa que deben hacer deprisa, si quieren que les dé tiempo. El viajero les acompaña con el deseo. El viajero, de buena gana, volvería a verlo con ellos, más que nada por volver a oír a Manolo. Es más. Seguro que con los ciegos se esmera todavía más.

—Manolo no sabe nada. Manolo lo único que sabe es lo que les oye a otros —dice Avelino, con cierta envidia.

—¿Usted cree?

—Como yo —confirma el hombre, muy serio.

A las siete menos cinco, Avelino toca las palmas. No precisa hacerlo mucho porque ya no hay casi gente. Sólo el viajero y un par de viejas que están rezando en los bancos. Y, por supuesto, los ciegos, que siguen en el claustro o en el museo, con Manolo.

—Él tiene llave —dice Avelino al viajero, justificando de esta manera que vaya a dejarlos dentro.

La lluvia sigue cayendo. Había parado antes algo (en el claustro, hace dos horas, salió incluso el arco iris), pero ahora vuelve a llover con fuerza sobre la catedral. Sobre la catedral y sobre la plaza. Que está brillante como un espejo, de tanta agua como ha caído.

A pesar de ello, el viajero se acerca hasta la muralla. Quiere ver la catedral por el nordeste antes de seguir camino. El viajero siente nostalgia. El viajero, mientras llueve, contempla Ciudad Rodrigo y recuerda las ciudades que ha ido dejando detrás: Salamanca, Zamora, Astorga, León, Oviedo... Viejas y nobles ciudades de un viejo reino perdido que palpita todavía en la memoria de sus gentes, igual que en sus catedrales. Esos templos que hablan de sus grandezas, pero cuya decadencia apenas pueden disimular. Aunque sigan sonando sus campanas cada hora.

—¿No se había ido? —se sorprende Avelino, al verle volver de nuevo.

—Aún no —dice el viajero, empapado.

—Pues allá usted. Yo me voy —se despide Avelino, desplegando su paraguas por el atrio.

Tercer viaje

DONDE LA VIEJA CASTILLA

La catedral quemada

Amanece en Santander. Amanece un día más en esta ciudad costera por la que Castilla se asoma al mar, o se asomaba, puesto que, desde hace ya tiempo (desde la instauración en España de las autonomías), la antigua provincia de Santander se ha separado de aquélla y presume, con el nombre de Cantabria, de ser una región, si no tan grande como Castilla, sí por lo menos tan importante. Cuestión en la que no le falta razón, no tanto desde la perspectiva histórica como desde la paisajística y económica.

Pero al viajero estas divisiones no le importan, ya se sabe, demasiado. El viajero —ya lo dijo en el capítulo anterior— no cree en otras fronteras que las que le dicta el gusto y, en base a éste, comienza aquí su tercer viaje, que le llevará a lo largo del amplio territorio que se extiende desde las costas del mar Cantábrico hasta las blancas cumbres del Guadarrama. Y dice blancas porque se las imagina así, teniendo en cuenta la fecha en la que comienza el viaje, que es la del 3 de enero del año 2003. Esto es: un año y pico después de que partiera desde Santiago de Compostela.

Pero, hoy, aquí, en Santander, el tiempo desmiente a los calendarios. El cielo está despejado y el sol brilla en la bahía, dándole a ésta y a toda la ciudad el aspecto de un día de primavera. De no ser por los adornos navideños, nadie diría que estamos en Navidad.

Pero lo estamos. Lo dicen los calendarios y los escaparates de los comercios y lo confirman los villancicos que suenan por todas partes. Villancicos que anuncian que, dentro de un par de días, llegarán a Santander un año más los Reyes Magos.

En el paseo de Pereda, la calle principal de la ciudad, la gente, sin embargo, no parece fiarse mucho de ellos. Mientras camina por las aceras o desayuna de pie en los bares, habla por sus teléfonos móviles o revisa sus papeles, como todas las mañanas a esta hora. Se nota que el paseo es el centro financiero y comercial de la ciudad.

—¿Un bollo? ¿Algo para tomar?
—No, muchas gracias.

El viajero no acostumbra a tomar nada tan pronto. El viajero, a estas horas tan tempranas, se conforma con un café con leche (descafeinado, desde que se lo impuso el médico; ¿a qué extremos va a llegar?) y una ojeada al periódico. Otra cosa será a media mañana, cuando haga un alto en su caminar.

—¿Cuánto es?
—Un euro.

Desde la puerta del bar La Catedral, el viajero mira la plaza y el edificio que le da nombre, esa especie de extraña fortaleza que domina Santander desde su emplazamiento en lo alto de una colina. Una colina que se alza al borde de la bahía, pero que los edificios que la rodean le impiden ver.

Quizá por eso se alza sobre escalinatas. Una inferior, que conduce a un pórtico (sombrío y de triple arco), y otra que sigue por la derecha, bajo la torre del edificio, en dirección a la parte alta de éste. A simple vista, no se sabe bien cuál de ellas es la buena.

—Aquélla —le dice al viajero el pobre que guarda la que conduce al pórtico—. Esto es la iglesia del Cristo.

El viajero mira los arcos sin entender lo que aquél le dice. ¿Cómo va a haber una iglesia independiente en el propio edificio de la catedral?

Pero la hay. Lo confirma una señora que llega detrás de él y que, aparte de devota, pertenece, según dice, a la parroquia:

—Esto es la iglesia del Santo Cristo. La catedral está más arriba —le dice, señalando la escalera que se pierde por la esquina de poniente en dirección a la parte alta del edificio.

El viajero, sin embargo, no hace caso de ninguno de los dos. El viajero, a estas alturas (de su investigación y de las escaleras), está más interesado en lo que aquéllos llaman la iglesia que en lo que dicen es la catedral. Al fin y al cabo, el edificio no deja de ser el mismo, al menos visto desde la plaza.

Y por dentro. Pues tanto el pórtico como la iglesia no dejan de ser, al fin, más que la base de aquél, como el viajero puede observar en cuanto entra en ellos. Una base, además, muy primitiva, como lo prueban la rusticidad del pórtico (oscuro, de triple arcada, con un belén a un extremo, no en vano estamos en Navidad) y, sobre todo, la imponente belleza de esta cripta hoy convertida en iglesia, pero que no es otra cosa, al fin, que el embrión del edificio y aun de la propia ciudad. Una ciudad construida, como al viajero le dirán luego el sacristán de la iglesia y la monjita que hace las veces, a falta de éste, en la catedral, sobre la altura de un promontorio llamado por los romanos de Somorrostro y, más tarde, de San Pedro (por el patrón de la Cofradía de Mareantes), que penetra en la bahía santanderina como si fuera la proa de un barco. La bodega de ese barco que hoy ya apenas puede verse por el crecimiento urbano de la ciudad, pero del que da fe el grabado que realizó el alemán Hofnagel a mediados del siglo XVI, sería precisamente esta cripta, como lo prueban los restos arqueológicos encontrados bajo ella no hace mucho y que confirman la leyenda de su origen, que lo vincula a los santos mártires Emeterio y Celedonio, dos legionarios romanos decapitados en Calahorra por haberse convertido al cristianismo y cuyos restos llegaron hasta estas costas, como los de Santiago a las de Galicia, en una nave de piedra gobernada por el viento allá por el siglo III. Verdad o no, lo cierto es que aquí se guardan sus restos, en dos cabezas de plata que se han incorporado ya como símbolos al escudo de la ciudad, y que a uno de ellos, San Emeterio, debería ésta, según algunos, su propio origen semántico: Sancti Emeterii, Sant Emter, Santander...

Pero todo esto el viajero no lo sabrá hasta más tarde. El viajero, cuando entra, sólo sabe que esta cripta es la parroquia del Cristo (aparte de por el pobre y por la señora, por los carteles que hay a la puerta) y que, a pesar de su emplazamiento, no tiene nada que ver con la catedral; al menos, a efectos oficiales.

Así que se dedica (mientras termina la misa que se celebra en ella en este momento) a contemplar en silencio esta aplastada oquedad que sostienen con esfuerzo unas pesadas columnas tan bajas como robustas que, a la vez, forman sus tres naves. Las tres desnudas y prácticamente a oscuras, a pesar de las velas y las luces que hay en ellas.

Cuando concluye la misa, la oscuridad aumenta todavía más. El sacristán apaga las velas y la cripta se convierte en una especie de catacumba de la que sólo algunas personas, entre ellas el viajero, se resisten a marcharse. Las demás van saliendo poco a poco, dejando entrar, al hacerlo, un haz de luz por la puerta y devolviendo a su secular silencio este espacio misterioso que vive al margen del edificio y en el que sobresale sólo, en la cabecera, la escultura que da nombre a la parroquia. Un Cristo crucificado cuyos brazos se elevan hacia el techo como queriendo sujetar también las bóvedas.

Pero la imagen del Santo Cristo no es la única que se exhibe en esta cripta. A su derecha, en el ábside de la nave del Evangelio (en cuyo suelo, que está libre de bancos, al contrario que las otras, se muestran a través de un gran cristal restos de excavaciones recientes), el viajero ve, al acercarse, las dos cabezas de plata correspondientes a los dos mártires (expuestas también tras un cristal junto con otros dos relicarios: un brazo también de plata con las reliquias de San Germán y una arqueta de madera que conserva, según dice su letrero, las de los santos santanderinos Manuel Seco y Román Martínez, dos frailes de La Salle «que dieron testimonio de su fe en Turón, Asturias, durante la revolución de 1934»), y, en el lado contrario, en el ábside de la Epístola, una moderna Piedad de piedra, copia de la de Gregorio Hernández, y un altar también de piedra con un relieve de la Sagrada Cena lleno de nombres de arriba abajo. En la nave de la Epístola hay también, en la pared, una tabla de la Virgen del Socorro ante la que rezan ahora las tres personas que hay en la cripta y otra de un Descendimiento procedente seguramente de algún retablo de cuyo origen y autor al viajero le gustaría enterarse.

Lo hace en seguida, gracias al sacristán, que sale hasta la puerta acompañando al cura después de misa, en parte por despedirle y en parte por comprobar que el Nacimiento del pórtico sigue en su sitio. Las Navidades pasadas le robaron varias piezas, según dice.

El hombre, de edad mediana y aspecto un tanto curil, contradice a los de su gremio y demuestra saber de qué va el paño. A preguntas del viajero, en cuyo mismo banco se sienta a pegar la hebra, le cuenta lo que sabe de esta cripta a cuyo cuidado lleva diecisiete años. A grandes rasgos y para no cansar al lector, al que aquél ya ha adelantado algún dato, que se alza sobre los restos de una iglesia visigótica anterior que, a su vez, se levantó sobre las del palacio del gobernador romano (cuyos vestigios son los que pueden verse en el suelo de la nave del Evangelio); que se hizo en el siglo XIII a instancias del quinto abad de Santander, un tal don Juan Martínez de Mena; que es, por tanto, de estilo protogótico, aunque, por su primitivismo, muchos crean que es románica; que mide 31 metros por 18,5 de ancho; que formó parte de la abadía fundada en la Alta Edad Media por el rey Alfonso II el Casto de Asturias (el mismo de la catedral de Oviedo) para guardar las reliquias de San Celedonio y San Emeterio y que se convertiría sucesivamente, a medida que Santander crecía, en colegiata y en catedral; y, en fin, por si el viajero tuviera aún alguna duda, que, aunque es la base de aquélla, no tiene nada que ver con ella, a efectos religiosos por lo menos. Una cosa, concluye el sacristán, es la parroquia y otra la catedral.

—Pero usted es el sacristán de todo...

—No —rechaza el hombre con contundencia, señalando la cripta frente a ellos—. Yo sólo soy el sacristán de la parroquia.

—¿Y en la catedral hay otro? —le pregunta el viajero, sorprendido.

—Hay monjas —le dice el hombre, levantándose del banco mientras habla.

Y es que acaba de volver a entrar el cura. El sacristán le sigue hacia la sacristía, que está detrás del altar mayor, y el viajero se queda solo en el banco, decepcionado por no poder seguir su charla. Se veía que el hombre sabía de lo que hablaba.

A falta de ello, el viajero se dedica a anotar en su libreta todo lo que le ha contado. Lo hace durante un rato, adormecido por el silencio y embriagado por el olor de las azucenas que, desde el altar mayor, inunda toda la cripta, hasta que le interrumpen tres jovencitas que aparecen de pronto por la puerta.

Las chicas, adolescentes, no vienen a ver la iglesia. Las chicas tampoco vienen, ni mucho menos, a escuchar misa. Las chicas son de un pueblo cercano a Santander (del valle de Camargo, dice una) y están aquí por obligación, para hacer los deberes que les han puesto para estas Navidades. A saber: localizar en la catedral una pila árabe, una cúpula con pechinas y un capitel que, según parece, representa a un señor con gafas.

—¿Y están aquí seguro? —les pregunta el viajero, mirando a su alrededor.

—En la catedral —dice una de las chicas.

—¡Ah! —exclama aquél, comprendiendo. Y, levantándose, las acompaña fuera, después de explicarles lo que a él le han explicado: que una cosa es la iglesia y otra la catedral.

En compañía de las chicas, que van detrás, hablando entre ellas (se ve que no les interesa demasiado lo que dice), el viajero cruza la escalinata y sube por el arco que hay debajo de la torre en dirección a la parte alta del edificio. A medida que suben, éste va cambiando. Deja de ser tan adusto para estilizar sus líneas, a la vez que sus piedras se ven mucho más recientes. Debe de ser por la reconstrucción que la catedral experimentó a raíz del incendio que sufrió en 1941, según le contó también el sacristán de la cripta antes de irse.

El incendio de 1941, que destruyó, al parecer, también toda la parte antigua de Santander (de ahí que sea tan moderna), arrasó la catedral y sus efectos vinieron a sumarse a los de la tristemente célebre explosión del *Cabo Machichaco*, un barco vasco cargado de dinamita que estalló en la bahía santanderina en 1893, provocando cientos de muertos y diversos incendios en la ciudad. Entre uno y otros, lo cierto es que esta catedral (que lo era solamente desde el siglo XVIII, cuando Santander se convirtió en nueva diócesis, al desgajarse de la de Palencia) sufrió una enorme transformación, al

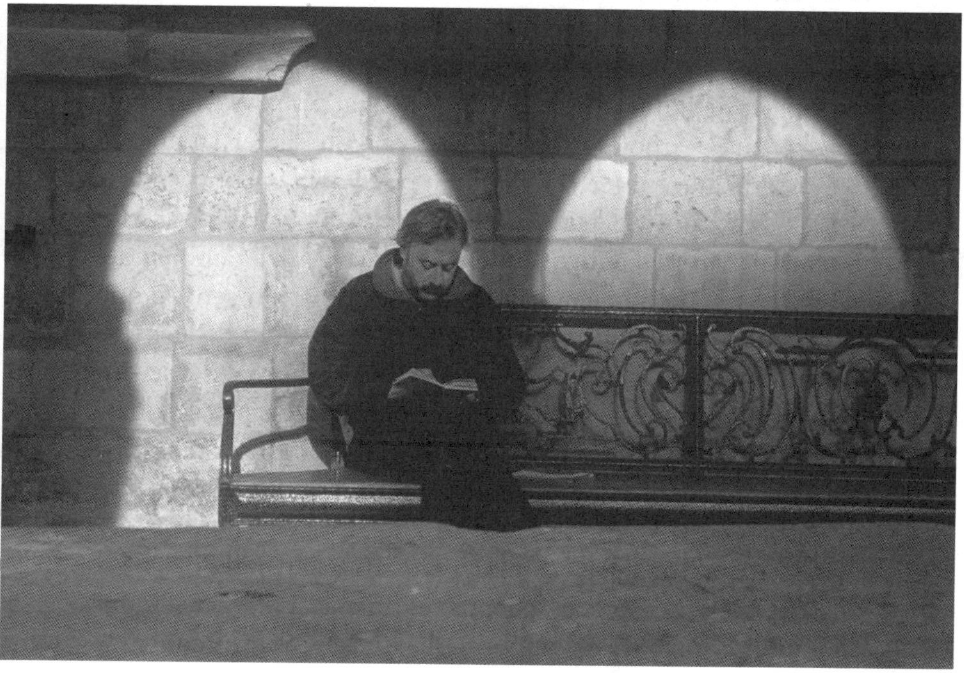

igual que todo su entorno, antaño, al parecer, intrincado laberinto de cuestas y callejuelas y hoy sucesión de distintos planos que conducen a la plaza del Obispo Eguino y Trecu, donde se alza el Palacio Episcopal (en los terrenos en que estuviera la fortaleza de San Felipe), y, a través de ella, hasta el claustro que rodea por el sur la catedral y cuya arquitectura, que delata su antigua condición de monasterio, es prácticamente lo único que queda de la obra original.

Pero a las chicas todo esto les importa más bien poco. A las chicas lo único que les interesa es encontrar cuanto antes las tres cosas que les piden (para marcarlas con una cruz en sus fotocopias e irse por donde vinieron) y atraviesan el claustro sin detenerse, ni siquiera para admirar los parterres y los árboles que hay en él. Árboles debe de haber ya bastantes en su pueblo como para que se interesen también por éstos.

Lógicamente, tampoco les interesa la puerta que accede al templo, de estilo gótico, abocinada, que se salvó también del incendio, ni la visión general de aquél. Una visión general que impresiona por su luminosidad, pero que en seguida devuelve al visitante a sus orígenes, que no son otros que los del severo gótico cisterciense. Si bien que muy deformados por las obras con las que se reconstruyó la catedral después del incendio y que le dan a todo el conjunto un aspecto un tanto falso, como de decorado.

La pila aparece pronto. Arrimada a la pared de la nave de la Epístola, cerca de la sacristía, es una bella pieza rectangular con inscripciones en lengua árabe que, al parecer, constituye la principal joya de este templo. La cúpula con pechinas tardan un poco más en hallarla (entre otras cosas, porque las chicas no saben lo que son), pero lo que no encuentran, por más que miran, es al señor con gafas. Al final, han de recurrir a un cura que entra en este momento en la catedral. El cura se lo señala en un capitel (¡en efecto, es un señor con gafas!) y las chicas, tras anotarlo con una cruz en sus fotocopias, se van a toda prisa, sin esperar a que el viajero termine de explicarles lo que es una pechina, ni siquiera a darle las gracias. ¡Juventud, divino tesoro!

Así que éste no tiene otro remedio que seguir su visita en solitario. Lo hace después de un breve descanso (para recuperar el ánimo) y, por supuesto, por el principio; esto es, por la puerta principal, que, por dentro, no tiene más interés que el de servir de encuadre a la catedral: a la derecha, la nave de la Epístola, luminosa y brillante como un espejo; detrás de ella, la central, mucho más alta y profunda (no en vano la alarga el ábside), y detrás de la central, la nave del Evangelio y una cuarta más pequeña que prolonga ésta hacia el norte, rompiendo la simetría de todo el templo.

Por la derecha, en la de la Epístola, una serie de capillas (pequeñas y sin interés) bordean el recorrido que conduce a la girola y en el que sólo destaca, por su originalidad, la pila árabe. La originalidad se la da su naturaleza (aparte de morisca, es de mármol o alabastro) y el interés histórico el hecho de haber sido traída desde Sevilla por los marinos santanderinos de Ramón de Bonifaz, el almirante de la flota de Castilla, que entraron por el Guadalquivir hasta la mismísima capital hispalense en el año 1248, según reza la inscripción que hay a su lado. Aunque al viajero le impresiona mucho más la de la pila, que dice, según su traductor: *Soy en mi pureza más esplendorosa que el cristal de roca; mi cuerpo está hecho de blanca plata. Cuando viene a juntarse conmigo el agua límpida parece perlas que se derraman en un hueco cóncavo. El agua es en realidad inferior a mí, aunque yo soy un cuerpo hecho de agua sólida.*

La girola tampoco ofrece nada que detenga ni interrumpa las pisadas del viajero. Fue añadida con la reconstrucción del templo y se nota. Como se nota también, después de dejar aquélla, que la doble nave del Evangelio está también muy reconstruida, al igual que la nave principal. Sobre ésta, una linterna ilumina el gran retablo mayor, a cuyos pies una sillería lo rodea en semicírculo, y, en la del Evangelio, una serie de capillas diminutas acogen algún retablo y el baptisterio. De todo ello, sólo el retablo mayor (barroco, de gran prestancia, con la imagen de la Virgen flanqueada por dos santos; ¿San Celedonio y San Emeterio?) tiene a primera vista algún interés artístico, comparado sobre todo con el coro, sin talla y de un color fúnebre, y con el mausoleo de la pared, erigido en memoria del insigne sabio santanderino don Marcelino Menéndez Pelayo. Obra de Victorio Macho, enmarcado por un arco y dos líneas en zig-zag, el mausoleo lo integran una Piedad de metal y un gran túmulo de mármol con la estatua yacente del polígrafo (con hábito franciscano) y es de una gran frialdad. Especialmente si se traduce la inscripción en latín que lo acompaña: *Aquí yace esperando la resurrección Marcelino Menéndez Pelayo, defensor de la fe católica, gloria de España y honor de los cántabros, que resaltó las gestas de nuestra estirpe y consumió su breve vida con abundancia de ingenio y de trabajo (1856-1912).* El viajero, puesto a tener que elegir, preferiría cualquiera de los sepulcros que se reparten el suelo del presbiterio, todos de antiguos obispos, incluido uno al que aún le falta la lápida y está cubierto por una alfombra y un ramo de rosas frescas y que resulta ser el del obispo emérito de Santander don Juan Antonio del Val Gallo, muerto hace apenas un mes, según le cuenta a aquél sor Pureza, una de las cuatro monjas que se encargan del cuidado y de la limpieza de la catedral y a la que se dirige en cuanto la ve, buscando alguna respuesta a tanta pregunta. Sor Pureza, que es un ángel, en lugar de dárselas por sí misma, le lleva a la sacristía y le regala una guía en inglés, a falta, dice, de versión en español. A cambio, el viajero le compra otra mayor (ésta, sí, en español) que le vendrá muy bien para conocer algunas cosas que aún desconoce. Por ejemplo, que la reconstrucción de la catedral la llevaron a cabo los arquitectos santanderinos Bringas y Rasines, cuya intervención fue muy discutida, o que el retablo mayor, cuyas imágenes laterales son, en efecto, las de los santos mártires (cuyas reliquias, al parecer, estuvieron bajo el altar mayor hasta no hace mucho), fue traído para sustituir al que destruyó el incendio desde Tamariz de Campos, en la provincia de Valladolid.

Con sus guías bajo el brazo, el viajero se sienta un rato en el claustro, donde, a esta hora del mediodía, pues mediodía es ya entre unas cosas y otras, sólo se oyen los pájaros. El drogadicto que había a la puerta se ha ido y el rumor de la ciudad queda ensordecido ahora por estas viejas crujías que permanecen igual que cuando las hicieron, allá por el siglo XIII. Al viajero le gustaría fumar un cigarro, pero no puede. Así que, a falta de ello y de alguien con quien pegar la hebra (la poca gente que hay está dentro), se dedica a anotar en su libreta todo lo visto hasta este momento, que es mucho más de lo que pensaba. De hecho, no le da tiempo a escribirlo todo y tiene que dejar una parte para luego, pues al rato aparece una compañera de sor Pureza para cerrar.

—Lo siento —le dice con enérgica dulzura, acompañándolo hasta la puerta.

Mediodía de vinos por Santander. La ciudad, pasado el ajetreo laboral de la mañana, vive ahora el del aperitivo. Dejada atrás ya la catedral, el viajero se une a él, desandando el paseo de Pereda, otro insigne escritor santanderino (¿por qué todos los escritores santanderinos serán insignes?, piensa el viajero, leyéndolo), y buscando al mismo tiempo la parte antigua de la ciudad, si es que queda algo de ella. El viajero durmió anoche en un hotel del Sardinero y lo más antiguo que ha visto, quitando la catedral, es el palacio de la Magdalena.

—Vaya usted a Puerto Chico —le aconseja una mujer con aire de ejecutiva.

La Mulata, el 45, Casa Silvio... En Puerto Chico, el barrio de pescadores de Santander, ya nada queda de su pasado, salvo algunas marisquerías. En una de ellas, el viajero le hace, no obstante, los honores, rodeado de vecinos y de frescos alusivos a la actividad del barrio y de fotografías del viejo Santander y, luego, sigue su camino deambulando largo rato por esta extraña ciudad que se asoma al mar Cantábrico, pero cuya modernidad le da un aire un tanto anodino. Solamente en la bahía, a cuyo borde se asientan sus mejores edificios y jardines, se advierte la condición marinera de la que tanto presumen sus habitantes.

—¿Qué es aquello?
—El pantalán.

Atardece en Santander. Bordeando la bahía, cuyo cielo se ha nublado ya del todo, el viajero aviva el paso al ver que la tarde cae. Aunque la temperatura es buena, estamos en pleno enero y en Santander oscurece pronto. De hecho, en algunas tiendas ya han encendido las luces, más que por iluminarlas, para llamar la atención de los paseantes. Y siguen los villancicos: «¡A Belén, pastores! / ¡A Belén, chiquitos!...».

La cripta de la catedral (o iglesia del Santo Cristo) es la primera en notar el cambio. A las cinco de la tarde, está ya completamente a oscuras, alumbrada solamente por las luces indirectas y las velas. Las luces, sobre los capiteles, apuntan hacia las bóvedas, lo que le da a todo el templo un aspecto aún más severo y enigmático. Lo mismo que al sacristán sus anteojos, que difuminan sus ojos en la oscuridad.

El hombre, que está a la puerta, saluda al viajero al verlo:

—¿Qué tal?

—Bien.

El hombre es hospitalario. El hombre, que se llama José Luis y resulta ser amigo de un amigo del viajero («¡Qué pequeño es el mundo!», dice, admirado, al saberlo), está ahora ocioso, esperando al cura (hay misa a las cinco y media), y reanuda la conversación que dejó a medias esta mañana. Al viajero le quedan todavía algunas dudas. Por ejemplo: ¿qué significan los nombres que hay grabados en el altar de la Sagrada Cena?

—Son los presos que murieron en el barco *Alfonso Pérez* —le responde el sacristán.

—¿Naufragó?

—No, era un barco-prisión. En la guerra... —aclara, sin mucho énfasis y sin precisar el bando al que pertenecían los muertos. Aunque, por su relevante presencia en este lugar, el viajero se imagina de cuál eran.

—¿Y la tabla?

—¿Qué tabla?

—La de allí —le señala el viajero, a través de la penumbra, en la pared de la nave del mediodía.

—Eso ya no lo sé —le confiesa el sacristán, que, aparte de hospitalario, se esfuerza por ayudarlo. Tanto que, cuando se va a marchar, le dice que le espere y, tras entrar en la sacristía, regresa con dos postales, una de los santos mártires y la otra de la cripta, y se las da de recuerdo.

—Muchas gracias —le agradece el viajero su detalle.

Arriba, en cambio, en la catedral, no hay ni siquiera con quién hablar. Las dos personas que hay a esta hora en el claustro no parecen ciertamente muy dispuestas (una porque está hablando consigo misma y la otra, que es un chico, porque está en pleno trance de misticismo, tocando en una esquina una especie de fagot) y, dentro, sólo hay dos viejas, que, además, están rezando. Así que el viajero se dedica por su cuenta a ver el claustro, en el que empieza ya a anochecer y en cuyos árboles cantan ahora todos los pájaros de la ciudad, y luego, cuando se cansa, regresa a la catedral para despedirse de ella. Lo hace con discreción, pues, cuando entra, están diciendo otra misa (que se prolonga con un rosario que dirige un cura gordo, en la falsa cuarta nave de la iglesia), y procurando disimular la contrariedad que le producen algunas cosas de las que ve. Sobre todo, las vidrieras con las que los reconstructores de la catedral trataron de suplir a las antiguas.

A las siete y media en punto, la monja cierra las puertas. Lo hace detrás de la gente, que va saliendo en silencio, primero al claustro y luego a la calle, esto es, a la plaza del obispo Eguino y Trecu, cuya estatua guarda las piedras que él mismo reconstruyó. A su sombra, la gente se dispersa en dirección a sus casas o a donde se dirijan y, entre ella, el viajero desanda una vez más las escaleras, bajo la torre de las campanas, que están calladas en su hornacina, enmudecidas por el sonido de la ciudad, que brilla como una estrella bajo la noche. A sus luces habituales, une ahora las de los miles de bombillitas con que celebra una Navidad que se aproxima ya a su final.

El del viajero también se acerca; quiere decir: el de su visita. Quizá, por ello, antes de marcharse, entra de nuevo en la cripta para despedirse de ella y de José Luis. De la cripta lo hace, pero del sacristán no puede. Está ayudando a la misa que se celebra en estos momentos y que promete ser larga y de mucha enjundia a juzgar por el número de los asistentes (más de cincuenta personas) y de los concelebrantes: tres curas, además del titular, de todos los orígenes y edades. De hecho, el que dirige la orquesta, que es el más joven de todos, habla con dificultad, pues no domina el idioma. Por el acento, parece de algún país del antiguo Este.

En cualquier caso, el viajero no se queda a averiguarlo. Ya ha aguantado varias misas este día y las luces de Santander le llaman.

La filigrana de Burgos

Tarda el viajero en llegar a Burgos. Tarda porque la distancia es larga y porque entre Santander y Burgos la carretera atraviesa la Cordillera Cantábrica. Esa enorme cadena montañosa que separa Santander de la meseta, sobre todo en el invierno, cuando nieva.

Hoy es invierno, pero no nieva. Al contrario: aunque hace frío, el cielo está despejado y no parece que vaya a llover siquiera. Aunque, a medida que la carretera se va alejando del mar y comienza a ganar metros de altitud, el cielo se vuelve hosco, como acostumbra por estas latitudes.

En Ontaneda, ya en tierra de los pasiegos, los célebres vaqueros cántabros, el viajero se para a comprar *sobaos* (sus dulces de mantequilla característicos) y comprueba que el fresco de Santander se ha convertido ya en frío. Comprobación que confirma poco después en Los Pandos, ya en las faldas del puerto del Escudo, donde se para a desayunar en el único bar abierto (en Ontaneda no había ninguno), cosa que hace rodeado de vaqueros que comentan sus asuntos bajo un cartel del Racing de Santander y otro que anuncia que también venden *sobaos*.

—Deme uno —acepta el viajero el reto, contraviniendo sus costumbres culinarias a esta hora.

El regusto del *sobao* y la conversación de los ganaderos le acompañan por el puerto del Escudo, cuya altura gana pronto, y durante bastantes kilómetros más. Y es que, salvo un par de pueblos del otro lado del puerto y la lejana visión, hacia el occidente, del gran pantano del Ebro, durante muchos kilómetros el viajero no volverá a ver a nadie. Durante muchos kilómetros, la carretera atraviesa un páramo desolado en el que apenas crecen los cardos y algún carrasco disperso. Es el páramo de

Masa, el gran espacio deshabitado que recorre la provincia de Burgos por el norte y el oeste y que se prolonga luego hacia el este, hacia las grandes llanuras de La Bureba. Durante algunos momentos, el viajero llega a pensar, incluso, que se ha equivocado de carretera.

Pero no se ha equivocado. Al contrario, está ya cerca de Burgos, cuya proximidad anuncia la mayor densidad de coches. Tampoco mucha, pues aún es pronto, a pesar de las dos horas que el viajero lleva ya conduciendo el suyo.

Por fin, aparece Burgos bajo un cielo gris plomizo. La ciudad va surgiendo poco a poco, pues no está enriscada en alto, lo que prueba su relativa modernidad. Modernidad que confirman sus nuevos barrios, surgidos al amparo de una incipiente industrialización, pero que, referida a su fundación, se remonta a la Edad Media, cuando la ciudad surgió (en el año 884) por orden del rey de Asturias Alfonso III el Magno con el fin de repoblar y defender estas tierras remotas de su reino. Al menos así lo dice la guía que el viajero ha comprado en un quiosco y que va ojeando mientras camina después de dejar sus cosas en el hotel Almirante Bonifaz, un vetusto hotelón con pretensiones que ha elegido por el nombre, más que por su decoración.

Mientras camina, el viajero va mirando la ciudad. Como es sábado, está desierta todavía, a pesar de que son ya más de las once. Y hace frío: cinco grados (diez menos que en Santander al amanecer). Al viajero no le extraña que los vecinos de Burgos sigan durmiendo, o en sus casas, junto al brasero.

Cerca de la catedral, no obstante, el panorama se anima un poco. En torno al edificio y a su plaza, todas las tiendas están ya abiertas, esperando, como siempre, a los turistas. No en vano viven de ellos, como prueba su oferta comercial: postales, guías, cerámica, *souvenirs* y toda suerte de productos y alimentos de la tierra. Eso sí, a precios mucho más altos que en cualquier otra parte de la ciudad.

Y es que la catedral de Burgos, cuyas torres el viajero viene viendo ya hace rato y que se le ofrece en toda su magnitud en cuanto arriba, al fin, a la plaza, es uno de los monumentos más visitados de toda España, sobre todo desde que, en 1984, fue declarado Patrimonio de la Humanidad. Una declaración que, siendo todo un honor, tampoco necesitaba, por cuanto se trataba ya de una de las catedrales más conocidas del mundo y la más famosa de España, junto con la de León. No en vano ambas constituyen las dos obras principales de nuestra arquitectura gótica.

Pero, al revés que la de León, que se alza sobre la ciudad en lo más alto de ella y en el centro de una plaza que permite verla entera, la catedral de Burgos está más difuminada por el lugar en el que se halla (casi en su parte más baja) y por su emplazamiento entre los edificios, algunos de los cuales se apoyan casi sobre ella. Lo cual no merma, no obstante, su enorme magnificencia. Sobre todo, vista de cerca.

El viajero, aunque ya la conocía, vuelve a sentirse abrumado; tan inmenso es este templo y tan altas son sus torres. Y, como le sucede siempre, no sabe cómo mirarlo. Al viajero le gustaría poder verlo en su conjunto, pero eso es imposible. No sólo por su tamaño, sino porque, al estar ahora en restauración, está tapado en su mayor parte.

Parado enfrente de él, ante la puerta del mediodía, el viajero lee en su guía: «La catedral de Burgos está asentada al final de la falda del cerro del Castillo, orientada de SO a NE, en el solar ampliado que ocupó la anterior catedral románica de Alfonso VI (1065-1109). Pusieron su primera piedra el obispo Don Mauricio (1213-1238) y Fernando III el Santo, rey de Castilla y León, el 20 de junio del 1221. Está dedicada al misterio de la Asunción de la Virgen. Su diseño básico es una cruz latina que da lugar a tres naves y una girola. Desde su interior se accede a catorce capillas construidas entre los siglos XIII y XVIII, a las que hay que añadir otras cuatro de los siglos XIV al XVI que se abren al claustro alto. Los primeros artífices anónimos imitaron modelos del gótico francés (Amiens, Bourges, Coutances, Chartres, París, Reims). Tanto ellos como otros posteriores de origen germano, flamenco y de diversa proveniencia hispana dieron aquí a sus obras un peculiar tono de sencilla elegancia castellana...».

—Entre, que se la enseñan.
—¿Cómo dice?
—Que entre, que se la enseñan —le repite la señora que acaba de interrumpirle y que sale de la catedral—. Hoy y mañana la enseñan gratis.
—¿Y eso? —le pregunta el viajero, sorprendido.
—Para celebrar la restauración —le dice la señora, muy contenta, echando a andar hacia donde vaya; aunque, a los pocos pasos, se vuelve para decirle—: Se lo digo porque le veo un poco despistado.

Y lo está. El viajero está despistado, pues no sabe por dónde empezar. Si le sucede en todos los sitios, cómo no le va a pasar ahora, ante esta catedral.

Por empezar por alguna parte, decide darle la vuelta; más que nada por hacerse una idea de su planta. Lo hace empezando por donde está, que es la fachada del mediodía y que, encastrada entre los dos claustros, uno más alto que el otro, a duras penas consigue mostrar su hastial y la abertura del pórtico hacia el que suben las escaleras por las que entra y sale toda la gente. El hastial, con un rosetón y rematado por dos pináculos, ofrece sobre aquél tres arcos llenos de imágenes y, por encima de éstos, una vista del cimborrio, que es una auténtica filigrana. Como toda la catedral, más que de cantería, parece obra de orfebrería.

Y es que sus torres caladas, sus agujas, sus pináculos, hasta su propia estructura parece bordada en piedra por un fantástico constructor. Un fantástico arquitecto que dejó también su huella en las cornisas y contrafuertes y, sobre todo, en las cuatro puertas que le hizo para entrar en ella; a saber: la del mediodía, llamada del Sarmental, la más antigua de todas; la de la Pellejería, que mira al este y que recibe el nombre del gremio que laboraba antaño en su entorno; la de la Coronería o de los Apóstoles, también llamada la Puerta Alta por estar, como la calle, que es la que mira hacia el norte, mucho más alta que el templo; y, por fin, hacia poniente, la Real o del Perdón, que es la principal de todas, aunque no la más hermosa. Quizá lo fuera en su origen, cuando su rosetón central y las dos torres gemelas cuyas cónicas agujas le bordó Juan de Colonia campeaban todavía sobre la puerta gótica original y no sobre esta del XVIII con la que sustituyeron su deterioro. Un destrozo arquitectónico cuya innoble dimensión realzan las otras puertas, cualquiera de las cuales merecería su privilegio. Especialmente la del Sarmental, que, aparte de la más antigua, es la más bella de todas.

Quizá por eso es por donde entra la gente. Bajo su tímpano abigarrado, lleno de ángeles y de apóstoles, una imagen del obispo don Mauricio, el obispo constructor, saluda a los visitantes desde el parteluz central. Que son muchos a esta hora, como el viajero puede observar.

Y es que ya es el mediodía. Mediodía de un sábado de enero, en el final de las vacaciones. Por eso hay tantos turistas. Y porque, como bien dijo la señora, hoy y mañana domingo son días de puertas abiertas declarados por el cabildo para celebrar la restauración de la capilla de Santa Tecla, que ha durado más de un año, según le dice al viajero el hombre de la tienda de regalos que hay instalada junto a la entrada. El hombre, que es muy amable, le cuenta también de paso, mientras aquél ojea los libros, que toda la catedral está siendo restaurada, tanto por dentro como por fuera, pero que las obras son lentas y muy costosas, entre otras muchas razones porque la piedra de que está hecha es tremendamente blanda. Una piedra procedente de Hontanar de la Cantera, de la que le viene el nombre, y que está tan desgastada por el tiempo que se deshace a la menor presión. De hecho, señala el hombre, las estatuas exteriores las tienen que limpiar con rayo láser, en lugar de con agua, como el resto.

Sea por lo que sea (porque es sábado o porque la visita es gratis), lo cierto es que la catedral está atestada de gente que va y viene por sus naves siguiendo a diversos guías o visitándola por su cuenta. El barullo es tan enorme que apenas se puede andar. Ni oír lo que aquéllos dicen. Si el viajero no supiera lo que ocurre, pensaría que en Burgos la gente está toda loca.

Y lo está, hasta cierto punto. De lo contrario, cómo se explica esta pasión por el arte, este interés repentino por un templo que otras veces el viajero ha visto casi vacío, como la mayoría de las catedrales. ¿De dónde le viene a Burgos esta pasión por su patrimonio?

El viajero, anonadado, intenta abrirse camino entre las riadas de gente que se desplazan de un lado a otro, intentando, al mismo tiempo, poder ver la catedral. Pero es difícil. Le interrumpen, le empujan, le desplazan cada poco de su sitio señoras aceleradas que comentan «¡Qué bonito!» mirando hacia las alturas y grupos de jubilados que siguen como corderos (y con su misma expresión) a los diferentes guías. Al final, el viajero se refugia en el trascoro, que está menos transitado, esperando a que aclare un poco la situación.

Pero no aclara. Al contrario, hasta la una, media hora antes del cierre, la catedral sigue recibiendo gente, como si fuera un mercado en lugar de un templo. Y algo de mercado tiene, a la vista de las muchas capillitas que recorren su perímetro a modo de extrañas tiendas y de las numerosas cosas que reclaman desde ellas la atención del visitante. El viajero, como todos, mira a uno y otro lado y, como le pasó por fuera, duda por dónde empezar. Tan grande es este mercado.

Al final, después de darle una vuelta y de atisbar por entre las rejas las principales capillas y de asomarse a la del Condestable (que es la que está más llena, a pesar de sus dimensiones), el viajero decide dejar para más tarde la visita y hacerla de la mano de algún guía, aprovechando la oportunidad que hoy le brinda el obispado. Quizá después de comer la catedral esté menos concurrida.

Pero se equivoca, y mucho. A las cuatro de la tarde, cuando vuelve a toda prisa después de comer corriendo en un mesón de las cercanías (que, por cierto, también estaba hasta la bandera; ¡quién lo diría esta mañana, cuando llegó a una ciudad desierta!), el viajero encuentra ya mucha gente ante la puerta del Sarmental. La cola baja por la escalera y aumenta continuamente. Está claro que tampoco por la tarde el viajero podrá ver la catedral como quisiera.

Sí, en cambio, podrá hacerlo con detalle. Y con un guía de privilegio. En concreto, la que le toca a su grupo, el primero que se forma en la antesacristía, junto a un enorme brasero que calienta un poco el sitio y entretiene a los que esperan, es una chica joven, de nombre Monse, que, además, es agraciada.

La visita da comienzo por la nave principal. Concretamente, en el presbiterio, cuya reja Monse abre, franqueando a todo el grupo el acceso al interior, desde donde les explica, puesta en el centro para que todos puedan oírla, lo que tiene a su alrededor: enfrente, el altar mayor, cuyo retablo, inspirado, por lo que confiesa Monse, en el de la catedral de Astorga y dedicado a Santa María, patrona de la de Burgos, está cubierto por una lona, pues se encuentra ahora en restauración; justo al otro lado, el coro, enorme, renacentista, pulido como un cristal; entre ambos, la bóveda del crucero, un octógono calado que culmina en una estrella, obra de Juan de Vallejo y, según señala Monse, al decir del rey Felipe II, digna de los mismos ángeles; y, justo debajo de ella, en el centro de la nave del crucero, que es el sitio principal de todo el templo, la lápida que señala el lugar donde descansan el Cid y doña Jimena después de haber rodado sus restos por muchos sitios. Ni que decir tiene que, para Monse, como para la mayoría de los burgaleses, el Cid es el héroe principal de su ciudad.

—Pero ¿existió de verdad? —le pregunta el viajero, provocándola.

—Eso dicen —dice la guía, sonriendo, ya fuera del presbiterio.

La visita continúa a través de la girola, donde Monse les enseña los relieves en piedra de Vigarny, ciertamente impresionantes, y por las dos naves laterales, en las que se detiene cada poco para ver, sorteando a otros grupos que se cruzan con el suyo, las principales cosas que van pasando: la Escalera Dorada, en el brazo septentrional del crucero, obra de Diego de Siloé y una de las mejores de España en su estilo, la pila bautismal del siglo XII, el triforio, el Papamoscas (el famoso muñeco articulado que acompaña con la boca el toque de las horas del reloj) y algunas de las capillas más importantes. En concreto, la de la Concepción, que guarda un retablo pétreo y dos sepulcros de Gil y Diego de Siloé, la enorme y rica de Santa Tecla, que acaban de restaurar, la del Cristo y la de la Presentación, enfrente, una con el famoso Cristo de Burgos, de anónimo autor flamenco y de bien ganada fama milagrosa, y la otra con el célebre sepulcro del canónigo Gonzalo Díaz de Lerma, también obra de Vigarny, y un óleo de inspiración rafaeliana, y, sobre todo, en la cabecera, la mayor y mejor de todas, que es la del Condestable. Prácticamente otra catedral.

—Pasen, pasen.

Parado en medio de ella, al lado de los sepulcros de sus mentores, el viajero, mientras espera la explicación de la guía, mira todo anonadado. Tanta es la belleza reunida en este espacio.

—Ésta es la capilla del Condestable —comienza Monse su explicación—, la mayor y más rica de la catedral. Se construyó entre los años 1482 y 1517 por encargo del Condestable de Castilla don Pedro Fernández de Velasco para servirle de sepulcro a él y a su esposa y en ella trabajaron los mejores artistas de la época. El retablo es de Vigarny y Diego de Siloé, la pintura de León Picardo, la arquitectura de la capilla de Simón y Francisco de Colonia, la reja de Diego de Sagredo, los cuadros de diferentes autores, todos de primera fila, y las estatuas de los Condestables, que están hechas en mármol de Carrara, son también de Vigarny...

Mientras Monse va explicando cada cosa, que el grupo sigue con la cabeza o acompañando sus movimientos, el viajero, anonadado, sigue parado en su sitio, sin poder apartar la vista del sepulcro que tiene junto a él. El realismo de los dos cuerpos, la expresión de las dos caras, la blancura casi mística del mármol que las sustenta (que destaca, además, sobremanera con el ocre jaspeado de la piedra de Espejón sobre la que los Condestables descansan) le inquietan tanto como le maravillan. Ciertamente no se puede llegar más lejos en escultura.

—¿Nos vamos?

Es Monse, que le reclama. La visita debe seguir, pues aún les queda el museo. Aunque el viajero no sabe si puede admitir ya más.

El museo, que está dividido en partes, se halla en el claustro, al que se accede por la antesacristía, donde el brasero sigue calentando el aire. Junto a él se cruzan los grupos que van y vienen. *¡Cuántos te miran, brasero, / sin comprender tu labor! / Además de dar calor, / eres un fiel compañero. / Eres como un bello anciano / que con blanca cabellera / me das lección verdadera / en el sentido cristiano. / Con tu ceniza posada / cómo nos haces pensar / que la vida ha de acabar / en el polvo y en la nada. / Y en tu carbón encendido / se refleja una razón: / que así acaba el corazón / poco a poco consumido...*, lee el viajero, al pasar, en el letrero de la pared.

Pero el viajero tiene que darse prisa. Con la cuenta del brasero, se ha perdido ya del grupo y ahora no sabe cuál es el suyo. Tanta gente hay en el claustro.

—¿Éste es el grupo de Monse?

—No, señor.

Por fin lo encuentra en una capilla. La primera de las cuatro que se reparten el ala oriental del claustro. En ella, explica Monse en este momento, se exponen piezas de orfebrería, de las que la catedral de Burgos posee gran cantidad. En concreto, la guía llama la atención sobre un Cristo esmaltado del siglo XII, dos cruces procesionales (una con un vía crucis y la otra del taller de Juan de Horna), los relicarios de plata de San Pedro, San Pablo y Santiago atribuidos al burgalés Juan García de Frías y un cáliz de oro y piedras preciosas del siglo XV que vale más él solo que bastantes catedrales.

—¡Ohhh! —exclama el grupo, al oírlo.

En la capilla de al lado, que es la de San Juan Bautista, se muestran tablas y cuadros de diversas escuelas y artistas, aunque lo mejor de todo es la talla del Cristo atado a la columna de Diego de Siloé, que también se expone entre ellos, y la propia arquitectura del lugar. En la de Santa Catalina, que es la siguiente (y que también es muy destacable), se exhiben, bajo la inquisitorial mirada de todos los obispos de la diócesis, cuyos retratos recorren alineados las paredes, la Biblia visigótica de Cardeña, del siglo X, el contrato de arras del Cid y doña Jimena, del año 1074, una Biblia de Gutenberg y diversos códices y manuscritos, así como la talla de la impresionante Virgen de Oca —nombre que recibió la diócesis de Burgos en sus orígenes—, y en la siguiente capilla, que lleva el de Corpus Christi, el famosísimo Cofre del Cid, el arcón medieval que, según la tradición, perteneció al legendario guerrero burgalés. Por último, en la contigua sala capitular, a la que se accede a través de aquélla y que está decorada con un artesonado de madera de resonancias mozárabes y pintada completamente al fresco, Monse termina su exposición ante el sepulcro del obispo don Mauricio, el iniciador de todo, cuya imagen yacente de madera, pero cubierta por una chapa de cobre y adornada con piedras y esmaltes de Limoges, preside, solemne, este lugar.

—Muchas gracias —dice Monse, despidiéndose del grupo junto a él.

—A ti —le responde alguno, aunque la mayoría se limita a dispersarse sin hablar.

El viajero, antes de que se vaya, se acerca a darle las gracias (que la guía le acepta mientras se aleja: hay ya otro grupo esperándola) y, luego, se queda un rato en la sala, aguardando a que la gente se disperse. El viajero no sabe bien qué hacer. Son las cinco y veinticinco y le resta todavía mucha tarde por delante.

Pero, en seguida, sale de dudas. Cuando regresa a la catedral después de admirar el claustro (que, por cierto, también merece la pena, no en vano es del siglo XIII), se cruza con otro grupo dirigido por un guía que parece un pregonero. Se agita, mueve los brazos, silabea las palabras como si fuera otro Papamoscas y entretiene a los que le siguen con continuas bromas y chanzas. El hombre, que gasta barba y es poco mayor que Monse, acaba de comenzar su peregrinación, pero se ha metido ya a todo el grupo en el bolso. El viajero, que lo ve (y que no le importa nada volver a ver de nuevo lo que ya ha visto), se une a él con disimulo, no vaya a ser que le digan algo.

En absoluto. El grupo es tan numeroso que el guía ni siquiera sabe a cuánta gente lleva. Y, además, le da lo mismo. Él va a lo suyo, sin enterarse, preocupado solamente por contar en cada sitio lo que sabe de la catedral. Que es lo mismo que sus otros compañeros, sólo que mejor contado. Por ejemplo, en el presbiterio, ante la sillería del coro:

—De nogal de Burgos, el mejor del mundo. Y las nueces, buenísimas... Cuidado al salir, que hay dos escalones.

O, en el trasaltar, ante los relieves de Vigarny:

—Ma-ra-vi-llo-sos... Re-na-cen-tis-tas... Siglos XV y XVI... El de la izquierda, Cristo con la Cruz a cuestas. El del centro, Cristo crucificado entre los dos ladrones. El de la derecha, la Resurrección... Lástima que la humedad los ha estropeado... La piedra es mala; es de Briviesca... ¿Hay alguno de Briviesca por ahí?

Pero donde el guía se explaya a gusto, aparte de en cada una de las capillas (en la de la Presentación, incluso, ante el sepulcro del canónigo Gonzalo Díaz de Lerma, saca una especie de recortable pensado y hecho por él mediante el que demuestra al grupo la superioridad de la catedral de Burgos: si se le quita una torre es la de Estrasburgo; si se le quitan las dos, la de Notre-Dame de París), es en la del Condestable y en el museo. En aquélla, despliega todos sus conocimientos (el viajero se entera así, por ejemplo, de que la *Condestabla,* como se refiere a ella, era hija del Marqués de Santillana, el de las célebres serranillas) y, en el museo, toda su imaginación. Sobre todo, ante el Cofre del Cid, que, para él, es el verdadero:

—Les dije al empezar que el Cid era un machote, ¿recuerdan? —la gente asiente, sonriendo—. Pues se lo voy a demostrar ahora.

Y, sacando una hoja de su carpeta, comienza una retahíla que, partiendo del héroe de Vivar, traza un árbol genealógico que atraviesa con sus ramas nueve siglos y que concluye, después de múltiples vericuetos, emparentando a todas las monarquías, tanto las abolidas como las que continúan vigentes. Según el hombre, que sabe el árbol de memoria, pese a su complicación, todos los reyes europeos desde el Cid a nuestros días no sólo son parientes entre ellos, sino que descienden todos de él.

—Esto lo tengo publicado —dice, enseñando la hoja, en la que vienen todos los nombres.

La gente aplaude la exposición. La gente está tan entusiasmada que no quiere que se acabe la visita. Pero ésta ya se acaba, por desgracia. Junto al sepulcro del obispo don Mauricio, como Monse, el guía se despide de repente para ir a buscar al siguiente grupo.

—¿Y dónde puedo encontrar lo que publicó del Cid? —le pregunta el viajero, antes de eso.

—¿Le interesa?

—Claro.

—Pues tenga —dice, dándole la hoja, de la que, al parecer, tiene más copias en su carpeta. De hecho, ha puesto su nombre en ellas *(Luis Antolínez Vegas. Guía Intérprete)* junto al título que le ha dado al documento: EL CID CAMPEADOR: EL ABUELO DE LOS REYES DE EUROPA. Las debe de utilizar como propaganda.

—Muchas gracias —le agradece el viajero su generosidad.

Con la hoja en el bolsillo —o, lo que es lo mismo, con todas las monarquías a cuestas (¡qué poco pesan ahora!)—, el viajero vuelve a la catedral, que está ya de bote en bote. Son las siete de la tarde y, aparte de las visitas, va a dar comienzo una misa en la capilla de Santa Tecla.

La capilla, que está llena, muestra todo su esplendor tras la restauración a la que la han sometido. Tras el cristal que la aísla del resto (al parecer, en ella se celebran todas las misas diarias), la gran capilla barroca de la catedral de Burgos parece un inmenso espejo lleno de oros y de filigranas. Son los de sus pinturas, que ocupan toda la arquitectura, desde la cúpula hasta los zócalos, y los de los retablos que la enriquecen: cuatro pequeños, del lado izquierdo, y el principal, que es el de la santa. Un retablo construido por los mismos arquitectos que se encargaron de levantar la capilla (Churriguera, Collado y Bastiguieta) y que responde al estilo de la época. Desde su sitio al final del todo, mientras comienza la misa, el viajero lo observa deslumbrado por sus brillos, que le impiden ver los detalles, a pesar de lo cual, alcanza a distinguir a los dos moros que, en la hornacina central, prenden la hoguera en la que se consuma el martirio de Santa Tecla y que es una anacronía según la hoja de información que el cabildo ha publicado con motivo de la restauración, puesto que aquélla vivió en época romana.

La misa, los reflejos del oro, los retablos... Sentado en una sillita contra la pared de atrás (el único sitio libre que quedaba en la capilla cuando entró), el viajero, después de tanto tiempo levantado, empieza a sentir una flojera, una especie de decaimiento que amenaza con dejarle dormido donde está. Es el mismo que ya sintió esta mañana, viniendo de Santander.

Pero ahora es mucho más fuerte. Confabulado con el silencio y con las oraciones de los que le rodean, le ataca sin compasión, sin que pueda hacer nada frente a él. Así que, antes de que le venza del todo, se levanta y abandona la capilla a toda prisa, aprovechando el final del sermón del cura.

En cuanto cruza la puerta, regresa a la realidad; esto es: a la gran algarabía que hay ahora en la catedral. Sobre todo, enfrente de la capilla de San Tecla, que tras el cristal parece una gran burbuja, puesto que no se oye nada de lo que ocurre dentro de ella. Por suerte, tampoco los que están dentro oyen lo que pasa fuera. De lo contrario, no podrían seguir la misa ante la algarabía de los que esperan en el trascoro a que den por fin las ocho para ver al Papamoscas en acción, sin saber que lleva tiempo estropeado.

El viajero, que lo sabe (porque se lo dijo el guía), aprovecha ese momento para dar la última vuelta y despedirse de la catedral. Cosa que hace dos veces, ante la tumba del Cid, que está más sola que nunca, y en la girola, frente a la reja que cierra desde hace rato la capilla del Condestable, cuyos sepulcros destacan todavía más en la oscuridad que ahora los envuelve y en el silencio que, por fin, va recobrando, como todas las noches, la catedral de Burgos.

Villancico castellano

Escribe Ortega y Gasset (lo escribió en sus *Notas de andar y ver*) que existe una geometría para uso exclusivo de los castellanos. En ella, la vertical sería el chopo, la horizontal el galgo y la oblicua la silueta del labriego que, en la cima tajada de un otero, se inclina en el horizonte sobre el arado. «¿Y la curva?», le preguntaba al filósofo un interlocutor ficticio. «¡Caballero, en Castilla no hay curvas!», le respondía éste, ofendido.

El viajero se acuerda ahora de ello mientras recorre bajo la lluvia la planicie que se extiende entre Burgos y Palencia, escoltado solamente por los chopos que contemplan ateridos la mañana de domingo. Galgos no hay, por supuesto, y labriegos mucho menos (no los hay ni siquiera en el buen tiempo), pero las torres de las iglesias que se recortan de cuando en cuando en el horizonte delatan la presencia de los pueblos en que viven. Todos con nombres muy castellanos y, algunos, de gran resonancia histórica: Villaquirán, Los Balbases, Cordovilla, Torquemada...

El de Palencia es mucho más corto, pero no menos historiado. No en vano es la capital de una tierra que ha vivido innumerables vicisitudes desde su aparición en la historia de la Península de la mano de los vacceos. Y no en vano, como tal, ha vivido, a lo largo de la suya, acontecimientos tan importantes como el haber acogido durante tres largas centurias la corte de los reyes visigodos o, ya en el siglo XIII, en tiempos de Alfonso VIII, la primera universidad de España. Aunque hoy nadie lo diría a la vista de la soledad que la invade cuando el viajero se adentra en ella. Entre la lluvia y el frío, apenas cruza en sus calles más de media docena de personas.

Menos mal que está bien señalizada. Siguiendo el río Carrión, a cuya orilla fue construida, los carteles van guiando al forastero hacia sus monumentos más importantes: San Miguel, San Pablo, la Plaza Mayor y, por supuesto, la catedral. Todo anunciado en cada desvío, no vaya a ser que se pierda alguien. Gracias a ello, el viajero consigue llegar a ésta sin perderse como en otras poblaciones y sin preguntar a nadie.

Lo primero que ve de la catedral es su torre-campanario. Aparece de repente ante sus ojos al final de una calle tan desierta como todas. Sigue lloviendo sobre Palencia y la gente está en sus casas, o en los bares, como éste de la esquina. Se llama Las Puentecillas y no parece muy concurrido.

El viajero aparca el coche ante él y corre hacia la catedral. La lluvia arrecia ahora tanto que ni siquiera se para a mirar la torre; una torre que —ya ha visto desde el coche— tiene algo de militar. Por supuesto, mucho menos se para a ver la fachada. Que es la de San Antolín, según los letreros, a cuya plaza se abre su puerta.

San Antolín es también el patrón de la catedral. Se lo dirá después una de las monjas que la enseña a los turistas y la cuida. Un santo muy venerado por estas tierras desde que sus reliquias fueran traídas desde Narbona nada más y nada menos que por Wamba; ese rey que fue siempre el preferido del viajero cuando lo recitaba en la escuela junto al resto de los reyes visigodos: Ataúlfo, Alarico, Leovigildo, Recaredo, Hermenegildo, etcétera.

Pero ahora los reyes godos le quedan ya un poco lejos. Tan lejos como esos otros que hoy celebra el calendario religioso y que traerán esta noche a todos los niños, incluido el suyo, los regalos que han pedido. Por eso ha de darse prisa, si quiere que le dé tiempo a llegar a casa.

—¿Qué hora es?
—Las once.

El hombre cierra el paraguas y entra en la catedral. Lo hace detrás del viajero, que todavía no sabe bien dónde está. Aunque se da cuenta en cuanto entra: en la puerta de poniente, o sea, la principal, puesto que enfrente tiene el trascoro.

Así pues, la catedral se le abre desde sus pies. Y lo hace con holgura, pues es más grande de lo que parecía por fuera. Y más alta. No en vano es la tercera de España por sus dimensiones, aunque eso el viajero no lo sabe todavía.

El viajero, de momento, sólo sabe de este templo lo que ve. Y lo que ve le deja asombrado. Ante él, como en una enorme pantalla, se abren tres naves inmensas (la del medio interrumpida por el coro, cuyos muros lo cierran por completo) en cuya intersección con la del crucero se ve ahora un resplandor. Es la misa de once, que, al ser domingo, tiene una solemnidad especial. La dicen tres sacerdotes ayudados por varios monaguillos y la cantan varios hombres y mujeres desde el interior del coro. Aunque lo más curioso de todo es cómo está organizada. O, mejor dicho, dónde está puesto el altar. En lugar de en su sitio, como es lo lógico, lo han trasladado al crucero (en concreto, al brazo norte), con lo que la gente asiste a la misa en horizontal. Lo que da a la catedral un aspecto muy extraño, como de iglesia provisional.

Aunque la impresión no le viene sólo de la disposición del altar mayor. La impresión se la da más la extraña curiosidad de tener dos capillas mayores y dos naves de crucero superpuestas —una más grande que otra—, lo que la convierte en una doble cruz. Una doble cruz latina orientada hacia el este, como todas, pero con el altar mayor puesto en uno de sus brazos. Qué lío, piensa el viajero, desconcertado.

Pero, aparte de desconcertado, el viajero sigue admirado. El viajero no esperaba una catedral así, a pesar de su conocido eslogan: «La bella desconocida».

Y es que está justificado. Incluso se queda corto, posiblemente. Porque, en un primer vistazo y a falta de otro que lo confirme, el viajero descubre en ella un auténtico tesoro arquitectónico y artístico; un tesoro tan inmenso que es imposible verlo en sólo unas horas. Menos mal que, al acabar la misa, una monja se ofrece a enseñárselo a la gente que espera desde hace rato a que finalice aquélla.

El viajero se une a ellos después de pagar la entrada que la propia monja vende antes de comenzar la visita y, así, se entera en pocos minutos (aparte de que la catedral cierra por la tarde, como todos los domingos y festivos) de lo fundamental de ésta. Principalmente, que se empezó a construir por su cabecera el día 1 de junio de 1321 sobre la planta de una catedral románica que, a su vez, se levantó sobre una iglesia visigótica de la que aún se conservan restos en la cripta de San Antolín, y que se concluyó tres siglos más tarde, después de haber cambiado su proyecto arquitectónico inicial. De ahí, explica la monja, que tenga dos capillas mayores y dos naves de crucero con sus correspondientes puertas.

La monja, que, por la pinta y el habla, debe de ser peruana, les lleva luego a través de la catedral, mostrándoles únicamente las cosas más destacadas; esto es: las dos capillas mayores, el coro, los laterales y la cripta de San Antolín, esa especie de cueva subterránea que se abre bajo el trascoro y a la que se desciende por una escalerilla que conduce directamente a ella. O, mejor dicho, a la primera de sus dos partes. Y es que está dividida en dos: una primera, más ancha y de traza prerrománica o románica (al viajero le recuerda a la de Oviedo), y una segunda más reducida y que semeja una catacumba. Según la monja peruana (o de donde sea), que se mueve por ella sin hacer ruido, como si fuera una pluma de ángel, es el auténtico corazón de la catedral. La tradición, dice, cuenta que era una cueva en la que entró un buen día el rey Sancho de Navarra persiguiendo a un jabalí, descubriendo la imagen de San Antolín, lo que le llevó a mandar construir una iglesia en ella, pero los historiadores dicen que ésta es muy anterior al rey, como demuestran su parte visigótica (que tal es el origen de la menor de las dos secciones) y las dos columnas que la presiden, que tienen toda la pinta de ser romanas. Según la monja peruana, aquí se siente algo muy especial.

Y de la cripta al museo, que también es especial. Está en el claustro, en el ala oeste, y contiene otro tesoro, éste ya más reducido. Aunque no de menor valor. Solamente el *San Sebastián* del Greco o las dos tablas de Berruguete (*El Calvario* y *Llanto sobre Cristo muerto*), el gran pintor palentino, bastarían por sí solos para hacerlo imprescindible. Cuanto más si se le añaden los cientos de obras que los rodean y que la monja peruana espiga un poco para la gente. De la pintura destaca, aparte de las tres ya mencionadas, un lienzo de Zurbarán *(Santa Catalina de Siena),* otro de Mateo Cerezo sobre los desposorios místicos de la misma santa y una Virgen con Niño de Paul Coeck, así como un retrato de Carlos V cuya curiosidad reside en su anormalidad (como el *San Sebastián* del Greco, está deformado aposta, sólo que, en este caso, a lo ancho). De la escultura, la monja pone el acento en un par de obras: la Piedad de Vigarny y el grupo de Santa Ana, Virgen y Niño de Alejo de Vahía, aunque podría ponerlo en bastantes más: un Cristo de marfil del XVIII, por ejemplo, o las cuatro tallas policromadas (San Miguel, la Virgen con el Niño y los apóstoles Pedro y Pablo) procedentes de la catedral románica. Por último, del resto de las obras, pondera los tapices que cubren toda la sala capitular, donde está el grueso del museo, y el montón de documentos, custodias y otros objetos que aquí se guardan muy bien guardados. Cada una de las salas que componen el museo está cerrada con varias llaves.

—Pues es todo —se despide la monja, ya en el claustro, dando la visita por concluida.

—¿De dónde es usted? —le pregunta el viajero, mientras salen (el viajero está impresionado por su conocimiento de la catedral)—. ¿Peruana?

—Frío, frío —le responde la monja, sin mirarlo.

—¿Boliviana...?

Pero la monja no le contesta. Baja la vista con timidez y lo hace sólo cuando le insiste:

—¿Por qué quiere saberlo? —le dice, un tanto cortante.

El que se calla ahora es aquél. Teme haberla ofendido y no quisiera.

—Por nada —se disculpa el viajero, avergonzado.

La monja sigue su rumbo y el grupo hace lo propio y el viajero sigue el suyo, aunque un tanto contrito y confundido. La respuesta de la monja le ha dejado sin palabras.

Aunque tampoco las necesita ahora. Para volver a ver lo que ha visto, que es lo que piensa hacer, no necesita ninguna. Sí

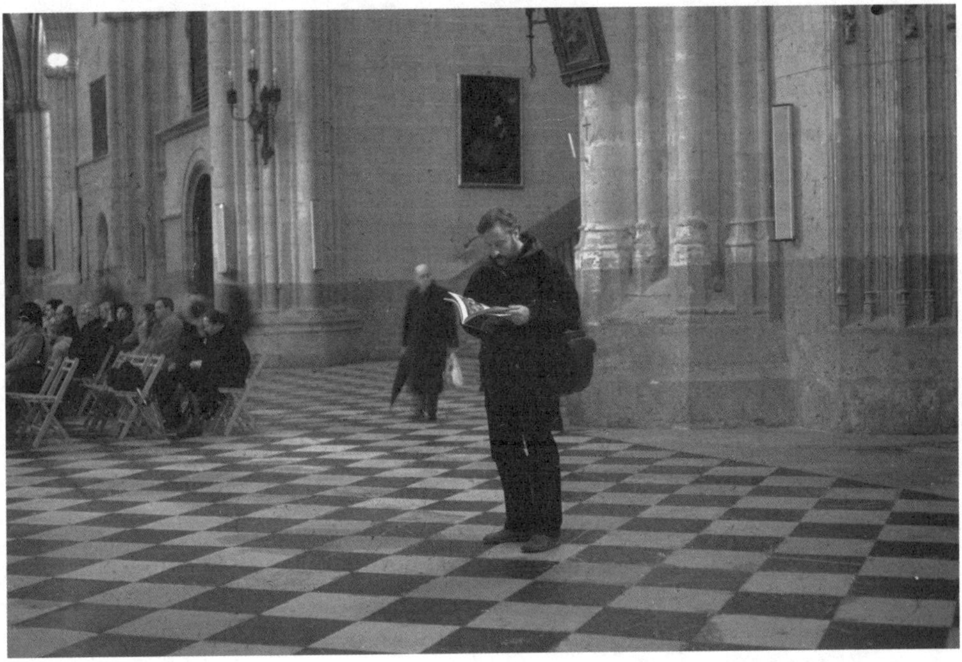

le harán falta más tarde, cuando quiera contar la catedral. En su libreta, de hecho, queda constancia de ello y, también, de la sorpresa que la monja peruana le daría a continuación:

—Perdóneme —le dice, con voz muy dulce, aproximándosele por detrás—. Perdóneme si he sido un poco brusca —le repite. Y, luego, esbozando la mejor de sus sonrisas—: Soy mejicana.

—No, perdóneme usted a mí —se disculpa el viajero, arrepentido—. No debí insistirle tanto.

Aunque, en seguida, se olvida de lo que ha dicho:

—¿Y cómo es que está aquí, en Palencia?

—Cualquier lugar es bueno para servir a Dios —le responde la monja, volviendo a la sacristía, donde otra compañera (con aspecto también de mejicana) juega con los monaguillos a coger pajas sin moverlas. Se ve que se entretienen así entre misa y misa.

El viajero, satisfecha su curiosidad, continúa su camino con ánimo recompuesto. No sólo no ha molestado a la monja, como temía, sino que ésta, antes de regresar a la sacristía, le ha regalado un folleto, seguramente para recompensarle. Se trata del tríptico en que se cuenta, promoviendo su canonización, la vida del beato José Pío Gurruchaga, un sacerdote vasco fundador de la orden de las Religiosas Auxiliares Parroquiales de Cristo Sacerdote, a la que pertenece aquélla. De ahí la razón de que esté al servicio, junto con su compañera, en la catedral palentina.

Y a fe que lo hacen con mucho oficio. Aparte de conocerla y de enseñarla con profesionalidad, tienen la catedral como una patena, según el viajero puede observar mientras la recorre. Ahora mucho más despacio, pues nadie le mete prisa.

La capilla del Sagrario, la primera de las dos mayores, le retiene así un buen rato. Rodeada por las de la girola, dos de las cuales están cubiertas por grandes lonas (deben de estar en restauración), destaca como una perla en el collar de capillas de la catedral. No en vano guarda y conserva, junto a valiosas piezas modernas (el retablo, por ejemplo, del XVI, plateresco, obra de artistas locales), varias otras procedentes de la catedral románica. En concreto, la Virgen del siglo XIII para la que fue realizado aquél, que es una auténtica maravilla, la piedra del altar, que es de una pieza (tres metros mide de largo), la bellísima reja de doble hoja que franquea una de sus dos puertas (la que da a la sacristía) y, en el lado contrario, sobre la otra, el arcón donde reposan los restos de la reina de Navarra doña Urraca, según reza la inscripción de la pared: *AQUI DESCANSA DOÑA URRACA REINA DE NAVARRA MUJER DE DON GARCIA RAMIREZ REY DE NAVARRA. QUE FUE HIJA DEL SERENISIMO DON ALFONSO EMPERADOR DE ESPAÑA QUE CONQUISTO ALMERIA. QUE MURIO EL 12 DE OCTUBRE DEL AÑO DEL SEÑOR 1189.*

La actual capilla mayor, aunque es más nueva que aquélla, no es menos impresionante. Separada de la otra por el primero de los dos cruceros (lo que explica que le hiciera de coro durante un tiempo), es más del doble mayor y está llena de tesoros. Desde las maravillosas rejas del gran Cristóbal de Andino, el considerado príncipe de los rejeros españoles de su época, a los dos púlpitos de Gaspar Rodríguez, todo en esta gran capilla es digno de ser mirado. Aunque, sin lugar a dudas —y es difícil elegir algo concreto—, lo mejor es el retablo, impresionante obra plateresca en la que intervinieron, entre otros muchos, los mejores escultores y pintores de la época, comenzando por Vahía y Vigarny y terminando por Juan de Flandes. Lástima que haya que verlo desde tan lejos, pues las rejas de Andino están cerradas.

Las del coro también lo están, pero al viajero eso no le extraña. Comienza a estar ya habituado. Y, además, ya lo ha visto con la monja hace un momento, al igual que la capilla mayor. Así que se limita a mirarlo brevemente desde fuera, acuciado por la misa que comienza en este instante (la de la una, que oficia un solo canónigo) y por la oscuridad en la que se encuentra y que le impide ver claramente tanto la espléndida sillería, de estilo gótico, como el bello facistol renacentista o el fabuloso órgano barroco; tres estilos, pues, unidos a la mayor gloria de este lugar. A cambio, se detiene largamente en sus muros exteriores, los laterales y el del trascoro, que se pueden ver sin problemas y son tanto o más bonitos. El de la nave del Evangelio, por ejemplo, acoge bajo un dosel el famosísimo Cristo de las Batallas, de finales del siglo XIII o principios del XIV y de gran devoción entre los palentinos, y, a su lado, en arco de medio punto, el altar realizado por Vigarny para la talla del Salvador atribuida a Diego de Siloé y pensada en un principio para el retablo mayor, y, el de la nave de la Epístola, otros dos bellos altares, un primero de estilo gótico, con un retablo del siglo XV (el de la Visitación, del llamado Maestro de los Reyes Católicos), y un segundo plateresco atribuido a Diego de Siloé. La pared del trascoro, finalmente, es también digna de elogio. Financiada, como el resto, por el magnánimo obispo Fonseca, el gran benefactor de esta catedral, se compone de cinco paños de piedra profusamente labrados que preside desde el centro un políptico flamenco verdaderamente maravilloso. Representa los siete dolores de la Virgen, que aparece en el centro junto a San Juan y el propio obispo donante, éste sin mitra y arrodillado, y es obra de Jan Joest de Calcar.

—¿Qué quiere decir que el Verbo se ha encarnado? —se pregunta en este momento el cura desde el altar, repitiendo, al parecer, para adornar su homilía, la pregunta que le hacía un catequista a los niños de su pueblo; a lo que uno de éstos le respondió, según cuenta el propio cura—: «¡Que está colorado como un tomate!».

El cura ríe la gracia (los feligreses no, pues están en misa) mientras el viajero vuelve hacia ellos desandando la nave del Evangelio. Lo hace mirando, al pasar, las distintas capillas que la adornan, todas cerradas con rejas, y ensimismándose nuevamente ante las tallas del Salvador y del Cristo de las Batallas. Cualquiera de las cuales podría presidir la catedral.

A la una y media, acaba la misa. Es la última del día, puesto que hoy aquélla cierra a las dos. Así que al viajero le queda solamente media hora para ver lo que aún le falta, que es mucho más de lo que ya ha visto. Comenzando por las capillas de la girola y de la nave del Evangelio, que son catorce en total, y terminando por los retablos que adornan la de la Epístola, a falta de capillas, al dar su muro hacia el claustro.

A la carrera, mientras las naves se desalojan y los monaguillos van recogiendo, el viajero da una última pasada a todo el templo, anotando en su libreta dos o tres detalles más (las dos portadas del claustro, una con una Virgen románica y las dos de gran belleza, y, en los muros exteriores de la capilla mayor y del presbiterio, el sepulcro plateresco del célebre abad de Husillos, obra de Alejo de Vahía, y el Ecce Homo de Siloé que preside el retablito de su nombre) y prometiéndose a sí mismo, mientras lo hace, regresar otro día para poder verlo todo sin tanta prisa. La verdad es que la catedral de Palencia merece mucho más tiempo.

Pero se acaba. A las dos en punto, un monaguillo cierra la puerta que queda abierta, que es la que da al mediodía, y el viajero vuelve a la realidad en compañía de dos canónigos; uno de ellos, el que acaba de decir ahora la misa. Pero éstos llevan paraguas y él no y, con lo que está cayendo (ahora diluvia, no llueve), se ve obligado a abandonar su conversación en la misma puerta, después, eso sí, de sonsacarles que son catorce en total, aunque no todos cumplen, le dice uno, con sus obligaciones.

La del viajero, ahora, consiste sobre todo en no mojarse. Cosa difícil, habida cuenta de cómo llueve y de que, para ponerse a salvo, ha de atravesar la plaza. Pero lo hace. Corriendo a todo correr y protegiéndose con la cazadora. Al final, llega al soportal de enfrente y se refugia en el bar más próximo, que lleva el nombre de Doña Berenguela. Un caldo y un vino tinto le reponen en seguida del esfuerzo. Y la lectura del periódico local, que apenas tiene diez hojas, le entretiene la espera mientras aguarda a que la lluvia remita un poco y pueda llegar hasta el restaurante que un antiguo amigo suyo tiene junto a San Miguel. Que es la otra gran iglesia de Palencia y en la que, según la historia, se casaron el Cid y doña Jimena.

Su amigo, aunque no está en él (está comiendo con su familia), le atiende gentilmente a través del cocinero, que es un experto en hacer la pasta. Toda una novedad en esta tierra tan adusta y castellana. Y que el viajero agradece, pues tiene bastante hambre:

—Pues unos *fettuccine al pesto* —pide, dejándose aconsejar por aquél.

Su amigo aparece cuando ha acabado. Aparece con su hijo, que tiene apenas dos años, y le acompaña a la catedral, que sigue bajo la lluvia. Solamente el campanario se alza sobre las casas que la rodean sin mucho esfuerzo.

—Está cerrada —le dice el viajero a aquél, que no está al tanto de sus horarios.

Pero a su amigo le da lo mismo. A su amigo sólo le importa estar con él esta tarde y le da lo mismo que sea en la catedral que en la barra de cualquier bar de la zona (mejor, a decir verdad, en cualquier bar de la zona). Pero el viajero prefiere los soportales. Especialmente, los de la plaza de la Inmaculada, desde los que se divisa entera la fachada sur de la catedral, que es la mejor y más conocida: a la izquierda, el claustro, con sus pináculos, y, a un lado y otro de la torre (en cuyo segundo cuerpo el reloj marca ya las cuatro y media), la puerta de Santa María y la del Salvador o de los Novios. Bajo ésta, a resguardo de la lluvia, media docena de personas están esperando a alguien.

—¿Seguro que no va a abrir? —le dice su amigo, al verlas.

—Eso me han dicho —dice el viajero, extrañado.

Pero no tiene por qué. Las personas que esperan bajo la puerta (cuatro chicos y un adulto, éste con la nariz cosida) están esperando a unos compañeros, al parecer para ir a una reunión. Se lo dice al viajero el mayor de los cuatro chicos, que resulta ser un seminarista. Uno de los diez que hay, le dice, ahora en el Seminario.

El chico, que es hablador, mientras espera a sus compañeros, presume de catedral. Dice que es la tercera mayor de España, después de la de Sevilla y la de Toledo. Y que mide de ancho lo mismo que la de Burgos, pero que es bastante más larga. Cuarenta metros, precisa.

—¿Y tú cómo sabes todo esto? —le pregunta el viajero, para halagarlo.

—Porque lo sé —le dice el chico, encantado.

Mientras hablan, llega el otro al que esperaban (otro chico como ellos) y se van todos corriendo, incluido el hombre del costurón, en dirección a la reunión para la que están citados. Lo hacen justo en el instante en el que la lluvia cesa después de unas cuantas horas. Incluso asoma el sol brevemente.

En compañía de su amigo, mientras se acerca el anochecer, que en enero llega a Palencia antes de las seis, el viajero, aprovechando el respiro que les concede ahora la lluvia, le da una vuelta a la catedral. Las cinco puertas están cerradas, pero merece la pena verlas. Como la cabecera, que imita claramente a la de Burgos y cuyos contrafuertes marcan las distintas capillas absidales, y como las propias gárgolas, que representan horribles monstruos y animales fabulosos y fantásticos (salvo uno, que es un fotógrafo por cuya cámara cae el agua) y que son lo que más llama la atención al pequeño hijo de su amigo. El viajero, en cambio, prefiere antes los pórticos, especialmente el de Santa María, que se corresponde con el segundo crucero, y que presiden sendas imágenes de la Virgen y de San Antolín. Lástima que esté tan abandonado y que su antigua policromía haya desaparecido del todo.

El de los Novios o del Salvador, que es el del otro crucero, es más pequeño, pero también muy hermoso. Como el de San Juan Bautista, que es justo el opuesto a éste y que también es plateresco, pero que está muy deteriorado. Por último, el del Hospital, que es el segundo que da hacia el norte, y el de San Antolín, que es el que mira a poniente, son mucho menos interesantes. El de San Antolín, de hecho, es de finales del siglo XX, a pesar de su apariencia neoclásica. Ante él, el viajero se despide de su amigo y de su hijo:

—Que te traigan muchos regalos los Reyes —le desea a éste.

—A ver... —dice el padre, mirándolo, arrobado.

Aunque para arrobado, el cielo. El sol se pone en estos instantes y la sangre que desprende se entremezcla con el agua de la lluvia, empapando las nubes del horizonte en dirección a Tierra de Campos. Esa tierra que es el alma más profunda de Castilla y que el viajero mira mientras escucha, antes de subirse al coche, el villancico que suena en alguna parte: «*¡Adeste, fideles!...*». Aunque el que a él le viene a la memoria ahora, quizá por la despedida, es ese otro profano que escribiera el poeta y boticario palentino José María Fernández Nieto y que es la definición más certera que conoce de Castilla: «Aquí, donde la vida se pasa sin sentirla / y la muerte se siente sin pasarla...».

El frío de Valladolid

Tres días más tarde, tras la pausa obligada por la visita de los Reyes Magos, el viajero llega a Valladolid. Lo hace una mañana fría, promesa de grandes nieves, en la que las radios dicen que nadie salga a la carretera. Al parecer, se acerca una gran borrasca.

Pero al viajero la nieve no le da miedo. Al revés: la va buscando. El viajero, como montañés que es, si bien que trasplantado a la ciudad hace ya mucho, encuentra en las montañas y en la nieve su verdadero lugar en este mundo.

Valladolid quizá le depare nieve, pero en modo alguno montañas. Es la única provincia de Castilla sin una sola en su territorio. Por eso, es también la más habitada y la mejor comunicada de todas. Así que el viajero llega a ella sin problemas y sin haber visto un solo copo de nieve por el camino.

Eso sí, el frío corta la cara. A las diez de la mañana y con el cielo totalmente cubierto, Valladolid es una especie de gran nevera por la que la gente cruza como fantasmas. Como un fantasma también, el viajero hace lo propio buscando su catedral, que, según ya se imagina, no debe de andar muy lejos. El viajero ha dejado el coche aparcado bajo la Plaza Mayor y la catedral y ésta suelen estar siempre cerca.

En el caso de Valladolid, a poco más de quinientos metros. En dirección contraria al Ayuntamiento y junto a la sede de la Universidad. La precisión no es superflua, ni mucho menos, porque es más conocida ésta que aquélla. Al menos, todos la usan de referencia cuando el viajero pregunta por el camino.

—¿Tan fea es la catedral?

—¡Hombre! Guapa, la verdad, no es —le dicen dos enanos que venden lotería en plena calle, en la de Cánovas del Castillo.

—Deme uno —pide el viajero un boleto, agradecido por la información.

—Que haya suerte —le desean los enanos.

Quizá la tenga a la lotería, porque lo que es con la catedral se teme que no. A primera vista al menos, no promete demasiadas emociones. Y menos con este frío que acentúa el color gris de sus fachadas.

Está oculta entre las casas. Viejas casas en ruinas o a punto de estarlo pronto que acentúan, por su parte, la impresión de abandono general. Un abandono que manifiesta la humedad que roe la puerta, que parece cerrada desde hace tiempo, y el atrio que la protege, que está también negro y sucio y tiene parte de la barandilla rota. Se ve que no se utiliza, salvo por los vencejos y en el verano.

El resto del edificio no ofrece mejor imagen. Construido a medias y sin inspiración, parecería en ruinas de no ser por lo recio de sus muros. Fuera de eso, los paños rotos o amuñonados, las torres a medio hacer, las ruinas de la antigua colegiata que ni siquiera llegaron a derribar del todo y que siguen adosadas a lo nuevo como si fueran restos de un cementerio, le dan a todo el conjunto el aspecto de una nave abandonada o que está a punto de serlo pronto. Sobre todo comparada con la iglesia de La Antigua, hermosa muestra del arte gótico con la que comparte espacio, y con el edificio de la Universidad. Que es, en efecto, bastante más meritorio y cuya fachada mira a la suya que da hacia el este.

O, mejor, a lo que construyeron de ella. Porque la catedral de Valladolid está sólo construida a la mitad. Iba a ser el doble justo de lo que se ve actualmente, lo que la habría convertido en la mayor del mundo cristiano, pero se quedó a medias, por suerte seguramente, pues, si ya es tremenda así, dicho sea con todos los respetos para los vallisoletanos y para sus autores (el rey Carlos I, que fue quien la mandó hacer, y Herrera, el de El Escorial, que fue el autor de los planos), ¿qué hubiera sido si se hubiera construido por entero y ocupara el doble de espacio del que ocupa en la actualidad?

Sería una masa inmensa; una enorme construcción rectangular sin otro mérito que sus dimensiones. La armonía de sus líneas, la simetría de sus dos partes, la pureza clasicista y romana de sus muros de las que hablan sus defensores serían más evidentes, mas no por ello más soportables. Al menos, para el viajero, al que el estilo herreriano le parece tan solemne como triste y tan adusto como descorazonador. Sobre todo una mañana como ésta, en la que el color gris del cielo subraya el de la ciudad.

—¿Qué opina usted, don Miguel? —le pregunta a la estatua de Cervantes que preside la plaza de Santa María, como se llama la que separa la catedral de la universidad.

Pero Cervantes no opina nada. El antiguo vecino de la villa que por aquí paseó sus desdichas cuando Valladolid era sede todavía de la Corte (lo fue hasta en dos ocasiones, una bajo los Reyes Católicos y otra bajo Felipe III) está tan aterido por el frío que permanece mudo en su pedestal. Aunque no deja de ser simbólico que esté de espaldas al templo y mirando hacia la universidad.

La puerta de entrada a la catedral es, pues, la que da a la plaza. No tiene más interés que el resto del edificio, salvedad hecha de sus columnas, que parecen hechas por los romanos, y menos cuando se cruza, pues por dentro tiene otra de cristal. Lo cual —hay que reconocerlo— viene bien para calentar el templo. Con el frío de la piedra y este día, sin calefacción sería una gran nevera.

Pero está tibio, al contrario. Se agradece su temperatura, que contrasta con su oscuridad. Y es que no tiene apenas ventanas. Si, por fuera, parecía un panteón, por dentro semeja un enorme féretro ocupado solamente por el joven que se encarga, al parecer, de vigilarla y que ocupa una garita al final de la nave del Evangelio. Está leyendo a la luz de un flexo, que es la única luz que hay ahora en la catedral.

Así que el viajero tarda en ver lo que hay en ella. Hasta que no se adapta a la oscuridad, no puede ver lo que hay dentro de ella, que no es otra cosa que el edificio. Y es que está casi desnudo. Fuera de la capilla mayor, donde se atisba un retablo grande, y del órgano del final, la catedral está tan desnuda que parece, ciertamente, un ataúd. Máxime teniendo en cuenta que las capillas que la rodean apenas si pueden verse, pues también están muy oscuras. Al viajero no le extraña que no haya nadie en la catedral.

—Enero es que es muy mal mes —le dice el joven de la garita, interrumpiendo su lectura para hablarle.

Sin duda enero es un mes muy malo, pero no tanto como para que esté tan solo. Aunque al joven no le importa, según dice. Al revés, le viene bien, pues está preparando unas oposiciones y, mientras menos gente entre, más tiempo tiene para estudiar.

—¿Y para qué son las oposiciones?

—Para la Junta —dice, genéricamente, el chico, como si la Junta de Castilla y León fuera un destino ella misma.

Y lo es, en cierto modo. Pues, desde que entró en Castilla (y, antes, en el Reino de León, al que está unida), el viajero no ha visto más que letreros por todas partes que pregonan su presencia y su poder. Lástima que se limiten a eso, pues, mientras tanto, su patrimonio se cae a cachos.

La catedral de Valladolid resiste, pero no gracias a la Junta. Resiste porque fue hecha a conciencia, con muros de varios metros y columnas tan robustas que parecen obra de los romanos. Son de granito de Villanubla, desde cuyas canteras acarrearon las piedras reatas de carreteros cuyo esfuerzo debió de ser tan tremendo como, en su tiempo, el de los esclavos de aquéllos. Y todo para levantar esta inmensa mole que dividen en tres naves las columnas, rectangulares igual que ellas, y sin apenas ningún adorno. El viajero, de hecho, las recorre sin encontrar otras distracciones que los bancos que ocupan la del medio y las capillas de las laterales. Todas cerradas con grandes rejas y sin luz que las ilumine.

La mayor no es una excepción. Alzada en la cabecera, como corresponde a su mayor rango, no tiene rejas, como las otras, pero sí un cordón que la aísla. Y una ranura en un lateral en la que hay que meter un euro para poder verla iluminada. Que es algo casi obligado, por cuanto guarda, según el chico de la garita, lo mejor de la catedral: el retablo mayor de Juan de Juni.

    Por eso, que no por gusto (al viajero le molesta tener que pagar por todo), obedece y mete el euro y, durante unos minutos, puede admirar esa maravilla que la oscuridad del templo ocultaba a sus ojos hasta ahora. Y que continuará ocultando cuando el tiempo concedido para ello se consuma y se apaguen nuevamente los destellos de esta obra que el gran escultor francés realizó para la iglesia de la Antigua, pero que ha venido a parar aquí, por suerte para la catedral. No en vano es una de las mejores obras de Juan de Juni, que tardó en hacerla dieciséis años. Aunque mereció la pena. Sobre todo a la vista de las distintas vírgenes que la integran, en sus distintas poses y advocaciones, subrayando de ese modo su patrocinio de la catedral. Lástima que la rodeen unos cortinones rojos que le dan un cierto aire de teatrillo.

    De teatrillos (o de guiñoles) dan cierta idea también, enfrente de él, los confesionarios. Todos vacíos, igual que el templo, pero perfectamente alineados a lo largo de las naves laterales, a la espera de los pecadores. Son seis, tres en cada una de ellas, y con el nombre del titular encima. Aunque ninguno de ellos está ahora aquí. Solamente el vigilante, en su garita, podría confesar, si alguien lo necesitara. Aunque el chico no está por la labor. Prefiere estudiar sus oposiciones y, los fines de semana, salir al campo a cazar con galgo. Según dice, tiene varios en su pueblo, que es ya de la provincia de Palencia.

—¿Y qué cazas?

—Perdices, liebres, conejos...

El viajero recuerda de nuevo a Ortega: «La vertical es el chopo, la horizontal el galgo...». El viajero lo recuerda y lo comprende al contemplar esta catedral en la que no hay una sola curva; solamente líneas rectas, horizontales y verticales. O sea, chopos y galgos.

—¿Y cazas mucho?

—Depende —dice el chico, sonriendo con modestia.
Para animarle un poco, el viajero le compra un juego de estampas (que acabarán después, en el coche, rodando por los asientos) y una guía del museo, que es lo que en realidad custodia. Está detrás de una puerta, al final de una especie de capilla que forma en su cabecera la nave del Evangelio (que, en realidad, no es la cabecera, sino el lugar en que se paró la construcción de la catedral), en los restos que perviven de la antigua colegiata.

—La tiraron para hacer la catedral —le explica el chico, mientras aquél observa las fotos—. Y era del siglo XIII. Aunque antes hubo otra, que tiraron también para hacer ésta.

—¿Y por qué no la conservaron?

—¿Cuál? ¿La antigua?

—No, la nueva.

—Pues porque encima de ella iba a ir la catedral.

—¡Pues qué pena! —dice el viajero, mirando las fotos de la colegiata rota, cuyas antiguas capillas acogen ahora el museo.

El viajero, empero, lo deja para la tarde. Prefiere emplear la mañana en ver bien la catedral, que, aunque no guarda ningún secreto, sí tiene cosas interesantes. Comenzando por el sepulcro que se expone en la capilla en la que está (la que sirve de vestíbulo al museo) y que es el del conde Ansúrez, el fundador de la colegiata y de la ciudad. Las fundó en el siglo XII, a petición del rey Alfonso VI de León, quien le concedió estas tierras en agradecimiento a su fidelidad. El sepulcro, que es del siglo XVI, muestra al conde en posición yacente, pero con armadura, yelmo y espada. Y con barba, mucha barba.

Otro sepulcro, el de Juan Velarde, destacado prohombre y mecenas de su tiempo, ocupa la capilla de su nombre, también llamada de las Reliquias por cobijar las de varios santos, entre ellas, las del vallisoletano Pedro Regalado, el patrón de la ciudad. Las demás, siete en total, todas rectangulares y oscuras, ocupan los laterales de las naves exteriores y los cuerpos inferiores de las torres (la que se hizo y la que quedó a medias) y acogen diversas obras, la mayoría de ellas sin gran valor. Tan sólo, en la capilla de San Fernando, la escultura que hizo de él Alonso de Rozas o, en la de las Reliquias, el cuadro de San Pedro Regalado en el que éste se levanta de su tumba para dar pan a un mendigo y que, durante mucho tiempo, se atribuyó a Francisco de Goya, pero que se sabe ya es de Plácido Costanzi, merece pagar los cincuenta céntimos que cuesta iluminar cada una de ellas. Aunque lo mejor de todo, según el de la garita, no puede verse ni con dinero. Está en la sacristía y son dos lienzos del italiano Lucas Jordán, uno de San Genaro y el otro de San Jerónimo, y la imagen de la Magdalena que perteneció al retablo, hoy ya desaparecido, de la capilla del mismo nombre. Están allí a buen recaudo para que no les suceda lo que, según el chico, le pasó a un cuadro del Greco, que desapareció un buen día sin que se haya vuelto a saber de él.

Hacia la una, entran en la catedral los primeros turistas de la jornada. Son dos hombres ya mayores y una pareja más joven que, por su felicidad y aspecto, parecen recién casados. Los cuatro son argentinos. Se paran frente al altar y le piden al viajero que les haga una fotografía. El dueño de la cámara le enfoca el objetivo antes de dársela.

—Saldría mejor si lo iluminaran —le aconseja el viajero, señalándole el retablo.

El de la cámara le obedece y mete un euro donde le indica. Al instante, la capilla se ilumina.

—¡Ohhh! —exclaman los argentinos.

—A ver, miren hacia aquí...

¡Zas!

—Ya está —dice el viajero, volviendo a su condición—. Espero que haya salido.

—Seguro —le dice el de la cámara, acercándose a cogerla—. Muchas gracias.

Los argentinos se van por donde vinieron (ni siquiera dan una vuelta a la catedral) y el viajero se queda solo con el retablo. Mientras más lo ve, más le gusta.

—¡Qué maravilla! —le dice al de la garita, sin contenerse.

Pero éste ya está harto de verlo. El de la garita lo único que quiere es que llegue la una y media para poder volver a su casa. Lleva aquí desde las nueve y a las cuatro y media tiene que volver a abrir.

A la una y cuarto, llega una chica. Debe de ser conocida, pues le trata con familiaridad. La chica, mientras aquél recoge sus cosas, recorre las capillas una a una, asegurándose de que están cerradas. Y de que no queda nadie dentro.

—Vamos a cerrar ya —le conmina al viajero para que salga.

—Ya me iba —dice éste, obedeciendo.

La borrasca ya ha llegado. Sobre la plaza de la catedral, pequeños copos de nieve caen cuando aquél se asoma, acrecentando la sensación de frío. Parece como si la temperatura, mientras estaba en la catedral, hubiera bajado aún más.

Y ha bajado, sin duda alguna. La gente, al menos, camina envuelta en sus cazadoras y con los brazos cruzados en actitud de autoprotección. Solamente la estatua de Cervantes continúa firme en su pedestal, sin importarle el frío que hace. Solamente la estatua de Cervantes y la pareja de cigüeñas que aguantan impertérritas los copos en su nido, en lo más alto de la catedral. El viajero las ve mientras la rodea y, luego, desde la cafetería en la que entra a tomar algo caliente (La Catedral se llama precisamente) y cuyos ventanales encuadran el edificio del que ha tomado prestado el nombre.

Después de entrar en calor, el viajero vuelve a la calle. Lo hace ya más decidido, pues comienza a tener hambre. Guiándose, como siempre, por el instinto (y por la comprobación empírica de que alrededor de la catedral apenas hay restaurantes, solamente algunos bares), se dirige hacia la Plaza Mayor, donde presume que deben de estar aquéllos. En la plaza en sí no hay ninguno, pero sus alrededores están plagados. Así que el viajero tiene difícil cuál elegir, pues todos le parecen atractivos. Al final, se decide por uno que pregona en plena calle que hoy tiene de menú «cocido de pueblo», que en Valladolid es tanto como decir que es auténtico.

Y lo es, sin duda ninguna. Al menos, sabe a cocina de pueblo y viene con todos sus ingredientes. Lo cual, teniendo en cuenta la hora y el frío que hace en Valladolid, llena de alegría a cualquiera, por más que el restaurante en sí no sea nada del otro mundo. Tampoco lo era la catedral, pero se estaba bien dentro de ella.

—¿Quiere más?

—No, muchas gracias.

Con la barriga llena, el viajero (el ánimo ya levantado) vuelve a la Plaza Mayor, cuyos edificios rojos blanquean ahora los copos. Son más tupidos que antes. Aunque no cuajan. Para ello, necesitarían más tiempo y, sobre todo, que no los pisara nadie. El viajero no lo hace, pues va por los soportales. Va buscando un lugar para el café, que no lo había en el restaurante. Pero ninguno le gusta mucho. Y el que le gusta cierra los jueves. Así que, al final, lo toma en la pastelería a cuya puerta tienen su puesto de lotería los dos loteros enanos.

—¡Buenas tardes!

—Por decir algo —le dicen éstos, muertos de frío.

A las cuatro y veinticinco, cinco minutos antes de que la vuelvan a abrir, el viajero está ya de nuevo ante la puerta de la catedral. Parece que fuera él el encargado de hacerlo.

—¡Buenas tardes! —le saluda el chico, al verlo, cuando la abre, al fin, desde dentro.

—Por decir algo.

La catedral está más oscura. Tan sólo el ojo de buey que se abre sobre la puerta del mediodía deja entrar algo de luz, pero ésta sólo llega a la nave principal. Las otras están oscuras como dos túneles, salvo en la cabecera, donde las iluminan la poca luz que se cuela por la puerta (a la de la Epístola) y el flexo que ha encendido de nuevo el vigilante (a la del Evangelio). Éste está ya en su garita, dispuesto a pasar la tarde.

—Dame una entrada —le solicita el viajero, señalándole la puerta del museo.

El muchacho se la da: la número 88, según su numeración. Lo que significa que se han vendido ocho cada día en los diez que van del año. Enero, ciertamente, no es que sea un mes muy bueno.

El museo, en cambio, lo es, contra lo que cabría pensar. Y lo es tanto por él mismo como por su contenido. Por él mismo porque es la parte que queda de la antigua colegiata medieval, y por el contenido porque atesora auténticas maravillas. Fundamentalmente, varios sepulcros góticos procedentes del monasterio de Palazuelos y una serie de pinturas y esculturas de los autores más relevantes de cuantos trabajaron en Valladolid. Concretamente, el propio Juan de Juni y el vallisoletano Gregorio Fernández, de los que se muestran, entre otras piezas, sendos Ecce Homos considerados por el autor del museo (y del folleto que hace las veces de entrada) obras cumbres del arte castellano. Hay también una custodia de plata de Juan de Arfe y varias vírgenes góticas y un conjunto de pinturas y retablos (entre los que destaca el de San Miguel Arcángel, fechado hacia 1500 y atribuido al Maestro de Osma), todo dispuesto en los arcosolios de las cinco capillas que componen el museo, junto con la sala capitular. Capillas que se salvaron de la piqueta gracias a que la catedral no se terminó y que merecen por ellas mismas ya la visita, pues, aparte de ser góticas, están muy bien restauradas. El viajero, de hecho, si lo pusieran en el aprieto, no sabría qué elegir, si las capillas o lo que exhiben. Posiblemente, acabaría inclinándose por una pieza menor, pero que le llama la atención por lo curiosa: un Cristo de apenas veinte centímetros cuyo cuerpo lo constituye un sarmiento cuyas raíces forman el pelo y la barba y que parece más un demonio que un Cristo, pese a su fama de milagroso. De hecho, el Cristo de la Viña, como lo llaman popularmente, comenzó ya convirtiendo al judío de Toledo que se lo encontró en la suya, según la tradición que le cuenta el vigilante al viajero cuando sale.

—Vino aquí desde la iglesia de San Benito —le dice, demostrándole que sabe más de lo que parece.

La oscuridad, el cocido, el silencio impenetrable de estas naves en uno de cuyos bancos el viajero intenta ahora anotar en su libreta algunas cosas antes de que se le olviden, en lugar de ayudarle a ello, le hunden rápidamente en una especie de somnolencia que se convierte pronto en modorra y más tarde en puro sueño. Una siesta en toda regla que se prolonga más de una hora sin que nadie ose interrumpirla ni el viajero se dé cuenta de que duerme. Sólo lo hace a las seis, cuando un rumor le despierta y se da cuenta, al hacerlo, de que lleva un rato durmiendo. Menos mal que nadie le ha visto.

El rumor que le ha despertado (rumor de pasos, principalmente) es el que hacen unas personas que pasan ahora a su lado en dirección a una de las capillas de la nave del Evangelio. Una capilla cuya reja ha sido abierta y que ilumina un sacerdote vestido para oficiar. El viajero, en la penumbra, observa sin ser visto lo que hacen antes de acercarse a ellos.

Lo hace con la misa ya empezada. Y con el cura en pleno sermón, que siguen atentamente los asistentes (no más de veinte personas) y que termina con un recuerdo para la nieve que hoy cae sobre la ciudad. Un elemento meteorológico que, al sacerdote, le parece una bendición de Dios:

—El agua de la lluvia se va en dos días; el de la nieve es agua para tiempo —dice.

Y no le falta razón. Que se lo pregunten, si no, al de la garita, que debe de estar soñando con las perdices y los conejos que cazará el domingo, que es el día que libra según dice, o a don Miguel de Cervantes, que hace lo propio en la plaza, pese a que sus sueños sean de piedra y más literarios. Aunque no tanto como los de los parroquianos de El Largo Adiós, el cafetín que el viajero ya conoce de hace tiempo, cuando venía a Valladolid de visita, y que continúa como hace años, a la sombra de la catedral. Al menos, al viajero así le parece mientras, sentado en una de sus mesas, escucha la conversación de aquéllos (que gira sobre lo mismo: lo injusta que es la gloria literaria), al tiempo que anota en su libreta lo vivido en este día que da ya paso a la noche, aunque todavía no son las siete.

A las siete, precisamente, es cuando cierra la catedral. Lo hace sin ningún boato, como correspondería a su categoría. Justo todo lo contrario que la iglesia de La Antigua, que sigue abierta más tiempo, no en vano es la más visitada de Valladolid, o que El Penicilino, que debe su extraño nombre al brebaje que le ha hecho famoso en la ciudad y que, según su dueño, es el responsable de que la catedral esté donde está. Se lo cuenta al viajero entre otras cosas (todas, salvo la composición de la *penicilina,* como se llama el brebaje que le ha dado nombre al

bar), mientras éste da cuenta de un par de copas a la espera de que aparezca su hermano, que vive en Valladolid desde hace muy poco y en cuya casa dormirá esta noche.
—¿Otra copita?
—Bueno —dice el viajero, muerto de frío.

Ávila, sueño de hielo

A la mañana, cuando despierta, la familia del viajero ya no está. Está sólo su cuñada, que le recibe con el desayuno.
—¿Y los demás?
—Trabajando... O en clase —le dice, por los sobrinos.
El viajero se asoma a la ventana. El cielo sigue nublado, pero las calles están limpias de nieve. Solamente algunas manchas blanquean en los tejados.
—No nieva de puro frío —le dice la cuñada, sirviéndole el café.
El viajero lo toma casi de un trago. Luego, recoge sus cosas, comprueba que todo lo deja en orden y se despide de su cuñada, que le reconviene para que tenga cuidado en la carretera.
—La radio dice que está nevando por todas partes —le dice, ya ante la puerta.
—No te preocupes —la tranquiliza el viajero, sin saber que es la última vez que se va a despedir de ella.
Hasta Medina del Campo, la segunda ciudad de la provincia, la carretera está despejada. Pero, a partir de Ataquines y, sobre todo, de Arévalo, ya en la provincia de Ávila, la nieve, que ya ha cuajado, empieza a dificultar la circulación. Los coches van más despacio y siguiendo las rodadas de los otros.
En Adanero, empieza lo peor. La carretera que va hacia Ávila se aleja de la autovía y, con ésta, de las máquinas que la despejan continuamente. Además, es más estrecha y tiene menos circulación. Y, a medida que sube hacia la sierra en cuyo piedemonte se asienta la ciudad de las murallas, la nieve empieza a aumentar, obligando al viajero a ir cada vez más despacio. De hecho, los últimos diez kilómetros los hace tras un camión,

a quince o veinte por hora y procurando no distraerse, pues, si se sale de las rodadas de aquél, puede acabar atollado o directamente en la cuneta. ¡Qué razón tenía la radio! Y su cuñada, piensa el viajero, poniendo la de su coche.

La radio anuncia en este momento que España entera está bajo el temporal. Y que lo peor está cayendo en el centro; en concreto, en las provincias de Ávila y de Segovia. Precisamente las dos ciudades que el viajero se dispone a visitar hoy y mañana.

A la primera llega por fin después de casi tres horas. La divisa de repente frente a él como un sueño medieval bajo la nieve. Pero todavía le falta llegar a ella; cosa que no es muy sencilla, puesto que la carretera, que desciende primero hasta sus pies, por donde cruza helado el río Adaja, le obligará a subir nuevamente bordeando las murallas que la han hecho conocida en todo el mundo. No en vano, con sus dos kilómetros y medio de perímetro y sus ochenta y ocho torres de apoyo, son las mejor conservadas de toda Europa. Lo cual convierte a la vieja Ávila en la ciudad mejor defendida, aunque hoy no necesite defenderse ya de nadie.

Al contrario, lo que necesita Ávila es gente que la visite. Sobre todo en el invierno, la milenaria ciudad de Santa Teresa, la de los grandes místicos y comuneros, lo que necesita es gente que venga a verla y anime un poco la economía de sus escasos cincuenta mil vecinos. La mayoría de los cuales viven ya extramuros de ella, pese a que en la ciudad antigua continúan teniendo sus edificios más importantes. Todos ellos presididos por ese otro más alto que se apoya sobre el resto dándole a todo el conjunto su perfil característico: la catedral del Salvador.

Viendo Ávila se comprende cómo y dónde se le ocurrió a Santa Teresa la imagen del castillo interior y de las moradas, decía Miguel de Unamuno, y el viajero refrenda esa opinión, aunque la suya no le importe a nadie. Y es que esta catedral a la que se acerca ya después de cruzar una de las puertas que atraviesan la muralla por el este (la del Peso de la Harina o de las Carnicerías, según verá más tarde en un callejero) parece más un castillo que una iglesia, sobre todo hoy que la nieve le da un aire aún más adusto. Impresión que contagia al resto de la ciudad, por cuyas calles heladas apenas pueden circular los coches.

Con cuidado, tratando de no frenar para que el suyo no le patine, el viajero cruza algunas buscando dónde dejarlo, cosa que al final consigue justo enfrente de la puerta del mercado. Se ve que éste todavía no está en plena actividad.

En realidad, todavía no debe de estarlo nadie en esta ciudad. A las once y media de la mañana, Ávila aún sigue durmiendo el largo sueño del frío y no parece que vaya a despertar pronto. Solamente algunos niños que juegan a tirarse bolas y los obreros municipales que echan sal por las aceras parecen estar despiertos en esta ciudad que duerme desde hace siglos. Al menos, desde que comenzara su decadencia, tras muchos de prosperidad, a raíz de su derrota en la guerra de las Comunidades.

En la plaza de la catedral se ve con más evidencia. Ni siquiera hay turistas a esta hora. ¿Quién va a haber?, le pregunta al viajero el conserje del hotel en el que entra a pedir asilo, señalándole la plaza completamente nevada.

El conserje le recoge la maleta y le dice que se vaya, que él se la deja en su habitación. El viajero, vista la hora que es, no quiere perder más tiempo en subir a hacerlo él mismo.

Y es que son ya las doce del mediodía. Las doce del mediodía de un viernes del mes de enero en el que los termómetros no consiguen subir de los cero grados. Se lo impiden la nieve ya caída y la que continúa cayendo, ahora de forma más suave. Sobre la catedral, de hecho, apenas se ven los copos, confundidos con el gris de sus almenas.

Y es que la catedral de Ávila (que al viajero le recuerda a la de Tuy por su apariencia de fortaleza) mantiene aún en su perspectiva las almenas que le hicieron en su día para contribuir a la vigilancia y a la defensa de la ciudad. No en vano está arrimada a la muralla, a cuya fortificación contribuye con esa especie de torreón que aquí llaman el cimorro y que no es más que su cabecera, que se superpone a aquélla, no se sabe si por fundir ambas construcciones o por la falta de espacio para hacer la catedral. El caso es que todo el conjunto: catedral, muralla y cimorro, forman una fortaleza, como toda la ciudad, cuyo origen defensivo confirman en las alturas las almenas de la torre y de las fachadas mismas. Almenas que se recortan contra la pulpa gris de las nubes y que confirman la función mixta de templo y de fortaleza característica de la época en que se hizo esta catedral: mediados del siglo XII y en plena transición del románico al gótico francés. De hecho, según Gómez Moreno, se trata de la primera muestra del arte gótico que se vio en toda Castilla.

La historia dice que fue Fruchel, un arquitecto francés cuyo rastro puede seguirse por todo el norte de España, quien redactó sus primeros planos. Y que lo hizo por encargo del rey Alfonso VIII, descendiente de aquel Alfonso VI que arrebató la plaza a los árabes, utilizando para su planta la de una iglesia románica. Cierto o no, la verdad es que la cabecera, que forma parte de las murallas, muestra a las claras su recio origen, lo mismo que las fachadas y que la torre. Si bien aquéllas adulteradas, sobre todo la de poniente, por aportaciones nuevas, como el viajero advierte con pena: sobre su pórtico abocinado y sin apenas ornamentación, un gran conjunto barroco adorna la fachada principal actualmente. Y lo hace, además, en piedra blanca, lo que contrasta con el gris general de todo el templo.

La fachada del norte, por el contrario, es mucho más definida. Y eso que está rodeada de contrafuertes (los de las capillas que le añadieron una vez hecha) y de un atrio que protegen de los coches unos leones de piedra que sujetan con la boca una cadena. Pero tiene lo que le falta a la principal: la puerta de los Apóstoles, así llamada por las esculturas que sujetan bajo un arco conopial (que preside la imagen del Salvador) las arquivoltas que representan las alegorías del Juicio Final y de la Adoración de los Reyes Magos y que, perteneciendo a aquélla, fueron cambiadas de sitio a finales del siglo XVIII. Con lo que la portada del norte ganó en belleza lo que la principal en modernidad.

Pero la tradición es la tradición y la puerta principal lo sigue siendo (la del norte, de hecho, está cerrada, protegida por los leones y la cadena). Así que el viajero regresa a aquélla y entra en la catedral por donde manda la tradición y por donde recomienda el frío. Aunque parezca lo mismo, el norte siempre es el norte, sobre todo en días como éste.

La primera impresión que produce la catedral de Ávila es de una gran luminosidad. Sorprende, incluso, en un día así, con el cielo gris y cubierto como si fuera una gran capota. Debe de ser el contraste con la de Valladolid. O no, piensa el viajero, mirando las bóvedas de crucería y las hermosas vidrieras que adornan la catedral: quizá es la propia nieve la que la ilumina a través de éstas. Sea por lo que sea, lo cierto es que al viajero le sorprende la limpieza de estas naves que pensaba hallar a oscuras y llenas de soledad. Aunque le sorprenderá más en seguida, y de forma muy distinta, el descubrimiento junto al trascoro de la reja que impide el paso a los visitantes hacia la cabecera. Un letrero y una flecha remiten a la derecha, hacia la entrada exterior del claustro.

—¿Y esto? —le pregunta el viajero a la señora (rubia y de mediana edad) que se defiende del frío en un casetucho.

—Hay que entrar por el museo —le dice la señora, señalándoselo al fondo, al final del claustro, que está cubierto de nieve.

—Y pagando, claro... —dice el viajero, entendiendo.

La de la taquilla se encoge de hombros. Bastante tiene, parece querer decir con su gesto, con defenderse del frío como para andar discutiendo con los turistas.

Pero el viajero tiene ganas de discutir. Es la primera catedral que encuentra (de las dieciséis que lleva visitadas) en la que hay que pagar por verla.

—¿Y si uno quiere rezar? —le pregunta a la señora.

—Puede hacerlo en la parte abierta al público. O venir a la hora de misa —le dice ella, sin inmutarse.

—¿Y a qué hora dicen la misa?

—Por la mañana —le quita la mujer toda esperanza.

—O sea, que, si quiero ver la catedral... —dice el viajero, mirando el claustro y, alternativamente, el letrero con los precios y horarios del museo: dos euros con cincuenta céntimos y de diez a cinco de la tarde en el invierno.

—Exacto —le dice la mujer, tras la ventanilla.

Consternado, el viajero vuelve a mirar el claustro, al final del cual están las dependencias del museo y la entrada a la parte delantera de la iglesia, y, luego, regresa sobre sus pasos, resignado a ver solamente lo que el obispo o quien sea permiten ver gratuitamente. Al viajero —ya lo ha dicho— le molesta pagar por lo que es suyo y, en todo caso, de hacerlo, lo hará por la tarde ya. De ahora hasta el mediodía se conforma con ver lo que le permiten.

Es poco, la verdad, excepción hecha de la arquitectura. Y ésta ha de verse, además, por encima del trascoro, que corta la visión de las tres naves. Las tres de traza gótica y muy altas, sobre todo teniendo en cuenta que no son anchas.

Por lo demás, lo único que puede ver, fuera de la pared del trascoro (realizada en piedra caliza, con distintas escenas de la vida de Jesús, por los mismos artistas que decoraron la sillería del coro: Juan Rodríguez y Giraldo), son dos o tres altares sin gran valor, varios sepulcros de piedra, una pila bautismal de estilo gótico y, en la capilla del Santísimo, la imagen de la Virgen de la Caridad, interesante no tanto por su valor como por la curiosidad de ser la que Santa Teresa adoptó por madre cuando se murió la suya, a la edad de doce años de la santa, según cuentan la leyenda y el letrero de la reja. Por supuesto, también cerrada, como la que impide el paso a la cabecera.

Mientras, tras ver lo poco que puede, el viajero, junto a ésta, intenta alcanzar de nuevo a divisar lo que hay más allá, se le acerca un joven muy animoso. Viene a ver, según le dice (sin que el viajero le haya preguntado nada), el destrozo que, según le han comentado, están haciendo en la catedral. Se refiere a las obras de la capilla mayor, que está cubierta de andamios y en la que se oyen las voces de los obreros que están trabajando en ella. Aunque no les pueden ver. Para hacerlo, tendrían que entrar por el claustro, pagando, claro está, la entrada para el museo.

—¡Qué vergüenza! —dice el chico, que declara ser de Ávila «de toda la vida». Y, acto seguido, comienza a despotricar del obispo, al que, por fortuna, dice, han trasladado a Almería. Al parecer, no era muy querido en Ávila, entre otras muchas razones, por su negativa a dejar entrar la bandera de la ciudad en la catedral, como era tradición, en las fiestas patronales.

—No me extraña —le da la razón el viajero al chico, pero no por lo de la bandera, sino por lo de la reja.

A mediodía, la catedral no cierra; algo bueno tenía que tener. Pero el viajero, que tiene frío, se va a ver Ávila y deja el resto para la tarde. Hasta las cinco, que es la hora a la que cierra, tiene suficiente tiempo.

—Muy bien —le dice la mujer de la taquilla, a la que se acerca a decirle que volverá por la tarde.

En la plaza de la catedral, el frío sigue en aumento. Apenas cae algún copo, pero el viento aumenta la sensación de frío. Por las calles laterales (viejas calles medievales, con despachos de abogados y de médicos y tiendas para turistas: alubias de El Barco, vinos, yemas de Santa Teresa, hornazos...), el viajero callejea casi solo entre la nieve hasta llegar al Mercado Chico, como se llama la plaza del Ayuntamiento en homenaje al que se celebraba en ella al amparo de los soportales que ahora acogen algún bar y alguna tienda, junto a la placa de hierro que señala la altitud de la ciudad: 1.192,9 metros. Altitud que hace de ella la capital más alta de España.

En el bar de la esquina, sin embargo, los clientes ya no le dan importancia. Son de Ávila, de los «de toda la vida», y ya no dan importancia al frío ni a la altitud, como demuestran su buen humor y sus ganas de vivir. Es la hora del aperitivo y la barra arde en conversaciones. Entre ellos, como puede, el viajero se toma un vino y un pincho (de tortilla, que está caliente) mientras escucha de lo que hablan: de política, como en todos los bares a esta hora. Al final, cuando se van, se queda solo con los camareros, un hombre ya veterano y una chica guapa y joven que coquetea con éste con gran descaro. Se ve que el frío no les asusta.

Como tampoco asusta al afilador que se ha instalado en los soportales. No es gallego, es abulense, y se llama Francisco, según dice. Francisco gasta barba de apóstol y la nieve parece que ni le inmuta. Al revés: le da un aire todavía más auténtico, como de personaje de la Edad Media.

La que se inmuta, en cambio —cuando el viajero vuelve a la catedral—, es la señora de la taquilla:

—Menos mal que ha venido antes —le dice, en cuanto lo ve.

—¿Por qué? —le pregunta él, extrañado.

—Porque, como no hay gente, vamos a cerrar antes.

—¿A qué hora?

—A las cuatro.

Así que, aparte de tener que pagar por ver la catedral por dentro, el viajero debe hacerlo a toda prisa. En cincuenta minutos, que son los que faltan para las cuatro, pues son ya las tres y diez.

—¡Pues qué bien! —ironiza, abonando los dos euros y medio de la entrada y cruzando el claustro a toda velocidad.

El interior de la catedral, al que accede por la puerta que lo comunica con la cabecera, está ahora más oscuro que antes de ir a comer. La luz que entra por las vidrieras lo hace más tamizada, lo que le da a todo el templo un aspecto entre irreal y abandonado. Irreal por la girola, ciertamente original (tanto por su trazado como por el color de la piedra), y abandonado por los andamios que cubren el presbiterio sin que en ellos se vea a nadie subido en este momento. Aunque en seguida llegan unos obreros trayendo y llevando cosas.

El viajero, ajeno a ellos (no tiene tiempo que perder), recorre la cabecera, deteniéndose brevemente en lo más importante de ésta. Sobre todo en la girola, cuya doble nave con columnas y su piedra de color amoratado (de La Colilla, le dice uno de los obreros), aparte de hacerla única, le da a la catedral cierto aire de mezquita, bien que contrarrestado por los detalles de sus capiteles, de clara inspiración gótica, y por la traza tardorrománica de las capillas que la rodean. No en vano por aquí se empezó a construir la catedral, en pleno cubo de la muralla (el ya citado cimorro), cuando ambos estilos convivían todavía en estas tierras.

En la catedral de Ávila conviven también otros más modernos, fruto del tiempo que se tardó en construirla. Así, sin salir de la cabecera, el folleto que al viajero le dieron con la entrada del museo distingue, entre otros varios, el renacentista del coro y de los dos púlpitos, obras, respectivamente, de Cornelius de Holanda y Llorente de Ávila (aunque en aquél trabajaron también, como ya se ha dicho, Juan Rodríguez y Giraldo), y, sobre todo, el gótico plateresco del gran retablo mayor y del sepulcro y altar del obispo abulense Alonso Fernández de Madrigal, el Tostado. El retablo mayor, que es obra de Berruguete, Santa Cruz y Juan de Borgoña, quienes se sucedieron en su realización, está cubierto por una lona por mor de las obras del presbiterio, con lo que el viajero se tiene que conformar con verlo en las fotos, pero el sepulcro del Tostado, que se halla en el trasaltar, por fortuna está a la vista. Se trata de un fantástico relieve realizado en alabastro en el que aparece el célebre obispo abulense escribiendo en un atril sobre el grupo de las Virtudes y bajo un medallón de la Epifanía. La obra, considerada la principal de su autor, Vasco de la Zarza (autor también del sagrario y de los dos altares de los estribos de la capilla mayor, así como de los remates del propio claustro), es, según el folleto del museo, una de las esculturas más importantes del plateresco español y merece ciertamente por sí sola la visita.

Pero el viajero dispone de poco tiempo para admirarla. Al viajero le queda solamente media hora para ver el resto de la catedral y el museo y tiene que darse prisa.

Lo que le queda de la catedral lo ve casi sin pararse. La verdad es que apenas tiene interés, excepción hecha de algunas tallas y de las propias vidrieras, que cada vez tienen menos luz, pero que continúan siendo tan bellas como cuando las hicieron (hacia el año 1500, según dice el folleto del museo). Aunque ni siquiera así el viajero llega a tiempo de ver éste. Cuando, por fin, se dirige a él, cosa que hace a través del claustro, el guarda ya está cerrando.

El guarda, que es gordo y calvo, mira al viajero con extrañeza.

—Estoy cerrando —le dice.

El viajero consulta su reloj: son las cuatro menos veinte.

—Me dijeron que cerraban a las cuatro —le dice al guarda con timidez, sin atreverse a decir que el horario oficial pone a las cinco.

—¿Y quién se lo ha dicho a usted? —pregunta el guarda, con malas pulgas.

—La mujer de la taquilla —le responde el viajero, procurando no ofenderle.

—Pues mal hecho —dice el guarda, contrariado.

—Pues dígaselo usted a ella —le responde el viajero, sin arrugarse.

El guarda le mira con resignación:

—Bueno, pase, pero rápido.

Es la puerta de la antigua sacristía, una de las cinco salas que componen el museo, junto con la capitular; las cinco unidas entre ellas, aunque todas son diferentes. La sacristía, por ejemplo, que data del siglo XIII y que acogió, al parecer, en el año 1521, la primera reunión de los comuneros abulenses, es de un gótico purísimo, mientras que la librería, la principal sala del museo, es dos siglos posterior y, por lo tanto, ya plateresca. Del mismo modo, lo que cada una de ellas acoge es también muy diferente. Así, la sacristía guarda un altar de alabastro, el de la Flagelación, obra finísima de Villoldo, aparte de una excelente cajonería tallada del XVIII, mientras que la librería exhibe una colección de pintura y escultura de los siglos XII al XV y, en las tres últimas, cantorales, objetos y vestimentas en general. Bien por arrepentimiento (por la manera en que lo recibió), bien para que aligere, el guarda, que continúa malhumorado (debe de ser su carácter), le va diciendo al viajero las cosas más importantes. Que, según él, se reducen, quizá por la hora que es, al altar de alabastro de Villoldo, un tenebrario de quince velas para los oficios de la Semana Santa, un cuadro atribuido al Greco, otro al mismísimo Rafael (ninguno debe de serlo), varias vírgenes románicas y góticas (de ninguna de las cuales se dice su procedencia), el anillo episcopal y el crucifijo de San Segundo, el evangelizador de Ávila, y, por supuesto, la gran custodia de Juan de Arfe que se guarda en una sala dedicada sólo a ella. Aunque el viajero, si aquél no tuviera prisa, se habría parado más tiempo ante la colección de braseros y cantorales (uno de éstos de notas sin pentagrama, del siglo XIII, aquitano) y ante un bello crucifijo roído por la carcoma del que el guarda tampoco sabe su origen.

—¿Terminó? —dice, sonando las llaves.

—Sí, señor —le contesta el viajero, resignado.

Con resignación también, y sin poder detenerse apenas, recorre de vuelta el claustro (de cuyos capiteles góticos cuelgan grandes carámbanos de hielo), azuzado por el frío y por el guarda, que viene detrás de él, comprobando que no queda nadie dentro. Por no quedar ya no queda ni la señora de la taquilla. Debe de estar ya en su casa, al lado del radiador. Son las cuatro de la tarde, pero parece casi de noche. Dentro de la catedral, de hecho, no se ve ya casi nada.

—¿Y los curas? —dice el viajero al salir, mientras el guarda cierra la puerta.

—¡Ésos están al brasero! —exclama el guarda con mal humor, perdiéndose por la esquina después de mirar la plaza.

Hasta las nueve, el viajero (noche cerrada ya en Ávila) estuvo tomando notas en el hotel, cuyo patio ha sido cubierto y sirve ahora de gran salón. El palacio de los Velada, un antiguo edificio nobiliario de los que Ávila tiene unos cuantos, la mayoría de ellos cerrados, es hoy, frente a la catedral, uno de sus mejores hoteles, en especial por este patio renacentista del que el frío exterior ha quedado lejos y en el que en esta tarde de enero solamente acompañan al viajero (cada una en una esquina) dos parejas de turistas, una de ellas de homosexuales. Se nota que lo son por las miradas de los camareros. Al viajero, en cualquier caso, la tarde se le pasa anotando en su libreta, no sólo todo lo visto, que ha sido más de lo que pensaba (a pesar del obispo y del guarda del museo), sino las varias imágenes que se le han quedado grabadas y que penden de sus ojos como los chupiteles de hielo de los tejados de la ciudad: el despertar en Valladolid, la carretera hacia Ávila, la visión de la ciudad como un sueño medieval bajo la nieve, la catedral cubierta de hielo... Imágenes que se repiten como si fueran un sueño y que le salen de nuevo al paso cuando regresa a la calle para cenar, cosa que hace en La Casona, junto a la puerta del Rastro, y, luego, mientras vuelve hacia el hotel bordeando las murallas y sintiendo cómo el hielo cruje y se rompe bajo sus botas, que son las únicas que a esta hora se oyen en esta ciudad.

El árbol de la vida

La catedral de Segovia hay que avistarla desde Zamarramala.

Desde el viejo arrabal labriego desde el que, según Quevedo, llevaban cada día a la ciudad las *natas* para el consumo de sus vecinos en época del Buscón y en el que cada Santa Águeda las mujeres toman el mando y persiguen a los hombres con agujas y alfileres por las calles, se tiene la mejor vista de la ciudad y, dentro de ella, de su elemento más identificador: la enorme arboladura de la torre y de las cúpulas de la catedral.

De la ciudad de Segovia alguien escribió que semeja un navío en un mar de trigos y no exageraba nada, aunque hoy, once de enero, con los campos quemados por el hielo y la nieve pintando las montañas detrás de ellos, el mar de trigo hay que imaginarlo. El viajero lo hace y así descubre, a despecho de la época y del frío, el perfil inconfundible de esa nave cuya proa forma el Alcázar, la arboladura y las jarcias las muchas torres de las iglesias y la cubierta el casco de la ciudad. Esa pequeña ciudad de la que Zamarramala es balcón y estrella en la noche, como otros pueblos y arrabales, pero que, ahora, vista desde aquí arriba, parece más bien ella el balcón sobre el río Eresma, que pasa abajo, en el medio, encajonado entre las colinas que rodean por el norte el promontorio en el que se eleva.

Ese teso que el viajero mira ahora fue conocido ya desde muy antiguo, según los historiadores, por su extraordinaria ubicación y protección, primero por los celtíberos, que construyeron el primer núcleo habitado, y luego por los romanos, que le dieron el status de ciudad al hacer confluir en él dos importantes calzadas y dejar para el recuerdo y el asombro de las gentes venideras los casi doscientos arcos del mayor acueducto conocido en todo el mundo. Bajo ellos, después de darle la vuelta, el viajero entra en la ciudad demorándose en sus cuestas y callejas y parándose en las plazas a admirar las cien iglesias y las numerosas torres que la atraviesan por todas partes; no en vano Segovia es toda ella un monumento. Al final, el viajero, emocionado, decide dejar el coche y continuar la ascensión andando, cosa que hace entre la poca gente que hay ahora caminando por sus calles. Aparte de que hoy es sábado, la temperatura es de un grado bajo cero.

Para espantar el frío, el viajero, ya en plena Plaza Mayor, se mete en La Concepción, el café más tradicional de Segovia, y se toma un café con churros mientras, por los ventanales, observa los soportales, en los que silba ahora el viento, y el templete de la música, que está solo en el medio de la plaza. Aunque son casi las once, los segovianos deben de seguir durmiendo.

Las que no duermen son las gitanas que venden mantelerías y artesanía junto a la catedral. Aunque en menor número que otros días, esperan a los turistas con el género extendido sobre el suelo, a pesar del intenso frío.

—¡Barato! ¡Barato! —le gritan al viajero cuando pasa, invitándole a que se acerque.

Pero éste no se deja seducir por sus reclamos. Al contrario, pasa de largo deprisa, empujado por el frío y atraído por la mole de este templo que ya ha visto muchas veces, pero que siempre le sobrecoge y le sorprende por su tamaño. Como la de Salamanca, la catedral de Segovia le parece siempre mayor de lo que la recordaba.

La comparación con aquélla no es casual, puesto que las hizo el mismo, el arquitecto Juan Gil de Hontañón, y ambas en el mismo estilo: el gótico tardío del que las dos catedrales son las muestras más postreras en España. Si bien la de Salamanca, que se empezó a construir antes que la de Segovia, tardó bastante más en terminarse.

Pero el estilo es el mismo: las mismas torres, las mismas cúpulas, los mismos arcos y pináculos dorados. Vistas por fuera, apenas las diferencia la disposición del ábside, que en la de Segovia es curvo, y, por supuesto, la mayor pureza de ésta, al no tener adosada, como la de Salamanca, la antigua seo románica.

La catedral románica de Segovia, que también existió algún tiempo, aunque emplazada lejos de la actual (en lo que ahora son jardines y paseos del Alcázar), fue arrumbada por completo tras los daños que sufrió durante la guerra de las Comunidades, que en Segovia fue particularmente cruenta (que se lo pregunten, si no, a Juan Bravo), y su demolición fue el origen de la catedral moderna, a cuya construcción, que promovió el nuevo rey, el germano Carlos I, contribuyeron con sus aportaciones los propios vecinos segovianos; lo que no dice la historia es si espontáneamente u obligados. Sea como haya sido, el caso es que la nueva catedral, dedicada a la Virgen y a San Frutos, el patrón de la provincia de Segovia, se comenzó a construir en el año 1525 y se terminó dos siglos más tarde, consagrándose oficialmente el 16 de julio del 1768. Todo esto el viajero está leyéndolo ante la única puerta abierta, que es la que mira hacia el norte (hacia la Plaza Mayor) y que es la dedicada a San Frutos, cuya imagen campea en lo más alto. Lo que no imagina aún es que, justo detrás de ella, una garita de doble cuerpo impide el paso a los visitantes.

—Buenos días.

—Buenos días... ¿Hay que pagar por entrar? —dice el viajero, parándose.

—Dos euros —le responde la mujer que se encarga de venderle las entradas a la gente.

—¡¿Dos euros?! —exclama, más que pregunta, el viajero—. ¿Y si uno viene a rezar?

—Tiene que venir a la hora de misa —le dice la mujer, sin perder la compostura, aclarándole al mismo tiempo que sólo podrá hacerlo mientras tanto y en la capilla donde se celebre aquélla; para ver lo demás hay que pagar.

—¡Pues qué bien! —dice el viajero, asombrado.

—Hay ya dieciocho catedrales en España en las que se cobra por visitarlas —se justifica la mujer, como si hiciera falta.

—Bueno. Pues deme una... —pide el viajero su entrada.

La mujer se la entrega y recoge los dos euros que aquél le da por la ventanilla. Se la da junto con un pequeño folleto (un díptico en blanco y negro) que le ha de servir de guía. Ciertamente, el cabildo segoviano no se arruinará con él.

—Muchas gracias —dice el viajero, con ironía.

—Que le guste —le desea la mujer, sin ofenderse, saludando al siguiente visitante.

El interior de la catedral es tan enorme como su fábrica. Impresiona incluso más, tan inmensas y tan altas son sus bóvedas. Entre las de Salamanca y éstas no debe de haber mucha diferencia.

El viajero, impresionado, contempla un rato las naves y llega a la conclusión de que son desproporcionadas. Para el tamaño de la ciudad, se refiere. Máxime si se recuerda que esta catedral fue hecha en una época en la que Segovia, que había entrado en decadencia a raíz de su intervención en la guerra y de la crisis de sus industrias textiles, sus motores económicos entonces, apenas contaba en aquellos tiempos con cinco mil quinientos vecinos. Cinco mil quinientos vecinos que a duras penas podían llenar estas naves por las que el viajero pasea ahora sobrecogido por su tamaño. Sobre todo teniendo en cuenta que hoy apenas hay turistas contemplándolas.

—Con este frío, ¿quién va a venir? —le dice la mujer de la garita, que pasa ahora junto a él.

La mujer le dice también, casi como si fuera un secreto, que, si quiere asistir a misa, se está celebrando una en la capilla del Sacramento.

—Ahora, que ya he pagado la entrada... —le dice el viajero, irónico.

Pero obedece y se va tras ella. Cruza las tres grandes naves y se interna en la capilla lateral donde se celebra el culto, que es casi otra catedral. La capilla del Sagrario, que es como se llama realmente, ocupa un enorme apéndice que sobresale de la girola y que, visto en el dibujo, parece el mango de una parrilla. Esa parrilla gigante que forma el plano de la catedral.

Lo único que no concuerda es el frío que hace en ella. Desde que cruzó la puerta, el viajero lo ha sentido, pero, a medida que pasa el tiempo, empieza a notarlo más. Sobre todo ahora, parado, mientras celebran la misa, en esta enorme capilla de la que las guías destacan el gran retablo de Churriguera y otro del Cristo de la Agonía obra de Manuel Pereira que está a la izquierda de la capilla, rodeado por azulejos de Zuloaga.

La misa termina pronto y los pocos asistentes se dispersan, dejando solo al viajero. En seguida, aparece un cura joven que empieza a tocar el órgano, seguramente para ensayar. Lástima que cada poco aparezcan también turistas, como este grupo de monjas que acaba de entrar ahora y que, después de rezar un rato, se dedica a verlo todo con muchísima atención.

La que parece la mandamás le pregunta, incluso, al viajero:

—¿Usted es sacerdote?

—No —le responde éste, sobresaltado por la pregunta—. ¿Tengo pinta?

—Bueno... —exclama la monjita, sonriendo, mientras vuelve con sus compañeras.

Desconcertado, el viajero deja de tomar sus notas. ¿De verdad tendrá pinta de cura? ¿No se le habrá puesto quizá de haber visto tantas misas a lo largo de tantas catedrales? Y, si así es, ¿qué cara no pintará cuando termine de verlas todas?

Con la duda atormentándolo y el frío metido en los huesos (¡qué frío hace en la capilla!), el viajero vuelve a la catedral; quiere decir, a sus naves. Que son tres, como ya ha visto, la principal más ancha y más alta. Según el díptico del cabildo, entre las tres cubren un espacio de 50 metros de ancho por 105 de largo, los mismos exactamente que, al parecer, medía la torre antes de que un incendio la destruyera cuando era la mayor de toda España.

El trazo de su dibujo es, por lo demás, sencillo: alargadas, con la girola en redondo y rodeadas de capillas por entero. En total, veinte capillas, incluida la del Sagrario, a la que habría que añadir, por supuesto, la principal. Cada una de ellas con su secreto y con su advocación particular y su obra artística.

Así, la principal, que está bajo la cúpula central cuya linterna la ilumina incluso hoy, que está a punto de nevar, muestra un retablo de Sabatini de mármol rosa, neoclásico, pero que acoge en sus hornacinas una escultura gótica de la Virgen y otras de San Geroteo y San Frutos, el primer obispo de Segovia y el patrón de la ciudad, pertenecientes sin duda a otro retablo. Y lo mismo sucede con la de la Piedad, que guarda el del Santo Entierro de Juan de Juni, el más hermoso de todo el templo, o con la del Descendimiento, en la que se puede ver un Cristo yacente del vallisoletano Gregorio Fernández sencillamente conmovedor. Lástima que todas ellas estén cerradas y a oscuras, salvo las dos que han sido restauradas hace poco: la capilla de San Andrés, con un tríptico flamenco obra de Ambrosio Benson, y la de la Concepción, que guarda una colección de cuadros de Ignacio Ríes entre los que destaca uno en el que se muestra un árbol en cuya copa varias personas comen y beben sin percatarse de que justo bajo ellas la Muerte está cortando el tronco con su guadaña, ayudada por el demonio, que tira de éste con una soga, mientras, en el lado opuesto, Jesucristo toca una campanita, se supone que para avisar a los de la copa. Por si no quedara claro, el cuadro se titula *El árbol de la vida*.

El del obispo don Antonio Palenzuela se vino abajo el día 8, según le cuenta al viajero la mujer de la taquilla al interesarse aquél por la gran cantidad de flores (del Obispado, del Ayuntamiento, de la Cámara de Comercio, del Hospital de la Misericordia...) que cubren la capilla más cercana. Según dice la mujer, el obispo don Antonio Palenzuela, que ya estaba jubilado, falleció el pasado día 8 y fue enterrado ayer mismo, en una ceremonia en la que participó la ciudad entera. Por eso, dice, las flores están tan frescas.

—Y por el frío... —dice el viajero, saliendo en busca de otro café.

En la calle, el frío arrecia. La gran nevera de piedra que ahora mismo constituye la catedral parece proyectar su temperatura a todo su alrededor. Es la una y, pese a ello, los termómetros no logran subir de los cero grados.

En la Plaza Mayor, no obstante, hay personas paseando. En menor número que otros días, pero paseando al fin. El viajero, que está helado, le da una vuelta muy rápido (compra, de paso, el periódico) y se vuelve a meter en La Concepción en busca de otro café. Justo al entrar por la puerta, una pareja le aborda.

—Yo a usted lo conozco —le dice el hombre, que es más pequeño que la mujer (casi una cuarta más bajo) y que gasta coleta y barbas bíblicas.

—Claro. Es que estuve antes aquí —dice el viajero, por el café.

—No. Le conozco de leerlo —le aclara el hombre, sonriendo, ante la mirada curiosa de la mujer.

Al final, resulta que ambos, cada uno por un motivo, conocen al viajero desde hace tiempo. Los dos de leer sus libros, pero, en el caso de la mujer, además, por motivos más personales. Resulta que ésta, que es de su tierra (el marido es de Segovia, donde viven), es hija de uno de aquellos hombres que, en la lejana posguerra, anduvieron huidos por los montes de León, donde forjaron la historia que serviría al viajero de argumento para una de sus novelas. Por eso, lo ha conocido nada más verlo.

El hombre, por su parte, es también un personaje. Aparte de por su aspecto, que le asemeja a San Geroteo (¿no lo será realmente?), porque se trata de un escultor conocido, sobre todo en esta ciudad. No en vano es el responsable de varias obras en ella, entre otras la escultura de Agapito Marazuela, el famoso dulzainero segoviano, que acaba de inaugurar hace pocos días.

—¿Y cómo dice que se llama usted? —le pregunta el viajero, con vergüenza, puesto que no le suena su nombre.

—Moro —le dice éste, muy amable.

Así que la conversación discurre a dos bandas, una —con la mujer— por los huidos de la posguerra leonesa y otra —con Moro— por la escultura y Segovia, que son sus grandes pasiones. Aunque pasen los veranos en León, donde tienen una casa en la montaña.

—Tienes que venir a verla.

—Seguro —dice el viajero, que está ya deseando irse.

No por ellos, Dios le libre, que son los dos muy simpáticos, sino porque el tiempo pasa y todavía no ha visto ni la mitad de la catedral siquiera. Por eso, en cuanto se van, toma una tapa en la barra y vuelve a aquélla corriendo, sin haber logrado apenas espantar el frío ni el hambre.

—Buenas tardes —le dice la mujer de la taquilla, que parece que sí ha hecho, entre tanto, las dos cosas.

—¿Cuántas entradas llevamos?

—Unas doscientas.

—Es para hacer la cuenta —dice el viajero, sonriendo.

De los doscientos turistas, la mitad está ahora aquí. Al menos, la catedral está atestada de gente, al revés que por la mañana. Y eso que el frío ha ido en aumento con el paso de las horas y del día.

—¡Y que lo diga! —exclama la mujer de la taquilla, que está temblando en su casetucho.

La catedral contribuye a ello. Tanto por sus proporciones como por el embaldosado, que es muy hermoso y original (de mármol de tres colores), pero que hiela los pies y el alma. El viajero le da otra vuelta deprisa (se detiene únicamente frente al coro, que está cerrado por una reja) y sale al claustro por la capilla que le sirve de vestíbulo y portada y que conserva la hermosa puerta que fue traída, como aquél (y como la sillería del coro), de la anterior catedral románica.

El claustro es otra belleza. Aunque cubierto de nieve y lleno ahora de turistas, la primorosa obra de Juan Guas que fue traída piedra a piedra desde la catedral antigua conserva toda su esencia gótica, con sus veinte ventanales de calados parteluces de los que penden hilos de cuerda destinados a confundir a las golondrinas. Al parecer, no dejaban de entrar y salir por ellos y, lo que es mucho peor, de anidar en las crujías. Cosa que se comprende bien a la vista del silencio y de la tranquilidad del claustro.

El claustro, por lo demás, como ocurría en el de Salamanca, acoge algunos objetos y herramientas utilizadas en la construcción de la catedral moderna. Poleas, sogas, armantes, llaman ahora la atención de los turistas colocadas por las galerías, aunque no tanto como ese pozo que sirve de centro al claustro y junto al que se fotografían la mayoría de aquéllos, alguno, incluso, sentado en él.

—A ver... ¡Pa-ta-ta! —dicen todos, al posar.

En el museo, en cambio, ya no dejan hacer fotos. Lo prohíbe expresamente el díptico de la entrada (que extiende la prohibición a toda la catedral) y lo recuerdan sendos letreros a la puerta de las dos salas. Una, la más pequeña, que es la base de la torre, es la capilla de Santa Catalina y la otra la antigua capitular. En cada una de ellas, un guía cuida de que se cumpla la prohibición.

—No se preocupe, no tengo cámara —le tranquiliza el viajero al de la primera, que es un chico encantador.

Fernando, como se llama, traba conversación con él en seguida. Al contrario que otros guardas, se ve que ama su trabajo y responde a todas sus dudas e, incluso, se extiende a veces por su cuenta en algún tema. Es el caso, por ejemplo, del sepulcro que, en el centro de la sala, acoge y guarda los restos del malhadado infante don Pedro, del que la leyenda dice que se mató al caer al vacío desde una ventana del Alcázar de Segovia cuando estaba en brazos de una niñera que contemplaba un torneo que se celebraba debajo de ella, la cual se suicidó a continuación arrojándose al precipicio desesperada por la desgracia (o aterrada ante sus consecuencias), aunque Fernando dice que, en realidad, el infante don Pedro no era tan niño, que tenía ya ocho o diez años cuando murió y que no cayó de los brazos de ningún aya o niñera, sino que posiblemente lo tiraron a propósito, puesto que, al ser un hijo bastardo del rey Enrique II, planteaba problemas de sucesión. Sea como haya sido, las dos historias son muy hermosas, como el sepulcro, cuya policromía se conserva en muy buen estado y en el que consta la fecha exacta en la que murió el infante: 1366.

La guía de la otra sala es una mujer. Es también bastante amable, aunque está aterida de frío. Y eso que, según confiesa, lleva cuatro jerséis puestos, unos encima de otros, y camiseta de manga larga. Y es que el frío en el museo es más intenso, al estar la puerta abierta. Lo cual es malo para la guía, pero seguramente muy bueno para las piezas que aquí se exhiben; principalmente, la colección de tapices de procedencia flamenca que cubren las paredes de la sala por completo.

—¡Venga, que ya queda poco! —la anima el viajero, al irse.

Aunque también él está muerto de frío. Lo está desde esta mañana, desde que salió de Ávila, pero su frío ha ido en aumento a medida que pasaba el día. Por eso apura ahora el paso, cruza el claustro sin pararse y, antes de despedirse del todo, le da otra vuelta a la catedral, animado por la hora y por la confesión de la del museo, que le dijo, al despedirse, que, en una de las capillas, la primera a la derecha según se entra, está la que dicen es la piedra más pequeña de toda la catedral y, por eso, tiene gracias especiales: si se pide un deseo mientras se pisa, éste se cumple sin duda. Pero el viajero, por más que busca, no la ve por ningún lado. El viajero busca una piedra y resulta que es un trozo de baldosa que está en el suelo, haciendo de esquina, como al final le muestra la de la puerta, cuando recurre a ella buscando ayuda.

—¡Ah!... —dice el viajero, mirándola.

—Tiene que pisarla así —le dice la mujer, girando el pie, como han debido de hacer miles de personas antes. Se nota por el desgaste.

—Muchas gracias —le dice el viajero a la mujer, que ya vuelve a su lugar.

Aunque en seguida volverá a verla. Cerrando ya la garita, pues es hora de cerrar la catedral. Cosa que deben de agradecer infinitamente tanto ella como sus compañeros.

Afuera, cae ya la tarde. El sol, que hoy no ha aparecido (como ninguno de todos estos días), se debe de estar poniendo y la temperatura sigue bajando, aunque ahora más ve-

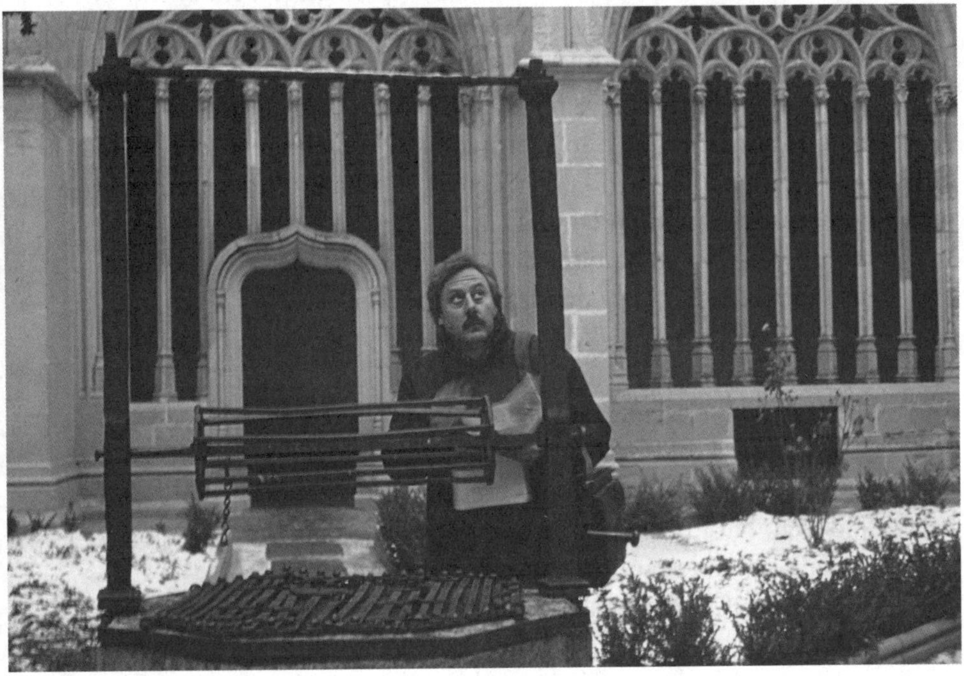

lozmente. Los mismos pasos agigantados que el viajero, embutido en su zamarra, da alrededor de la catedral para ver sus otras dos puertas antes de regresar a La Concepción. Aunque ninguna de las dos merece mucho más tiempo. La principal, que es la de poniente, porque está cerrada por una verja, y la del sur, que es la de San Geroteo, porque se encuentra en restauración. Está cubierta por unas lonas y rodeada de vallas por todas partes.

—Pero ¿San Geroteo existió realmente? —le pregunta el viajero a la mujer de la taquilla, a la que vuelve a encontrarse, cuando regresa, ahora ya caminando hacia su casa.

—Eso dicen —le dice la mujer, encogiéndose de hombros—. De hecho, hace poco —le explica— ha salido un librito que sostiene que San Geroteo existió realmente, contra lo que se dijo toda la vida en Segovia. Lo ha escrito un cura de aquí que es canónigo en Galicia.

—¿No se llamará don Santos? —sugiere el viajero el nombre, acordándose del de Mondoñedo.

—Exacto. ¿Cómo lo sabe? —le pregunta la mujer, impresionada.

Pero el viajero no se lo dice. Prefiere que se quede con la duda de si está hablando con un experto en San Geroteo o con un simple turista, como creía. Un turista, eso sí, un tanto especial, habida cuenta de que se ha pasado el día entrando y saliendo y molestando a todos con sus preguntas.

—¿Quiere tomar un café? —le propone el viajero, agradecido.

—Muchas gracias —rechaza ella su invitación, pues tiene prisa por ir a casa.

El viajero, en cambio, no tiene ninguna prisa. El viajero no tiene prisa ni casa aquí y, por eso, se dedica a dar vueltas por Segovia después de tomar café de nuevo en La Concepción (ya le saludan los camareros), viendo cómo la ciudad se ha llenado de gente de repente. Al fin y al cabo, y aunque hace frío, hoy es sábado y la gente de Segovia, que está ya habituada a él, llena todos los mesones y los bares, cenando y bebiendo sin percatarse de que, debajo de ellos, la Muerte sierra sus vidas con su guadaña como en el cuadro de Ignacio Ríes que el viajero volvió a ver antes de irse en la penumbra final de la catedral: «Mira que te mira Dios, / mira que te está mirando, / mira que te has de morir, / mira que no sabes cuándo...».

Los canónigos de El Burgo

Cinco grados bajo cero.

El viajero mira el termómetro y se arrebuja en su asiento. ¡No puede ser que haga tanto frío!

Pero lo hace. Y va en aumento. Camino de Sotosalbos, por la carretera que lleva a Soria, la temperatura sigue bajando, a la vez que aquélla sube de altura. Al norte del Guadarrama, que corre por su derecha, la carretera cruza un paisaje que parece más de Rusia que de España: viejos pueblos silenciosos y vacíos y vacas entre la nieve. Y humo en la lejanía. El termómetro del coche, mientras tanto, sigue bajando y bajando: siete grados bajo cero, ocho, nueve en Torrecaballeros, diez pasado Sotosalbos... Al fondo, entre los cercados, las vacas y los caballos parecen cristalizados, como el paisaje.

Entre Riaza y Ayllón, ya en el extremo este de la provincia, la carretera gira hacia el norte y la temperatura empieza a subir. No mucho, pues es enero, pero sí lo suficiente como para que se note fuera: a medida que la carretera se va alejando de la sierra, la nieve empieza a desaparecer.

Pero el paisaje sigue siendo un gran desierto. Un gran desierto de tierras rojas y heladas que desciende hacia el río Duero entre barrancos y pueblos mínimos que las salpican en la distancia. Es el viejo paisaje de Castilla, el que cantara el músico Agapito Marazuela, cuya escultura el viajero ha visto antes de dejar Segovia (tiene que llamar a Moro), y el que relata Avelino Hernández, un amigo del viajero, viajero también él mismo, en una de sus obras más famosas y leídas: *Donde la vieja Castilla se acaba*. ¡Qué hermoso título para este viaje que el viajero acaba hoy! Se lo tomará prestado.

Y se lo toma, sólo que sin el final. Porque el viajero, aunque no es más optimista que su amigo, piensa, no obstante, que, entero, puede ayudar a la desconfianza. Así que mejor así: *Donde la vieja Castilla*, sin más.

En San Esteban de Gormaz, la carretera cruza el río Duero. Es la línea que sirvió de frontera en la Edad Media a los reinos musulmanes y cristianos durante doscientos años. La *extremadura*, que continúan diciendo los sorianos, pese a que los extremeños de hoy no entiendan por qué lo dicen.

Por aquí, por este lugar, pasó también el Cid el río Duero cuando iba camino del destierro y por aquí lo siguen pasando los rebaños de la trashumancia. Aunque cada vez lo hagan menos, puesto que entró en declive hace tiempo, arrastrando en su caída a toda la provincia y a sus pueblos.

Hoy, la provincia de Soria, que el viajero conoce bien y por la que siente una especial devoción (culpa, entre otros, de Avelino), apenas llega a las noventa mil personas, lo que la convierte en la más deshabitada del país. Así que a nadie puede extrañar que su capital sea también muy pequeña (apenas llega a las treinta mil personas) o que su episcopado tenga su sede en un pueblo de sólo cinco mil vecinos. Un pueblo, eso sí, tan singular como la catedral en torno a la que surgió.

Y es que la catedral de El Burgo de Osma, cuya torre el viajero avista ya desde el cerro por el que la carretera se asoma al valle en el que se asienta, es la quinta de España en importancia, detrás de las de Santiago, León, Burgos y Toledo. Al menos, así lo dicen las guías, que recalcan, además, que la diócesis de Osma (que ahora es la de Osma-Soria; cosas de los nuevos tiempos) es una de las más extensas y de las más antiguas de este país.

Al siglo VI, nada menos, se remontan las primeras referencias a la diócesis, que primero estuvo en Osma, la vieja Uxama romana, que está en lo alto del cerro, pero que luego bajó a la vega, al arrabal huertano y labriego que había a la orilla del río Ucero. Un arrabal que, gracias a ello, comenzó a desarrollarse y a crecer, suplantando en importancia a la original ciudad y arrebatándole el privilegio de acoger la catedral y a sus obispos. Y todo ello merced a un tal Pedro de Bourges, más tarde Pedro de Osma, quien, a comienzos del siglo XII, restituida la vieja diócesis tras la pacificación de toda la zona, decidió construir en él la primera catedral románica.

Ésta, que aguantó cien años, fue relevada por la actual, que comenzó a edificarse en el año 1232, cuando el primitivo burgo o arrabal se había convertido ya en una villa lo suficientemente importante como para eclipsar a la vieja Osma. Si bien ésta siguió siendo la ciudad (todavía sigue siéndolo oficialmente, aun a pesar de su pequeñez), mientras que El Burgo, ahora ya en letras mayúsculas, no ha dejado de ser villa de milagro. No en vano sigue teniendo el mismo número de vecinos que cuando le construyeron la catedral.

Pero es la segunda ciudad de Soria. Si no en vecinos, que es Almazán, sí en prestigio y en historia. Un prestigio que le debe a ser sede episcopal y una historia que se extiende a lo largo de diez siglos, que son los que han transcurrido desde que el primitivo burgo de Osma viera surgir junto a él la construcción que habría de transformarlo. De aquella construcción ya nada queda, salvo su planta y algunos restos dentro de la actual catedral, pero, a cambio, queda la trama del caserío que en torno a ella se fue formando. Hoy transformado y muy remozado, como el viajero observa en cuanto entra en él.

El viajero lo conoce desde antiguo. El viajero, hace ya tiempo, pasó por aquí también descendiendo el río Duero, como dejó escrito en el cuadernillo que publicaría después. Por eso reconoce cada calle, pese a que la mayor de éstas sea ahora peatonal. Lo cual le obliga a rodear todo el caserío para poder llegar a la catedral.

Pero lo hace en pocos minutos. Todo El Burgo en su conjunto sigue siendo muy pequeño y le da la vuelta en seguida, justo cuando el sol se asoma iluminando sus viejas calles. Hacía tiempo que no lo hacía y se agradece infinitamente. Sobre todo a la vista de los hielos que cubren la vieja fuente y la plazuela de la catedral. Que se lo digan, si no, a ese cura que pasea leyendo junto a ella, arrimado a la puerta del mediodía.

El viajero le pregunta y se entera de ese modo, no sólo de lo mucho que agradece, en efecto, este solín, como él lo llama, sino de su filiación y sus circunstancias: se llama Pedro, tiene ochenta y seis años y pasó toda su vida de párroco en distintos pueblos de la zona de Ayllón y Tiermes, ese desierto de tierras rojas que el viajero cruzó hace un rato viniendo desde Segovia, antes de recalar en la residencia de sacerdotes de El Burgo. Lo cual explica, quizá, que continúe llevando boina y sotana. ¡Cuánto frío no habrá pasado don Pedro por esos pueblos perdidos antes de venir aquí!

—Ya sólo somos tres los que la llevamos —dice, a propósito de la sotana—. Estoy esperando a que se la quiten los otros dos para quitármela yo también —continúa don Pedro su paseo, dando la charla por concluida.

Mientras lo ve pasear sumergido en la lectura del breviario (¡qué estampa tan costumbrista!), el viajero observa la plaza, que continúa desierta, como cuando él llegó. Pero hay gente. Cuatro o cinco en el bar del soportal (del que se escapa un intenso vaho cada vez que alguien abre la puerta) y otros cuarenta o cincuenta oyendo misa en la catedral. El viajero lo descubre cuando salen.

Los que salen de la misa ni le miran. Salen contentos de haber cumplido con su deber y con ganas de conversación. Una mujer, por ejemplo, le viene contando a otra cómo prepara ella el pollo:

—Lo rehogo bien, le echo sal y perejil, le pongo un vaso de vino blanco y le tengo un par de horas cociendo...

El viajero, sorprendido, deja paso a los que salen y espera hasta que se van, aunque alguno tarda en hacerlo. Se ve que están encantados con el sol que da en la puerta.

Con él es más bella aún. Pintada por este sol que la acaricia más que alumbrarla, la puerta sur de la catedral, que es por la que se accede a ella (las demás están cerradas), parece hecha hace cuatro días, pese a sus siete siglos de historia. Según parece, es una de las primeras manifestaciones del arte gótico en toda Soria y, al decir de las guías, la mejor. Motivos tiene para ello, comenzando por el rosetón de arriba, que recuerda a los de

León, y continuando por la iconografía que cubre las arquivoltas y las jambas de la puerta y por el tímpano que coronan el lecho mortuorio de la Virgen, cuya alma suben al cielo dos querubines, y el jarrón con azucenas que en el siglo XIX, al parecer, llenó el hueco que dejó la desaparecida pintura mural que representaba el Juicio Final. Todo ello presidido por la figura de Jesucristo en actitud de enseñar sus llagas.

Detrás de él, la catedral se abre como una flor que se hubiera ido formando poco a poco con el tiempo. Al viajero, por lo menos, le desconcierta de tan compleja. Sobre todo, después de ver la de Valladolid, o la de Segovia, que eran tan simples.

Y es que esta catedral, que, según dicen las guías, tardó en hacerse seiscientos años (desde comienzos del siglo XIII hasta finales del XVIII), tiene tantos recovecos que se tarda en entender su arquitectura. Sobre todo si, como le pasa al viajero ahora, no encuentra a nadie a quien preguntar y tiene que imaginar cómo se fue haciendo con ayuda únicamente de sus guías. ¡Ay, si viviera don Tomás, el cura que la enseñaba!

Pero don Tomás Leal, aquel cura socarrón que lo sabía todo de este edificio que enseñaba a los turistas y cuidaba como suyo, debe de haber muerto ya, pues, cuando se lo enseñó al viajero, tenía ya muchos años. Y de aquello ya han pasado casi veinte. Y, si todavía no ha muerto, debe de ser ya muy viejo, lo que le impediría hacerlo como solía: «Don Tomás se detiene y habla al oído, grita ahuecando la voz donde las bóvedas más retumban, pregunta, dice, alega, ríe. Don Tomás no para, no descansa. Don Tomás es el alma de esta catedral que se va abriendo a su paso como una enorme caja de secretos...», escribió en su cuaderno el viajero cuando pasó por aquí hace diecinueve años.

¡Hace diecinueve años! Y parece que fue ayer. Parece que fue ayer mismo cuando entró en la catedral después de comer sin freno en el restaurante de la carretera que lleva el nombre de Palafox. Aquella tarde, sentado en uno de estos bancos, el viajero miraba estas mismas naves sobrecogido por su belleza y adormecido por la digestión cuando apareció de pronto en la puerta el bueno de don Tomás con su enorme humanidad en-

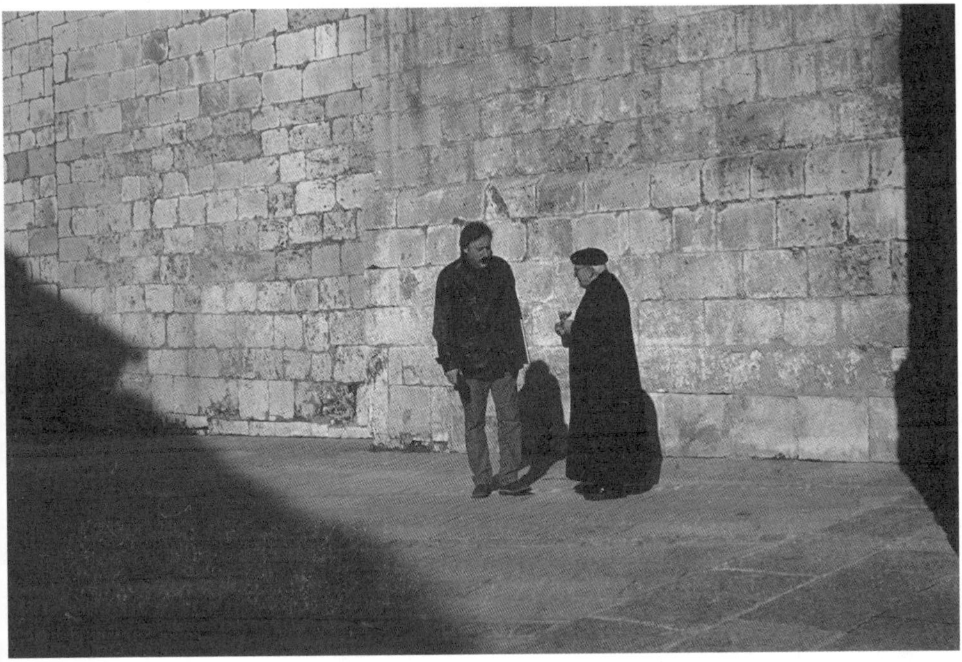

sotanada. En realidad, llevaba dos sotanas, según él mismo le dijo, para combatir el frío de esta vieja catedral que le fue enseñando a continuación, desde la portada al claustro, pasando por todas y cada una de sus capillas. El viajero guarda un recuerdo difuso de todo aquello que intenta ahora revivir mirando el templo.

Pero no puede. Han pasado muchos años desde entonces, muchos años y muchas catedrales desde que don Tomás le cogió del brazo y le llevó a lo largo de ésta, explicándole, primero, la factura y el estilo de su fábrica (gótica en su concepción, pero llena de añadidos de otras épocas) y, luego, ya más despacio, cada uno de sus múltiples tesoros. Así que el viajero, ahora, ha de comenzar de nuevo, como si la viera por primera vez.

Por fortuna, mientras lo hace, descubre a un hombre en una de las capillas. Está limpiando unos candelabros, lo que quiere decir que ha de ser el sacristán.

—No, señor —le dice el hombre—. Yo sólo vengo a ayudar un poco.

—¿Y don Tomás?... ¿Vive aún? —aprovecha el viajero para preguntar por él.

—Vive, vive —dice el hombre, saliendo de la capilla y cerrando la reja detrás de él—. Ahora mismo —dice, como prueba de ello— está diciendo misa en un pueblo.

—¿Y continúa enseñando la catedral?

—No. Ahora la enseño yo —responde el hombre, ofreciéndose, ofrecimiento que el viajero acepta al punto, en la esperanza de que el discípulo sea tan bueno como el maestro.

Lo de discípulo lo ha dicho él. Y que se llama Francisco. Y que trabaja como empleado en una residencia de minusválidos, puesto que esto lo hace por afición.

—Como no me gustan los bares... —dice el hombre, recogiendo de un cajón las llaves que necesita para enseñarle la catedral.

Así que el viajero, ahora, ya tiene quien se la enseñe. No es don Tomás, ciertamente, de cuya supervivencia se alegra mucho, pese a que ya no enseñe la catedral, pero su sustituto parece también muy recomendable, a pesar de sus colmillos, que le dificultan la pronunciación. El viajero, de hecho, no entiende la mitad de lo que dice, aunque disimule y haga como que le entiende todo.

Sin embargo, en el momento en que empieza de manera oficial el recorrido, cosa que hace en la sacristía, el hombre cambia de tono. Como si le hubieran puesto una cinta, comienza a hablar diferente, deletreando cada palabra, como si por su boca hablase otro hombre. Pero es él, con sus colmillos, con su anorak amarillo, que le hincha la figura de cintura para arriba como a un sapo, el que recita cantando la historia de esta catedral ante el asombro de un viajero que no termina de acostumbrarse al repentino cambio de tono del cicerone. Tan estupefacto está que no se entera de lo que dice hasta pasado bastante rato.

Pero Francisco no tiene ningún reparo en repetir lo que ya ha contado. Lo hace en la sacristía, en la que hay una caja fuerte donde se guardan, según afirma, los dos tesoros más importantes de la catedral: una custodia procesional de oro y plata y el famosísimo códice medieval de comentarios al Apocalipsis (setenta y tres páginas ilustradas por el llamado Beato de Liébana, entre las que destaca el curioso mapamundi en que aparece el mundo tal como lo imaginaban entonces), y lo hace en cada uno de los sitios que le enseña a lo largo de más de hora y media. Otra cosa no, pero concienzudo Francisco lo es y se lo demuestra.

Se lo demuestra en la sacristía, donde le enseña también la mesa que, al decir de don Tomás, es la mayor de una pieza de todas las de las sacristías de España («Y las ha medido todas», asegura su discípulo, orgulloso), y se lo vuelve demostrar en el presbiterio, y en las capillas, y en la girola, y en el museo, que está en el claustro. En cada una de esas paradas, Francisco se extiende en explicaciones, sin importarle el tiempo ni el frío ni el hecho de que el viajero parezca a veces que no le escucha.

Es tan sólo en apariencia. El viajero está tan emocionado, tan fascinado por lo que ve, que, a veces, se abstrae mirando hacia el techo, mientras Francisco sigue contándole:

—Ésta es la capilla del Venerable Obispo Palafox. Construida en el siglo XVIII, en estilo neoclásico... Hecha en mármol de Espejón... Trabajaron en ella los mejores artistas de la época, Sabatini y Villanueva entre otros, puesto que el obispo que la construyó había sido confesor del rey Carlos III y tenía mucha influencia...

Y más allá:

—La capilla mayor. Gótica, como la catedral... La bóveda es de crucería; el ábside, poligonal... El retablo es de Juan de Juni y de León Picardo, que se inmortalizaron en él... Son los dos que hay en el centro, a ambos lados del lecho de la Virgen... Está dedicado a ésta, como la catedral... En lo alto, el escudo del obispo Acosta, que fue el que lo costeó... El que lo hizo «a costa de sus costillas», como dice don Tomás —dice, con una sonrisa, señalando las costillas que figuran, junto a la rueda de Santa Catalina, en el escudo que preside la gran obra.

O, en fin, en un lateral:

—Éste es el Cristo del Milagro... Románico, del siglo XIII... Aunque el retablo fue hecho más tarde para representar el milagro que protagonizó la imagen con ocasión de que un sacristán que perseguía a un gallo que se había colado en la catedral y que se había ido a posar sobre la cabeza del Cristo le dio con la piedra que le tiró, haciéndole una herida por la que manó un hilillo de sangre... ¿Se acuerda del algodón que le enseñé antes, en la sacristía?...

—Me acuerdo —dice el viajero, mirando el Cristo.

—Pues está empapado en la sangre de aquella herida —dice Francisco.

Pero donde el viajero más se ensimisma, más se queda fascinado y asombrado, es a la entrada del claustro, en la capilla donde reposa, entre pinturas y capiteles románicos (los de la catedral antigua), el obispo Pedro de Bourges —para la Iglesia, San Pedro de Osma—, en un sepulcro policromado que es lo mejor de esta catedral. El viajero lo recuerda todavía de cuando lo vio hace años, pero se vuelve a extasiar de nuevo, de tan bello como es.

—El sepulcro de San Pedro de Osma, el constructor de la catedral de El Burgo —dice Francisco, llegando a él—. La imagen yacente es la del obispo, de piedra, policromada... Los relieves representan escenas de la vida y los milagros del santo... Las pinturas de las bóvedas las descubrió don Tomás un día rascando la cal de la pared y han sido restauradas hace poco...

—¡Qué maravilla! —exclama el viajero.

—En la catedral de El Burgo de Osma, que ya le dije al principio es la quinta de España en importancia —continúa Francisco, sin detenerse—, hay tres cosas únicas en el mundo: el Beato de Osma, el Cristo del Milagro y este sepulcro que estamos viendo.

—Seguro —dice el viajero, admirando los relieves que lo cubren por entero y que representan, según aquél, diferentes episodios de la vida y milagros de San Pedro: la curación de un clérigo endemoniado en Estella, la sanación de un enfermo en Langa de Duero al que el santo hizo comer un pez que sacó del río, el milagro de la fuente que hizo surgir de una encina en las Dueñas o la muerte del propio santo en Palencia y su traslado hasta este lugar. Todo ello contado con sencillez y rodeado de otras escenas, algunas tan pintorescas como las de los tres personajes que beben vino en la cabecera o las de los propios ángeles que sostienen el cojín en que se apoya el santo desde hace siglos.

—Bonito, ¿eh? —dice Francisco, guiñando un ojo.

La visita continúa por el claustro y el museo, que se solapan en muchas zonas. En concreto, en las capillas del este y norte de aquél y en el antiguo refectorio de los canónigos. Como todos los museos de su estilo, exhibe objetos e imágenes procedentes de todas las parroquias de la diócesis (la mayoría de pueblos deshabitados, de los que Soria tiene más de un centenar) junto con otros de la catedral. Aunque lo mejor de todo, aparte de la paloma eucarística de bronce con incrustaciones de espejos de Limoges del siglo XIII y la Biblia Políglota Complutense, que son sus piezas más cotizadas, es la propia arquitectura de las salas, que es gótica en su conjunto, pero que conserva aún restos de la catedral románica. Principalmente capiteles, algunos de los cuales se exponen entre las piezas.

A la una, la visita ha terminado. Francisco cierra la puerta y el viajero y él desembocan de nuevo en la catedral. Lo hacen justo en el momento en el que un buen número de personas cruzan la nave de la Epístola en dirección a la capilla de Palafox. Al parecer, la misa de una de los domingos es la más concurrida de todo el día.

—Le invito a tomar un vino —tienta el viajero a Francisco, después de darle la propina y de comprarle un par de postales de las que vende en su casetucho.

—Cuando termine —le dice aquél, por la misa.

Pero el viajero necesita tomar algo urgentemente. No tanto por tomar algo como por visitar, de paso, el servicio. Así que va al bar de enfrente, el único que hay abierto, y se toma el primer vino del día, a la espera de que Francisco pueda salir.

Cuando regresa a la catedral, éste ha desaparecido. Debe de estar en algún lugar limpiando o arreglando algo y el templo está ahora en silencio, como si no hubiera nadie en él. Pero, en la capilla del Obispo Palafox, a cuya entrada un cartel recuerda que su titular continúa en proceso de beatificación (lleva ya trescientos años), más de cincuenta personas escuchan ahora el sermón del cura que dirige la misa de la una. Para sorpresa del viajero, es un sacerdote joven. Y, a diferencia de sus colegas, no habla como un papagayo. Al contrario, siente y piensa lo que dice, o al menos da esa impresión, lo que hace que la gente le escuche con atención, alineada en las bancadas que llenan esta capilla que parece recién hecha y esculpida, de cómo brillan sus mármoles. Unos mármoles que, según dicen las guías, provienen de Espejón, cerca de Soria, y que tienen una textura y un color inconfundibles: son como un gran prensado (un turrón, decía Antolínez, el guía de la catedral de Burgos), de tonos ocres y morados.

La araña, en cambio, es de cristal puro. La regaló el propio rey Carlos III y proviene de la fábrica de vidrio de La Granja. Se ve que Palafox fue un obispo poderoso.

—¡Hombre, claro! Tenga en cuenta que, antes de ser obispo de El Burgo, Palafox fue arzobispo y virrey de Méjico

—cuenta Francisco al viajero mientras caminan por los soportales.

Son soportales de recias vigas. Con muchos siglos a sus espaldas, sostienen al mismo tiempo los de las casas y los guardan de la lluvia y del sol en el verano. Pero, hoy, aunque hace sol (el cielo se ha despejado después de unos cuantos días), éste es tan pobre y frío que la gente lo busca, en lugar de huir de él. Por eso anda por la calle, evitando los soportales, y por eso los jubilados pasean ahora por la plaza buscando su resol, como don Pedro.

Francisco los conoce a casi todos. Francisco, aunque no es de El Burgo (es natural de Fresno de Caracena, el pueblo del que se dice era el autor del poema del Cid), lleva aquí ya tantos años que conoce a toda la gente. Y eso que, según afirma, no anda mucho por los bares.

En el 2000, en la plaza, al que lleva al viajero finalmente y que le recomienda para comer («Diga que le traje yo»), los camareros, no obstante, no se sorprenden de su presencia. De hecho le sirven sin preguntarle qué es lo que quiere, como se hace con los clientes más habituales.

—¿Y usted?

—Un vino —dice el viajero, que es forastero.

Hasta las cuatro de la tarde (de la comida mejor ni hablar), el viajero deambula paseando por El Burgo. Le gusta volver a hacerlo al cabo de tanto tiempo. Y ver que todo está como lo recuerda: el Hospital de San Agustín, frente a la Plaza Mayor, con su fachada neoclásica; la Universidad de Santa Catalina, en la carretera, que costeó también el obispo Acosta «a costa de sus costillas» para que los sorianos pudieran estudiar en su provincia; el Palacio Episcopal, el Seminario... La mayoría de ellos dedicados ya a otros usos diferentes de aquellos para los que fueron hechos (el Hospital de San Agustín, por ejemplo, acoge ahora un museo y la Universidad de Santa Catalina el Instituto de Enseñanza Media), salvo precisamente los últimos, que continúan alojando al obispo y a los escasos seminaristas que todavía siguen dispuestos a seguir los pasos de don Pedro, aunque no, seguramente, a ponerse la sotana como él.

Si la tuviera, el que se la pondría ahora sería el viajero; tan fría está ya la tarde. Lo cual no impide que la cigüeña siga impasible en su nido, en lo más alto de la catedral.

—Este año, se ha adelantado —le dice al viajero el hombre que se cruza en el puente sobre el Ucero.

Es el último puente que le han hecho. Un breve puente de hierro que comunica El Burgo y Osma, a los que separa precisamente el río Ucero. Un río que baja bravo y crecido tras las lluvias de los últimos dos meses.

—Se ve que se ha despistado —sigue diciendo, por la cigüeña, Ricardo Otín, que es como se llama el hombre que el viajero se ha cruzado en pleno puente y que, a lo que se ve, debe de estar aburrido. De hecho, sin que le pregunte nada, le cuenta que es constructor jubilado, que, como tal, hizo muchas de las casas que ahora ven en torno a ellos, incluido el edificio del hotel que regenta su familia y que lleva por nombre su apellido, que entre los de El Burgo y Osma hay mucha rivalidad y, en fin, que hoy hace frío, es verdad, pero nada comparado con la Navidad pasada, en que el termómetro llegó a bajar hasta los dieciséis grados bajo cero.

Ahora el termómetro debe de andar por los cuatro o cinco. Bajo cero, por supuesto. El río Ucero, de hecho, tiene hielo en sus orillas y, alrededor de la catedral, las calles están heladas. En la puerta de poniente, por ejemplo, el hielo sigue sin derretirse y hay carámbanos colgando de las tejas.

Dentro de la catedral, no obstante, la temperatura es muy agradable. El sol, que ya está cayendo, entra por los ventanales e ilumina las capillas de la nave de la Epístola y parte del presbiterio. Aunque su plenitud la alcanza cuando, en su caída hacia Osma, coincide justo con el rosetón de atrás y lo convierte en un proyector que atraviesa todo el templo, yendo a dar justo en el púlpito, que es todo blanco, de mármol. El efecto dura apenas un minuto, pero es espectacular.

—¡Qué pena! —dice el viajero a Francisco, que es el único que lo ha compartido con él (don Jesús, el cura joven y que, a su edad, ya es canónigo: «Como somos pocos...», se justifica, se ha marchado ya hace un rato después de dar una vuelta y ver que todo sigue en su sitio. A pesar de su juventud, es el párroco de la catedral).

Así que el viajero y él están solos de nuevo en este templo que el silencio de esta tarde de domingo hace parecer más grande. El viajero aprovecha para ver lo que le queda y Francisco, que se aburre, le acompaña en su paseo. Así, como esta mañana, aunque ahora con menos prisas, le enseña el coro, grandioso, de origen y traza góticos, pero reestructurado en el XVI, y las naves y capillas laterales. De todas ellas, el viajero hará sitio en su libreta a dos de la nave de la Epístola (la de la Virgen del Espino, la patrona de El Burgo de Osma, con un retablo barroco que acoge la imagen gótica de la Virgen, y la de la Santa Cruz) y a otra de la del Evangelio: la de San Pedro de Osma, construida encima de su sepulcro, lo que obligó a hacer una escalinata que al viajero le recuerda a la Escalera Dorada de la catedral de Burgos.

—Eso dicen —dice Francisco, mirándola.

Francisco no conoce la de Burgos. Francisco, el hombre, apenas ha salido nunca de Soria, donde ha vivido toda la vida. Lo cual hace más loable su conocimiento de la catedral de El Burgo. Sobre todo teniendo en cuenta que, como dice, apenas si fue a la escuela.

—Todo lo que sé de ella lo sé por don Tomás.

—¡Don Tomás! —vuelve a acordarse el viajero.

—A lo mejor, ya está en casa —dice Francisco.

—¿Vive lejos?

—Aquí al lado —dice el guía, asomándose a la puerta y mirando la manzana que hay enfrente.

Es la casa de la esquina, una casa de dos plantas al lado de la residencia. De hecho, según comenta Francisco, don Tomás acude a dormir a ésta, aun cuando siga viviendo en su propia casa.

Pero Francisco no se conforma con señalársela desde lejos. Como están a pocos metros y no hay nadie en la catedral (ni en la plaza, en este instante), acompaña al viajero a comprobar si don Tomás ya ha vuelto y está en su casa.

—Está, está —dice, entrando en el portal—. Tiene el coche en el garaje.

Por la escalera arriba, el viajero recuerda ahora a aquel cura al que conoció hace años, diecinueve exactamente, un día del mes de mayo en que también hacía mucho frío. Lo escribió en su cuaderno del Duero, como hoy volverá a escribirlo en el de las catedrales: «Sentado en uno de los bancos, adormilado por la comida y por el olor a cera y a incienso, veo entrar a un cura gordo, con una chaqueta gris sobre la sotana negra...».

Gordo continúa estándolo, pero ya no lleva sotana. Ni chaqueta, que está en casa. Pero continúa siendo el de siempre, como demuestra al viajero al abrir la puerta.

—Pase, pase —le conmina, sin preguntarle quién es ni qué es lo que quiere.

Francisco ha desaparecido, cumplida ya su función, y el viajero se queda a solas con don Tomás, que ni siquiera se ha despedido de aquél. Está más interesado en contarle al forastero su último logro particular:

—Me acaban de renovar el carné de conducir por otro año.

—Le felicito —dice el viajero.

—Con ochenta y cinco años, ¿qué le parece? —presume don Tomás, ya en el salón, una pieza abarrotada de recuerdos y de libros y de papeles amontonados por todas partes.

Don Tomás se disculpa por el desorden. Hace como que recoge algo, pero en seguida se olvida, arrastrado por su locuacidad. Y es que a don Tomás lo que le interesa es, sobre todo, la conversación. O, mejor dicho, el monólogo, pues no deja hablar a nadie. De hecho, todavía no ha preguntado al viajero quién es ni lo que le trae.

Ni lo hará ya en todo el rato. Don Tomás está más interesado en contarle su vida a él que en conocer la del forastero. Así, el viajero se entera, entre otras muchas cosas, como le pasó hace una hora con don Ricardo Otín en el puente, de que don Tomás sigue siendo párroco de un pueblo al que va en su propio coche a decir misa, que el actual obispo de Zamora ha sido discípulo suyo (y que queda con él a merendar algunas veces), que ya no enseña la catedral, salvo en alguna ocasión muy especial, pero que la llegó a enseñar hasta en latín (a unos frailes alema-

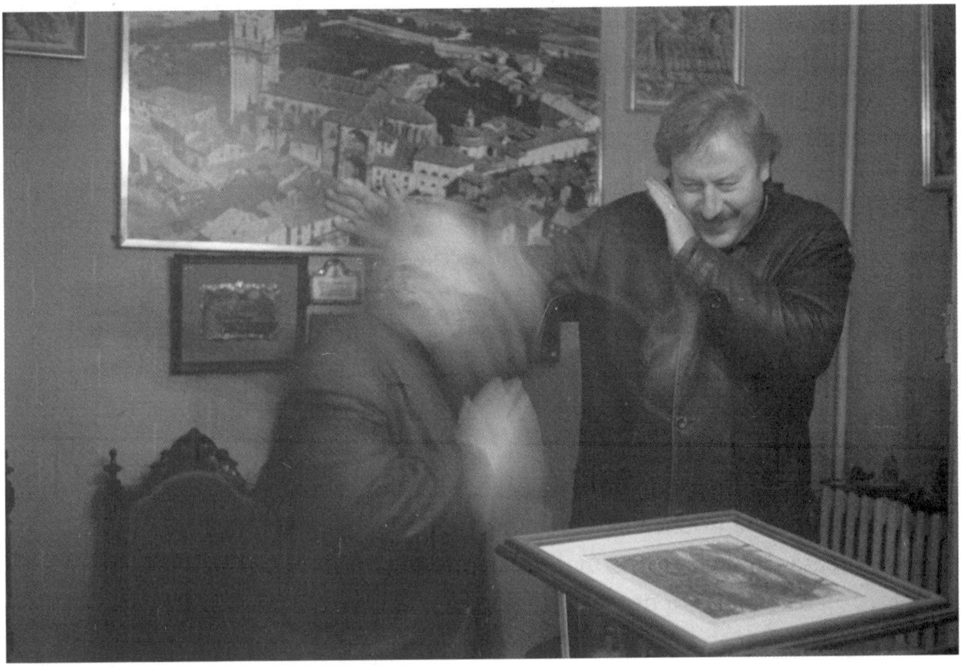

nes), que continúa recopilando refranes que empiecen por «más vale» o «vale más» («Vale más porrón en mano que bodega en fotografía» fue el que le puso de ejemplo el día en que lo conoció) y que, en fin, para no contarlo todo, acaba de terminar de escribir un libro de comentarios al del Beato de Osma que el cabildo no le deja publicar porque tiene reservados los derechos.

—¡Vaya, hombre! —le compadece el viajero, que imagina lo que debe de sentir después de tanto trabajo.

Pero don Tomás no le ha oído. Don Tomás sigue a lo suyo, yendo y viniendo por el salón y saltando de un tema a otro sin importarle lo que el viajero diga. Así que éste opta por callarse y asistir sin interrumpir a las explicaciones e historias de este hombre que, a sus ochenta y cinco años, parece un adolescente por la vitalidad que tiene y la ilusión que demuestra.

—¿Sabía que tengo una bodega en Osma?

—Algo había oído —dice el viajero, mintiéndole.

—Pues le invito a conocerla —le dice don Tomás, sin preocuparse de que ha empezado a caer la noche.

—Me gustaría, pero me tengo que ir —le agradece el viajero la invitación.

—Tengo un jamón empezado... —le tienta don Tomás, sin escucharle.

Y sin escucharle sigue, contándole aventuras y refranes, mientras la noche cae sobre El Burgo y en el interior de esta vieja casa desde la que don Tomás puede ver sin moverse de ella el objeto de sus sueños y la ilusión de toda su vida: esa bella catedral que acaba de iluminarse con la caída de la noche y que refulge como una estrella en la oscuridad del pueblo y en el frío de esa plaza en la que sólo se ven ahora las sombras de unos muchachos que juegan a romper hielo sobre la fuente y la de un hombre que camina calle arriba embozado en su anorak entre la oscuridad de los soportales.

—¡Adiós, Francisco! —le despide el viajero mentalmente, mientras don Tomás le cuenta ahora un juego que, según él, conoció de niño y que viene ya ilustrado en el Beato que ahora duerme, como todo, en el interior de la catedral de El Burgo.

Cuarto viaje

VASCOS, NAVARROS Y RIOJANOS

Vitoria: abierto por obras

El primer día de septiembre, Vitoria se despierta encapotada y lluviosa. Como si hubiese llegado el otoño.

Pero todavía es verano. Todavía faltan veinte días para aquél y se nota que hay mucha gente de vacaciones, además de los estudiantes. Por eso, las calles de Vitoria están muy concurridas, a pesar del mal tiempo y de la lluvia.

Los vitorianos, por lo demás, están ya acostumbrados a este clima. Sin ser el de Bilbao o el de San Sebastián, la capital política del País Vasco sufre o disfruta de un clima típicamente norteño, a pesar de estar lejos de la costa: del lado sur de los montes, en la llanada alavesa, esa tierra agrícola y feraz que se adentra en La Rioja y en los páramos vecinos de Castilla.

De allí ha llegado precisamente, remontando el río Ebro hasta Miranda, un viajero confundido por la lluvia y que busca pasar inadvertido, como en todos los lugares que visita. Aunque teme que en Vitoria no lo va a tener sencillo. El viajero estuvo aquí hace unos meses hablando de su experiencia viajera a los vitorianos y teme que le reconozcan, especialmente en la catedral.

Por si tuviera alguna esperanza, ésta se le esfuma pronto. Lejos todavía de aquélla, al cruzar una avenida, una chica le llama por su nombre.

Es la jefa de las guías de la catedral vieja de Vitoria. La que se la enseñó al viajero, cuando estuvo aquí hace unos meses, en visita privada e individual (privilegios de los conferenciantes), que se dirige hacia ella como todas las mañanas a esta hora.

Así que el viajero no tiene ya escapatoria. El viajero, contra lo que deseaba, está ya condenado desde ahora a ser cumplimentado y atendido conforme a las reglas de la hospitalidad local. Una hospitalidad que para los vascos es casi un signo de distinción.

—¡Qué sorpresa! —le dice, muy simpática, la guía.

—Lo mismo digo... —le devuelve el viajero su saludo, dejando que sea la chica la que ponga su nombre en los puntos suspensivos.

—Chus —le responde ella, captando, inteligente, su intención.

La chica, además de inteligente y de simpática, es también hospitalaria. Desde el primer momento se ofrece a enseñarle la catedral de nuevo, aunque ahora sin las prisas de aquel día. Aparte de que hoy es lunes, día tranquilo en la catedral según ella, se supone que el viajero no tendrá tantos compromisos.

—Pues la verdad es que no —le reconoce éste, aceptando encantado su compañía.

No es que sea mala, precisamente. Al contrario, pocas compañías tan buenas podría encontrar como la de Chus, pues, aparte de simpática y amable, conoce su ciudad como muy pocos. No en vano es guía oficial de ella, aunque desde hace ya tiempo (desde que comenzaron las obras y las visitas a éstas) trabaje en exclusiva para la catedral.

La catedral de Santa María, la más vieja de las dos con las que Vitoria cuenta (la otra es la de la Inmaculada, construida el siglo pasado para sustituir a aquélla, ante su estado ruinoso), está en el corazón de la parte antigua, en lo más alto de la ciudad. La construyó, según Chus, el rey Alfonso X de Castilla, más conocido por el rey Sabio, en la segunda mitad del siglo XIII, sobre el proyecto de su antepasado Alfonso VIII el Conquistador, que les había arrebatado la ciudad a los navarros. Aunque no sería hasta el siglo XIX, con la creación de la diócesis de Vascongadas, que sería consagrada catedral. Hasta entonces, según Chus, que va hablando mientras anda, ya por la parte antigua de Vitoria, protegiendo al mismo tiempo al viajero con su paraguas, la catedral de Santa María fue, primero, una simple iglesia con funciones defensivas, además de las religiosas, y, a partir del siglo XV, tras el traslado a ella de la de Armentia, una colegiata. Todo ello sin moverse de su sitio, en el extremo septentrional de la almendra que conforma el casco antiguo de Vitoria, cuya orografía preside.

—Vengas por donde vengas, la ves —le dice Chus al viajero, deteniéndose a mirarla desde la esquina de un callejón.

La guía la mira con enamoramiento. Con el mismo enamoramiento e interés con el que explica su larga historia y con el que contará ya dentro, a la vista de las obras de su restauración, los trabajos que están llevando a cabo. Al viajero no le extraña que la llamen, como ella misma le dice, «la chica de la catedral».

—Eso es porque he salido a veces en la televisión enseñándola —dice, con falsa modestia.

Mientras caminan bajo la lluvia, la chica y el viajero van mirando el casco viejo de Vitoria, que todavía guarda el sabor de aquella pequeña aldea que conquistó para los navarros el monarca Sancho VI, también apodado el Sabio, y cuyo nombre vascón, Gasteiz, acompaña ahora de nuevo al que le puso tras su conquista: Nueva Victoria. Sobre su trazado angosto, se conformó, según Chus, la ciudad gremial, partiendo de las tres calles que tenía en un principio (Fray Zacarías Martínez, Santa María y Escuelas), que el rey navarro fortificó y que los castellanos ampliarían con otras seis, tres por el este: Cuchillería, Pintorería y Nueva, y otras tres por el oeste: Correría, Zapatería y Herrería. Todas ellas conformando la gran almendra medieval que dibuja el casco antiguo de Vitoria sobre la breve loma en la que se asienta y cuyo mascarón de proa lo constituye precisamente la catedral de Santa María.

Desde la plaza de la Brullería, que se abre enfrente de ella, el viajero y Chus la contemplan como si fuera la primera vez. No lo es, y menos para la guía, pero siempre sobrecoge la visión de este edificio que parece tan enfermo, de tanto andamio como hay en ella. Y eso que no se ve entera, eclipsada, por un lado, por las casonas que la rodean (algunas tan pintorescas como la Torre de los Anda) y, por otro, por el edificio provisional en que se ha instalado el centro de recepción de la gente que acude cada día a ver las obras. Un edificio provisional que, cuando desaparezca, dejará ver por completo la catedral rejuvenecida, pero que por el momento constituye otro añadido a los muchos que la envuelven y la ocultan.

La chica de la recepción reconoce al viajero también en cuanto lo ve. Al parecer, su anterior visita dejó más huella de la que éste pensaba.

—Estuve en su conferencia —le sonríe la chica, complacida.

El viajero le devuelve su saludo y acompaña a Chus al cuarto que las guías tienen para su uso particular; el resto son oficinas y salas de exposiciones. Según Chus, en la Fundación Catedral de Santa María, que es la encargada de su rehabilitación, trabajan muchas personas, además de los obreros y las guías.

—¿Y tú eres la que dirige?

—¿Yo?... ¡Qué más quisiera! —sonríe Chus al viajero, entregándole un folleto y algún objeto de propaganda.

—¿Y la entrada? —le pregunta aquél, irónico.

—No hace falta —le sonríe la guía de nuevo.

Por el pasillo del barracón (provisional, pero de madera), el viajero sigue a la chica hasta una puerta de hierro por la que acceden a un callejón y, a través de éste, a la catedral. Lo suyo sería hacerlo por el pórtico, que es una joya escultórica, pero, como está cerrado (y en obras por mucho tiempo), ahora se hace por un lateral de aquélla, por el antiguo cuarto de las calefacciones. Nadie lo diría ahora, a la vista de su aspecto y de los materiales nobles con que ha sido restaurado: grandes vigas de madera y una escalera de hierro ante la que Chus se detiene para ponerse un casco de obra.

—Tenga —dice, dándole al viajero otro.

Al viajero le cuesta más ponérselo. El viajero no está acostumbrado al casco y durante largo rato ha de pelear con él para que no se le caiga continuamente. Al final, la propia Chus acude a prestarle ayuda.

—Tiene que ajustarlo más.

—Es que me queda pequeño —dice el viajero, mientras lo intenta.

Por fin, consigue ajustárselo y viajero y guía inician la visita a la catedral. Una visita que es la segunda que los dos hacen en pocos meses.

La visita, como entonces, se realiza mientras las obras siguen su curso normal. De ahí la necesidad de ponerse el casco y de ahí que la experiencia sea tan original. Al contrario que en otros edificios, donde se prohíbe el paso a las obras, aquí éstas forman parte de la propia visita de los turistas. Aunque, a lo que parece, hoy no hay mucha actividad. Apenas cinco o seis hombres se ven trabajando ahora.

Pero el ruido es incesante. Mientras Chus le va contando, desde lo que fuera el ábside, la larga historia del edificio, el viajero oye los golpes y el ruido de los sopletes que la interrumpen continuamente. Pero la guía está acostumbrada a ello y vuelve a empezar de nuevo, sin perder la sonrisa ni un instante:

—La catedral de Santa María es un enfermo que está en la UVI. Se está tratando, más que de rehabilitarla, de salvarla. De ahí que vea tantos andamios y tanto cable por todas partes.

Y que lo diga. La catedral de Santa María, en cuya nave principal se encuentran ya, en lo alto de una tarima que sobrevuela su presbiterio, parece un barco volcado o un cascarón gigantesco vaciado en su interior. Toda su decoración, tanto pictórica como escultórica, ha sido retirada de sus sitios (salvo el órgano, que está cubierto con unas lonas) y, a falta de ella, los cables y los sopletes de los obreros le dan a la catedral el aspecto de un enfermo al que mantienen artificialmente.

Como rememora Chus, todo comenzó hace años cuando se reunieron diversas instituciones de la ciudad para intentar salvar una catedral que permanecía cerrada desde hacía tiempo. Concretamente desde que, en 1994, el cabildo vitoriano decidió no volver a abrirla tras caer, en una boda, un fragmento de piedra de la bóveda.

Precisamente la bóveda fue la culpable de su ruina. Según Chus, la catedral, de estilo gótico y no muy grande, fue construida como una iglesia y, como tal, tenía una bóveda de madera. Pero, a raíz de convertirse en colegiata cuando Vitoria empezó a crecer allá por el siglo XV, los vitorianos quisieron darle mayor empaque y, aparte de abrir capillas, sustituyeron la primitiva bóveda de madera por una nueva de piedra para la que el edificio no estaba preparado. Los cimientos comenzaron a fallar y las columnas a desplazarse y la catedral empezó a amenazar ruina hasta el punto de obligar a una intervención de urgencia apenas años después del cambio de bóveda. Desde entonces hasta hoy, las intervenciones han sido casi continuas, lo que no ha impedido que la ruina haya seguido en aumento, sobre todo en los dos últimos siglos. Por eso, dice Chus, la que está en marcha se está haciendo a conciencia, comenzando desde los cimientos.

—Como ve, han aparecido cientos de enterramientos, que es lo que más le gusta ver a la gente —le dice Chus al viajero, subidos a la tarima que se asoma a las tres naves principales (debajo de ella, los sopletes siguen levantando chispas)—. Y las excavaciones están obligando a los arqueólogos a revisar la historia de Vitoria —desvela Chus, como gran sorpresa; y, a continuación, se explaya en un sinfín de detalles que el viajero escucha con atención, pese a que la mayoría son para especialistas.

Contempladas las naves y el crucero, cuya desnudez total las hace parecer mayores, la visita continúa por la parte alta del templo. Por el antiguo paseo de ronda, prueba de su carácter defensivo y desde el que se ve, hacia el norte, el monte Gorbea, la montaña sagrada de los vascones, y luego, ya otra vez dentro, la capilla de Santiago desde el coro y el delicado triforio, verdadero paso de ronda del interior. Aquélla, que es la única en activo y que es, por ello, en la que se celebra el culto (la gente entra por una puerta que da a la calle Cuchillería), parece desde allá arriba una gran bodega gótica (en la que fermenta el tiempo, en vez del vino de misa), y el triforio, que no se enseña a la gente —«sólo a los enchufados», dice Chus, cuando están en él—, es una gran filigrana que al viajero le recuerda a las de Burgos, sólo que vista desde su interior. De hecho, produce vértigo asomarse a ella, de tan alta y estrecha como es.

Pero hay que hacerlo, a pesar del vértigo. La visión desde allá arriba de la catedral en obras es casi un sueño fantasmagórico. Según Chus, desde allí se ve mejor que desde ningún sitio la inclinación de los arcos y el torcimiento de las columnas, que alcanza a veces hasta los treinta centímetros. Y ello a pesar de los arcos de sujeción que les incorporaron en alguna intervención y que los vitorianos llaman del miedo, pues saben para lo que fueron hechos.

—Ahora la catedral está estable —le dice Chus al viajero, quizá por tranquilizarlo—. ¿Ve esos cables de ahí? —el viajero asiente, mirándolos—. Son sensores que miden los movimientos del edificio y que envían los datos por ordenador a dos laboratorios, uno en Bilbao y otro en Roma.

—¿Y cuánto cuesta todo esto? —le pregunta el viajero, cada vez más impresionado. El viajero está acostumbrado a ver parches en otras catedrales.

—El presupuesto inicial es de cinco mil millones —le dice Chus, orgullosa.

—¡¿Cinco mil millones?! —exclama el pobre viajero, que sabe que la mitad de esa cantidad es la que tienen para las once catedrales de Castilla y de León.

—Cinco mil —repite Chus, encogiéndose de hombros ante su observación.

Están ya de nuevo abajo. Junto al único de los enterramientos que han dejado como estaba (con el esqueleto dentro) para que lo puedan ver los turistas y que está enfrente de las dos tumbas que hay en la nave del Evangelio; dos bellos sepulcros góticos que, según comenta Chus, son los mejores de toda Álava. Lo que no impidió que a uno le cortaran un trozo para que entrara en el arco en que está encajado ahora.

Por diferente motivo (por protegerlo de la humedad), se cerró también el pórtico. Con un muro de granito que lo resguarda del frío del norte (el cantón de la pulmonía le llaman los vitorianos al que se abría) y que ha creado un vestíbulo en el que se afanan ahora las restauradoras que se encargan de su recuperación. Es un trabajo de chinos. Con pinceles pequeñísimos, los van limpiando con cuidado, intentando devolverles el aspecto que tuvieron, ya que no la policromía. La perdieron por completo con el paso de los siglos, aunque está previsto recuperarla cuando se abra de nuevo la catedral.

—¿Cómo? —dice el viajero, sin comprender.

—Por medio de proyecciones —dice Chus, que está encantada de verlo tan sorprendido.

Sorprendido y asombrado. Pero también consternado, aunque no se lo diga a Chus (no quiere ofender a nadie), de ver cómo en unos sitios hay dinero para todo, mientras que a otros no llega apenas ni para poner remiendos. Son los signos de estos tiempos.

—¿En qué piensa? —le pregunta Chus, al verlo tan silencioso.

—En nada —miente el viajero, volviendo al pórtico en cuya restauración se afanan las restauradoras mientras Chus continúa explicándoselo: «A la derecha, el Juicio Final... En el centro, la Asunción de la Virgen, la patrona de Vitoria. Aquí decimos la Virgen Blanca... Y, a la izquierda, posiblemente San Gil, aunque esto no está muy claro...».

La visita termina en el propio pórtico. El viajero deja el casco en un cajón y, siguiendo siempre a Chus, sale al cantón de la pulmonía, que, en efecto, hace honor a su sobrenombre: está húmedo y helado como si nunca le diera el sol. El viajero, antes de irse, invita a Chus a tomar un vino.

—Es la una —le dice, para convencerla.

Aunque tampoco precisa animarla mucho. La chica, a lo que se ve, se siente a gusto con él y, además, hoy no tiene gran trabajo. Durante las casi dos horas que llevan juntos, solamente se han cruzado con un grupo de turistas.

—Los lunes son muy tranquilos —le dice Chus al viajero en la barra de La Flor de La Rioja, un bar que, a pesar del nombre, es claramemte *abertzale,* a juzgar por los carteles y por los futbolistas en miniatura que representan, en un estante, a los equipos del fútbol nacional y que, al parecer, construye el dueño del bar: los de los equipos vascos enarbolan una *ikurriña,* mientras que al del Real Madrid, el equipo español por excelencia, lo acompañan dos guardias civiles.

El siguiente vino lo toman en Los Amigos, un local que se traspasa y en el que apenas hay tres clientes, eso sí, con aspecto de habituales. Mientras lo hacen, aparecen en el bar Gonzalo y Carlos, el gerente y el secretario de la Fundación Catedral de Santa María. Saludan al viajero, al que conocen (fueron los que le trajeron a contar su experiencia viajera en Vitoria), y le invitan a almorzar, pero éste, tras despedirse de Chus, que regresa a su trabajo, seguramente animada por la presencia de sus dos jefes, se limita a acompañarlos hasta el sitio en que han quedado (un restaurante en la parte nueva), pues prefiere, como Chus, ir por su lado. Aunque, por el camino, se encontrará saludando, por ir con ellos, nada más y nada menos que al alcalde de Vitoria, que camina en medio de guardaespaldas. ¡Menos mal que quería pasar desapercibido!

La catedral nueva está cerrada. Alzada en mitad de un parque, en el centro de la zona donde enfrentan sus fachadas los edificios más importantes de la ciudad (el Parlamento Vasco y las Juntas Generales, entre otros), en seguida se advierte su artificiosidad. Y es que no ha tenido tiempo de adquirir la pátina y la solera que sólo el paso de éste otorga a los edificios. Ni siquiera llega al siglo el tiempo que ha transcurrido desde la colocación de la primera piedra, que fue en 1906, y sólo han pasado cuarenta y cuatro años desde su consagración como catedral. De ahí que los vitorianos sigan sin considerarla tal y de ahí que haya derivado en museo (de Arte Sacro, reza un rótulo), cerrado hoy, como cada lunes.

Pero la construcción no deja de tener cierto interés. No tanto por su belleza, que es discutible, como por el intento de construir una catedral gótica comenzado ya el siglo XX. Y de tamaño espectacular: cinco mil metros cuadrados, que habrían sido muchos más de haberse llevado a cabo el proyecto entero. Según las guías del viajero, en su concepción primera, la catedral nueva de Vitoria tenía prevista una planta de 118 metros de largo por 48 de ancho, sin contar la capilla parroquial, de 40 por 24 metros, y el claustro, que ocuparía, con su patio y dependencias, otros 1.600 metros cuadrados. Todo ello coronado por dos torres (la catedral vieja tiene una) que elevarían sus chapiteles hasta los 97 metros de altura. En resumen, un gigantesco edificio de estilo arquitectónico ojival que iba a ser la envidia de todo el mundo, pero que se quedó a medio hacer por problemas económicos y quizá también por su gigantismo.

Lo que la ha relegado, al pasar del tiempo, a Museo Diocesano de Arte Sacro, a falta de uno en la catedral vieja, y a lugar de reunión de los adolescentes de la ciudad, que se juntan a charlar y a fumar en grandes grupos al amparo de sus escalinatas.

Los adolescentes de Vitoria están, no obstante, por todas partes. Se nota que todavía no han abierto los colegios. Por los paseos de la ciudad (racionalista, limpia, casi francesa), los jóvenes van y vienen de un sitio a otro, entreteniendo la tarde y matando el tiempo. En general, en la parte nueva, visten modernos y deportivos, pero, a medida que el viajero se interna en la parte vieja, van cambiando de vestimenta. En la Vitoria antigua, hacia la catedral, abren sus puertas los bares y los locales nacionalistas y la gente que en ellos se reúne es la más radical de toda. Aunque todavía es pronto para que muchos de aquéllos estén ya abiertos.

Lo que sí ha abierto ya nuevamente es el acceso a la catedral. Según la chica de recepción, hasta las ocho de la tarde seguirá llegando gente, aunque la última de las visitas dará comienzo a las siete. Por si acaso, el viajero se apunta a la de las seis, no vaya a ser que se quede fuera.

La guía una chica rubia, de nombre vasco: Ainhoa. Según Chus, una de las mejores, aunque todas, le dijo, eran muy buenas. En cualquier caso, Ainhoa lo es, y simpática, a pesar de que el público no le acompaña mucho. Hasta el final de la visita, ya en el pórtico, nadie hace una pregunta.

El viajero, pese a ello, se entera de cosas nuevas; cosas que Chus no sabía o se olvidó quizá de contarle. Aparte de desvelar que el final de las obras se prevé para el año 2010 o que la catedral ha sufrido más de cien intervenciones en su historia, Ainhoa cuenta a sus seguidores cosas tan interesantes como que la escalera de caracol que sube al paso de ronda va girando hacia la izquierda en lugar de a la derecha, que sería lo normal, con el fin de limitarles a los diestros, se supone que la mayoría, el ángulo de la espada o que, por si fuera poco, el pasadizo interior que la continúa es más bajo que el común de las personas para obligar a los atacantes a atravesarlo agachados y facilitar así la defensa a los que resistían dentro.

—No lo entiendo —le dice uno de los chicos que integran la expedición.
　　—¿El qué?
　　—Lo de la escalera.
　　—Pues es fácil —dice Ainhoa, repitiéndolo.
　　Pero el muchacho sigue sin entenderlo. Se ve que no es muy despierto. Al final, el viajero sale en ayuda de Ainhoa y hace de decapitado, para ver si así lo comprende.
　　—Tampoco —responde el chico, decepcionándolos.
　　—Pues si no lo entiendes así... —le dice Ainhoa, cansada.
　　La visita se termina. Tras los pasos de la guía, la gente vuelve hacia el barracón y, a través de éste, a la calle. Por el camino, se cruzan con la visita de las siete, que empieza justo en este momento.
　　—Vete cerrando detrás —le dice Ainhoa a su compañera.
　　El reloj de la torre da las siete. Los vencejos, asustados, se dispersan brevemente por el cielo, pero en seguida vuelven a ocupar sus posiciones; se ve que están ya habituados. Como habituados deben de estar a las obras, que ni siquiera les han hecho abandonar la catedral. Quizá lo haga el invierno, que, aunque todavía lejano, se atisba ya en esta brisa que sopla por las callejas de la Vitoria antigua y menestral, llena de tiendas y viejos bares, y en el cielo encapotado que se extiende hacia el Gorbea, donde habitan las lamias y las leyendas que simbolizan los sueños del pueblo vasco.
　　—¿Y Chus?
　　—Ya se ha ido.
　　—¡Vaya, hombre! —les dice el viajero a Ainhoa y a la muchacha de la recepción—. Me habría gustado despedirme de ella.
　　—Mañana —le dicen, por si aún está.
　　Pero mañana el viajero estará ya lejos de aquí. Se levantará temprano y se irá camino de Bilbao, cruzando el monte Gorbea, en su peregrinaje por las tres provincias vascas. Peregrinaje que proseguirá después por Navarra y La Rioja, que en tiempos pertenecieron al mismo reino, el antiguo reino navarro, del que continúan formando parte, al menos en el espíritu. Ese espíritu que alienta por estas viejas callejas que el viajero

cruza ahora con el atardecer y en las que ya han abierto sus puertas todos los bares que las jalonan. La mayoría de ellos independentistas, a juzgar por los carteles y las pintadas que los adornan. Aunque los hay también de otro tipo: a favor de la escuela pública, del sexo sin coacción, del circo sin animales...

En la parte nueva, en cambio, los bares están más pulcros. Tan sólo un cartel repite en algún escaparate la llamada al homenaje que se celebrará a las ocho, en la cercana plaza de España, al político vasco Mario Onaindía, un histórico ex etarra reciclado en socialista y escritor que ha fallecido hace pocos días y que simboliza en su trayectoria la tragedia de este pueblo dividido y enfrentado frontalmente. De hecho, la plaza entera está tomada por policías, amén de por guardaespaldas. Al viajero, al menos, se lo parecen, por la forma en que lo miran cuando llega.

Y cuando se va de allí. Cosa que hace después de escuchar un rato a los intervinientes (todos ellos compañeros o amigos del homenajeado), cuando comienza a llover más fuerte, empujando a la gente hacia los soportales. El viajero, que hoy no ha comido, empieza a necesitar un pincho con cierta urgencia.

Personajes de Bilbao

Entre Vitoria y Bilbao —apenas 66 kilómetros y todos por autovía—, al viajero ni siquiera le dio tiempo de detenerse a ver el paisaje. Aparte de que tampoco hubiese podido verlo. Entre Vitoria y Bilbao, como seguramente a esa hora ocurría en todo el País Vasco, la niebla era tan espesa que no dejaba ver ni la carretera. Por eso, cuando, al cabo de un buen rato, la ciudad del Nervión surgió de aquélla, el viajero se sobresaltó. ¿Tan cerca estaba Bilbao?

Ahora sí, con la autovía; que, antes, cuando todavía se iba por la carretera antigua, se tardaba más de una hora en llegar de una ciudad a otra. Al menos eso dice el conserje del hotel en que el viajero deja sus cosas antes de irse a desayunar al Café Iruña. El viajero dejó a propósito el desayuno para Bilbao con el fin de poder hacerlo en este café que es visita obligada para él cuando está aquí. No en vano lo considera uno de los más bellos de toda España.

El café, además, está de fiesta. Según reza un gran cartel, este año cumple su centenario, que se celebró exactamente el 7 de julio, festividad de San Fermín, el patrono de Pamplona. La fecha no es una coincidencia, ya que su fundador fue un navarro, según dice el camarero, lo que explica también el nombre del bar: Iruña es Pamplona en vasco.

—¿Qué va a tomar?

—Un café —pide el viajero, observando los mil pinchos diferentes que se alinean en el mostrador, siguiendo la tradición de la tierra. Al viajero, aunque aún es pronto, su visión le ha despertado el apetito.

Y el optimismo. Cosa que necesitaba después de dormirse anoche escuchando todavía los ecos del *Viaje a Ítaca,* la canción de

Lluís Llach que acompañaba a cada una de las intervenciones de los participantes en el acto de homenaje a Mario Onaindía; una música tan triste como el cielo de Vitoria a aquella hora. Así que, ahora, se siente ya mejor, con el estómago lleno por lo menos, mientras camina por la Gran Vía hacia el Arenal, por cuyo puente entrará en las Siete Calles.

Las Siete Calles de Bilbao son más de las que su nombre dice. Son siete calles, es cierto, atravesadas por otras varias y arracimadas junto a la ría (en la curva del meandro que ésta forma entre los puentes de San Antón y del Arenal), pero dan nombre a toda una zona, la más vieja y castiza de Bilbao. Somera, Artecalle, Tendería, Belosticalle, Carnicería Vieja, Barrencalle y Barrencalle Barrena son sus nombres, que forman como un rosario en el imaginario y en el mapa de la ciudad; un mapa que empezó aquí cuando los moradores de la original Bilbao cruzaron el río Nervión para fundar en esta ribera un pueblo de pescadores que adquirió carta de naturaleza cuando el Señor de Vizcaya don Diego López de Haro se la dio, el día 15 de junio del año 1300.

Por entonces no existía todavía la que hoy es la principal iglesia de Bilbao. Aunque parece ser que, en su mismo sitio, en el corazón de las Siete Calles, se levantaron antes hasta dos templos (uno de ellos anterior al 1300), la hoy catedral de Santiago no se empezó a construir hasta el final del siglo XIV, no acabándose sus obras hasta prácticamente el siglo XX. Y todavía continuaron tras su consagración como catedral en el año 1955, a raíz de la creación de la nueva diócesis bilbaína. Lo que explica, entre otras cosas, como el viajero verá en seguida, el buen aspecto que tiene, comparado sobre todo con el vetusto de los comercios y de los edificios que la rodean.

Como se alza, además, sobre una plaza en la que desembocan prácticamente todas las calles del casco viejo, realza aún más su presencia, pese a que no es nada del otro mundo. Por lo menos a juzgar por su fachada, de estilo neogótico y con una torre exenta no muy grande.

—No, la de León no es. Ni la de Burgos —dice el mendigo que está a la puerta, esperando ya al viajero con la mano preparada.

HORTZAK
ERAKUTSI!!
AMNISTIA
ASKATASUNA
EUSKAL PRESO POLITIKOAK ETXERA

Es un mendigo muy culto. De unos treinta y tantos años y aspecto de drogadicto, viste, no obstante, muy bien y parece que sabe de lo que habla.

—Es que yo soy de León —le confiesa al viajero, sonriendo, sin saber que éste es paisano suyo.

El viajero tampoco se lo dice. Prefiere guardarse el dato, no vaya a ser que le reconozca y se le pegue ya todo el día. Aunque le gustaría saber qué hace en Bilbao su paisano, y por qué está aquí mendigando ahora, y por qué no ha vuelto a la tierra si es que las cosas le van tan mal.

—¿Hace mucho que no vas? —le pregunta, dándole una moneda.

—Dos años —le dice el otro.

El interior de la catedral sorprende por su limpieza. Parece que la hubieran estrenado hace dos días. Puertas, pisos, esculturas, todo está muy limpio y nuevo, como si efectivamente acabaran de estrenar la catedral. La razón la da el folleto que el viajero coge a la puerta: no hace mucho que se ha terminado una restauración a fondo del edificio, desde su arquitectura a su decoración. El folleto no dice lo que ha costado, pero el viajero se lo imagina a juzgar por lo que está costando la de Vitoria. Definitivamente, se ve que en el País Vasco tienen dinero.

El dinero, sin embargo, no lo puede lograr todo. Aunque está muy limpia y nueva, la catedral de Bilbao da a la vez una gran sensación de frialdad. Desnuda, sin grandes obras, con un órgano moderno y un altar de piedra blanca sin más misterio ni adornos, la catedral de Bilbao parece más una reconstrucción moderna que una auténtica y antigua catedral. Pero lo es. Si no antigua como tal, sí como iglesia o abadía, que es lo que sugiere el claustro que se muestra en el plano del folleto, aunque no pueda verse ahora. Sus puertas están cerradas, como la mayoría de las de la catedral.

Son puertas nuevas, de roble, recién hechas y pulidas, como ocurre también con las bancadas. Todavía huelen a madera cuando uno se acerca a ellas. El viajero lo hace mientras contempla esta pequeña catedral cuya elegancia le viene precisamente de la falta casi total de ornamentación. Como, además, carece de coro (el que hay es un sucedáneo) y el presbiterio se abre a la girola, produce una sensación de desnudez que hasta hace sentirse extraño al que llega. Y más esta mañana, en que apenas hay nadie en la catedral.

Pero esa misma desnudez permite verla mejor. Sin miradas indiscretas ni nadie que le vigile, el viajero puede vagar a sus anchas, deteniéndose donde le parece y acercándose a mirarlo todo. Las capillas, además, están abiertas, al revés de lo que suele ser normal en estos sitios, lo que le permite entrar dentro de ellas y observar a su antojo lo que contienen. Lo cual se explica quizá por su extremada pobreza, pues, salvo un par de sepulcros góticos y una torre eucarística de piedra, en la del eje de la girola, lo que guardan las capillas no tiene gran interés.

La arquitectura de la catedral, en cambio, es mucho más atractiva. De gran pureza constructiva y dimensiones no muy extensas, sus tres naves principales y la correspondiente del crucero tienen un trazo tan uniforme y un color tan delicado —al contrario que por fuera, que eran blancos, los sillares aquí son más tostados— que hacen que las bóvedas parezcan flotar sobre las columnas en lugar de apoyarse en ellas. Arriba, las crucerías y, a media altura, el triforio, que recuerda vagamente al de Vitoria, les dan aún más levedad, levedad que acentúan las vidrieras (de cristal blanco en su mayoría) y los tres grandes rosetones, el de los pies y los de los brazos, uno de ellos en forma de triángulo ovalado.

Pero ya está vista. En apenas media hora, la catedral ya está vista y todavía no son las doce. ¿Qué hacer hasta el mediodía?

Verla por fuera, quizá. Por el sur y por el norte, que ha de ser su parte pobre. O, al menos, suele serlo en estos templos que se convirtieron en catedrales después de hechos.

Pero el viajero está equivocado. Lo descubre en cuanto asoma a la puerta lateral del mediodía, que está abierta, y encuentra el pórtico que la guarda. Un pórtico renacentista de dimensiones tan fabulosas como extraña es su traza triangular.

Saliendo de él, el viajero rodea la catedral. Lo hace de sur a norte, en dirección contraria al sol que ahora alumbra (por poco tiempo, desgraciadamente) estas viejas callejuelas por las que la gente va a sus asuntos, llenándolas de animación. Es laborable y, quien más, quien menos, todos tienen que hacer en la ciudad.

Las compras, por ejemplo, que tienen uno de sus centros en estos viejos comercios y en estas pequeñas tiendas que se reparten todos los bajos, sin respetar siquiera los de la catedral. Y es que, en las curvas del ábside, hay metidas a modo de capillas pequeñas tiendas de madera, de escaso fondo, es verdad, pero de inmejorable e insólito emplazamiento. La dependienta de la que hace de heladería, que es joven, no sabe siquiera el tiempo que llevan allí incrustadas.

—¡Toda la vida! —dice, mirando al viajero, con aire de pensar qué cosas tiene que escuchar una.

Por la fachada del norte, la pared del claustro impide que haya tiendas adosadas a la fábrica. Al revés, desanima incluso a aquéllas a establecerse enfrente de ella, tan fría y fuera de paso es la calleja que la rodea. Solamente una puerta clausurada y las copas de árboles que se asoman por encima del alero le dan un aire de humanidad a este estrecho callejón por el que el viajero pasa sin encontrar a nadie por el camino. En verdad, son dos caras muy distintas las que presenta esta catedral.

Ahora está ya de nuevo ante la más conocida. La de la plaza; esta plaza pequeña e irregular en cuyo centro una fuente sirve de alivio, los días que hace calor, a dos pequeñas terrazas. Incluso hoy, que la mañana está muy cambiante.

—Y que lo diga —dice el pobre de la puerta, que se aburre en su puesto tantas horas. Aunque en seguida cambia de expresión, al ver cruzar por la plaza a una chica con una falda de vértigo—. ¡Eso es un monumento y no esto! —exclama, por la catedral.

El viajero está de acuerdo con él, pero se calla la boca. El viajero es más tímido o discreto y no se atreve a decir lo mismo. Aunque se queda, como el medigo, observando boquiabierto a la chica mientras pasa.

—¡Olé! —jalea aquél sus andares.

La muchacha se pierde por una esquina y el viajero vuelve a la realidad. La de la catedral, que continúa vacía a esta hora para disgusto de Enrique, que así se llama el mendigo, quien no lleva recaudado a estas alturas más que el euro que el viajero le dio antes.

—Me dan ganas de marcharme...

Pero ya queda poco para la una. Que es la hora, según dice, a la que cierran la puerta las monjas para comer.

—¿Qué monjas?

—Las que cuidan la catedral —dice Enrique, sorprendido de que el viajero aún no las haya encontrado.

Son dos o tres, según dice, y están en el edificio que hay a continuación de la torre, adosado a la base de ésta y al claustro. Un edificio que alberga, según Enrique, el mendigo, la sacristía y los diferentes despachos y dependencias de la parroquia. Incluidas entre ellas las viviendas de los párrocos.

—¿Y se puede hablar con ellas? —le pregunta el viajero, con la esperanza de que las monjas le vendan alguna guía que cuente algo de la catedral. Es tan nueva que el viajero no ha encontrado nada escrito sobre ella.

—Llame en la sacristía —le dice Enrique.

—No hay nadie.

—¿No hay nadie? —repite Enrique, extrañado—. Pruebe a llamar por aquí —le aconseja al viajero, asomándose a la plaza, señalando la puerta del edificio que se alza al lado.

Tiene aire de convento. Con las ventanas seguidas y un portal con escalera que parece una portería. En él destaca un cuadro de timbres con los nombres de las dependencias.

El viajero llama al que dice «Sacristía».

En seguida, abren la puerta. Lo hace una monja con gafas, vestida como las de Palencia.

—Buenos días.

—Buenos días.

—Perdone —se disculpa el viajero por molestar—. Ando buscando una guía de la catedral.

—No tenemos —le sonríe la monja, disculpándose por ello—. Lo único que tenemos —invita al viajero a entrar— es un pequeño folleto que editaron con motivo de la restauración.

Mientras lo busca por los cajones, el viajero observa la sacristía, que es grande y muy espaciosa y que reluce como un espejo. Al fondo, se ve la puerta que la comunica con la catedral.

—Antes estuve llamando dentro —dice el viajero a la monja, señalándole la puerta, que tiene la llave puesta.

—No le oí —se disculpa la monja, sorprendida. Y, luego, alargándole el folleto que buscaba y que por fin ha encontrado por los cajones—. Tenga. A ver si le sirve de algo.

—Seguro, muchas gracias... ¿Cuánto cuesta? —le pregunta el viajero, buscando ya el dinero en su bolsillo.

—Nada, se lo regalo —le sonríe la monja nuevamente.

Con el folleto en la mano, el viajero vuelve a la catedral. Lo hace cruzando la plaza, en la que se ve ya gente sentada en torno a la fuente y en las mesitas de las terrazas. Y eso que se ha nublado de nuevo.

—¿Estaban? —le pregunta Enrique, al verlo.

—Había una —dice el viajero, sin detenerse.

El folleto no es gran cosa, pero le servirá de guía. Con fotografías en color, incluye una descripción general del templo y, luego, una más concreta de cada uno de sus aspectos. Nada del otro mundo, a lo que se ve, a juzgar por lo que el viajero lee. Lo hace sentado en un banco, en un silencio casi absoluto.

Cuando termina, se levanta a comprobar lo que ha leído, pero apenas le da tiempo a ver dos cosas. La misma monja de antes, que resulta ser, en efecto, compañera de las de Palencia («¿Cómo lo sabe?», se sorprende de que el viajero lo sepa), aparece para cerrar la puerta. Es ya la una del mediodía.

—¿Y a qué hora vuelven a abrir? —le pregunta el viajero, ya en aquélla, junto a la que continúa Enrique.

—A las cinco —dice la monja, cerrando.

En compañía de Enrique, al que ha empezado a coger aprecio, el viajero toma el aperitivo en el bar de enfrente y, luego, cuando aquél se va a comer, quién sabe dónde ni qué, se dedica a pasear las Siete Calles. Es mediodía y la gente va y viene de un sitio a otro, tomando el aperitivo o terminando de hacer la compra. Aunque la mayoría viene de hacerla ya del popular mercado de La Ribera, un edificio racionalista alzado al borde de la ría y que tiene forma de trasatlántico. Incluso tiene una chimenea y toca una sirena cuando abre y cuando cierra, como los trasatlánticos de verdad.

Enfrente de La Ribera, junto a una charcutería en cuyo escaparate se amontonan los carteles con las ofertas del establecimiento: «Solomillo», «Morcillas de Villarcayo», «Costillas», «Chorizo fresco casero»..., un negro enorme, como de plantación de esclavos, canta una canción melódica acompañado por la música enlatada que sale del equipo que él mismo va programando. Es Pascual, guineano y euskaldún según declara («Llevo ya treinta y cuatro años aquí»), y que, por lo que se puede ver, es toda una institución en el barrio. Pascual, que llegó a actuar en televisión («en el programa de José María Íñigo») y que baila mientras canta, parece un negro de plantación, a pesar de su repertorio, que es más moderno:

—«¡Agua dulceee!... ¡Agua saladaaa!...»

En el restaurante de la Peña del Athletic del Casco Viejo, en la calle de la Pelota, un local lleno de fotos y de pinturas alusivas al equipo de fútbol más importante de la ciudad, hasta los camareros visten de rojo y blanco. Y se come bien y barato. El público, a lo que parece, es del barrio y habitual, aunque también se ve algún turista. A la hora de pagar, el viajero le pregunta al camarero:

—¿En qué categoría juega el Athletic?

Lo dice con cara seria, como si de verdad quisiera saberlo. El camarero —la bandeja en una mano y una botella en la otra— le mira como si fuera un ser de otro mundo.

—¡En Primera División!... —exclama, más que responde, justo al tiempo que el viajero, con una sonrisa irónica, le declara que lo sabe y que le estaba tomando el pelo—. ¡El Athletic es el mejor equipo del mundo! —se recupera por fin del susto, sonriendo, el camarero.

De todo ello, el viajero toma nota en su libreta en otro café hermosísimo y más antiguo aún que el Iruña: el Boulevard, en el Arenal, frente por frente del teatro Arriaga. El Boulevard, con sus vidrieras modernistas y su mobiliario de época, está tal cual lo hicieron en 1871, casi a la vez que el teatro. Y, por si le faltara algo, desde sus cristaleras se ve, al otro lado de la ría, la silueta modernista de la estación de Santander o de La Concordia, que de ambas formas se llama esta bellísima muestra de la arquitectura civil bilbaína. ¡Como para no quedarse allí hasta las cinco, tomando notas y viendo pasar la gente, aun a riesgo de quedarse dormido mientras tanto!

Dormido no, pero sí traspuesto. Cuando, en alguna parte, un reloj desgrana las cinco, al viajero le ha dado tiempo a tomar sus notas, incluso a revisar las de Vitoria, y hasta a quedarse un rato dormido. ¿Puede haber más felicidad?, piensa mientras se levanta.

—¿Qué tal? —le saluda Enrique, que ya ha ocupado su sitio, cuando le ve llegar a la catedral.

—Bien —le responde el viajero, que todavía no ha conseguido despertarse por completo.

A las cinco y media de la tarde, la catedral está tan vacía como por la mañana. Solamente dos mujeres rezan en un lateral, ante la talla de un Cristo crucificado. El Cristo del Amor, según dice el folleto de la monja, que lo atribuye a Guiot de Beaugrant y lo fecha en 1543.

Con el folleto de la monja, que, aunque no es muy detallado, sí contiene información de muchas cosas, el viajero se dedica a recorrer la catedral y las capillas, una por una. Como ya observó esta mañana, no guardan grandes tesoros. Solamente dos sepulcros, góticos, de pizarra, pertenecientes a dos matrimonios nobles, los Arbieto y los Arana, que ocupan sendas capillas, y la torre eucarística de la del eje de la girola (que procede, según el folleto, de la iglesia de San Pedro de Mendexa) merecerían esa consideración. Aunque el autor de aquél se la dé también a la capilla de los Remedios, que contiene un relicario con huesos de San Melquíades, San Nemesio, San Saturnino, San Gabino y ¡de una de las once mil vírgenes! (a saber de cuál de ellas), y a la de Santa Marina, de planta rectangular y sin ninguna gracia, pero que cumple la alta función de acoger a los obispos que han muerto y que irán muriendo en la joven diócesis bilbaína. De momento, son sólo dos: don Pablo Gúrpide

Beope, que lo fue entre el 1956 y el 1968, y don Antonio Añoveros Ataún, aquel obispo que se enfrentó al mismísimo Franco y que fue relevado por ello de su función, que desempeñó entre los años 1971 y 1978. Lo mejor son sus lemas episcopales: «Dame las almas, quítame lo demás», el de Gúrpide, y «No he venido a ser servido, sino a servir», el de Añoveros.

El primer obispo de Bilbao, don Casimiro Morcillo, no yace en esta capilla (de Bilbao pasó a Madrid), pero su memoria queda en una lápida conmemorativa de la consagración de la catedral. Está en la nave del Evangelio, junto a la puerta de acceso al claustro: *Esta santa iglesia catedral basílica fue consagrada por el Excmo. y Rvdmo. Sr. D. Casimiro Morcillo, primer obispo de Bilbao, el día XXX de diciembre de MCMLV*. Debió de ser todo un acontecimiento.

El viajero ya ha terminado. Sólo le queda por ver la cripta que se esconde debajo del presbiterio, pero que está cerrada con reja, y el claustro, que, al parecer, sólo lo abren si alguien lo pide y si el párroco está por la labor.

—¿Y si pregunto? —le sugiere el viajero a Enrique, que es el que se lo ha contado.

—Pruebe a ver —le dice éste, señalándole otra vez la puerta del edificio de la parroquia—. El no ya lo tiene —dice.

Así que aquí está el viajero volviendo a entrar en la portería y tocando de nuevo el timbre, ahora el que corresponde al párroco. En seguida, le responde una voz joven a través del telefonillo:

—¿Quién es?

—Buenas tardes —carraspea el viajero antes de seguir—. Quería ver el claustro, si es posible.

El dueño de la voz tarda en responder un poco:

—Bueno... —duda, antes de conceder—: Pero muy rápido —y, a continuación, se calla para aparecer de nuevo, al cabo de unos segundos, por una puerta—. Es que me tengo que ir dentro de muy poco —dice, abriendo la de la sacristía.

No tiene aspecto de cura. Ni lleva ninguna prenda que le identifique como sacerdote. Pero lo es. Uno de los dos curas que llevan esta parroquia que es, a la vez, la catedral de Bilbao.

Y, aunque tiene prisa, según ha dicho, es cordial y se muestra muy amable:

—Diez minutos —le concede al viajero para verlo, tras abrirle la puerta que comunica la catedral con el viejo claustro.

El cura se va a sus cosas y el viajero accede a éste con la impresión de hacer algo prohibido, dada la soledad en la que se encuentra. Es pequeño, de estilo gótico, con cuatro arcos por cada lado. Y, consecuentemente con éstos, con cuatro verdes parterres y cuatro árboles, uno por cada parterre. Lástima que, por un lado —el que mira al norte—, asomen los edificios que lo rodean y que, por otro —el que da a poniente—, haya sido recrecido para acoger una planta más del edificio de la parroquia. Porque el claustro es francamente muy hermoso.

Pero no hay nada dentro de él. Fuera de su arquitectura, sólo un puñado de lápidas y tres o cuatro sepulcros se reparten las crujías de este espacio que parece abandonado y encastrado. Y eso que, al abrir la puerta, ha comenzado a llegar más gente.

El que se ha ido es el cura. Ha pasado ya un buen rato desde que se fue diciendo que volvía en unos minutos y, o bien se ha olvidado de ello, o bien cambió de opinión. Cosa que se le agradece, pues en el claustro se está muy bien. Sobre todo en este momento, en el que vuelve a salir el sol.

Cuando no debió de salir, y en días, fue en el verano de 1983. Así al menos se deduce de la inscripción que indica, junto a la puerta, el nivel que alcanzó el agua en las inundaciones de aquellas fechas: nada más y nada menos que 3,45 metros; esto es, por encima de los arcos. La señora Mari Carmen, cuya vida cambiaron, y de qué modo, aquellas riadas (trabajaba en un comercio que cerró a consecuencia de ellas) y que es asidua de la catedral, las recuerda como si fueran hoy:

—El agua subía por las paredes, lo arrasó todo. Fue un desastre...

Pero, veinte años después, de aquel desastre sólo queda su memoria en las gentes de Bilbao. Salvo algunos comercios y almacenes, como en el que trabajaba la señora Mari Carmen, que aprovecharon para cerrar, los demás volvieron a abrir sus puertas y continúan manteniendo, igual que durante siglos, el

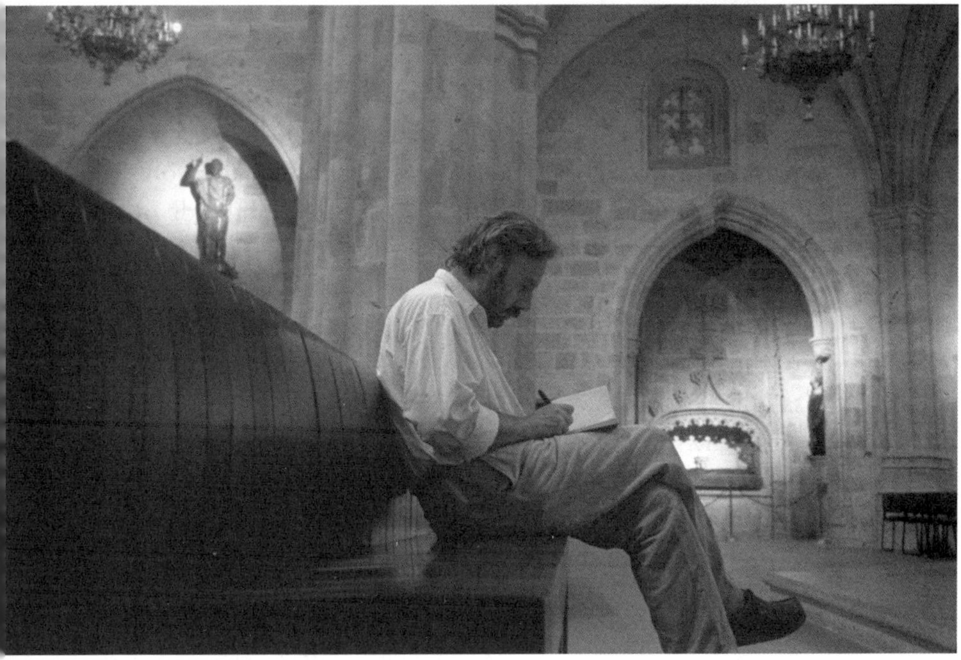

espíritu del barrio. Ese espíritu que se manifiesta en todos y cada uno de sus establecimientos, pero que adquiere su principal prestancia en lugares como los Ultramarinos Finos Gregorio Martín. *Especialidad en bacalao remojado todos los días.* El texto está grabado (junto con el teléfono: el 13707 de Bilbao) sobre una bacalada de hojalata que cuelga sobre la puerta, en la esquina de Artecalle y el cantón que la atraviesa. Ibinarriaga, el dueño del comercio que hay enfrente, no tiene ninguna duda. En cuestión de bacalao, asegura, Bilbao no admite comparación. Y eso que su principal receta, que es el pil-pil, es hija de la necesidad. Al parecer, según sostiene Ibinarriaga, que, a pesar de ser, según dice, enjuto y coliencefálico, tener el trasero magro, RH negativo y cuatro apellidos vascos («todo lo que manda Arzalluz»), se considera español (eso sí, mirando hacia los lados, para comprobar que nadie le escucha), la idearon los bilbaínos durante el cerco carlista del XIX ante la falta de otros alimentos.

—Y mire qué resultado...

El viajero se libra de Ibinarriaga, que, aunque entretenido y culto, no escucha ni deja hablar, y, callejeando un poco, regresa a la catedral. Lo hace por despedirse de Enrique, pues ésta ya la tiene más que vista y remirada. Enrique sigue en su sitio, aprovechando, parece, hasta el último momento. Se ve que hoy no ha recaudado mucho.

—Ha habido días peores —dice, con resignación.

La monja de la mañana aparece para cerrar la puerta y en seguida van saliendo los últimos visitantes. Lo hacen sin mirar siquiera a Enrique.

—Hasta mañana —dice la monja, volviendo a cerrar de nuevo.

—Hasta mañana —se despiden el viajero y el mendigo al alimón.

Los dos se han quedado solos. Uno porque ya lo estaba y el otro porque le gusta. El viajero le da a Enrique todo lo que lleva suelto (casi seis euros en monedas) y, sin esperar por él, se aleja caminando hacia la ría, donde toma el tranvía que desciende por su orilla hasta la Universidad de Deusto para ver el anochecer sobre el Guggenheim, el moderno edificio de titanio proyectado por Frank Gehry como museo de arte contemporáneo, pero que se ha convertido ya en la nueva catedral de la ciudad.

    Mañana será otro día.

La pelota vasca

San Sebastián está a una hora de Bilbao por la autovía que cruza entero el País Vasco. En su camino, atraviesa, pues, la médula de esta tierra que algunos quieren independiente y otros parte inequívoca de España. Sin entrar en la discusión (salvo en sus métodos, por supuesto: no se puede matar a nadie), el viajero pasa de una impresión a otra según con quién se cruza o qué paisaje ve, incluso según su ánimo en cada momento. Siempre le ha ocurrido así y así le vuelve a ocurrir mientras contempla desde su coche los verdes paisajes vascos y los pueblos y ciudades que van quedando a los lados: Amorebieta, Durango, Ermua, Éibar, Elgóibar, Zarauz... En esta última localidad, la autovía sale al mar (el otro paisaje vasco) y ya no lo abandona hasta llegar a San Sebastián. Que está a muy pocos kilómetros, oculta tras las montañas.

San Sebastián es ciudad pequeña, pero parece mayor por su emplazamiento. Aprisionada entre el mar y las montañas, se ha ido extendiendo entre éstas como un Río de Janeiro en miniatura. Y con otra arquitectura, por supuesto. La que recuerda por todas partes aquella época neorromántica de las estancias reales en la ciudad que hicieron de ella durante un tiempo, el que va del XIX a la República, la capital del veraneo aristocrático. Lo cual explica su situación (de cara a su bahía y al océano) y su propia arquitectura, que tanto contrasta con la de su entorno. Al menos en el centro, al que el viajero se acerca ya.

El viajero va junto al Urumea. Avanza junto a ese río que es río y ría a la vez y que sirve de espejo a esos edificios (el hotel María Cristina, el teatro Victoria Eugenia, el moderno museo del Kursaal...) que aparecen en todas las postales y en los carteles de su Festival de Cine. Carteles que ya ocupan la ciudad, pues éste se celebra ya muy pronto.

Pero el viajero no ha venido al Festival, ni de visita a San Sebastián. El viajero viene a ver su catedral, que es un misterio para él. Apenas ha encontrado nada escrito sobre ella y ni siquiera recuerda haberla visto otras veces. Cosa que no es de extrañar, teniendo en cuenta el carácter de sus viajes y visitas anteriores.

Pero la catedral existe. Se llama del Buen Pastor y la señalan ya los letreros, lo que indica que no debe de estar lejos. A 150 metros, según el último, que se refiere más al aparcamiento que se llama como ella, sin duda porque está cerca.

No es que esté cerca, es que está debajo. Cuando por fin avista la catedral (o lo que se supone que ha de ser ésta: un edificio neogótico con una aguja imponente), el viajero se ve empujado al aparcamiento que, según parece, ocupa las catacumbas del templo. De hecho, se llama del mismo modo y sus salidas dan directamente a él.

Mejor dicho: al jardín que lo rodea. No en vano la catedral ocupa una gran cuadrícula del ensanche de San Sebastián; aquellos arenales y marismas que, al decir de los cronistas de la época, llenaban toda esta zona cuando, a mediados del XIX, la entonces villa marinera vio caer y desbordarse sus murallas. Se nota en el trazado de las calles, de crucigrama, muy rectilíneas, y en la factura de los edificios, todos de la misma época.

Por eso, desentona aún más esta catedral. Pues, construida a la vez que ellos, esto es, a finales del siglo XIX, adoptó, por contra, otro estilo, que no es el dudoso neogótico de la catedral nueva de Vitoria y de la fachada de la de Bilbao. ¿De dónde vendrá este gusto de los vascos por el gótico?

La razón no la conocerá el viajero hasta que consiga el libro que cuenta los avatares de la construcción de esta catedral. Mientras tanto (mientras lo busca inútilmente en un par de librerías), tendrá que imaginarla por su cuenta, pues nadie se la va a decir. Y menos los jubilados que pasean junto a ella, aprovechando que no llueve hace ya rato.

Menos se la va a decir el pobre que está a la puerta. Entre otras cosas, porque apenas habla castellano. Es rumano y está tirado en el suelo, acompañado por dos muletas y tocado con un gorro prosoviético, y no para de moverse todo el rato; como si tuviese el baile de San Vito. Detrás de él, sobre la puerta, un frío cartel indica: *Por favor, apague su móvil. Para hablar con Dios no lo necesita.*

El viajero obedece, no porque vaya a hablar con Dios, sino por educación. El viajero, aunque rebelde, es educado y procura cumplir con todas las normas, siempre y cuando le parezcan razonables. Y esta del móvil lo es y más teniendo en cuenta que, cuando él entra en la catedral, acaba de comenzar una de las misas que, al decir de otro cartel, hay a lo largo del día. La de las once, que, al contrario que alguna de las otras, se celebra toda ella en castellano.

Mientras discurre la misa, a la que asiste bastante gente, el viajero se dedica a observar la catedral. Como por fuera, es desmesurada y parece hecha de cartón-piedra. No es que dé sensación de nueva; es que lo es realmente. Y la misma impresión producen las esculturas y hasta las propias vidrieras, tan coloridas que parecen de mentira.

Lo más natural que hay son, sin lugar a dudas, los bancos. Esos bancos de madera en los que se alinea la gente que asiste en este momento a la misa que celebra un cura viejo, pero de dicción potente, y en los que busca sitio el viajero para, desde ellos, poder ver mejor el templo. Es tan enorme que, desde atrás, apenas si se ve entero.

Como cualquier templo gótico, tiene tres naves, amén de la del crucero. La principal es mucho más ancha y la separan de las laterales cinco robustas columnas que se hacen más pequeñas al llegar al presbiterio. Éste no tiene retablo. Simplemente lo preside la imagen del Buen Pastor (moderna, como las otras) y lo rodean por ambos lados los tramos correspondientes de las dos naves laterales, que aquí son dobles y que terminan en sendos muros, sin llegar a formar una girola. Aunque en sus cabeceras hay sendas puertas que dan a otras dependencias.

Desde donde está el viajero, apenas se ven retablos ni imágenes de interés. Al contrario, los que se ven parecen de yeso, como el monaguillo-peto que alarga su cepillo desde el pie de la columna que separa el presbiterio de la nave de la Epístola. Aunque la gente no le hace ningún caso. Está atenta ahora a la misa, que prosigue rutinaria (en esto no hay diferencias entre regiones y autonomías) y que termina con el anuncio por parte del sacerdote de la novena que empieza hoy en Santa María en honor de la Virgen del Coro, la patrona de San Sebastián. Y, para celebrarlo, canta una estrofa, que en seguida es secundada por el público: «¡Oh, Virgen del Coro, / madre de piedad, / bendice a tus hijos / de San Sebastián!».

Cuando la canción termina, el cura entra en la sacristía y la gente se dispersa hablando un poco entre ella. El viajero aprovecha ese momento para hacer lo propio con su vecina: una señora mayor, con una mueca en un ojo y que en sus buenos tiempos debió de ser muy hermosa.

La señora, que resulta ser andaluza (cordobesa, por más señas), pero que lleva aquí media vida (se casó con un aviador que la dejó viuda hace ya tiempo), conoce bien la ciudad y responde sin beaterías. Según ella, aunque esté aquí, esto no es una catedral. Lo es porque la consagró el obispo, pero no porque el público se lo crea. La catedral para los donostiarras, dice, es la iglesia de Santa María.

Por lo demás, la señora, que no tiene mucha prisa (ya se ha ido todo el mundo y ella sigue de charla con el viajero), le dice que no sabe si existen guías de la catedral y que, de haberlas, las tendrá la sacristana en su cuartucho.

Cuando la mujer se va, el viajero se dedica a recorrer la catedral, que ahora limpian dos señoras, pese a que está como una patena. Las dirige otra señora un poco mayor que ellas.

—¿Usted es la sacristana?

—La encargada —le corrige la señora, un tanto seca.

—¿Tiene guías de la catedral?

La señora le mira con atención. Le mira así no porque desconfíe de él, sino porque debe de estar pensando algo.

—¿Cómo guías? —le pregunta.

—Guías... Sobre la catedral —dice el viajero, extrañado.
Pero la señora no parece comprenderle. Al menos no en un principio. Aunque, al final, parece que cae, por lo menos a juzgar por sus palabras:

—Hay un libro —dice, moviendo las manos— que habla de la historia de la catedral y de esas cosas... Es lo único que hay.

—¿Y lo tiene en la sacristía?

—Sí, señor —contesta la señora, echando a andar hacia ella.

El viajero la sigue y entra con ella en la sacristía, o, mejor, en el despacho que hay entre la puerta y ésta, al final de la nave de la Epístola. Sobre una especie de mostrador, la mujer tiene dispuestos una serie de folletos y el librito del que hablaba: al parecer, una reedición del publicado ya en los setenta por un tal Luis Murugarren. El viajero se lo queda (a cambio de los dos euros que parece ser que cuesta) y le pregunta a la *sacristana:*

—¿Y cómo es que no hay un sacristán?

—Porque no hay dinero —dice la señora, que, aunque seca, resulta ser amable.

—Entonces..., ¿usted no cobra? —le pregunta el viajero, sin creerla.

—Yo estoy aquí porque quiero —sonríe la señora sin decir ni sí ni no, acompañando al viajero fuera de la sacristía.

—¿Cómo se llama?

—¿Yo?... Demetri —responde la señora, despidiéndose y dejando al viajero con la duda de si Demetri, sin *a*, será o no un nombre vasco.

Hasta la hora de comer, primero en la catedral y, luego ya, a partir de las doce y media, cuando la cierran, sentado en el jardín que la rodea, el viajero se dedica a conocer la historia del templo. Una historia que comienza a finales del siglo XIX cuando las autoridades donostiarras deciden construir una parroquia para que los habitantes de los arenales, que empezaban a poblarse por entonces, no tuvieran que ir a misa a Santa María, trabajo un tanto pesado, «especialmente en las mañanas grises, cuando la playa se unía casi con el río y el viento complicaba mucho las cosas». Tras los correspondientes retrasos y parones del proyecto, se puso la primera piedra, con asistencia de la familia real, que estaba a punto de terminar su temporada de vacaciones en la ciudad, el 29 de septiembre del año 1888. Sigue el relato de Murugarren contando las vicisitudes y el proceso de las obras, incluso el coste de éstas, que fue de un millón y medio de las antiguas pesetas, hasta llegar a su inauguración el 30 de julio de 1897, que revistió toda la importancia que de la magnitud del templo y de lo esperado del acontecimiento cabía imaginar. Según cuenta Murugarren, durante tres o cuatro días hubo fiestas, predicaciones, misas, toros de fuego, verbenas y, por supuesto, chupinazos y repiques de campanas. El organista titular compuso un motete —*Bone Pastor*— para la ocasión y la misa de consagración la ofició el obispo de Vitoria (todavía no existía la actual diócesis de San Sebastián) en presencia de un numerosísimo público y de la familia real al completo, con la reina regente y el ya rey Alfonso XIII, que apenas tenía catorce años, a la cabeza. La iglesia del Buen Pastor quedaba así inaugurada.

Pero todavía no era una catedral. Al margen de que lo sea o no de verdad hoy día, como dudaba la señora cordobesa, la recién inaugurada iglesia no era, a pesar de sus dimensiones, más que eso, ya que San Sebastián ni siquiera tenía entonces obispo. Por eso, hubo de esperar casi medio siglo a que la creación de una diócesis guipuzcoana segregada de la de Vitoria le permitiera ascender de categoría y convertirse en templo catedralicio por encima de la iglesia de Santa María, la favorita de los donostiarras. De hecho, muchos consideran ésta la verdadera catedral de la ciudad, por más que diga la Iglesia.

Y no les falta razón en ello. El viajero lo comprende cuando acude a visitarla después de dar un paseo por la playa de la Concha (con bañistas a pesar de estar nublado) y de comer en La Perla, un restaurante en forma de barco situado en mitad de aquélla, cruzando el puerto pesquero y las calles de la parte vieja. La basílica de Santa María, en el corazón de ésta, tiene mucho más empaque que su competidora de la parte nueva. Por no hablar de su riqueza, que es infinitamente mayor, ni de su significado para los donostiarras. Que aquí se casan, si pueden, y celebran todas sus fiestas, bajo la protección de la Virgen del Coro, esa cuyo novenario ha dado comienzo hoy.

A espaldas de la iglesia, en el frontón que ocupa un solar contiguo, un grupo de ellos está, no obstante, mucho más interesado por el partido de pelota que se disputa en este momento. Lo dirimen dos parejas, una de rojo y otra de azul, que defienden, al parecer, los colores de Astigarraga y de San Sebastián. De momento, van ganando los locales, a pesar de que el público anima más a los forasteros, quizá porque la mayoría han venido de aquel pueblo. El único que no toma partido por ninguno es el viajero, cuya ignorancia del deporte se lo impide, amén de su extranjería, como en seguida le hacen notar los tres jóvenes (modernos, con muchos *piercings*) a los que pregunta por los detalles del juego:

—¿Usted es de fuera?

Lo han dicho subrayando lo de *fuera*. En castellano (entre ellos hablan en vasco, como la mayoría de los que están en el frontón), pero subrayando la palabra *fuera*. Quizá no tenga ninguna connotación, pero al viajero la expresión le deja mudo. Tanto como para no volver a hacer más preguntas, no vaya a ser que le tomen por policía.

El partido sigue su curso y el viajero se aleja sin hacer ruido en dirección de nuevo a la catedral. Son las cinco de la tarde y ya es hora de volver para ejecutar con calma lo que todavía no ha hecho: recorrerla con ayuda del libro de Murugarren, que, además de su historia, incluye otros muchos datos; los que le permiten la brevedad de ésta y la pobreza de su decoración. Y es que, aparte de una Virgen procedente de algún pueblo de la diócesis que preside la capilla que ocupa la cabecera de la nave del Evangelio (que está aislada con cristales de la iglesia) y un cuadro de la Virgen con el Niño de Bartolomé Esteban Murillo (tampoco nada del otro mundo), lo demás parece comprado en una tienda de *souvenirs*. Incluso hay cosas, como un par de pinturas realistas o un Cristo que parece el Che Guevara, que ni siquiera las venderían en éstas. Servidumbres que tiene la falta de tradición y de una historia a la que agarrarse.

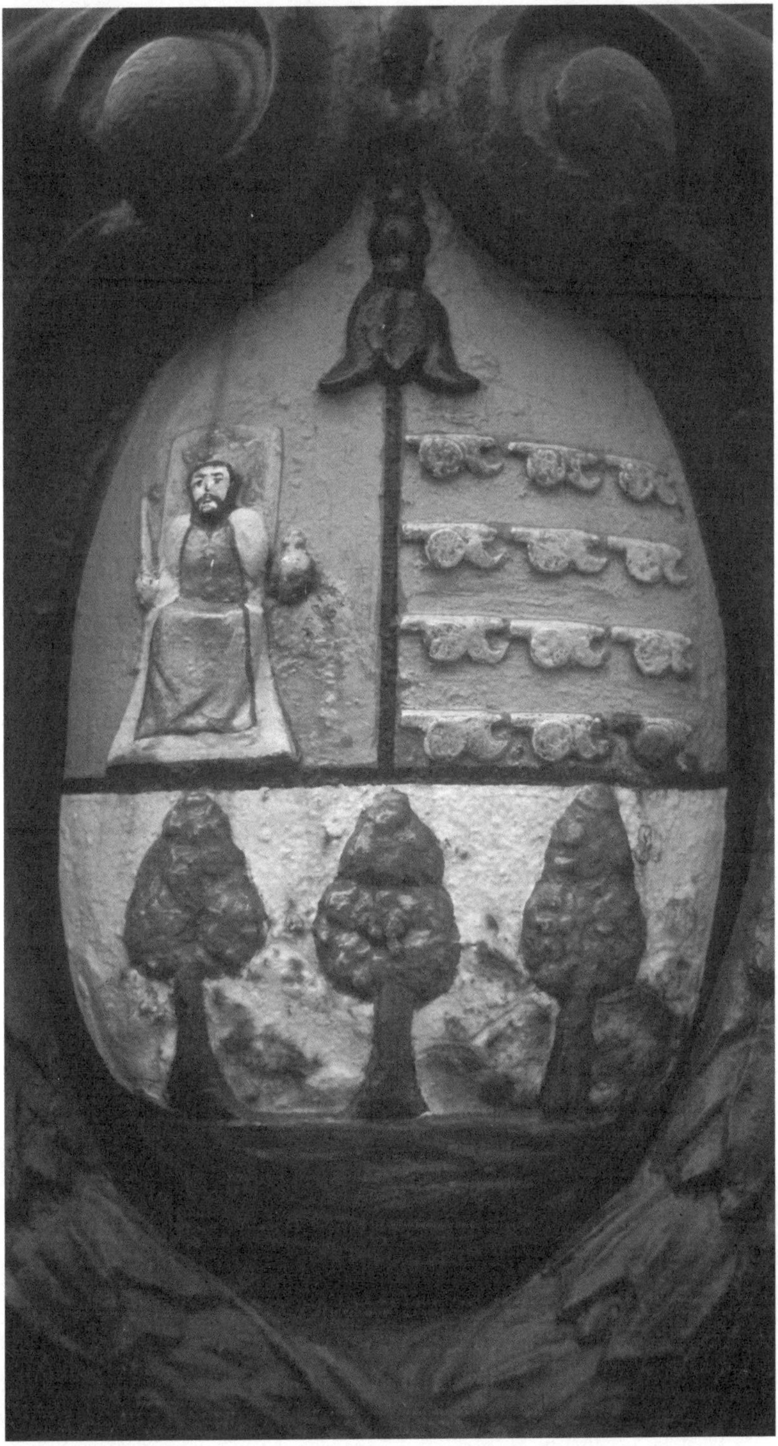

—¿Cómo dice? —le responde al viajero un cura viejo que pasa arrastrando un pie en dirección a la sacristía. Está tan sordo y tan pálido que parece más un fantasma que un sacerdote.

—Que de dónde es la Virgen que está en esa capilla... —vuelve a decir el viajero, por la de la cabecera de la nave del Evangelio.

—¡No le entiendo! —le grita, más que le responde, el cura, que, aparte de estar sordo, se nota que no tiene buen carácter.

Demetri sí lo tiene, pero no sabe mucho de estas cuestiones. Sabe, sí, que es la Virgen de Asteasu (la Andra Mari, dice en vasco), pero desconoce cuándo la trajeron y por qué vino a parar aquí. Aparte de que tampoco quiere contarle mucho al viajero. Le ha visto tomando notas y tiene miedo, le dice, de que la saque luego en la prensa.

—No se preocupe —le dice éste, tranquilizándola.

—Por si acaso —dice ella, sin creerle.

Por si acaso, el viajero anota lo que Demetri le ha dicho, no por sacarlo en la prensa, sino porque no se le olvide el nombre. El de la Virgen, se refiere, claro está. Como también anota el de otras imágenes y de algunos cuadros y retablos, no tanto porque le parezcan buenos, ni porque vayan a servirle un día, sino por pasar el rato. La tarde pasa despacio y el viajero empieza a aburrirse, pues no hay mucho más que ver.

Menos mal que gente hay. Al contrario que en Bilbao, la catedral de San Sebastián está muy concurrida todo el día, quizá porque está emplazada en la parte nueva. Lo que explica también las voces que se oyen fuera de ella y que retumban en estas naves llenas de luz y silencio. Son las voces de los niños que juegan en torno a ella y las de los peatones que van y vienen por el jardín. Aunque algunos tienen tiempo de asomarse a ver el templo o de rezar brevemente antes de seguir camino.

A partir de las siete, la gente empieza a aumentar. Lo hace en un goteo continuo y se mete en la capilla de la Virgen de Asteasu para asistir al rosario y a la última misa del día, que celebra otro cura viejo acompañado por el griterío de los adolescentes y de los niños que juegan fuera, al otro lado de la pared. Pero el cura no se inmuta. Debe de estar ya habituado y cumple con su trabajo con la impavidez de un profesional. Así que a las ocho en punto la misa ha terminado y todo está ya dispuesto para que cierren la catedral. Cosa que hace Demetri con puntualidad germánica, aunque sea, según dice, de Andoain.

—¿Puedo hacerle otra pregunta?
—Dígame —le contesta al viajero la mujer.
—¿Lo de Demetri es un nombre vasco?
—No —responde ella, muy seria—. Es Demetria. Lo que pasa es que me llaman así por acortar un poquito el nombre.
—¡Ah! —dice el viajero, asombrado.

Y asombrado permanece mirando cómo Demetri cierra la reja que protege la puerta por afuera (el mendigo rumano ya se ha ido) y, luego, ésta, que es de madera. Alrededor, los adolescentes y los niños que juegan en el jardín ante la distraída mirada de sus madres ni siquiera se fijan en la ceremonia que ejecuta un día más, con puntualidad germánica, esta mujer ya mayor, pero de carácter fuerte. Ese carácter decidido, abierto y áspero al mismo tiempo, característico de este pueblo que ha pasado por la historia de puntillas, aislado siempre entre sus montañas, pero que ha llegado al siglo XXI convertido en uno de los más firmes y combativos de toda Europa. Ese pueblo que el viajero mira ahora pasear por la playa de la Concha, como le llaman a su bahía por su dibujo, y por la desembocadura del río Urumea, entre los edificios decimonónicos del teatro María Cristina y del hotel Victoria Eugenia, las sedes de su Festival de Cine, y el moderno y vanguardista del Kursaal, el competidor local del Guggenheim bilbaíno. Aunque lo más auténtico de ese pueblo el viajero se lo encontrará más tarde, cuando, llegado el anochecer, vuelva a adentrarse en la parte vieja para cumplir con el rito del *poteo*, esa peregrinación pagana que los donostiarras cumplen cada jornada, enhebrando en su camino tantos *potes* de vino como bares y tantas conversaciones como les sea posible mantener al mismo tiempo. Aunque al viajero, como es *de fuera*, nadie le habla, salvo los camareros:

—¿Qué va a tomar?
—Un vino —responde en cada lugar.

La sombra de Hemingway

Llueve incesantemente. Llueve fuerte y sin descanso sobre San Sebastián y sus carreteras, que son tantas como pueblos se agolpan a su alrededor. Más incluso, pues algunas se superponen y entrecruzan entre ellas.

La del viajero es la de Tolosa. Una carretera en curva, como todas las de esta tierra, que enlaza la antigua capital de la provincia con la nueva y, más allá de aquélla, a través del alto de Echegárate, con Alsasua y con Vitoria y con el resto de la Península. Aunque el viajero se desvía a la altura de Andoain, poco después de San Sebastián, por la autovía que conduce hacia Pamplona por un paisaje lleno de caseríos y bosques llenos de bruma. Es la autovía de Leizarán, esa cuya construcción estuvo rodeada de atentados terroristas y polémica, precisamente a causa de su trazado. Aunque hoy ya nadie se queje de su existencia y menos los camioneros que comparten desayuno y mesa con el viajero en la Venta de Pagocelai, un antiguo mesón de carretera transformado en moderna estación de servicio gracias a la construcción de aquélla.

La venta ya está en Navarra. En lo alto de los montes que separan esa región de Guipúzcoa y cuya capital es Leiza. Unos montes batidos hoy por la lluvia, que cada vez cae más intensamente.

La lluvia, prácticamente un diluvio cuando el viajero vuelve a su coche, le acompaña ya hasta Pamplona. Si es cierto el refrán que dice que septiembre seca las fuentes o lleva los puentes, está claro que éste es de los segundos, pues apenas ha parado de llover desde su inicio. ¿Seguirá así hasta el final?

El viajero lo piensa mientras aparca, después de dar varias vueltas, junto a la plaza de toros, ese santuario pagano que

Pamplona tiene junto a su parte antigua. Y que enlaza con ésta a través del recorrido que, en el sentido contrario, hacen todos los años los corredores que participan en los encierros de toros de San Fermín. El viajero lo sabe porque estuvo un par de veces viéndolos desde la barrera cuando todavía era joven y le gustaban las fiestas, no como ahora. Ahora prefiere la soledad o, como mucho, esas fiestas de andar por casa que todavía se celebran en algunos lugares perdidos del país.

Pero, ahora, la calle de la Estafeta, la principal del recorrido sanferminero, está tranquila y desierta a causa de la lluvia que cae sobre la ciudad. Una lluvia que golpea en el asfalto y que convierte su parte vieja en un decorado, con los escaparates de los comercios empañados por el vaho y los tejados y canalones chorreando agua. Ciertamente parece que el otoño haya llegado ya a esta ciudad.

Cerca de la catedral, la sensación de estar en otoño aumenta. Un grupo de peregrinos cubiertos con impermeables se fotografía bajo la lluvia, componiendo una imagen singular: con las cabezas cubiertas por las capuchas, parecen monjes modernos y el bulto de sus mochilas, que los impermeables subrayan, les dan un aire de jorobados. Quizá lo sean —de Notre-Dame—, pues son franceses, por cómo hablan. Junto a ellos, una señora (ésta española, por cómo grita), intenta también hacerle una foto a su marido.

—¿Puede quitarse de ahí? —grita al viajero, más que pedirle, recriminándole que se meta en su ángulo de tiro fotográfico.

—Perdone —se disculpa el viajero saliendo de él.

Cuando los peregrinos se van por fin, el viajero se queda solo bajo la lluvia. Ahora podría hacer él todas las fotos que quisiera del lugar.

Pero el viajero no tiene cámara (no la ha tenido jamás) y lo que hace, como le gusta, es observar el mundo tal como es. El mundo es ahora esta catedral cuya fachada neoclásica ocupa toda su vista.

Como leerá más tarde, a Ventura Rodríguez, el considerado padre del neoclasicismo hispano, tendrían que haberle inhabilitado antes de que perpetrara la barbaridad que llevó a cabo con este templo. Esta barbaridad que es ahora su imagen más popular, como lo es en la de Lugo su fachada principal (por cierto, gemela de ésta), y de la que la mayor parte de la gente ni siquiera se da cuenta, acuciada por las prisas con las que la mira y pasa. Los peregrinos franceses o la señora de la fotografía, por ejemplo. Y es que este friso neoclásico que recibe al visitante cuando llega por la calle de la Curia y que es la imagen más conocida del primer templo de Pamplona no es más que un gran decorado que oculta su verdadera esencia. Esa esencia milenaria que aún pervive por fortuna en su interior y que nada tiene que ver con esta fachada que la oculta de la vista y que arrasó la románica que aún existía cuando Ventura Rodríguez proyectó y alzó la actual. Ciertamente a don Ventura tendrían que haberlo inhabilitado antes de que consumara esta aberración.

El viajero escribe esto último ya en el jardín que se abre tras la puerta hasta la que le encaminó la flecha que había ante la fachada *(Entrada a la catedral a 50 metros),* indignado todavía por la barbaridad que ha visto y por el mercantilismo y la falta de buen gusto que descubre en cuanto atraviesa el patio: tras recorrer los 50 metros que indicaba la flecha de la puerta, el viajero encuentra una casa que, al parecer, ha construido el arzobispado de Pamplona como vivienda de los canónigos (o para especular con ella: en alguno de los pisos, se oye llorar a un niño) y por cuyo portalón se accede al solar que ocupó el palacio que habitaron los obispos y los reyes de Pamplona (conjuntamente durante algunos años) y que ahora sirve de paso al claustro catedralicio, que es por el que se accede al templo. La puerta principal (la de poniente) sólo se abre a las siete y media, para el rosario, o a las nueve de la mañana, para la única misa que se celebra a diario en la catedral, según le indica al viajero la chica de la taquilla donde venden las entradas para verla.

—Comprendido —dice éste, abonando los tres euros con gran dolor de su corazón. Aunque aún no ha podido verla, esta catedral empieza a resultarle un tanto antipática.

Mientras espera a las doce, que es la hora en que le han dicho da comienzo su visita, el viajero se dedica a contemplar el

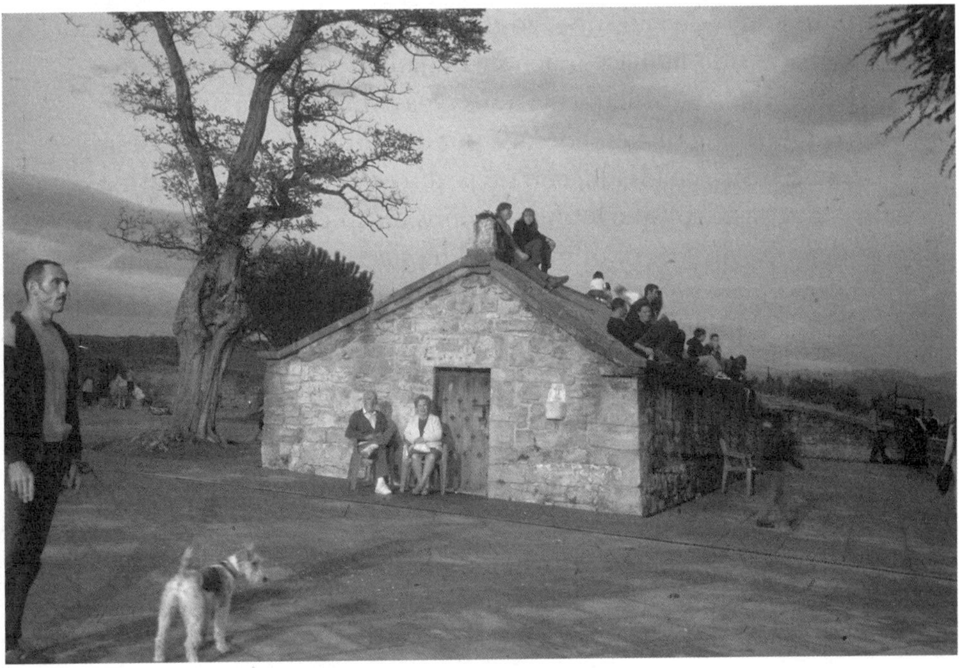

templo por fuera. Desde el solar del palacio que sirviera de residencia a los reyes y obispos de la ciudad (y antes que a ellos, al parecer, a la población romana que Pompeyo fundó aquí setenta y seis años antes de Cristo y que los historiadores quieren sea el origen de Pamplona), la traza del edificio se perfila bajo un cielo que continúa soltando lluvia, aunque ahora mucho más fina. Bajo ella, el gótico de la piedra parece más irreal, al tiempo que más hermoso. Sobre todo esta mañana en la que, con tanta lluvia, todo parece recién lavado.

El claustro catedralicio, al que por fin accede el viajero, junto con todo su grupo, confirma esa sensación. Restaurado como ha sido no hace mucho y mojado por las lluvias de estos días, el claustro brilla frente a sus ojos como si fuera una filigrana. Y una filigrana es, bordada por una costurera fabulosa, este gran claustro cuadrado, con un jardín en el centro, que sustituyó al románico (que los testimonios dicen era mucho más pequeño) y que por su originalidad ha sido considerado por más de uno como el mejor de los de su estilo. Víctor Hugo, por ejemplo, que lo visitó en un viaje que hizo por los Pirineos, afirma de él que es «uno de los más hermosos que yo haya visto en mi vida». Y añade: «Todo es hermoso en él, la dimensión y la proporción, la forma y el color, el conjunto y el detalle...». Algo con lo que el viajero está ya de acuerdo, y eso que aún no lo ha visto todo.

Porque hay que verlo por orden. La guía, que lo conoce, les mete por una puerta, que es la primera de la derecha según se entra. Se trata de la cocina de los canónigos, una enorme y espaciosa dependencia que funcionó como tal hasta el siglo XIX y que corona una chimenea en forma de gran campana que al viajero le recuerda a las de la cocina del palacio de los papas de Avignon.

El refectorio, que está seguido, es ahora el museo diocesano. De planta rectangular y de una gran superficie, compone un inmenso espacio que iluminan las ventanas y un rosetón hecho en Múnich, según comenta la guía. Aunque lo mejor de todo (al margen, claro está, de lo que guarda) son las catorce ménsulas que sostienen la gran bóveda central y que representan la lucha del hombre contra la naturaleza inhóspita en hermosos relieves en color.

De nuevo en el exterior, la guía hace reparar al grupo en la reja que protege una especie de capilla que se alza enfrente del refectorio. No es otra cosa que el lavatorio en el que, según parece, los canónigos se aseaban antes de entrar a comer a aquél. Pero lo mejor de todo es la reja. Es suave y muy delicada y fue hecha, al parecer, con las cadenas que sujetaban a los esclavos que defendían la tienda del rey Miramamolín en la histórica batalla de las Navas de Tolosa, librada en el siglo XIII entre los moros y los cristianos, y que el rey Sancho de Navarra se trajo como botín a Pamplona, figurando desde entonces en el propio escudo del reino.

Andando por la crujía en dirección al gran dormitorio construido en el siglo XVI y al que se accede por la llamada Puerta Preciosa (nombre que, según la guía, debe no tanto a su gran belleza como al hecho de que, al cruzarla, los canónigos iban rezando el versículo *«Pretiosa in conspectu Domini...»*), el viajero repara en las grandes losas que cubren el pavimento, cada una con un número distinto. La guía le dice que bajo ellas yacen los restos de los canónigos y demás personal de la catedral fallecidos durante siglos. El viajero, impresionado, cuenta las losas bajo sus pies y siente el frío en el corazón. Tiene razón Víctor Hugo: «Hay un no sé qué de árido y de glacial en este modo de rotular a los muertos. Yo me resigno a convertirme en polvo, en ceniza, en sombra, pero me repugna convertirme en una cifra. Es la nada sin poesía; es el colmo de la nada».

El frío intenso de la muerte flota también sobre otros sepulcros, como el del conde de Gages, que fue virrey de Navarra, o el del canónigo Miguel Sánchiz de Asiaín, por más que fueran hechos con piedras nobles y expuestos con gran boato, y sobre todo en la capilla que se abre en su lado este y que es tan grande como una iglesia. Es la capilla de Barbazán, así llamada por el obispo que mandó hacerla para su sepultura en el año 1318. El sepulcro del obispo Barbazán, que ocupa el centro de la capilla, lo representa en posición yacente, vestido con ropas pontificales y con los pies apoyados sobre un león, símbolo de la resurrección, y guarda el cuerpo momificado y envuelto en cal del difunto, tal como fue enterrado cuando murió. Se sabe, dice la guía, porque fue abierto ya un par de veces, una en el siglo XIX y la otra a mediados del pasado.

—¡Qué miedo! —dice el viajero, imaginando al muerto bajo la losa.

Otro sepulcro, el de don Leonel (del que, según relata la guía, que recita de memoria su discurso, como todos, se creyó erróneamente durante siglos que albergaba los restos de un hijo bastardo del rey Carlos II de Navarra, cuando en realidad acoge los de un homónimo suyo, pero sin relación con él), y, antes, un grupo escultórico, el de la Adoración de los Reyes Magos, de bellísima factura, encaminan al viajero y a su grupo hacia la entrada a la catedral. Es la puerta del Amparo, llamada así por la Virgen que ocupa su parteluz y que, junto con la llamada Puerta Preciosa, constituye una de las mejores piezas de todo el templo, por lo menos a los ojos del viajero. Que sigue absorto mirando el tímpano que representa la Dormición de la Virgen y la delicada talla de la que, según la guía, son muy devotos los pamploneses, quienes la besan en los pies con ayuda de los dedos, porque es imposible llegar a ella con los labios.

—¿Así? —dice el viajero, intentándolo.

—Así —le dice la guía.

La catedral es tan gigantesca que sobrecoge cuando se entra. Y eso que está muy oscura, alumbrada solamente por las velas y por alguna luz indirecta. El viajero y todo el grupo se quedan un rato inmóviles, intentando acostumbrarse a la oscuridad; cosa que hacen después de un rato, ayudados por las vidrieras que alumbran la catedral y que, según les dice la guía, son casi todas reposiciones, puesto que las originales resultaron destruidas en el siglo XVIII a causa de la explosión de un polvorín que había cerca.

Con la vista ya habituada a la penumbra, el viajero sigue a su grupo, que avanza hacia la otra nave. Lo hace cruzando los bancos mientras, al final de éstos, vislumbra apenas el presbiterio, semioculto tras la verja que lo envuelve y lo protege, y delante de ésta un gran túmulo que reverbera de puro blanco. Es el sepulcro de Carlos III el Noble y su esposa doña Leonor de Castilla que tanto alaban las guías, puesto que la consideran la principal atracción del templo.

Pero hay muchas más en éste. En la nave del Evangelio, sin ir más lejos, la guía muestra ahora un baptisterio y tres o cuatro capillas, cualquiera de las cuales merecería por ella sola más atención; en especial la de Santa Cristina, que alberga un bello retablo de finales del siglo XV presidido por un Cristo tan real que parece todavía vivo. Y lo mismo sucede en la cabecera, en la que descansaban antiguamente los peregrinos que iban hacia Santiago (hoy no les dejan entrar siquiera), y en los dos brazos del crucero, y en la nave de la Epístola, con sus dos grandes capillas, las dos mandadas hacer por el obispo Sánchiz de Oteiza, que reposa para siempre en una de ellas. En todos esos lugares, los objetos de interés se superponen: los altares barrocos del Santo Cristo y de San Fermín, éste con sus distintivos rojos, la sacristía de los canónigos (un auténtico derroche rococó), el altar hispano-flamenco de Caparroso, la pintoresca Virgen de las Buenas Nuevas, de tanta devoción entre las madres pamplonesas, que encomendaban a ella a sus hijos emigrantes, o el Cristo de Juan Bazcardo, del que la leyenda dice que, cuando el pelo le llegue a tocar el pecho, tendrá lugar el Apocalipsis...

Aunque lo mejor de todo está en el presbiterio y en la nave principal. Dentro de aquél, tras la reja (la reina de las rejas españolas, al decir de la guía del grupo), el camarín del altar acoge una bella Virgen revestida entera de plata y con un Niño Jesús que la gente dice «adoptado» porque no es el original (éste es de estilo renacentista) y ante la que, al parecer, eran coronados los monarcas de Navarra mientras el reino existió. Frente a ella, en plena nave, el mausoleo de uno de aquéllos da fe de su devoción. Enorme, todo de mármol, el sarcófago esculpido por un escultor francés es una obra que constituye todo un derroche de fantasía y que está considerada por su técnica y belleza una de las principales del arte gótico funerario. Bajo los cuerpos yacentes de los dos reyes, cuyas coronadas testas descansan sobre almohadones en los que puede leerse la inscripción *Bone foy*

(«Bueno fui») y cuyos pies se apoyan en un león, los del rey, símbolo de su valor, y en sendos perros, los de la reina, en representación de su fidelidad, veintiocho estatuillas muy bien labradas aluden, al parecer, a personajes ilustres de su reinado. Entre otros, obispos, príncipes, cardenales y los abades de los monasterios más importantes del Reino:

—Roncesvalles, Estella, Irache, Peralta, Leire, Fitero, Urdax y la Oliva —concluye su explicación la guía del viajero, a la que éste casi no escucha, tan fascinado ha quedado por lo que ve.

La visión del mausoleo marca el punto final de la visita. La guía se despide deseándole a la gente una feliz estancia en Pamplona y después de decirles, eso sí, que el que lo desee puede quedarse en la catedral el tiempo que quiera. Hasta las ocho de la tarde, que es cuando cierra sus puertas.

Pero todos se van tras ella. Salvo el viajero, que se ha sentado en un banco, todos se van detrás de la guía, dando así por terminada su visita. Cosa que aquél agradece, puesto que eso le permitirá ver el sepulcro con tranquilidad.

La verdad es que lo merece. En el silencio del templo, que ahora ha quedado vacío, el viajero admira, absorto, este gran bloque de mármol que le recuerda al de los Condestables de Burgos, sólo que impresiona aún más. Tal vez por su mayor técnica o por la personalidad de sus ocupantes: un Carlos III el Noble al que se le representa serio y en actitud de gran devoción y una Leonor de Castilla cuya serenidad es tan realista como las ropas con las que la amortajaron. Ciertamente el autor de este sepulcro debió de alcanzar con él su mayor cima profesional.

A las dos y media de la tarde, Pamplona sigue nublada, pero ha dejado de llover. La temperatura es buena (al fin y al cabo, es septiembre) y, por las calles del casco viejo, la gente se arremolina en los bares. El viajero, sin embargo, tiene hambre y, si entra en uno de ellos, es para preguntar si en él se puede comer. El dueño del local, que resulta ser un sueco (misterios de esta ciudad tan exótica), le dice que no es posible, pero le acompaña personalmente hasta una calle vecina en la que se suceden los restaurantes. Uno de ellos, el del Temple, es el que le recomienda.

—Diga que va de mi parte.

El viajero se lo agradecerá más ahora que después de haber comido. Y no porque no coma, que lo hace, sino porque el restaurante no es nada del otro mundo; lo cual es imperdonable estando en este lugar. Para olvidarlo, el viajero se da una vuelta por la ciudad, que a esta hora de la siesta está tranquila, y, cuando desemboca en la plaza del Castillo, se regala un café en el Café Iruña, el decano y más famoso de Pamplona y el lugar donde Hemingway, el escritor norteamericano, solía plantar sus reales cuando venía a los Sanfermines. En el vecino hotel de La Perla aún lo recuerdan, pues no en vano era su casa en esos días.

—Está como estaba entonces —le dice el camarero del Iruña, animándole al viajero a que se acerque a conocerlo.

Pero el viajero ya lo conoce (lo ha visto más de una vez) y prefiere pasear por la ciudad, que ahora está llena de luz, pues el sol ha asomado entre las nubes. Sobre todo en la zona de la catedral, que es la más alta y menos sombría. Y eso que, en su parte norte, la puerta de San José y la plazuela a la que da nombre quedan al margen de sus rayos y conservan todavía la humedad de la lluvia caída esta mañana. El viajero las cruza sin detenerse (tampoco por esa parte la catedral tiene mayor interés) y, por el callejón de Redín, se asoma a la ciudadela que aún amuralla la ciudad y a cuyos pies, que lame el río Arga, se extienden los nuevos barrios que rodean por el norte la ciudad. La ciudadela, hoy ajardinada, conserva, pese a ello, su carácter defensivo, por más que los jubilados sean ahora los que la vigilan.

De vuelta a la catedral, el viajero vuelve a encontrarse con el sueco de esta mañana. Quizá haya más en Pamplona, pero éste es el más famoso. No en vano, según le confiesa él mismo, lleva aquí ya muchos años, desde que llegó un buen día siguiendo el ejemplo de Hemingway, como tantos otros, y decidió quedarse a vivir. Juanito, como le conocen todos, regenta un viejo mesón, el de la Navarrería, y, este año, una terraza de verano.

—Esta tarde —invita al viajero a verla—, hay un grupo de música en directo.

—¿Y dónde está? —le pregunta el viajero, por si acaso.

—Aquí —le señala Juanito la terraza que ya empiezan a poner en el jardín.

El resto de la tarde, el viajero lo pasa en la catedral, que permanece prácticamente desierta. Sólo a las siete, cuando empezaba a pensar en abandonarla, su oscuridad se rompe de pronto por obra y gracia de un joven que entra encendiendo luces. Es el conserje, le dice el mismo («Sacristán como tal no hay»), al tiempo que le confiesa la causa de su presencia, que no es otra que preparar el altar y el templo para la oración por la paz de los jueves, que se celebra, según parece, en todas las iglesias de Navarra.

La oración por la paz la dirige un cura viejo, secundado por otro algo más joven y por dos monjas que hacen de público. Aunque en seguida empieza a llegar más gente. A cuentagotas, al principio, y, luego ya, cerca de las siete y media, prácticamente en tropel. El viajero pregunta el motivo de ello a uno de los recién llegados y éste le dice que son un grupo que viene todos los días a rezar el rosario aquí.

El rezo lo dirige uno de ellos, con acento maño o de la Ribera. Como todos sus compañeros, lleva colgada del cuello una medalla de la Virgen con una cinta blanca y azul. El viajero, sentado al final del todo, asiste a sus oraciones, que se prolongan durante media hora para dar paso a una procesión que da tres vueltas al templo y en la que participan todos los presentes. Ninguno tiene menos de los sesenta años. O de setenta, que son los que ha de contar la mujer que se sienta junto al viajero aprovechando una de las vueltas. Se ve que ya está cansada.

La mujer, que tiene ganas de hablar, le cuenta que, aparte del rosario y del vía crucis que también rezan los viernes (menos mal que hoy es jueves, piensa el viajero), se reúnen y hacen excursiones, puesto que la mayoría de ellos son jubilados. Y que la congregación se llama del Rosario de los Esclavos y que a ella pertenecen gentes de toda clase social. Aunque, si quiere saber más cosas, le dice, lo mejor es que hable con alguno de los directivos, cosa que el viajero hace, cuando termina la procesión, en el cuarto en el que recogen sus pertenencias. Miguel Ángel, de profesión perito industrial, completa la información explicándole que la congregación tiene cuatrocientos años y que su cometido es rendir culto a la Virgen, pese a lo cual «los curas no hacen más que ponernos pegas».

El día toca a su fin. Tras el rezo del rosario, los esclavos van saliendo y la catedral vuelve a su penumbra, ésta ya definitiva. El anochecer se acerca y, en torno al templo, las sombras van cubriendo poco a poco las callejuelas de alrededor. Aunque en el parque de la ciudadela, ese jardín alargado que se abre entre las murallas, el último sol del día alumbra a un grupo de personas que asisten con entusiasmo al concierto que unos músicos cubanos han comenzado hace poco. Tan poco como para que aún se pregunten, siguiendo el ritmo de la canción: «¡Mamá, yo quiero saber / de dónde son los cantantes!...».

Mientras se averigua y no (quizá el único que lo sabe es el organizador), el viajero, después de escuchar un rato, regresa hacia el casco antiguo, hacia las calles sanfermineras (Estafeta, Mercaderes, Cuesta de Santo Domingo...), que a esta hora están vacías, transitadas solamente por algún grupo de jóvenes, la mayoría de ellos de aspecto *punkie*. Son las nueve de la tarde y ya empieza a anochecer sobre Pamplona.

Los judíos de Tudela

La autopista hacia Tudela, la segunda ciudad navarra por importancia, cruza el paisaje de norte a sur, pero el viajero tarda en hallarla. A la salida de Pamplona, los cruces son tan continuos (y la señalización tan pobre) que, cuando aquél quiere darse cuenta, está perdido en mitad del campo. Tanto como para que sea un pastor de ovejas el que le ayude a encontrar la ruta.

—Tiene que dar la vuelta del todo —le dice.

El pastor le mira irse con cara de aburrimiento. El pastor está tan solo que ni perro tiene que lo acompañe. Detrás queda un pueblecito que se diría también perdido.

Pero está a sólo seis kilómetros del cruce de Noáin. Que es donde al fin el viajero se topa con la autopista que busca desde hace rato.

Así que tiene que recorrerla sin pararse siquiera a hacer un alto a la mitad. Entre el tiempo que ha perdido dando vueltas por Pamplona y el que antes empleó en desayunar en el Café Iruña, la mañana está ya tan avanzada que el viajero ni siquiera se desvía a ver Olite, la antigua sede real navarra, como pensaba hacer al salir.

El paisaje, así, cambia muy rápidamente. Primero se va aplanando, convirtiéndose en sembrados y en llanuras cerealistas, y luego, llano del todo, se va transformando en huerta ante la proximidad del Ebro. A su orilla está Tudela, en el extremo sur de esa piel de toro que la región navarra semeja y cuyo lado opuesto, el del norte, cuelga de los Pirineos.

La ciudad tarda en aparecer, sin embargo. Ya fuera de la autopista, el viajero aún ha de cruzar varias carreteras nuevas antes de llegar a aquélla. Y lo hace salvando el Ebro, que baja sucio y crecido por las intensas lluvias de estos días. Tiene el color de las tierras que atraviesa en su transcurso por la zona y aun el de la ciudad que preside la ribera de su nombre. Ese color ocre y pardo que le dan sus ladrillos y su historia.

Y es que Tudela, como ciudad mudéjar que es, está hecha de ladrillos y de barro. Al contrario que Pamplona, con la que comparte hoy diócesis (y de la que depende administrativamente), Tudela es ciudad mudéjar y, por lo tanto, muy diferente. No en vano la fundó un caudillo árabe, Amrus ibn Yusuf al-Muwalad, bajo mandato del rey Al Hakam I, en el año 802, como avanzadilla contra los cristianos, y, aunque pronto la conquistaron éstos (de la mano de Alfonso I el Batallador, rey de Aragón y Navarra entonces, en el año 1119), conserva la impronta árabe de la que fuera una de las ciudades más famosas del Islam en la Península. Lo que se explica, entre otras varias razones, por el hecho de que Tudela no desbordara sus murallas hasta casi el siglo XX, manteniendo su crecimiento dentro de aquéllas, en los barrios dejados por los judíos, expulsados de Navarra en el año 1498, y por los moros y los moriscos, que lo fueron, respectivamente, en el 1516 y en el 1610.

Pero el viajero aún no sabe nada de todo eso. El viajero, en estos instantes, está tan ocupado en encontrar un lugar en el que estacionar su coche que no tiene mucho tiempo para disquisiciones historicistas. Y menos con la hora que ya es (las doce de la mañana), a pesar de que ha venido sin parar desde Noáin. Entre unas cosas y otras, piensa mientras estaciona el coche (en una plazuela en obras que no parece lejos del centro), aquélla se le ha ido casi entera.

Así que, sin perder más tiempo aún intentando averiguar cómo es Tudela, se interna en su parte antigua en dirección a la catedral, que un vecino le ha dicho está muy cerca. Y, en efecto, el viajero no tarda en topar con ella, pese a que está semioculta y escondida entre las casas. Como les sucede a muchas, ni siquiera goza de perspectiva para poder ser vista de lejos.

Por si le faltara algo, además, está en obras, como la de Vitoria. Sólo que, al revés que en ésta, aquí las alambradas y las vallas no sólo la protegen de la gente, sino que impiden a ésta acercarse a ella. *Construcciones Zubillaga. Fundación para la Conservación del Patrimonio Histórico de Navarra. Restauración de la Catedral de Tudela,* reza un cartel en la Plaza Vieja, que es a la que da su fachada norte. Y, debajo del cartel, el presupuesto: 1.175.532,57 euros, y el plazo de ejecución: abril del 2002-abril del 2003. Un plazo ya superado, puesto que hoy es 5 de septiembre.

La chica de la caseta que vigila el paso a las obras no tiene claro que eso sea así, pero sí que nadie puede pasar. Ni siquiera para hablar con el encargado, que es ese hombre, señala, que está a la puerta del templo.

Así que el viajero, aunque tiene prisa, ha de armarse de paciencia y esperar a que sea él el que se acerque, cosa que, en efecto, hace, cuando termina de hablar con un subalterno. Es un hombre ya mayor, con cara de responsable:

—¿Qué desea?

—Quería visitar la catedral —dice el viajero con voz muy suave, pues imagina ya la respuesta.

—Imposible —le dice el hombre.

—Es que —le dice el viajero, intentando convencerle pese a todo— he venido desde lejos para verla.

—Ya. Pero lo tengo prohibido. Es por razones de seguridad.

—Y si le digo —insiste el viajero, sin rendirse todavía— que estoy escribiendo un libro sobre las catedrales de España...

Pero el hombre no se inmuta. Ni por la confesión del viajero ni por su amabilidad. El hombre es muy responsable y se limita, dice, a cumplir las órdenes:

—Lo siento. Ya le he dicho que no puede pasar nadie.

—¿Y no se puede hablar con un superior? —aventura el viajero, tratando de no ofenderlo.

—Con la Fundación —dice el encargado.

—¿Qué Fundación?

—La Fundación Príncipe de Viana —le responde aquél, a la vez que le muestra el gran cartel que pregona el nombre de la entidad que financia y lleva las obras.

—¿Y dónde está la Fundación? —le pregunta el viajero, con un halo todavía de esperanza.

—En Pamplona —se la borra el encargado, sobre todo al decirle que hasta el lunes no va a encontrar ya a nadie en la Fundación.

—Claro, claro —se rinde el viajero al fin mientras desde su posición observa lo poco que puede ver de la catedral a través de la puerta abierta. Está todo levantado, como si fuera un templo en ruinas.

La chica de la Oficina de Turismo, que está enfrente de la puerta de poniente, es más amable que la de la caseta, pero tampoco le soluciona mucho. En cambio, la del museo, que está a dos pasos de aquélla (en un antiguo palacio: el llamado del Deán), no sólo le da folletos, sino que le abre ciertas perspectivas. Hay visitas guiadas, le confiesa, alrededor de la catedral y por el interior del claustro, que es lo único que dejan visitar.

—¿A qué hora?
—Por la tarde.

La chica le da el horario y el viajero, como quiera que la próxima visita no es hasta las cuatro y media, abandona el museo decidido a ver Tudela, que sólo ha visto de refilón al llegar. Aunque, antes, vuelve sobre sus pasos para contemplar con detenimiento la portada de poniente, que es espectacular. De piedra negra, como pizarra, la componen ocho arquivoltas sujetadas por finísimas columnas y recorridas por mil dovelas en las que se representa, según parece, el Apocalipsis. Sorprende, no obstante, el tímpano, que es liso y sin un adorno (tal vez se los arrancaron), lo que contrasta con la riqueza del resto. ¡Cuánta belleza!, piensa el viajero, admirado.

Espectacular es también el casco antiguo de Tudela, aunque se ve muy abandonado. Tanto que en algunas zonas parece estar en ruina, de tan deterioradas como se ven muchas de las casas. Justo todo lo contrario que las de la parte nueva, que a cambio es bastante fea. Menos mal que entre ambas partes, la Tudela antigua y la nueva, la amplia plaza de los Fueros, porticada y adornada con escudos (los de las poblaciones de la Ribera), sirve de engarce y unión y permite que éstos sean más amables. Al viajero, al menos, así se lo parece a la vista de este espacio singular que en tiempos fuera también plaza de toros (hay mosaicos alusivos a ese uso) y que hoy acoge varias cafeterías y hasta una librería, en una esquina, en la que poder curiosear libremente. El librero, hombre de pocas palabras, no sólo lo permite, sino que lo fomenta con su actitud.

En su curiosear, el viajero encuentra un libro que le llama especialmente la atención. Se trata del titulado *Libro de Viajes,* de Benjamín de Tudela, hombre del que la solapa dice vivió aquí en el siglo XII, pero que recorrió Oriente Medio y Asia Menor, ¡un siglo antes que Marco Polo!, visitando las diferentes comunidades judías. El librero, con aspecto también de judío él mismo (aunque, en vez de *tupá,* gaste tupé), le recomienda otro para completar la historia: la antología de dos poetas también judíos y tudelanos y coetáneos de Benjamín: Yehuda ha-Levi, considerado el padre de la poesía hebrea española, y Abraham ibn Ezra, que combinó el cultivo de la poesía con su labor científica y con la traducción.

—¿Cuánto cuestan?

—Poco. Se los dejo a mitad de precio.

Con los dos libros a cuestas, además del periódico que antes compró en un quiosco, más una guía de Tudela, el viajero deja la librería y prosigue su deambular por la plaza, que a esta hora está desierta por completo. Tan sólo en una terraza se ven algunas personas que demoran la hora de la comida tomando el aperitivo con los amigos. El viajero, sin embargo, como no tiene amigos en la ciudad, prescinde del aperitivo y se mete a comer en el primer restaurante que encuentra, que toma prestado el nombre de la calle donde está: El Muro. No es ni bueno ni malo, sino todo lo contrario. Ni barato ni caro, sino al revés. Quizá, piensa el viajero al salir, debió de haberle hecho caso al librero, que le aconsejó un restaurante al lado de su negocio, en la misma zona de los soportales.

De repente, hace calor. A las cuatro de la tarde, el sol ha salido al fin y, como todavía es verano, calienta con mucha fuerza. Máxime con la humedad que el Ebro proporciona a esta ciudad y a la Ribera.

Arrimado a la sombra, el viajero regresa a la parte vieja en busca del palacio del Deán. El lugar, que debe el nombre al prohombre que durante varios siglos gobernó la iglesia de Tudela, dependiente entonces de Tarazona, fue también la residencia de los cuatro obispos residenciales que tuvo desde su conversión en diócesis en el año 1783 hasta su desaparición de hecho en el 1845, cuando, a la muerte del último de aquéllos, la sede quedó vacante, aunque legalmente continúe teniendo esa condición, anexionada a la de Pamplona. Al menos, así se lo cuenta Amaya, la guía del museo, explicando por qué la que están viendo sigue siendo catedral, si ya no tiene obispo desde hace siglo y medio.

Amaya, que es chica lista y amable, deja el museo al cuidado de una de sus compañeras y se dispone a enseñar al viajero (y a la extraña pareja de turistas que también se ha apuntado a la visita de esa hora) el entorno de la catedral. Aunque, para su desgracia, encontrará un interlocutor muy duro en el hombre de la pareja, un tipo gordo llamado Jon que presume de ser vasco y de saber más que nadie de la historia de esta tierra. Así, cuando, en su explicación, Amaya les cuenta que los judíos fueron también expulsados en el año 1498 de Navarra, esto es, antes de su anexión a Castilla, Jon porfía en que los que los expulsaron fueron ya los castellanos, a los que, como nacionalista vasco que es, atribuye toda suerte de ignominias. O bien, cuando Amaya les explica la portada de poniente, que se llama, en efecto, del Juicio Final, Jon pone cara de escepticismo, como si la pobre chica les estuviera tomando el pelo.

—Eso son gilipolleces. Eso del Juicio Final es un cuento —dice, con aire de suficiencia.

Pero, por fortuna, Amaya sigue con su explicación. Ajena a Jon y a sus interrupciones (que cada vez son más estridentes; tanto que le acaban costando una reprimenda de su mujer), Amaya sigue con sus explicaciones, descifrando los elementos iconográficos que integran esta portada que es una de las más bellas que el viajero ha visto en su vida; tan bella o más que la de Santiago. No en vano son ciento veinte las dovelas que adornan las arquivoltas, separadas por la imagen de Cristo y de sus apóstoles, y que representan la historia de la Creación. Las inferiores, que son las que le dan el nombre a la puerta (que también llaman Pintada, por haberlo estado en tiempos, dice Amaya), representan escenas del Juicio Final, con los bienaventurados agrupados a la izquierda y los condenados a la derecha, aunque Jon, el nacionalista, insiste en que todo es un cuento que la Iglesia se ha inventado para engañar a los ignorantes.

—¡Jon, por favor! —le suplica su esposa, que cada vez está más incómoda.

Pero Jon continúa insistiendo:

—¡Ya está bien de contar gilipolleces, hombre!

—¡Jon! ¡O te callas o yo me voy!

La amenaza surte efecto y Jon se calla por un momento, bien que a regañadientes, lo que le permite a Amaya seguir con su explicación. Explicación que se complementa con la información histórica, que sitúa la puerta entre finales del siglo XII y comienzos del siglo XIII, esto es, en la transición del románico al gótico, cosa a la que parece que Jon, por fortuna, no tiene nada serio que objetar.

Desde la puerta de poniente, Amaya les conduce hacia la Plaza Vieja, que es donde están las obras. Allí, entre las vallas y los carteles, se abre la puerta del norte, que es la llamada de Santa María. Como la principal, es también románica, aunque se la ve mucho más sencilla. Decorada con motivos geométricos y flores, lo mejor de ella, según Amaya, son los tableros de los capiteles, en los que se representan escenas de la Biblia y los milagros de algunos santos. Lástima, se disculpa, que no se puedan ver por las obras.

—No te preocupes —dice el viajero, sonriendo, antes de que intervenga Jon.

Camino del mediodía, donde se abre la tercera puerta, Amaya aprovecha para contar el origen de la catedral, que está, parece, en una mezquita cuyos restos se han hallado al levantar la Plaza Vieja para las obras. Se trata de la mayor de Tudela, mandada hacer por Muza II, el mismo que construyó la Mezquita Blanca de Zaragoza, y que sirvió al culto musulmán hasta el año 1121, cuando Tudela fue conquistada por los cristia-

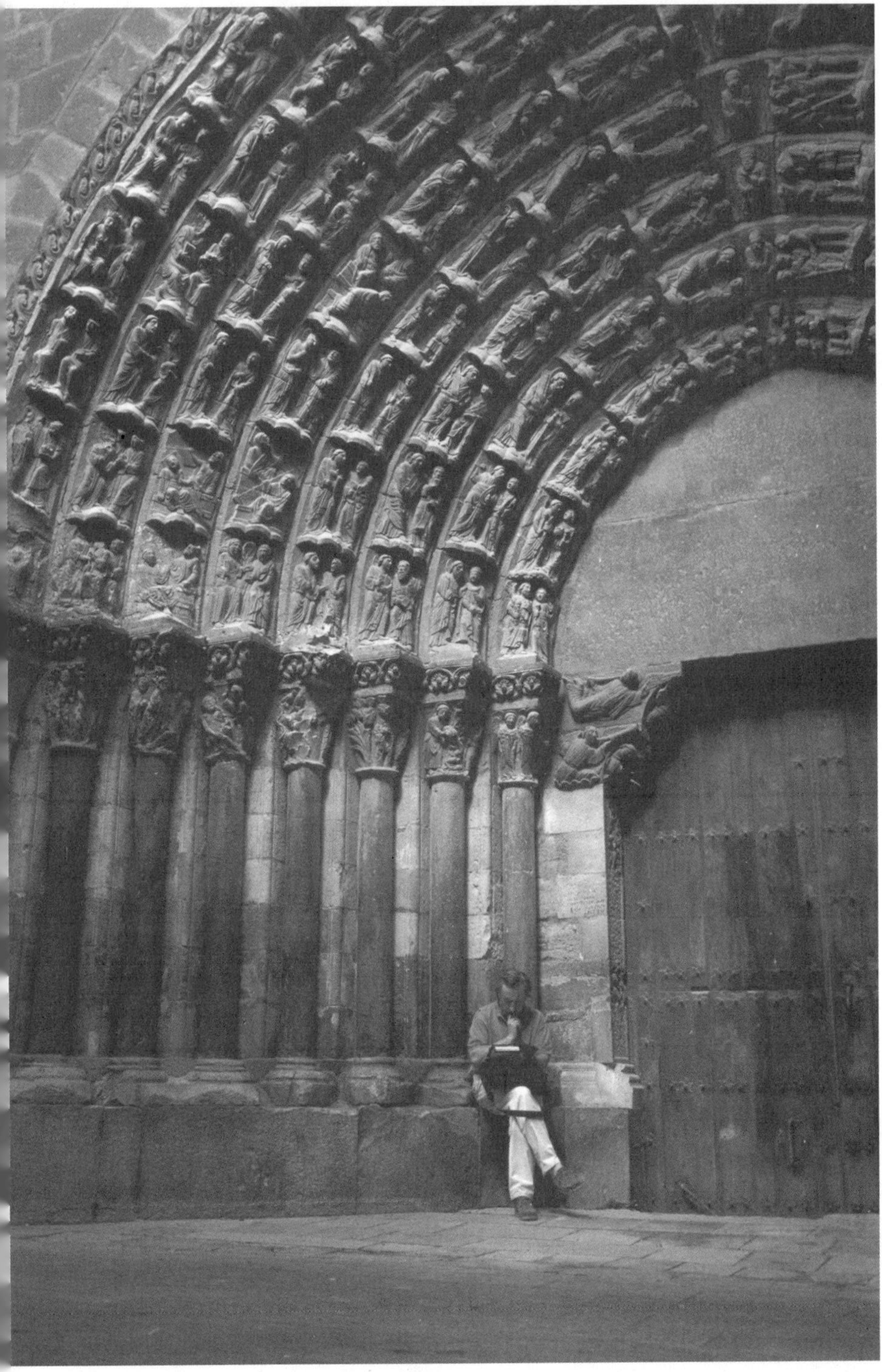

nos. Todavía se conservan, dice Amaya, algunos modillones de esa época que les enseñará a su debido tiempo.

—Eso espero —dice Jon, que tardaba en abrir el pico.

La puerta del mediodía, que lleva el nombre de la Virgen, es también puro románico. Anterior incluso a las otras dos, es del estilo de la del norte, pero tiene una arquivolta, la del centro, decorada con un zig-zag de inequívoca inspiración islámica. Lástima que afeen la puerta (que está casi escondida, como toda la fachada, entre los edificios que rodean ésta) una especie de saliente y dos esquelas descoloridas. ¿Por qué las pondrán aquí?

La visita a la catedral, dadas las obras que ahora la ocupan, termina en este lugar. Falta el claustro, que les mostrará más tarde, le dice Amaya al viajero (Jon y su esposa están discutiendo), volviendo a la Plaza Vieja para ver desde allí la catedral. Es el único sitio, dice la guía, desde el que ésta se puede ver casi entera. No es que sea grande, ni muy bonita, pero tiene esa gracia extraña de lo que está hecho como a empujones. La fábrica inicial, de los siglos XII y XIII, se complementa con otro cuerpo que acoge un gran cimborrio de ladrillo de traza renacentista y con la torre que preside el edificio, que también es de ladrillo en su parte superior y que es la única que pervive de las dos que, al parecer, la catedral de Tudela tuvo en sus tiempos. Tanto la torre como el cimborrio contrastan con la fábrica inicial, si bien que el ladrillo haga ese contraste más amable, teniendo en cuenta, además, el sitio en el que la catedral se halla: el casco viejo de Tudela, construido todo él con el mismo material.

Vista la catedral por afuera, Amaya ahora se encamina en dirección a la iglesia de la Magdalena. Es, les anuncia, la más antigua de Tudela y, junto con la catedral, está declarada Monumento Histórico Nacional. Por el camino, atraviesan el casco antiguo de Tudela, que por esta zona es aún más estrecho y laberíntico que en torno a aquélla. Viejas casas arruinadas o caídas se alternan con otras nuevas, algunas de aspecto infame, y con conventos abandonados o a punto de serlo pronto. No en vano están cruzando el corazón de la Tudela medieval y menestral, esa que durante siglos creció a la orilla del Ebro, cuyo cauce se adivina al final de las callejas, y a la sombra de esta torre-campanario que, aparte de ser románica (una de las tres o cuatro que se conservan en la región), fue la única en Tudela que tuvo esa distinción: la de marcarles las horas a los vecinos de la ciudad.

Pero la iglesia de la Magdalena tiene otro atractivo más. Por eso Amaya les ha traído hasta ella, a pesar de las reticencias de Jon, el nacionalista. Y ese atractivo no es otro que la única puerta de la iglesia, cuya traza es comparable a la del Juicio Final de la catedral. Románica, como ésta, pero mejor y más conservada, acoge en sus cuatro arcos escenas del Evangelio y decoración fantástica (grifos, ciervos, animales mitológicos y plantas) y exhibe, al revés que aquélla, un tímpano que representa la imagen del Pantocrátor flanqueada por María Magdalena, la patrona de la iglesia, y por Lázaro saliendo del sepulcro, todo ello rodeado por un friso lobulado particularmente original.

—Maravilloso —dice el viajero, admirado.

—Hay quien dice —dice Amaya, ignorando el gesto de escepticismo de Jon— que es obra del mismo autor del pórtico de la Gloria de Compostela.

—El Maestro Mateo —dice el viajero, aplicado.

—Exacto —dice la guía, entrando dentro de la iglesia.

El interior de la iglesia es también muy atractivo, pero el viajero, como antes Jon, está más interesado en ver el claustro catedralicio, que han dejado para luego. Por el camino de vuelta, empero, Amaya aún les enseñará otra iglesia, la de San Nicolás (ésta por fuera, puesto que está cerrada hace tiempo), así como algún convento y palacio medieval, e incluso el grupo habrá de asistir a una persecución por las callejas del casco antiguo. Resulta ser que un gitano, yendo por dirección prohibida (esto lo sabrán más tarde), ha ido a chocar contra un policía y éste ahora le persigue haciendo sonar el claxon y la sirena de su motocicleta. Tanto ésta como el coche del gitano no son precisamente potentes, pero lo angosto de las callejas hace que la persecución sea peligrosa tanto para ellos como para los viandantes. Menos mal que a esta hora son muy pocos, excepción hecha de algún vecino que toma el fresco en la calle.

—¡Apártense, que vuelven! —grita Amaya justo al tiempo que el gitano aparece nuevamente por la calle por la que caminan.

La persecución prosigue durante un rato, pero, como la sirena de policía cada vez se escucha más lejos, el grupo sigue su ruta. Pronto llegan ante la catedral, que está más cerca de lo que parecía.

El claustro catedralicio, lo único abierto al público, es un oasis en medio de tanta obra. Si bien no está muy cuidado (las hierbas crecen entre las piedras y la humedad rezuma por éstas), es tan pequeño y hermoso que parece una fantasía. Especialmente a esta hora en la que el sol ya ilumina sólo los arcos del lado este y los tejados que los recubren. El resto están en penumbra, lo que le da a todo el claustro un aspecto aún más misterioso.

Aunque, al decir de Amaya, la guía, nada hay de misterioso en este espacio como no sea su irregularidad. Irregularidad que se debe a sus necesidades de acoplamiento entre los edificios ya construidos y a su separación de la catedral. En cualquier caso, su bellísima factura y armonía arquitectónica, la pureza de su estilo (románico, del siglo XII), la iconografía de sus capiteles, así como los paneles que explican con gran detalle la historia de este lugar, lo convierten en motivo suficiente para justificar una visita a Tudela. Aunque para el viajero lo más interesante, a falta de conocer lo que pueda haber en la catedral, es la antigua sinagoga, hoy convertida en capilla y —mientras duran las obras— en museo catedralicio. Justo allí es donde se despide Amaya, no sin antes desvelarles el secreto de la manta que cuelga de una pared:

—Es la reproducción de la original, que era del siglo XVII, e incluye los nombres de los judíos tudelanos que se convirtieron a la religión católica a raíz del decreto de expulsión.

—De Castilla —dice Jon.

—Por eso, lo de tirar de la manta —sigue Amaya, sin hacerle caso a éste—, que se decía cuando alguien presumía de ser un cristiano viejo y aludiendo a que la manta, como ven, está enrollada.

—¡Claro, claro! —dice el viajero, mirándola.

El viajero está entusiasmado. El viajero acaba de aprender el porqué de un antiguo dicho, cosa que siempre le congratula. Y éste es dicho que resiste, no sólo al paso del tiempo, sino al de las religiones. Aunque Jon continúe insistiendo en que todo son gilipolleces.

—Si lo desean, pueden ver también luego el museo —dice Amaya, por el del palacio del Deán, que es adonde ella regresa.

Por fortuna, la pareja se va también detrás de ella (no al palacio del Deán, sino a seguir discutiendo en otro lugar) y el viajero se queda solo en la sinagoga, contemplando la manta y el resto de los objetos que integran este museo. Contemplación que prolonga luego por el interior del claustro, demorándose en la lectura de los paneles informativos y en la interpretación de los capiteles, cuya iconografía es muy vasta. Los hay francamente hermosos, aunque también los hay destruidos.

Las seis y media de la tarde. El viajero, a toda prisa, se va al palacio del Deán para ver lo que guarda éste (nada digno de ser rememorado, excepción hecha tal vez de una tabla atribuida al Bosco) y para despedirse definitivamente de Amaya, quien le aconseja, antes de marchar, que suba al cerro de Santa Bárbara para ver Tudela desde allá arriba.

—Es la vista mejor de la ciudad —le confiesa, mientras cierra el museo ya por hoy.

Obediente, el viajero le hace caso y, con el último sol del día, cruza la Plaza Vieja o del Ayuntamiento y se adentra por las callejas del casco antiguo de Tudela en dirección a su parte alta, a través de la antigua judería. Al contrario que hace un rato, el casco viejo de Tudela está ahora muy concurrido, sobre todo de inmigrantes y gitanos. Y es que Tudela ha recuperado, merced a la inmigración reciente, la condición de ciudad mestiza que tuvo en la Alta Edad Media, cuando en ella convivían musulmanes con judíos y cristianos. La que lo recuerda ahora es Virginia Coscolín, dueña de un horno público de clara impronta judía que regenta por herencia familiar y cuya antigüedad cifra en quinientos años.

—Hay otro —dice—, pero es más nuevo.

En cambio, Manolo el Chatarrero y su mujer, vecinos de la calle de San Miguel (antigua Judería Nueva), lo tienen menos claro que Virginia e, incluso, se quejan de los inmigrantes. Principalmente de los *moros,* que se ve no les caen muy simpáticos.

—Los gitanos los hay buenos y los hay malos —dice el hombre, convencido—. Los moros son todos malos.

—¡Pero si no se llevan bien ni entre ellos! —corrobora su mujer, sin importarle que la escuchen los vecinos que están cerca. Quizá porque piensan igual que ellos.

Mientras Manolo el Chatarrero y su mujer quedan rumiando sus cuitas (lo estarán seguramente hasta la noche), el viajero sigue su camino, ahora ya colina arriba, dejando atrás las últimas construcciones. A medida que sube, ve la ciudad cada vez mejor y, alrededor de ella, sus huertas. La *mejana,* como le dice que denominan los tudelanos a la ribera la mujer que la contempla en solitario desde arriba, como le gusta hacer cada tarde. La mujer, que vive cerca, colabora, según dice, de manera voluntaria en las excavaciones que están llevando a cabo en el cerro y se las enseña al viajero de mil amores. Es también entusiasta del teatro y se le nota en su manera de expresarse y de contar. Así que el viajero, que está contento, se deja guiar por ella hasta la cumbre justo del cerro, donde hay un resto de muralla desde el que se domina Tudela entera, abajo la parte antigua y al fondo la parte nueva, y luego, según a donde se mire, el Ebro con su *mejana* o el perfil inconfundible del Moncayo, hacia Aragón. Que está ya al lado, a veinte kilómetros, que son los que separan Tudela de Tarazona. Una visión tan espectacular que al viajero no le extraña que haya gente, como Carmen, que suba aquí cada día a contemplar el atardecer.

Aunque ni aquí se libre de los predicadores. Como ella, cada tarde el padre Florentino Zubiaurre, sacerdote jesuita famoso en toda la zona por sus excentricidades y persistencia, sube en su motocicleta recogiendo comida para los pobres y repartiendo *pases* para la vida eterna. Así por lo menos llama a las estampitas que les da al viajero y a Carmen tras detener la moto a su lado, pero sin apagar por ello el motor ni quitarse el casco que lleva puesto. Se ve que el padre Zubiaurre tiene prisa por seguir haciendo el bien.

—Está loco —dice Carmen, mirándolo alejarse nuevamente por la cuesta con su motocicleta llena de bolsas con comida para los indigentes.

¡Calahorra, Calahorra...!

«... ¡Que parece Washingtóóón...! / ¡Con obispo y toda la hostia..., / casaputas y frontóóón...!», canta la jota bruta de la Ribera que el viajero recuerda mientras recorre los 43 kilómetros que separan Tudela de la capital histórica de La Rioja.

Y agrícola, puesto que Calahorra, situada en la confluencia de los ríos Cidacos y Ebro, preside una amplia región que comparte con Tudela la mejor zona de la Ribera. De ahí que sea la capital de la llamada Rioja Baja, mientras que Logroño y Haro lo son de la Media y Alta. Sea como sea y al margen de calificaciones, lo cierto es que Calahorra, cuyas casas el viajero avista ya bajo la lluvia (no ha dejado de llover desde Tudela), es población muy antigua, quizá la más antigua de toda esta región. No en vano, según la historia, es ciudad bimilenaria fundada por los romanos en el siglo segundo antes de Cristo, si bien ya antes que éstos la colina en la que se alza la habitaron los celtíberos y hasta, parece, también, algunas tribus del Paleolítico.

Ciudad frontera en su emplazamiento, primero entre los romanos y los vascones y luego entre los navarros, los musulmanes y los castellanos, a los que perteneció muy pronto (Alfonso X el Sabio ya le concedió el mercado y, en el 1366, fue proclamado rey de Castilla en ella Enrique II de Trastámara), es sede episcopal también antigua, concretamente desde que en el siglo IV fuera constituida por Roma con una jurisdicción que llegaba hasta Santander. De ahí, colige el viajero, mientras, estacionado en su plaza principal, lee la historia de Calahorra, que las cabezas de sus dos mártires, San Emeterio y San Celedonio, llegaran Ebro arriba en una barca hasta el mismísimo mar Cantábrico.

Como San Emeterio y San Celedonio, el viajero ha llegado a Calahorra remontando el río Ebro, sólo que en coche y bajo la lluvia. Una lluvia sutil y muy amable, pero que apenas si le ha dejado ver el paisaje desde Tudela; un paisaje que adivina muy feraz, como el que rodea a la ciudad navarra. Menos mal que Calahorra está en lo alto de una colina desde la que, cuando salga el sol, podrá observarlo a sus anchas.

Pero, por el momento, la lluvia no remite. No lo ha hecho en todo el viaje ni en la subida hacia la ciudad, que el viajero ha hecho guiándose por su intuición. Por eso, cuando baja de su coche y se dirige hacia lo que da por hecho es la catedral (no en vano está en lo más alto, presidiendo la plaza principal y el caserío), su sorpresa es mayúscula cuando le dicen que, al revés, está abajo, junto al río, justo por donde él ha venido.

—¿Abajo? —se sorprende el viajero, contemplando la iglesia que se alza frente a él y que, desde que la vio de lejos (desde la carretera que viene de Zaragoza), pensó que era la catedral.

—No. Ésta es la iglesia de Santiago —le dice el dueño de la cafetería de enfrente, a la que el viajero ha entrado a tomar café.

—¿Está seguro?

—¡Hombre, claro! —repite el de la cafetería, sorprendido de que el turista se resista a creer lo que le dice.

Pero el *turista* continúa sin estar convencido del todo. El *turista* mira la iglesia, que es grande y de buen aspecto, y no acaba de creer que no sea la catedral, estando donde se halla. Pero el de la cafetería no le ha mentido. El policía municipal que monta guardia a la puerta le confirma lo que aquél ya le ha contado: que la catedral está abajo, junto al Cidacos, en las afueras mismas de la ciudad.

—La ha visto usted al llegar.

Así que guarda sus guías, coge el plano y el periódico y, por la calle de la Pastelería (así dicen los letreros que se llama), se aleja en busca de la catedral, por primera vez cuesta abajo, en lugar de subiendo, como acostumbra. Todas las catedrales que ha visto hasta este momento dominaban el lugar en el que estaban o por lo menos pugnaban por conseguirlo.

Pero el de la cafetería y el policía no le han mentido. Al final de la calle de la Pastelería, al dar la vuelta a una curva, el viajero ve surgir enfrente de él la silueta de una torre que se abre paso entre los tejados. Otros cien metros andando (ahora por otra calle: la de San Andrés, según los letreros) y la torre aparece ya completa, con la catedral detrás, suponiendo que, en efecto, eso sea la catedral.

—Sí, señor —le dicen las personas que esperan agrupados ante ella a que lleguen sus amigos y parientes. Se trata de una familia que se dispone a celebrar un bautizo y por eso vienen vestidos como de boda.

El viajero mira la catedral, intrigado. Ciertamente el edificio tiene trazas de algo serio (aunque también las tenía la iglesia de arriba), pero le sigue desconcertando su emplazamiento: al pie de la carretera, a las afueras de la ciudad y lindando ya con los huertos que se prolongan hacia el río Ebro. De hecho, algunos de éstos se meten casi hasta sus cimientos.

Por lo demás, vista desde el exterior, la catedral no parece nada del otro mundo. Una fachada neoclásica (del XVIII, posiblemente) con un frontón triangular y una torre en un costado es todo lo que se ve desde el atrio. Que está cerrado por un murete y rodeado de caserones con aspecto de estar abandonados.

Por dentro, en cambio, la cosa cambia. Al margen de que sus naves estén más bajas que aquél, por lo que hay que descender unos cuantos escalones para entrar (¡qué extraño es todo en este lugar!, piensa el viajero, al hacerlo), la catedral ofrece un aspecto tan imponente como cualquiera. Más incluso comparada con las de Bilbao o San Sebastián. Y es que esta catedral fue construida como tal y no como simple iglesia, como era el caso de aquéllas. Aunque lo fuera a extramuros de la ciudad. La razón se la cuenta al viajero don Arturo, que es su párroco actual, un hombre de pelo blanco al que aquél se dirige al verlo preparando las cosas para el bautizo. Es la única persona que hay en el interior del templo.

—Está aquí —le dice, por la catedral— porque es el lugar exacto en el que decapitaron a los dos santos.

—¡Ah! —exclama el viajero, acordándose de las dos cabezas que vio en la cripta de Santander.

—Concretamente —le señala don Arturo en una esquina, la de los pies de la nave norte—, San Emeterio y San Celedonio fueron martirizados donde ahora está el baptisterio.

—¿Y quiénes eran? —se hace el tonto el viajero, por su parte, para que el cura siga contándole.

Pero el cura anda con prisa, porque le están esperando para el bautizo, y se limita a informarle, escueto:

—Dos legionarios romanos que fueron martirizados por negarse a renunciar a su fe cristiana.

El cura se va corriendo, apagando a su paso alguna luz, y el viajero se queda solo en el templo, que está sombrío y lleno de polvo. Es gótico, de tres naves, la central ocupada por el coro y presidida por un retablo de apariencia no muy notable. Tiene también un deambulatorio y un sinfín de capillas laterales que, en su primera mirada, el viajero apenas si puede ver, de tan oscuras como están todas. Menos mal que pronto empieza el bautizo y don Arturo enciende las luces.

La ceremonia se desarrolla en el presbiterio con todos los invitados agrupados en los bancos delanteros, pero el bautizo en sí se celebra en el baptisterio, lo que permite al viajero contemplar el lugar en el que fueron martirizados los dos patronos de Calahorra. Se trata de una capilla en la que sobresale la pila bautismal, de estilo gótico, una pila de piedra impresionante, con las caras de los santos talladas en ambos lados. Aunque Elia, la niña que ahora bautizan, no las ha visto, ocupada como está en llorar desde que entró en la catedral.

El bautizo acaba y Elia y sus familiares se van felices a continuar con la fiesta afuera mientras don Arturo vuelve a la sacristía después de cerrar la reja del baptisterio.

—Muy bonita —le comenta el viajero, por la pila.

Pero don Arturo no le responde. Se ve que está atareado y no puede perder tiempo. ¡Qué dura vida!, piensa el viajero viéndole irse.

Entre tanto, ha empezado a llegar gente. Son ya las doce del mediodía y algún turista asoma ya por la catedral después de hacer el mismo camino que el viajero hizo para llegar a ella. Además, ha dejado de llover y el cielo está despejándose, lo que permite entrar algo más de luz por los ventanales. Y por la puerta, que se abre continuamente para dar paso a los que se asoman.

El viajero aprovecha esa claridad para ver la catedral con ayuda del folleto que le ha dado don Arturo antes de irse. Es lo único que hay, al menos a disposición de éste. Pero al viajero le sirve, a falta de algo mejor, para saber qué es lo que está visitando.

Y lo que está visitando, según le dice el folleto, es la catedral de Santa María de Calahorra, surgida del martirio de los legionarios romanos Emeterio y Celedonio, «decapitados, según la leyenda, hacia el año 300 en este mismo lugar, lo que explica su insólito emplazamiento: a extramuros de la ciudad, en su parte más baja y a orillas del río Cidacos». El folleto continúa relatando las diferentes iglesias que aquí fueron levantadas después de eso (primero un simple baptisterio, luego una iglesia visigótica, más tarde un templo románico...) hasta llegar a la catedral de hoy día, cuyas obras comenzaron hacia finales del siglo XV y se prolongaron durante muchos años. De hecho, hasta comienzos del siglo XX no se dio por terminada oficialmente, con la colocación del retablo mayor, que sustituyó al anterior, que se había quemado.

Por lo demás, el folleto da datos de cada parte. De la fachada, de la que recomienda «la torre de seis cuerpos» (aunque el último, dice, fue sustituido en el XVII por el chapitel que lo ocupa ahora), de la portada de San Jerónimo, que el viajero no ha visto todavía, pero que, según aquél, es la mejor de las tres (de la del mediodía, que está en el claustro, no dice nada), y de cada una de las capillas que integran la catedral. Dieciséis exactamente, cada una con su correspondiente retablo.

De las dieciséis, no obstante, apenas media docena tienen interés real. Aunque el folleto las describe una por una, detallando su historia y lo que exhiben, el viajero se queda sólo con el recuerdo de la de la Visitación, con una reja gótica y un tríptico plateresco verdaderamente hermosísimos (el tríptico es, además, el más antiguo del templo); con la del Niño Jesús, por la particularidad de exponer al Niño solo, entre San José y la Virgen, en lugar de en los brazos de ésta; y con la de San Pedro, en la nave opuesta, con un retablo de alabastro y una reja repujada dignos de especial mención. Mientras que, entre las de la girola, hay otras tres destacables: la de la Virgen del Pilar, con la estela sepulcral del obispo Pedro de Lepe, aquel que, por su sabiduría, dio origen al refrán «Sabes más que Lepe»; la de los Mártires, la mayor de todo el templo, con un retablo rococó y unas pinturas murales que relatan varios milagros de aquéllos: la curación de enfermos o heridos (por la cogida de un toro, por la estocada de un enemigo, por un desprendimiento de tierras imprevisto...) gracias a su intercesión; y la del Cristo de la Pelota, así llamada por la figura, parte de un Descendimiento, que, según dice el folleto, «desclavó, dice la leyenda, su mano para testificar a favor de un jugador de pelota que lo puso como testigo de una jugada». Verdad o no, lo cierto es que la figura, que es de estilo protogótico y muy bella, tiene una mano desclavada, algo que no es habitual.

 Lo que tampoco es muy habitual es el enorme abandono en el que están muchas de las capillas. Oscuras o clausuradas, la mayoría de ellas languidece entre el polvo y la desidia de los años sin que nadie se ocupe de ellas. Tanto como para que, por primera vez, el viajero sienta la tentación de llevarse algo que, de hacerlo, nadie notaría siquiera: un cuadrito con el texto de indulgencia concedida por el obispo Diego de Roxas y Contreras (a saber en qué época y por qué) que cuelga en una de ellas. Pero, al final, puede más su conciencia que la tentación del robo. ¿Qué opinaría, piensa el viajero saliendo afuera, el famoso ladrón de arte Erik el Belga si ahora le estuviera viendo? Seguramente que es un idiota, concluye él mismo, mirando por última vez el cuadro desde la reja.

 Poco a poco, mientras él visitaba las capillas, la nave principal se ha ido llenando de gente, la mayoría de ella vestida como de fiesta. Es una boda, sin duda, como el viajero en seguida puede comprobar al ver al novio del brazo de la madrina (ésta vestida de color mora) avanzar hacia el altar con paso tímido entre las sonrisas de sus familiares. El viajero, sorprendido, busca un sitio detrás de éstos (justo delante del coro, que está cerrado con reja) y espera a que aparezcan los restantes personajes de la obra. El primero lo hace pronto (es don Arturo, el párroco de la catedral, que los sábados y los domingos no debe de dar abasto, a lo que se ve), pero la novia, que es la importante, tarda en aparecer un buen rato. Del brazo del padrino, lo hace finalmente por la puerta principal, que le transparenta todo el vestido con la claridad de fuera. Pero ella, lógicamente, ni se da cuenta de eso. Ella está muy ocupada en no arrastrar la cola mientras camina (dos niños que van detrás le ayudan en el empeño) y en responder con una sonrisa a cada una de las que le lanzan sus familiares y sus amigos. Mientras tanto, una pareja (Manolo y Soli, de Rincón del Soto, según le dirán al viajero luego) entonan el *Ave María* de Schubert, él con su órgano eléctrico y ella con su voz maravillosa. Al parecer, Manolo y Soli, que son marido y mujer, tuvieron un grupo musical años atrás (El Gusto es Mío se llamaba) con el que llegaron incluso a grabar un disco, pero hoy ya sólo actúan como dúo en cafés y en salas de la Ribera y en alguna boda, cuando los llaman.

  Las canciones se suceden alternando con el rito de la boda mientras los asistentes, como es costumbre, están mucho más pendientes de lo que hacen los novios y los padrinos. Justo al revés que el viajero, que aprovecha para observarlos a ellos sin que lo noten (¡qué modelos llevan todas!, ¡qué peinados y qué joyas tan brillantes!) y para contemplar el altar mayor, que don Arturo ha iluminado, como es lógico también, para la celebración. En efecto, como el viajero había intuido ya, el retablo no es nada del otro mundo (al contrario, es más bien malo), pero la mesa del altar, tras la que don Arturo oficia, exhibe dos relicarios, los de San Emeterio y San Celedonio, que merecen verse de cerca. Como la sillería del coro, plateresca según el folleto, y el órgano, rococó, que el viajero tiene detrás. Así que éste aprovecha el final de la boda de Eva y Pablo, que así se llaman los novios (mujer y marido ya), para acercarse al altar y contemplar de cerca los relicarios, que son dos urnas de plata con las cabezas de los patronos esculpidas también en plata de manera parecida a como el viajero los había visto en la cripta de Santander. ¡Qué parecido tan asombroso!, piensa el viajero mirando éstos.

El órgano y el coro, apagadas ya las luces de la nave principal, han vuelto a quedar sumidos en la penumbra, así que el viajero ha de imaginarlos, más que verlos, tras la reja. Por fortuna, ésta es también plateresca, lo que compensa la oscuridad que borra la sillería. Sobre todo con el sol dando de lado, como ahora, lo que acentúa aún más su indefinición.

Buscando un poco de luz (y descansar a la vez de tanto polvo y tanta humedad), el viajero sale al atrio justo en el preciso instante en el que Pablo y Eva se enfrentan a la lluvia de arroz que les arrojan, como es costumbre, sus invitados. El viajero, sorprendido, sale de escena rápidamente y se aleja hacia la escalinata que rodea la catedral por su parte norte y desde la que varias personas contemplan lo que sucede mientras los niños juegan a su alrededor.

—Hay gente que no escarmienta —le dice, socarrón, el viajero a una de ellas, un hombre de aspecto humilde que viste, pese a ello, de manera un tanto extraña.

—No crea —responde éste, sin advertir la ironía con que el viajero ha hecho su comentario—. Hay algunos que sí hemos escarmentado.

El hombre ha subrayado el *sí hemos escarmentado*. El hombre, que lleva gorra y pantalón corto y parece estar de vuelta ya de todo en esta vida, observa a los de la boda mientras vigila de reojo al niño que juega cerca. Es su nieto, según dice.

—Yo me separé hace un año y no vuelvo a picar ni loco —añade al cabo de un rato, sin dejar de mirar a los novios.

—¿Y eso? —se sorprende el viajero de su sinceridad.

—Como mejor se está es uno solo —le confiesa el huevero Rafael, que tales son su nombre y su oficio, según dice—: Cuarenta y dos años he estado vendiendo huevos por estos pueblos. Desde Vitoria hasta Zaragoza.

Pero Rafael, el huevero divorciado, cuyo vestir corrobora la libertad con la que ahora vive (aparte del pantalón corto y de la gorra de propaganda que lleva puesta, luce una camiseta sin mangas con la que su mujer, seguro, no le habría dejado salir de casa), no parece que sea tan feliz. Al revés, reniega de todo y de todo el mundo, comenzando por aquélla y terminando por el Ayuntamiento. De su mujer, porque no le deja, dice, vivir en paz ni siquiera ahora, y del Ayuntamiento, porque le ha obligado a retranquear la casa que antes compartía con ella y ahora han dividido al medio.

—¡Mire cómo a los curas no les dicen nada! —se queja, señalándole al viajero el Palacio Episcopal, cuya fachada invade también la plaza y en la que una pintada alude a la falta de ocupante desde que el anterior obispo decidiera trasladar su residencia definitivamente a Logroño: *Se vende pocilga por falta de cerdo.*

La boda, mientras tanto, ha empezado a disolverse poco a poco, camino los invitados seguramente del restaurante, y el viajero aprovecha para ver la catedral por su exterior, cosa que al llegar no hizo. Desde el atrio de poniente, la fachada principal luce ahora más grandiosa, al haber abierto el cielo y golpearle el sol de perfil, aunque sigue sin ser nada singular. Justo todo lo contrario que la portada del muro norte, que el viajero ha estado observando mientras charlaba con Rafael. Se trata de una obra de tres cuerpos, con dos puertas en el bajo y un tímpano en el del medio en el que aparece la Virgen con el Niño rodeada por otras dos personas. Para unos, está claro, son los patronos de Calahorra, San Emeterio y San Celedonio, mientras otros opinan que se trata de dos doctores de la Iglesia, uno de ellos San Jerónimo. Lo cual explicaría el nombre de la portada, que es el del santo orador, según señala el folleto de don Arturo, que califica esta puerta como la mejor del templo. Aunque lo mejor de ella lo cuenta también aquél y es la leyenda que dice que, cuando al personaje de la izquierda, que lleva un pan en la mano, se le caiga de ésta al suelo, es que vendrá el fin del mundo.

—Eso dicen —le comenta al viajero el huevero Rafael, sin prestarle mucha atención a la historia. A él le interesa más esta otra—: Mire a ver si ve un teléfono móvil...

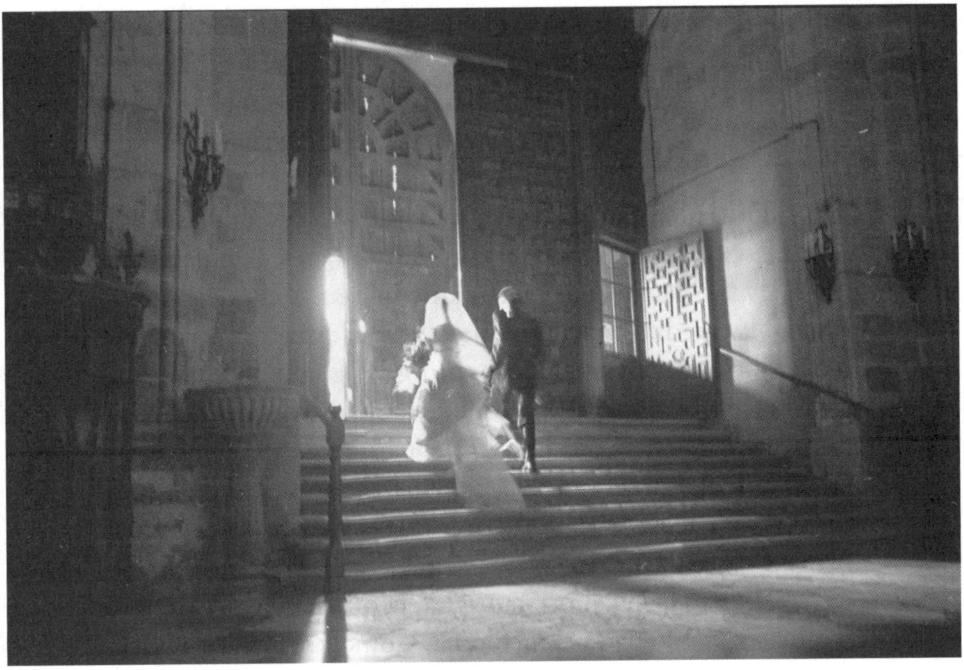

—¿Cómo dice? —se sorprende el viajero nuevamente.
—Que mire a ver si ve un teléfono móvil —le repite Rafael, señalándole la puerta.
—¿Lo ha perdido? —dice el viajero, mirando al suelo.
—En la pared —le guía aquél con la mano.

El viajero, sin acabar de entender muy bien lo que dice, mira el muro intentando averiguar cuál es el truco. Pero no hay. No se trata de ningún truco ni de ninguna broma del huevero. En el dintel de la puerta, al restaurarla recientemente, alguien ha puesto un teléfono entre la decoración esculpida en ella. Alguien con gusto más que dudoso, pues se trata de una obra digna del mayor respeto.

—¿Lo ve? —le pregunta, satisfecho, Rafael.
—Lo veo —le dice el viajero, sin saber si agradecerle o reprocharle su información.

Del lado opuesto, el del mediodía, la catedral está más tranquila. Solamente tres personas, dos mujeres y un pequeño, toman el sol a esta hora, sentadas ante su casa. Y es que, por esta fachada, la catedral da ya a la ribera, con el claustro prolongando el edificio y la vivienda de los antiguos guardianes incrustada casi en él. La mujer joven, que es la madre del pequeño, no sabe mucho de este lugar (si acaso el padre, que ahora no está), pero sí de Calahorra, donde nació y ha vivido siempre.

—La gente vive en la parte nueva —dice, señalando al norte—. Aquí vivimos sólo los pobres.

Aquí es la Calahorra antigua, la que se agarra al teso de la colina, mirando hacia el mediodía. Como le ocurría a Tudela, está casi abandonada, ocupada tan sólo por los vecinos de siempre y por los inmigrantes y los gitanos. Que son muchos en la zona, como sucedía en Tudela. Se ve que esta tierra es rica y que precisa mano de obra.

—Lo es —dice la madre de la mujer joven, que es, por tanto, la abuela del pequeño—. Aquí el que no trabaja es porque no quiere.

—Bueno, depende... —le corrige la hija en ese punto, sin que el viajero medie en la conversación—. También hay gente que está en el paro.

—Porque quieren —le responde su madre, intransigente, mientras vigila al niño, que juega cerca—. Porque es mucho más cómodo vivir sin trabajar —afirma.

Pero la hija no está de acuerdo. La hija no le discute, pero se ve que no está de acuerdo, aunque no siga discutiendo. Se está tan bien aquí, a la sombra de los chopos del Cidacos, que es tontería discutir, parece querer decirle al viajero. Y el viajero, que no quiere provocar disputas entre familia, se aleja tras despedirse y preguntar, eso sí, lo que quería saber realmente: por qué a esta calle la llaman la de las Bolas.

—Pues no lo sé —le dice la mujer joven, que parece no tener mucho interés por el sitio en el que vive.

Camino otra vez del centro, hacia el que el viajero vuelve buscando un sitio en el que comer (alrededor de la catedral no hay ni siquiera un mal bar), aquél se pierde a propósito para ver la ciudad mientras asciende. Es ciudad vieja, como Tudela, aunque con más aspecto de pueblo que ésta en su parte antigua. No en vano Calahorra, a pesar de su obispo y su frontón, cuando los tuvo (quizá el frontón lo siga teniendo, piensa el viajero mirando al cielo), vive de la agricultura, al revés que Tudela, que compagina ésta con la industria. Lo cual se nota en sus edificios y en el aspecto de sus vecinos, la mayoría de los cuales son campesinos. José Luis y su hijo Edu, por ejemplo, acaban de llegar del campo con su tractor, que se afanan en meter en el garaje de su vivienda. La calle es tan diminuta que a José Luis le cuesta girar en ella.

—Es cuestión de maniobrar —comenta, mientras su hijo Edu le indica lo que ha de hacer.

El garaje, en el que el tractor entra finalmente, hace también de almacén. Está lleno de sandías y cebollas, éstas atadas en grandes ristras. José Luis coge una sandía y se la da al viajero como regalo.

—¡Por favor! —se resiste éste, temiendo haberse pasado de entrometido.

Pero José Luis le obliga a cogerla. Con su mejor corazón se la da y la limpia, disculpándose —encima— porque está llena de tierra.

—¿Es del Ebro o del Cidacos? —le pregunta el viajero, complacido.

—De los dos —dice José Luis, sonriendo, mientras su hijo hace lo propio desde el fondo del garaje atiborrado.

Complacido, agradecido, comprobando una vez más que en este mundo hay gente buena y generosa, el viajero sigue camino, ahora con la sandía bajo el brazo. Está ya cerca del centro, como le anuncian las cafeterías. Y, también, la gran cantidad de gente que se ve en ellas, muchos vestidos como de boda. Se ve que hoy, en Calahorra, se celebra más de una.

—¡Siete! —le comunica al viajero la dueña del restaurante en el que entra para comer.

Pensaba hacerlo en Casa Mateo, en la plaza principal de la ciudad (oficialmente del Raso), donde dejó aparcado su coche, pero está cerrado por vacaciones. Así que, preguntando, ha venido a dar a éste, La Taberna de la Cuarta Esquina, que tampoco tiene mala pinta. El nombre alude a la calle, que es la de las Cuatro Esquinas, y su cocina hace los honores a la ciudad en que abre sus puertas: hortalizas, verduras, ensaladas, todos los frutos de la Ribera se dan cita en este sitio junto con otros menos digestivos, pero también muy apetecibles: el cordero de la sierra de Cameros o las truchas del Alhama y del Cidacos. Todo un festín gastronómico que el viajero, complacido, comparte con una boda y con algún que otro turista.

Cuando termina de comer, da un paseo por el pueblo para bajar la comida y el vino. Vino de La Rioja, por supuesto, pues ¿cuál otro podía ser? Desde lo alto de Calahorra y, esta mañana, viniendo de Tudela, el viajero ha visto las viñas en que madura desde hace meses, que ya están casi en sazón. Falta que deje de llover para que dé comienzo la vendimia.

Pero, mientras comienza ésta, la gente vive despreocupada. Hoy es sábado, además, y la mayoría está preparándose para salir de fiesta esta noche, especialmente los jóvenes. Algunos se cruzan con el viajero conduciendo a toda velocidad por las callejas del casco antiguo. Otros, en cambio, entretienen la tarde contemplando a los que pasan, especialmente en la zona de los gitanos. Que es la más pobre, cerca del río (y de la catedral, por tanto), en las afueras mismas de la ciudad. Como en el casco antiguo de Tudela, es también la más deteriorada por su aspecto.

A las monjas carmelitas «encerradas», como las llaman en Calahorra, no les preocupa su vecindad. Las monjas carmelitas «encerradas» viven dentro de los muros del convento y apenas salen de él. Solamente la portera y hasta el torno, para atender a los que se acercan a comprar dulces o a visitar la iglesia del convento. Incluso, para esto, le da las llaves al visitante para que sea él el que abra la puerta. Eso sí, le aconseja que se fije en la joya de la iglesia, que es un Cristo de Gregorio Hernández. No está mal, pero no es la mejor obra de su autor, piensa el viajero volviendo al torno para devolverle la llave a la portera.

—¿Le gustó? —le pregunta ésta.

—Mucho. Es muy bonita —dice el viajero, dándole la propina.

No todo el mundo, no obstante, es tan amable como las «encerradas». El cura que acaba de decir misa en la girola de la catedral (para media docena de personas) le responde al viajero con displicencia cuando éste le pregunta si van a abrir el museo:

—¿Conoce usted algún museo que abra a las ocho de la tarde?

—No —le responde el viajero, sorprendido—. Pero yo llevo aquí todo el día y ha estado siempre cerrado.

El cura no le contesta. En lugar de ello, continúa andando camino de la salida junto con otros dos que también parecen del mismo gremio. Ni siquiera se ha preocupado de saber qué es lo que quería el viajero.

—Están matando la catedral —le consuela doña Encarna, una mujer ya mayor que ha venido a la misa de las siete (al parecer, lo hace todas las tardes)—. Entre que está aquí, tan lejos, y que no se puede venir en coche, la han matado por completo —dice con cara de pena, cruzando el atrio tras de los curas.

El viajero se queda en medio de éste sin saber muy bien qué hacer. El viajero ha visto ya todo el templo, incluso el casco antiguo de Calahorra, y ya ha cumplido su cometido. Y el museo catedralicio, que era lo que le quedaba, está cerrado en la sacristía con todas sus joyas dentro. Al decir del folleto de don Arturo (que por la tarde no ha aparecido): pinturas, esculturas, relicarios, portapaces y un sinfín de objetos religiosos entre los que se destacan «la Biblia Sacra del siglo XII, la naveta llamada del Caracol (de nácar engarzado en plata), un cuadro de San Jerónimo atribuido a Ribera y la custodia que llaman "el Ciprés" por su apariencia, donada a la catedral por el rey Enrique IV de Trastámara en 1462 y obra de Johan Díaz». Eso sin contar los restos arqueológicos procedentes de la ciudad romana de Calagurris, la antecedente de la actual Calahorra.

—Buenas noches.

El hombre (quizá otro cura) cierra la puerta delante de él y el viajero, ahora sí, se queda solo en el atrio contemplando el atardecer sobre la ribera. Un atardecer que llega con todos los arreboles y con todos los olores del mes que marcan los calendarios: septiembre, el mes de la vendimia en La Rioja.

Pero pronto aparecen dos o tres coches, uno de ellos adornado con lazos blancos y muy ruidoso. Es un Mercedes de lujo que arrastra un sinfín de botes que hacen un ruido estridente. ¿Otra boda?, piensa el viajero, mirándolo.

Pues sí, pero ya ha pasado. Se celebró esta mañana en el Ayuntamiento, esto es, por lo civil, según le explica al viajero el hombre que hace de chófer de los novios, que a lo que vienen ahora a la catedral es a hacerse fotos.

—El fotógrafo, que se ha empeñado —dice el chófer, encogiéndose de hombros ante la contradicción que supone el hecho.

El viajero observa asombrado la sesión fotográfica a la que les somete aquél. El fotógrafo es un artista (o va a cobrar como tal) y les obliga a posar mil veces, en todas las posiciones y en todos los ángulos imaginables: abrazados en el atrio con la catedral al fondo, mirándose a los ojos contra el fondo de la puerta principal, separados y subidos cada uno a una ventana... La sesión se prolonga durante un rato mientras el atardecer, primero, y luego ya la noche con sus luces de neón caen sobre Calahorra y sobre esta catedral ahora olvidada en las afueras de la ciudad, salvo por el fotógrafo y los dos novios.

—¡Qué se va a hacer! —se resigna Antonio, apoyado en el capó de su Mercedes mientras la chica, que es su sobrina, y su recién estrenado marido siguen posando para la cámara.

Antonio, que es andaluz y que, aparte de hacer de chófer, es el dueño del Mercedes y el padrino de la boda, es conformista y simpático. Emigrante en Alemania y en Valencia, que es donde reside ahora, fue en tiempos chófer de verdad («de los marqueses de San Adrián, de Madrid, una familia muy rica»), de ahí que cumpla el papel a la perfección, aunque ahora el coche sea suyo. Incluso en sus comentarios parece un chófer profesional:

—La verdad es que no sé para qué se casa la gente —le comenta al viajero mientras observa al fotógrafo, que se ha subido ahora al muro («Como se caiga para atrás, se mata», dice)—. Yo, cuando me casé, no sabía lo que era una mujer. Ahora, éstos —dice, mirando a los novios—, cuando llegan a la boda, ya han hecho todo lo que tenían que hacer...

—Mejor —le dice el viajero—. Así ya lo tienen hecho.

—¿Usted cree? —dice el hombre, que no lo tiene tan claro, pese a que también opina que ahora los jóvenes viven mejor que en sus tiempos.

—Algunos —dice el viajero.

—La mayoría —responde Antonio, contemplando con envidia a su sobrina, que ahora posa recostada contra un muro, a la luz de una farola, con el traje de novia desplegado. «Así, muy bien», le dice el fotógrafo, sin dejar de disparar y de moverse alrededor de ella, como si fueran una modelo y un artista de verdad.

—Me voy —le dice el viajero a Antonio, convencido de que la sesión de fotos va a prolongarse todavía un rato.

—Adiós —le despide Antonio, resignado a aguantar lo que le quede.

Y atrás queda, junto al muro, apoyado en su Mercedes y en la noche, contemplando cómo la sesión prosigue y cómo el viajero desaparece por las escalinatas que llevan hacia la parte alta. Aunque, antes de irse, sigiloso, se aproxima a la puerta que da al norte para asegurarse de que San Jerónimo, o quien sea el que lo lleva, sigue teniendo el pan en la mano y de que, por tanto, esta noche al menos tampoco será el fin del mundo.

Las gallinas de Santo Domingo

La diócesis de Calahorra, que es, ya se ha dicho, muy primitiva, es la única de España con dos cabezas episcopales. Se lo dijo al viajero don Arturo, el párroco de la catedral, ante la confusión de aquél por el nombre exacto del obispado: Calahorra y La Calzada. Se trata, le dijo don Arturo, no de dos diócesis históricas unidas, como las de Pamplona y Tudela, por ejemplo, sino de una sola diócesis que, por las circunstancias (el avance de los musulmanes), tuvo dos sedes episcopales distintas, a las que recientemente se le ha añadido una tercera, Logroño, que es donde ahora vive el obispo. Con lo que el nombre completo de la diócesis es todavía más enrevesado: Calahorra y La Calzada-Logroño.

Pero la de Logroño no es sede episcopal establecida. Aunque mucha gente lo crea, incluso conste como tal en muchos sitios, Logroño no es sede episcopal y, por lo tanto, su catedral tampoco lo es, sino concatedral, que es muy diferente. Como la de San Pedro, en Soria, o la de Vigo, en la diócesis de Tuy, la antigua iglesia de la Redonda, que es su nombre original, hace las veces de catedral porque el obispo vive en Logroño, pero no porque de verdad lo sea. Es *con,* subrayó don Arturo el prefijo para dejar bien claro que las de Calahorra y Santo Domingo de la Calzada, al otro extremo de la provincia, son las únicas catedrales de verdad en La Rioja.

Pero, en la capital de ésta, la gente no lo tiene tan claro como él. Por ignorancia o por chauvinismo, la mayoría están convencidos de que la iglesia de la Redonda, así llamada porque era circular, es catedral como aquéllas. El viajero lo sabía porque lo leyó en sus guías y lo comprueba por sí mismo cuando llega junto a ella después de recorrer bajo la lluvia los 44 kilómetros que separan Calahorra de Logroño. 44 kilómetros jalonados por nombres de poblaciones que evocan los buenos vinos de la región: Pradejón, Alcanadre, Arrubal, Agoncillo... De las ocho personas a las que pregunta, el resultado de la encuesta es el siguiente: la monja auxiliar del templo dice que es catedral; dos señoras muy señoras que también; un policía municipal que no; la camarera de la cafetería Redonda que «ni idea»; la dueña de la pastelería La Mariposa de Oro, preciosa tienda del XIX en la misma calle, que «por supuesto»; un jubilado que «sí y no»; y el dueño del Café Moderno, el café más antiguo de Logroño (de 1912 y plagado de fotografías antiguas), que «no, pero como si lo fuera». Curiosa forma de definir el particular estatus de esta iglesia en la que los obispos de La Rioja tienen ahora su cátedra, si bien que de forma provisional.

—Me da igual —dice el pobre de la puerta, demostrando de ese modo que a él le interesa poco el asunto.

Don Alejandro, el párroco, sin embargo, tiene muy claro lo que es su iglesia. Don Alejandro es culto y sabe diferenciar entre una catedral y una concatedral:

—Es concatedral —confiesa—. Para ser catedral tendría que haber sido consagrada como tal por el obispo.

Don Alejandro, que es cura listo, sabe más por riojano que por cura. Don Alejandro, además, ha viajado algo (antes de volver aquí, fue capellán de emigrantes por toda Europa) y le preocupa poco la categoría del templo. Le basta con saber que, a efectos prácticos, es el primero de La Rioja, puesto que en él predica el señor obispo. Aunque el actual vaya a predicar ya poco, puesto que está muy enfermo, dice. Ayer mismo ha dimitido de su cargo, ya que le van a operar de nuevo.

—Una pena —dice su subordinado, que considera que don Ramón, como se llama el prelado, es un hombre muy valioso.

En el Café Moderno, a estas horas, los clientes están más interesados por otras cosas que por la salud del señor obispo. Aunque su renuncia viene en la primera plana de los periódicos, los clientes del Moderno están más preocupados por saber qué tiempo les hará hoy y si seguirá lloviendo, como hasta ahora. Se ve que ya están cansados de que lo haga todos los días.

—Como siga así más tiempo, se nos van hasta los peregrinos —le comenta uno de ellos a la dueña, recordándole al viajero, que está sentado a una mesa, que por Logroño pasa el Camino de Santiago.

En efecto, a partir de Logroño y hasta Santo Domingo de la Calzada, cuyo nombre evoca ya su propio origen, el viajero vuelve al Camino, que por aquí cruza la Rioja. Así que el panorama es un continuo de viñedos por el que la carretera pasa arrastrando por sus márgenes riadas de peregrinos, la mayoría de ellos a pie. Menos mal que ha dejado de llover, porque, si no, llegarían pingando a su meta.

Su meta es Santo Domingo. Aunque se desvíen a Nájera, la antigua capital de los reyes de Navarra, algunos de los cuales duermen en su panteón real, la meta de todos es Santo Domingo y, dentro de ésta, su catedral. No en vano es la primera que encuentran desde Pamplona, o desde Jaca, los que entran en España por Somport.

Santo Domingo, por otra parte, vive a la sombra de su edificio. El pueblo, que es una calle (la que el Camino forma al pasar por él), se agrupa en torno a la catedral, que es de lo que viven todos. De los turistas y de los peregrinos.

—Sí, porque del cereal ya poco —le comenta al viajero el vecino al que pregunta, un jubilado que está a la sombra mirando pasar a aquéllos.

Los peregrinos pasan sin detenerse, deseosos de llegar pronto al albergue que los carteles anuncian desde Logroño. No en vano Santo Domingo surgió como hospedería, de la mano del santo burgalés, en lo que antes era un gran bosque que el Camino atravesaba antes de entrar en Castilla. De ahí que la cofradía que la regenta sea la más antigua de Europa, con sus casi mil años de antigüedad, que son los mismos que el pueblo cumplirá este mismo siglo. Concretamente en el año 2098, ya que fue en el 1098 cuando Santo Domingo colocó la primera piedra de la iglesia que dio lugar a la población.

Aquella iglesia, en la que sería enterrado, fue elevada a colegiata años después y a catedral un siglo más tarde, al trasladarse a Santo Domingo el obispo de Calahorra, al caer la ciudad del Ebro en manos de los de la Media Luna. Y, aunque esa situación duraría poco (hasta que los musulmanes fueron echados de Calahorra), ni aquélla ni Santo Domingo perdieron ya la condición de catedral y de ciudad, como al viajero le contó ayer don Arturo.

Ante la catedral de Santo Domingo, el viajero se detiene a contemplar a sus vecinos. Es domingo y a esta hora va a comenzar una misa, por lo que su portal de entrada está repleto de gente. Aunque hay muchos peregrinos, la mayoría son de Santo Domingo, que tiene su catedral por iglesia, al contrario que en Calahorra. Primero, porque está en el centro del pueblo y, segundo, porque éste apenas llega a las cinco mil personas. Así que, cuando las campanas tocan (en la torre exenta del templo, que está separada de él por la propia calle Mayor, esto es, por el Camino), todo el mundo acude a ella como en cualquier aldea española. Sobre todo hoy, que es domingo y vuelve a lucir el sol.

El viajero entra tras ellos sin tiempo de contemplar la catedral primero por fuera. Solamente la fachada, neoclásica, con una puerta de entrada (otra, al lado, está tapiada) y tres imágenes sobre ella: Santo Domingo en el centro y —otra vez— San Emeterio y San Celedonio, los dos patronos de la diócesis. ¡Qué obsesión!, piensa el viajero al encontrárselos una vez más.

Por dentro, la catedral es totalmente distinta. De traza gótica, no muy grande, su cabecera, además, evoca el tiempo en que fue empezada, que fue aquel en el que aún el románico imperaba en toda Europa. Aunque, al decir de las guías, solamente una capilla, la central, y algún que otro capitel respondan a sus premisas.

Pero el viajero no puede verlos ahora. El viajero, cuando ha entrado, se ha encontrado con la misa ya empezada, lo que le impide ver el templo mientras tanto.

La catedral está abarrotada. Del primer banco al último, todos están repletos de gente que asiste a la misa de la una, que oficia un cura joven, al que se le ve animoso. E inteligente. Su homilía, por ejemplo, parte de la lectura del día, que versa sobre el milagro del sordomudo al que Jesucristo devolvió el habla y el oído, y trata sobre la incomunicación del hombre moderno. Y lo mismo hace con las peticiones: en lugar de las habituales (por el Papa, por los curas, por los misioneros repartidos por el mundo...), las ha adaptado a la realidad que más preocupa a sus feligreses: el terrorismo, el paro, las injusticias... Aunque no olvida tampoco pedir por el obispo de la diócesis, que acaba de renunciar al cargo. El vecino de asiento del viajero, al que se le ve entendido, dice que el cura es de Ciriñuela, un pueblo cerca de Santo Domingo, y que es una gran persona.

Pero el viajero está más interesado en lo que acaba de descubrir tras él. Un ruido característico, pero impropio del lugar en el que está, le ha hecho volver la cabeza y ha descubierto con gran asombro un gallo y una gallina en una especie de capillita. Las dos aves, que son blancas (igual que las que hay pintadas en ambos lados de la hornacina), están a media altura, en el interior del templo, guardadas por una reja, pero a la vista de todo el mundo. Y parecen acostumbradas a estar allí, puesto que no se inmutan por la presencia de tanta gente.

El viajero busca en sus guías la razón de su presencia, si la hay. El viajero sabe el refrán que dice que en Santo Domingo «cantó la gallina después de asada», pero no se imaginaba que esa gallina tuviera una presencia tan real. Las guías cuentan la historia (un peregrino alemán acusado de un robo que no había cometido resucitó por intercesión de Santo Domingo a la vez que la gallina que se disponía a comer el juez en ese momento), pero no explican la razón de su presencia en el interior del templo. Aunque sí dicen que es muy antigua. Un documento del 1350 ya la señala, según parece, y la hornacina en la que se encuentran es del 1445.

En cuanto acaba la misa, el viajero se acerca a verla. Hay mucha gente que hace lo mismo, sobre todo peregrinos tan sorprendidos como él por la presencia de las dos aves dentro de la catedral. Éstas se ponen nerviosas al ver tanta gente junta, incluso el gallo empieza a cantar, provocando sonrisas entre los que los están mirando.

—¿Ha visto qué bien enseñado está? En la misa no ha cantado ni una vez —le comenta al viajero un hombre joven, vecino de Santo Domingo, que le cuenta que las aves son cambiadas cada mes y que hay un hombre que se encarga de ello—. Precisamente —dice— lo ha dejado hace unos días.

—¿Y ahora...?

—Le ha sustituido otro.

El hombre mira a las aves con satisfacción y orgullo; el mismo orgullo y satisfacción con que las miran otros vecinos del pueblo que entretienen la salida de la misa mostrándoles a sus hijos la capillita que hace las veces de gallinero. Y es que gallinero es, por más que sea de estilo gótico.

—Pero por la noche las sacarán de ahí... —le comenta el viajero a su informante, seguro de que es así.

—No. Duermen ahí —dice éste, mientras el gallo vuelve a cantar como si supiera que están hablando de él.

Otro objeto en la pared llama ahora la atención de un viajero aún no repuesto. Se trata de una polea que cuelga de la pared, al lado del *gallinero,* como si fuera un extraño exvoto.

—Dicen que es parte de la horca en la que ahorcaron al peregrino —le contesta su informante, al que se le ve encantado de serlo. Al viajero le recuerda a Salvador, el de la catedral de Oviedo.

—¿Y los hierros?

—Ésos dicen que son del carro de otro milagro de Santo Domingo.

—¿Otro?

—¡Hizo muchos! —dice el hombre, orgulloso del patrono de su pueblo—. El de la gallina, el del carro, el del puente del río Oja...

—¿Y en qué consistió el del carro?

—En que salvó a otro peregrino que fue atropellado por uno —dice el hombre, satisfecho, despidiéndose ya del viajero—. Mi mujer me está esperando —se disculpa.

—Vaya, vaya... Muchas gracias —le agradece el viajero su atención, y más sabiendo que lo esperaban.

El alboroto dentro del templo continúa a pesar de que hay menos gente. La que hay se concentra, sobre todo, justo enfrente de la puerta, que es donde están las gallinas y el mausoleo de Santo Domingo. Un mausoleo majestuoso, románico, del siglo XII, bajo el que se abre la cripta en la que reposa el santo. Tanto el sepulcro como la cripta son lugares de peregrinación, a juzgar por la gran cantidad de gente que hay ahora en torno a ellos. La mayoría son peregrinos que cumplen con la tradición:

—Hay que dar doce vueltas al sepulcro mientras se rezan un *Avemaría*, un *Padrenuestro* y un *Gloria* —le confiesa al viajero una de ellas, que es alemana y tiene los pies vendados. Se ve que por el Camino.

Otros, en cambio, parecen mucho más frescos. Los hay, incluso, que dan más de doce vueltas, lo que indica que están en plena forma. Y lo mismo ocurre en la cripta, que es una auténtica maravilla. Aparte del relicario y de la talla de Santo Domingo, gótica, del siglo XIII, hay otras dos de otros dos apóstoles contemporáneas tal vez del santo.

Éste aparece otra vez yacente sobre la base del mausoleo. Bajo un templete de Vigarny, aunque hecho por Antonio de Rasines, la talla que aquí se muestra es del más puro románico, quizá una de las mejores del arte funerario español en ese estilo. Sobre todo teniendo en cuenta su tamaño, que es de dos metros de punta a punta.

De punta a punta, la catedral tiene apenas 31, pero es tan luminosa que parece que es mayor. Máxime ahora, que le han quitado el retablo, lo que deja la girola abierta al templo, que gana así en luminosidad. Aunque hay quien no comparte esa decisión que, aparte de ir contra la liturgia, trasgrede también la estética, puesto que el retablo mayor del templo, que ahora está en el brazo norte del crucero, estaba hecho a medida para el lugar en que siempre estuvo.

El viajero no tiene opinión concreta. El viajero mira el altar, que ahora aparece desnudo, y le parece tan luminoso que se le antoja bien como está. Aunque no deja de parecerle también extraña su desnudez, comparada sobre todo con la de otras catedrales de su estilo.

El cura de Ciriñuela, que es el párroco del templo (aunque no forma parte del cabildo), dice que ha habido mucha polémica sobre el tema, pero que él no tiene una opinión clara. Por una parte, es verdad, su sitio es en el que estaba, pero, por otra, asegura, le quita luz a la catedral. Sobre todo a la girola, que es pequeña y en la que antes apenas si se veía.

—En fin, que no sé qué decirle —dice el cura, encogiéndose de hombros y regresando a la sacristía, que es donde lo asaltó el viajero.

El viajero le llamó con la disculpa de preguntarle por el museo (que está cerrado los domingos, igual que el de Calahorra), pero con intención de pegar la hebra. Al viajero, el joven cura le ha llamado la atención, tanto por su juventud como por lo que decía en la misa.

Pero José Ramón, que es como se llama el cura, está ocupado en este momento y, aunque se muestra simpático, vuelve en seguida a lo suyo, advirtiéndole al viajero que dentro de unos minutos cerrará la catedral para comer.

—¿Y las gallinas?

—Ésas comen cuando quieren —contesta el cura, mirándolas a través de la distancia que hay entre el *gallinero* y ellos.

No es mucha, pero sí la suficiente como para que los peregrinos sean aquí muchos menos. La mayoría de ellos se limitan a mirar el *gallinero* y el mausoleo de Santo Domingo y pocos llegan hasta la sacristía. Que está al final de la cabecera, en el lado opuesto de la catedral.

Lástima que no lo hagan, porque la girola esconde cosas interesantes. Como la imagen de Nuestra Señora de la Calzada, hermosa talla del siglo XIII que se venera en la capilla de San Pedro, la única que es románica, o el sepulcro plateresco obra de Guillén de Holanda, en la de San Andrés. Aunque lo mejor de todo son dos o tres capiteles, que son de la misma época en que empezó a construirse la catedral. En concreto, el que representa el Árbol de Jesé es conmovedor.

Después de eso, el viajero interrumpe su visita hasta la tarde. Son las dos del mediodía y José Ramón ya se va camino de Ciriñuela, donde, como antes le ha dicho, ha quedado a comer con su familia. Lo hace todos los domingos, aprovechando que vive cerca.

—Que aproveche —le desea el viajero ya en la puerta, sin saber dónde lo hará él.

En cualquier caso, todavía es pronto para comer. El viajero, esta mañana, ha desayunado fuerte y todavía no tiene hambre. Así que se dedica a conocer Santo Domingo, que es pueblo lleno de historia y que está ahora lleno de gente que va y viene por sus calles tomando el aperitivo o visitando sus edificios más señalados.

El primero es la catedral. Que el viajero todavía no ha llegado a ver por fuera, puesto que entró en ella apenas llegó. No es que sea maravillosa, aunque tiene sus puntos de interés. Especialmente el ábside, que es románico (lo único que queda del primitivo templo), y el pórtico de poniente, que al viajero le recuerda al de la catedral de Tuy: alzado fuera del templo, sobre la calle que lo circunda, es de estilo protogótico y le da un aire de fortaleza.

Frente a la catedral, el Parador de Turismo —un antiguo hospital de peregrinos— y la ermita de la Virgen de la Plaza, barroca, del XVIII, cierran la plaza de Santo Domingo, que es como se llama ésta. Son dos edificios nobles, uno civil y otro religioso, que representan a las docenas que hay repartidos por todo el pueblo: la Alhóndiga, el Corregimiento (con la Cárcel Real en sus mazmorras), las antiguas Carnicerías Municipales, el palacio del Secretario de Carlos V (actualmente un colegio de religiosas), los conventos de San Francisco y del Císter y las numerosas casas llenas de escudos y de blasones que flanquean el Camino a su paso por el pueblo. Una de ellas, frente a la plaza de la Alameda (porticada y con una fuente del XVIII), acoge hoy el albergue permanente de los peregrinos.

Se trata de una casona con aire de pensión vieja. Será por el olor que despiden los que llegan o por lo destartalado de sus instalaciones. Pero está llena. Y continuamente llegan peregrinos buscando un sitio donde hospedarse. Los que ya están instalados, mientras tanto, se dedican a lavar sus pertenencias, que luego tienden en la trasera, en el patio donde viven las gallinas que sustituirán a las de la catedral. Son todas blancas y las acompaña un gallo al que sin duda le tocará entrar de servicio, por ser el único, el próximo turno. ¡Con lo bien que están aquí!, piensa el viajero, mirando el patio.

El prior de la cofradía, voluntario como todos los que cuidan del albergue, no está de acuerdo con el viajero en que las aves estén aquí mejor que en la catedral. El prior piensa que allí están más entretenidas, viendo entrar y salir gente. Y eso que aquí, en el albergue, tampoco es que se aburran mucho:

—En lo que va de año —dice, mirando sus números— han pasado por aquí más de ocho mil peregrinos —y añade, como curiosidad—: El más joven, un niño de once meses que viajaba a espaldas de su madre, irlandesa, que iba en una bicicleta y en invierno.

—Eso tenía que estar prohibido —dicen Fernando y Gregorio, dos jubilados del pueblo que están sentados al sol en la plaza del Ayuntamiento—. Para que el niño hubiera cogido una pulmonía...

—No importa —dice el viajero, sonriendo—. Lo curaría Santo Domingo.

—Sí. Cuente con ello —le dice Gregorio, escéptico.

Detrás de ellos, se ve la catedral y, a la derecha, restos de fortificaciones. Son las antiguas defensas, que prolongan su perímetro desde el exterior del claustro hasta las murallas de Santo Domingo. Que aún se conservan en muchos tramos, rodeando el casco del pueblo. El viajero las ha visto al recorrerlo, cosa que le llevó poco tiempo, pues no es muy grande.

—¿Cuántos viven en Santo Domingo? —les pregunta a los jubilados.

—Pocos —le responden éstos—. Cada vez menos —añade uno de ellos con nostalgia.

—¿Cinco mil? —aventura el viajero una cantidad.

—Por ahí... —dice Gregorio, mientras Fernando, más pesimista, rebaja aquélla en un par de miles—: ¡Si llegamos a tres mil!...

Cinco mil o tres mil, el caso es que a esta hora sólo ellos disfrutan de esta plaza y de sus árboles y de la visión de una catedral que ya ha vuelto a abrir sus puertas, pasada la hora del mediodía. Cosa que deben de agradecer las gallinas, que, entre tanto, se habían quedado solas. Tenía razón el viajero: ¡con lo bien que viven en el albergue!

En la puerta principal, el viajero lee ahora dos papeles que no vio cuando llegó ni, a mediodía, al salir del templo. Se trata de una advertencia contra los timadores de peregrinos (masajistas, pedigüeños, vendedores de ungüentos maravillosos para los pies...) y de una información, ésta ya más general, de la campaña de recogida de dinero para la restauración de las campanas de la torre, que necesita alcanzar los 30.000 euros y que, a fecha de ayer, 6 de septiembre del 2003, va por los 9.500. Apelando a la tradición local, el cura, o quien la haya escrito, anima a los calceatenses, como se llaman los de Santo Domingo, a «soltar la gallina», cómo no.

Dentro del templo, otra hoja anuncia a los que la cogen (de la mesita que hay a la entrada, junto al mausoleo del santo) la renuncia del obispo de la diócesis, cuyo lema episcopal es, según aquélla, «Sé de quién me he fiado». Afirmación que al viajero le gustaría decir también, aunque no la tiene tan clara.

Isabel, en cambio, se fía de todo el mundo. Isabel, guapa y muy joven, se encarga de que la gente respete la catedral, cosa que, dice, no todos hacen. Los hay que entran en ella comiendo su bocadillo y hasta hay quien «ha hecho pis» detrás del coro. A Isabel la han contratado este verano para impedir que se repitan esos hechos aprovechando que está de vacaciones en su pueblo.

—¿Y te hace caso la gente?

—Hay de todo —dice ella, sonriendo.

El viajero se lo hace. El viajero no sólo le hace caso, sino que se pone a su disposición para llamarle la atención, si hace falta, a algún turista. A cambio, le propone, ella le enseña la catedral, pues algo debe de saber después de todo el verano en ella.

—No crea —dice Isabel, sonrojándose.

Pero sabe. Más de lo que aquél pensaba. Y, aparte de enseñarle el *gallinero* y el mausoleo de Santo Domingo, que es lo que conocen todos, le lleva por todo el templo mostrándole otros rincones que el viajero no había visto todavía. Unos por falta de tiempo y otros porque pasó de largo.

Entre los que pasó de largo, está la capilla de la Inmaculada, a la derecha del mausoleo, con un bello retablo de Lope de Mendieta. Y, entre los que todavía no ha visto, las capillas de las naves laterales y el coro, que es otra joya. De las capillas, el viajero se queda con la de la Magdalena (por las pinturas de León Picardo y el mausoleo de Vigarny), aunque todas tienen algo de interés. Por ejemplo: la de San Juan Bautista, en la nave de la Epístola (justo debajo del *gallinero*), tiene un retablo hispano-flamenco maravilloso, mientras que su vecina la de Hermosilla, así llamada por el santo nacido en Santo Domingo que fue asesinado en Tonkin, Vietnam, el año 1861 (¿junto con el asturiano Melchor de Quirós quizá?, piensa el viajero al leer el nombre, recordando al de la catedral de Oviedo), exhibe, además de las reliquias del citado, las cadenas con las que fue arrastrado al martirio. Aunque la mejor de todas es la que forma sin serlo, en el brazo norte del crucero, el retablo mayor de Damián Forment, la espléndida creación que ocupó durante siglos el ábside de la catedral y que está considerada una de las mejores obras renacentistas de este país.

Otra gran obra renacentista, ésta debida a varios autores, es el conjunto del coro, que, por fortuna, sigue en su sitio. Y, aunque apenas puede verse por mor de la oscuridad, se adivina la belleza tanto de su composición como de su decoración. Según las guías del viajero, aquélla es obra de Andrés de Nájera y ésta de Guillén de Holanda. Aunque, para Isabel, lo mejor del coro es lo que éste tiene por fuera: las tablas del lateral que da a la nave de la Epístola y que representan milagros de Santo Domingo (el de la gallina asada, el del carro, el del enfermo...) y la imagen de San Isidro, en el lado opuesto, una representación rarísima, puesto que porta una flecha en una mano y, en la otra, un palo de golf.

—¡No fastidies! —dice el viajero, acercándose—. ¿Cómo va a llevar San Isidro un palo de golf?

—Mírelo —dice Isabel, convencida.

¡Es cierto! O al menos eso parece. El viajero observa de cerca lo que el patrón de Madrid porta en una mano y se convence, como Isabel, de que, si no es un palo de golf, se le parece más que a otra cosa.

El viajero trata de recordar cómo se representa al santo. Pero lo único que recuerda es su imagen flanqueada por los bueyes. Mas no recuerda ninguna flecha ni ningún palo en las manos. Salvo que sea el de aguijonear a éstos.

—¡Es una espiga! —le desvela, divertido, José Ramón, el párroco de la catedral, acercándose a mirarlo cuando el viajero le va a buscar para que les haga salir de dudas.

El cura vuelve a la sacristía, a prepararse para la misa de las ocho, y el viajero se despide de la chica, no por lo del palo de golf, sino porque ya le ha enseñado todo. Y porque apenas queda ya luz en la catedral.

—Ánimo, que esto acaba —le dice el viajero, por la hora. Son ya cerca de las ocho.

—Hay veces que se hace eterno —le confiesa Isabel, mientras se acerca a llamarles la atención a unos turistas que hablan a voz en grito ante el *gallinero*.

A las ocho, José Ramón dice otra misa. Hay menos gente que a mediodía, pero el gallo está más nervioso. Seguramente, como a Isabel, la tarde se le hace eterna y está deseando que se termine. Quizá por eso canta unas cuantas veces mientras la misa.

Y cantando se queda en el *gallinero* cuando, terminada ésta, Isabel pide a la gente que salga, porque van a cerrar el templo. No lo hace ella, sino Juan Ramón, el cura, y el viajero aprovecha para salir el último y quedarse así con la imagen del gallo y de la gallina en el *gallinero*, que es lo único que queda iluminado. Parece un puesto de vigilancia.

—¿Y se quedan así toda la noche?

—Claro —le contesta al viajero José Ramón—. Así ven si entran ladrones.

José Ramón se va sonriendo y el viajero hace lo propio después de darle otra vuelta al templo, sobre el que ya empieza a anochecer. Sólo la torre, que está alumbrada, se ha anticipado a la noche, como si fuera un faro frente a alta mar.

Desde lo alto de la colina en la que la carretera se despide de La Rioja, apenas a tres kilómetros de Santo Domingo, el viajero se vuelve a verla y le parece escuchar en ella un kikirikí.

Quinto viaje
ARAGÓN DE NORTE A SUR

La perla del Pirineo

Como el mapa de Navarra, el de Aragón cuelga también de los Pirineos, aunque ofrece una imagen muy distinta. Mientras que aquél se asemeja a una piel de toro, con Tudela coronando la testuz, el de Aragón se parece más al mandil de un zapatero, ancho en su parte más alta, para proteger el pecho, y recortado en la baja, para poder meterlo entre las piernas. En el medio estaría Zaragoza, a la altura del ombligo más o menos.

El viajero está ahora más arriba. Está en Jaca, cerca de donde comienza el mapa y donde ha dormido esta noche al arrullo del río Aragón, que es el que nombra a toda esta tierra. La que va desde Somport hasta Teruel cruzando un tercio casi de la Península. Una tierra diversa y muy distinta, pero con un denominador común: el de estar habitada por una gente que para el viajero, que la conoce, es la mejor del país. Y también el de ser toda ella un territorio lleno de encantos y de contradicciones.

Jaca es el primero de ellos. Su primera capital y capital aún de los Pirineos, esa cadena montañosa que aísla España de Francia más que cualquier otra división, Jaca sobrevive al tiempo encaramada en el promontorio en el que la fundara el rey Sancho Ramírez, el segundo de los aragoneses. Fue en el año 1077 y Aragón era aún un pequeño reino que apenas si se extendía por los remotos valles de la Jacetania, esa tierra poblada por pastores que los romanos hallaron y bautizaron así en honor de sus habitantes: los jacetanos. Desde entonces, la ciudad, con todos sus avatares, ha pasado por la historia cubriéndose de recuerdos (la pérdida de la capitalidad del reino, la de su episcopado, la recuperación de éste en 1571, la sublevación de

1930 de los capitanes Galán y García Hernández que hizo famoso su nombre en todo el país) y ha llegado hasta este siglo sin dejar de ser un lugar remoto, pero a la vez de gran importancia, al ser, por una parte, la primera ciudad de España al sur de los Pirineos y, por otra, el primer final de etapa del Camino de Santiago en Aragón. Lo cual se nota en sus edificios y en su impronta de ciudad noble y antigua. Quizá un poco afrancesada últimamente, piensa el viajero mirando sus barrios nuevos. En cualquier caso, lo que destaca de toda ella es su sabor medieval, que acentúa aún mucho más el románico de su catedral. La perla del Pirineo, como ya la ha bautizado el viajero por su cuenta al saber que así le dicen turísticamente a Jaca.

El viajero la estuvo viendo ya anoche mientras cenaba enfrente de ella, en uno de los dos bares que se reparten la plaza del Mediodía —esa en la que en su día estuvo el mercado que atraía a mercaderes de todos los Pirineos, incluso del otro lado de éstos, y de cuya relevancia aún es testigo la famosa vara jaquesa, diferente de la castellana, impresa en piedra junto a la puerta—, y todavía tiene en los ojos la silueta iluminada de su torre, recia como la de un castillo, y el perfil de sus dos ábsides románicos (el tercero está ahora oculto por la construcción de al lado). Pero ahora ya es de día y la catedral resurge con una silueta nueva. O, mejor: con la misma silueta que tenía anoche, pero de color distinto. Ese color pizarroso, de piedra ocre y antigua, que la unifica con la ciudad. Y que le da su sello característico junto con el ajedrezado.

El ajedrezado jaqués, como se le conoce universalmente por haber nacido aquí, es el emblema de esta catedral. Tallado en la propia piedra como si fuera una filigrana, la recorre por todas sus fachadas dándole su peculiar aspecto. Data de la construcción del templo, el primero románico en España, y dicen que de aquí se exportó por todo el país, bien a través de los peregrinos, bien merced a los canteros, judíos en su mayoría, que construyeron nuestras catedrales. La de Jaca es ejemplo de ello y de sus saberes místicos, perpetuados en cada piedra como si fuera una lección muda.

Pero los jaqueses de hoy en día no parecen muy preocupados por entenderla. Los jaqueses de hoy en día viven más interesados por saber lo que les deparará este lunes, 27 de junio del año 2005, y por conocer el nombre de los vecinos que ya no se enterarán jamás porque murieron ayer, mientras la ciudad celebraba la fiesta de Santa Orosia, patrona de la diócesis y de la propia ciudad de Jaca. Un chico está poniendo sus esquelas en la reja del pórtico de poniente.

—Es donde las lee más gente —le contesta al viajero, que pregunta.

La gente lo corrobora así que el chico lo dice. Antes de que éste termine, varias personas se arremolinan ya en torno a él para poder leer las esquelas y conocer a quién pertenecen. Incluso la dependienta de la farmacia que hay justo enfrente del pórtico se acerca para ver qué clientes ha perdido. El chico recoge el *celo* y se marcha con su moto a seguir poniendo esquelas. ¡Qué trabajo!, piensa el viajero, viéndole irse.

Doña Benita Nasarre Campo, de Castiello de Jaca, y don Albano Mayor Beltrán, de Jaca, unidos por el destino, quedan quietos en la reja, rodeados por un grupo de vecinos que comentan en voz baja sus desvelos e impresiones, y el viajero entra en el pórtico, que está abierto por un lado por otra reja de hierro, pero que parece un túnel. Su bóveda de herradura le hace dar esa impresión. Al final, sobre la puerta, un Crismón preside el atrio.

«Dejaremos de tratar la inmensa riqueza simbolizadora de los capiteles, canecillos y metopas de las cornisas; sólo haremos alusión a los típicos ajedrezados y a las bolas de los plintos de las columnas y nos quedamos en la piedra ornamental más significativa del románico español: el Crismón del tímpano de la "magna porta" o entrada principal», lee el viajero en la guía que compró al llegar a Jaca y en la que su redactor continúa alabando el mensaje que la piedra encierra: «CRISTO (X Y P), AQUEL DE DONDE TODOS VENIMOS (A) Y ADONDE TODOS VAMOS (O), ES EL SALVADOR». ¡Pues qué bien!, piensa el viajero, al saber su contenido. El viajero está más interesado por conocer la razón por la que la columna de la izquierda de la puerta está rota a la mitad, como comida por una enfermedad.

—Es de los besos que le da la gente —le dice un hombre que se acerca en ese instante hacia la puerta después de haber leído las esquelas de la reja—. Como en el Pilar —añade.

El hombre entra en la catedral y el viajero continúa observando la columna sin acabar de creer del todo que eso lo pueda haber hecho la gente. La muesca es tan importante que ya falta la mitad del pedestal.

—Pues sí, señor —confirma una señora las palabras del de antes, orgullosa, se le ve, de la fe de sus vecinos. Aunque en seguida da a cada uno lo que le corresponde—: Los que más, los peregrinos.

La señora entra también en la catedral y el viajero hace lo propio, aprovechando que la puerta queda abierta detrás de ella. Es una puerta sencilla, superpuesta a la de fuera para cortar el frío en invierno. Un frío que debe de ser intenso por cuanto incluso hoy se nota fresco al entrar.

Por otra parte, la oscuridad es casi total adentro. Hasta que se acostumbra el ojo, la oscuridad de la catedral, cuya condición románica hace que apenas tenga aberturas, da aún mayor sensación de fresco, o de frío, según cuál sea la temperatura corporal de cada uno. La del viajero es bastante alta, sobre todo ahora, en verano, y agradece este fresco que se acompaña, además, de un olor a flores que inunda todo cuando se entra. Viene de las del altar, que está cuajado de ellas, sin duda porque son aún las de la misa de Santa Orosia, que se celebró anteayer.

Cuando se acostumbra a él (y el ojo a la oscuridad), el viajero se dedica a calibrar las dimensiones de este templo que no es grande, como esperaba, al ser de estilo románico, pero tampoco tan diminuto como acostumbran a ser estas construcciones. Se ve que Jaca, cuando la hicieron, era una ciudad pujante. O bien que Sancho Ramírez, que fue el que lo mandó hacer, pensaba en aquel momento que sería la sede de sus obispos durante bastante tiempo. De lo contrario, no se explica bien su planta, por más que las guías digan que fue ampliada andando los siglos para darle mayor capacidad. Sobre todo el ábside principal, que se destruyó y agrandó (una pena) en el siglo XVIII para poder meter el coro dentro de él.

Mientras celebran la misa de las diez y media, que es a la que venía la gente, el viajero aprovecha para contemplar el templo en una aproximación que tiene más de imaginación que de verdadero alcance. Aunque el altar está ahora alumbrado, el resto de la catedral sigue estando muy oscuro, lo que dificulta la visión de sus tres naves y especialmente la de los capiteles de las columnas, que es lo que la guía señala como más relevante de todo el templo, junto con el ajedrezado. Éste se adivina al fondo, festoneando toda la fábrica igual que hacía por fuera, pero los capiteles (los elementos decorativos más puros de todo el templo, junto con el Crismón del pórtico) apenas si puede verlos, por lo que ha de esperar a que acabe el culto y a que alguien ilumine la catedral por unos minutos, cosa que, por supuesto, hay que hacer metiendo monedas. El viajero mete algunas y aprovecha las de otros (por fortuna llega gente; se ve que ya hay peregrinos) y así puede contemplar los capiteles de las columnas y los retablos de las capillas, que también los hay muy hermosos. Los capiteles más importantes están en las columnas de la nave principal. La mayoría recogen motivos bíblicos y se atribuyen a un anónimo escultor que lleva el nombre de la ciudad: el legendario Maestro de Jaca, autor también, según dicen, de los del pórtico del mediodía y de la puerta del principal. De los retablos de las capillas, que son apenas media docena, algunas muy diminutas, el viajero se queda a primera vista con el flamenco de la de Santa Ana, con una talla central que representa a la Virgen niña ofreciéndole el Niño a su madre, y con el plateresco de la de la Anunciación, a continuación de aquélla, de tal belleza y elegancia que suple con las que tiene las piezas que ya ha perdido. Aunque, cuando los vuelva a ver otra vez, anotará también junto a ellos el de San Miguel Arcángel, en la capilla del mismo nombre, semioculto tras una monumental portada de piedra renacentista, y el de la capilla de la Santísima Trinidad, a los pies del templo, considerado por la guía «una de las creaciones más grandes de la escultura española», pero que está tan sucio y a oscuras que apenas si puede verse desde la reja. Menos mal que Mario Llop, un jubilado zaragozano enamorado de Jaca y su catedral, se lo descubre al viajero al verle pasar delante sin detenerse.

Mario Llop, que acaba de oír la misa y se disponía a volver a casa (aunque vecino de Zaragoza, pasa en Jaca los veranos), retrasa su decisión al ver el interés que el viajero muestra por lo que dice. Don Mario, aparte de muy sociable, sabe mucho de este templo que visita prácticamente todos los días cuando está en Jaca.

—Me gusta mucho —confiesa—. Aparte de que suelo venir a misa aquí. Yo soy católico practicante.

—Claro, claro —dice el viajero, en plan confidente.

El viajero está encantado de haber conocido a don Mario Llop. El viajero, después de dar varias vueltas y de haber intentado inútilmente trabar conversación con los dos curas que ha visto desde que entró: el que ha oficiado la misa y otro fuerte, de paisano, que pensó sería el sacristán (ninguno de los dos le dio ni bola), está encantado con Mario Llop, puesto que, aparte de encantador, conoce bien este templo y le gusta enseñarlo a los demás. Al viajero le recuerda a Salvador, el de Oviedo, aunque don Mario es más natural:

—Este templo es una joya. Lástima que no esté muy cuidado —dice con ánimo crítico, pero respetuoso.

Mientras conversan, don Mario le va enseñando al viajero lo que para él es más importante, a salvo, dice, del gusto de cada cual. El del viajero, en todo caso, coincide con el de él, tanto en la ponderación de los capiteles y de los ábsides laterales, especialmente el de la derecha, cuya desnudez permite imaginar cómo serían los primitivos, como en la crítica y el rechazo al engrandecimiento del principal, convertido a raíz de su reforma en una gran capilla dieciochesca cuya profusión pictórica contrasta con la sobriedad de aquéllos. El viajero reconoce, pese a todo, el valor de los frescos de Bayeu, cuya iconografía enaltece, según don Mario y la guía, la figura de San Pedro, patrón de la catedral, así como las Virtudes, representadas en las pechinas, y otras escenas del Evangelio, pero cuya visión estorban, cuando no ocultan, la sillería del coro superviviente y el órgano, también barroco, que tapa el frente del ábside. Menos mal que la gran cúpula, que cubre todo el conjunto y que semeja una gran guirnalda (formada, eso sí, en lugar de por frutos y por flores, por figuras de apóstoles y de santos), se puede ver sin estorbo.

—¿Y las urnas? —le pregunta el viajero a Mario Llop, por las que ve debajo del altar.

—La de la derecha contiene los restos de San Félix y San Voto, dos santos anacoretas, los fundadores de San Juan de la Peña —dice don Mario, haciendo memoria—. La de la izquierda, los de San Indalecio. Y, la del centro, los de Santa Orosia, la patrona de la diócesis de Jaca y cuya fiesta, precisamente, se celebró este fin de semana... Bueno —aclara, por precisar—, el cuerpo de Santa Orosia, puesto que la cabeza está en Yebra de Basa... ¿No ha oído hablar de la romería de Santa Orosia?

—Pues no —miente el viajero como un bellaco. El viajero no sólo ha oído hablar muchas veces de ella, sino que conoce el libro que sobre la romería de Santa Orosia y otras de los Pirineos ha escrito su buen amigo Enrique Satué Oliván.

—Pues es preciosa —le dice don Mario Llop—. La gente va en procesión con la cabeza de la santa desde Yebra de Basa hasta su ermita andando por las montañas. Debería verla un día —le aconseja.

Pero don Mario aún no ha terminado. Don Mario, aunque ya se va (el hombre es tan delicado que incluso se disculpa por si le está cansando con sus historias), quiere enseñarle, para acabar, lo que para él es lo mejor de este templo, al margen de los dos ábsides:

—Mire esta Virgen. ¿A que parece que está en el aire? —le señala la que ocupa un arco fúnebre, en el testero norte del crucero (bajo ella, un gran sepulcro guarda los restos de algún obispo, a juzgar por la escultura yacente que hay sobre él).

—Es verdad —exclama aquél.

—El sepulcro también es muy hermoso —dice don Mario, con gran respeto—. Es de alabastro, del XVI... ¡Pero la Virgen...! —vuelve a mirarla de nuevo.

—¿Y quién era el obispo? —le pregunta el viajero, por el que ocuparía el sepulcro.

—Pedro Baguer —responde don Mario Llop, que lo sabe todo, incluso la biografía del inmortalizado en mármol—: Fue obispo de la isla de Cerdeña.

Don Mario, ahora sí, se despide del viajero para irse. Don Mario, después de disculparse nuevamente, le da la mano y se va, no sin antes lamentar que aquél no pueda ver el museo, que está cerrado por obras:

—Es una maravilla —le dice—. Sobre todo la parte dedicada a la pintura mural románica... Debería volver a verlo.

Pero el viajero tiene aún una última pregunta para él:

—¿Y las *espirituadas*...?

Don Mario se detiene y sonríe, sorprendido. Don Mario sabe a lo que se refiere aquél, pero se ve que no imaginaba que lo supiera el viajero. De repente ha descubierto que sabe más de lo que aparenta.

—Eso eran cosas de antes... Supersticiones —responde—. Hay un libro por ahí que habla de ello...

—Ya. Pero ¿qué eran exactamente? —le pregunta el viajero, pese a todo.

—Supersticiones, ya le digo —insiste don Mario Llop, sin dejar de sonreír, como queriéndole quitar importancia a lo que dice—. Pobres gentes de los pueblos que traían aquí el día de Santa Orosia para sacarles, según decían, los espíritus del cuerpo.

—¿Y ya no vienen?

—No. Eso se acabó hace tiempo —dice don Mario—. Terminó con ello el obispo Bueno Monreal, el que luego sería cardenal de Sevilla, cuando llegó aquí de obispo en los años cuarenta, impresionado por lo macabro del espectáculo.

—¡Pues qué pena! —dice el viajero, al que le habría gustado verlo por una vez.

Don Mario se va por fin y el viajero se queda solo en la catedral intentando imaginar dónde pasaban la noche de Santa Orosia, gritando, las *espirituadas*. Unos le han dicho que en la capilla de San Miguel y otros que en la de Santa Orosia.

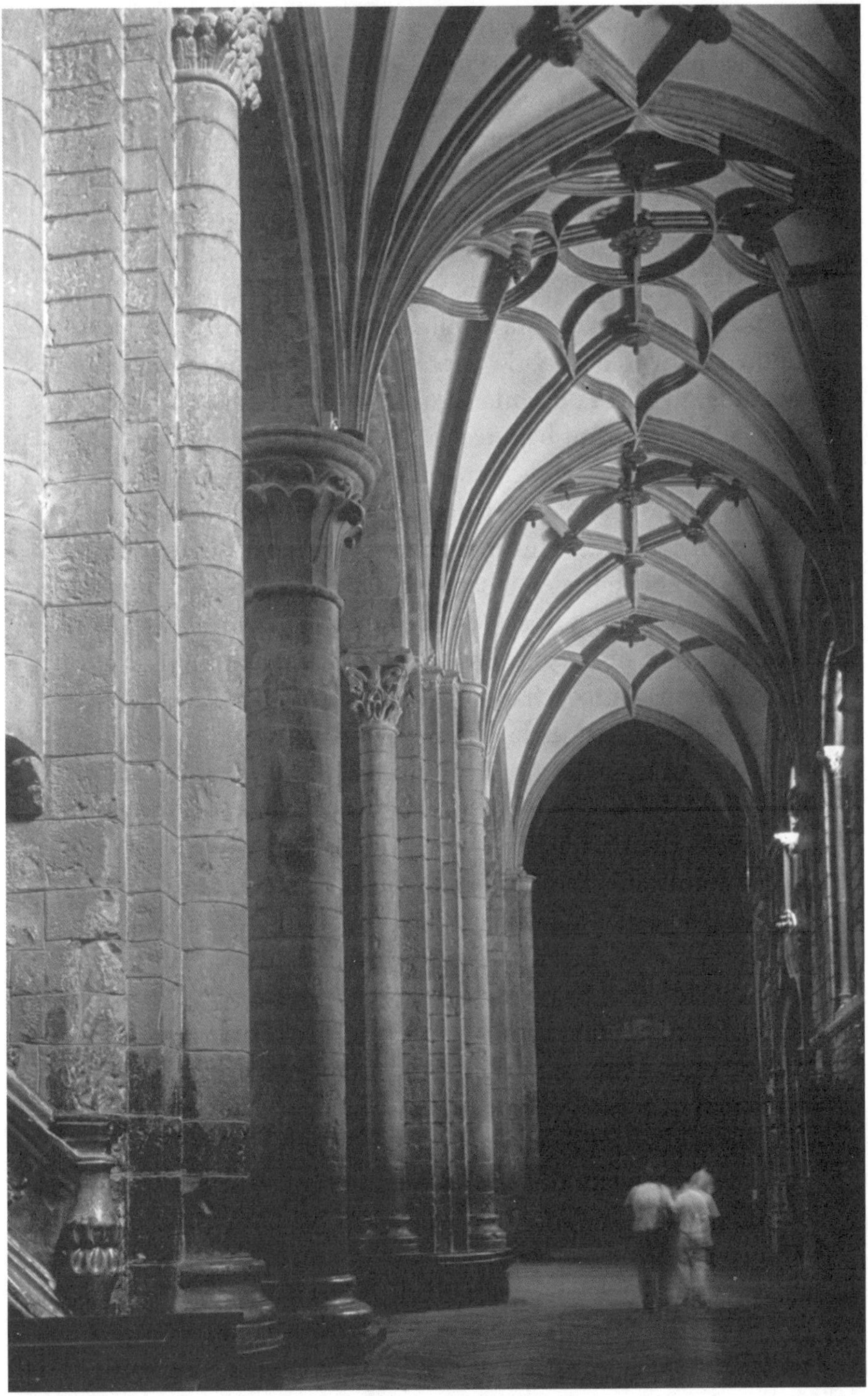

Lo más lógico parece que fuera en esta última, aparte de por su advocación, por sus dimensiones, que son mayores. De hecho, la capilla de Santa Orosia, barroca y adornada con pinturas que representan en las paredes los milagros y el martirio de la santa, hace las veces de parroquia y es la más visitada por los jaqueses. Pero el titular de ésta, que es el cura que el viajero imaginó que era el sacristán (por vestir de paisano, sobre todo), le dice al verlo de nuevo que lo de las *espirituadas*, aparte de ser un cuento, no era en esta capilla, sino en el claustro, que el cabildo de la catedral abría para que la gente que venía de los pueblos la víspera de Santa Orosia para participar en la procesión pudiera dormir bajo techo.

—Y, claro, como traían a las locas y éstas se pasaban la noche dando gritos y alaridos, pues de ahí viene la leyenda —concluye el cura la historia antes de entrar en la sacristía.

El cura entra en la sacristía y el viajero, tras contemplar la capilla de Santa Orosia (en la que están rezando a esta hora media docena de personas; se ve que es la preferida), se va a tomar una caña, aprovechando que ya es mediodía. En el pórtico, no obstante, una chica le detiene cuando sale.

—¿Le puedo contar un chiste?

—¿Cómo? —le pregunta el viajero, sorprendido.

—Es una apuesta —dice aquélla, señalando a sus amigos, que asisten a la escena desde fuera de la reja ante la que la gente sigue arremolinándose en torno al luto de las esquelas.

—Si es bueno... —se resigna el viajero a escuchar el chiste de la chica, para no estropearle la apuesta.

Pero es muy malo. Malo y macabro como las *espirituadas*, de las que estos adolescentes insustanciales ni siquiera oirán hablar en su vida.

—¿De dónde sois?

—De Madrid. De Móstoles... Estamos de excursión de fin de curso —le contesta al viajero la del chiste, regresando junto a sus compañeros.

En el bar Casa Fau, fundado en 1957 y vecino de la Pastelería Echeto (ésta de 1890, maravillosa, toda una institución en Jaca), el viajero, aparte de la cerveza y de unas patatas fritas, toma las notas correspondientes a lo que lleva ya de mañana. Que es mucho, a lo que comprueba, pues le da la una del mediodía y todavía no ha terminado. El bochorno, además, que va en aumento, le hace retroceder hacia el soportal, donde se agrupa la poca gente que hay sentada en la terraza. Se ve que, como están en fiestas, los jaqueses no madrugan ni aparecen por los bares hasta tarde. Pero los peregrinos les suplen con su presencia. Por grupos o en solitario, llegan a la catedral y se solazan, después de verla, en las terrazas de los dos bares que ocupan los soportales de la plaza del Mediodía: Casa Fau y Chez Claudine. Entre los dos congregan a los turistas que se atreven a desafiar el bochorno que hace en Jaca esta mañana.

—¿Me trae otra cerveza?
—En seguida.

Por fin el viajero acaba y, tras pagar sus consumiciones, regresa a la catedral, esta vez por el pórtico del mediodía. El cual parece otro soportal con su tejadillo bajo, que le da sombra a los capiteles. Y a la famosa vara jaquesa, cuya huella sigue impresa a la derecha de la puerta desde hace casi ochocientos años.

—Por lo menos —dice el cura encargado de la catedral, que aparece en este instante para cerrar la puerta con llave.

—¿Ya? —protesta un grupo de jubilados que llega en este momento.

—Es la una y media —les dice el cura—. A las cinco se abre otra vez.

Pero a los jubilados ni les preocupa. Al revés, la mayoría se ve que hasta lo prefiere, a la vista de cómo se lanzan hacia el escaparate de la mercería de enfrente, principalmente las mujeres. Les da lo mismo la catedral que la moda íntima.

El viajero, por su parte, tras despedirse del párroco, regresa sobre sus pasos intentando escapar de aquéllos y del calor que golpea la plaza. Pero ni en la terraza de Casa Fau ni en la de Chez Claudine se puede ya soportar ahora. Ni siquiera dentro de ellos, donde su pequeñez aumenta la sensación de pegajosidad. Así que, tras intentarlo en vano, se aleja de la zona en busca de un restaurante que tenga aire acondicionado. Le da lo mismo la comida, con tal de que se esté fresco.

No es el mejor de la zona, pero hacía casi hasta frío. El Roquelín, en plena calle Mayor, ofrece al visitante productos de Teruel y al viajero le pareció lo propio, sobre todo con el bochorno que hacía en la calle. Y acertó en su elección sin duda, puesto que, si el jamón y la ensalada de productos de la tierra, amén de un melocotón al vino traído del pueblo de Luis Buñuel, le pesan ahora, al salir, cuánto no lo habría hecho un ternasco, o unas costillas, que era lo que le ofrecían en otros. El viajero reconoce que de Teruel a Jaca hay un mundo, pero las dos son aragonesas. Y, en cualquier caso, le puede dar la vuelta cuando llegue a la primera e intentar tomar allí productos del Pirineo, que seguro que los encuentra.

El viajero va pensando todo esto mientras deambula prácticamente a solas, pasadas las tres y media, por unas calles desiertas y aplastadas por el calor. El cielo está encapotado y amenaza con descargar la tormenta que durante todo el día está preparándose. Así que no se detiene mucho en la contemplación de estas viejas calles que conservan todavía el sabor de la Edad Media, ni en la de sus edificios más representativos; esto es: el Ayuntamiento, renacentista, de gran presencia, la torre del Reloj o de la Cárcel, gótica del siglo XIII, el monasterio de las Benedictinas o el viejo Casino decimonónico, que está cerrado también ahora.

En la parte nueva de Jaca, en la que se desemboca pronto a poco que uno siga sin torcer, hay más gente y más animación. La carretera que va hacia Francia, que bordea el casco antiguo, está llena de hoteles y restaurantes en los que se ve ahora gente comiendo. Es la Jaca moderna y actual, la de los edificios nuevos, surgidos la mayoría de hace unos años para acá al rebufo del negocio de la nieve, de la que Jaca es la capital. O pretende serlo al menos, aunque las autoridades olímpicas no le hagan caso. Para el año 2012 han fijado sus nuevas pretensiones los encargados de conseguirlo, a tenor de lo que dice algún cartel.

Entre tanto, ahora, en verano, la ciudad sobrevive de otro turismo, el de los pirineístas, como aquí llaman a los montañeros enamorados de las altas cumbres, y el de los veraneantes, zaragozanos y vascos principalmente, aunque también los hay madrileños. Éstos son los que el viajero se cruza ahora en su camino junto con algún peregrino que está tumbado a la sombra de los árboles de la Ciudadela. Que es esa estrella de piedra que vigila Jaca desde el sur y que continúa en activo, pese a sus cuatro siglos de antigüedad. Las banderas de sus torres y los soldados que montan guardia a la puerta así lo hacen saber, pese a que el antiguo foso de defensa, sin agua y ajardinado, esté ahora lleno de ciervos.

Cuando el viajero vuelve a la catedral, está empezando a llover. Cuatro gotas mal contadas, pero que aumentan todavía más la presión y la sensación de hastío. De la farmacia de enfrente del pórtico principal sale ahora un dependiente con un pájaro en la mano. Lo deja junto a la reja, debajo de las esquelas. Se ve que el animalito había entrado en la farmacia escapando del calor.

El viajero hace lo propio, pero en la catedral. Le recibe otra vez el fresco y el intenso olor de las flores, que ha ido en aumento con las horas. Y, junto a ellos, los jubilados del mediodía, que ya la han visto en cinco minutos y se van a toda prisa con la música a otra parte. ¿Qué habrán visto?, piensa el viajero, cuando se van.

La catedral parece una tumba. A la oscuridad del templo se suma ahora la del cielo, que está cubierto del todo. Lo que aumenta la penumbra de estas naves que ya de por sí son lóbregas, como corresponde a su condición románica. Menos mal que cada poco llega algún grupo de peregrinos que las ilumina todas o parcialmente, permitiéndole al viajero volver a verlas de nuevo y descubrir en ellas nuevos detalles. Por ejemplo: la portada de la capilla de San Sebastián, junto a la de San Miguel, cuyo gótico florido contrasta vívidamente con el conjunto, pero es muy bello, o el retablito de San Jerónimo, sufragado por el obispo Baguer (el del mausoleo) en el XVI, pero que, por ocupar el ábside del Evangelio, antes ni lo consideró.

Lo que más valoran los jaqueses no es, sin embargo, lo más valioso artísticamente. Los vecinos de Jaca y de su zona de influencia prefieren antes, aparte de la capilla de Santa Orosia, por tradición, un Cristo crucificado que se expone en la pared de la nave de la Epístola, entre el retablo de la Anunciación y la portada del mediodía, que, al parecer, regaló a la catedral un sacerdote local a mediados del pasado siglo. Al Cristo, que es de madera, le falta ya la pintura de los pies, pues todos los que vienen a rezarle se los besan.

El viajero le pregunta a una señora por el nombre, amén del porqué de su devoción.

—El Cristo de la Catedral —le responde aquélla. Y respecto a su devoción—: Porque hace muchos milagros.

Otra señora, no obstante, le cambia el nombre:

—El Cristo de la Salud —dice, sin dudar.

—¿Y por qué le reza tanto la gente? —le pregunta el viajero, entrometiéndose en sus costumbres.

—Cada uno por una cosa, supongo —le responde la mujer, que de torpe, se ve, no tiene nada.

Así que el viajero, después de esta respuesta, se dedica a seguir mirando la catedral, en la que continuamente entran peregrinos y vecinos de Jaca que vienen a rezar o a encender velas a alguna imagen. La mayoría son ya mayores, pero los hay también jóvenes. De fuera llega, entre tanto, la música de una charanga que les dice que Jaca continúa en fiestas.

La tarde pasa despacio. A las seis llegan unos hombres que se llevan las flores del altar (son de la Cofradía de Santa Orosia) y a las seis y media otros jubilados, éstos de un pueblo de Valencia, que manifiestan el mismo interés por la catedral que los anteriores (¿para qué les traerán a verla?, piensa el viajero, viéndoles irse). Por fin, a las siete en punto, comienza en la capilla de Santa Orosia el rosario de la tarde, que es el único acto religioso que se celebra en la catedral desde la misa de las diez y media. Txetxu, el pobre que se ha instalado en la puerta, pero que de pobre no tiene pinta (al revés: va bien vestido), asegura que los curas no le saben sacar rendimiento al templo.

Txetxu se refiere, claro, al rendimiento económico, no al religioso. Txetxu, que, como su nombre indica, es vasco, aunque vive aquí (llegó de joven a hacer la mili, en un batallón de esquiadores de Canfranc, y se quedó), piensa que en Jaca los curas están un poco anticuados.

—Con la cantidad de gente que viene... —dice.

—¿Y tú? —le pregunta el viajero, mirándole la mano, en la que guarda un par de monedas.

—Se hace lo que se puede.

Pero no es mucho. Tan sólo treinta céntimos de euro es lo que ha conseguido hasta este momento. Bien es verdad que acaba de llegar y que todavía falta que salgan de la misa que se celebra tras el rosario en la capilla de Santa Orosia, que es a lo que él ha venido («El resto es perder el tiempo», afirma por experiencia). Pero la gente sale cuando termina y no le da ni las buenas tardes. Ni siquiera le miran cuando le cruzan.

—Mala suerte —compadece el viajero al pobre Txetxu, que pretendía sacar para la pensión.

—La gente es buena —les disculpa éste, pese a ello—. Lo que pasa es que está harta de que la engañen.

—¿Tú crees?

—Claro. Les piden para un bocadillo y luego los ven bebiendo en un banco... Yo no. Yo pido para comer —dice Txetxu, que esta noche difícilmente podrá hacerlo, como no le ayuden en otro sitio.

—¿Y el cura? —le sugiere el viajero, recordando que aún no ha salido.

—¡A ésos mejor ni pedirles! —exclama Txetxu, saliendo al pórtico, decidido a dejar la catedral—. Ésos piden, no dan —dice.

—Toma —le ofrece el viajero, en compensación, todo lo que lleva suelto: dos euros con treinta céntimos, lo suficiente para un bocadillo.

Txetxu coge el dinero con gran contento, pero sin sumisión. Txetxu es un pobre muy digno, tanto que ni lo parece.

—Muchas gracias —dice, saliendo, ahora sí, del pórtico, quién sabe en qué dirección.

Irse Txetxu y aparecer el cura en la puerta es todo uno. El viajero se sonríe al recordar lo que Txetxu opinaba de los curas, pero se abstiene, obviamente, de comentarlo y menos con éste, que es bastante seco. O lo parecía al menos, puesto que ahora, cumplida ya su jornada y a punto de cerrar la catedral, enciende un cigarrillo y lo fuma con placer mientras contempla la tormenta que se cierne ya sobre Jaca. Las cuatro gotas de antes se quedaron sólo en eso: en cuatro gotas.

—A ver si llueve por fin —le comenta al viajero, viendo el viento que agita los toldos de alrededor.

—Ahora sí —le dice éste.

Y en seguida empieza a llover. Primero suave, como anunciándose, y luego con gran violencia. En el pórtico, la gente se refugia huyendo del chaparrón.

—Ya era hora —dice el cura.

El viajero mira la lluvia, complacido también por su llegada. Como todos los vecinos, la ha esperado todo el día y, ahora que llega, siente un alivio infinito, pues, con la lluvia, baja la temperatura. El agua chorrea en la plaza como si fuera una ducha fresca.

—¿Le ha gustado? —le pregunta el cura ahora, interesándose por primera vez por él. El cura se refiere, cómo no, a la catedral.

—Mucho —le dice el viajero.

—Es muy bonita —le dice el cura, que se ve que no era tan seco. El hombre hasta le aconseja desde dónde ver Jaca mejor—: Desde el fuerte del Rapitán tiene una vista magnífica.

—¿Y está lejos?

—Aquí al lado —dice el cura—. A diez minutos en coche.

—Le haré caso —dice el viajero, no demasiado convencido. El diluvio que ahora cae no invita precisamente a subir al monte.

Pero, cuando éste remite, todavía de día pese a la hora, el viajero hace caso de lo que le dijo el cura (que ya se ha perdido dentro) y, tras buscar su coche en el hotel, sube a lo alto de la montaña que domina Jaca por el norte y en la que se alza el fuerte del Rapitán; una antigua fortaleza militar complementaria de la Ciudadela, pero abandonada ya, desde la que se domina toda la ciudad, con la Peña Oroel al fondo, marcando el valle del Ebro, y abajo el río Aragón, que corre hacia el oeste, hacia Navarra, donde le espera el embalse de Yesa antes de girar al sur de nuevo. Bajo las nubes que ahora lo cubren, el valle que rodea a Jaca parece una gran postal en cuyo centro destella la ciudad, lavada como una perla por la lluvia de este anochecer de junio, igual que su Ciudadela.

La Campana de Huesca

La Ciudadela despide al viajero al día siguiente todavía mojada por la lluvia. Durante toda la noche, apenas si ha dejado de llover, pese a lo cual la fiesta siguió sin interrupción.

Camino de Sabiñánigo, donde el viajero tiene una cita, atisba ya el Sobrepuerto; esas montañas ciclópeas que bordean el río Gállego por su izquierda y en las que se esconde un pueblo que para él es más que un lugar. Se llama Ainielle y está vacío, como la mayoría de los de las montañas, pero para él es algo especial. No en vano vivió en él mucho tiempo en la ficción. Por eso, siempre que pasa por aquí siente una emoción intensa, aunque el pueblo no se vea desde el valle.

Sabiñánigo le recibe con su paisaje de chimeneas y su agitación urbana. Aunque cercana a Jaca y a los Pirineos, su aspecto cambia sustancialmente. No en vano es, junto a Monzón, la ciudad industrial de Huesca y eso se nota en sus edificios; que son modernos e impersonales, en contraste con el paisaje que los rodea. Aunque el que el viajero busca es antiguo y de una planta. Está escondido entre los demás, junto a una vieja vía de tren, y tiene un jardín delante. Un pequeño jardincito abandonado en el que a esta hora cantan los pájaros, pasada ya la tormenta. Incluso brilla el sol en los rosales que la mujer de Julio Gavín cuidaba mientras vivió. Pero Julio, que es al que el viajero busca, está durmiendo o no oye. El que fuera y sigue siendo alma de toda esta tierra, cuya memoria ayudó a salvar cuando se extinguía, está durmiendo o no oye, cosa que extraña al viajero. La última vez que lo vio, Julio seguía en plena forma.

—Me extraña que esté durmiendo —le comenta una vecina que conoce sus costumbres—. A lo mejor ha ido a dar un paseo.

—¿Usted cree?

—Por la hora...

Pero el viajero insiste, a pesar de ello. El viajero quiere verlo (lo hace siempre que se acerca por aquí) e insiste en tocar el timbre, a pesar de que dentro no se oye nada. Al final, se convence y le deja una nota a Julio en la puerta: «PASÉ A VERTE, PERO NO ESTABAS. TE LLAMARÉ ESTA NOCHE DESDE HUESCA». Y la firma.

Hasta Huesca, rumbo al sur, el viajero va recordando. La primera vez que hizo este camino y las muchas que desde entonces ha vuelto a hacerlo. Todas con la misma meta y todas con parecida emoción: la que siempre le producen estos montes y estos pueblos diminutos que se repliegan entre los Pirineos, cuyas nevadas cumbres se alzan en el horizonte. Aunque a veces, como hoy, en vez de blancas, estén azules. O amarillas, como el Monrepós. Que está cuajado de flores esta mañana de junio, igual que los Pirineos.

Arguís, Nueno, Igriés y, por fin, Huesca aparece al fondo. La vieja Osca de los romanos, la ciudad que toma su imagen del jinete con lanza que aparece en las monedas acuñadas por aquéllos, y su nombre de un antiguo castro ibérico, surge en el medio de la hoya a la que a su vez da nombre: la célebre Hoya de Huesca, depresión geológica abierta al pie del Prepirineo, que es como aquí denominan a las sierras montañosas que preceden a los Pirineos.

Por lo demás, Huesca es una ciudad pequeña. Apenas cincuenta mil personas cubren hoy día su censo, lo que hace que la ciudad, aunque capital de provincia y todo, apenas haya crecido fuera de sus antiguas murallas. Que todavía se ven en algunos tramos o se imaginan viendo el trazado que siguen sus dos calles principales y emblemáticas: el Coso Bajo y el Coso Alto, que continúan la perspectiva de aquéllas y son el corazón comercial de la ciudad. Por ellas pasa el viajero, como tantas veces ha hecho, en busca del hotel en el que se quedará esta noche. Que es en el que acostumbra a quedarse siempre que viene aquí, por su proximidad a la parte antigua.

En efecto, del hotel Sancho Abarca a la catedral, que es el corazón de Huesca, apenas hay cien metros de subida por una calle que ahora está en obras. Así que en cinco minutos el viajero está frente a aquélla, que también está en obras, según parece. Al menos su fachada principal está tapada por lonas y cubierta de andamios de arriba abajo.

En la Oficina de Turismo, que está muy cerca, los funcionarios tranquilizan al viajero, sin embargo. La fachada está en obras, como se ve, pero solamente ella. Lo que quiere decir que la catedral sigue abierta al público en el horario que tiene fijado todos los días: de diez y media a una y media y de cuatro y media a ocho (siete y media en el verano). Los funcionarios le dicen que, si le apetece verla, ahora mismo va a empezar una visita conducida por un guía que incluye, además, otros edificios:

—El Museo Provincial, el Ayuntamiento y San Pedro el Viejo —enumera uno de aquéllos como si fuera una letanía.

—¿Y cuánto dura? —dice el viajero.

—Dos horas —le dice el chico.

El viajero duda qué hacer. Al viajero le apetece ver la catedral con guía, pero no el resto, que le desvía. Como el chiste de los vascos, hoy viene a setas y no a relojes, por más que éstos sean valiosos. Al final, tras deshojar un rato la margarita, se decide por unirse a la visita, pese a que ésta le ocupará la mañana. Tiene la tarde entera, considera, para ver la catedral en solitario.

El guía de la visita, que integran él y un matrimonio francés, de Toulouse, es un muchacho joven, pero imponente, con aspecto de monarca aragonés. Andará por los cien kilos y lleva el pelo cortado al cero. Y unas sandalias abiertas, tipo abarcones, que al viajero le inducen a bautizarlo como su hotel: Sancho Abarca, nombre del legendario rey de Navarra (y de Aragón, que era su condado entonces) que sobrevivió a la muerte de su madre y a los fríos de los Pirineos vestido sólo con ese calzado. Raúl, que es como se llama el guía, habla, además, con infinitivos, quizá para que le entiendan mejor los franceses, lo que le da un aspecto aún más medieval.

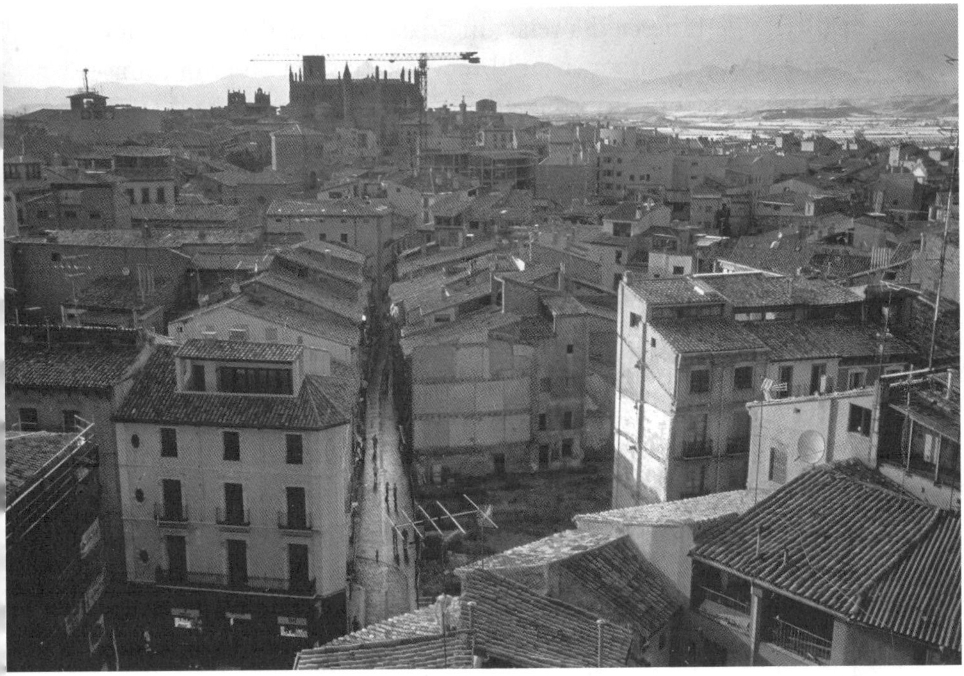

La visita, dada su gran extensión, la hace a uña de caballo. Comienza por el museo, que ocupa el gran edificio que se alza donde estuviera la antigua Universidad de Huesca, la primera que hubo en Aragón, y, antes que ella, el Palacio Real, y continúa por el Ayuntamiento, que está a su lado, para seguir por la catedral y San Pedro el Viejo, las dos iglesias más importantes de la ciudad. En el museo, creado, según Raúl, con fondos procedentes de donaciones, como la de Carderera, un pintor y coleccionista oscense del XIX, se ven objetos que van del Paleolítico inferior a nuestros días, pasando por todas la épocas históricas de Huesca. La relación de curiosidades sería infinita, así que el viajero anota en su libreta sólo dos: un biberón romano del siglo I y un curioso cuadrito posromántico, obra de Bernardino Montañés, que representa a una pareja de enamorados que se convierten, si uno se aleja del cuadro, en una tétrica calavera. Eso y el antiguo Salón del Trono, que todavía se conserva más o menos como era, y la sala contigua, oscura y abovedada, en la que, según la leyenda y Raúl *Abarca,* tuvo lugar el famoso episodio de la Campana de Huesca.

El viajero deja que lo cuente él:

—La historia es, más o menos, como sigue. A la muerte de sus hermanos sin descendencia, Ramiro II el Monje, que lo era, en efecto, del convento francés de San Ponce de Tomeras —dice Raúl *Abarca* con voz tronante—, se hace cargo del trono de Aragón. Pero los nobles no le obedecen. Piensan que un monje no puede ser un buen rey. Cansado de la situación, Ramiro II manda a un hombre de su confianza a pedirle consejo a su antiguo abad. Cuando regresa, el emisario le cuenta al rey que lo único que aquél hizo fue ir al huerto y cortar con un cuchillo todas las coles que sobresalían de las demás. Ramiro II entiende el mensaje y manda llamar a los nobles principales a palacio. Para engañarlos, les dice que va a hacer una campana tan grande que se oirá en todo su reino. Los nobles acuden pensando que van a asistir a otra tontería del rey, pero, a medida que van llegando, un verdugo les corta la cabeza. Aquí, donde nosotros estamos ahora...

El relato se completa con la escenificación del hecho, para la que Raúl pide ayuda al viajero (el guía trata de demostrar cómo los nobles tenían que agacharse para entrar por la escalera, cosa que aprovechaba el verdugo), y con la visión, ya en el vecino Ayuntamiento, del cuadro que representa la escena, obra del siglo XIX, del palentino Casado del Alisal, quien, según dice Raúl, lo pintó en Roma, donde vivía, tomando como modelos para las cabezas de algunos nobles las de los cadáveres de una morgue.

—Observen su lividez, lo bien que está conseguida —dice el guía, señalando algunas de ellas.

El cuadro, por lo demás, ocupa toda una pared del salón de plenos, que se celebran, por tanto, bajo su sombra, lo que les debe de dar más tensión política. El viajero, al menos, no se imagina estar hablando tranquilamente bajo la mirada de esas cabezas que componen *La Campana de Huesca*. Y es que, como se puede ver (y como miran aterrados en el cuadro el resto de los nobles cuando entran), las cabezas forman un círculo sobre cuyo centro pende otra colgada de una cuerda que sería la que haría de badajo.

—¡Vaya con Ramiro el Monje! —dice el viajero, mirando el cuadro, mientras Raúl *Abarca* sonríe.

Éste les lleva ya hacia la catedral, que está cruzando la plaza. Esta plaza que en su origen fue el corazón y el embrión de Huesca, pero por la que ahora apenas transita gente.

En la catedral, no obstante, Raúl le cede el testigo a la guía titular, que es una chica también muy joven. Raúl se sienta en un banco y deja que sea Susana, que es como se presenta ella, la que les haga a los tres turistas una visita rapidísima por esta bella catedral gótica, puesto que, si no, les dice, les cierran San Pedro el Viejo. Así que Susana se la enseña a toda prisa, deteniéndose tan sólo en el retablo mayor de Damián Forment (el mismo del de Santo Domingo de la Calzada, recuerda el viajero al verlo), que es la joya de este templo, y en algunas de las capillas de la nave de la Epístola, que es donde están las mejores. Mientras tanto, les cuenta sus orígenes, que se remontan al siglo XIII, cuando el rey Jaime I el

Conquistador, a instancias del obispo don Jaime de Sarroca, que era también su sobrino, quiso dotar a Huesca de un templo catedralicio acorde con la importancia de la ciudad (hasta entonces hacía las veces de catedral la antigua mezquita islámica adaptada al culto cristiano tras la conquista de Huesca por el rey Pedro I). La catedral tardó en hacerse dos siglos, lo que quiere decir que recoge toda la evolución del estilo gótico.

—Vamos, que me van a cerrar San Pedro —apura Raúl a su compañera, señalándole la hora en el reloj.

Al viajero no le hubiese importado mucho que eso ocurriera hasta que está en la iglesia mejor de Huesca. Que no es la catedral (al margen de en lo canónico), sino este pequeño templo que se alza a muy pocos metros y que es anterior a ella. Sólo su claustro románico merece por sí solo una visita a la ciudad, pero la iglesia tampoco es manca (juntos componen, según la guía, que la tiene, como la catedral, uno de los conjuntos románicos más importantes del siglo XII en Aragón). Por si le faltara algo, además, en ella duermen el sueño eterno dos de sus reyes más conocidos, Alfonso I el Batallador y su Ramiro II el Monje (el de la Campana), éste en un sarcófago romano reutilizado para su enterramiento.

La visita se termina en la plaza del Mercado, cerca de San Pedro el Viejo, y, más concretamente, en un comercio que es toda una institución en Huesca. La Confianza se llama y es una antigua tienda de ultramarinos que sobrevive desde los tiempos en que el mercado se celebraba en la plaza. Y que sus dueños pretenden mantener dándola al sector turístico, aunque la apuesta no parece muy fiable de momento. La tienda, en cualquier caso, es digna de verse, con sus estanterías de madera, sus carteles, sus rótulos de propaganda y sus frescos en el techo con alegorías al comercio que se conservan como cuando los pintaron. Lástima que, como negocio, La Confianza no funcione ya.

—Bueno, pues esto es todo —se despide a su puerta Raúl *Abarca* después de hacer lo propio con los dueños. Se ve que se conocen mucho, por la familiaridad.

—Muchas gracias —se despiden los franceses y el viajero, cada uno en su propio idioma. Aunque el viajero quiere saber algo más—: ¿Dónde se puede comer en Huesca?
—En mi casa —dice Raúl, sonriendo.
—¿Y aparte? —dice el viajero.
—Hay muchos sitios —dice Raúl.
Raúl le dice un par de ellos y él se va a comer a su casa, que está en un pueblo a veinte kilómetros, donde vive todavía con sus padres.
—¿Dónde voy a estar mejor? —dice, alejándose por la plaza, en busca de su vehículo, con su gran humanidad aragonesa.

Hasta las cuatro y media, que es cuando abren la catedral de nuevo, el viajero se dedica a deambular por Huesca, cosa que tanto le gusta hacer en cualquier lugar. Especialmente a esta hora en que la vida se ralentiza y las ciudades parecen abrirse más a los forasteros. El Café Oscense sigue en su sitio, aunque ruidosísimo dentro y fuera (dentro, por la música, que está a todo volumen y, fuera, en la terraza, por los coches), y lo mismo sucede con la Pastelería Ascaso. Toda una institución en Huesca, famosa por sus pasteles rusos.
—¿Para llevar?
—No. Para tomarlo ahora.
Con el pastel en la mano, el viajero sigue su camino, que le lleva ya a la catedral. Son las cuatro y veinticinco de la tarde y quiere aprovechar ésta. Sobre todo teniendo en cuenta que el templo cierra a las siete y media.

Cuando llega, acaban de abrir. Susana, la guía oficial, está esperando a una excursión de turistas que ha quedado en venir justo a esta hora. A la chica se la ve poco dispuesta a trabajar, pues acaba, según dice, de comer.
—Es la peor hora —confiesa.
Pero los turistas no tienen piedad con ella. Irrumpen en fila india por la puerta y se dirigen a donde ella espera precedidos por Raúl, que, al parecer, ya ha ido a su pueblo a comer y ha vuelto. Raúl los deja en sus manos y saluda al viajero, al verlo.
—¿Cómo le ha ido?

—Muy bien —le contesta éste.

Raúl se sienta en un banco y se queda mirando a su compañera. Ésta está repitiendo lo de siempre (los orígenes de la catedral, el gótico, la mezquita...) a la excursión de turistas, que son, según su colega, jubilados de Gandesa, en Tarragona, que han venido en un viaje organizado.

—Nosotros les decimos «los de las ollas» —le confía al viajero por lo bajo.

—¿Y eso? —le pregunta éste, que ignora el porqué del nombre.

—Porque —le explica Raúl— antes les traían de viaje para venderles ollas a presión. Ahora ya les venden otras cosas: sillones de automasaje, cuberterías, camas, lo que sea.

—¡Ah! —dice el viajero, entendiendo.

—Y, mientras tanto —continúa Raúl *Abarca,* resignado—, nos los traen a nosotros para que les enseñemos la catedral y San Pedro el Viejo. ¿Usted cree que les interesa algo?

Raúl se queda mirando a su compañera, que ahora dirige al grupo de turistas hacia el retablo de Damián Forment, el cual se dispone a explicarles también. Si el viajero no supiera que estaba medio dormida hace unos minutos, juraría que lo hace con auténtica pasión.

—Aunque los peores —prosigue Raúl— no son éstos. Los peores son los subnormales, que también nos los traen a veces. Recuerdo uno —dice, a manera de ejemplo— que se cagó tres veces encima en la hora que duró la visita. ¡Y encima no podías decirle nada porque era muy agresivo!

Compadecido, el viajero mira a Susana, que está en este momento en plena explicación del retablo de Forment. Un retablo tan original y hermoso que merecería un público más selecto. Aunque también, piensa el viajero, arrepentido, *los de las ollas* tienen derecho a que se lo expliquen. ¡Qué culpa tienen ellos de que los traten como a borregos ni de ignorar quién era Damián Forment!

Los de las ollas se van por fin, con Raúl abriendo camino, y el viajero y Susana se vuelven a quedar solos, con toda la tarde para ellos. Más el museo, que ya está abierto.

Susana, que es muy amable (y que sospecha, por su insistencia, que el viajero es experto en arte), le deja entrar sin pagar, pese a que es el único que ha llegado. Susana le da un folleto y le indica lo más interesante:

—Las dos salas medievales, la románica y la gótica, la de orfebrería, los bajorrelieves del siglo XIV, el retablo de Montearagón y la puerta del antiguo Palacio Episcopal.

—Muchas gracias —le agradece el viajero su detalle.

Pero, como por la mañana, lo ve todo muy deprisa. La tarde avanza y la catedral le espera y tiene miedo de quedarse sin tiempo para verla. Así que pasa por el museo deteniéndose sólo en lo mejor de él. Que es lo que Susana ha dicho, pero no sólo, puesto que guarda infinidad de objetos. Las cabezas de piedra procedentes de Nocito, en la cercana sierra de Guara (la que bordea la Hoya de Huesca), o el retablo de plata de Bartolomé Totxó que Pedro IV regaló en 1367 al santuario de Santa María de Salas, por ejemplo, serían en cualquier otro los principales reclamos seguramente. Por el contrario, el viajero no comprende qué hace el coro en el museo, encastrado y escondido en una especie de palomar.

—Yo tampoco —dice Susana, cuando el viajero se lo comenta.

—¡Con lo bien que estaría en su sitio! —dice éste, lamentando la manía de trasladar los coros de su lugar.

Susana asiente en silencio mientras el viajero vuelve a la catedral. Aunque ya la vio esta mañana, quiere verla más despacio.

Es de un gótico purísimo. Como las de León o Burgos, destaca por su elegancia, que le viene de su sencillez de líneas. La sensación que da de armonía aumenta, además, ahora, con la luz de la tarde declinando y el silencio en el que se halla. Salvo el viajero, no hay nadie en ella en este momento, lo que la convierte en una campana; una campana de piedra en la que se escucha el eco de la ciudad. El viajero la recorre lentamente dejándose empapar por sus vibraciones y por el olor a limpio que se desprende de todas y cada una de sus capillas. Que son muchas, al revés que en la de Jaca, la mayoría de ellas cerradas con gruesas rejas de hierro.

La mejor (recuerda el viajero ahora, evocando lo que Susana les contó por la mañana) es la de los Lastanosa, en la nave de la Epístola. Llamada así por sus promotores, los hermanos Juan Vicencio y Juan Orencio de Lastanosa, eruditos y mecenas de las artes y las letras oscenses del XVII, muestra un retablo barroco enmarcado por columnas salomónicas hechas con piedra negra de Zaragoza y presidido por un gran lienzo que representa a San Orencio y Santa Paciencia, padres, según la leyenda, de San Lorenzo, el patrón de Huesca.

A su lado, la de Santa Ana, que ocupa los pies del templo, guarda tras una reja plateresca un retablo de alabastro atribuido al taller de Damián Forment y, junto a ella, sobre el gablete que remata la puerta principal (ahora cerrada para su restauración), hay una Virgen de piedra de estilo gótico cuya belleza corre pareja con la de su advocación: la Virgen de la Alegría.

El relato de todas las capillas, que el viajero recorre una por una, haría su descripción larguísima (son más de veinte en total), así que éste vuelve a centrarse en la principal, cuyo retablo lo eclipsa todo. Tan bello es y tan deslumbrante. Aunque el viajero ya lo ha mirado mil veces y aunque Susana se lo explicó esta mañana al detalle, el viajero vuelve a «leerlo» de nuevo, ahora con el folleto en la mano: «Dedicado a Jesús de Nazaret, titular de la catedral junto con San Pedro, esta magnífica obra de alabastro fue encargada por el obispo D. Juan de Aragón y Navarra y el cabildo catedralicio al escultor de origen valenciano Damián Forment, quien, estableciendo su taller en Huesca, lo realizó entre 1520 y 1533. Poco tiempo antes el mismo escultor había labrado el retablo mayor de la basílica del Pilar de Zaragoza (...) Con este retablo, Forment consigue una de las obras más geniales, combinando con asombrosa facilidad los elementos góticos —en la decoración y mazonería— con otros plenamente renacentistas». Y, a continuación, explica lo que se representa en él (en el cuerpo, el Calvario, la Crucifixión y el Descendimiento de Cristo; en el banco, a Jesús Salvador y a sus doce apóstoles, amén de San Vicente y San Lorenzo, los dos santos oscenses, junto con más escenas de la Pasión; y en el sotobanco, motivos decorativos), para acabar señalando los dos detalles más llamativos de esta magnífica obra: el óculo central, típico de los retablos aragoneses, donde se expone la Eucaristía, y los dos medallones del sotobanco (uno a cada extremo de él) que retratan al escultor y a su hija Úrsula. Que, al parecer, se casó mientras su padre trabajaba aquí, de ahí que se lo dedicara.

El viajero mira el retablo, emocionado por su delicadeza. En lugar de alabastro, parece hecho de cera. Al viajero le recuerda el de Santo Domingo de la Calzada, en La Rioja, pero éste le parece todavía más hermoso. Sobre todo a esta hora y con esta luz que llega como filtrada por las vidrieras. Y que lo hacen parecer de cera a veces y otras de sal, como la mujer de Lot.

Mientras lo mira, el viajero escucha la puerta y pisadas en la catedral. Son de gente que viene a la misa de la tarde, que va a comenzar ahora en la capilla del Santo Cristo. El viajero la identifica por el folleto, que atribuye al Cristo la condición de muy milagroso. Parece ser que, en el año 1497, con ocasión de sufrir Huesca una peste, el Cristo empezó a sudar durante el transcurso de una procesión por la catedral, librando a sus vecinos de la epidemia.

Si fuera hoy, sólo se librarían una docena; que son los que asisten a misa ahora en esta extraña capilla que ocupa el antiguo ábside del Evangelio. Una capilla entre renacentista y barroca, como bien dice el folleto. En cualquier caso, a los que asisten a misa les da lo mismo de qué estilo sea ésta. A ellos lo único que les importa es esa figura que desde lejos parece un palo vestido, pero a la que le tienen una infinita devoción. Doña Paquita, por ejemplo, que viene a misa todos los días, dice que es el mejor del mundo. Doña Paquita, que vive cerca y que está viuda desde hace mucho, lo considera casi como un hijo, a falta de los que nunca pudo tener.

—Hay naturalezas que están enfrentadas —dice que le dijo el médico cuando acudió a él junto con su marido para tratar de poner remedio a su esterilidad.

Como doña Paquita, el resto de los feligreses viven también en la parte antigua y le tienen gran devoción al Santo Cristo de los Milagros. Gran devoción y confianza, si se considera el hecho de que la zona está muy deteriorada y cada vez es más peligrosa, como el viajero ha podido comprobar cuando venía. Por lo que acudir a misa a la catedral es una manifestación de fe, no sólo en la religión católica, sino también en la protección del Cristo.

—Yo sí, yo le tengo mucha fe —confirma doña Paquita, que se va sin miedo al peligro.

Doña Paquita se va a su casa y el viajero se queda solo otra vez en esta enorme campana que, ahora sí, vibra como si en verdad lo fuera. El sol ya está muy caído (o tapado por las nubes que se estaban formando a mediodía) y apenas hay luz ya dentro. Sólo la poca que entra por las vidrieras y la que despide el retablo de Damián Forment, que parece de cristal en la penumbra. ¡Qué sensación de paz tan inmensa! ¡Qué silencio tan perfecto! ¿Qué sentirá, piensa el viajero al pensar en ella, Susana sola en el museo?

A las siete y media en punto, la guía aparece para cerrar. La acompaña un hombre joven que resulta ser el director del museo. Por los ademanes, parece cura y lo es. Susana se sorprende de ver al viajero aún.

—Vamos a cerrar —le dice.

—Ya, ya lo sé —le contesta el viajero, echando a andar junto a ellos.

Los tres cruzan la catedral, que queda sola, en silencio, ahora sí como la gran campana que es. Al fondo de ella, el altar destella como un espejo, mientras que las columnas oscurecen las tres naves y las claves de las bóvedas sobre las que se asienta toda la construcción. Vista así, la catedral parece una gran custodia que Susana se dispone a cerrar por fin por hoy.

—Bueno, pues muchas gracias —se despide el viajero antes de salir.

—Adiós —le dice Susana, mientras que su acompañante se limita a hacer un gesto. Y, a continuación, ya fuera, se van, cada uno en una dirección, dejando al viajero solo bajo los nubarrones que se ciernen a esta hora sobre Huesca, igual que ayer sucedía en Jaca.

Pero la tormenta tarda en llegar aún. Al viajero le da tiempo a tomar una caña en el bar de enfrente (el único que hay en toda la plaza) antes de dedicarse a recorrer la catedral por fuera, cosa que todavía no ha hecho por miedo a no tener tiempo de hacer lo propio por dentro. Bajo los nubarrones de la tormenta, su única torre parece un faro, incluso tiene forma de tal, octogonal como es en su parte alta y cuadrada en la inferior, impresión que acentúa el viento que agita ahora la lona que cubre toda la fachada.

La tormenta pilla al viajero mientras intenta ver algo de ésta. Aunque aparece en todas las guías y en el folleto de la catedral, la puerta es tan imponente que le gustaría verla de verdad. Pero no puede. Los andamios y las lonas la tapan completamente, impidiendo adivinar sus siete arcos y el maravilloso tímpano, joya de la escultura gótica aragonesa según aquéllos.

La tormenta no amilana al viajero, sin embargo. Antes, por el contrario, se arrima a la catedral y le da la vuelta por el sur, que es la única parte de ella por la que se puede hacer (por el este y por el norte está adosada a otros edificios). Aunque también por aquí está rodeada. Por casas nuevas y viejas y por una tapia de bloques que separa el templo de éstas. Debe de ser mientras reconstruyen las escaleras que antes había en este lugar y que tiraron al ensanchar la calle. Sea cual sea el motivo, lo cierto es que la tapia ahoga la catedral y convierte la puerta del mediodía en un recoveco que los mendigos y vagabundos aprovechan para guarecerse.

—Hombre, claro, aquí nadie les molesta —le dice al viajero un chico que ha llegado en bicicleta al mismo tiempo que él.

Pero, ahora, los que se guarecen son ellos dos. De la lluvia y de las miradas de los vecinos, cuyas ventanas y miradores tapa la tapia. Ése es precisamente el motivo de que el chico de la bicicleta venga aquí todas las tardes.

—¿Le importa que me haga un *porro*?

—¿A quién? ¿A mí? —dice el viajero, ofendido.

El chico entiende el mensaje y comienza la ceremonia de liar un *porro,* labor en la que se ve tiene mucha práctica. Lorenzo, como se llama, tiene diecinueve años y está en el paro en este momento porque, dice, en Huesca no encuentra empleo.

Pese a ello, quiere mucho a su ciudad. Mientras contempla la lluvia, que cae cada vez más fuerte, el chico habla de Huesca con gran cariño y con cierto conocimiento de su historia. Que es más interesante, dice, que la de Zaragoza, con ser ésta actualmente la principal ciudad de Aragón.

—¿Tú crees? —le pregunta el viajero, mirando caer la lluvia.

—¿Dónde empezó el Reino de Aragón? —le pregunta el chico, para demostrárselo.

—En Jaca —responde aquél.

—Ya. Pero, luego, la capital fue Huesca —contesta el chico, sin inmutarse—. ¿Y dónde estuvo la primera Universidad de Aragón?

—Aquí —responde el viajero, que lo sabe solamente desde hace algunas horas.

—Exacto —dice Lorenzo, satisfecho de que alguien corrobore lo que él ha leído en los libros. Lorenzo es aficionado a la historia de su ciudad, de la que sabe hasta los secretos—: ¿Usted sabía —dice, quemando el hachís— que existe un pasadizo que une Huesca con el castillo de Montearagón?

—Pues no —le dice el viajero.

—Pues existe —dice Lorenzo, muy serio—. Cuando la guerra civil, el comandante republicano que mandaba las tropas que sitiaron la ciudad quiso invadirla por él, pero no consiguió encontrarlo...

Lorenzo sigue contando mientras el viajero mira la lluvia, que ya es un diluvio auténtico. Golpea contra la tapia y sobre la catedral, salpicando la portada en la que están aquél y el viajero. Uno sentado y otro de pie, como si fueran dos vagabundos. Y, en cierto modo, lo son, aquí ocultos, tras la tapia, mientras la lluvia borra la ciudad de la que Lorenzo sigue contando historias.

—¿Y si no encuentras trabajo? —le pregunta el viajero, devolviéndole al presente.

—Pues nada, tendré que irme —dice Lorenzo, encendiendo el *porro*.

Barbastro y Roda de Isábena

El castillo de Montearagón (de lejos el más feroz que el viajero haya visto jamás) despide al que deja Huesca en dirección al este de la provincia. Hacia Barbastro y su Somontano o, más allá, hacia el Sobrarbe o hacia las tierras de la Litera y la Ribagorza. Viejas tierras de frontera que Aragón fue anexionándose después de conquistar Huesca partiendo precisamente de este castillo. De ahí que siga ostentando la condición de lugar sagrado, pese a que desde hace ya tiempo sobreviva en el abandono.

La carretera que va hacia Lérida pasa, por otra parte, lejos de él. A unos dos o tres kilómetros, que hacen que apenas se advierta su decadencia. Así que el viajero se queda sólo con su silueta y con su imponente estampa encaramada en lo alto de las montañas que bordean Huesca por el norte. En eso apenas se diferencia de las de algunos pueblos que también se ven en la lejanía y cuya distancia oculta que también están olvidados. Por contra, los más cercanos parecen llenos de vida, a juzgar por los tractores que transitan entre ellos y por los campos de cereal que ya empiezan a dorarse bajo el sol.

Hacia mitad de camino, el trigo empieza a dejar paso a otros cultivos. Por los ondulados montes que la carretera cruza (siempre con los Pirineos al norte), aparecen los olivos y las viñas que delatan que el paisaje se acerca al Mediterráneo. Y a Barbastro, cuna del vino del Somontano que la ha hecho últimamente famosa en todo el país.

Barbastro, a cincuenta kilómetros de Huesca, es, en disputa con Jaca, la segunda ciudad de la provincia. Metida en una hondonada, la que forma el río Vero antes de verter al Cinca, la ciudad aparece de repente, pasado el alto del Pueyo (que, en lugar de una fortaleza, como la de Montearagón, sostiene un gran santuario), con su aire episcopal y su color de ladrillo viejo. El aire episcopal le viene de muy antiguo, de cuando, tras la conquista de la ciudad por el rey Pedro I de Aragón, se trasladó aquí la sede de Roda, y el color del ladrillo de antes aún, de la época en la que los árabes construyeron la ciudad después de haber ocupado todo el Somontano oscense. Así que no es extraño que todavía hoy Barbastro siga ofreciendo esa doble imagen, episcopal y mozárabe, a quien la ve por primera vez.

El viajero la ha visto ya unas cuantas, pero la vuelve a ver como la primera. Tendida junto al río Vero, apenas un hilo de agua pero encauzado como si de verdad lo fuera, la ciudad se reparte entre sus dos márgenes (la parte vieja en la de la derecha y la nueva en la de la izquierda), siguiendo el hilo que le marca la carretera que va hacia al norte, hacia el Sobrarbe y la Ribagorza y las fronteras de Francia y de Cataluña. De ahí que vea pasar continuamente vehículos, tanto de lugareños como de forasteros, y de ahí que se haya convertido en la calle principal de la ciudad, por lo que no se puede aparcar en ella. Solamente en su comienzo, en el llamado Paseo del Coso, una especie de pequeño bulevar que hace las veces también de plaza y que está junto a la catedral.

Ésta, empero, no se ve desde el paseo. Aunque en la parte más elevada de la ciudad, la que ocupara la fortaleza árabe que fue el origen de ésta, la catedral de Barbastro está tan rodeada de edificios que no se ve hasta tenerla encima. De ahí que el viajero, cuando la encuentra, se lleve una gran sorpresa, pues pensaba que se había equivocado de camino.

Pero no. Ésta es la catedral, la iglesia madre de la diócesis de Barbastro, la tercera de la provincia de Huesca. Lo pregona un gran letrero junto a ella y lo confirma su torre, octogonal como la de Huesca, sólo que ésta en toda su altura, y con un aire defensivo que denuncia su origen medieval e incluso deja intuir un posible pasado musulmán como minarete de la mezquita que, según también parece, ocupó el mismo solar. Suposición que avala la circunstancia de que la torre esté separada del edificio, como si pertenecieran a épocas diferentes.

La sensación de caos que trasmite el entorno de la catedral (no sólo ésta está llena de adherencias y añadidos, sino que sus alrededores han conocido diversas excavaciones, hoy con aspecto de abandonadas) contrasta fuertemente con la limpieza de su interior. Se entre por donde se entre (el viajero lo hace ahora por la puerta principal, que lo es sólo por su rango: no tiene gran interés, pero, a lo largo del día, lo hará también por la otra), la catedral se abre como un salón luminoso y diáfano a la vez. Y algo de salón tiene, quizá porque sus tres naves alcanzan la misma altura, lo que hace que prolonguen el espacio en lugar de repartírselo, quizá porque falta el coro, como también sucedía en Huesca. En cualquier caso, sus columnas en forma de palmera, sus adornos, la proyección de sus nervios y capiteles, así como las vidrieras y las claves de sus bóvedas (que el viajero sabrá luego son lo característico de ella), le dan una elegancia y una armonía difíciles de imaginar desde su exterior. Al viajero por lo menos le sorprende cuando entra hasta el punto de que se queda abstraído en su contemplación.

De su contemplación le saca una chica que aparece de repente junto a él. La chica quiere saber si viene a ver el museo, pues va a comenzar ahora precisamente una visita.

—¿Ahora? —le pregunta el viajero, intentando ganar tiempo.

—En dos minutos —le dice ella.

Así que en dos minutos el viajero debe decidir si acepta la propuesta de la chica o pospone la visita del museo para luego. Al viajero le gusta ver los museos, pero cuando ya conoce la catedral.

—¿Cuándo es la última visita? —pregunta, antes de decidirse.

—Ésta es la última —dice la chica.

—¿Y por la tarde?

—No hay. Sólo para los viajes organizados.

—Pues está claro —le sonríe el viajero a la muchacha, echando a andar junto a ella.

Para su sorpresa, la visita la componen ellos dos, más un joven que espera en la sacristía. Es vasco, dice, y está de paso, de turismo por los Pirineos. La guía, que es alta y rubia, también parece de paso, a juzgar por su poco espíritu.

El museo de la catedral, que es diocesano y catedralicio a la vez y tiene ya algunos años, ocupa las dependencias del antiguo Palacio Episcopal y se accede a él por la sacristía. En sus reducidas salas exhibe más de doscientas piezas, la mayoría de ellas procedentes, o bien de la catedral, o bien de los pueblos abandonados de la diócesis, que son muchos, por desgracia. Destacan, entre todas, las pinturas románicas sobre tabla de Vió, del siglo XII, el Pantocrátor arrancado de las paredes de la iglesita de Villamana, junto a Boltaña, también románico, la hermosísima talla de la Virgen de Rañín, del siglo XIII (hay muchas más de su estilo: la de Puy de Cinca, del siglo XIV, las de Renanué y Bibiles, del XVI, la de Llert, del XVII...), la mitra de San Vitorián, procedente del monasterio perdido del mismo nombre que estaba cerca de Aínsa, o, en fin, para no alargar más la relación, el fabuloso altar-relicario procedente de la propia catedral que es la joya del museo junto con la colección de lipsanotecas, pequeñas cajas de madera que se enterraban debajo de los altares con reliquias y documentos en el momento de consagrarse las iglesias y que han permitido poner fecha a muchas de ellas, algunas tan antiguas como la de Tella, del año 1019. Todo ello conservado y ordenado en cinco salas en función de los siguientes temas: orfebrería, tejidos, pintura mural, pintura sobre tabla y escultura.

—Y nos faltan las piezas —dice la guía en este punto— que se niega a devolvernos la diócesis de Lérida. Me refiero —les explica— a las que pertenecían a las parroquias aragonesas que pasaron con la diócesis de Roda a la de Lérida y que ésta acaba de devolvernos.

—Pero yo tenía entendido —dice el viajero, que lo ha leído— que la diócesis de Roda se había trasladado aquí, a Barbastro, tras la conquista de la ciudad a los árabes...

—Ya. Pero es que aquello duró muy poco (apenas cuarenta años), porque los obispos volvieron a Roda, que estaba más protegida y donde permanecieron ya hasta mediados del siglo XII, momento en el que se trasladaron definitivamente a Lérida —dice la guía, bajando las escaleras.

—¿Y cuándo volvió a ser sede Barbastro? —le pregunta el viajero, que no acaba de enterarse bien del todo (al vasco, por su expresión, le da lo mismo todo este asunto).

—Barbastro volvió a ser sede episcopal en 1571, por una bula de Pío V —dice la guía, en plan profesora—, y lo ha sido hasta hoy sin interrupción. Aunque, a raíz de la devolución por Lérida de las parroquias aragonesas pertenecientes a la antigua Roda, la diócesis ha pasado a llamarse de Barbastro-Monzón, porque, si no, los de Monzón se negaban a integrarse en ella. Preferían —dice la chica— seguir con Lérida...

—¡Vaya con los de Monzón! —le sonríe el viajero con ironía.

La visita ha terminado. De nuevo en la sacristía, la chica les da las gracias y les acompaña afuera, no sin antes aclarar, a preguntas del viajero, cómo no, que la única catedral de la diócesis es ésta. La de Monzón, afirma, es una concatedral.

—¿Y la de Roda?

—Ésa es ex catedral —dice la guía, marcando el *ex* claramente.

La catedral de Barbastro, la única de las tres que se arroga, pues, el título con derecho, está a esta hora más animada que cuando el viajero la vio al llegar. Aparte de la misa que se celebra en una capilla (y en la que el cura pide, quizá en un error semántico, que se acabe la sequía *pertinente*), hay numerosas personas que ocupan sitio en sus muchos bancos. Al viajero le extraña que haya tanta gente ahora, pero en seguida se entera de la razón. Se la revela un hombre mayor que llega justo en este momento:

—Hay un entierro —le dice.

En efecto, en seguida llega más gente y pronto abren las puertas para que pueda entrar el difunto. Debía de ser importante, pues la catedral está prácticamente llena.

—Se llamaba Constancio Rámiz y era muy conocido en Barbastro —le confía al viajero otro informante, éste más locuaz que el otro—. Fue el primer mecánico que hubo en esta ciudad, aparte de padre y suegro de alcaldes. Por eso hay tanta gente —añade el hombre, bajando la voz porque en este instante entra el féretro seguido por sus deudos.

—¿Y era mayor?

—Noventa y seis —dice el hombre, con respeto.

En seguida empieza la misa, que celebran nueve curas, dato que también confirma la importancia del difunto al que despiden (el vecino del viajero, al verlos salir en fila, le desvela a éste otro motivo: don Constancio les arreglaba también el coche). La misa, lógicamente, se prolonga casi una hora y su finalización coincide con la del cierre de la catedral. Así que, entre unos y otros, al viajero apenas si le han dejado mirarla, pese a que lleva en ella más de dos horas. Lo que no impide que haya entrevisto su gran riqueza, a pesar de ser construida cuando Barbastro no era sede episcopal aún.

En la terraza del bar Victoria, en el Paseo del Coso, bajo los árboles, el viajero toma el aperitivo rodeado de niños y madres jóvenes mientras anota en su libreta lo que ha vivido hasta este momento. La mañana está azul y luminosa y por la carretera pasan continuamente vehículos que se dirigen al centro o, a través de él, hacia los Pirineos. Desde donde está el viajero no se adivinan, pero sabe que están ahí, a tiro casi de piedra.

Un paseo por Barbastro le confirma la impresión que esta ciudad le ha causado siempre. Episcopal y levítica, pero también abierta a los cuatro vientos, se debate entre la mística de su hijo más famoso, José María Escrivá de Balaguer, fundador del Opus Dei, y la prosperidad de una población que ha encontrado en el vino el complemento a su ya antigua condición de centro comercial y de servicios de la comarca. Lo cual le da también una doble imagen, antigua por una parte y moderna por la otra, que se trasluce en sus comercios y en sus cafés. Junto a los de toda la vida, viejas tiendas y locales con resabios de otra época, florecen otros distintos que podrían pertenecer a cualquier ciudad. Y lo mismo sucede con los restaurantes, que, como el que el viajero elige (aconsejado por un vecino con pinta de comer bien), combina una decoración ya rancia, como de local de bodas y comuniones de los setenta, con una modernísima cocina que ya quisieran para sí sitios de mayor nivel. Lástima que el cocinero se considere en la obligación de salir a preguntar tras cada plato su parecer a los comensales y que, en la mesa contigua a la del viajero, hayan venido a sentarse tres hosteleros de la comarca con más dinero que educación. Aparte de comer como animales, se pasan la comida presumiendo de lo que tienen. Y hasta de lo que tendrán después:

—Yo, esta noche, pienso ir de putas y eso adelgaza —dice uno, a la hora de los postres, ante la preocupación de sus compañeros porque están engordando mucho.

Para controlar su peso, el viajero, más modesto, da un paseo por Barbastro, que a esta hora está desierta, aplastada por la siesta y el calor. Apenas si se ven algunos coches y personas circulando por sus calles. Incluso el Paseo del Coso, que está a la sombra de las acacias, está vacío por completo, como si la ciudad entera estuviera abandonada.

El que parece más abandonado es el barrio de la catedral. Como sucedía en Huesca, hay muchas casas en ruinas o a punto de estarlo pronto. Y, aparte de unos obreros que están trabajando en una, no se ve un alma en toda la zona. El viajero le da otra vuelta a la catedral y se sienta a la sombra de la torreminarete, a esperar a que la abran nuevamente.

Al poco, aparece un grupo guiado por dos mujeres. Una de ellas, al verle sentado allí, le invita a unirse a la comitiva:

—Entre, si quiere —le dice, abriendo la puerta.

La comitiva la forman unos jubilados de viaje por la provincia y la mujer que invita al viajero es una guía local (la otra viene con la excursión) tan dinámica como pintoresca. Isabel, que así se llama, según se presenta al grupo, aparte de saber mucho, tiene alma de pedagoga. Así, lo mismo dice a los que la siguen, a raíz del desvanecimiento sufrido a causa del calor por uno de ellos, que hay que echarse agua fría en las muñecas «porque toda la sangre pasa por ahí», que les explica la diferencia entre el románico y el barroco comparándolos con un solomillo y con un guiso, respectivamente. Además, no tiene prisa. Al revés que sus colegas, le gusta su profesión y dedica toda la tarde a explicarles a los jubilados (que han venido desde Asturias) la catedral detalle a detalle. Gracias a ello, el viajero se entera de algunas cosas que no vienen en sus guías (por ejemplo: que a los florones del techo les llaman rosas por su apariencia o que a don Florentino Asensio, el obispo de Barbastro asesinado en la guerra por los anarquistas y cuyos restos reposan en la capilla que está a los pies de la nave norte, le cortaron «todo lo que le sobresalía» el día antes de fusilarlo), pero también de lo que cuentan aquéllas. Y lo que cuentan aquéllas es mucho.

Lo principal, al menos para el viajero, que va leyendo sus guías mientras escucha a Isabel al fondo, es, aparte de las *rosas,* obra de Juan de Segura, y de la propia fábrica constructiva, mezcla de gótico y de Renacimiento, el gran retablo mayor, hecho en parte por Forment (el resto, que es de madera, fue obra de sus discípulos), y la sillería del coro, repartida actualmente entre el presbiterio y una de las capillas. Por lo que respecta a éstas, el viajero se queda, como Isabel, con las de los pies del templo, especialmente por sus entradas, de abigarrado trazo churrigueresco. Dentro de ellas, un Cristo crucificado, réplica del que se quemó en la guerra, y un mausoleo erigido a la memoria de don Florentino Asensio, el obispo al que cortaron «todo lo que le sobresalía», y a la de los ciento catorce sacerdotes de la diócesis asesinados en la contienda del 36, concentran la devoción de los barbastrenses, al tiempo que resumen las desgraciadas consecuencias que aquélla tuvo para la catedral. Aparte del Santo Cristo de los Milagros (así llamado popularmente por los muchos que ha hecho, según dicen: «¡Huy, si yo le contara todos!», exclama la señora que lo está limpiando ahora), muchos retablos e imágenes desaparecieron consumidos por el fuego o acabaron en manos de desaprensivos. Y es que la guerra en Barbastro debió de ser muy feroz.

—¡Huy, si yo le contara! —exclama ahora Isabel, respondiendo a la pregunta del viajero antes de llevarse al grupo en dirección al museo catedralicio.

El grupo se va tras ella y el viajero se queda solo en la catedral, contemplando la capilla de don Florentino Asensio. El viajero está tan impresionado por las historias que acaba de conocer que le parece un buen sitio para anotarlas. Además, la ca-

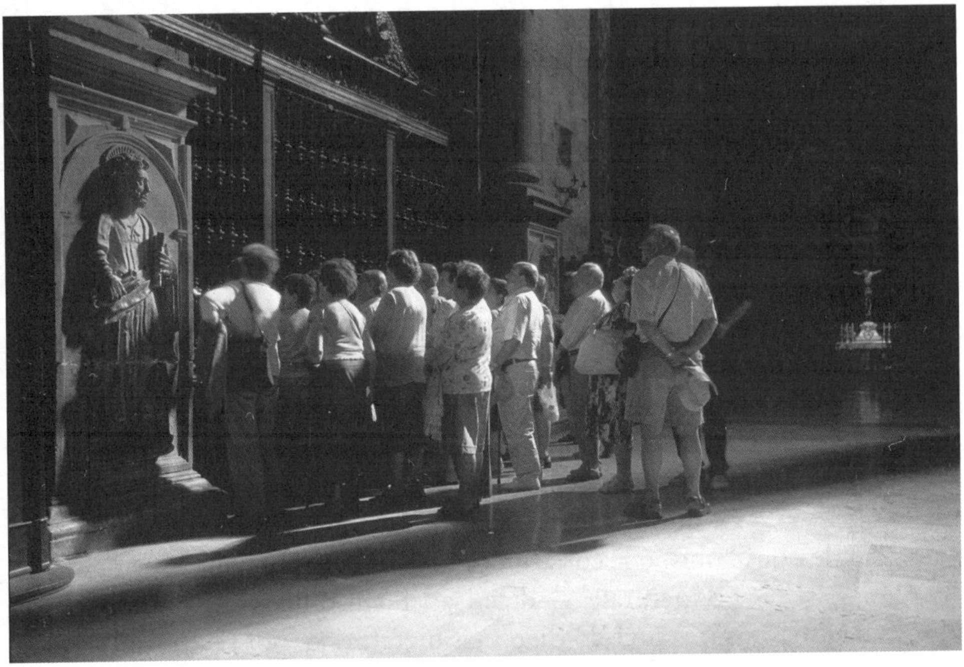

pilla da al poniente y la luz de la tarde la ilumina, al revés que a la del Cristo, que aunque también se orienta a esa dirección, está oscura como un féretro, pues no tiene ventanas en sus muros. Mientras escribe, el viajero oye a lo lejos algunas voces y el sonido de un rosario que ha comenzado hace unos minutos en la capilla contigua a la que está él.

Cuando termina de escribir, sale de nuevo de ella, dejando solo a don Florentino y a los ciento catorce sacerdotes fusilados en la guerra, cuyos nombres figuran en un panel de metacrilato, y vuelve a la realidad, que es la de este hermoso templo en la que la paz que muestra hace difícil imaginar la guerra siquiera. Cuanto más sus circunstancias, que a juzgar por lo que dicen, fueron muy crueles en esta zona.

—Barbastro —dice Isabel, que ya ha vuelto del museo mientras tanto (se ve que a los asturianos no les importaba mucho)— fue zona republicana hasta el final casi de la guerra. Aquí mandaban los anarquistas y se ensañaron con todo el que oliera a cura.

—Ya lo vi —dice el viajero, recordando el número de sacerdotes muertos.

—Pues hubo más —le confiesa aquélla—. Del convento de los claterianos mataron a más de cincuenta frailes, la mayoría de ellos seminaristas —le dice.

—Lo que no entendí muy bien es qué querías decir con lo de que al obispo le cortaron todo lo que le sobresalía...

—Los genitales —dice Isabel, sin rodeos—. Cuando hay señoras mayores, lo digo más metafórico, por si se escandalizan.

—No es para menos —dice el viajero, impactado.

E impactado continúa con lo que Isabel le cuenta, primero en la catedral y luego en un bar cercano en el que el viajero la invita a un granizado de limón para sofocar la sed y para corresponder con ella por haberle invitado a unirse al grupo. La verdad es que Isabel es muy simpática.

—Yo digo lo que decía la publicidad de una ferretería de Barcelona: «Como el rayo soy, / donde me llaman voy» —dice, aludiendo a su oficio, que es el de guía por libre, si bien que relacionada con las instituciones civiles y religiosas de la ciudad.

—Pero te gusta...

—A días —dice Isabel, sonriendo, despidiéndose ya para regresar a casa.

El viajero hace lo propio, pero a la catedral. Es ya la suya prácticamente después de estar todo el día dándole vueltas de arriba abajo.

Aunque la que está en su casa es la señora que antes le quitaba el polvo al Cristo de los Milagros. La mujer, que ya es mayor, cuida de su vigilancia, aunque, según Isabel, la guía, nadie le ha mandado hacerlo. Al revés: es ella misma la que se arroga esa obligación porque se debe de aburrir en casa. Al parecer, vive sola y se pasa el día en la catedral. El viajero aprovecha para preguntarle por los milagros del Santo Cristo.

—¿Cómo dice? —le pregunta ella a su vez, pues está bastante sorda.

—¿Que qué milagros hizo el Cristo? —le vuelve a decir aquél.

—¡Muchos! —exclama la señora, complacida.

—Cuénteme uno.

—¿Uno?... Pues mire usted: una vez —le cuenta, tras decidirse por uno de ellos—, había una gran sequía y un canónigo le preguntó al Cristo: «¿Lloverá o no lloverá?». Y el Cristo movió la cabeza de arriba abajo y esa noche cayó una gran tormenta...

—¿Y por qué no lo repite ahora? —le pregunta el viajero, aludiendo a la sequía que asola España desde hace meses.

—¿Cómo dice?

—Que por qué no lo repite ahora...

—¡Porque tiene más que hacer! —responde ella, con displicencia.

Son las ocho de la tarde. El sol está declinando y el viajero duda qué hacer: si quedarse en la catedral hasta que la cierren o aprovechar que hay luz todavía para acercarse a ver la de Roda. Al final, opta por esta segunda opción. Aunque ya la ha visto más veces, la ex catedral de Roda merece volver a verte.

Hasta Roda hay una hora de camino por carreteras bastante malas. Primero, una hasta Graus, la capital de la Ribagorza, que aparece al final de un gran pantano, y luego la del Isábena, que remonta el río de este nombre, que se une en Graus con el Ésera. Por el camino se van ya viendo las crestas de los Pirineos.

Roda aparece tras una curva, encaramada en lo alto de una colina. La misma en la que lleva asentada varios siglos dominando el valle del río Isábena y sus aldeas. Pobres aldeas altomedievales que han sufrido como pocas la sangría emigratoria que asoló y sigue asolando toda la franja prepirenaica. La misma Roda, que fuera capital de un condado y de una diócesis (el de la Ribagorza y la de su nombre), apenas es hoy ya un pequeño pueblo en el que a duras penas resisten dos docenas de vecinos y mayores. Y eso que el pueblo está conservado como si todos sus edificios estuvieran habitados y con vida.

El artífice de esa ilusión es don José María Lemiñana. El *mosen,* como les dicen aquí a los curas (aunque con acento en la *o* y no en la *e,* al revés que ocurre en Cataluña), llegó a Roda hace tres décadas procedente de Lérida, donde ejercía (todavía las parroquias de la ex diócesis no habían sido devueltas a Aragón), y se encontró la antigua catedral abandonada, igual que toda la zona. Durante muchos años, desde que, hacia la mitad del siglo XIX, desapareciera definitivamente el cabildo que quedó en la ex catedral tras el traslado de aquélla a Lérida, el templo fue languideciendo hasta ofrecer el estado de abandono en el que Lemiñana se lo encontró. Pero Lemiñana era aragonés y amaba mucho esta tierra y, en lugar de tomarse el destino como un destierro, que es como solían tomárselo todos sus antecesores, se remangó y se puso manos a la obra para devolverle a la ex catedral su antiguo esplendor. Trabajando él mismo de albañil, con ayuda de algún vecino del pueblo, restauró el edificio piedra por piedra hasta que le devolvió la imagen que había tenido siglos atrás y que el viajero vuelve a admirar cuando llega. Es la tercera vez que lo ve.

—¡Qué sorpresa! —le saluda una chica cuando baja, tras aparcar el coche en la vieja plaza. Que está también restaurada, lo mismo que todo el pueblo, que parece sacado de un cuento medieval.

Es Yolanda, la chica que le enseñó la catedral la primera vez. Con más años y más gorda, pero con la misma afabilidad. Al viajero le cuesta poco reconocerla, pese a que ya ha pasado tiempo de aquello.

Tras los saludos de rigor, que Yolanda hace extensivos al niño que está con ella (su hijo, de cinco años), ésta se ofrece a ir a buscar al *mosen*, incluso a abrirle ella misma la catedral, si es que éste está cenando. Yolanda ya no trabaja de guía (vive en Barbastro, aunque viene mucho), pero es su hermana la que la ha sustituido.

Por fortuna, Lemiñana no había empezado a cenar aún y el viajero tiene dos guías en vez de uno. El *mosen* está más viejo, pero conserva la energía de otros tiempos. Y el pelo largo, como acostumbra, que le da cierto aire de vagabundo. Con la llave abre la puerta principal (la que da al pórtico) y franquea al viajero el paso a esta joya del románico perdida en los Pirineos y a contrapié de cualquier camino. ¡Qué maravilla volver a verla!

Mientras el *mosen* le cuenta las novedades y Yolanda da las luces, que se sabe de memoria (se ve que no se ha olvidado de cuando trabajaba aquí), el viajero observa con emoción este templo que se conserva prácticamente como cuando lo construyeron —en los primeros años del siglo XI— y que por fuera confunden, como les sucede a muchos, un pórtico y un campanario barrocos que disimulan su verdadero estilo. Un estilo, el románico lombardo, característico de esta región y del que la ex catedral de Roda es su mejor exponente. El resto están repartidos por todos los Pirineos, en especial por los altos valles de las provincias de Huesca y Lérida.

—Para mí, es el más bello de todos —dice el *mosen* Lemiñana contemplando sus dominios, que conoce piedra por piedra.

Con la luz artificial, que le da más magia aún, la catedral de Roda se abre como si fuera un viejo tesoro ante los ojos del viajero mientras escucha al *mosen* hablar. Yolanda interviene poco, pero, cuando lo hace, lo hace con conocimiento.

Aunque siempre se mantiene en un segundo plano respecto al cura.

El templo, por lo demás, está limpio como un jaspe. Destella bajo las luces sumergido en el silencio de la noche, que aquí dentro es absoluto. Sólo se oyen las voces del *mosen* y del viajero y las pisadas de ambos y de Yolanda. Parecen tres ladrones violentando la soledad de este viejo templo, piensa el viajero rememorando al que aquí llegó una noche para llevarse lo mejor de él: el famoso Erik el Belga, de tan triste memoria para el *mosen* Lemiñana:

—Aún recuerdo la impresión que me produjo, a la mañana siguiente, ver lo que se habían llevado —recuerda con gran tristeza mientras contempla la silla de San Ramón, el mueble más antiguo que se conservaba quizá en Europa y que fue el móvil principal del sacrilegio. Y del que sólo han podido recuperarse algunos pequeños trozos que ahora se exhiben al público incrustados en una copia de plástico transparente.

Lo que no es copia es lo demás. Ni las vestimentas y zapatillas de obispos y de canónigos, algunas antiquísimas, que se muestran en vitrinas en el coro, ni los báculos y objetos religiosos, como hisopos o peines de marfil, que comparten sitio con aquéllas, ni las imágenes y las pinturas que se reparten por todo el templo. Ni, por supuesto, la arquitectura de los tres ábsides, lombarda pura y muy restaurada, ni las pinturas murales de la capilla aneja a la cripta (la antigua sala capitular), románicas, del siglo XIII, y el sepulcro del obispo San Ramón. Una bellísima obra de piedra que al viajero le recuerda al de San Pedro de Osma, en El Burgo. Sólo que éste es más primitivo y más hermoso, si cabe.

Con la emoción de volver a verlo (ahora, de noche, que todavía es más misterioso), el viajero sigue al *mosen* en dirección al claustro, que está pegado a la iglesia. El viajero ya lo conoce, pero le vuelve a sobrecoger. Tanta belleza junta es muy difícil de soportar. Especialmente a esta hora en que el claustro parece sacado de una película, con la luna iluminando las crujías y el ciprés trepando hacia ella. Sólo las luces del refectorio, que ocupa su lado norte, compiten con el cielo en la noche pirenaica, dándole a todo el conjunto un halo aún más fabuloso. Porque fabuloso es este lugar que Lemiñana sacó también del olvido en el que se mantenía desde hacía siglos. Se lo cuenta al viajero mientras cenan en el antiguo comedor de los canónigos, que ahora es un restaurante, y luego, junto con Yolanda, mientras pasean por el pueblo, que está dormido en la noche, no la de este día de junio, sino la de la larga historia de la perdida diócesis de la Ribagorza.

Las catedrales del Ebro

Entre Barbastro y Monzón hay sólo quince kilómetros, pero el paisaje cambia sustancialmente. No sólo el de las ciudades, que son distintas (mientras Barbastro es ciudad antigua, llena de iglesias y de conventos, Monzón es pueblo industrial), sino también el que las rodea. Por Monzón ya baja el Cinca, el gran río del nordeste aragonés.

El Cinca, que trae las aguas del corazón de los Pirineos, desde el monte Perdido a los Malditos, y en tiempos trajo también la madera de sus bosques en las grandes almadías que bajaban hacia el Ebro, es el padre de esta tierra. Una tierra fronteriza que riega con su caudal, acrecentado de un tiempo acá por sus dos grandes embalses: los de Mediano y El Grado. De ahí que sea una de las más pujantes y de ahí también que Monzón, que es su capital, se haya convertido ya en la ciudad industrial de Huesca. Todo ello sin dejar de estar presidido por la estampa de su célebre castillo, que ha conocido mil guerras y la presencia de personajes tan famosos como el Cid o el rey Jaime I de Aragón, que en él pasó sus primeros años, y por la de su vieja iglesia de Santa María, levantada en el siglo XII y que también conoció muchas gestas a lo largo de su historia. La última de ellas, su propio ascenso a la categoría de concatedral.

Los letreros, sin embargo, la califican de catedral. Calificación que los de Monzón defienden, como sucedía en Logroño, sin saber lo que significa realmente. El viajero lo comprueba en cuanto baja del coche y da una vuelta a su alrededor. Toda la gente a la que pregunta defiende con vehemencia la catedralidad de Santa María.

Pero la vieja iglesia montisonense que acogiera entre sus muros las primeras Cortes Generales de la Corona de Aragón desmiente esa condición con su mismo horario. Aunque el papel que lo especifica a la puerta también la califica de catedral, Santa María sólo abre a la hora de la misa, como cualquier iglesia de pueblo. Lo que le impide al viajero verla por dentro, pues la de hoy ya se ha celebrado. Y por fuera la ve en cinco minutos: los que tarda en darle la vuelta y admirar sus tres ábsides románicos. La portada original, que también lo era al parecer, desapareció en alguna de sus reformas.

Cinca abajo, hacia Los Monegros, el viajero atraviesa una fértil vega. La mañana está azul y limpia e ilumina los campos de regadío. Unos campos que se extienden hacia el sur, hasta donde la vista alcanza, y que corroboran la buena fama de esta región.

La de Los Monegros, que está al oeste, es justamente la contraria. Los famosos «montes negros» que los viajeros árabes describieron como un lugar inhóspito e inhabitable, pasa por ser una tierra dura, sin agua casi y sin esperanza. Pero esa fama ya no se corresponde con la realidad de hoy. O por lo menos no exactamente. En las tres últimas décadas, Los Monegros ha cambiado tanto o más que el resto de la provincia. Y ello por los regadíos, que han convertido estos yesos en un auténtico oasis, al menos en una parte. El viajero lo comprueba camino de Sariñena, la capital histórica de la zona, hoy próspera y nada pobre, y entre ella y la sierra de Alcubierre. Aunque, al sur de ésta, hacia el Ebro, vea también las estepas que dieron fama a esta tierra y no precisamente por su generosidad.

Por fin, divisa a lo lejos el cauce del río Ebro. O, mejor que divisarlo, lo adivina. Primero, en la vegetación, que cambia rápidamente, y, después, en las poblaciones, que se ven ya más populosas. Pronto divisará también Zaragoza, con sus torres y sus altos edificios.

Guiándose por aquéllas, entre un tráfico creciente, el viajero llega al Ebro, que es río ancho y patriarcal. Nada que ver con los que dejó ya atrás, ni por su caudal de agua ni por su disposición. Mientras que los de los Pirineos descienden todos hacia el sur, el Ebro, que viene de Santander, lo hace hacia el este, hacia Cataluña, recogiéndolos uno tras otro. De ahí que sea tan caudaloso. El primero de los ríos españoles, aunque el Tajo sea más largo.

El puente que lo atraviesa, o, mejor, por el que lo hace el viajero, es solamente uno más de los muchos que lo cruzan en su trayecto por Zaragoza. La ciudad, que avanza ya hacia el millón, se extiende por sus dos márgenes y no sólo por el de la derecha, que fue su solar primero. De ahí que haya obligado al Ayuntamiento a construir un puente tras otro a medida que su población crecía.

Éste, no obstante, es el principal de todos. No en vano sale a la plaza que fue el origen de la ciudad y que continúa siendo, a pesar del tiempo, su corazón. Es la plaza del Pilar, el gran espacio que delimitan las dos iglesias-catedrales, una por el mediodía y la otra por el este, además de la antigua Lonja y del edificio del Ayuntamiento. Lo que convierte el lugar en el más transitado de la ciudad tanto por parte de los turistas como de los zaragozanos. Quizá por eso, cuando el viajero sale a la plaza después de cruzar el puente, encuentra ésta llena de gente, a pesar de su tamaño y de que el sol calienta sin compasión.

Es ya la una del mediodía. Entre unas cosas y otras (la visita a Monzón y a Sariñena, si bien que fueran muy rápidas, le retuvieron casi una hora), al viajero se le ha ido la mañana sin haber comenzado su visita a las dos catedrales que le esperan en este día. Porque Zaragoza, a falta de uno, tiene dos templos catedralicios a cuál más impresionante. Uno es la Seo, la catedral histórica recientemente rehabilitada, y el otro es el Pilar, la majestuosa basílica que se le unió en el rango por deferencia del Vaticano hacia la Virgen más famosa y venerada del país. De hecho, como el viajero comprobará a lo largo del día, está mucho más concurrido el segundo que el primero, con ser éste el principal.

El viajero se acerca a él cruzando la plaza. Es una plaza ciclópea, a tono con el entorno. La gran basílica del Pilar, cuyas proporciones lo delimitan todo, oculta el río y toda la plaza —según de donde se mire—, dándole a ésta una gran pesadez. Pesadez que aumenta su restauración, que arrojó de ella cualquier conato de verde o sombra y que solamente dulcifica la perspectiva de la torre de la Seo en un extremo, como en el contrario hace la inclinada de la iglesia de San Juan de los Panetes. Quizá por eso, a medida que el viajero se acerca a la primera, siente una especie de liberación que aumenta en cuanto le da la sombra. En la plaza del Pilar debe de haber a esta hora cerca de cuarenta grados.

Pero, contra lo que suponía, la Seo ya está cerrada. No lo está formalmente (no lo estará hasta las dos, le dice el guarda de la puerta), pero, para los efectos, le viene a dar lo mismo. El propio guarda le aconseja que, dada la hora que es, espere hasta la tarde para entrar, puesto que hay que pagar por ello. Y, con las dimensiones del templo, le dice, se necesita mucho tiempo para verlo.

—¿Y no vale la entrada para luego? —le pregunta el viajero, por si acaso.

—No —le responde aquél.

El edificio, por fuera, es un resumen de todos los estilos conocidos. Tanto por fuera como por dentro, como el viajero verá esta tarde, la Seo de Zaragoza es un compendio de arquitectura, desde el románico al neoclásico, pasando por todos los intermedios. De ahí su gran interés para los estudiosos.

—Es muy ecléctica —le dice a sus compañeros un arquitecto que contempla en este momento la fachada de la cabecera. Es la más llamativa del edificio, tanto por su decoración mudéjar como por los dos ábsides que conserva. Son románicos, de sillería, que contrasta con el resto de la fábrica, que es de yeso y ladrillo mayormente.

Los que contemplan la Seo son arquitectos que se han acercado a verla aprovechando una visita de trabajo a la ciudad. Y, aunque como la mayoría de los de su profesión, son presuntuosos, saben bien de lo que hablan, por lo que el viajero pega la oreja sin disimulo, evitándose así tener que sacar sus guías y leer lo que éstas le cuenten.

—Observad que están todos los estilos —continúa el que parece el profesor—: el románico, el gótico, el mudéjar, el barroco de la torre, el renacentista de la portada que da a poniente, el neoclásico de la principal...

—¿La principal? —se pregunta uno de ellos, extrañado de que sea la del norte.

—Es la que da a la plaza.

La plaza arde del calor que hace. Aunque no es nada con el que hará a las cuatro, cuando el viajero vuelva después de comer en un bar cercano y de dar una breve vuelta por Zaragoza.

—¿Qué tal? —le pregunta el guarda.

—¡Uff! —le responde él.

La Seo es impresionante. A sus grandes dimensiones, que sobrecogen, más que emocionan, al verlas por primera vez, se une la poca gente que hay, por lo menos cuando el viajero entra. Lo cual le da al edificio una grandiosidad mayor. Desde el exterior, la Seo no parecía tan gigantesca, sobre todo comparada con la basílica del Pilar.

Pero lo es, sin duda ninguna. Con sus cinco grandes naves y sus altísimas bóvedas, la Seo de Zaragoza es una de las más grandiosas de cuantas el viajero ha visto hasta el día de hoy. Y ya ha visto más de una para tener con cuál comparar. Lo que no quita para que, al mismo tiempo, le produzca una sensación extraña, como de desasosiego, motivada tal vez por su gran vacío. Apenas cuatro personas pasean ahora por su interior.

Cuando se sobrepone a esa primera impresión, el viajero da comienzo a su visita. Lo hace despacio, como corresponde a un templo que tiene más de ocho siglos; los que han transcurrido ya desde que el obispo Pedro Torroja iniciara la construcción del románico que luego sustituiría el actual sobre las ruinas de la mezquita mayor, tras la conquista de Zaragoza a los musulmanes. Tiempo, pues, más que suficiente para dejar en él una huella tan rica como diversa. Y tan interesante como sugieren sus cinco naves de igual altura y la veintena de capillas —tantas como columnas sostienen la construcción— que ocupan sus contrafuertes. Todas enormes, como la Seo.

Entre las veinte, las hay de todos los estilos, aunque predominan las de decoración barroca. Y, como dice la guía del viajero (de Severino Pallaruelo, escritor aragonés al que conoce), «las rejas, los arrimaderos con azulejería, los cuadros o los retablos, las yeserías de las pechinas y de las cúpulas, alumbrado todo mediante la luz cenital que entra por las linternas, hacen de cada capilla un conjunto admirable». Puesto a elegir, sin embargo, el viajero se queda, por su interés artístico y arquitectónico, con tres de ellas (la de San Agustín, que contiene un retablo renacentista maravilloso, obra de Gil Morlanes y de Gabriel Joly, la de los arcángeles Miguel, Gabriel y Rafael, con otro bello retablo renacentista, éste de Juan de Ancheta, y una magnífica lauda sepulcral de bronce, y la de San Bernardo, a los pies del templo, que alberga, entre otros tesoros, los sepulcros de alabastro del arzobispo don Hernando de Aragón y de su madre, doña Ana de Gurrea, y que se considera por los expertos la pieza capital del arte renacentista en esta región) y, por su pintoresquismo, con otras tres: la de San Pedro Arbués, el canónigo inquisidor al que asesinaron mientras rezaba en la catedral, la de Santo Dominguito del Val o de los Infanticos, como es conocida popularmente por albergar los restos del niño cantor del coro que se convirtió en patrón de los de su edad tras su martirio a manos de los judíos (la escena la representa el retablo), y la de San Marcos, teatral y efectista como una gran tramoya. En cierto modo lo es, puesto que sirvió algún tiempo para exponer en Semana Santa el Monumento Eucarístico, que se hacía aparecer corriendo el telón del fondo.

Pero la mejor de todas, tanto por su belleza como por su riqueza, es, sin duda, la mayor. Construida en la hornacina del primitivo ábside románico, aunque cubierta por una bóveda posterior, alberga tres de las piezas más importantes de la Seo; a saber: el atril de nogal con el escudo de Benedicto XIII, el célebre Papa Luna, que era de origen aragonés, el sepulcro del arzobispo don Juan I de Aragón, de autor anónimo, pero hermosísimo, y el retablo de alabastro dedicado al Salvador, que es la advocación del templo. Encargado por el arzobispo Dalmau de Mur, fue construido por Pere Johan y por el maestro alemán Ans Piet d'Ansó entre los años 1434 y 1480. Lo que da ya una idea de su complejidad y de su gran riqueza iconográfica. De abajo arriba, siguiendo el orden de su construcción, representa siete escenas relacionadas con la catedral: el martirio de San Lorenzo, patrón de Huesca; el traslado del cráneo de San Valero, que es el de Zaragoza, desde la catedral de Roda de Isábena, donde se guardaba; el interrogatorio de San Valero y de San Vicente por el emperador Daciano; el descubrimiento del cuerpo de éste en un estercolero junto a Valencia y, en el centro del retablo, la Epifanía, la Transfiguración de Cristo y, finalmente, la Ascensión. Todo ello rodeado de infinidad de motivos decorativos y tallado con tal delicadeza que requiere mucho tiempo para verlo. Al viajero, al menos, le lleva casi una hora, tan embelesado está en su contemplación. Es uno de los retablos más delicados que ha visto nunca y lleva ya muchos vistos hasta la fecha.

La contemplación del coro le hubiera llevado también su tiempo de no estar cerrado al público. No en vano son más de cien los bancales que integran todo el conjunto, todos tallados, según las guías, en buen roble de Navarra. Y con factura gótica, como el retablo. Por el exterior, en cambio, el coro ya es plateresco, al contrario que el órgano, que conserva la caja original del siglo XV. Todo recién restaurado y limpio como una patena, labor de la que se encargan varias personas, como la mujer que ahora está fregando detrás del coro.

—Es para que esté limpio para la misa —le contesta al viajero, al interesarse éste.

—¿A qué hora es?

—A las siete y media.

Pero a las seis y media echan a los visitantes. Un guarda pasa batiendo palmas y anunciándole a la gente que tiene que salir.

—Pero... ¿y la misa? —le pregunta el viajero, que no entiende bien por qué.

—Es a las siete y media.

—¿Y...?

—Que cerramos para recoger. Volvemos a abrir a las siete.

El viajero no entiende nada. El viajero mira a su alrededor y no ve a más gente que a otros dos hombres que se alejan ya hacia la puerta.

—¿Y no me puedo quedar aquí?

—No —le responde el guarda.

El de la puerta le explica algo más que el otro. Al parecer, hacen lo mismo todos los días porque así lo manda el cabildo. Cierran la Seo al turismo y la abren para la misa, a la que la gente accede por la puerta principal. La del sur se cierra ahora.

—¿Y hay que volver a pagar la entrada? —le pregunta el viajero, que no se fía.

—No —le responde el guarda—. Lo que pasa es que luego no se puede andar mirando. Sólo es para asistir a misa.

—No entiendo nada —dice el viajero, saliendo afuera.

Afuera, la vida sigue su curso. La puerta del mediodía se abre frente a varios bares cuyas terrazas están llenas de gente. El sol calienta con fuerza, pero empieza a declinar ya lentamente.

En la plaza, la algarabía es mayor. La gente viene y va de un lugar a otro, mezclándose los turistas con los vecinos de Zaragoza y los que están de paseo con los que vuelven de sus ocupaciones. El viajero, que ya ha tomado café, duda si imitar a aquéllos o acercarse a ver el Pilar. Tarde o temprano tendrá que hacerlo, aunque no le apetece mucho. Además de que la conoce, su artificio y gigantismo le producen más rechazo que atracción.

Mientras decide qué hacer, ve que abren la puerta de la Seo. La de la plaza, la principal. El mismo guarda que le echó hace unos minutos aparece en el umbral con un cartel en el que se especifica lo que el viajero ya sabe: que sólo pueden entrar los que van a misa. El viajero no lo duda y se acerca nuevamente, como un perro al que echan por una puerta y vuelve por otra.

—¿Se puede pasar ya?

—Sí; pero sólo si va a misa —le dice el guarda, con extrañeza.

—Por supuesto —dice el viajero, muy serio.

—No le van a dejar moverse —advierte el otro, que no se fía.

—Pero ¿esto qué es, un templo o un reformatorio? —le responde el viajero, que comienza ya a indignarse con tanta prohibición y tan absurda.

Pero el guarda no se hace cargo. El guarda dice que él obedece órdenes y que vaya a protestarle al que las da. Aunque le reconoce (mientras pregunta a los que se acercan, como ha hecho con el viajero, a qué vienen, antes de permitirles entrar en la Seo) que tiene toda la razón del mundo, pero que los curas son los que mandan y a él le toca solamente dar la cara.

—Ellos se esconden —le dice— y yo tengo que aguantar las broncas.

—Lo que tienen que hacer los curas —dice el viajero antes de pasar también— es convertir la Seo en lo que ya es: un museo, y dejar de disimular.

Dentro ni lo disimulan. Como esos bares que a cierta hora del día cambian de iluminación y se transforman en pubs nocturnos sin dejar de ser como eran, la catedral ha hecho lo propio y ahora parece una iglesia más. Como aquéllos también, ha reducido las luces y un cordón indica el camino. Lo hace a través de las naves, que están en semipenumbra, hacia la parte posterior del coro, que es la única zona iluminada. Es donde están concentradas las dos docenas de personas que han ido entrando en la Seo mientras el viajero hablaba con el de la puerta. Están sentadas en unos bancos que han colocado frente al trascoro, en el sitio en el que antes fregaba la mujer.

El viajero se sienta en uno de ellos y se queda mirando el altar de enfrente. Lo ha visto antes, pero ahora, iluminado, destaca con más vigor. En el centro del trascoro, entre los cuatro relieves tallados en alabastro que representan escenas de los martirios de San Vicente y de San Lorenzo, amén de otra del de San Valero, la llamada capilla del Santo Cristo de la Seo no es otra cosa que un Calvario cubierto por un baldaquino, eso sí, espectacular. El baldaquino es barroco, pero el Calvario es renacentista (obra de Arnau de Bruselas, según las guías), y, de él, el Cristo es la mejor pieza y la que más devoción inspira a los zaragozanos. Razón seguramente por la que la misa se dice aquí, aparte de la poca gente que acude cada día a ella.

El sacerdote que la celebra pone, no obstante, todo su empeño en su desarrollo. Como si la catedral estuviera llena, se dirige a las personas que le escuchan (tampoco pueden venir ya más: el guarda cerró la puerta) con la entrega de un profesional, por lo que el viajero asiste a una misa entera, con todos y cada uno de sus capítulos. Y sin poder moverse de su sitio, puesto que aquél no le quita ojo. Se ve que debe de conocer a todos los que vienen a esta misa y le sorprende la novedad. Cuando llega la hora de las peticiones, el cura ruega «porque la juventud sea la fuerza renovadora de la Iglesia». El viajero mira a su alrededor: ninguno de los presentes baja de los setenta años.

Por fin, termina la misa y el viajero puede salir de la catedral. Por un momento, llegó a sentir hasta claustrofobia, de pensar que estaba encerrado en ella. Pero el guarda abre la puerta y la gente va saliendo al resplandor y al ruido de la plaza, que, a medida que ha ido avanzando la tarde, se la ve cada vez más animada. Justo enfrente de la puerta, el viajero comprueba, como los otros, a qué dedica la juventud su fuerza renovadora. Una pareja de adolescentes, sentada junto al estanque con el que su diseñador ha querido embellecer la plaza, está a punto de consumar su entusiasmo erótico sin importarles que les estén mirando.

—¡Como no se caigan al agua!... —le dice el guarda al viajero.

Pero los adolescentes no sólo no se caen, sino que siguen dándose besos como si estuviesen solos. Tan entregados están a su gran pasión que ni siquiera se aperciben de que un cura (el que acaba de decir misa en la Seo) ha aparecido en la puerta de ésta y les mira con sorpresa. ¿Qué pensará de su fuerza renovadora?

El viajero, que ya la perdió hace tiempo (como el cura, se supone), se despide del guarda y del sacerdote, no sin antes confirmar el carácter catedralicio de la basílica del Pilar. El cura, en tono distante (se ve que no es muy simpático), le responde que Zaragoza es la única ciudad de España que tiene dos catedrales merced a un privilegio papal del año 1940. Incluso, dice, tuvieron dos cabildos hasta que se cerró la Seo para su restauración.

—Hoy es el mismo para los dos —aclara.

Así que el viajero no tiene escapatoria. El viajero se ha propuesto visitar todas las catedrales de su país y lo va a hacer, le cueste lo que le cueste. Aunque le cueste tanto como volver a meterse en otra después de toda la tarde dentro de la principal.

Por fortuna, está cerrada en una parte. A punto de acabarse el día, la basílica del Pilar ha sido reducida a la mitad por el sistema de acordonarla para evitar que la gente ande por toda ella. Aun así, sigue siendo inmensa.

Y es que, a lo que se ve, ni Francisco Herrera el Mozo ni Ventura Rodríguez, luego, tuvieron limitaciones a la hora de proyectar esta gran basílica que le disputa a la Seo la condición de faro y de referencia de la religiosidad de los zaragozanos. Una disputa que va ganando el Pilar (no hay más que ver el número de personas que había en una y que hay en otra), si bien que ayudada por los años que la Seo estuvo cerrada al público para su restauración.

Heredera de una antigua iglesia, Santa María la Mayor, derribada en el 1668, la basílica del Pilar comenzó a proyectarse en el 1679 y sus obras no concluyeron hasta mediados del siglo XX. El resultado es este enorme templo de más de 150 metros de longitud por 70 aproximados de sección, lo que le da unas dimensiones mayores que las de un estadio de fútbol. Todo ello en planta rectangular y coronado por una cúpula de 22 metros de diámetro a la que rodean otras ocho más pequeñas y cuatro torres iguales en las esquinas. Por algo lo llaman con presunción los zaragozanos el «pequeño Vaticano».

Argumentos no les faltan para ello, la verdad. Aun sin la mano de Miguel Ángel ni la categoría que hace único al auténtico, la basílica del Pilar puede presumir, a cambio, de haber tenido a Goya entre sus decoradores. El pintor, recién llegado de Italia, por cierto, pintó una de las cúpulas y un fresco en una capilla. Hay también varios de su cuñado Bayeu y de otros muchos pintores, pero los de Goya justifican por sí solos la visita a este lugar. Y si a ellos le añadimos el retablo mayor de Damián Forment, procedente del anterior templo gótico, el gigantesco coro de roble y boj, también de estilo renacentista y también procedente de la misma iglesia, y, por supuesto, la fastuosa capilla, obra de Ventura Rodríguez, que acoge la imagen de la Virgen del Pilar (esa que, según la historia, se apareció el 2 de enero del año 40 de nuestra era, cuando todavía vivía, al apóstol Santiago en este lugar), encontraremos la explicación a la conmoción que el viajero experimenta después de la pereza que le daba volver a meterse en otro templo tras pasar la tarde entera en el de la Seo. Aunque el Pilar le sigue aturdiendo un poco. Tantos son sus recovecos y tan exagerada es su construcción.

Menos mal que la cancela le evita tener que mirarla entera. Con la saturación que tiene de imágenes y retablos, tener que mirarlos todos le habría dejado sin fuerzas. Y mañana le espera Tarazona, y pasado Albarracín. Así que el viajero se limita únicamente, como quien dosifica sus últimas energías, a admirar la capilla de la Virgen del Pilar, que es en la que están rezando la mayoría de las personas que hay a esta hora en la basílica. La «digna concha de la perla» que dijo su constructor para justificar su exceso es una iglesia dentro de otra y un derroche de imaginación. En planta de forma oval, un templete de mármoles y bronces sostiene una esbelta cúpula que a su vez cubre el altar. Las columnas son de jaspe tortosino, la decoración de mármol de Carrara y, en general, el conjunto da una impresión de prodigalidad que para sí quisieran otras iglesias. Todo ello para honrar a esa columna oculta en una hornacina y desviada ligeramente del eje de la capilla (y del de la iglesia entera) que sostiene la talla de la Virgen y que es el centro de la basílica. Por lo menos para los zaragozanos. Que continuamente acuden a verla, interrumpiendo sus ocupaciones.

Para besarla, no obstante, han de darle la vuelta a la capilla. En la pared trasera de ésta, una pequeña oquedad permite ver el pilar sobre el que, al decir de la tradición, se posó la Virgen cuando se apareció al apóstol Santiago, como ahora la talla que la representa: una figura de apenas treinta centímetros vestida con un gran manto y cubierta por una corona. El pilar, de tanto beso, está gastado, como le pasaba al de la catedral de Jaca. Aunque al viajero le llama más la atención otra cosa. Y es que es de la misma piedra (el mármol aturronado de las catedrales de Burgos y Osma) que cubre todos los suelos y muchas de las capillas, combinado con el negro de la vecina Calatorao. Lo que da que pensar al menos, considerando que la tradición sostiene que el pilar lo trajo la propia Virgen de Palestina.

—¿Usted no lo cree? —le pregunta, muy seria, la señora a la que, a su vez, preguntó él su opinión.

—¡Psssch! —exclama, ambiguo, el viajero.

En la capilla del Santo Cristo, que está a la entrada del templo, y frente al que da la réplica a la Virgen del Pilar desde la pared de enfrente, la gente, sin embargo, no tiene ninguna duda. Apenas llega ante ellos, besa sus pies igual que hace con el pilar. Son dos Cristos muy distintos, no sólo por su expresión, sino por su anatomía (el que está frente a la Virgen vuelve el rostro hacia la izquierda, al contrario que el otro y que la mayoría), pero los dos compiten con la titular del templo por el favor de los feligreses. El viajero, no obstante, prefiere las dos bombas que se exponen cerca de ellos y que, según un letrero, cayeron sobre el Pilar el 3 de enero de 1936 sin que, por suerte, llegaran a explotar.

—¡Cerramos!

El guarda bate las palmas como antes hizo el de la Seo. Son las nueve de la noche y es hora de clausurar. El viajero se lo agradece, pues está ya harto de iglesias. Por lo que se refiere a éstas, hoy ha sido un día intenso, aunque comenzara tarde.

—¡Buenas noches!

—¡Buenas noches!

Ya en la plaza, sin embargo, el viajero se entretiene todavía en contemplar el Pilar por fuera, cosa que no había hecho hasta este momento. Lo hace, además, por sus dos fachadas: la que se abre a la plaza a la que da nombre y la que encara el cauce del Ebro, que pasa justo detrás. Desde el puente de piedra que lo atraviesa, el más antiguo de todos los que le han hecho los zaragozanos en su trayecto por la ciudad, la perspectiva

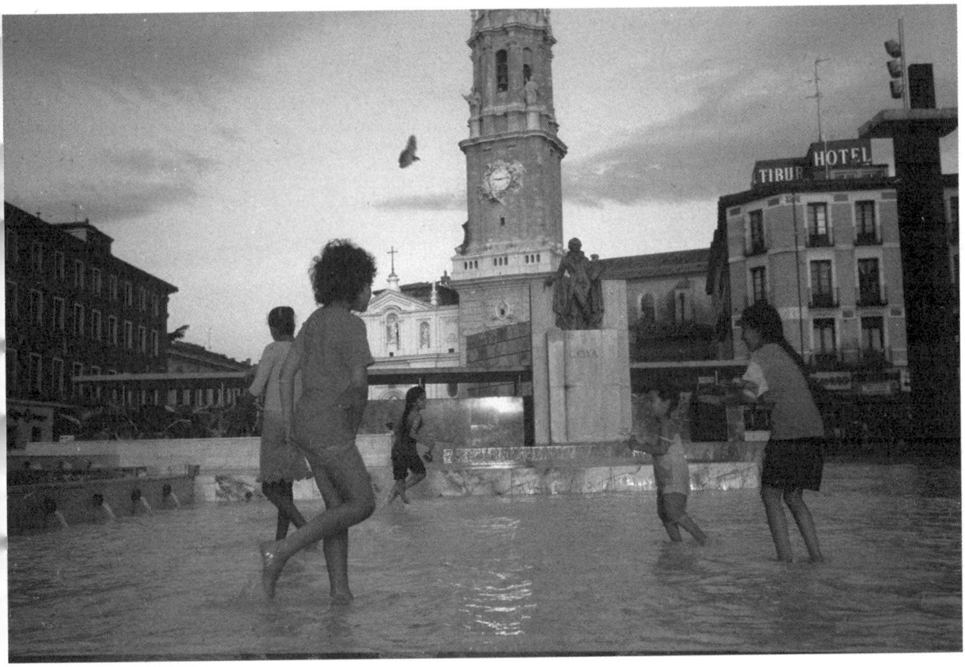
TIBUR
HOTEL

de la basílica es todavía más imponente, con sus torres y sus cúpulas cortando el anochecer. Tras ellas, se ve también, mirando hacia el mediodía, la solitaria torre de la Seo y, al fondo, la gran ciudad. Una ciudad que ha crecido mucho en estos últimos años a costa de la provincia y de la región entera. Y más que crecerá, a juzgar por las perspectivas. Aunque, desde este lugar, siga viéndose el Moncayo, cuyo cierzo azota ahora la tranquilidad del río. Ese cierzo que guiará mañana al viajero cuando se acerque hacia Tarazona.

Las torres de Tarazona

Al final, no fue al Oasis, a ver a su amigo Enrique, centinela del último cabaret de España, ni llamó a ninguno de los que tiene en esta ciudad, que son muchos. El viajero, muy cansado, se fue a dormir muy temprano y eso le permite ahora desayunar relajadamente, al contrario de lo que acostumbra. Normalmente, lo hace a toda prisa para que la mañana no se le eche encima.

En el bar El Picadillo, junto al mercado de Zaragoza, los parroquianos tampoco parecen tener gran prisa. Frente a sus tazas de café o sus platos de cuchillo y tenedor, charlan animadamente sin importarles la hora que es. El bar, que ya es muy antiguo, delata por todas partes el origen soriano de su dueño (un mapa de la provincia, un cartel del Club Numancia, otro de San Juan de Duero...) y parece especializado en dar comidas y desayunos. La barra, al menos, es un muestrario de platos de todo tipo.

El viajero, más estoico, se conforma con un café con leche, que toma, eso sí, con delectación. A la sensación de calma, se une el paisaje que le rodea, que es francamente curioso. A su lado, por ejemplo, cuatro trabajadores del mercado escuchan con atención los consejos de un cubano que les previene contra el colesterol. El médico caribeño pone tanto entusiasmo en lo que dice que parece más un político que un amigo preocupado por los suyos. Al que corre más peligro a juzgar por su barriga (aunque el cubano tampoco es manco) le aconseja todo tipo de pastillas, a la vez que le pone ejemplos de conocidos que dejaron de serlo por no cuidarse. Un tal *Pajalarga*, por ejemplo. Lo mejor es que, al final, cuando más peligroso parece todo, aparece el dueño del bar con una fuente de carne asada («De buey», precisa, orgulloso) y los cinco se abalanzan sobre ella sin importarles lo que le sucediera a aquél. Eso sí, el médico cubano tiene el buen gusto de no amargarles el desayuno con los peligros del colesterol.

A Tarazona se va remontando el Ebro. Río arriba, hacia el oeste, la carretera encara el Moncayo, que es ese monte que se alza al fondo y del que llega el famoso cierzo; ese viento que domina la planicie aragonesa y que zarandea los coches incluso una mañana de verano como ésta. En la gasolinera de Alagón, la chica que atiende al público se dice ya acostumbrada. ¡Si sopla así en este tiempo, qué no hará en el pleno invierno!

El paisaje, mientras tanto, continúa como hasta ahora. A la derecha, el agua del Ebro pinta una ribera verde que termina en un farallón calcáreo, mientras que, por el lado izquierdo, la tierra es un secarral. Apenas alguna viña se atisba entre las colinas sobre las que se alzan continuamente bosques de aerogeneradores. ¿Qué pensaría don Quijote si volviera a pasar por estas tierras donde a punto estuvo de morir tragado por el río Ebro (se subió en una barcaza que halló al llegar a su orilla) y donde Sancho Panza, en cambio, encontró su ínsula Barataria? ¿Qué dirían los dos héroes de estos molinos modernos que mueve el viento de la llanura?

El viajero los mira sin decir nada. El viajero va concentrado en la contemplación de esa enorme mole que cada vez se ve más cercana y que todavía conserva restos de nieve en su cumbre. Sabe que bajo ella está Tarazona, hacia la que la carretera avanza, desviada ya de la general, por el antiguo campo de Borja. Un campo de recios vinos y brujas (las del Moncayo, que literaturizara Bécquer) que limita ya con Navarra. Más allá, Tarazona lo hace también con Castilla, de la que la separa aquél.

La ciudad aparece al fin, pasado el puerto de Lanzas Agudas (¡qué bello nombre y qué hermosas vistas!), al pie de la gran montaña. Por el valle que el río Queiles forma al descender de ella, se extienden sus edificios, que no son muchos ni demasiado altos. 14.500 personas no dan para mucho más.

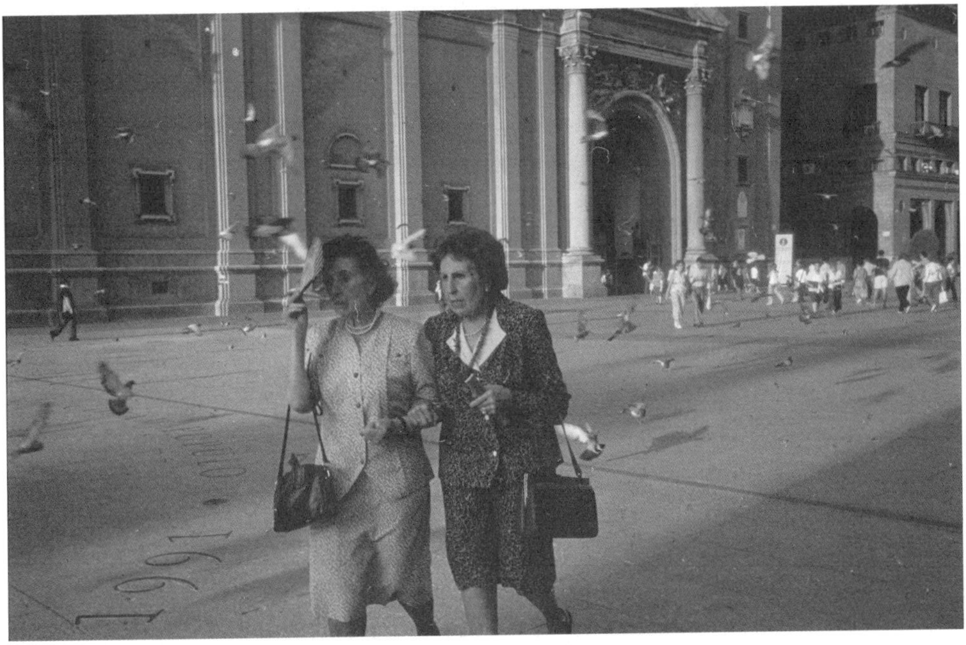

Los más antiguos de ellos están en su orilla izquierda. Esto es: del lado opuesto a por donde el viajero viene. Por eso, son los primeros que ve, recortados en lo alto de un escarpe que se alza sobre el río Queiles como si fuera una ciudadela. Y lo es, en cierto modo, aunque ya perdió las murallas que la cercaron durante siglos, cuando Tarazona era la frontera de Aragón con los reinos de Castilla y de Navarra. Lo que sí conserva aún es el conjunto de torres que erizan el caserío y cuyo color parduzco lo asemejan al de Tudela. No en vano las dos ciudades distan apenas treinta kilómetros.

Como Tudela también, Tarazona tiene una parte moderna que se extiende a campo abierto por la vega. Sólo que la de Tarazona es más limitada, a tono con el caudal de su río. Que apenas es un arroyo, comparado sobre todo con el padre de los ríos españoles, que es el que baña a Tudela. Lo que no impide que, durante mucho tiempo, la diócesis tudelana dependiera de la de Tarazona, más antigua y poderosa.

Y es que la diócesis turiasonense, como se llama, por su topónimo, la sede de Tarazona, fue una de las primeras de España, como lo atestigua el hecho de que ya existía en el siglo V. La cita Idacio en su relación de los acontecimientos que le costaron la vida al obispo León, el primero del que se tiene noticia. Aunque tendrían que pasar casi siete siglos para oír hablar del siguiente, ya que, durante ese período, los visigodos, primero, y, posteriormente, los árabes ocuparon la ciudad, que no sería reconquistada hasta el 1119. Con la restauración de la diócesis, comenzarían también las obras de construcción de la catedral que consagraría un siglo más tarde el obispo García Frontín y que no es otra que esta iglesia que el viajero tiene ahora frente a él. Y es que está fuera de la ciudad antigua, como le sucedía a la de Calahorra.

La razón la sugiere el libro que el viajero compró ayer en Zaragoza y que es en el que ha leído lo que precede: la dificultad para hallar un emplazamiento dentro del casco antiguo de la ciudad, así como la seguridad que a ésta le ofrecía su cada vez mayor lejanía de las zonas controladas por los reinos musulmanes. Y también, posiblemente, la existencia en este lugar de una primitiva iglesia que llevaría el mismo nombre que el que ha adoptado la catedral: Santa María de la Vega o de la Huerta. Sea la razón que fuese, lo cierto es que la principal iglesia de Tarazona, cuya nómina es abundante a juzgar por lo que se puede ver, está en la parte nueva de la ciudad, junto a la carretera que viene de Zaragoza. Y que, pese a su importancia, la rodean edificios muy humildes, la mayoría de ellos de nueva construcción.

La de la catedral es muy anterior, pero es difícil determinar su fecha. A la mezcla de estilos que la adornan, se añade su indefinición intrínseca (como en la Seo de Zaragoza, se mezclan en su estructura materiales tan distintos como la piedra, el yeso o el ladrillo), indefinición que acentúan las obras que al parecer está soportando, a juzgar por los andamios que rodean su fachada. El viajero, después de darle una vuelta, no logra encontrar un sitio por el que entrar, entre otras cosas porque no lo debe de haber.

—Está cerrada —le dice el empleado de la Cámara de Comercio, que es la entidad que ahora ocupa una pequeña casita adosada a su estructura y que fue, al parecer, en tiempos la casa del sacristán.

—¿Y no se puede visitar? —le pregunta el viajero, decepcionado, recordando lo que le sucedió en Tudela.

—Creo que no. Pregunte, de todos modos, en la Oficina de Turismo —le aconseja el empleado de la Cámara.

—¿Dónde está?

—Aquí cerca. En la plaza de San Francisco.

La plaza de San Francisco está, efectivamente, muy cerca. Se abre al río Queiles y a la Tarazona antigua, que se recorta enfrente de ella en el escarpe. Su color ocre y parduzco y la esbeltez de sus viejas torres le dan un aire un tanto toscano.

—¡Imposible! Como no conozca al obispo...

—O al alcalde —completa una de las dos chicas, las dos muy guapas y sonrientes, que trabajan en la Oficina de Turismo.

Pero el viajero no se resigna. Aunque no conoce al obispo, ni al alcalde, por supuesto (ni ganas, piensa en voz alta), el viajero no se resigna a pasar por Tarazona sin poder ver su catedral. Tras la experiencia de Tudela, piensa intentarlo de todas las maneras.

—¿Y eso del Cipotegato...? —les pregunta a las chicas, antes de volver a aquélla, refiriéndose a un cartel de los varios que adornan la oficina.

—Es un personaje de aquí. De las fiestas. Muy famoso —le dicen las muchachas entregándole un folleto en el que aparece el mismo personaje vestido al modo carnavalesco con un traje de colores amarillo, verde y rojo.

Agradecido, el viajero sonríe a las dos muchachas y se va por donde vino en dirección de nuevo a la catedral. Por el camino, se cruza a varias personas que disienten del tiempo que lleva en obras. Entre veinte y treinta años es la opinión más común. Una chica lo resume con su propia biografía:

—Yo tengo treinta y seis años y nunca he podido verla.

Pero el viajero no se desanima. Ni aun así abandona su intención de ver el templo por dentro, aunque esté desmantelado por completo, como dicen. Y, en base a ello, cuando regresa, comienza a buscar de nuevo un sitio por donde entrar. Todo está lleno de polvo y no se oye ni un ruido. Parece que, en vez de en obras, la catedral esté abandonada.

Pero está en obras. Lo dice la maquinaria que hay entre los andamios y lo advierten los carteles que pregonan lo que están haciendo: una restauración integral que dura ya muchos años y que durará todavía bastantes más a tenor de lo que parece.

Por fin, después de darle otra vuelta, el viajero encuentra por dónde entrar. La puerta de la valla que protege la fachada resulta que estaba abierta, pese a la impresión primera. El candado que la guarda está simplemente puesto, pero sin cerrar con llave. Así que el viajero puede acceder por ella, cosa que, en efecto, hace sin esperar a que se lo impidan. El viajero, aunque prudente, ha aprendido con los años que a veces debe dejar de serlo si quiere conseguir algo de lo que pretende. Sobre todo si lo que pretende es tan inocente como ver una catedral.

—¡Hola!

El viajero llama mientras se acerca a la única puerta que ve abierta frente a él. Es la puerta lateral de la fachada, a la derecha de la principal.

—¡Hola! —repite al llegar a ella.

Pero nadie responde a sus saludos. Nadie parece haberle oído siquiera, porque nadie parece haber en la catedral. Y, sin embargo, el viajero escucha unos ruidos dentro, cada vez más inconfundibles.

El viajero está en lo cierto. El ruido existe, y su responsable, que es un hombre al que por fin ve en el interior del templo. Está a la izquierda, al final de éste, en lo que sería (cuando había algo) la nave del Evangelio.

—¿Se puede? —le pregunta el viajero, acercándose hacia él. La pregunta es superflua, pues ya está dentro.

Pero el hombre le mira sin reprobación. El hombre no le había oído a pesar de la soledad del templo y ahora recibe al viajero sin mostrar sorpresa ninguna. Él está aquí, le confiesa al punto, porque ha venido a traer unos materiales.

—¿Y no hay nadie? —le pregunta el viajero, mirando a su alrededor.

—Ahora no —responde el hombre, que parece saber lo mismo que él de lo que aquí ocurre—. Venga después de comer, a ver si están trabajando —le aconseja, acompañándole a la puerta, no por sacarle afuera, sino porque él se va en este instante.

—Muchas gracias —le despide el viajero, sin saber si hacer lo mismo.

Al final, se queda en el pórtico, aunque intuye que no le va a servir de mucho. El templo está tan vacío que necesitaría que alguien le explicara cómo era. Sólo quedan las paredes, pues hasta el suelo está levantado.

Por fuera, en cambio, aunque polvorienta, la catedral está como estaba. Se ve que aún no han comenzado las obras en su exterior. La fachada, por ejemplo, que es posterior al resto del templo (éste es gótico-mudéjar, mientras que aquélla es renacentista), luce en su puerta principal las esculturas con que se adorna. Eso sí, llenas de polvo y hasta con musgo, algunas de ellas. En lo alto, el gran cimborrio y la torre-campanario de ladrillo asisten imperturbables a lo que ocurre debajo de ellos. Se ve que, tras tantos años, se han acostumbrado al polvo.

—Es bonita —le dice un hombre al viajero, al verle mirar el templo.

—Muy bonita —le alaba el viajero el gusto.

La Tarazona antigua no es menos bella. Desde el pequeño jardín, apenas un terraplén, que hay entre la catedral y el río, la ciudad vieja de Tarazona compone una hermosa imagen contra el cielo azul de julio. Lástima que el pobre Queiles, al que han encajonado entre cemento, no pueda ahora reflejar la silueta de sus torres y edificios, pues pasa casi sin agua. Hasta los patos andan por él sin mojarse, si no quieren.

De entre las torres, destaca una que, por su aspecto, parece la más antigua. Es alta y muy perfilada y está a la izquierda de un edificio que recuerda a los de Florencia.

—El Palacio Episcopal —responde el hombre de antes, sin que el viajero le haya preguntado nada.

—¿Y la torre?

—La Magdalena.

—Muy bonita —dice el viajero, mirándola.

Entre la Tarazona antigua y la nueva, el río Queiles hace de separación, pero a la vez les sirve de cremallera. Punteado de pequeños puentecillos y flanqueado por dos paseos, el humilde riachuelo une y separa a la vez la Tarazona antigua y la nueva, lo que le convierte en su nuevo centro. Lástima que esté tan seco, pues parece una cloaca más que un río. El viajero, caminando junto a él, piensa en lo que sería esta ciudad si tuviera un río de verdad.

Pero los vecinos parecen acostumbrados. Los vecinos lo han conocido ya así, como les pasa a los de Barbastro con el río Vero, y pasean junto a él sin importarles que esté tan seco. Incluso algunas terrazas, como la del Café Amadeo, se asoman a sus orillas como si fuera el Sena o el Danubio.

—¿Me pone una cerveza?

Hace calor ya a esta hora. A la una del mediodía, en Tarazona ya hace calor, como ayer sucedía en Zaragoza. Hoy comienza el mes de julio y se nota, por supuesto.

El periódico habla de ello. Dice que ayer fue un día muy caluroso y que hoy lo será también. Incluso aquí, al pie del Moncayo, que siempre suaviza el tiempo.

—¿Tiene algo para picar?
—¿Qué desea?
—¿Unas anchoas?
—Se las traigo.

Las anchoas están muy buenas, pero al viajero le dan más sed. Y hambre, que ya es la una y desayunó tan sólo un café con leche. El viajero duda qué hacer: si comer ya o esperar un poco. Hasta las cuatro no cree que empiecen a trabajar en la catedral.

Pero, a las cuatro, cuando regresa, la catedral sigue tan vacía como la dejó al marchar. Incluso sus alrededores están aún más silenciosos, pues es la hora de la siesta. Solamente en el jardín, aprovechando el verde y la sombra, hay un par de mujeres con sus niños. El viajero, consternado, le da la vuelta a la catedral y busca también la sombra. Ya que parece que no va a poder visitar aquélla, lo hará al menos con ayuda de sus guías.

Severino Pallaruelo, con la suya, le informa de su arquitectura, mientras que José Luis Moreno, autor de la que compró hace un rato, de lo que guarda dentro de ella. Mejor dicho: que guardaba, pues ahora está recogido. Así, combinando ambas (y mirando cada poco, por si llegan los obreros), el viajero recorre la catedral sin tener que visitarla. De su traza asegura Pallaruelo que es única e irrepetible por su conjunción de estilos y, de su contenido, José Luis Moreno destaca la variedad de sus obras de arte, especialmente de sus retablos. Del mayor cuenta que se labró a comienzos del XVII y que está presidido por la titular del templo, la Virgen de la Asunción, representada por una talla del siglo XV, y de los demás destaca el de la capilla de los Pérez Calvillo, pintado por Juan Leví también en el siglo XV, y el de la de Santiago, «en el que Pedro

Díaz de Oviedo pintó una de las más antiguas representaciones de la venida a Zaragoza de la Virgen del Pilar». Tanto Pallaruelo como José Luis Moreno hacen mención también de las bóvedas, en las que se puede ver, según ellos, toda la evolución del gótico, y de la sillería del coro, renacentista, del siglo XV. Aunque ambos coinciden en que todo necesita una restauración.

Si la están haciendo o no, el viajero no puede saberlo. Lo único que se ve desde el exterior son los andamios que tapan todo y lo que atisbó al llegar tampoco le aclaró mucho: la catedral estaba vacía como una muñeca rusa. Así que se limita a creer lo que le cuentan, tanto las guías como la gente.

—Es muy bonita —le dice una de las mujeres que comparten con él sombra en el jardín.

—¿Usted la ha visto?

—No. Pero me lo han contado.

—Dicen —añade su compañera— que tiene mucho valor. Si es cierto o no, no lo sé —puntualiza, encogiéndose de hombros.

Una hora y media después, la catedral sigue igual que estaba. Ni aparecen los obreros ni parece que lo vayan a hacer ya. El viajero se decide a dar una vuelta por Tarazona. La vieja, que aún no conoce.

La Tarazona vieja le recibe durmiendo también la siesta. La de hoy y la de los muchos siglos que parece que hace que está vacía. No lo está, al menos no por completo, pero pocas personas viven ya en ella y se nota en el estado de sus calles y edificios, muchos de ellos a punto de caerse. Otros, como el del Ayuntamiento, cuyo famoso friso renacentista que representa la entrada de Carlos V en Bolonia el viajero había visto ya en sus guías (y en los carteles de la Oficina de Turismo), conservan toda su grandeza, aunque necesitarían también una restauración. Comenzando por el propio Palacio Episcopal, esa hermosa construcción que el viajero veía desde abajo y junto al que ahora ha llegado después de subir la cuesta. Desde cerca se advierte su deterioro.

Según la guía de Pallaruelo, el Palacio Episcopal se construyó sobre la antigua zuda, la residencia del gobernador musulmán de Tarazona, y, tras pasar por diversas manos, recaló en las del obispo allá por el siglo XIV. Su fábrica actual, dice Pallaruelo, es de los siglos XV y XVI.

—Será, no se lo discuto. Pero, como no lo arreglen, se cae —le responde al viajero un hombre gordo al que éste le pregunta si es verdad lo que dice Pallaruelo.

El hombre, que está sentado en el muro, contemplando el horizonte que se avista desde allí (la Tarazona nueva y la vega y el paisaje que circunda la ciudad: una extensión de colinas y campos verdes y ocres sobre los que se alza el Moncayo), habla con conocimiento. Lo tiene porque es el guardián del edificio, en el que ha vivido algún tiempo incluso.

—En realidad, la portera es mi señora. Yo trabajaba en la fábrica textil —dice don Fidel Hernández, que así asegura llamarse, señalándole al viajero una gran nave cercana a la catedral con aspecto de estar abandonada—. La cerraron hace ocho años. Yo ya me había jubilado.

El viajero mira la nave y, luego, se deja ir por la sucesión de torres y de tejados pardos e incandescentes que cubren toda la vista. Es la Tarazona nueva, que brilla bajo sus pies y los de don Fidel Hernández. No así los del obispo, pues, según comenta éste, ya no ocupa el Palacio Episcopal.

—¿Y dónde vive?

—En el Seminario.

El Seminario es un edificio que se alza al final del pueblo. Está detrás de la catedral, en la carretera que va hacia Borja. Visto desde la distancia, parece incluso mayor que aquélla.

—¿Hay muchos curas en Tarazona?

—Cada vez menos —dice don Fidel.

Si los hay o no, el viajero no los encuentra por ningún lado. Ni siquiera en la Magdalena, la iglesia más antigua de Tarazona y, según los entendidos, su primera catedral (luego se convertiría en mezquita), que está a dos pasos del palacio. Solamente unas mujeres rezan bajo sus arcadas góticas. A cambio, en todo su entorno, abundan los inmigrantes y los gitanos. Son los nuevos judíos de este barrio que lo fuera de éstos durante siglos.

Doña Ángeles, también jubilada como don Fidel, pero turiasonense de pura raza (don Fidel procede de Soria), es de las pocas que nació aquí. Y aquí ha vivido toda su vida y aquí piensa morirse cuando toque. Se lo cuenta al viajero calle arriba, mientras se ofrece a hacerle de guía, pues tiene tiempo y le gusta. Venía de dar un paseo y no tiene más que hacer en todo el día.

Doña Ángeles, que es viuda, le muestra el convento de la Concepción, que acaban de abandonar las últimas monjas, dice («Se han ido para Guadalajara, creo»), y en cuyo huerto cantan los mirlos, y todo el barrio del Cinto, como le llaman en Tarazona a la parte antigua. Luego le lleva hasta el mirador al que ella sube todas las tardes.

—Raquel Meller nació aquí. Yo la conocí de niña... Y Paco Martínez Soria —dice, visiblemente orgullosa.

—¿Y volvían por Tarazona?

—Paco Martínez Soria sí. Incluso rodó aquí una película: *La ciudad no es para mí*, ¿se acuerda?... Raquel Meller, sin embargo, sólo volvió una vez, según creo... Se ve que no tenía buenos recuerdos —imagina doña Ángeles, mirando la Tarazona nueva debajo.

La conoce de memoria. Todas las tardes viene aquí a verla, como don Fidel hace desde el palacio, y conoce cada casa y cada torre, que son muchas y diversas. Aunque la que más destaca, lógicamente, es la de la catedral, cuyos tejados interminables la envuelven como a un gran faro. El viajero mira el Moncayo, que está al oeste, como otro faro, y se queda abstraído por su grandiosidad. Comprende que doña Ángeles venga aquí a verlo todos los días.

Poco a poco, mientras tanto, el sol ha ido cayendo y, aunque todavía es pronto, ya amenaza con ponerse un día más. Lo hará a las nueve, pues es verano, según dice doña Ángeles, y lo hará primero en la vega, que está más baja que el Cinto. Aunque, desde allá abajo, piensa el viajero mirando aquélla, la vista ha de ser más bella. Sobre todo teniendo en cuenta que el sol se pone precisamente por aquí.

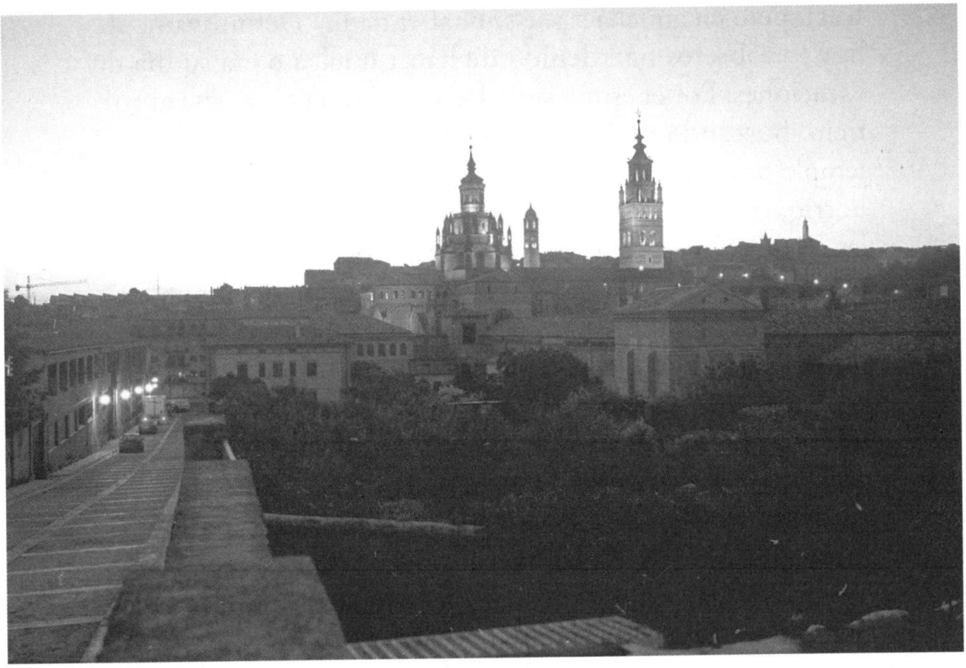

Una cerveza por el camino, unas cerezas para acompañar el trago (las vendían en una tienda casi tan vieja como la judería), y el viajero vuelve a la vega, ahora por las escaleras que bajan en línea recta desde el palacio. Junto a él continúa don Fidel contemplando la vida que bulle en la parte nueva.

—¡Buenas tardes, don Fidel!

—¡Que le vaya bien! —responde éste al saludo, sin moverse de su sitio sobre el muro.

Alrededor de la catedral hay ahora más animación (con el declinar del sol, la gente de Tarazona ha salido a pasear), pero en aquélla sigue sin haber nadie. Definitivamente hoy los obreros han debido de hacer huelga o era su día de vacaciones. Por enésima vez, el viajero le da otra vuelta al edificio, buscando, más que una puerta, las luces que sobre el templo proyecta el sol al caer. Sobre todo en la torre y en el cimborrio, cuyos viejos ladrillos las devuelven más rojas de como las reciben. El espectáculo es tan grandioso que el viajero prolonga su rodeo y lo alarga por la tapia de la huerta que envuelve la catedral por su parte sur. Incluso se sube a ella, al llegar al fondo, para poder ver ésta sin obstáculos. Desde la tapia, que es ancha y fuerte, el viajero contempla el viejo templo en cuyo interior parece que no hay más que tierra y polvo, imaginando lo que sería este huerto cuando los curas lo cultivaban y lo cuidaban y los frutales daban su fruta en cada estación. Ahora, la mayoría están secos, como la propia iglesia a la que protege. Y como el resto de las de Tarazona, reducidas a museos o a caparazones huecos en los que cuatro beatas, con mucha suerte, rezan a un Dios que no las escucha. Aunque sus torres sigan apuntando al cielo, como vienen haciendo desde hace siglos.

—¿Sigue por aquí? —le pregunta al viajero, al volver junto a su coche, el hombre que esta mañana ya le dio conversación en el jardín.

—Por aquí sigo —responde aquél. Y, al decirlo, se pregunta por qué no se va por fin, puesto que lo que está claro es que ya no va a poder ver la catedral.

Pese a ello, todavía se queda casi una hora para admirar el gran espectáculo que la Tarazona vieja compone al ponerse el sol y, luego, al cabo de unos minutos (minutos de perro y lobo, como llaman los franceses a esa luz que funde el día y la noche, pero que no es ni una cosa ni otra), al iluminar sus torres contra el cielo azul cobalto del verano.

La catedral más pobre de España

Al día siguiente, en Daroca, el cielo amanece añil. Es un añil intenso, de vacaciones, de las que bastante gente ya parece disfrutar en este pueblo.

Quizá es que es sábado y han venido de Madrid o Zaragoza para pasar el fin de semana. El caso es que la villa que acunó el sueño del viajero, que llegó a ella de madrugada después de atravesar media Zaragoza, se ha despertado este día como si estrenara el mes. Y en cierto modo lo estrena, pues, aunque comenzara ayer, hoy empieza realmente a descontarse de las agendas de los veraneantes. No así de las de los vecinos, que, aparte de no tenerlas, al menos la mayoría, les da lo mismo el mes en que vivan con tal de que haga buen tiempo.

La vieja villa, además, limítrofe con Teruel, pero todavía en término de Zaragoza, está limpia y muy cuidada, lo que acentúa su aire vacacional. Y, como además es bella (junto con Albarracín, hacia donde el viajero va, la más bella de esta tierra, al decir de mucha gente), da gusto pasear por ella, cosa que el viajero hace retrasando el momento de echarse a la carretera para seguir su ruta catedralicia. La espectacularidad de Santa María, la principal de las cuatro iglesias que Daroca conserva todavía de las veinte que tuvo en la Edad Media, junto con la belleza de sus murallas (las mayores de Aragón, dada su condición fronteriza en aquella época), le entretienen largo rato, a pesar de que todavía le queda casi una hora hasta Albarracín. El viajero, cuando está a gusto en un sitio, se olvida hasta de sus intenciones.

Cuando sale de Daroca (por la espectacular Puerta Baja, la de Castilla, con sus dos robustas torres), la mañana está, pues, ya muy avanzada, ya que tampoco el viajero se ha levantado muy pronto. Ayer llegó, ya lo dijo, de madrugada de Tarazona y aún se dio una vuelta por Daroca antes de irse a dormir. Así que ahora, cuando se va, se da cuenta de que es tarde, considerando lo que todavía le queda. Pese a ello, va contemplando el paisaje, que de repente se ha vuelto verde merced a la cercanía del río Jiloca. Un río breve y humilde, pero que fertiliza estas tierras secas. Por lo menos hasta Calamocha, la capital del jamón y el frío, donde comienza la depresión que continúa ya hasta Teruel. Aunque hoy, más que el jamón, apetecen las cerezas que alguna gente vende a los conductores a la salida de algunos pueblos.

—¿De las negricas o de las claricas?

El viajero opta por las *claricas,* que tienen pinta de ser más dulces. No lo están, curiosamente, pero refrescan la boca al menos. A las once de la mañana, por Calamocha, el termómetro marca ya 32 grados.

En Cella arranca la carretera que se interna en la sierra de Albarracín. El río Guadalaviar, que a partir de Teruel cambiará su nombre por el de Turia, le sirve de referencia entre las cortadas por las que aquélla ha de introducirse hasta descubrir el pueblo que da el suyo a la comarca. Una comarca que lleva el apelativo de Comunidad de Pueblos y que es heredera de un reino taifa cuya capitalidad ostentó Albarracín mientras existió. De ahí que su fama siga acompañándolo, pese a que apenas llega a los dos mil vecinos.

El pueblo, un nido de águilas, se aparece de repente en mitad del gran cañón. Plegado a una curva de éste, trepa por sus paredones, por cuya cresta corre la muralla que, como le sucedía a Daroca, lo envuelve completamente. Sólo que Daroca estaba en una hondonada y Albarracín colgado del precipicio. Un precipicio angostísimo por el que corre el Guadalaviar, de cuyas márgenes brotan los chopos que trepan hacia lo alto, como las casas, buscando el sol. El paisaje lo completa el caserío, arracimado, de color sangre (el color de la propia tierra), y lo corona una enorme iglesia que el viajero entiende en seguida ha de ser la catedral.

Mientras, tras estacionar su coche en uno de los pocos sitios donde se puede hacer sin problema (el pueblo es un laberinto y la orilla del río tan pequeña que apenas cabe la carretera), el viajero sube hacia aquélla por unas calles tan empinadas que parecen hechas para animales, va pensando en lo que antes leyó en la guía de Pallaruelo; esto es, en la historia de esta ciudad (que lo continúa siendo, a pesar de su tamaño) que fue, en efecto, sede de un reino musulmán, el de los Ibn Razín, bereberes llegados a la Península con los primeros invasores de ésta, y luego de un señorío independiente de los reinos de Aragón y de Castilla. De hecho, durante doscientos años tuvo sus propios señores, hasta que Pedro IV de Aragón lo anexionó a su reino, no sin dificultades. De ahí que conserve aún, aparte de su apariencia guerrera, un orgullo independentista que se manifiesta ahora frente a Teruel. Que está muy cerca, pero a la vez muy lejos, dada la orografía de este terreno.

Y es que Albarracín se esconde donde nadie podría imaginarlo tan siquiera. Incluso, en su emplazamiento, ha buscado el lugar más arriscado y más difícil de conquistar. El viajero, de hecho, se siente así, como un moderno conquistador que accediera a una ciudad fortificada donde nadie puede entrar si no es sufriendo. El sol, que pega con fuerza, y la pendiente, que no termina, le hacen sudar mientras lo consigue, cosa que tarda en hacer un rato. Lo que le impide, entre otras cuestiones, disfrutar de la belleza del lugar. Ya tendrá tiempo de hacerlo, se consuela mientras camina.

Por fin, alcanza la plaza (lo único llano de todo el pueblo) y en seguida la catedral, que está cerca. En lo alto del escarpe en el que se asienta el pueblo, que continúa aún hacia el otro lado. Y es que el río Guadalaviar lo protege no sólo por delante, sino también por su retaguardia.

Desde la catedral, las vistas son imponentes. Lo mismo a un lado que a otro, la hoz del Guadalaviar se abre paso entre las rocas, que son del mismo color del pueblo. Ese color rojo amoratado que unifica el caserío y que lo mimetiza con la propia tierra. Y es que Albarracín, aparte de muy hermoso, está cuidado con mucho mimo, como el viajero ya ha podido comprobar mientras subía. No en vano es Monumento Nacional, según dicen los carteles a la entrada.

La catedral es su guinda y cresta. Alzada sobre la hoz, dominando el caserío y las vistas que éste ofrece, eleva al cielo su única torre, cuyo tejado es de cerámica mudéjar. Es el único del pueblo que no es de color granate. Tampoco es alta, ni demasiado grande, a tono con el tamaño del edificio. Que por fuera es una iglesia sin más méritos, como no sean los de sus añadidos: según dicen los letreros, el antiguo Palacio Episcopal —hoy museo diocesano— y la sede de la fundación que lleva su nombre, que es el de Santa María. Incluso se lo dio al pueblo en alguna época, con el apelativo de Levante, antes de recuperar el que tuvo siempre, que es el de sus fundadores.

Según dice Pallaruelo (y confirman los letreros que explican a los turistas delante de ella su historia), la catedral de Santa María de Albarracín lo es desde el siglo XII, cuando, tras la desaparición del pequeño reino moro y su sustitución por un señorío cristiano, se constituyó la diócesis que colaboraría con éste en el gobierno del territorio. De la primitiva iglesia, inaugurada en el 1200, nada queda en la actual, que fue hecha sobre ella siguiendo el estilo gótico levantino a lo largo del siglo XVI, cuando la diócesis había pasado a depender de la de Segorbe, de la que se desgajaría ese mismo siglo. Con recesos y altibajos, la diócesis de Albarracín mantuvo su independencia hasta el XIX, cuando pasó a depender de la de Teruel, a la que se uniría definitivamente un siglo más tarde bajo la fórmula religiosa de un obispo con dos diócesis. De ahí que la catedral siga siéndolo, pese a que, desde hace ya tiempo, no tenga cabildo propio.

En cualquier caso, al viajero eso le preocupa poco. Lo que le preocupa, aparte del sol —que pega, mientras lee en plena calle, más que con fuerza, con rabia—, es la hora a la que cierra, para la que falta ya poco tiempo. Así que, sin más tardanza, sube las escalinatas y atraviesa la puerta principal al mismo tiempo que unos turistas que acaban de aparecer en este momento. Son madrileños, por el acento, que el viajero conoce bien. La puerta, en lugar de al templo, da a un claustro encalado y fresco. Es el que el cartel decía que también data del XVI y que fue redecorado, como el templo, en el siglo XVIII para darle su aire barroco. Aunque al viajero le recuerda un sanatorio, de tan desnudo como se encuentra.

Al templo le ocurre igual: pequeño y sin grandes luces, parece una simple iglesia, más que una catedral de verdad. Incluso las hay más grandes, en la propia Albarracín posiblemente. De nave única y bóvedas de crucería, como corresponde al gótico, sus únicos alicientes son el coro, el retablo principal y las capillas que llenan sus contrafuertes (las de la izquierda sin mucho fondo, puesto que se lo impide el claustro), de las que destaca una, frente a la puerta, que es la más grande de todas. Pero está cerrada con una verja, lo que impide verla por dentro. Al viajero no le extraña que así sea, habida cuenta del comportamiento de algún turista, que incluso se sube al púlpito, seguramente para saber lo que se siente viendo la iglesia desde allá arriba.

Los turistas entran y salen continuamente sin reparar en nada de lo que ven. No tanto porque haya poco que ver aquí como porque a la mayoría de ellos no les interesa nada. Entra en el recorrido turístico y les da lo mismo lo que contenga. Sobre todo si nadie se lo explica, que es lo que les pasa a éstos.

—Mira, Antonio. ¿A que se parece a Paco? —le dice una mujer a su marido, señalando una de las imágenes.

—¿Y éste, que parece que está torcido? —observa, por su parte, el marido, más sutil, por otro de los personajes.

El viajero, compungido, deambula entre los turistas tratando de contemplar lo que éstos le dejan, habida cuenta de su gran número (se nota que Albarracín es sitio muy visitado). Comenzando por el coro, pequeño, como la iglesia, pero de valiosa traza, y acabando en el retablo principal, le da dos vueltas al templo, deteniéndose en cada capilla. Con ayuda de su guía y de un folleto (que encontró en un banco, al entrar), escudriña sus tesoros, que son pocos, como reconoce éste. Y es que, fuera de la capilla del Pilar —la que está cerrada con una verja— y del retablo mayor y de otro más pequeño dedicado a San Pedro y tal vez de la misma escuela, el resto es más bien vulgar. Incluidos los púlpitos a los que los turistas siguen subiéndose, una vez abierta la veda por el más osado de ellos.

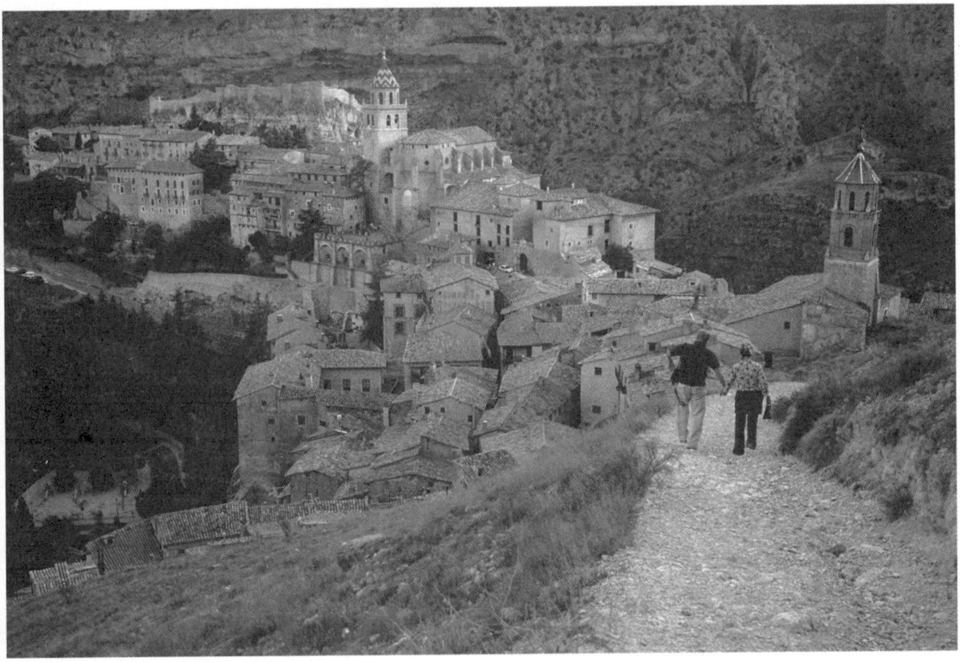

Por lo demás, todo está un poco dejado, como lo prueba el polvo que se acumula. No parece que la escoba sea la enseña de esta catedral. Ni que los curas se ocupen mucho de ella, pues necesitaría una restauración. La razón de este abandono se la explica al viajero la mujer que se ocupa del museo:

—Es que aquí sólo dicen misa los domingos. Los demás días la dicen en la iglesia de Santiago, que tiene calefacción.

—¿Y ésta no tiene? —le pregunta el viajero, sorprendido, no sólo porque se trata de la primera iglesia de Albarracín, sino por la gran cantidad de gente que la visita, según parece.

—Quieren ponerla —responde la mujer, avergonzada de la desidia en la que se encuentra todo.

La desidia no alcanza a otras dependencias, como el museo, que es de lo que ella se encarga. Éste ocupa lo que fuera el palacio del obispo, al que se accede por el propio claustro. Pero, como quiera que cierra a las dos y es ya la una y veinticinco y como quiera, principalmente, que la catedral cierra a la misma hora, el viajero vuelve a ésta para verla con más detenimiento, posponiendo el museo para la tarde.

—¿A qué hora abre?

—A las cuatro y media —responde la mujer, que, aparte de aburrida, está embarazada de muchos meses.

Los turistas siguen entrando continuamente en la catedral. Hasta que cierre no dejarán de hacerlo, aunque su número disminuye a medida que se acerca el mediodía. Menos mal, piensa el viajero mirándolos mientras intenta ver lo que guarda el templo, que, ya ha dicho, no es mucho ni muy valioso. Aunque tiene, por supuesto, su interés.

El retablo mayor, por ejemplo, sin ser nada del otro mundo, es una obra de gran tamaño, como corresponde a la categoría del templo. Atribuido, según el folleto, al imaginero Cosme Damián Bas, data del siglo XVI y representa la Transfiguración de Cristo. Delante, el altar, de plata, le da cierta elegancia al presbiterio, comparado con la sobriedad del resto. Aunque la sobriedad no siempre es sinónimo de pobreza. El retablo de San Pedro, por ejemplo, aun sin policromar y mal conservado, es de tal riqueza artística que incluso eclipsa al mayor. Según dice Pallaruelo, se ha atribuido a Gabriel Joly, aunque, a decir verdad, nadie sabe con certeza su autoría.

La capilla del Pilar es la otra obra de relevancia. Barroca y de gran tamaño, al viajero le recuerda a algunas de Zaragoza, incluso a la del Santo Cristo de Orense. Iluminada por una gran linterna, deslumbra con sus estucos y con su abigarrado altar, a pesar de estar en penumbra. Cuánto más no habrá de hacerlo cuando la abren y la iluminan, aparte de con las velas, con la luz artificial. Aunque para oscuridad la del pobre coro, al que ni siquiera le llega la luz de fuera. Lo cual impide comprobar si es verdad lo que dicen los folletos: que contiene una sillería de estilo gótico manierista y un facistol de la misma época.

Es la hora de comer. Desde hace tiempo, el viajero viene sintiendo apetito a pesar del desayuno de Daroca y de las cerezas del río Jiloca. Un apetito que deben de compartir todos los turistas, pues han desaparecido de la catedral. Son las dos del mediodía y quien más, quien menos, todos se han ido buscando un sitio para comer.

El viajero, antes de ello, da una vuelta a Albarracín. Por su parte más alta, que todavía no ha visto, aunque la conoce de otras visitas anteriores. Pero en seguida vuelve a la plaza. Quiere tomar el aperitivo en la taberna que vio al cruzarla al llegar y que tiene a la puerta un poyo de piedra que es del mismo color que todo el pueblo.

—El rodeno. Se llama así —le dice el dueño del bar, que es el único de Albarracín allí. Todos los demás son turistas.

El hombre, aparte de contarle algunas cosas novedosas, como la historia del militar francés que se arrojó desde un balcón a la hoz del río o la existencia de abrigos rupestres en la zona, le encamina hacia el que, según sus gustos, es el mejor restaurante de Albarracín. Lo sea o no, lo cierto es que se come bien en él y que los platos son abundantes. Tan abundantes que, al acabar la comida, el viajero apenas puede con el resuello, máxime con el calor que hace, que parece que entre tanto ha ido en aumento.

De buena gana se echaría una siesta. Pero, primero, no tiene tiempo y, segundo, la posada en que se aloja, que reservó por teléfono desde Daroca, está cerrada con llave, quizá porque sus dueños están haciendo lo que él no puede. De hecho, aunque cerrada, tiene el portalón abierto para que los viajeros que van llegando puedan dejar al menos sus equipajes.

En la plaza hay menos gente. Se ve que la siesta aprieta, no sólo a los vecinos de Albarracín, sino a los propios turistas. Algunos de ellos pasan el calor sentados en los soportales.

—¿Qué, le gustó? —le pregunta al viajero el dueño de la taberna, a la que vuelve a tomar café.

—Estaba bien. Muchas gracias.

—Bien no. Es el mejor que hay aquí —responde el hombre, considerando, a lo que se ve, la apreciación del viajero poco entusiasta.

El café no está muy bueno, pero al viajero le sirve para espantar la modorra. Todavía le queda mucho que ver en Albarracín y ya son casi las cinco. Así que, sin perder tiempo, se encamina de nuevo a la catedral, a cuya puerta ya hay congregada otra excursión de turistas, esta vez de Castellón.

En el interior hay más. Una pareja incluso con un perrito, que, por supuesto, corre por donde le parece. Menos mal que no le da por subirse a un púlpito, pues sus dueños se lo permitirían.

La capilla del Pilar sigue cerrada. Y el coro, con sus sitiales. El viajero se sienta junto a la reja y, sin enterarse apenas, se va quedando traspuesto, arrullado por los susurros de los turistas. No llega a dormir del todo, pero sí a soñar, que es lo mismo. ¿Con qué? Eso ya no lo recuerda.

Cuando despierta, son ya cerca de las seis. Y el museo cierra a y media. Así que atraviesa el claustro y se dirige al sitio en que esta mañana estaba la vigilante con las entradas.

—Buenas tardes.

—Buenas tardes —responde la mujer, medio dormida, seguramente por el aburrimiento.

La mujer le vende la entrada y le cuenta por encima la historia de este museo que ocupa la antigua casa de los obispos. Se inauguró, dice, hace unos años, tras restaurar el palacio, que el museo comparte con la Fundación de Santa María; una entidad dedicada a promocionar la imagen de Albarracín.

—Hacen muchísimas cosas —dice, con admiración.

La admiración del viajero se guía por otras pautas. En concreto, en este momento, por las estancias que reconstruyen la vida de los obispos en los mismos lugares en que se desarrollaba. Así, se muestra su dormitorio, su capilla, su despacho personal (éste con vistas a la hoz del río) y hasta la cocina y el comedor en el que comían, todo ello decorado con objetos y muebles originales, la mayoría de ellos de los siglos XVIII y XIX. Junto a ellas, en las llamadas salas de la Mayordomía, donde se llevaba la administración de la diócesis, se exponen las principales obras del museo, que, dado el tamaño de éste, tampoco son numerosas ni muy valiosas en general. En su libreta el viajero anota algunos tapices, una cruz procesional (de Noguera, dice el cartel), un pequeño portapaz renacentista, una colección de cálices y, por supuesto, la naveta en forma de pez tallada en cristal de roca que es la imagen y el emblema del museo. Se ve que los obispos de Albarracín, aun siendo ricos en comparación con sus feligreses, eran pobres comparados con sus colegas de las otras diócesis.

Y lo continúan siendo. Si no ellos, que ya no están para verlo, sí el patronato encargado de mantener su legado. Según la chica de las entradas, el viajero ha sido el visitante cuadragésimo segundo de este día, lo que, a dos euros por entrada, da un total de ochenta y cuatro euros. Y estamos en temporada alta.

—La gente, en cuanto tiene que pagar —se queja—, se da la vuelta en seguida.

La muchacha se queda recogiendo (con su barriga de embarazada, apenas puede moverse) y el viajero vuelve a la catedral para verla por última vez. El templo cierra también ahora, al mismo tiempo que el museo.

Pero ni siquiera ahora se ve a ningún cura en ella. Solamente algún turista que apura los últimos minutos para admirar esta pobre iglesia que continúa ejerciendo de catedral a pesar del abandono en el que se encuentra. ¿Qué tendrá que pasar para que recupere, como Albarracín, sus antiguas glorias?

Las glorias de Albarracín resplandecen en todo su esplendor bajo el sol de este día de julio, que continúa aplastando todo lo que se mueve debajo de él. Que es poco aún, a lo que se ve, aunque ya hay más gente en la calle. El viajero, a duras penas, llega hasta su posada (que toma el nombre de la puerta de la muralla que hay junto a ella) y, sin encomendarse a nadie, se tumba en su habitación buscando el aire que le falta y el reposo necesario tras una noche en la que durmió muy poco.

Cuando despierta, está anocheciendo. Sin darse cuenta, se quedó dormido y ahora son casi las nueve, según comprueba al abrir los ojos. Se le habían quedado pegados, como si tuviera arenilla dentro.

En la recepción no hay nadie. Se ve que esta posada familiar lo es con todas las consecuencias. Quiere decirse que aquí cada huésped entra y sale cuando le parece, sin que nadie controle sus movimientos. No está mal, piensa el viajero, si, a la vez, hubiera alguien que resolviera sus contratiempos. Aún no ha logrado encontrar el mando de su televisión.

En cualquier caso, lo que menos le importa ahora es la televisión. En este pueblo y con esta luz, sería un crimen estar viéndola. ¡Qué mejor televisión que esta fantástica panorámica que ofrece del Guadalaviar el sendero que trepa, a espaldas de aquél, hacia lo alto del monte en el que se apoya y por cuya cresta serpentea la muralla medieval que lo protege, como si fuera la muralla china. Poco a poco, mientras sube, el sendero va dejando Albarracín y el río más en el fondo y el viajero, que se vuelve cada poco para verlos, multiplica sus paradas, tan fascinado está por la perspectiva. Aunque la mejor de todas es la que le aguarda arriba. Desde lo alto de la muralla, que también mira al lado norte (un valle serrano y pobre, pero más abierto que el de Albarracín), la imagen de éste parece un cuento, con sus casas colgando en el vacío. Y es que el pueblo parece suspendido, más que del monte, del aire mismo.

Ya de noche, el viajero regresa a él. Baja sintiendo en la cara la brisa que azota el monte y, en el alma, los aromas que desprende. Aromas entremezclados (a tomillo, a romero, a plantas indefinibles) que le liberan definitivamente del sueño que aún entumecía sus músculos mientras permanecía en lo alto. En la plaza de Albarracín, la gente ahora toma la fresca. Los niños juegan a perseguirse mientras sus padres y los turistas (los que esta noche dormirán aquí) charlan sentados bajo los arcos, en los poyos de piedra colocados a ese fin. Aunque hay quien prefiere permanecer de pie, como Lino, un portugués que contempla los juegos de los niños mientras fuma al lado de la gran fuente que refresca la escena en un extremo de la plaza.

Lino, que no es turista a pesar de ser extranjero (trabaja en la construcción en Teruel), mira a los niños con melancolía, recordando a sus hijos, que viven en Oporto.

—¿Y vas a verlos? —le pregunta el viajero, solidario.

—Todos los meses —responde aquél.

Como Lino, el viajero también es forastero en este pueblo y en esta noche de julio que parece hecha para soñar. Y para recordar otros pueblos y otras noches perdidos definitivamente. Por eso, durante un rato, el viajero se dedica a pasear por las callejas, machacando, como Lino, sus recuerdos mientras la gente cena en los restaurantes o toma copas en las terrazas de las orillas del Guadalaviar.

Fiesta en Teruel

De Albarracín a Teruel apenas hay media hora. Antes se tardaba más, pero la carretera, ahora, está más arreglada y es mejor.

Son las diez de la mañana. El cielo, limpio como una patena, anuncia otro día de calor, calor que ya se percibe en los lugares por los que la carretera corre expuesta a toda su fuerza, que son ya la mayoría pasado el cruce de Cella (hasta allí, la hoz del Guadalaviar protegía de él a los coches prácticamente todo el trayecto). Teruel, que aparece pronto, lo hace al fondo del gran páramo que, desde Calamocha, atraviesa la provincia, metido en una hondonada, pero elevado sobre un escarpe fluvial. No tan arisco como el de Tarazona, ni mucho menos como el de Albarracín, pero sí lo suficientemente notable como para que, cuando el rey Alfonso II edificó la ciudad para fortificar el sur de su territorio, pudiera ser defendida. Fue en el año 1171 y lo hizo en un lugar donde hasta entonces sólo había algunas casas de campesinos o de pastores.

Y, sin embargo, el valor estratégico de Teruel, en la ruta de Aragón hacia Valencia y cerca de la confluencia de los ríos Alfambra y Turia, los dos ríos principales de estas tierras, determinó que la ciudad se convirtiera en seguida en la capital de una Comunidad de Pueblos que superaba los ochenta núcleos y, andando el tiempo, en cabeza de una diócesis y en sede de una provincia. Pese a lo cual, nunca creció demasiado, ni siquiera en los tiempos del desarrollismo económico, lo que hace que hoy ostente el controvertido honor de ser junto con Soria la más pequeña de toda España. Se advierte en cuanto se ve, con sus torres destacando sobre ella en una estampa que la asemeja a la de cualquier villa de medio pelo.

Pero esas torres no son como las demás. Esas torres de ladrillo, con cerámica vidriada como adorno e inconfundible sello mudéjar, son sus señas de identidad y el motivo de que le dieran el título de Patrimonio de la Humanidad. Un título que lleva a gala, como también lleva a gala el que su nombre vaya unido desde antiguo al de los legendarios amantes que protagonizaron una de las historias de amor más famosas y más literaturizadas de nuestra historia. El viajero la recuerda mientras se adentra en Teruel, a cuyo centro llega en unos minutos. Y es que la ciudad, ya ha dicho, apenas es una villa.

El centro es una plazuela con una fuente en el medio en cuyo eje una gran columna sirve de base a un pequeño toro. Es el célebre Torico, la figurilla de bronce que representa a la ciudad y en torno a la que transcurre la vida de sus vecinos. Hoy, por ejemplo, aunque todavía es pronto, ya está llena de personas que entretienen paseando la mañana del domingo.

Tras estacionar su coche, el viajero se sienta a desayunar. Lo hace en una terraza, junto al quiosco de los periódicos, y, mientras espera a que alguien le atienda, se entretiene en observar la plazoleta. Es muy bonita, por irregular. Y por estar toda ella en cuesta, igual que sus edificios. Algunos son modernistas, cosa extraña en estas tierras.

Como nadie viene a atenderlo, el viajero se levanta y entra en el bar de enfrente. En la barra, tres hombres beben de espaldas al mundo ante la mirada de la camarera. Por su aspecto, los tres hombres no han madrugado para beber, sino que aún no se han acostado. Están borrachos como tres cubas, pese a lo cual continúan en pie.

—Quería un café con leche —pide el viajero a la camarera, que es extranjera, por el aspecto.

Al instante, uno de los tres borrachos se vuelve y le mira de arriba abajo. Sus ojos están vidriosos, como si les faltara vida.

—¡Trátale como si fuera yo! —ordena a la camarera, sin dejar de observar al recién llegado.

El viajero le agradece con un gesto su intención, aunque teme que no sea la mejor recomendación. De hecho, la camarera ni le contesta, tan aburrida debe de estar de él.

—Sebastián, fabricante de ojos —alarga ahora la mano el borracho hacia el viajero, quien no sabe si estrechársela. Teme que, si lo hace, éste ya no le suelte.

—Encantado —responde, con timidez.

El borracho balbucea unas palabras que afortunadamente interrumpe uno de sus compañeros. Momento que la camarera aprovecha para echarle un capote al recién llegado.

—Yo se lo llevo —le dice, para que vuelva a su sitio.

Pero el borracho no es fácil de despistar. Antes de que haya salido, se vuelve a él, decidido.

—¡Ponle una copa! —ordena a la camarera.

—Tú mira a ver si te vas ya a casa —le dice ésta, que está ya harta, maniobrando en la cafetera.

—¡Qué carácter! —protesta el aludido, ante la indiferencia de sus compañeros, que continúan bebiendo sin intervenir.

¡Fabricante de ojos! ¿Qué habrá querido decir con ello? ¡Y con esos ojos, que parecía que se le derretían! El viajero, mientras hojea el periódico, le da vueltas a la frase del borracho sin encontrarle una explicación.

El periódico es más fácil de entender: las mismas noticias de cada día, con alguna variación de última hora. Nada que distorsione la vida de sus lectores, y menos la del viajero, que está perdido en esta ciudad. Sólo le falta el café con leche para que todo cuadre como otros días.

El café le reanima, al menos lo suficiente como para enfrentarse a una nueva catedral. Es ya la última de este viaje, que terminará con ella. Ya han pasado siete días desde que lo comenzara en Jaca, en los lejanos valles de los Pirineos, y atrás han quedado ya siete catedrales, cada una con su historia y sus leyendas. Sólo le falta esta de Teruel para concluir el viaje.

Y no es un final menor. Desde que avistó su torre, una de las cuatro o cinco que se reparten el título de Patrimonio de la Humanidad, el viajero ya ha intuido que, aunque se trata de la más moderna, al menos como catedral, no es la menos importante ni pequeña. Al revés, a juzgar por sus dimensiones, debe de ser de las más grandiosas. El viajero lo piensa mientras la mira desde la pequeña plaza que da a su puerta del mediodía y que es contigua a la del Torico, que ya ha dejado detrás después de desayunar. Por fortuna, lo hizo antes de que salieran el fabricante de ojos y sus amigos y le volvieran a coger por banda.

La catedral impresiona por su gran fábrica, pero sobre todo por dos de sus elementos: el cimborrio y la torre-campanario, ambos, como toda ella, mudéjares. La torre, especialmente, conmociona por su altura y por la delicadeza de su decoración. Que combina la piedra y el ladrillo y la cerámica vidriada de tonos verdes y malvas típicamente hispanomusulmana. Con arcos entrecruzados y uno más grande apuntado para permitir el paso de una calle bajo ella, la torre, como el cimborrio, forma parte de la imagen de Teruel, que tiene en ellos dos de sus elementos identificativos.

La portada principal también lo es, aunque en mucha menor medida. Representa el otro estilo turolense, el modernista, que aquí ha adoptado una versión neomudéjar. Al parecer, Pablo Monguió Segura, su autor (tarraconense de origen, como Gaudí, Monguió se instaló en Teruel en 1901), quiso fundir sus ideas propias con el estilo típico turolense. El resultado es esta portada que, siguiendo la tradición mudéjar, introduce elementos característicos del estilo que entonces dominaba en toda Europa.

Por dentro, la catedral impresiona menos que por fuera. Siendo grande, que lo es (tiene tres naves y una girola), parece más pequeña de lo que su exterior sugiere. Aunque vacía como está ahora, los espacios se amplifican, o por lo menos dan esa sensación.

A simple vista, está bien dotada. Comparada con la de Albarracín, es un derroche de ornamentación. Aparte del retablo principal, renacentista, y del coro, que está al fondo, las capillas acogen varios retablos e imágenes, algunos de muy buena pinta. Aunque lo mejor de todo está arriba, en el techo, adonde el viajero mira advertido por el folleto que encontró junto a la puerta, en una mesa. Es la techumbre mudéjar, joya de esta catedral. Y, según todos los autores, una de las más valiosas de cuantas se conservan de ese estilo en Aragón.

En efecto, a poco que uno se fije (y el viajero lo hace ahora, tratando de acostumbrarse a la luz de dentro), descubrirá una de las maravillas que encierran las catedrales de este país. Datada en el siglo XIII, época de construcción de la catedral (entonces no lo era todavía), no es propiamente un artesonado, pues está hecha con otra técnica (par y nudillo se llama), y ocupa una superficie de unos 300 metros cuadrados. Lo cual la convierte, al decir de los estudiosos, en la más excepcional pieza de las de su estilo, de las que hay varias en toda España.

Y lo es, sin duda ninguna. No sólo por su conservación (a la que contribuyó paradójicamente el recelo secular hacia lo islámico, que llevó a ocultarla tras una bóveda en el año 1700, situación en la que permaneció hasta 1953), sino por su gran belleza. Policromada en toda su extensión, la techumbre, que cubre la nave entera, representa la cosmovisión del mundo de la época en la que fue pintada; según dice Pallaruelo, con huevo y sangre de buey. En la tradición islámica, muestra motivos geométricos, vegetales y epigráficos, y, en la del cristianismo, acoge un mundo figurativo que cubre todos los ámbitos, desde las escenas bíblicas hasta las más profanas, desde las de guerra o caza hasta las campesinas. Todo trufado de personajes que van desde Jesucristo a músicos y artesanos, pasando por reyes, nobles, obispos y clérigos. En conjunto, todo un mundo (el de la época medieval) que permanece igual que cuando fue hecho, presidiendo la catedral.

La otra gran obra que la preside es el retablo mayor. Sin llegar a la excepcionalidad de aquélla, es también una magnífica obra, digna de un gran escultor. Gabriel Joly, que fue éste, la talló a mediados del XVI fundiendo el gótico de su tierra (Gabriel Joly era francés) y la influencia renacentista que había llegado de Italia. Discípulo de Forment, con el que trabajó algún tiempo, su autor logró con este retablo dedicado a los misterios de la Virgen, a quien está dedicada la catedral, su cumbre como escultor, como cualquiera puede comprobar. Que es lo que hace el viajero después de ver la techumbre, aprovechando la luz que entra por el cimborrio y que la sacristana ha entrado en la sacristía. Desde que cruzó la puerta, no ha dejado de mirarle con recelo.

Es una joven gorda, con cierto aire de monja, pero parece muy diligente, a juzgar por cómo va y viene continuamente de un sitio a otro. Entre sus virtudes, no obstante, no está la amabilidad. Las dos veces que el viajero le ha preguntado por algo (una por una guía y la otra por el artesonado), le ha contestado de mala gana. Como si la molestara con sus interrupciones.

Pese a ello, el viajero sigue con su visita. Mientras lo hace, escucha a la gente que va llegando a la catedral. Lleva haciéndolo ya un rato, pero ahora es casi un tropel. Quizá es que hay una misa, pues es domingo y van a ser ya las doce.

—Hoy es Santa Emerenciana —le desvela al viajero un cura viejo que está en una capilla descifrándole a un amigo la leyenda de una lápida del suelo.

—¿Santa qué? —le pregunta el viajero, que no sabe si ha entendido mal el nombre o el cura lo ha dicho mal. Es la primera vez que lo oye en su vida.

—Santa Emerenciana, Virgen y mártir romana, hermana de leche de Santa Inés y patrona de Teruel y de su diócesis —le recita, más que cuenta, el sacerdote, al que se le ve muy versado en la catedral. Motivos tiene para ello, puesto que, según confiesa, durante cuarenta años fue su sacristán mayor.

Pero, además, es conversador. Al revés que su sustituta, a la que le molesta hablar, a don Ángel se ve que le gustar hacerlo y más si es de la catedral.

—Esta capilla —dice, por la que están ahora— es muy interesante. Es barroca, del XVIII, y está dedicada a la Inmaculada. Observe la belleza del retablo —le conmina al viajero con la aquiescencia de su acompañante, que se ve que es amigo suyo.

De la capilla de la Inmaculada, don Ángel les lleva ahora a la de Santa Emerenciana. Está en la nave del Evangelio (la de la Inmaculada estaba en la girola), a la derecha del presbiterio. El cura habla de las cuestiones que, al parecer, le quitan el sueño: la situación de la catedral, que ya es un museo, dice; la de la de Albarracín, que es su pueblo (esto a preguntas del viajero), «que la tienen abandonada del todo»; la supresión del latín como idioma de la Iglesia («Yo ahora voy a Cataluña y no puedo decir misa, porque los libros vienen en catalán») y hasta el comportamiento de algún obispo. «Y no sigo —dice, irónico—, porque pecaría muchísimo».

¡Cómo va a pecar don Ángel con lo buen cura que parece! Y con lo conversador que es, a pesar de que anda con prisa. Tiene que ir ya a vestirse para la misa que hoy oficiará el obispo, dice, al ser la fiesta mayor.

—La capilla es muy bonita —comenta antes de despedirse—: pero lo es más con el relicario.

El relicario está en el altar, dispuesto para la celebración. La catedral, por su parte, está ya llena de gente y aún no ha aparecido toda. Faltan las autoridades, a las que han reservado los primeros bancos.

Cuando las autoridades llegan (precedidas por los maceros y seguidas de una comitiva de lo más atrabiliario y pintoresco: hay baturros, mujeres que portan flores, rondallas con instrumentos) y todo el mundo ocupa sus sitios (el viajero uno, en un lateral), entra el obispo con su cohorte. La forman seis sacerdotes, entre los que está don Ángel. El obispo, sonrosado, es alto y fuerte como una torre y porta todos sus distintivos: el báculo, la mitra, el anillo episcopal... El viajero recuerda los que ayer vio en Albarracín, pertenecientes a los antepasados de éste.

La ceremonia empieza con un saludo que es toda una declaración de estilo. El obispo, hecho el silencio, se dirige una por una a las distintas autoridades presentes: cabildo catedralicio, alcaldesa y concejales de Teruel, presidente de la Diputación, Justicia de Aragón y delegada del Gobierno en la provincia, sin hacer alusión al resto, con lo que se sobreentiende que los demás no están. Tampoco importa, puesto que la mayoría está mucho más pendiente de lo que ocurre a su alrededor. Fundamentalmente algunos:

—Policía. ¿Puede decirme lo que hace aquí? —sobresalta al viajero de repente un hombre flaco que le muestra una acreditación.

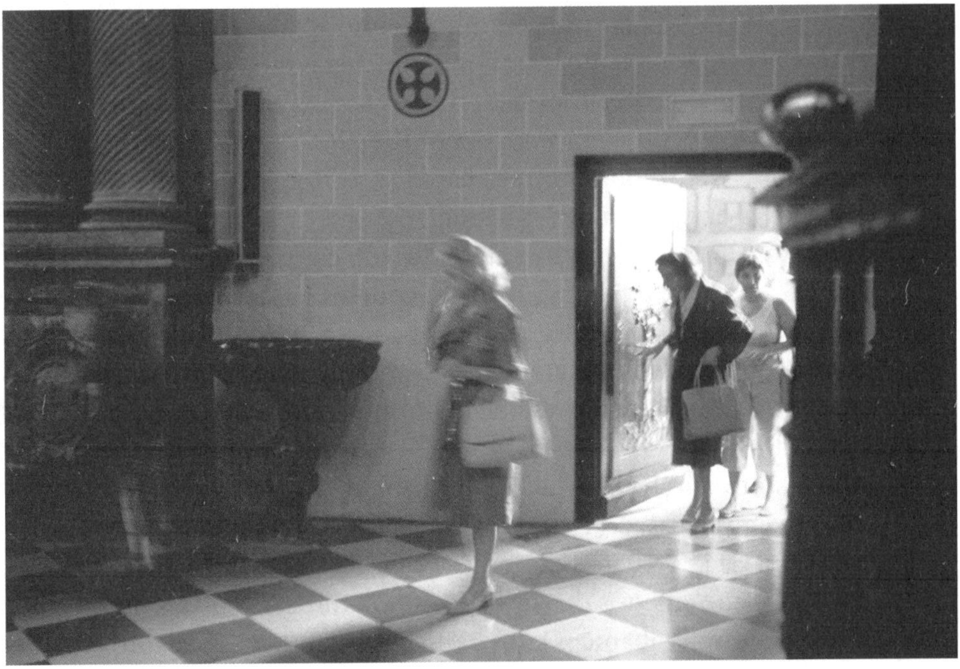

El viajero tarda en sobreponerse. Si siempre conmociona encontrarse una placa policial ante los ojos, cuanto más en un sitio como éste.

—¿Cómo dice? —balbucea, sin acabar de creer lo que le está sucediendo.

—¿Es usted periodista? —le pregunta ahora el policía.

—Más o menos —le responde el viajero, temeroso, buscando su carné de identidad en la cartera.

—Disculpe —dice el policía, yéndose por donde vino antes de que aquél lo enseñe.

Todo ha ocurrido tan rápido que apenas nadie se ha dado cuenta. Solamente las señoras junto a las que está el viajero, que le miran con curiosidad. ¿Quién será éste?, parecen preguntarse unas a otras. El viajero, por su parte, intenta sobreponerse de la sorpresa mientras guarda su cartera otra vez en el bolsillo. ¿Tendrá cara de terrorista?

La misa es interminable. La voz cantante la lleva el obispo, claro, aunque la que dirige todo es la sacristana, que está detrás del altar, oculta tras un saliente. Se ve que está acostumbrada a mandar y a ordenarlo todo. Prosigue con una ofrenda y las felicitaciones que el obispo recibe con profesionalidad —las flores se las pasa a un ayudante para que éste las ponga ante el relicario—, y culmina con una procesión que empieza en la catedral y sigue por las calles de Teruel, que a esta hora están ya llenas de gente. El sol cae con mucha fuerza (más aún que en estos días) y la procesión discurre con las mujeres usando sus abanicos y los baturros sudando la gota gorda bajo sus trajes de paño grueso. Los músicos, por su parte, desgranan el repertorio propio de estas ceremonias. El obispo preside la procesión caminando detrás del relicario de la santa y el resto, desde las autoridades, que van a continuación, al último de los procesionantes, se dedican a hablar entre ellos después del largo silencio al que les obligó la misa y a saludar a algunos de los que les contemplan. Teruel es tan pequeño que todo el mundo se conoce.

El único que no conoce a nadie es el viajero, evidentemente. Y al que nadie conoce, para su suerte. Así que va entre la gente, contemplándolo todo con curiosidad. Hacía años que no veía una procesión así.

Por fin, tras recorrer el centro de Teruel, que está todo engalanado con banderas (parecería que estamos en otra época), la comitiva llega de nuevo a la catedral, ante la que se disuelve después de la bendición del señor obispo y en medio de un gran aplauso. El obispo con su séquito desaparece dentro del templo y el relicario hace lo propio para ocupar su sitio junto al altar. A sus pies hay ahora una montaña de flores y la gente aprovecha para fotografiarse ante ellas, como en las bodas, hasta que, a las dos en punto, la sacristana les echa a todos, incluido el viajero, que sigue dentro. Antes de cerrar, le mira con gesto de reprobación.

Pero al viajero no le impresiona. Al contrario, incluso le divierte la vigilancia a que le somete (está seguro de que fue ella la que mandó al policía a saber quién era), puesto que lleva ya siete días sin que le ocurra nada especial. Al viajero, en este viaje, le han ocurrido muy pocas cosas dignas de ser recordadas, al margen de los paisajes y de las catedrales que ha recorrido.

La que también merece un recuerdo es la iglesia en la que yacen los amantes de Teruel. Es la iglesia de San Pedro, una de las más antiguas y populares de la ciudad, cuya torre ha contribuido a la consagración de ésta como Patrimonio de la Humanidad. Aunque, para entrar en ella, hay que rascarse el bolsillo. Tres euros cuesta verla por encima y cuatro con más detalle. El viajero paga la tarifa simple, que sólo incluye la iglesia y la capilla de los dos amantes.

El mausoleo es desolador. De mármol blanco y repulidísimo, ocupa el centro de aquélla, una capilla lateral que también acoge una exposición de libros de los muchos que se han escrito sobre la historia de Isabel de Segura y Juan Diego de Marcilla, los legendarios jóvenes turolenses que protagonizaron una de las historias de amor más trágicas que se conocen. Al parecer, Juan Diego de Marcilla, rechazado por la familia de Isabel por ser hijo segundón y sin fortuna, parte a la guerra para conseguirla. Cuando termina el plazo de cinco años que él mismo se dio para regresar, llega a Teruel, pero Isabel ya se ha casado con un hermano del señor de Albarracín, convencida de que Juan Diego jamás regresaría. Éste, a pesar de todo, consigue verla y, antes de despedirse, le pide un beso que ella le niega, lo que provoca que el joven muera de pena. Cuando se celebran los funerales en la propia iglesia de San Pedro, una mujer enlutada se acerca al féretro y le da al cadáver el beso que le negó cuando todavía vivía; y, en ese instante, muere también, fulminada como por un relámpago. La historia acaba cuando, pasado el tiempo, con ocasión de unas obras de restauración de la iglesia de San Pedro, aparecen dos momias correspondientes a la época en la que ocurriera aquello (en los primeros años del siglo XIII, según dice la leyenda) y, junto a ellas, un documento que, al parecer, narraba los hechos. Esas momias son las que se conservan bajo el mármol de este frío mausoleo y que se pueden ver por la celosía que Juan de Ávalos, el autor, labró con esa intención.

—¡Qué asco! —exclama una chica joven, mirando junto al viajero las momias por las rendijas.

Y no le falta razón. Dentro de la celosía, Isabel de Segura y Juan Diego de Marcilla, o quienes de verdad fueran los dueños de esos despojos, siguen mirando a la eternidad bajo la lápida que reproduce encima de ellos sus expresiones. Y hasta el gesto de sus manos, que no llegan a tocarse, interrumpido éste por la muerte.

Un café para olvidar se impone al salir de allí. Y eso que en la calle, ahora, los termómetros marcan los 40 grados. Cuando se recupera de la impresión, el viajero vuelve a la catedral, que, según el horario que había a la puerta, ya debe de haber abierto.

Pero, para su sorpresa, hay que pagar por entrar en ella. Al revés que por la mañana, la puerta principal está cerrada y, para entrar, hay que hacerlo por la del norte, que da a la plaza del Palacio Episcopal. Y pagar, claro, la entrada. ¡Qué razón tenía don Ángel!

—Éstos no pasan ni una —le previene al viajero un hombre que está sentado junto a la puerta, con dos perritos entre las piernas.

—¿Usted cree? —le contesta el viajero, sonriendo, contemplando la plaza, que está desierta.

El hombre no le contesta. Parece tan convencido de lo que dice que no se esfuerza ni en demostrarlo. Con el puro entre los labios y la visera sobre la frente, mira al viajero con ojos listos, los que le corresponden por su antiguo oficio: muletero por la zona de Granada y Almería.

—¿Qué es muletero? —le pregunta el viajero, que nunca ha escuchado el término.

—Tratante de mulas —contesta el hombre, chupando el puro.

El hombre es un personaje. Con sus dos pequeños perros —macho y hembra— jugando a su alrededor, contempla el mundo sin interés, aunque con nostalgia de sus años jóvenes: «Tenía que haberme visto —dice— con treinta años menos. ¡Yo era una guinda!». Y presume de mujeres («Nueve he tenido, aunque sólo me casé con dos. La que mejor me salió fue la segunda», dice, como si hablara de mulas), lo cual se explica por su filosofía: «Solo no se puede estar. Parece que te pilla el tren». De sus años de muletero recuerda con respeto a los gitanos, cuya palabra, dice, es un documento.

—Entonces, ¿pago la entrada? —le pregunta el viajero, señalando la puerta abierta.

—Eso ya es cosa de usted —dice el hombre, encogiéndose de hombros y llamando a sus dos perritos para que no se vayan muy lejos.

El muletero está equivocado. Aunque tiene toda la razón respecto a la afición de los curas a pedir, el muletero está equivocado, aunque sólo sea por este día. Y es que, por ser Santa Emerenciana, le dice la mujer de la taquilla al viajero cuando entra, el acceso a la catedral es gratis. «Eso sí —le advierte antes de que siga—, no hay nadie que se la enseñe».

—No sabe cómo me alegro —le responde el viajero, sonriendo.

La catedral está casi a oscuras. Al revés que por la mañana, que resplandecía para la misa en toda su magnificencia, ahora permanece a oscuras, iluminada sólo por la luz de fuera. Y apenas hay nadie en ella. Solamente algún turista que entra, mira y se va. Si esto es lo que ocurre siempre, qué razón tenía don Ángel.

Con ayuda del folleto (en la taquilla tampoco tenían guías), el viajero reemprende la visita que esta mañana le interrumpió la celebración de la misa de Santa Emerenciana. El folleto no cuenta mucho, pero sirve para conocer la historia de esta catedral mudéjar que se consagró como tal en 1587, cuando se constituyó la diócesis de Teruel, a pesar de que su construcción data del siglo XII. Aunque la mayoría de lo que se ve hoy en día se construyó en siglos posteriores: las techumbres en el XIII, el cimborrio en el XVI, la girola en el XVIII... Como la mayoría de las catedrales, ésta se ha hecho a golpes de historia.

Las capillas son muy distintas. Ocupan los laterales y el tramo de la girola y se alternan con la sacristía y otras habitaciones. Las mejores, según el folleto, son las de la Coronación, con un retablo de estilo gótico de autor anónimo, la de los Santos Reyes, que alberga otro churrigueresco, y las de la Inmaculada y Santa Emerenciana, que el viajero ya vio esta mañana, antes de empezar la misa. El viajero está de acuerdo con el folleto, sobre todo con lo que dice del retablo de la Coronación: que es la obra pictórica más importante y mejor de la catedral. Y eso que apenas si puede verla, tan oscura está la capilla.

Así que ya sólo le queda por ver la cripta, cuya boca se abre en el trasaltar. Pero, por el camino, se encuentra a la sacristana, que sale de su guarida con un brazado de velas. La arpía le mira de arriba abajo, sin acabar de creer que haya vuelto. Su gesto la delata, aunque continúa andando, quizá para evitar que el viajero le pregunte alguna cosa.

Ya en la cripta, éste sonríe en silencio. Le divierte sentirse rechazado por aquélla, pues no ha hecho nada por merecerlo. Como tampoco merecieron en su día la muerte que recibieron cerca de la frontera de Francia el obispo Anselmo Polanco y su vicario Felipe Ripoll a manos de sus captores, que los habían cogido como rehenes en la toma de Teruel un año antes. Como su compañero de Barbastro, don Anselmo y su vicario pagaron con la vida la locura de la guerra y esta cripta es ahora su panteón.

No tiene más interés. Desnudo y sin un adorno, salvo el cuadro que recuerda el martirio del obispo y su vicario, el antiguo panteón de los obispos de Teruel es un lugar anodino, con lo que el viajero lo deja pronto, después de tomar sus notas y de relajarse un rato en su soledad. Aunque en la catedral también puede hacerlo. Solamente algún turista y algún vecino de Teruel aprovechan que hoy les dejan entrar gratis para darle una vuelta rápida. Muy pocos son los que rezan y los que lo hacen son los que menos podría pensarse a primera vista: una rubia explosiva y escotada, con aspecto de trabajar en un club de alterne, y un hombre lleno de tatuajes, uno de ellos, en un brazo, representando el fuego del infierno. ¡Qué cosas!, piensa el viajero.

A las ocho menos cuarto, éste abandona la catedral. Lo hace antes de que la sacristana le eche, con lo cual le priva de ese placer. Su compañera, la de la puerta, también está recogiendo. Hoy apenas ha hecho caja, pues sólo ha vendido algún *souvenir*. Aunque tampoco le importa mucho, confiesa. Ella gana lo mismo en todo caso, que es poco, dice con resignación.

En la calle el sol sigue echando fuego. Aunque son ya casi las ocho, los días son largos y el sol calienta hasta cerca de las nueve de la noche. El viajero, en la plaza del Torico, bebe agua cuando pasa (en uno de los cuatro caños que hay al pie de la columna y que representan cada uno ellos, cómo no, también un toro) y, luego, se va en busca de su coche y se aleja de Teruel en dirección a Madrid, donde está su casa, dejando atrás una tierra, la aragonesa, y una gente que ya forman parte de su memoria.

Sexto viaje

LAS SEOS DE CATALUÑA

Lérida: la vieja y la nueva

El segundo día de diciembre del año 2006, la ciudad de Lérida se despierta sumida en la neblina. Es la niebla que la oculta muchos días y que incluso se ha hecho famosa, tal es su perseverancia.

La de hoy no es especialmente densa, pero sí lo suficiente como para difuminar sus formas, que el viajero adivina mientras se aproxima a ella. Sobre todo las de su catedral antigua, que domina la ciudad desde una altura. Su enorme torre parece un espejismo entre la neblina.

Siguiéndola, sin embargo, el viajero llega a la ciudad, que está algo separada de la autovía de Barcelona: a la orilla del río Segre, el gran río del oeste catalán. Como es sábado, parece menos poblada de lo que está, pero el viajero sabe que ha duplicado su población en dos o tres décadas al socaire de su agricultura, sobre todo de la de la fruta. Que da trabajo a muchísimas personas y que requiere incluso mano de obra extranjera. Todavía es pronto, pero el viajero verá hoy hasta qué punto la presencia de los inmigrantes se hace notar en sus calles.

Bajo la niebla no es fácil orientarse, y menos sin conocer la ciudad, así que el viajero opta por dejar su coche en un aparcamiento y subir andando hasta la catedral antigua. Lo hace cruzando una plaza, la de San Juan, modernizada con dudoso gusto, de la que parte una escalera mecánica que facilita el ascenso a aquélla. Se ve que Lérida es rica. Más arriba, un ascensor completa el itinerario, si bien éste hay que pagarlo. El viajero lo hace, a pesar de su claustrofobia, y así llega hasta los pies de la Seu Vella, como la denominan en catalán los carteles, en el paseo de ronda que la rodea. Todavía hay que subir un poco para poder llegar junto a ella.

—Tenía usted que haberse bajado una planta más arriba —le advierte al viajero un hombre que contempla junto a su perro la ciudad y la vega del río Segre desde allí.

—No lo sabía —sonríe el viajero, que considera ya un privilegio haber subido hasta donde están sin ningún esfuerzo.

Desde donde ambos se encuentran, la ciudad se apiña junto al río Segre, que la neblina difumina al fondo. Más allá, la plana de Lérida se extiende sin accidentes que rompan su horizontalidad. Se ve que este promontorio es el único en toda la zona. De ahí que fuera elegido por los primeros pobladores de estas tierras para levantar sus casas.

—Había muchas —le dice el hombre del perro, que, aunque extremeño de Alcántara, junto a la raya de Portugal, llegó aquí hace ya cuarenta años para contribuir al derribo de las que las sucedieron.

La colina está ahora despoblada por completo, salvedad hecha del edificio de la Seu Vella. Lo rodean, eso sí, paseos de ronda y grandes murallas correspondientes a épocas más recientes. El conjunto ofrece un aspecto más militar que catedralicio, a pesar de la hermosa torre y de lo que se puede ver de su construcción. Se ve que esta catedral conjugó mucho tiempo su dedicación a Dios con otras servidumbres más terrenales y pasajeras.

—Ya no se usa —le desvela al viajero el extremeño, mientras la mira sin interés—. Sólo para las bodas, que, como la gente es tonta, paga quinientas mil pesetas por casarse en ella... ¿Usted lo puede creer?

—¡Hombre! Creer claro que lo creo —le responde el viajero, sonriendo.

—Con la cantidad de iglesias que hay en esta ciudad...

El extremeño se queda junto a su perro (que es perra: se llama *Luna*) y el viajero sigue camino en dirección a la catedral, que ya está muy cerca. Entre medias, sin embargo, tendrá que subir un poco y atravesar una de las puertas que aún subsisten del antiguo recinto militar. Por fin, llega frente a aquélla, como pudiera haberlo hecho un viajero de hace siglos. Sólo faltan las trompetas anunciándolo.

Pero hoy nadie le anuncia, ni falta que le hace, piensa él. Apenas se ve gente en los alrededores, a excepción de en La Sibila, el café con terraza asomada a la ciudad en la que algunos turistas hacen su primer descanso antes de admirar el templo. La vista lo merece, piensa el viajero, dejándola, empero, para después.

El viajero tiene prisa por entrar en la catedral. Entre unas cosas y otras y pese a que madrugó bastante, la mitad de la mañana se le ha ido y el horario de la Seu Vella es estricto: hasta la una, por la mañana, y de tres a cinco, por la tarde, dice el cartel de la puerta por la que se accede a ella, maravillosa entrada, por cierto. Llamada de los Infantes (*dels Fillols* en catalán) por ser la entrada obligada a los niños que iban a recibir el bautismo, según dice la guía del viajero, ahora lo es para los turistas y se trata de una portada románica de bellísima armonía y fabulosa decoración. Animales, aves, leviatanes, atlantes y otras figuras adornan la cornisa que cubre las arquivoltas y los fantásticos capiteles, llenos también de motivos varios. La portada, a la que se llega subiendo una escalinata, se conserva, además, como el primer día merced al pórtico gótico que la protege, también de gran armonía. ¡Qué bella entrada para tan hermoso templo!

Tras la puerta, un mostrador y, tras él, dos chicas jóvenes reciben a los turistas, que son pocos a esta hora todavía. El viajero, de hecho, sólo ha visto entrar a dos mientras contemplaba el pórtico. Las chicas le saludan con amabilidad:

—*Bon día*.

—*Bon día* —les responde el viajero en catalán.

En la creencia de que lo es, las chicas le hablan en ese idioma hasta que el viajero dice que sólo habla castellano. De inmediato, aquéllas cambian de idioma, excusándose por hablarle catalán.

—No hay por qué —las tranquiliza el viajero, recogiendo el folleto explicativo que le dan junto con la entrada.

—¿Y vale para la tarde? —les pregunta, por ésta, que cuesta 2,40 euros.

—¿Va a volver?

—Sí.

—Pues guárdela, que le sirve.

La catedral es un cascarón vacío. Desnuda de todo adorno, incluidos los bancos para sentarse, sorprende cuando se entra, pues no es normal ver un templo así. El viajero, de hecho, es el primero que ve, al menos de estas características.

Pero la desnudez realza su arquitectura. Al ser ésta lo único a la vista, su estilo es más evidente y sus detalles se pueden apreciar mejor; desde las bóvedas a las columnas, desde los nervios de aquéllas al espectacular cimborrio que da luz a todo el templo y al altar. Éste, que también está desnudo por completo (apenas se ve la piedra y un gran banco sin respaldo, moderno, delante de él), contribuye a la sensación general de despojamiento que produce la catedral en el visitante. Ésa y la de gran limpieza, que, más que una sensación, es una realidad.

El templo, por lo demás, es de grandes proporciones, con tres naves ahora exentas, más el crucero, que es un museo (al menos, exhibe piezas dispuestas por sus dos brazos), y tiene una gran altura: sobre todo en el cimborrio, de armonía sin igual. Octogonal, sujeto por grandes trompas (elemento arquitectónico románico) y por columnitas góticas, parece una gran sombrilla por la que la luz se cuela iluminando el centro del templo; luminosidad a la que contribuyen los tres grandes rosetones del crucero y de la nave principal y los huecos que se abren en los muros, aliviando el fuerte espesor de éstos. Lástima que, como dice el folleto, las vidrieras que los cubrían desaparecieran todas a raíz de que la catedral fuese transformada en cuartel y hoy luzcan simples placas de alabastro.

La conversión en cuartel de la catedral se produjo, según la guía del viajero, hace ya trescientos años, concretamente el 29 de noviembre del año 1707, por orden del rey Felipe V, quien suprimió también los privilegios forales y la famosísima Universidad de Lérida en represalia por el apoyo de la ciudad, como de todas las de Cataluña, a la causa de los Habsburgo en la guerra de Sucesión española, aunque ya antes había servido temporalmente para esos fines. El resultado es lo que se ve: un edificio vacío y despojado de todas sus riquezas, que fueron muchas, al parecer. Basta mirar lo que se conserva para hacerse una idea de ello.

Lo que se conserva es, principalmente y aparte de la arquitectura, un fabuloso conjunto de capiteles y claves góticas, varias pinturas murales, cuatro o cinco mausoleos y sepulcros y, en el brazo derecho del crucero, restos de puertas y de retablos del viejo templo y fragmentos de esculturas supervivientes a la profanación. En conjunto, no mucha cosa, pero que sí sugiere lo que aquí debió de haber en un tiempo.

Las pinturas murales, por ejemplo, son una auténtica maravilla. Las del ábside principal están perdidas en muchas zonas, pero las de las capillas laterales se conservan en bastante buen estado gracias a que debieron de estar ocultas bajo el estuco durante siglos. Las de las dedicadas a Santo Tomás y a Santa Margarita, de inspiración románica y gótica, respectivamente, son tan maravillosas que el viajero se queda extasiado largo rato frente a ellas. No sabría decir cuál es mejor, si la Crucifixión gótica, con abundancia de personajes en torno al Cristo, la de Santa Margarita o el Agnus Dei con lacerías mozárabes en las paredes y la imagen de la Virgen en la bóveda de la de Santo Tomás.

Esculturas quedan muy pocas. Las que se exponen en el crucero son las únicas que hay y la mayoría proceden de sepulcros desaparecidos. Es el caso de las de los Moncada, impresionantes por su veracidad, pese a que a la del marido le falta medio cuerpo por lo menos, o las supervivientes del gran retablo mayor, esculpido en mármol y en alabastro en 1360 en honor de la Asunción de la Virgen, la patrona de la seo, y que fue sustituido por otro siglos más tarde. Junto a ellas, un gran conjunto de claves góticas (la de la capilla de la Concepción, en el mismo brazo del crucero, se refleja en un espejo circular puesto en el suelo) y tres o cuatro sepulcros sirven de muestra a lo que aquí hubo. De los sepulcros, el viajero anota dos: el del rey Alfonso III el Benigno y la reina Leonor por su sugerencia histórica (en realidad, se trata de un simple osario) y el del archidiácono Berenguer de Barutell, quien, al parecer, murió asesinado a la salida del templo a manos de unos ladrones que le esperaban para robarle la recaudación del día. De ahí quizá su lugar de privilegio en el altar, espacio que comparte únicamente con el Cristo que lo preside al fondo y con la lápida conmemorativa —ésta incrustada en una pared— del inicio de las obras de la seo, acontecimiento que se produjo en el año 1203.

—¿Y adónde llevaba la recaudación? —les pregunta el viajero a las chicas de la entrada, que son las que le han contado la historia del ocupante de la sepultura gótica.

—A su casa, supongo —dice una, la que parece que sabe más de las dos.

La recaudación de ellas ha aumentado en este tiempo. Al menos, se ve más gente en la catedral, parte de ella curioseando en los *souvenirs* que se muestran en unos expositores, enfrente de donde están las chicas.

—Otra pregunta.

—Dígame.

—Cuando hay bodas, ¿dónde se sienta la gente?

—Ponen bancos —dice la que ha hablado antes.

—Pues podían poner alguno los demás días... —les sugiere el viajero, que empieza ya a estar cansado.

Al viajero le gustaría poder sentarse, como acostumbra a hacer en las catedrales, para descansar un rato al tiempo que toma algunas notas u observa lo que sucede en ellas. Pero los únicos asientos que hay aquí, aparte del gran banco del altar, son los de la capilla en la que se proyecta un vídeo con la historia de la catedral (y que tiene unas claves hermosísimas) y, justo en el lado opuesto, también en otra capilla, los de los retretes puestos a disposición de los visitantes junto con una máquina de café. ¡Qué sacrilegio!, piensa el viajero sacando uno después de hacer sus necesidades por primera vez en una catedral.

Es la una. La hora de cierre de ésta, aunque, para los que están ya dentro, el horario se prolonga media hora todavía. Media hora que dará tiempo al viajero a echar un vistazo al claustro, pero no a subir a la torre, que está en un extremo de éste. Tendrá que dejarlo para la tarde.

El claustro se abre a los pies del templo. De hecho, la puerta principal de éste está dentro de sus muros, cosa insólita en una catedral. La razón es que el claustro, al contrario de lo que ocurre siempre, está a los pies de las naves, en lugar de al mediodía, y ello por causa de las características de la colina en la que se

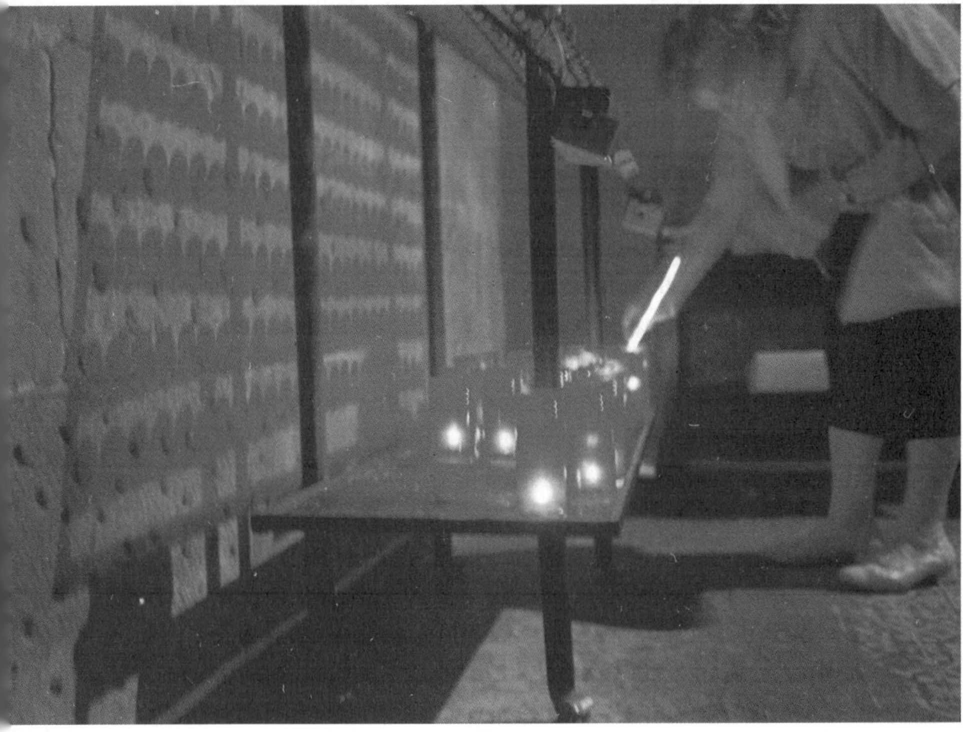

construyó la Seo. Su estrechez no permitía otra posibilidad. Pero no por ello es pequeño. Al revés: es el más grande de Europa según la guía del viajero, afirmación que éste no pone en duda. Por lo menos él no conoce otro claustro de esta altura y dimensiones.

Su descubrimiento es, por ello, muy impactante. Acostumbrado a ver sitios como éste, de todos los estilos y tamaños, el viajero se queda desconcertado por la grandiosidad de la construcción; sobre todo, después de haber accedido a ella por una puerta —la de la nave del Evangelio— pequeña y sin mucho mérito. Los arcos que se abren ante ella, las filigranas y las columnas que los adornan, la desusada anchura de las crujías, la perspectiva de la torre al fondo, son suficientes para desconcertar al que, como el viajero ahora, lo vez por primera vez. ¡Qué magnífico lugar y qué ensoñación produce!

Cuando se recupera un poco, el viajero empieza a recorrerlo sin reparar en lo que deja atrás: la propia puerta por la que entró, que por el lado del claustro es maravillosa, y sobre todo la principal, tan espectacular como la *dels Fillols* de fuera. El viajero está tan impresionado que sólo tiene ojos para los afiligranados arcos, altos como si fueran de triunfo y anchos como miradores, y para la vegetación que se atisba a través de ellos. Las aberturas son tres por cada crujía, lo que da idea de sus dimensiones. Y entre los árboles los hay de varias especies, aunque el que más destaca es el abeto del centro. Entre todos contribuyen a convertir este espacio en un sitio mágico.

En la crujía del sur, la magia deja paso a la fabulación. Aprovechando que abajo está la ciudad, los constructores de este escenario lo dejaron abierto a su contemplación, convirtiéndolo en un mirador de piedra; un mirador tan impresionante que parece otra ensoñación. Ensoñación que subraya la torre a un lado, iluminada ahora por el sol del mediodía. La niebla ya hace un buen rato que se evaporó con él.

Otra vuelta, un par de fotografías (no para él, sino para unos turistas que le piden al pasar que se las haga), el descubrimiento de las tres puertas del templo y de otras dos en la crujía del norte —estas dos ya platerescas— y de la que sustituye ahora a las primeras en el ala de poniente, cerrada por una reja, pero desde la que se contempla el patio, y el viajero ya está listo para salir a la calle antes de que cierren. Cuando vuelva por la tarde, tendrá tiempo de ver todo con más calma.

—Otra pregunta —se dirige nuevamente a las dos chicas de la puerta, a las que ya empieza a divertir su curiosidad—. En la guerra, ¿aquí destruyeron mucho?

—Todo —responde una.

—Aunque ya estaba todo roto —añade su compañera, que es la que manda.

En la terraza de La Sibila, los turistas contemplan la ciudad desde sus mesas, algunos mientras almuerzan o toman el aperitivo. La vista es tan imponente que merece la pena, sin duda alguna.

El viajero, sin embargo, prefiere dar una vuelta a la catedral para verla por su exterior, así como las murallas y construcciones que la rodean. Entre las que están caídas y las que están restaurando ahora, el laberinto de edificaciones que hay en su entorno hacen de ella un lugar extraño, una mezcla de iglesia y de fortaleza que enlaza con su primitivo origen. Del castillo árabe de la Zuda apenas quedan las ruinas (rodeadas ahora por una alambrada que delata que están trabajando en ellas), pero de las fortificaciones medievales y modernas queda todo su entramado, amén de la mayor parte de las garitas y de las puertas de comunicación interna. Junto a ellas, los turistas van y vienen contemplando el gran conjunto militar y la visión que desde allí se tiene de la ciudad y del río Segre, pero pocos se detienen a mirar la catedral, que por fuera también tiene interés. Así, sus ábsides —los dos que quedan, el principal más alto y profundo— o sus sucesivas puertas, especialmente la de los Apóstoles, la principal de la catedral tras la construcción del claustro. Lástima que sólo queden de ella las hermosas arquivoltas junto con el parteluz y el tímpano, éste representando el Juicio Final, ya que las esculturas de los apóstoles de las que recibió su nombre han desaparecido todas.

Es la hora de comer. El viajero duda si hacerlo en La Sibila, ya que la catedral vuelve a abrir dentro de hora y media, pero al final decide bajar a la ciudad, aunque solamente sea para rescatar el coche del aparcamiento en el que lo dejó al llegar. Y en el que, por lo que decía un letrero, cada minuto cuesta una auténtica fortuna.

De camino, aprovecha para ver la Lérida antigua. Esa que se superpone entre la orilla del río Segre y la colina de la Seu Vella, articulada en torno a una plaza, la de la Paería, y a la calle Mayor de la ciudad. Que continúa siéndolo todavía pese a que su expansión moderna se extiende lejos de ella, por la orilla contraria del río Segre, por un lado, y detrás de la colina, por el otro.

La calle Mayor, a esta hora del mediodía, está bastante tranquila y ello permite al viajero ir viendo sus edificios mientras busca un sitio en el que comer. La mayoría son muy antiguos y albergan tiendas en sus bajos, pero no abundan los restaurantes. Por lo que aquél, después de dar varias vueltas, se decide a tomar un bocadillo en una cervecería, ya que no quiere perder más tiempo. Allá arriba, en la colina, le esperan el campanario y las dos chicas de la Seu Vella, que estarán seguramente ya acabando de comer.

—Buenas tardes —las saluda, cuando vuelve, después de aparcar el coche a la entrada del recinto militar. Al bajar, vio que podía hacerse sin problema, tras subir dando la vuelta a la colina por detrás.

—Buenas tardes —le saludan las dos chicas, divertidas por su puntualidad. Acaban de abrir la puerta hace sólo unos minutos.

El viajero les sonríe mientras se adentra en la catedral de nuevo. Está vacía completamente y resplandece aún más que por la mañana. Y es que el sol le da ahora desde atrás, iluminando el ábside principal a través del rosetón de la gran nave. Durante unos minutos, incluso, da en el banco de madera, el único en todo el templo y en el que el viajero ha ido a sentarse para tomar tranquilamente las notas que no ha podido tomar hasta este momento. No es de extrañar que, al final de ellas, anote esta observación: «¡Cómo conocían la luz los constructores de las catedrales!».

Otra vuelta a las capillas, otra mirada a las claves góticas, otro par de preguntas a las chicas y el viajero sale al claustro decidido a subir los 60 metros que, según éstas, mide la torre. La escalera, muy angosta, se va estrechando al ganar altura, lo que hace la subida cada vez más dificultosa. De ahí que el viajero la haga, en previsión de algún contratiempo, despacio y deteniéndose a descansar cada poco. Lo hace en los descansillos o junto a las ventanas que, a modo de saeteras, van jalonando la torre y en cuyas profundidades hacen sus nidos las palomas y hasta algún ave de más vuelo. Alguna, incluso, tiene huevos y hasta crías que contemplan el paso de los turistas sin miedo alguno.

Los que tienen miedo son éstos. El viajero, por lo menos, que, aparte de claustrofobia, sufre de vértigo, a medida que trepa los escalones lo va haciendo más despacio, pues la escalera cada vez se estrecha más. Sobre todo a partir del campanario, que está en la parte más alta, y desde el que la escalerilla ya es un pasadizo. Menos mal que pronto asoma a la plataforma que señala el final de la subida y de la torre.

¡Qué espectáculo tan maravilloso! Desde lo alto del campanario, la ciudad de Lérida se divisa como si fuera mayor de lo que es. Su visión, además, es cartográfica. Quien la conozca, podrá identificar en ella cada una de sus plazas y sus calles como desde la ventanilla de un helicóptero. La torre incluso lo parece, pues se mueve levemente con el viento, o por lo menos da esa impresión.

—¡Qué vértigo! —le confiesa el viajero a un chico joven, el único que estaba arriba cuando él llegó.

—¿Tiene vértigo? —le pregunta el chico.

—¿Tú no?

—Un poco —reconoce el chico, que, por su acento, no parece ser de aquí.

—¿De dónde eres?

—De Córdoba.

—¿De Córdoba?

—Sí, señor —responde aquél.

—¿Y qué haces por aquí?

—He venido a trabajar.

El chico le confiesa que lleva en Lérida tres semanas y que espera regresar pronto a su tierra. Es tímido y no muy culto, pero, como está solo y hoy, sábado, no trabaja, ha venido a pasar la tarde aquí, viendo la catedral y la ciudad desde arriba.

—Es más bonita la Mezquita —le dice el viajero para fortalecer su orgullo.

—Esto también es bonito —responde el chico, con deportividad.

El chico se queda mirando al fondo y el viajero hace lo propio, entreteniéndose ahora en reconocer las calles y los edificios públicos que antes vio a ras de suelo. Aunque lo que más destaca es la línea del río Segre, que pasa pintando chopos detrás de ellos. Todavía están amarillos, prueba de que el otoño viene atrasado.

Detrás del Segre y de la ciudad, la llanura se extiende bajo la bruma, que impide ver el final de aquélla. Y, por supuesto, al norte, los Pirineos, que en días claros han de verse desde aquí. En su ausencia, es esta torre la altura más destacada que se divisa en el horizonte, aunque, evidentemente, el viajero no pueda verla desde ella misma. A cambio ve, eso sí, la ciudad, y a sus pies, justo debajo, el claustro y la catedral y el laberinto de construcciones que componían la fortaleza. Todo como en una gran maqueta en la que hasta las personas parecen seres de miniatura.

El viajero busca la catedral nueva. Sabe por dónde está, más o menos (hacia el oeste de la ciudad), pero no advierte ninguna iglesia que en apariencia pueda pasar por tal. Desde allí arriba, todas parecen iguales y no hay ningún campanario que se destaque de los demás. Por lo menos no comparado con el que ahora le asoma al mundo.

Cae la tarde poco a poco. El sol se aleja hacia el fondo y el frío aumenta en la plataforma. El viajero, pese a ello, permanece aún largo rato mirando Lérida y su campiña, conmocionado por la perspectiva. Y seguiría allí todavía si las chicas no le hubieran avisado de que a las cinco cierran la torre. El viajero mira su reloj: faltan cinco minutos para ello.

El descenso de la torre es peor que la subida. Los escalones son muy estrechos y las piernas se resienten del esfuerzo. Ya casi abajo, suenan las cinco, anunciando que es la hora de cerrar. El viajero apura el paso, no vaya a quedarse dentro.

—¿Alguna vez se quedó alguien encerrado? —le pregunta a la persona que espera para cerrar la puerta.

—No —le dice ésta, sonriendo.

El viajero cruza el claustro absorbiendo la última luz del atardecer. Es aún más pura que la de la mañana. Hasta la perspectiva del mirador parece mucho más limpia con el último sol de este día de otoño.

La catedral, en cambio, está a media luz. La de los ventanales ha declinado visiblemente y la del rosetón del fondo no puede alumbrarlo todo. Pese a ello, el viajero le da una última vuelta. En una de las capillas, un cartel que antes no ha visto le depara todavía una sorpresa: la de retrotraerle al tiempo en el que, según aquél, se celebraba aquí cada año un auto sacramental con gran aparato escénico (un ángel descendía, por ejemplo, ayudado por poleas, desde la cúspide del cimborrio) en el que un niño cantaba el *Canto de la Sibila* y en el que se veneraba aún en algún lugar el pañal que envolvió al Niño Jesús cuando nació.

—Las últimas dos preguntas, os lo juro —se dirige el viajero a las chicas de la entrada, anticipándose a su reacción.

Las chicas ni le contestan. Se limitan a sonreír, como si ya esperaran sus preguntas.

—¿Quién era la Sibila?

—Pues, la verdad, no lo sé —le responde una de ellas, mirando a su compañera.

—Yo tampoco —dice ésta.

—¿Y el pañal?... ¿Qué pasó con él? —cambia el viajero de tercio, sin decirles que él sí sabe quién era aquel personaje. Con su pregunta se refería a su relación con la catedral.

—Está ahora en Barcelona.

—¿En Barcelona?

—Cuando la guerra de la Independencia —le explica una de las chicas—, un canónigo de la *Seu* se lo dio a una familia de Lérida para que no lo profanaran los franceses. Esa familia se trasladó luego a Barcelona y el pañal lo tienen sus descendientes... Y no hay manera de que lo devuelvan.

—¡Vaya hombre, qué espabilados! —dice el viajero, imaginando cómo serán.

Las chicas comienzan a recoger sus cosas. El viajero se despide y sale de la Seu Vella decidido a seguir el día en su sucesora, si es que la encuentra al final. Y si está abierta, que es lo siguiente.

La camarera de La Sibila sí sabe quién era este personaje. A pesar de su apariencia (lleva tatuado el ombligo y *piercings* en las dos cejas), sabe más que las chicas de la Seu.

—Una especie de sirena... Atraía a los hombres y los mataba.

—¿Y qué tenía que ver con la catedral? —le pregunta el viajero, sorprendido, mientras se bebe su coca-cola.

—Eso ya no lo sé —le dice la de los *piercings,* que parece ella misma una sibila.

Desde la terraza, Lérida parece ahora mucho más viva. Al menos, se la ve llena de coches que van y vienen de un sitio a otro. Es sábado, piensa el viajero.

Y vísperas de la Navidad. Camino de la Seu Nova, el viajero ve los adornos, iluminados ya muchos de ellos, y comprueba la gran animación que hay; tanta que tarda casi una hora en conseguir aparcar el coche y eso después de dar un sinfín de vueltas. El periplo le sirve, por lo menos, para comprobar la gran cantidad de razas que pueblan esta ciudad. Negros, principalmente, aunque también los hay orientales. Sobre todo en la parte vieja, la mayoría son inmigrantes.

Por fin consigue aparcar el coche (en el paseo que mira al río) y se dirige sin perder tiempo a la catedral, pues queda poco para que cierre. Al viajero se lo dice un matrimonio que pasea junto al río con sus hijos.

La catedral no está lejos, pero se tarda en llegar a ella. Hay tanta gente en las calles que apenas se puede andar. Y menos por las del centro.

—¿Ésta es la Seu Nova? —le pregunta el viajero a una señora, señalando un edificio de estilo gótico, muy hermoso.

—No. Esto es el museo de Historia. La Seu está detrás de él.

El edificio del museo es muy hermoso, pero el viajero le da la vuelta sin detenerse. Detrás de él, la catedral parece mucho más pobre.

«La Seu Nova de Lérida —lee en la guía frente a su pórtico— se comenzó el 5 de abril de 1764 para sustituir a la provisional de San Lorenzo, iglesia que acogió la cátedra episcopal tras la transformación de la Seu Vella en cuartel, y se proyectó siguiendo los gustos de la época, esto es, bajo los presupuestos del arte neoclásico...». Leer esto y torcer el gesto ha sido todo uno por parte de un viajero decepcionado por la revelación. Al viajero, ya se sabe, la arquitectura neoclásica no le entusiasma precisamente.

Aun así, empieza su visita. Tras contemplar la fachada, escueta como una tumba, y las dos torres laterales (que parecen desmochadas, de tan cortas), entra en el pórtico, que ya está a oscuras (el sol se ha puesto hace rato), y atraviesa la puerta principal. Junto a ella, un drogadicto pide limosna sin convicción.

—No tengo nada —miente el viajero.

Dentro, la soledad es total. Iluminada, a pesar de ello, como si estuviera llena, la catedral contrasta con la oscuridad del pórtico. Ciertamente, la sensación que da es de armonía, como decía la guía del viajero. Y de serenidad. Sin ser tan bella como su predecesora, la verdad es que la Seu Nova no deja de tener también su encanto.

La nave principal, por ejemplo, es fastuosa. De gran pureza, como las otras, de las que la separan diez ciclópeas columnas, se alarga por muchos metros hasta desembocar en un presbiterio sin más adornos que el ara, un coro corto y un baldaquino; éste, lleno de bombillas, como las lámparas de la gran nave. Las laterales, menos grandiosas, se prolongan por detrás del presbiterio, atravesando el crucero, que es muy escueto, y formando una girola de la misma anchura que ellas. Alrededor, las capillas (cuatro en cada una de las naves y siete en el deambulatorio) completan el decorado de esta catedral moderna cuya característica principal es la simetría. Se ve que sus constructores pertenecían a la época de la precisión geométrica.

Por contra, la decoración es pobre. Fuera de las columnas y de sus capiteles clásicos y de las pinturas que cubren la bóveda del altar, el resto del edificio está desnudo del todo, no se sabe si porque se proyectó ya así o como consecuencia de los distintos incendios que ha sufrido a lo largo de su historia; según la guía del viajero, uno en 1782, apenas un año después de su consagración, otro en 1808, cuando la invasión francesa, y otro en agosto de 1936, que acabó por destruir lo que quedaba de valor en ella, incluidos los retablos de Juan Adam (el mayor ya había sido destruido apenas hecho) y el coro de Bonifaz, y que supuso su cierre provisional. De este último y terrible incendio da fe junto al presbiterio un gran panel con fotografías en el que se adjudica aquél a una columna anarquista barcelonesa llamada Los Aguiluchos que iba de paso hacia Zaragoza, donde se encontraba el frente (otro panel, en una capilla, exhibe la relación de los doscientos curas asesinados, no sólo en esos días, sino a lo largo de toda la guerra civil española). Ciertamente, la Seu Nova no ha tenido más suerte que su predecesora.

Las capillas son la muestra de esa destrucción continua. El viajero a duras penas encuentra algo digno de mención en ellas y lo que anota no es por su calidad artística: un cuadro de la Sagrada Familia, en el retablo de la capilla del mismo nombre, que parece una ilustración de cuento (por sus colores y porque la Sagrada Familia aparece en el taller que le daba de comer) y el estandarte con el rostro del beato Francesc Castelló i Aleu, catequista asesinado junto con los doscientos curas en el transcurso de la contienda española y cuya santificación se pretende ahora. El resto son retablos e imágenes de hace dos días, sin más gracia que el fervor que el que los mira quiera poner en ellos.

El fervor del viajero es poco, así que en seguida acaba el recuento. Coincide justo con la aparición de un hombre que, por su actitud, parece ser el sacristán de la catedral: viene apagando las luces y comprobando que no queda nadie dentro. El viajero comprueba su reloj: son las siete menos cinco de la tarde.

—¿Usted es el sacristán? —le pregunta al hombre, cuando se acerca.

—No —dice el otro—. Yo estoy hoy sustituyéndolo.

—¿Y va a cerrar ya?

—Ahora mismo. Son las siete.

El viajero intenta trabar conversación con él, pero el otro se escuda en su interinidad:

—Venga mañana —le dice—. El sacristán sí que sabe de todas esas cosas.

Así que el viajero, que intentaba trabar conversación por retenerlo, no porque quisiera saber nada concreto, echa un último vistazo general y abandona el templo por donde entró. El drogadicto ya se ha ido y apenas se ve a nadie por los alrededores. Pero, cuando dobla la esquina del museo (antiguo Hospital de Santa María, según dice un letrero en la pared), descubre nuevamente la gran cantidad de gente que llena Lérida esta noche de sábado invernal. Se ve que, además de sábado, la Navidad está ya a la vuelta de la esquina.

Los obispos de Solsona

¡Qué contraste con la animación de anoche! A las nueve de la mañana, cuando el viajero sale a la calle, Lérida está tan desierta que parece una ciudad fantasma. Ni siquiera hay un bar abierto para desayunar.

El viajero da varias vueltas, comprueba que es verdad que todos duermen y se acerca al centro histórico a ver si allí ya empezó la vida.

Pero tampoco por el centro se ve gente todavía. Ni cafeterías abiertas en las que desayunar. Solamente la Seu Nova parece abierta a esta hora, aparte de un quiosco en la avenida que mira al río.

El viajero entra en la catedral. Media docena de personas ocupan sus grandes naves, haciendo tiempo tal vez a que dé comienzo una misa. Todas son ya muy mayores. El viajero, lentamente, le da otra vuelta al templo, que ahora se ve con más claridad que ayer. En especial las capillas, a las que anoche apenas les daba el resplandor de las naves y el presbiterio.

A las diez empieza una misa, momento que el viajero escoge para regresar afuera con la confianza de que ya haya alguna cafetería abierta. Pero se equivoca, descubre con decepción. Ni a las nueve, ni a las diez hay ningún lugar abierto en esta ciudad que duerme como si no fuera a despertar nunca.

—¿Siempre es así? —le pregunta al del quiosco antes de subirse al coche.

—Los domingos —dice el hombre—. El resto de los días la gente sí madruga.

Resignado, el viajero sube al coche y, sin esperar por más, abandona la ciudad atravesando el puente sobre el río Segre. Atrás queda la Seu Vella, despidiéndole por el retrovisor.

La ciudad se prolonga largo rato todavía, sin embargo. Primero, en forma de barrios y, luego, de fábricas y almacenes. Cuando desaparece por fin del todo, comienzan a hacer acto de presencia los frutales que la han hecho famosa en toda España. Hoy también están desnudos, como aquélla, pero en su profusión se advierte la abundancia que deben de ofrecer en el verano.

Por fin, el viajero encuentra un sitio en el que desayunar: un mesón de carretera, a la entrada de un pueblo de incierto nombre. El bar, que está atendido por extranjeros, muestra una fotografía de Alcántara que al viajero le hace recordar al hombre que paseaba a su perra ayer junto a la Seu Vella.

—Un café con leche, por favor.

—La leche, ¿caliente o del tiempo? —le pregunta la chica que le atiende.

—Me da igual.

La chica se la sirve hirviendo. Pero no importa. El viajero está tan hambriento que se lo toma sin esperar a que enfríe. Lo acompaña con unas magdalenas de la época de la fotografía.

—¿Sois extremeños? —le pregunta el viajero al único camarero que parece nacional.

—No. Esa fotografía nos la trajo un cliente que es de allí —dice el chico, con acento catalán.

Hasta Solsona, la carretera va remontando el río Segre, que baja de los Pirineos, cuyas primeras estribaciones aparecen pasado Balaguer. La antigua capital del condado de Urgel queda a la izquierda, rodeada de campos de cultivo. Pero, en seguida, la geografía se encrespa. Cubells, primero, y Artesa de Segre, luego, encauzan la carretera y al río entre las colinas, que van ganando en altura a medida que aquélla asciende. Un poco más allá, a la altura de Basella, el viajero se desvía a la derecha, obedeciendo a la indicación de un cartel que indica: Solsona.

La ciudad aparece al rato, semiescondida entre las colinas y sin nada que hiciera presagiarla. La soledad de la carretera y su propia situación mal podían anunciar a la segunda capital episcopal de Lérida. Y de todo el Solsonés, como aquí llaman a la región a la que bautiza.

Solsona es muy diminuta. Apenas siete u ocho mil vecinos integran su exiguo censo, según dice la guía del viajero. Guía que también indica que surgió en torno a un monasterio y que alcanzó su máximo apogeo a finales del siglo XVI con la creación del obispado de su nombre. Lo cual se nota en cuanto se llega, pues toda la ciudad gira alrededor de su catedral.

Alrededor de ella pasa también la calle que, prosiguiendo la carretera, aísla la ciudad vieja de la moderna; la primera escondida detrás de sus murallas y la nueva extendida al otro lado del río y del puente que comunica las dos. Puente que nombra a la principal puerta que se abría y aún se abre en las murallas, justo al lado de la catedral.

El viajero aparca enfrente de ella, en una especie de plaza que sirve de estacionamiento. Está casi vacía, lo que indica que no hay mucha gente aquí.

En efecto, aunque es domingo y son ya más de las once, Solsona se ve tan muerta como Lérida hace una hora. La razón quizá sea el frío que hace a pesar del sol.

Ayer ya lo hacía en Lérida, pero ahora es más intenso. Quizá porque la ola de frío que anunciaban los periódicos ya ha llegado a Cataluña o quizá porque Solsona está más alta que Lérida. El caso es que el viajero, en cuanto baja del coche, nota la temperatura, que contrasta con la que tenía en éste.

Desde el aparcamiento, la catedral se ve, como la de Ávila, asomada a la muralla, que atraviesa con sus ábsides. Como el de la catedral abulense, son románicos también, estilo que comparten con la torre, cuya cuadrada silueta se alza sobre la nave, ésta ya de estilo gótico.

Junto a la catedral, la puerta del Puente (o del Sol, por el que la preside) invita al viajero a entrar, pero éste prefiere mirar primero la catedral desde su exterior, cosa que hace siguiendo la carretera, que rodea a la muralla como si fuera un paseo de ronda. Justo ante la catedral, da un giro muy pronunciado, en dirección ahora al oeste, dejando a su derecha un edificio que parece formar parte del gran complejo catedralicio y un pequeño jardincillo que también debe de pertenecer a éste. Por él, el viajero entra en la Solsona antigua, cuyo límite aquí marca el

Palacio Episcopal. Un edificio neoclásico pegado a la catedral, con la que comparte plaza.

La fachada principal de la catedral, que es la que se asoma a ésta, es de inspiración barroca, lo que delata su construcción tardía en comparación con el resto del edificio. La guía del viajero fecha su inicio en el siglo XIII, aunque su construcción fue tan azarosa y se prolongó tanto en el tiempo que difícilmente puede decirse que aquel que se comenzó sea el mismo que el viajero mira ahora. De hecho, nació como monasterio y sólo siglos después se convirtió en la catedral que hoy es.

La impresión que da al entrar es, no obstante, la de un templo medieval. Desde su puerta principal, que, como la de Calahorra, en La Rioja, está más alta que el interior, lo que permite ver la gran nave (única, de estilo gótico) con perspectiva privilegiada, la iglesia madre de Solsona se ofrece al que la contempla en toda su dimensión. Que no es muy grande, pero tampoco escasa, sobre todo a tenor de la de la ciudad.

Ya dentro, la catedral parece aún mucho más pura. Restaurada no hace mucho y limpia como una patena, ni siquiera las capillas rompen su gran armonía, pues apenas sobresalen de sus muros, exceptuando a las dos que ocupan los dos brazos de crucero. El resto son simples aberturas entre los contrafuertes de la construcción, como sucedía en la Seu Vella de Lérida.

La mayor, alta y profunda, cubierta por una bóveda que delata su primitivismo, concentra las miradas de la gente, tal es su fuerza y su brillo. Un baldaquino y el coro, éste puesto en semicírculo, y el altar, bajo el primero, son toda su decoración, pero su belleza es tal que atrae como un gran imán en torno al cual gira todo el templo. En esto, la catedral de Solsona gana a cualquier semejante.

La catedral se completa, en los dos brazos del crucero, con dos enormes capillas cuya espectacularidad rivaliza con la de la mayor. Una, la de la izquierda, se adorna con un retablo barroco, mientras que la de la derecha acoge uno más grande, novecentista, con una Virgen dentro de un camarín cuya antigüedad contrasta con la de éste. El viajero le pregunta a una señora y descubre que se trata de la patrona del templo, cuyo nombre alude al lugar del que, al parecer, procede: el claustro viejo de la catedral. De piedra, del siglo XII, habría sido trasladada aquí cuando aquél se reformó, aunque la leyenda dice que fue encontrada en el pozo, donde alguien la habría escondido y de donde la sacaron los salvadores de un niño que, jugando, cayó a él y que conservó la vida gracias a un milagro suyo.

—¿Eso es verdad? —le pregunta el viajero al sacerdote que dispone el altar mayor en este momento para la misa que va a comenzar ahora.

—Eso dice la leyenda —le responde el sacerdote, sonriendo, sin arriesgar una opinión personal.

El sacerdote sigue a lo suyo y el viajero busca sitio en unos bancos que ya empiezan a estar llenos. Mientras él miraba la catedral, ha ido llegando gente y ahora la iglesia parece otra. Se ve que hoy es domingo y que en Solsona la catedral es un templo vivo.

La razón de que haya tanta gente no es ésa únicamente, sin embargo. La explica el propio sacerdote antes de empezar la misa y es que ésta hoy se celebra en homenaje a los matrimonios que este año cumplen sus bodas de oro o de plata y que son los que ocupan las primeras filas. Por eso, dice, la oficia el señor obispo, dándoles la bienvenida.

El obispo, que ya está frente al altar (el viajero se fija por primera vez en él; pensaba que era otro cura), comienza la ceremonia sin otra compañía que la del que presentó la misa. El viajero lo confirma con el viejo que comparte su banco junto a él. Es el obispo, en efecto, aunque no se haga acompañar del séquito a que acostumbran.

La misa es en catalán. El obispo la oficia con la experiencia de quien tiene ya muchas dichas y el sermón lo pronuncia con la solemnidad que requiere la ocasión. Mientras le oye, el viajero se entretiene en tomar algunas notas, no porque no le interese lo que el obispo cuenta, sino porque le cuesta seguirle en catalán. Incluso aprovecha, cuando termina de escribir, para hidratarse las manos con una crema, puesto que se le resecan mucho con el frío. Aunque no calcula el momento y lo hace justo antes de que el obispo invite a la gente a darse la paz. Su vecino le mira con sorpresa, como tratando de comprender por qué tiene la mano tan grasienta. ¡Qué oportuno!, piensa el viajero, escondiéndola, no vaya a ser que se la quiera estrechar más gente.

La misa acaba por fin y el obispo se despide de los asistentes, en especial los de las primeras filas. Secundado por el párroco, desaparece luego en la sacristía y en la nave se forma un gran revuelo entre la gente que se saluda y la que felicita a los homenajeados, a los que se ve felices. Tanto que posan frente al altar en una foto para el recuerdo a la que se incorpora el párroco y, más tarde, el propio obispo, cuando sale ya vestido de paisano, como aquél. Contra lo que sería normal, el obispo lo hace en un extremo, con humildad, desoyendo las invitaciones para que ocupe el centro de la fotografía.

Terminada ésta, se va por una puerta lateral, solo, como llegó, sin nadie que le haga el *rendez vous,* como el viajero recuerda a otros, mientras los homenajeados y el párroco se agrupan para ir a comer juntos. Se lo dice éste al viajero, que ha vuelto a acudir a él para que le saque de una nueva duda: si hay algún libro sobre la catedral, más allá de las guías turísticas al uso.

—Hay uno; pero no lo tengo aquí —le dice el cura, solícito, ofreciéndose a traerlo por la tarde, si se acuerda—. Es que ahora voy a comer con ellos —le aclara.

—Si puede; no se preocupe —dice el viajero, comprensivo—. Es que —se justifica— como hoy está todo cerrado...

—Claro, claro —dice el cura, sonriendo.

El sacerdote se va con los matrimonios y la catedral se vuelve a quedar vacía, con apenas unas cuantas personas dentro de ella. Son solsonenses que alargan su estancia en ella antes de salir afuera. La mayoría se acercan a las capillas del crucero, que, a lo que se puede ver, son las más visitadas por la gente.

El viajero da otra vuelta a todo el templo. Contempla las capillitas que bordean la catedral, cuya fachada principal —observa— está un poco desviada de su eje, y, luego, se asoma por una puerta que parecía cerrada, pero está abierta. Es la puerta por la que se fue el obispo y que da a una estancia en penumbra en la que se divisa un gran retablo flamenco guardado, más que expuesto, en ese sitio, pues pocos son los que deben de verlo, salvo los curas. A un lado, un arco románico (resto quizá de la anterior catedral: la que precedió a la gótica) se abre a un patio muy pequeño en cuya crujía de enfrente se ve otro arco del mismo estilo. Los dos están muy bien conservados y el primero protegido por un cristal de las inclemencias. A su lado, una puerta comunica con el patio y, por éste, con lo que parece ser el vecino Palacio Episcopal. Ahora entiende el viajero por qué el obispo salió por estas estancias, en vez de por la puerta principal, como la gente.

La mayoría de ésta, no obstante, lo hace por la del norte, que da a la calle Mayor, frente a la puerta de la muralla que mira al río. Es el paso más usado por la gente para ir de un lado a otro de Solsona, que la muralla divide en dos, como ya se ha dicho. Aunque el viajero prefiere coger el coche y darle la vuelta entera para no ir con la maleta caminando hasta su hotel.

El hotel Sant Roc, al otro extremo de Solsona, es un edificio hermoso. Rehabilitado recientemente y abierto al público hace unos meses, es el mejor lugar de Solsona para reposar en paz, según dice la guía del viajero. Algo que a éste le vendrá bien después de dormir anoche en un hotel situado justo al lado de un centro comercial.

Las chicas de recepción están a tono con el hotel. Con gafitas de colores y aire de profesionales, atienden a los viajeros con diligencia, como si trabajaran en un negocio de cinco estrellas:

—Su habitación está en la primera planta. En la de abajo tiene el *spa*, con *jacuzzi*, sauna, ducha de lluvia, hidromasaje y otras ofertas, y, en ésta, restaurante con cocina internacional y un café-bar para reuniones. El desayuno se sirve en el restaurante de siete a diez.

—¿Y en el *spa*? —les pregunta el viajero, puesto ya a exigir caprichos.

—No, lo siento —dicen las recepcionistas, sin advertir que lo preguntaba en broma.

El viajero coge sus cosas y sube a su habitación. Como el hotel, es un derroche de diseño (al modernismo de la construcción, éste une una profusión de objetos, la mayoría de ellos superfluos y casi todos extravagantes), por lo que el viajero sólo permanece en él el tiempo imprescindible para acomodar sus cosas, lavarse un poco la cara y comprobar, al regresar de nuevo a la recepción, los precios del restaurante, que le animan a buscar otro lugar para comer. Y no se equivocará. Justo enfrente del Sant Roc, el restaurante Solterra tiene menos pretensiones pero una cocina espléndida. La ternera asada con setas, especialidad de la casa y de la región, el viajero duda sinceramente que la puedan igualar en muchos sitios, y mucho menos en el hotel Sant Roc.

Cuando termina de comer, el viajero se dedica a deambular por la ciudad. Hace frío y la gente está en sus casas, pues las calles se ven desiertas. Mejor así, piensa el viajero mirándolas, admirado de su primitivismo.

Calle Mayor abajo, en la que se concentran los edificios más importantes, incluido el del Ayuntamiento, el viajero se encuentra a dos señoras que deben de ser las únicas que hay ahora por la calle en todo el pueblo. Las señoras, a pesar de ser de Solsona, saben muy poco de éste y tampoco les preocupa, a juzgar por su expresión:

—¿Que cuántos vecinos somos? —se preguntan, mirándose una a la otra como si nunca se hubieran hecho esa pregunta antes—. Ni idea —concluyen casi al unísono.

—¿Y el nombre, de dónde viene?

—¿El nombre?

—Solsona... ¿De dónde viene? —les repite el viajero, por si no le han entendido.

—No sabemos —se encogen de hombros las dos señoras.

El viajero mira a su alrededor. El cielo se ha puesto negro, como si fuera a nevar de un momento a otro.

—¿Nevará? —les pregunta a las señoras.

—No. Esto es la bruma de Lérida —responde una en catalán, alejándose detrás de los pasos de la otra.

—¡Muchas gracias! —las despide el viajero desde lejos, decepcionado por su laconismo.

Las tiendas están cerradas. En la ciudad antigua de Solsona, por cuyas calles corre ahora el viento, todo parece desierto, salvo las pastelerías. Así que el viajero se mete en una y se toma un café con leche antes de seguir camino, cuyo destino es de nuevo la catedral.

En seguida vuelve a encontrarla. Al acabar la calle Mayor, junto a la puerta del Puente, emerge entre los edificios, aterida de frío como el viajero. Ciertamente, el tiempo ha cambiado mucho desde que llegó a Solsona.

Dentro de la catedral no hay nadie. Las velas tiemblan en el altar, dándole aún más emoción. Con el cielo ennubarrado, la nave está casi a oscuras, iluminada sólo por la poca luz que entra por el rosetón de atrás. Solamente, en el crucero, el camarín de la Virgen refulge como una estrella, resaltando la presencia y la belleza de la imagen.

El silencio también es absoluto. El viajero, sin moverse, lo escucha durante un rato como si estuviera oyendo el mundo antes de existir el hombre.

Pero en seguida se abre la puerta. Primero llega un señor y, al poco, otras personas. La catedral se llena de ruidos, aunque sigue todavía sumida en la oscuridad. Tan sólo, al cabo de un rato, se ilumina de repente, despertando de la penumbra y a los presentes de su adormecimiento.

El responsable de ello es el párroco. Aparece por la sacristía, diligente como durante todo el día. Se ve que es un hombre activo, a pesar de la edad que tiene.

—Lo siento, se me olvidó —se disculpa ante el viajero, al verle acercarse a él.

—No se preocupe —le dice éste.

—Y ahora no puedo ir a casa —vuelve a disculparse el cura—. Tengo que preparar el altar para la predicación del Adviento que hará a las seis el señor obispo.

—No importa —insiste el viajero.

—De todos modos —le dice aquél—, si está por aquí después, me acompaña hasta mi casa y se lo doy.

Ni siquiera le ha preguntado por qué tiene tanto interés en el libro. Al revés que otros compañeros suyos, que en segui-

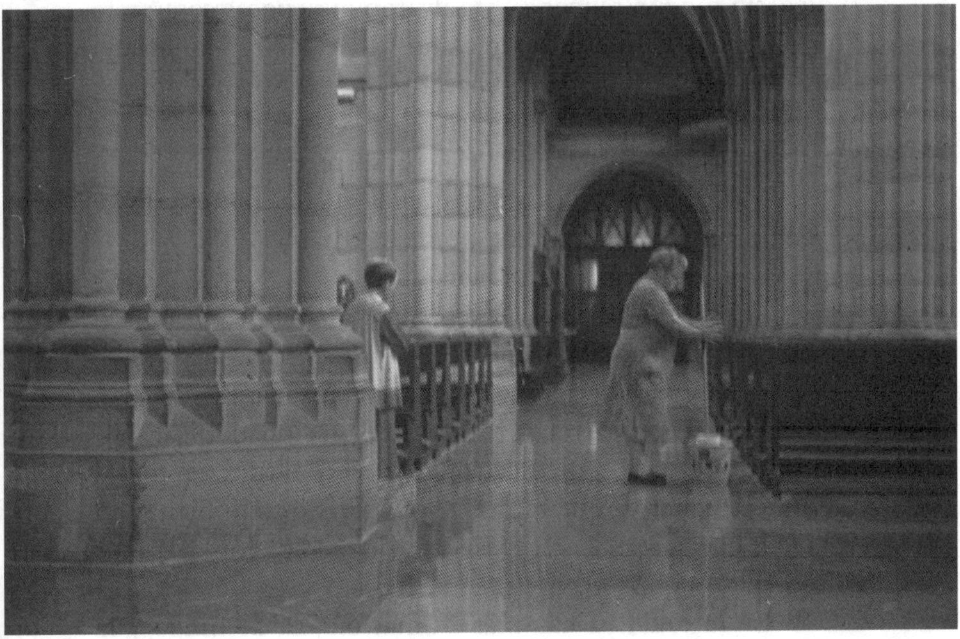

da desconfían y se colocan a la defensiva, el párroco de Solsona ni siquiera le pregunta qué es lo que busca en la catedral. Mientras prepara la capilla del crucero en la que según dice el obispo va a predicar, incluso le responde a algunas preguntas sueltas, como la de por qué el retablo flamenco que está escondido en el paso al claustro no está en un lugar mejor.

—No es de aquí. Pertenece a una parroquia de la diócesis y está ahí para que lo restauren.

—¿Y el del altar mayor?

—Lo quemaron. Aquí, en la guerra, quemaron todo —dice, sin ningún rencor—, se salvaron muy pocas cosas: este altar —señala al que está arreglando—, el de la Virgen del Claustro y algunos de las capillas... ¡Ah!, y el órgano, porque hacían baile con él.

—¿Baile? —exclama el viajero, sorprendido.

—Y de todo. Si le digo que, en la guerra, el mercado de Solsona se hacía aquí... —dice, por la catedral.

—Pues la restauraron bien.

—Eso sí —responde el cura, disculpándose por no poder seguir atendiéndolo. Tiene que ir a la sacristía.

—Perdón —le agradece el viajero su amabilidad.

Mientras el párroco va y viene de un sitio a otro disponiéndolo todo para la predicación, el viajero deambula por la catedral sin saber ya qué mirar. Ya lo ha visto todo bien y no tiene más que hacer. Si acaso, esperar a la predicación del señor obispo, para la que todavía falta una hora.

En la calle, ya hay más animación. Es domingo y la gente, después de dormir la siesta, ha salido a pasear o a echar la tarde yendo de un sitio a otro, los jóvenes. Frente a la fuente gótica que hay junto al templo, un matrimonio mayor está sentado en un banco viendo pasar a la gente. El hombre tiene un pie sin calcetín y lo apoya directamente en el suelo.

—Es para que se me deshinche —le responde al viajero, cuando éste le pregunta.

El hombre, que es andaluz, tiene noventa y un años, y proclama que lleva aquí medio siglo. Llegué, dice, un 10 de abril a las diez y a las dos ya estaba trabajando.

La mujer, que se llama Rosa y también es andaluza («de Granada, junto a Sierra Nevada»), es más joven, pero también lleva aquí ya medio siglo.

—En cuanto pude, traje a la familia —dice el marido, orgulloso.

—Tardamos en llegar un día entero —apostilla, por su parte, con nostalgia, la mujer—. Yo sola, con los tres hijos. ¿Qué le parece?

—¿Y están contentos en Solsona?

—¡Qué remedio! —dice el hombre, que reconoce que aquí se vive mejor que en Andalucía—: Allí, entonces, no había nada.

—Aquí hay mucho trabajo —apostilla su mujer.

José y Rosa miran pasar a la gente sin la curiosidad que un día tuvieron y que les llevó a abandonar su tierra para trasladarse a otra muy lejana. Ahora, contemplan la vida con más distancia, como si estuvieran ya hartos de verla.

—¡Los años! —exclama el hombre, calzándose la zapatilla para regresar a casa.

El matrimonio se va caminando muy lentamente, él apoyado en la mujer, a la que se ve más fuerte. En su camino, se cruzan con el obispo, que viene hablando con dos señoras.

—*Bona tarda!* —les saluda éste, al pasar al lado, como si les conociera.

—*Bona tarda!* —le responden José y Rosa en catalán.

El obispo entra en la catedral y el viajero hace lo propio, decidido a escuchar su predicación. No es que le interese mucho, pero no tiene nada mejor que hacer.

La capilla del crucero ya está llena. Tres docenas de personas esperan a que la predicación empiece agrupadas en los bancos que el párroco ha colocado con tal motivo. Hay de todo: gente joven y mayor, incluidos dos sacerdotes y varias monjas con hábito. Las monjas rezan arrodilladas a la espera de que comience el acto. El viajero ocupa un sitio frente a ellas, en un banco adosado a la pared.

El obispo, de paisano, hace su predicación de pie. En catalán, como esta mañana, con lo que el viajero se entera de bastante poco. Los demás le siguen atentos, sobre todo las monjitas, que ni pestañean siquiera.

Mientras predica (sin énfasis, pedagógico, como si se dirigiera a gente sencilla), el obispo mueve las manos, en una de las cuales destella el anillo verde que, junto con el crucifijo, le caracteriza como lo que es. La charla se alarga mucho y el viajero, que se aburre, se dedica a observar a las personas que le escuchan, todas en total silencio. Sobre todo una señora que duerme profundamente, delante justo de las monjas. ¡Quién pudiera!, piensa el viajero con envidia, pues donde él está, si lo hiciera, le vería toda la gente.

Ya es de noche. El rosetón de atrás se ha borrado y la catedral refulge con la iluminación eléctrica, que es la que ahora marca sus perspectivas. Perspectivas que se alargan por las dos capillas del crucero y por el altar mayor, en el que, al acabar la predicación del Adviento, el obispo empalma con una misa. El viajero duda si salir huyendo, sobre todo al ver los seis curas que la oficiarán con él, pero, al final, decide quedarse, más que nada por acompañar al párroco a recoger el libro a su casa cuando terminen. Podría esperarle fuera, pero, con el frío que hace, la opción le apetece menos.

Esta vez, el obispo ejerce de obispo. Con mitra en unos momentos y con el solideo en otros, preside una ceremonia que se prolonga ya hasta la hora del cierre y a la que apenas asiste gente. Se ve que, con la de esta mañana, los solsonenses han cumplido con su iglesia.

La misa acaba por fin y la gente se dispersa dando por acabada la jornada. Los curas hacen lo propio, con el obispo al frente de ellos, que hoy —no se puede negar— ha trabajado a conciencia, y el viajero se queda solo en la catedral, esperando a que el párroco la cierre. No es la primera vez que le ocurre, ni será la última, se imagina.

Mientras espera, se fija en las inscripciones que tiene justo a sus pies. Son los enterramientos de tres obispos: Valentín Comellas Santamaría (1933-1945), Miquel Moncadas i Noguera (1977-1989) y Antoni Deig i Clotet (1990-2001). Al lado, una lápida impoluta está esperando al siguiente. ¡Qué miedo!, piensa el viajero, recordando al que se acaba de marchar.

—Salga por ahí, que voy apagando luces.

El viajero obedece al párroco y le espera en el portal, a resguardo del frío de la noche. Ciertamente, el temporal de frío ya ha llegado o es que los Pirineos están muy cerca.

Por fortuna para él, en seguida aparece el cura, que le invita a acompañarle hasta su coche, que está aparcado en la carretera. Mientras caminan, el viajero reanuda la conversación que dejaron interrumpida hace un rato.

—¿Aquí mataron a muchos curas?

—Muchos —contesta el párroco—. Aunque, cuando llegaron los otros —dice—, no fue mejor.

—¿Y eso?

—Me acuerdo cuando entraron los franquistas en Solsona. Yo era pequeño, pero recuerdo que mi padre, que era de derechas, al verlos desfilar con sus banderas, dijo: «¡Pobre Cataluña!».

Ya en el coche, el párroco se explaya contándole al viajero lo que ocurrió a partir de ese día: la prohibición de hablar catalán, la de la *senyera*, la de todos los signos del catalanismo. Lo hace sin manifestarse, como quien cuenta una página de la historia. Solamente, al hablar del anterior obispo, Antoni Deig i Clotet, se entusiasma contando su catalanismo.

—Él se había criado —dice el cura— en un pueblo muy pequeño, su familia tenía un bar y, por eso, actuaba con naturalidad, no con afán político, como le acusaban. Recuerdo —se contradice— que estuvo de auxiliar de un arzobispo de Valencia que era muy nacionalista, que fue su padre intelectual, y, cuando éste se jubiló, se lo trajo a vivir con él. El hombre acabó con alzheimer, ni siquiera recordaba que había sido obispo, incluso a veces salió en pijama a la calle, pero, eso sí, cuando salía el tiempo en el telediario, al ver el mapa de Cataluña, exclamaba: «¡Cataluña!»... Para añadir a continuación: «Pero le falta un trozo»... Se refería —le aclara el cura al viajero— al Rosellón francés, que fue catalán.

Ya han llegado ante su casa. En realidad, un antiguo colegio de salesianos que ahora sirve de casa parroquial. En ella vive el cura con una hermana, a la que encuentran justo en la puerta.

—Te ha llamado mucha gente —le dice, antes de salir.

Aun así, el párroco se entretiene en buscarle el libro al viajero. Lo encuentra en un cajón de su despacho, que está en la primera planta del edificio. Se trata de un folleto sobre la restauración del templo, pero el viajero lo coge agradecido.

—¿Cuánto cuesta?

—Nada. Se lo regalo —sonríe el párroco, advirtiéndole—: Está escrito en catalán.

—No importa —dice el viajero.

El párroco le acompaña nuevamente hasta la puerta. Le despide deseándole que el libro le sirva a sus intereses.

—¿Cómo se llama?

—¿Yo?... Lluís Grisset —dice el cura—. Aunque todos me llaman mosén Grisset.

—Pues muchas gracias —dice el viajero, saliendo y encaminándose hacia la puerta de la muralla que tiene enfrente.

Es la puerta del Castillo, la que está justo en el lado opuesto a la catedral. Las une un laberinto de callejas por las que pasea la gente, aunque la mayoría está en las cafeterías viendo el partido de fútbol que televisan a esta hora y que enfrenta al Barcelona con otro equipo que el viajero no alcanza a saber cuál es. El viajero da una vuelta, contempla la catedral por última vez y, luego, saliendo a la carretera, se acerca andando al hotel Sant Roc, que le espera con sus sábanas y almohadas de diseño y con su bar para reuniones, donde piensa tomar algo caliente. Aunque el ambiente es tan bullicioso (debe de haber un congreso) y la comida tan «modernista» que sale afuera en busca de un bar normal que le ofrezca un pan con escalibada y anchoas con el que despedir un día tan catalán.

El Beato de la Seo de Urgel

La verdad es que ha dormido muy bien. La cama del Sant Roc era tan cómoda y el silencio del pueblo tan profundo que el viajero ha dormido a pierna suelta y, ahora, cuando despierta, se encuentra en plena forma para seguir su camino. Un camino que hoy le llevará a la Seo, como le llaman en toda Lérida a la ciudad donde se sitúa la catedral del antiguo condado de Urgel.

La ciudad de la Seo de Urgel surgió, en realidad, al amparo de ella, en tiempos en que las cosas no eran tan fáciles como ahora. Por eso la levantaron en plenos Pirineos, alejada del alcance de los invasores árabes. Aunque esto no impidió que llegaran hasta ella y que la destruyeran más de una vez. Al menos eso ha leído el viajero mientras desayunaba en el restaurante del hotel Sant Roc.

Ahora, el viajero se acerca ya por la carretera al cruce de la principal; la que conduce a la Seo y a Andorra, que está un poco solamente más allá. Por el camino, la carretera atraviesa un pantano, el de Oliana, cubierto por la neblina, y un largo desfiladero —la garganta de Tresponts— antes de entrar en el valle que el río Segre ha formado en pleno corazón del Pirineo y en cuyo centro se asienta la Seo de Urgel; una ciudad que, a primera vista, al viajero le recuerda mucho a Jaca (tanto por su tamaño como por su emplazamiento), pero que, cuando la vea por dentro, comprobará que está peor conservada.

La carretera sigue en dirección a Andorra, el viejo principado independiente, que está ya a un tiro de piedra, dejando a la derecha la ciudad, a la que se accede por otra carreterita que continúa luego hacia Puigcerdá. El campo que la rodea parece alpino más que español, con caballos pastando por las praderas y pequeñas aldeas desperdigadas de cuyas chimeneas sube el humo al encuentro con el cielo.

La ciudad es más moderna. Capital del esquí de Lérida, se ha extendido por el valle en torno a la ciudadela donde estuvo emplazada antiguamente y a su casco medieval, que domina el edificio del que recibió su nombre. Alrededor de él, nuevos barrios y hoteles para turistas componen el entramado de la Seo de Urgel moderna.

El viajero llega, pues, sin gran problema a la catedral. El edificio, muy primitivo, como aquél ya ha visto en sus guías, destaca por su color y por la extraña espadaña que le añadieron a su cimborrio y que produce la sensación de una iglesia construida sobre él. El entorno es medieval, con casonas construidas con la misma piedra que la Seo y plazas muy bien cuidadas. Antes, el Parador de Turismo, aunque también de la misma piedra, desentona por su modernidad.

Antes de entrar en la catedral, el viajero le da una vuelta por fuera. No es fácil, pues su perfil es algo confuso, con tantos ábsides y capillas como rodean su enorme fábrica; una de ellas, de color amoratado, parece aún más antigua. La sensación, en conjunto, es de un gran primitivismo, de una pureza románica que el viajero ha visto en pocos lugares. Quizá sólo en la catedral de Jaca y en la ex-catedral de Roda. Sin duda, se trata de un tipo de construcción característica de los Pirineos.

Antes de entrar en ella, el viajero lee su historia: «La actual catedral es ya la cuarta. La primera fue la de San Justo y sería de estilo visigótico. De ella, probablemente, nos ha llegado el ara de mármol del altar actual. La segunda fue consagrada el año 819, según consta en la famosa y discutida acta de consagración. Hacia finales del siglo X, esta catedral, prerrománica, resultaba insuficiente y el obispo Armengol construyó una nueva que no pudo ver terminada, ya que murió el año 1035. Fue su sobrino y sucesor, el obispo Aribau, quien consagró la catedral, en estilo primer románico, el año 1040. Pero apenas sesenta años más tarde, el año 1100, el entonces obispo de la Seo de Urgel, San Odón (1095-1122), calificaba de ruinosa esta catedral y pedía donativos para rehacerla. En su carta pastoral, el obispo otorgaba grandes indulgencias a los feligreses que contribuyeran con prestaciones personales, o con donativos, a la reedificación de la catedral...».

La guía sigue contando los avatares de esa cuarta catedral cuyo verdadero artífice fue un maestro de obras italiano llamado Ramón Lombard y que es la que el viajero contempla ahora, mientras lee enfrente de ella. La construcción, ciertamente, es muy hermosa, pese a los dos torreones rectangulares que rematan los dos brazos del crucero y cuya solidez delata la función de fortaleza que el edificio cumplió también. El resto, en cambio, es más delicado, sobre todo los ábsides, con galerías, y las fachadas; la del norte, más severa, y la principal, más abigarrada. Las dos cubiertas por arcos ciegos, como todo el edificio (la principal, además, por seis aberturas, dos de ellas en forma de óculos), y con puertas decoradas en el estilo al que pertenecen; esto es, con columnitas que van graduándose hacia el interior. Aunque todas están cerradas, quizá porque los lunes la catedral descansa.

Junto a la principal, no obstante, otra conduce hacia el claustro y ésa sí que se ve abierta. A su lado, una caseta sirve de freno a los visitantes.

—¿Hay que pagar?

—Tres euros.

—Pero ¿se puede ver la catedral?

—La catedral, el claustro, el museo y la iglesia de San Miguel —le dice el de la caseta, que es un hombre ya mayor.

El hombre le da la entrada y le dice que es para la conservación del templo. Aunque, le aclara, no da ni para empezar. Sobre todo en este tiempo, en el que apenas llegan turistas.

—¿Ni con la nieve?

—Ésos sólo vienen a esquiar.

El viajero coge su billete y entra en el claustro, que está desierto, como los alrededores. Es pequeño, pero de una belleza inmensa. En torno a un jardín cuadrado, las crujías componen una perspectiva única, sobre todo con el sol dándoles ahora en oblicuo. Un gato, entre los arbustos, se despereza al ver llegar al viajero.

Con ayuda del folleto que le han dado con la entrada (en realidad, una fotocopia, pero que tiene que devolver, le han dicho), éste contempla los capiteles. Hay tantos como columnas, esto es, 51, y todos son diferentes. Los mejores son uno de la galería del norte que representa varias figuras de espaldas, pero con las cabezas vueltas hacia el que las mira, otro de la de poniente, compuesto por cuatro músicos que tocan violas con arcos, y el penúltimo de la del sur, con serpientes y aves entrelazadas. El resto son más normales. El gato le ve pasar con la indiferencia del que los conoce todos, mientras en el campanario suenan las doce. ¡Ya es mediodía!, piensa el viajero, apurando el paso.

El recorrido le lleva ahora hacia la iglesia de San Miguel, en una esquina del sur del claustro. Según señala el folleto, es la iglesia más antigua de la Seo y debe de ser verdad, puesto que la iglesita es tan primitiva que produce en el que entra la impresión de hacerlo en la alta Edad Media. Con su bóveda de cañón y su sobria desnudez ornamental, parece una catacumba, sensación que acentúa el silencio. El folleto dice que el ábside estaba decorado con una pintura mural magnífica, pero que fue arrancada y llevada al Museo de Arte de Cataluña. Lástima, piensa el viajero, leyendo cómo era aquélla: «Dentro de la mandorla mística, la imponente figura de la Majestad del Señor. Está de pie, no sentada, como elevándose y sugiriendo la Ascensión de Cristo. Rodeada de los símbolos de los cuatro evangelistas: el hombre o ángel, que representa a San Mateo, el león de San Marcos, el toro de San Lucas y el águila de San Juan, símbolos que proceden de la Biblia (...) En un registro inferior, delimitado por dos cenefas y por las ventanas, los apóstoles con la Virgen María. A un lado de la ventana central, San Pedro y San Andrés; en el otro, María y San Juan; más allá de la ventana derecha, San Pablo y Santiago; todos ellos con actitud de diálogo que elude la rigidez frontal. ¿Es de un maestro de la Seo esta admirable pintura? En cualquier caso, poco tiene que envidiar a los grandes maestros de Taüll...».

La catedral está en el extremo opuesto. Mirando al mediodía, como manda la costumbre, con la cabecera al este y los pies hacia donde se pone el sol. La puerta del mediodía, que se abre al claustro, es la única que está hoy abierta, aunque sólo para los turistas. Aunque, cuando el viajero se acerca a ella, lo hacen también dos mujeres que no parecen venir de fuera.

Las mujeres se van hacia una esquina, a rezar a los pies de un Cristo, y el viajero se queda en la puerta, contemplando la espectacularidad del templo. Ciertamente, es tan hermoso como hacía imaginar por su exterior.

Es grande, con triple nave y columnas de cruz griega suavizadas en sus bordes por las pequeñas bolas características de este templo, como el ajedrezado lo es del de Jaca. Al fondo, el ábside principal muestra un pequeño absidiolo en el que destella una figurita y, a sus lados, se abre un crucero del que, desde donde el viajero está, apenas se ve el arranque. Todo cubierto por una bóveda de cañón que corona a la mitad el gran cimborrio y que delata la antigüedad del templo.

Mirando hacia atrás, el templo es igual de impresionante. Sin la interrupción del coro, que, como en otras iglesias, ha sido desplazado al presbiterio, la vista abarca todo el espacio hasta el ventanal del fondo, bajo el cual se ve un gran órgano. ¡Cómo sonará su música en estas naves gigantes!

La música que ahora se oye no viene de él, desgraciadamente. Pero ayuda a recogerse, tanto a las que están rezando —las señoras— como al que viene a mirar sin más —el viajero—. Es una música religiosa, antigua, como la catedral, y rebota en sus paredes sumergiéndola en una especie de fantasía que hace resaltar sus formas. Sobre todo, el ábside principal, hacia el que el viajero avanza atraído por una extraña fuerza, que es la fuerza que destella la talla que ocupa su corazón. ¡Qué hermosa es y qué delicada!

El folleto dice que data del siglo XIII y que la flor de lis que la adorna indica su procedencia francesa, pese a que aquí todos la creen de Andorra. De hecho, así la llama la gente. Sea cua sea su origen, lo cierto es que esta Virgen que preside el presbiterio y la catedral entera es tan hermosa y tan sugerente que atrae todas las miradas, como le ocurre ahora al viajero. Que la mira emocionado por su impasible policromía perfecta (roja y blanca toda ella), por su serenidad y por la majestad del Niño que, sentado en su regazo, bendice con una mano a todo el que se aproxima, como ahora hace con él. El ábside, aparte de la figura, luce también un altar y la sillería del coro con la silla del obispo y su escudo en un extremo.

A los dos lados del ábside, tres ábsides más pequeños y los dos brazos del crucero completan el escenario que el viajero está contemplando a solas. Tanto los ábsides como el crucero los atraviesa una galería de inequívoca inspiración italiana que, junto con el rosetón central, es la iluminación del templo. En el brazo izquierdo del crucero, el retablo de San Armengol —el único, según el folleto, que se salvó de los que aquí había— cuenta escenas de la vida del obispo (San Armengol orando, a caballo, edificando un puente, cayendo de él, curando a un ciego o haciendo que las campanas repiquen solas), mientras que, en el brazo opuesto, una pequeña arqueta de plata con las características bolas en sus aristas o la imagen de San Odón, el fundador de la catedral, son las piezas más significativas. Por último, una cripta frente a éste que sirvió durante siglos para enterramiento de los canónigos y que ahora acoge los restos de los curas asesinados en la guerra pone fin a un recorrido que al viajero le sabe poco, pues en el resto hay poco que ver. Se ve que también aquí lo quemaron o se lo llevaron todo.

Sentado en el primer banco, después de tomar sus notas, el viajero se deja llevar por sus pensamientos. Con la ayuda de la música, éstos van hacia el pasado, hacia la época en la que se construyó este templo, cuando los Pirineos eran aún un territorio casi inaccesible y por sus valles pastaban libres los caballos de sus moradores. Pensar que en esa época, en este rincón del mundo, arquitectos y albañiles llegados de toda Europa levantaran este templo que aún hoy continúa asombrando no deja de parecer una fantasía que sólo la imaginación del hombre, junto a su afán de perdurabilidad, explica. Eso y la espiritualidad de entonces, reflejada en cada una de sus piedras y especialmente en su ornamentación. Una ornamentación que ahora se nos antoja un tanto *naïf*, como la propia Virgen de Andorra, pero que sigue sobrecogiendo, sobre todo en los claroscuros que sobre ella arroja la luz eléctrica, cuya modernidad no alcanza, no obstante, a deshacer el misterio que aquélla continúa proyectando, si bien que petrificado, sobre la mirada del que la contempla. ¡Cuánto más no lo habrá de hacer cuando, cerrada la catedral, la única luz que la ilumine sea la de los velones y la de los escasos huecos que sus constructores le hicieron al edificio!

—¡Voy a cerrar!

Sobresaltado por el anuncio, el viajero vuelve a la realidad. Se había quedado transpuesto en la soledad del templo y ahora le cuesta volver de nuevo al presente. Pero ha de hacerlo, no tiene otro remedio. El hombre de la puerta le apura con la mirada (se ve que tiene ganas de irse) y las campanas suenan dando la una. Es la hora de salir.

—Usted no es catalán... —le comenta, por su acento, el viajero, cuando sale.

—No, pero como si lo fuera —responde aquél.

—¿De dónde es?

—Autonómico —dice el hombre, como si fuera una adivinanza; aunque en seguida se la desvela—: Nací en Teruel, pasé la infancia en Andalucía, viví en Extremadura y llevo aquí treinta años. Así que usted me dirá...

El viajero no dice nada. El viajero sale a la plaza después de cruzar el claustro (y de asegurarse, antes, que la entrada le sirve también para cuando vuelva) y se va a conocer la Seo, que todavía no ha visto y por la que siente curiosidad. No en vano lo que ha entrevisto le ha parecido muy bello.

La Seo lo es, en efecto, aunque ha perdido mucho de lo que tuvo. Alrededor de la catedral, sobre todo, muestra la traza de una ciudad medieval, con soportales de piedra y calles entrecruzadas en las que todavía subsisten viejas tiendas y comercios con sabor. Pronto, no obstante, la parte vieja desemboca en un paseo decimonónico que separa aquélla de la parte nueva. En él, se asientan algunos de los negocios (quioscos, bares, hoteles...) que le dan a la Seo su aspecto capitalino. En uno de los hoteles, de nombre Andria, el viajero busca una habitación. Le ha cautivado por su jardín y por su aspecto de balneario de la posguerra.

El hotel está muy viejo. Conserva todo el encanto de los hoteles decimonónicos y tiene fotos de su pasado por las paredes; un pasado vinculado a la época en que la Seo era un lugar para el veraneo, puesto que todavía no se conocía el esquí. El chico de la recepción, que es el dueño del hotel, se lo cuenta al viajero mientras le inscribe y le da la llave de su habitación. Ésta, que está recién reformada, es grande y acogedora, aunque, evidentemente, no es la de ayer en Solsona.

—¿Le gustó? —le pregunta el chico, cuando regresa.

—Está muy bien —le dice el viajero (lo que no le dice, obviamente, es que el precio está aún mejor).

Por el paseo pasa la gente de vuelta de sus trabajos o simplemente matando el tiempo. Bajo los árboles deshojados, van y vienen caminando, parándose en el quiosco a comprar la prensa o entrando en los restaurantes a almorzar o a tomar el aperitivo. La mayoría son también bares. El viajero, sin embargo, prefiere una de las terrazas que pertenecen también a aquéllos y que, ahora, en el invierno, están cerradas con cristaleras. Desde ellas puede verse el paseo y a la gente sin pasar frío.

Comer lo hace en un restaurante, el de los bajos del hotel Nice, que, desde fuera, le ha parecido el mejor. *Mongetes amb butifarra* es el menú del día para hoy. Eso sí, con un café, pues, después de las *mongetes,* los comensales pueden quedarse dormidos.

El que lo está es el hombre de la catedral. Cuando le vuelve a ver acercarse, se despereza en su camarote, bostezando como un león.

—¿Tiene sueño?

—Me aburro, que es diferente.

Y no le falta razón. Según dice, el viajero es la única persona que ve desde que abrió de nuevo.

Sus compañeros del museo no se aburren, pero porque pueden hablar entre ellos. Aunque ya se lo han debido de contar todo, por lo menos no están solos como el otro.

Son voluntarios, según le cuentan al viajero, que ha llegado hasta el museo cruzando un ala del claustro. El museo está en una esquina, en lo que fueran habitaciones de los canónigos.

Tiene dos plantas y, según dicen los guardas, es uno de los mejores de Cataluña.

—No lo dude —subraya uno de los dos, que está orgulloso de trabajar en él.

Su compañero explica al viajero en qué orden ver el museo y cuáles son sus piezas más importantes. Sin duda alguna, le dice, las pinturas románicas rurales procedentes de varios pueblos de la diócesis, la colección de vírgenes del mismo estilo, una bula papal del siglo XI y, por supuesto, el Beato de Urgel, que es la joya del museo, según todos.

El Beato está en la primera planta. Le preceden las vírgenes románicas, hieráticas, majestuosas, tan impresionantes todas como la de la catedral, y las pinturas, maravillosas, pero sin el encanto que tendrían en sus iglesias, y ocupa un cuarto en penumbra junto al papiro de la bula del papa Silvestre II por la que se concedía la inmunidad a la diócesis de Urgel. La razón es que la luz podría dañar a ambos. Dos pequeñas lucecitas los iluminan muy levemente en las vitrinas que los protegen, se supone que de cristal blindado. El Beato está abierto por la mitad, por una página llena de miniaturas, pero se puede admirar entero en la proyección que el museo ofrece a sus visitantes. Basta apretar un botón al lado.

El viajero, lógicamente, pulsa el botón y se sienta a verla. Aunque un tanto artificiosa, la proyección merece la pena, pues, aparte de la historia del Beato, muestra todos sus dibujos; ochenta y seis miniaturas que acompañan al comentario al Apocalipsis y al de San Jerónimo al Libro de Daniel y que desfilan ante el viajero como imágenes de un mundo que todavía no conocía las perspectivas, pero sí el misterio del arte. ¡Cuánta belleza hay impresa en ellas!

El resto del museo reafirma al viajero en su opinión de que, desde el románico, el arte no ha hecho otra cosa que retroceder; aunque, por el camino, haya dejado piezas tan fabulosas como el retablo gótico de los Gozos de la Virgen de Abella de la Conca o la urna de plata de San Armengol, del año 1755, con escenas referidas a la vida, muerte y milagros del santo, por citar sólo dos de las de este museo. Aunque el recuerdo del Beato se superpone continuamente a ellas, relegándolas a un segundo plano, como al resto de las piezas que se exhiben. Y es que, después de haber visto aquél, cualquier otra creación se diluye como un azucarillo.

—¿Qué? ¿Le gustó?

—Mucho —les reconoce el viajero, cuando regresa, a los dos guardas del museo.

Éstos comprueban la hora. Son las cinco todavía. Aún les queda una hora para cerrar.

—¡Qué aburrimiento! —exclama uno de ellos.

Pero el viajero no está aburrido. Al contrario, está feliz de poder ver esta catedral sin nadie que le moleste. El claustro ahoga en este momento las últimas luces del atardecer y la ciudad queda lejos de él, sumergida en el frío de diciembre. Máxime cuando aquél entra en la catedral, en la que apenas si se ve ya. Solamente alguna imagen permanece iluminada, acentuando la oscuridad a su alrededor. En especial la Virgen de Andorra, cuya belleza se ha acentuado a medida que el templo quedaba a oscuras.

Sentado frente a ella nuevamente, con las imágenes del Beato transparentándose sobre la de la Virgen y la música religiosa poniéndole un punto de irrealidad a todo, el viajero, como esta mañana (y como ayer por la tarde, en Solsona), se sumerge poco a poco en el silencio mientras se ve a sí mismo como aquel monje que, en su celda medieval y lebaniega, dibujaba en un pergamino a la luz de una vela, durante horas, las figuras que adornarían el texto del Apocalipsis sin saber adónde irían a parar. ¿Cómo iba a imaginar que tantos años después alguien los seguiría mirando, o recordando, como el viajero ahora? ¿Cómo iba a suponer que tantos siglos después sus creaciones continuarían existiendo, conservadas como tesoros en una urna? ¿Será eso la posteridad?

El ruido de la puerta sobresalta al viajero como al mediodía. Esta vez, el hombre no dice nada; sabe que bastará con aquél para que el visitante se dé por aludido. Sabe también que está ahí, en la oscuridad, puesto que no lo ha visto salir. El viajero, por si acaso, no tarda en obedecer, no vaya a ser que le deje dentro. Sería una pesadilla quedarse aquí, conviviendo toda la noche con las imágenes, que quizá cobren vida al quedarse solas. ¿Quién puede decir que no?

—¿Ya cierran? —le pregunta, al hombre de la garita, mientras se acerca.

—Claro —le dice éste, apurándolo.

Sus compañeros, los del museo, están esperando afuera. En la oscuridad del claustro, sobre el que ya ha caído la noche. Por su expresión, no parece que hayan tenido un día animado.

—Los hay mejores —contesta uno.

Y eso que son voluntarios. Jubilados de la Seo que entretienen su tiempo en estas cosas, a la vez que colaboran con su ciudad. Uno de ellos fue maestro y el otro policía, según dicen.

—¿Y usted? —le pregunta el viajero al de la garita.

—¿Yo?... Nada —responde éste, enigmático.

Ya han llegado ante su puesto. Está cerrado, con lo que sólo tiene que echar la llave a la puerta. El claustro queda en silencio, con sus figuras de piedra durmiendo en los capiteles.

—¡Hasta mañana!

—¡Hasta mañana! —se despiden los voluntarios, mientras se van.

—¡Adiós! —les dice el viajero, que, como es forastero, no sabe qué hacer ahora.

Y tardará en saberlo un buen rato. Aunque ya es noche cerrada, es pronto aún para ir al hotel. Así que le da otra vuelta a la catedral (en cuya fachada norte están alzando el templete para el Belén de la Navidad) y, luego, como sin darse cuenta, se deja ir por las callejuelas que conducen hacia la parte nueva, que es donde están su hotel y la vida; el uno frente a la otra, agrupada en esta hora en las terrazas acristaladas de la avenida donde la gente se refugia del frío gélido de la noche. El viajero hace lo propio, pide una taza de café y, durante un par de horas, se dedica a tomar nota en su libreta de lo que le ha sucedido hoy mientras, en la televisión, una mujer reconoce ante una máquina muy extraña (el polígrafo la llama su inventor) que ha mantenido relaciones sexuales con varios hombres, incluidos algunos muy conocidos. ¡Qué suerte!, parecen pensar algunas.

Tras la cena —muy temprana: no hay mucho más que hacer en la Seo de Urgel—, el viajero da otra vuelta todavía por el pueblo. El frío y la soledad son ahora los únicos que deambulan por sus calles, al margen de algún viandante con mucha prisa. Frente a la catedral, un municipal vigila el pueblo en silencio a las puertas del Ayuntamiento. Pero el viajero sabe también que allá adentro, en la oscuridad del templo, hay otra imagen despierta. La hermosa Virgen de Andorra, con su manto blanco y rojo y su hieratismo hermoso, vigilando como aquél la paz de este monumento en el que también descansan otras imágenes como ella y el pergamino del Beato, éste encerrado en su urna.

—¡Buenas noches! —se despide el viajero de los dos.

La creación del mundo

—¡Más!... Ponga tres o tres y media.
—¿Tanto? —dice el viajero, asombrado.
El chico de la recepción asiente al tiempo que se lo explica. Hasta Gerona, que es donde va, hay por lo menos tres horas, pues tiene que cruzar los Pirineos.
—Hasta Puigcerdá una hora; otra hora hasta Ripoll y otra hora u hora y media hasta Gerona... Eso sin pararse mucho —le dice, mostrando el mapa.
El viajero lo mira otra vez. Una larga raya roja se extiende frente a sus ojos señalándole el camino que tiene que recorrer. Visto en el mapa, no parece que sea tanto, aunque las curvas le indican que el camino será muy accidentado.
El viajero se despide del chico de la recepción. No quiere perder más tiempo. Aunque ha madrugado mucho (son las nueve menos cuarto todavía), el camino que le espera no invita a aplazarlo más.
El paisaje, a cambio de ello, no puede ser más hermoso. Hasta Puigcerdá, primero, remonta el cauce del Segre, cuyo curso ha girado a la derecha formando un valle ya casi alpino; es la comarca de la Cerdaña. Luego, se vuelve más duro, en la subida al puerto de Tosas, en cuya ladera norte la estación invernal de La Molina espera aún las primeras nieves (este año, el invierno se retrasa), y continúa así hasta Ripoll, donde se abre ligeramente a la vista de su monasterio, sobre cuyo campanil ondea la bandera rojigualda catalana. No en vano el monasterio es conocido como la «cuna de Cataluña» por haberlo sido en efecto.
Desde Ripoll, la *senyera* se sucede en todos los pueblos, remarcando el carácter catalanista de todos ellos y poniéndole

al paisaje una nota de color: Sant Bernabé de les Tenes, Vallfogona, Riudaura... Por fin, Olot, rodeada de volcanes apagados como toda la comarca que preside (la bellísima Garrocha), y más allá Besalú, la del puente medieval, donde el viajero hace un alto para descansar a la vista de éste y del río. Desde que salió de Urgel, no se ha parado más que una vez.

Un café, un paseo por el pueblo y de nuevo a la carretera. Gerona está ya muy cerca, pero queda todavía media hora, por lo menos, de camino.

Y otro tanto hasta entrar en la ciudad. El nudo de carreteras que la atraviesan y circunvalan hace que sea una empresa difícil, máxime para un viajero que apenas si la conoce. Menos mal que lo que busca destaca en el horizonte guiándole como un faro por la farragosa trama de su crucigrama urbano.

La catedral le conduce casi hasta sus mismas puertas. Antes de ello, el viajero deja el coche en el aparcamiento de la estación de autobuses y atraviesa el río Onyar, un espejo diminuto en el que se refleja aquélla y, con ella, todas las casas del casco antiguo de la ciudad. Como los autobuses de la estación, cada una de un color y de una raza.

La catedral se alza como una mole en el horizonte. Dominando la ciudad, desde su posición ofrece una imagen parecida a la de la Seu Vella de Lérida. Aunque ésta es menos grandiosa. Para empezar, ofrece una sola torre, lo que descompensa mucho toda la fábrica arquitectónica, al revés que en la de Lérida, que, aunque también tenía una sola torre, ésta estaba separada por el claustro. A cambio, la de Gerona tiene una escalinata de acceso que compensa su desequilibrio; una enorme escalinata formada por cien peldaños y en la que la leyenda dice se celebrará el día que toque el Juicio Final. Sitio hay suficiente para ello.

A sus pies, el viajero se detiene tomando aire para subirla, al tiempo que mira el templo. A su alrededor, en la plazoleta, media docena de personas sentadas en las terrazas le miran a él a su vez, calculando si será capaz de hacerlo.

Uno a uno, el viajero asciende la escalinata, que es ancha como una grada, mientras contempla cómo la catedral se va agrandando ante él a medida que se aproxima a ella. El viajero tiene la sensación de que está haciendo una promesa. Y, en cierto modo, lo está, pues de qué otro modo puede entenderse su decisión de visitar una a una todas las catedrales de España. Por fin, después de un par de paradas, llega a lo alto del todo y se vuelve a mirar desde allá arriba.

¡Qué vista tan espectacular! Abajo, frente a sus pies, la escalinata desciende vertiginosa hacia la pequeña plaza que se abre justo en el fondo, aprisionada entre los edificios como si fuera un pozo cuadrado. Más allá, la ciudad sigue, extendida, primero, en torno al río y, luego, entre las colinas que pespuntean su orografía como si de una nueva Roma se tratara. Y algo de romana tiene, aparte de las colinas y de los campanarios que salpican su perfil, lo cual se explica por el paisaje, pero también por su propio origen. Si los historiadores no mienten mucho, Gerona nació como un campamento destinado a vigilar la Vía Augusta, la comunicación por tierra más importante entre Ampurias y el resto de la Península.

Desde entonces, la ciudad ha vivido muchos avatares: la invasión islámica, su liberación, la tutela francesa —con Carlomagno—, su colaboración a la conquista de Barcelona, a cuyo condado se uniría rápidamente, la invasión francesa de 1808... Todo ello ha dejado su secuela, junto con la de su actividad comercial y mercantil. Una actividad histórica a la que colaboró en un tiempo su gran población judía, cuya presencia sigue advirtiéndose en su configuración urbana, como el viajero advierte desde la escalinata. Y es que la judería de Gerona, que es lo que tiene más cerca, es una de las mayores y mejor conservadas de toda Europa.

Pero el viajero, hoy, viene con otro interés. El viajero, esta mañana, ha subido hasta aquí arriba, no para ver Gerona desde lo alto, aunque también lo haga de paso, sino para visitar su seo. Esta enorme catedral cuya portada barroca se alza frente a sus ojos como un retablo de piedra abierto a la escalinata. De hecho, mientras subía, el viajero ha venido viéndolo, primero a pequeña escala y, al final, ya en su dimensión real.

El retablo acoge siete esculturas (la de San Pedro, la de la Virgen, la de San José y Santiago, quizá la de San Pablo, a la derecha) y es el primero de los muchos que el viajero verá hoy, puesto que esta catedral está repleta de ellos. Lo dice en el folleto que, junto con la entrada y una audioguía, le dan en la recepción, que está en un edificio lateral al que se llega cruzando un puentecillo.

—Usted siga las flechas —le dice una de las chicas que, como en la Seu Vella de Lérida, hacen las veces de taquilleras.

Desde la puerta de San Miguel, la antigua puerta de los canónigos según dicen la audioguía y el folleto, la visión de la catedral no puede ser más espectacular. Parece como si todo estuviera vacío de materia. La explicación está en la falta de columnas. Y es que la catedral de Gerona es la única de España cuya nave se sostiene solamente en las paredes, a pesar de su enorme anchura. Es, de hecho, al parecer, la mayor del mundo construida así.

Cuando la vista se adapta a la oscuridad (que no es tal; solamente comparada con la luminosidad de fuera), la catedral adquiere un aspecto mágico. Como una gran capota arquitectónica, sus bóvedas se extienden por toda su superficie sin nada que las estorbe, salvo los nervios góticos que las sujetan. Tan sólo, al fondo, en el presbiterio, que, éste sí, forma tres naves, la del medio para el altar y las dos laterales dando paso a una girola, se rompe su inmenso vuelo y su anchura sin igual. ¡Qué belleza tan inmensa y qué espacio tan grandioso!

La clave de que sea así —cuentan las audioguías en este punto— está en una decisión del cabildo gerundense tan controvertida cuando la tomó como acertada a la vista de su resultado. Terminada la obra del presbiterio, cosa que sucedía en el año de 1347, el cabildo se planteó si seguir la iglesia igual: con tres naves, como aquél, o hacerlo con una sola, como se había puesto de moda en aquellos tiempos. El problema era su gran anchura. Al final, después de muchas diatribas, de discusiones interminables y hasta de un congreso de expertos que se convocó para resolver el tema, el cabildo optó por la solución más innovadora, aun a despecho de las recomendaciones de éstos.

Una arriesgada decisión que dio lugar a esta maravilla que el viajero tiene ahora frente a sí. Está parado al final del templo, extasiado por lo que puede ver.

El pitido de la audioguía dando por acabada la explicación le saca de su abstracción y le invita a seguir mirando la catedral. Cosa que el aparato le recomienda hacer de izquierda a derecha, en el sentido, dice, de las agujas de los relojes.

El viajero obedece y sigue las instrucciones, con la audioguía pegada a su oreja izquierda, lo que le debe de dar el mismo aspecto de autómata que al resto de los turistas. ¡Quién le iba a decir a él que acabaría haciendo lo mismo que las personas de las que suele huir!

Huyéndolas, como siempre, pero siguiendo el mismo trayecto, comienza su recorrido escuchando la audioguía, pero deteniéndose donde le parece a él. Ante el retablo barroco de la capilla de la Concepción, por ejemplo, con una efigie de la Inmaculada de las más bellas que ha visto nunca, o ante el vecino de la de los Doctores, así llamada por acoger las imágenes de los santos doctores de la Iglesia, aquellos que destacaron por su intelectualidad, y, por supuesto, ante los dos mejores sepulcros de los muchos que hay en este lugar: el del obispo Bernat de Pau, una magnífica labra flamenca con la efigie del difunto rodeada de esculturas (las de los ángeles que le llevarán al cielo), y el del cardenal Anglesola, de alabastro como aquél y de una perfección casi sobrenatural.

Sobrenatural es también el conjunto del presbiterio, tanto por su arquitectura como por lo que contiene. Desde el centro de la nave, se abre como una concha hecha de nervios y de columnas en cuyo interior se guardan detrás de una enorme reja las principales joyas de la catedral; a saber: el ara del altar, del siglo XI, la cátedra del obispo, también de la misma época y que la gente conoce popularmente como la silla de Carlomagno (fruto de la tradición que pretende que fue él quien la fundó), y el baldaquino de plata y el retablo de plata, oro y esmaltes, los dos del siglo XIV, que cubren el presbiterio y que componen junto con aquéllas uno de los tesoros litúrgicos más valiosos de Cataluña.

En torno al presbiterio, la girola, que comunica con él a través de las columnas, traza un perfecto semicírculo que coronan una serie de capillas, a cual más bella y más delicada. Y eso que muchas sufrieron, según dice la audioguía, los efectos de las invasiones francesas, en especial de la de 1808, y los de la guerra civil española, en el siglo XX.

La primera por la izquierda alude precisamente a esa circunstancia. Aunque lleva el nombre de San Andrés, acoge el retablo de San Narciso, un obispo gerundense martirizado en el siglo IV por los romanos y enterrado en la iglesia de San Feliú, cerca de la catedral, cuyo sepulcro fue profanado por los franceses durante la invasión de 1285, dando lugar a una tradición que ha pasado a la historiografía española: como castigo a su sacrilegio, San Narciso mandó sobre los franceses una plaga de extrañas moscas que, saliendo de su sepulcro, atacaron a aquéllos y a sus caballos causándoles una enorme mortandad y obligando a los supervivientes a huir a su país. El milagro de las moscas, como pasó a llamarse popularmente, se representa en muchos lugares, entre otros en esta capilla, sobre un lienzo que acompaña al espectacular retablo cuya hornacina central preside el santo de las moscas, como también se le llama popularmente, por esa causa, al bueno de San Narciso.

Unos pasos más allá, en dirección al eje de la girola, una pequeña escalera conduce a una gran estancia que hoy se utiliza como capilla para el culto diario de la catedral, pero que antes fue sacristía y, antes de eso, dormitorio de los canónigos que estaban a su servicio. Restaurada no hace mucho, la capilla ofrece un aspecto sobrio, tanto por su arquitectura gótica como por los escasos objetos que la decoran, eso sí, de gran valor. En especial la silla presidencial del antiguo coro, obra del escultor Aloi de Montbrai, que ahora usa el celebrante de la misa.

De nuevo fuera de la capilla, la audioguía recomienda detenerse ante la puerta para admirar sobre ella la sepultura del conde de Barcelona Ramón Berenguer II, apodado Cabeza de Estopa por la fuerza y el color de sus cabellos y que murió asesinado por su hermano Berenguer Ramón II, una magnífica talla gótica que representa al conde con su armadura, sus escudos y sus armas de combate, así como con las barras de la bandera de Cataluña en sus dos extremos. La audioguía dice, no obstante, que es una reconstrucción de la original, que era contemporánea del conde, esto es, del siglo XI, y que se encontraba ya en la catedral románica.

Las capillas de la girola son todas góticas y contienen elementos muy diversos, algunos de ellos de gran interés también. Por ejemplo: el sarcófago-relicario de los mártires Germán, Paulino, Justo y Sicio, una pequeña arqueta de piedra vidriada y esmaltada al más puro estilo gótico (las cabezas que la coronan son ya de época posterior), los sepulcros de los obispos Arnau y Bertrán de Montrodon, tío y sobrino respectivamente, también de estilo gótico como aquél, el tapiz de la Resurrección obra de Joan Ferrer que acompaña a Cristo yaciente, éste ya contemporáneo, o la espectacular pintura de la Última Cena que preside un retablo renacentista coronado por un calvario y tachonado por cuatro grandes lienzos. Todo ello en el arco de la girola, que iluminan a esta hora levemente los vitrales y el rosetón de poniente a través de las columnas del altar.

Fuera de la girola, la luz aumenta. Es mediodía y, aunque el cielo, allá afuera, está nublado, la falta de columnas hace que los rosetones lo llenen todo de claridad. Especialmente el del mediodía, bajo el que el viajero sigue, viendo ahora las capillas de esa parte, que son tan interesantes como las que dejó ya atrás. Especialmente, la primera, dedicada a San Juan Bautista y San Juan Evangelista y que guarda el sepulcro gótico de la condesa Ermessenda de Carcasona, procedente, como el de su bisnieto Ramón Berenguer II, de la catedral románica, así como la imagen yacente de ella, de un hieratismo casi real; la de los santos Julián y Basilisa, con la pila bautismal de piedra del Pirineo en cuyas caras están tallados los doce apóstoles y que perteneció también a la catedral románica, y la última de ese muro, dedicada a los santos Jorge y Dalmacio, que, aparte de un retablo muy hermoso, contiene otros dos sepulcros, los de los hermanos Dalmau y Bernat de Raset, de época gótica y tan emocionantes como el de Bernat de Pau. De hecho, puede que sean obra del mismo escultor.

La visita ha terminado. La audioguía así lo afirma, al tiempo que recomienda pasar al claustro y al museo regresando de nuevo por la capilla de San Miguel, pero el viajero prefiere dejarlo para la tarde, pues antes necesita digerir todo lo visto. Y, si puede, también comer algo real. Es la una y media del mediodía y, desde las ocho de la mañana, cuando se desayunó en la Seo, no ha vuelto a probar bocado.

Antes de salir afuera, se queda un rato, no obstante, mirando la catedral. Los turistas van y vienen haciendo el mismo camino que él acaba de cumplir, pero el silencio es casi absoluto. La grandiosidad del templo y la carencia de culto alguno hacen que la inmensa nave sea una especie de caja hermética en la que sólo se oye el silencio. ¡Qué magia y qué irrealidad!

La realidad le desborda en cuanto regresa afuera. La realidad y la luz que baña Gerona ahora, pues el sol acaba de aparecer en este momento. Desde donde la catedral está, ilumina la ciudad y sus colinas como si fueran una postal muy antigua.

Por la escalinata abajo, el viajero se mete en ella. Tiene hambre, pero, antes de comer, quiere conocerla un poco.

La judería de Gerona ocupa toda la parte antigua, a cuyo extremo se alza la catedral. La Força Vella, como la llaman los gerundenses por el nombre de su calle principal, se extiende por la ladera de la colina cuyos límites marcan la calle y el río, una arriba y otro abajo, enhebrando en torno a ella callejuelas y rincones que, éstos sí, son postales de piedra para turistas; tan restaurados están y tan conservados. Lo cual, unido a la cantidad de tiendas que, como en tiempos de los judíos, abren las puertas en ellos, les da un aire de artificiosidad que al viajero, en vez de atraerle, le expulsa pronto de allí. El viajero reconoce que la Força Vella es muy bella, pero se siente fuera de sitio. Algo así como en la seo, sólo que aquí por otro motivo: su gran artificiosidad.

Así que, tras una vuelta, vuelve en dirección al río (que tampoco es que sea muy real: todo su entorno está restaurado) y, al final, como por inercia, regresa a la plaza de la catedral, donde decide comer en una terraza de las dos que ocupan su exiguo espacio. Puesto a ejercer de turista, prefiere hacerlo a la vista de lo que le trajo aquí.

La comida consiste en un bocadillo (no hay otra cosa, le dice la camarera), pero al viajero no le apetece moverse de donde está. Se está a gusto allí sentado, en primera línea de espectadores del lugar en el que, dicen, se celebrará el Juicio Final cuando Dios lo ordene. ¡Lástima que no sea ahora!, piensa el viajero a la vista del sitio que ha conseguido.

El bocadillo no es ningún lujo, pero le sirve para engañar al estómago. El bocadillo y otro café, que lo necesita, aunque sea solamente para alargar el momento de volver a enfrentarse a la escalinata. Vista desde la terraza, parece aún más empinada de lo que realmente es.

Pero tiene que enfrentarse a ella. Son las cuatro de la tarde y la catedral cierra pronto en esta época. A las seis, según le han dicho. Y todavía le quedan por ver el museo y el claustro y, si puede, otra vez la catedral. Con la luz del atardecer debe de ser aún más fabulosa.

Por si acaso, empieza por ella. El sol ya ha caído mucho y, en poco tiempo, apenas se verá nada. La nave principal, por eso mismo —y por la menor presencia de turistas—, parece aún más fabulosa y más llena de misterios y secretos. E igual sucede con las capillas, hundidas en la penumbra salvo cuando algún turista las enciende para poder verlas brevemente, abriendo un haz de luz en la oscuridad del templo. El viajero lo hace también, sobre todo en aquellas que ya sabe que guardan alguna cosa (un retablo, una imagen, un sepulcro) digna de volver a verse, aunque procura no romper su encantamiento, que es el mismo que él siente desde que entró. Una vez más, la penumbra se demuestra más sugerente que la claridad del día.

La claridad la reencuentra al salir al claustro. Éste, pegado al norte del templo, se abre como una sorpresa tanto por su primitivismo como por su originalidad: la orografía de la colina en la que la catedral se asienta obligó a ésta a adaptarse a ella y a sus artífices a trazar ángulos a los que seguramente no estaban acostumbrados. Los del claustro son dobles, además, pues dobles son las hileras de columnas que sostienen las crujías, de bóveda de cañón como corresponde al estilo en que las hicieron: el románico puro del siglo XII. Bajo ellas, un bosque de capiteles convierte el escenario en un mundo casi mágico, especialmente a esta hora en que la luz lo disuelve todo.

En efecto, el contraste entre las crujías y el jardín del interior se acentúa por las sombras que las columnas proyectan dentro de aquéllas, que les dan un halo de irrealidad. Irrealidad que acrecientan los capiteles —cuya decoración se inspira en los tres temas de costumbre: el Antiguo y el Nuevo Testamento, las escenas de animales y de hombres y la vegetación— y el rumor de la fuente que mana en el jardincillo yendo a caer a un pequeño estanque en el que brillan monedas de todo tipo; las que la gente arroja para pedir un deseo, como es costumbre también en estos lugares. ¡Cómo no soñar aquí!, piensa el viajero, mirando el fondo.

Pero todavía hay algo mejor. Cuando el viajero, después de admirar la fuente, se vuelve a mirar en torno, descubre la silueta —sobre la de la catedral— de una bellísima construcción, tan esbelta como insospechada. Es una torre románica, aunque está adosada al templo como si fuera uno de sus contrafuertes.

Pero está claro que es una torre; uno de esos campanarios con arcos ciegos y columnitas característicos de las iglesias románicas que al viajero tanto le emocionan. Sólo que esta catedral es gótica. Entonces, ¿cómo está aquí?

Por fortuna, el guía que ha aparecido encabezando a un grupo de turistas le saca de su sorpresa. La torre es románica, en efecto; perteneció a la primitiva catedral y sobrevivió a su derribo —dice— casi por casualidad: utilizada como contrafuerte para la nueva catedral gótica, sus autores decidieron mantenerla como estaba, dado que ¡no se veía desde el exterior!

El guía sigue con sus explicaciones, mientras los que le acompañan se dispersan por el jardín, atraídos más por la fuente que por lo que les cuenta aquél. A juzgar por su aspecto, son jubilados y deben de estar ya hartos de tanta piedra y de tanto arte.

—Mi marido quedó abajo —dice una, confirmando que hay deserciones.
—¿De dónde vienen? —le pregunta el viajero, que los comprende, especialmente a la vista de la edad media del grupo.
—De Cadaqués.
—Pero no son catalanes...
—No. Somos de Andalucía.
—¿Y conocían Gerona?
—Yo no —responde la señora.
—Pues es bonita —dice el viajero, que tiene ganas de conversación. Desde que llegó a Gerona, apenas si ha cruzado dos palabras con la camarera de la terraza y con la chica de la recepción.
—Bonita la de Sevilla —contesta la señora, muy ufana, comparando su catedral con ésta.
—Ésta tampoco está mal —la defiende el viajero, que la prefiere, aunque no se lo diga a aquélla.
—¿Usted conoce la de Sevilla? —duda, ante ello, la sevillana.
—La conozco —le responde el viajero, sin llevarle la contraria, pero sin darle la razón que busca.
—¿A que no hay color?... —insiste la sevillana, antes de ir en busca del grupo, que emprende ya la salida en este momento. Ni un minuto ha durado la visita.

Los jubilados se van y el viajero, de nuevo solo en el claustro, se queda mirando éste, cuyo silencio ha vuelto a ocuparlo todo. Sólo se oyen algunos pájaros y, detrás, el rumor de la ciudad que queda abajo, tan lejos de este lugar.

Aunque más alejada queda del museo, cuyas salas parecen sumergidas en el tiempo en el que las construyeron. Pocos, apenas cuatro turistas, pasean ahora por ellas, con el ritmo característico del que está fuera del tiempo. ¡Qué diferente del de los jubilados!

Imágenes, vírgenes, cruces, retablos, pinturas de todos los estilos y las épocas, instrumentos litúrgicos y ropas, orfebrería y joyas diversas, todo lo que suele haber en este tipo de sitios se ofrece aquí en abundancia. Se ve que esta catedral fue rica y lo sigue siendo. El viajero, como siempre, anota en su libreta las cosas que más le gustan (en concreto, el Beato de Gerona, tan hermoso como el de la Seo de Urgel, una arqueta andalusí del siglo X, la Biblia de Carlos V de Francia —un manuscrito italiano que perteneció a ese rey— y dos retablos renacentistas, el titulado de Santa Elena, de Antoni Norri y Pere Fernández, y el de Santa María Magdalena, de Pere Mates, los dos de una gran belleza) y, luego, se sumerge de cabeza en la contemplación de su pieza principal, que ocupa sola la última sala. Se trata de un tapiz del siglo XI (en realidad, una tela) conocido como *La creación del mundo* por ser ésta su motivo, que constituye, según parece, uno de los más antiguos de cuantos se conservan en toda Europa.

Su descubrimiento es espectacular. Iluminado muy levemente para no dañar el tejido, *La creación del mundo* ocupa toda la pared del fondo, lo que realza aún más su fastuosidad. La tela, que se conserva casi completa (sólo en los bordes está perdida), es un rectángulo horizontal bordado en ocres y grises siguiendo un orden geométrico y, sin duda alguna, simbólico: en el centro, en un círculo pequeño, Dios en su majestad; alrededor de él, dentro de otro círculo, las fases de la creación: la de los ángeles, la del firmamento, la de los astros celestes, la de la tierra y el mar, la de los animales y, por último, la de los hombres, y, finalmente, a lo largo de los bordes y encuadradas en cuarteles, al modo de un calendario, escenas relativas a los meses, las estaciones, los días de la semana, los cuatro ríos del Paraíso y otros motivos menos precisos. Y todo ello con ese sabor románico que al viajero tanto le gusta y más cuando lo ve de cerca. Como ahora, que está a un metro de la tela, en la semipenumbra de esta pequeña sala que parece un lugar fuera del tiempo.

Fuera del tiempo y de la realidad. Porque esta habitación cuya única misión es exponer la joya de este museo es como un túnel del tiempo en el que nada de lo que ocurre está pasando en este momento. Al revés: lo que ocurre sucede en otra época, la de la creación del mundo, cuando la Tierra no tenía forma y el mar y el cielo se confundían en la inmensidad del tiempo; un tiempo que aún no existía porque tampoco existía la vida, como tampoco existían la noche, ni el sol, ni las estaciones. Todo era una amalgama, un magma de luz y sombras que envolvía el silencio puro e inmenso del firmamento. ¡Qué sensación de grandiosidad!

¡Y qué bello todo a la vez! ¡Qué pureza en esos rostros que miran todo con estupor, comenzando por el propio Creador! ¡Qué dinamismo en esas figuras que estrenan lo que éste ha hecho y cuyos nombres y condición desconocen todavía claramente! ¡Qué confusión en los animales al descubrirse a sí mismos y entre ellos! ¿Puede haber algo más puro, más terrible y más bello al mismo tiempo?

El viajero, emocionado, observa todo una y otra vez, mientras, a su alrededor, la vida parece callar del todo. Está solo en este sitio, frente a la creación del mundo.

—Maravilloso —le dice a la chica de la recepción, cuando vuelve allí, necesitado de contárselo a quien sea.

Pero la chica no le responde. La chica debe de estar tan harta de ver entrar y salir turistas que ni siquiera ha oído su comentario. Sólo debe de esperar el momento de salir ella también, para el que ya no debe de faltar mucho.

En efecto, en el exterior del templo, desde la plaza en la que, al parecer, se alzó el foro romano de Gerona y cuyo espacio comparten hoy la puerta de los Apóstoles (por los que la embellecían hasta que estalló la guerra) y el Palacio Episcopal (hoy el museo de Arte de la ciudad), el espectáculo del atardecer es algo así como el contrapunto de la creación del mundo que el viajero acaba de ver en el interior de aquél. La Gerona del siglo XXI, con sus torres y edificios, parece quieta en este momento, indecisa entre la luz y la penumbra de una noche que ya llega recordando que todo es un sucederse de vida y muerte, de luz y de oscuridad, como lo representó hace siglos el anónimo autor de *La creación del mundo* imaginando cómo sería el primer día del universo. ¡Qué sensación de fugacidad!

Con el sentimiento a cuestas, el viajero echa un vistazo alrededor de la catedral. Todavía no se ha asomado por fuera a su cabecera, que aíslan el claustro y un jardincillo, éste alzado sobre aquélla y con un cierto aire italiano, pese a que su nombre sea de la Francesa; quién sabe por qué razón. Desde él, se ve todo el edificio, incluido el propio claustro, del que se eleva como un ciprés la bella torre románica. Y, también, en primer plano, los arbotantes y contrafuertes que rodean la cabecera y cuya escasa altura contrasta con la de ésta. Al parecer, es característica del gótico catalán.

Característica o no, lo que es cierto es que, desde el jardín, la catedral parece una nave rodeada de grandes remos; una gran nave de piedra y musgo que navega por el cielo de Gerona, cuyos tejados se ven abajo, arracimados en torno al río como barcazas, confundida por el anochecer.

—¡Hasta luego! —se despide el viajero de los chicos que han buscado intimidad en el jardín.

Por la escalinata abajo, se cruzará todavía con más. Unos fuman en corrillos sentados en los escalones y otros se besan aprovechando la noche. Lástima que aún queden turistas merodeando por la catedral, parece pensar alguno al descubrir al viajero pasar al lado de ellos.

Pero la mayoría de los gerundenses están ahora lejos de aquí. Aunque hoy es martes, mañana es fiesta (la del aniversario de la Constitución), y hay mucha gente por los paseos y por las calles de la parte nueva. Y en las cafeterías, donde trasmiten ahora otro partido del Barcelona, lo que congrega a bastantes hombres frente a los televisores. El viajero hace lo propio, al tiempo que degusta un par de pinchos (tiene hambre, cómo no) y, luego, cuando termina, se va a cenar a la Força Vella, que es donde está la gente más joven. Al viajero, aunque no lo es ya para su desgracia, le gusta más la compañía de los jóvenes que la de los mayores, siempre hablando del tiempo o de política. Aunque ello le obligue a cenar en un restaurante lleno de humo y de ruido y con una cocina más que dudosa, aunque mejor, por supuesto, que la del mediodía.

Después, cuando ha terminado, da un paseo por el barrio, difuminado ahora por las farolas, que son muy pocas, y, cuando llega al río, se queda mirando éste, viendo los edificios

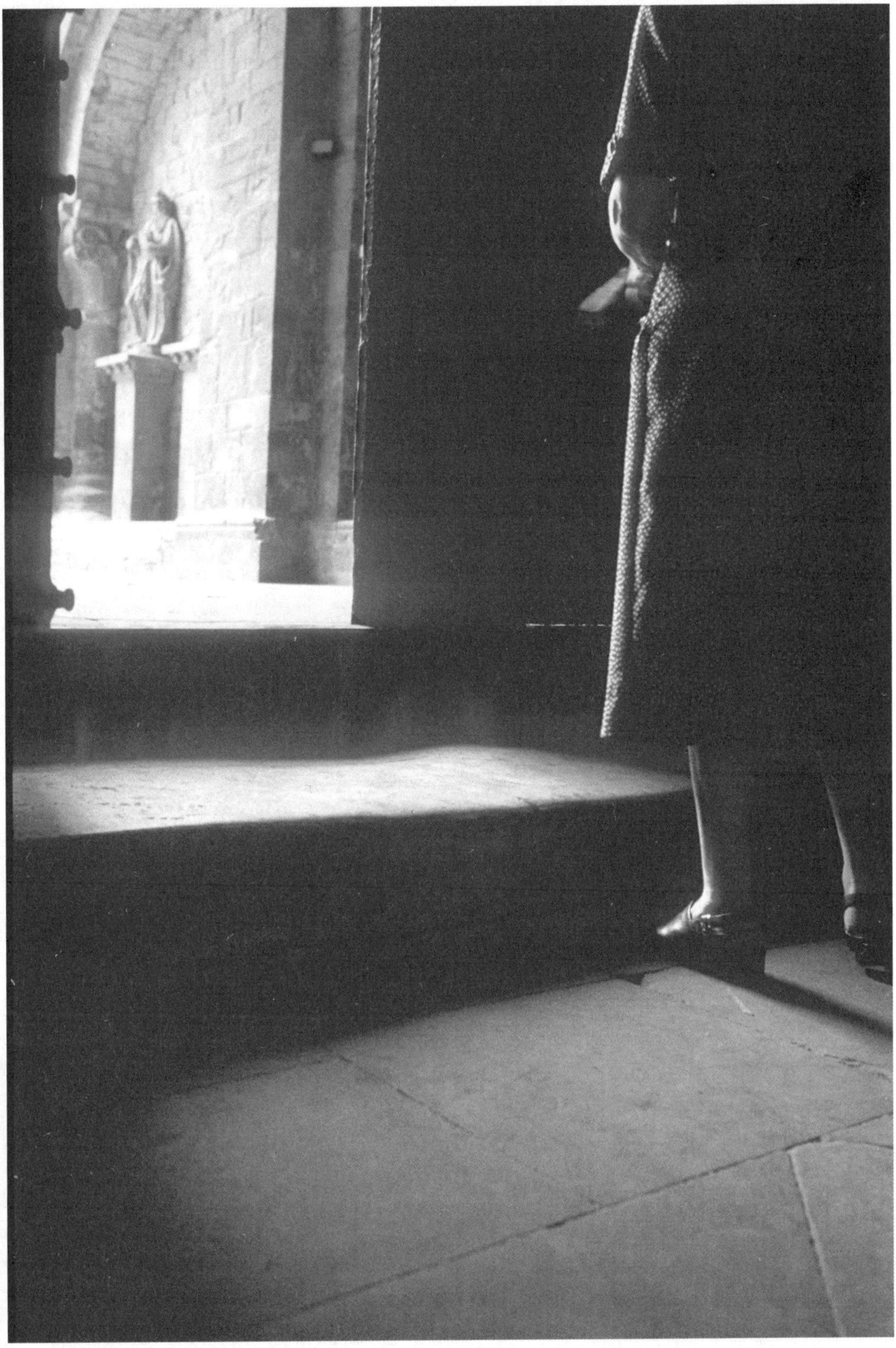

que lo salpican de mil colores y, sobre ellos, la inmensa mole del más antiguo, ese que le trajo aquí atravesando los Pirineos de punta a punta.

—¡Buenas noches! —le saludan unos chicos que pasan ahora a su lado.

—¡Buenas noches! —les contesta el viajero, sorprendido de que saluden a alguien a quien no conocen.

Corazón de Cataluña

La mañana del día de la Constitución amanece fría en Gerona. Fría y lluviosa, que es lo peor, pues estropeará la fiesta.

El viajero, además, se ha despertado con gran dolor de cabeza. El vino de la cena o la calefacción del hotel, quién sabe, han hecho que haya dormido muy mal y que se despierte ahora con un clavo taladrándole la frente.

Pese a ello, se levanta dispuesto a seguir su viaje. Es temprano y la ciudad duerme bajo la lluvia que cae en este momento; una lluvia tan intensa que cala al viajero entero antes de alcanzar su coche en el aparcamiento del hotel en el que durmió esta noche. Ya le parecía extraño que la lluvia no hiciera acto de aparición como en todos los viajes que lleva hechos de catedral en catedral hasta este momento, salvo, curiosamente, en el de Galicia. Parece que, en vez de por España, esté viajando por Inglaterra.

La lluvia se convierte en un diluvio en la autopista que toma para ir a Vic. Es la autopista de Barcelona, que habrá de abandonar, le han dicho en el hotel, a unos diez o doce kilómetros, en la salida de Santa Coloma de Farners. Así lo hace, buscando al mismo tiempo un bar de carretera en el que poder tomar un café con leche con el que aplacar las náuseas que le empiezan a subir desde el estómago. Definitivamente, el viajero se ha levantado hoy con mal pie.

Pero no hay uno en todo el trayecto. La carretera que lleva a Vic se interna en un terreno montañoso, lleno de rieras y bosquecillos, en el que apenas se ven ni pueblos. Solamente algún letrero señala éstos de cuando en cuando, pero a distancia de la carretera.

El paisaje es muy bucólico (poco a poco, al mismo tiempo, la lluvia va remitiendo), pero el viajero se siente cada vez más desdichado. Las ganas de vomitar aumentan a cada curva, obligándole a conducir con la ventanilla abierta. Y sigue sin ver un bar. Ni un pueblo. Ni un sitio en el que parar, como no sea la carretera, para despejarse un poco y ver si se le pasa el malestar. Un malestar que sigue creciendo, en lugar de remitir, a medida que van pasando los kilómetros. Al final, el viajero, ya angustiado, toma el primer desvío que encuentra y se va en busca del pueblo que señala el letrero junto a aquél: Espinelves.

Pero no llega. A cincuenta metros del desvío (junto al que, por cierto, había una patrulla de la Policía), bajo un pequeño arbolado, detiene su vehículo y se baja a vomitar, cosa que hace con desesperación, como si necesitara echar fuera de sí todos los males que lleva dentro.

Ahora lo que necesita —piensa mientras se repone— es ese café con leche que lleva ansiando desde Gerona. Sin duda, en Espinelves podrá tomarlo por fin, pues el pueblo no debe de ser pequeño, a juzgar por la gran cantidad de coches que circulan hacia él.

La profusión de vehículos tiene su explicación. El viajero la descubre ya en el pueblo, tomado por autobuses y todo tipo de coches, entre los que la gente anda, la mayoría con un árbol en la mano. Es la fiesta del abeto, le dice en catalán un hombre joven que pasa con su familia sorteando los coches que ocupan los dos arcenes.

Así que tampoco allí el viajero podrá desayunar. No sólo los pocos bares están llenos hasta arriba, sino que ni siquiera puede aparcar el coche; tantos hay por todo el pueblo. El viajero, consternado (y resignado a llegar a Vic sin haber podido desayunar, aunque ya más aliviado después de la vomitona), da la vuelta en cuanto puede y regresa a la carretera cruzándose en su camino con las docenas de coches que continúan llegando al pueblo.

La famosa *plana* de Vic, de la que los libros dicen es el centro natural de Cataluña, se aparece ante el viajero rebasados unos cuantos montes más. La gran llanura, abierta entre las montañas, es verde y muy apacible y se ve salpicada de pueblos y granjas por todas partes. La ciudad está hacia el sur, rodeada de carreteras y de naves industriales que denuncian la pujanza de su economía al que llega; una economía basada en sus célebres embutidos, famosos en toda España, pero que también animan, a lo que el viajero ve, otras actividades distintas, como la fabricación de repuestos para automóviles o de elementos de iluminación. Se ve que los embutidos no bastan por sí solos para sobrevivir hoy día.

El crecimiento de la ciudad, que es evidente a primera vista, no ha afectado, sin embargo, al casco antiguo, que sigue siendo como fue siempre: circular y de aspecto defensivo, como corresponde a un burgo que ya existía en la alta Edad Media. Y aun antes, según parece, puesto que las guías dicen que conserva un templo romano, prueba de que aquí estuvieron los ejércitos del Imperio y no de paso precisamente.

El casco antiguo está rodeado por un largo cinturón que le va dando la vuelta y del que continuamente parten hacia su centro, a falta de las murallas que debieron de impedirlo muchos siglos, pequeñas rúas y callejuelas. Frente a él, los nuevos barrios y los campos que aún sobreviven entre los edificios del extrarradio extienden el burgo viejo ampliando su orografía, pero siempre en sentido circular. Es como si la vieja Vic fuera una tela de araña en lugar de una ciudad.

La circunvalación se acaba y el viajero, que va buscando la catedral, aparca por fin su coche a la orilla de un torrente, justo enfrente de la calle que le han dicho que conduce directamente hacia aquélla. De hecho, ya ve su torre detrás de un viejo edificio al que envuelve un alto muro, resto posiblemente de la muralla. El torrente, aunque pequeño, sostiene sobre su cauce un viejo puente de piedra por el que seguramente se entraba a la ciudad hasta hace poco.

El viajero sigue revuelto. Y la cabeza sigue doliéndole. Ya fuera de su vehículo, aspira el aire con vehemencia mientras se felicita por haber llegado a Vic, cosa que llegó a dudar.

La humedad, que es muy intensa (también ha llovido aquí), le despeja levemente mientras se adentra en la parte antigua por el *carrer* de Santa María buscando, a la vez, un bar en el que tomar ese desayuno que hasta el momento se le resiste. Pero tampoco en ella hay ningún café. Ni siquiera un simple garito en el que poder tomar un café con leche. Junto a la catedral, en cambio, hay muchos puestos de mercadillo, atestados de embutidos y de dulces. Los vecinos, antes de acudir a misa, se entretienen ante ellos, regodeándose en la variedad que ofrecen. Hay también malabaristas, equilibristas, músicos, saltimbanquis, todos vestidos de época, pues se trata de un mercado medieval. Al viajero se lo dice uno de aquéllos, aunque ya lo había supuesto. Lo que le faltaba ahora, piensa mirando a su alrededor.

Frente a la plaza, la catedral asiste impávida al mercadillo, acostumbrada ya a ver de todo. Por el lateral del norte, un campanario románico delata la antigüedad de este templo, así como la de su diócesis. Una diócesis, según dicen los que saben, que fue fundada en el siglo VI y que es, por tanto, de las primeras de Cataluña.

De la catedral antigua (aquella a la que perteneció la torre), apenas queda ya nada, como el viajero comprueba pronto, no obstante. La actual es neoclásica y está toda decorada con pinturas; unas pinturas murales que impresionan por su voluminosidad, así como por sus colores, dorados y ocres principalmente, que se repiten en exclusiva por todo el templo.

Pero el viajero no está ahora para muchas impresiones. Sin desayunar aún y con el estómago dándole vueltas como un tiovivo, ni siquiera logra disfrutar de las pinturas ni de las bóvedas hemisféricas que coronan este templo neoclásico cuyas columnas corintias aluden a un tiempo antiguo. Las náuseas y la migraña siguen turbándole el ánimo como antes, por la carretera. Así que, tras un vistazo, regresa al mundo exterior y, por entre los vendedores, se va en busca de su coche, que dejó aparcado junto al torrente, arrullado por los árboles que —recuerda— crecían en torno a éste. El viajero necesita un poco de tranquilidad y nada mejor para encontrarla que la intimidad del coche.

Una hora y media durmiendo y un paseo junto al río le entonan más que una sopa tibia y eso que el frío ha ido en aumento. Mientras el viajero dormía en su coche, ha vuelto a llover en Vic y eso ha hecho que la humedad sea más intensa aún, o por lo menos se lo parece a él. Quizá es que está destemplado. Así que qué mejor que una sopa de verdad, teniendo en cuenta, además, que son ya casi las dos. Entre unas cosas y otras, al viajero se le ha ido la mañana sin apenas poder ver la catedral.

Como el desayuno antes, la sopa también se le resiste y no porque Vic carezca de restaurantes, sino porque todos están llenos a esta hora. La afluencia de visitantes y los propios vecinos, que están de fiesta, abarrotan todos los locales, que, en algunas calles de la ciudad, son muy numerosos. Buscando uno, el viajero la recorre casi entera, lo que le permite, al paso, ya que se encuentra un poco mejor, contemplar sus plazas y monumentos, desde la impresionante Plaza Mayor, de tierra en su pavimento, como eran todas en la Edad Media, y cuajada de edificios de todos los estilos (hay bastantes modernistas), hasta el famoso templo romano, cuya conservación sorprende y más teniendo en cuenta que se halla en pleno casco medieval. Por fin, en un restaurante, encuentra una mesa libre (no sin esperar un poco) y, aunque es de nueva cocina, puede tomar esa sopa con la que sueña desde que se despertó. La sopa es de calabaza y le cae en el estómago como una medicina, tanto como para atreverse a pedir, olvidando que éste aún no debe de estar repuesto, una cazuela de arroz con setas y hasta el postre de la casa, que lleva no sé cuántos ingredientes. Que sea lo que Dios quiera, piensa el viajero recordando que llevaba muchas horas sin comer.

En los alrededores de la catedral hay más gente todavía que había antes. La cercanía de la Navidad se nota en muchos comercios y en los propios tenderetes callejeros, en algunos de los cuales venden adornos y abetos. Quizá procedan de Espinelves, donde habrán ido a cortarlos. El olor de los embutidos asados en las parrillas impregna todo el ambiente, provocando en el viajero un sentimiento de indefensión. Todavía se siente un poco inseguro y más después de lo que ha comido.

Dentro de la catedral, por suerte, el olor desaparece, pero la aglomeración de gente es la misma o parecida que la de la calle. Ni siquiera el ruido es menor, pues los turistas hablan a voz en grito. Se ve que ninguno de ellos está aquí por devoción.

El viajero tampoco está aquí por eso, pero procura guardar silencio. Es lo mejor para contemplar estas enormes pinturas que cubren todas las naves y de las que los libros dicen fueron pintadas al acabar la guerra civil por el catalán Josep María Sert. O, mejor dicho, repintadas, puesto que, al parecer, las originales, que había pintado en los años veinte, quedaron destruidas por completo durante el incendio que sufrió el templo en el transcurso de la contienda. Y que no fue el único ni el más grave que sufrirían las catedrales de Cataluña, como el viajero ya ha visto antes de llegar aquí.

Hecha esta precisión, las guías dicen que las pinturas —que Josep María Sert no quiso repetir— se articulan en un programa iconográfico que gira en torno a la muerte, representada, cómo no, por la de Cristo. Así, a los pies de la catedral, se ve a éste con la cruz camino de su destino mientras Pilato se lava las manos. En las naves laterales, hay escenas de los distintos martirios de los apóstoles y siguen en el crucero otras sobre el pecado original y la expulsión de Adán y Eva del Paraíso, para acabar en el ábside con la crucifixión, entierro y ascensión de Cristo a los cielos. Lo mejor, de todos modos, es la propia concepción de las pinturas, modernas, pero de inspiración barroca, tanto por sus volúmenes como por su policromía, y, sobre todo, por sus descomunales proporciones, acordes con las de la catedral. De arriba abajo, no deben de medir menos de los treinta metros, y a lo ancho ocupan toda la extensión de ésta.

Parece ser que esta magna obra fue la última de Josep María Sert, quien murió sin poder verla terminada, por lo que algunas pinturas (las de las bienaventuranzas de las lunetas, por ejemplo) las acabaron sus ayudantes. A cambio de su dedicación, el cabildo de la seo cumplió el deseo del pintor de ser enterrado aquí, aunque el viajero aún no ha visto su sepultura.

Buscándola, va viendo la catedral, iluminada ahora artificialmente ante la falta de luz de fuera. Aunque son las cuatro de la tarde, el invierno es gris en Vic. A la luz de las arañas, la catedral refulge como una estrella, resaltando el oro de las pinturas, a falta de otros objetos artísticos. El saqueo popular que precedió o sucedió a su incendio acabó con la gran riqueza que es de imaginar tendría. Menos mal que su arquitectura, que, aunque neoclásica, es de gran belleza, compensa su desnudez, junto con la omnipresencia de las pinturas, que sustituyen cualquier carencia.

Ante el deambulatorio, un cordón le hace detenerse. Al otro lado, una señora le dice que hay que pagar para poder seguir viendo el templo. Dos euros sólo, le dice aquélla, que no es dinero para lo que podrá ver:

—El claustro gótico, que es una maravilla; el museo, que es pequeño, pero que guarda cosas de gran valor; la cripta, que es románica, y el retablo mayor, que es lo mejor de la catedral y que por eso ha sido trasladado aquí: por motivos de seguridad —enumera la señora de memoria.

Más seguro está sin duda, pero al viajero no le convence su emplazamiento. El retablo, que es precioso, debería estar a la vista de todo el mundo en el lugar para el que fue esculpido y no aquí, escondido en la girola, donde sólo pueden verlo los turistas. Presidido por una imagen de San Pedro, al que está dedicada esta catedral, el retablo, de alabastro, es obra de Pere Oller, un escultor gerundense que lo esculpió a principios del siglo XV a instancias de un canónigo vicense cuyo sepulcro también haría y cuyos restos (los del canónigo y los del sepulcro) ocupan un arcosolio enfrente de él. Aparte de la imagen de San Pedro, hay otra de la Virgen con el Niño también de una gran finura, mientras que la predela y las calles las ocupan escenas del Evangelio (hay una Piedad espléndida), así como imágenes de los apóstoles.

Al claustro se accede directamente a través de la antigua sala capitular. Se trata de un claustro gótico de gran altura cuya disposición sorprende. Se trata, en realidad, de un claustro doble —como el de la catedral de Pamplona, recuerda el viajero al verlo—, pero éste tiene la particularidad de que su parte inferior queda a menor nivel que la planta. Con lo que el jardín central aparece también hundido, como si fuera un estanque seco. Y algo de estanque tiene, en verdad, habida cuenta de su humedad, que la falta de sol en el invierno hace que ataque a las galerías, de grandes arcadas góticas, cada una de ellas con tres columnas, y al mausoleo que hay en su centro: el del célebre filósofo Jaime Balmes, natural de Vic y consagrado aquí sacerdote, que posa pensativo para nadie sobre un pedestal enorme pensado para su tumba en el cementerio, pero que fue trasladado aquí quizá debido a su gran tamaño. Más resguardada de la humedad, en una esquina del claustro, la sepultura de Josep María Sert, el autor de las pinturas de las naves, comparte su recogimiento.

El museo catedralicio ocupa una breve sala y se reduce prácticamente a vestimentas y otros objetos litúrgicos. De entre las vestimentas, la guía hace notar las del obispo Antonio Manuel de Hartalejo (1777-1782), el constructor de la catedral neoclásica, y la capa que un sucesor suyo, Josep Morgades, utilizó en la consagración del monasterio de Santa María de Ripoll a finales del siglo XIX. De los objetos, el viajero se fija en uno particularmente significativo: una cadena de oro realizada, al parecer, con el que se recuperó de las primitivas pinturas de Josep María Sert tras su destrucción a causa del incendio. Aunque su historia no acaba ahí.

—Esa cadena —le cuenta la señora que vende los billetes, cuando regresa a donde está ella— tiene una historia que poca gente sabe.

—Yo no —le dice el viajero.

—Esa cadena —le sonríe la señora, ajustándose el collar que luce sobre el jersey— la mandó componer Josep María Sert a un joyero de Barcelona con el oro que se recuperó para regalársela a una baronesa alemana que vivía en Andorra y de la que estaba enamorado, al parecer.

—¡Qué interesante! —exclama el viajero.

—Bueno, eso dicen... —añade la señora, encantada de poder contar la historia.

—¿Y cómo vino a parar a la catedral? —le pregunta el viajero, para que se la complete.

—La regalaron los hijos de la baronesa, cuando murió, cumpliendo con su voluntad.

Al viajero la historia le ha encantado. El viajero, repuesto ya de sus males y a resguardo de la marabunta que continúa llenando la catedral, se siente muy a gusto en la girola en compañía de doña Marta, que así se llama la señora, según le dice ella misma. Doña Marta, que es viuda y heredó el puesto de su marido, que fue el sacristán hasta que murió, es simpática y conversadora, pese a que el viajero no le entienda algunas cosas por su fuerte acento catalán. Y ello que la mujer se esfuerza en hablar castellano con claridad.

Con los demás, lo hace en su idioma. Con las vecinas que vienen a hablar con ella y con los curas, que apenas si aparecen por el templo, según dice, salvo cuando hay algún acto, como ahora ocurre. Lo dice saludando al que acaba de llegar y que es el vicario del obispado, le susurra al viajero doña Marta cuando aquél entra en la sacristía.

El acto para el que el vicario viene es el rezo de las Vísperas, que se celebra en la cripta todas las tardes y al que puede asistir cualquiera que lo desee. Simplemente, hay que entrar por otra puerta, la que da al deambulatorio directamente desde la calle.

El viajero, que todavía no ha visto la cripta, se apresura a visitarla antes de que llegue el público. Para ello, baja las escaleras (hay dos, una en cada lateral) y se adentra en este sótano que remite a los orígenes del templo, cuando éste aún empezaba a andar. Junto con el campanario, es lo único que queda de la catedral románica, aquella que construyera el obispo Oliba en los albores del siglo XI. Y ello gracias a que durante muchos siglos permaneció olvidada y tapiada, hasta que, al acabar la guerra y con la restauración integral del templo después de su destrucción, se sacó de nuevo a la luz, recuperándola para la catedral.

La cripta es maravillosa. De poca altura, como son todas, y de tamaño también exiguo (pese a lo cual, presenta tres naves, igual que la catedral), tiene el aroma de esas catacumbas mágicas en las que se concentra el espíritu de una ciudad entera. El de ésta se ve en su arquitectura, de piedra noble y muy bien labrada, y en las columnas que la sostienen, que forman un bosquecillo parecido al de una mezquita, pero de inequívoco sabor románico. Frente al altar, en el suelo, un mosaico circular hecho con la misma piedra completa la decoración.

Poco a poco, comienza a llegar la gente. No mucha y toda mayor. Los pocos bancos se llenan y el viajero, que está dentro, ocupa también un sitio para asistir al acto que va a empezar. Comienza cuando aparecen los curas, que son tres, más el vicario, que es el que cierra la comitiva.

La celebración consiste en el canto de las Vísperas y en el rezo de una serie de oraciones en las que participan todos los feligreses. Todos menos el viajero, que no sabe catalán. A pesar de lo cual, hace como que mueve los labios, no le vayan a llamar la atención los sacerdotes. Desde el altar lo controlan todo.

Acabado el rezo de las Vísperas, que no dura mucho tiempo, la cripta vuelve a quedar vacía, para alivio del viajero, que ya empezaba a sentirse incómodo. ¡Quién le mandaría a él —piensa antes de salir también— quedarse a ver lo que aquí se hacía!

Arriba, la sacristana ya ha comenzado a apagar las luces. Lo hace sin mucha prisa, permitiendo que la gente se demore todavía unos minutos. Se ve que tiene buen corazón.

—¿Se va ya? —le pregunta al viajero, cuando éste se acerca a decirle adiós.

—Me voy —le dice el viajero.

—Pues que tenga buen viaje —le desea ella, sonriéndole con amabilidad. ¡Qué buen carácter!, piensa el viajero, recordando a otros compañeros suyos.

En la plaza, el bullicio sigue. La noche ya ha caído sobre Vic, pero la animación persiste, así como el olor de los embutidos. Huyendo de ellos, el viajero alcanza la parte nueva, buscando un sitio en el que tomar café. Lleva intentándolo todo el día. Aunque ahora lo consigue en la pastelería Vienesa, un local atendido por varias chicas. Apenas dan abasto para atender a la clientela, que es mucha en este momento, pese a lo cual se las ve contentas. «El trabajo dignifica al hombre», le dice al viajero la que le atiende, sin dejar de sonreír mientras lo hace.

—¿Y a la mujer?

—A la mujer no —le responde ella, volviendo a la cafetera para seguir haciendo cafés para otros clientes.

Mientras conduce hacia Barcelona, que está a una hora de coche, el viajero sigue viendo su propia sonrisa reflejada en el parabrisas de éste, feliz porque sea así y por haberse recuperado del malestar con el que comenzó este día. En la radio, una canción contribuye a su felicidad: «¡Tú eres la chica de ayer!...».

Si la bolsa sona

Las calles de Barcelona, anchas y llenas de tráfico, contrastan con lo que el viajero ha visto estos días, tanto por su colorido como por su vitalidad. Nada que ver con las provincianas de Lérida y de Gerona ni con las pueblerinas de la Seo de Urgel o de Solsona. Ni siquiera las de Vic, con su animación de ayer gracias a su mercado medieval, podrían asemejarse a estas que el viajero cruza, recién despierto y desayunado, en dirección a la parte baja de la ciudad.

Barcelona es una gran urbe, la primera de verdad que el viajero visita en estos viajes catedralicios, incluidas Bilbao o Zaragoza. La diferencia con éstas es que es mucho más moderna, aparte de más vital y cosmopolita. Se nota en los peatones, que son de todas las razas, y en la gran afluencia de forasteros. No en vano esta ciudad es actualmente el primer destino turístico del país, por encima de los tradicionales.

La plaza de Cataluña, a la que el viajero llega después de andar un buen rato, es el compendio de todo ello. Comercios y escaparates acaparan la atención de los viandantes, que ocupan toda su circunferencia. Y eso que todavía es muy pronto para que alcance toda su animación.

Pero hace sol y, aunque fría, la mañana es festiva para muchos (el puente que empezó ayer continúa hasta el domingo saltando de fiesta en fiesta) y la gente anda por la calle disfrutando de su ociosidad. Vecinos y forasteros se cruzan por las aceras componiendo ese mosaico singular que es una ciudad activa, y más ésta, tan llena de vitalidad.

—¿Me da *El País*?

—Cójalo usted —le dice al viajero el del quiosco en el que se ha parado a comprar la prensa.

Periódicos, flores, árboles de Navidad..., todo se vende en este paseo que une la plaza de Cataluña con la parte vieja de la ciudad y que la gente conoce como Las Ramblas; un paseo tan popular que es un delito pasar por Barcelona sin ir a verlo. Dividido en varios sectores —la Rambla de Canaletas, la de las Flores, la de los Capuchinos...—, desciende hasta el mismo mar y en su camino atraviesa el corazón de la Barcelona antigua. Que es donde están sus orígenes y sus calles y edificios más simbólicos.

La catedral es el principal de ellos. Y eso que tiene una dura competencia establecida con la vecina Santa María del Mar, la iglesia de los marineros, que es también gótica como ella, y, desde hace apenas un siglo, con la Sagrada Familia, ese fabuloso templo que el arquitecto Gaudí pensó para sustituirla, pero que aún sigue sin terminarse. Eso por lo que se refiere a la competencia religiosa, que está también la civil, representada principalmente por el palacio de la Generalitat, la sede del gobierno catalán, la Casa de la Ciutat o el Ayuntamiento y el antiguo Palacio Real Mayor, la residencia de los monarcas de la Corona de Aragón y, antes, de los titulares del medieval condado de Barcelona, todos ellos en la parte vieja (en la nueva están los edificios modernistas que también le hacen la competencia, especialmente entre los turistas).

La plaza de la catedral se abre en pleno barrio gótico, como le llaman los barceloneses al casco viejo de la ciudad por el estilo que predomina en él. Es una plaza pequeña, enmarcada por varias construcciones y presidida por la fachada de la catedral, de estilo gótico, como toda ella, pero acabada a principios del siglo XX. Aunque quien ignore el dato no se dará cuenta de que es así, tan integrada está con el resto, no sólo por su acabado, sino por la pátina que ya tiene.

La altura del cimborrio es lo que más llama la atención. Sobre todo hoy, en que la afluencia de gente y los puestos del mercado navideño que ocupa la plaza entera dificultan la visión de su fachada. Junto a él, otras dos torres, más bajas, pero también altísimas (y con los mismos pináculos puntiagudos), completan el perfil de ésta, recortando el cielo de Barcelona.

Para alcanzar el pórtico, el viajero ha de abrirse paso entre la muchedumbre de personas que llenan el mercado navideño o que, como él, intentan llegar también a la catedral. Es gente de todos los orígenes, a juzgar por su aspecto y por sus idiomas, aunque abundan los españoles que han aprovechado el puente para visitar la ciudad condal. Una ciudad que se ha puesto de moda últimamente, sobre todo a partir de la celebración, el pasado año 2002, del 150 aniversario de Gaudí.

—¡No empujen, por favor! —se queja una señora que sube las escaleras con cierta dificultad.

Todos llegan a la puerta, sin embargo. Lo hacen aglomerándose, como si en la catedral repartieran golosinas o algo así. Al viajero le llama la atención esa pulsión general que los turistas experimentan por verlo todo y al mismo tiempo.

—Tranquilos, que no se cae —ironiza mientras entra al mismo tiempo que varios de ellos.

Ya dentro de la catedral, que está tan llena como la plaza, el viajero busca un lugar desde el que poder mirarla con perspectiva. Pero no lo hay, evidentemente. Los cientos de personas que se apiñan a la entrada impiden hasta su contemplación, como no sea la de sus bóvedas; esas bóvedas de crucería que delatan tanto su estilo como la época en la que se construyó.

Ante la imposibilidad de verla, el viajero lee su historia. Según ésta, la catedral fue iniciada en el siglo XIII en el mismo solar de la anterior (que, a su vez, había sustituido a otra paleocristiana) y ha sido la sede de ciento veinte obispos, el primero de los cuales, un tal Pretextat (bonito nombre, piensa el viajero), lo fue ya en el siglo IV. Por lo demás, está dedicada a la Santa Cruz y a Santa Eulalia, la santa barcelonesa cuyos restos se guardan en la cripta que está debajo del presbiterio. 93 metros de largo, 40 de ancho y 28 de alto son las medidas del templo, sin contar, obviamente, los campanarios.

Con esos datos, el viajero se dispone a visitarlo, armándose de paciencia. Ni tan poco como en la Seo de Urgel —piensa, evocando su soledad— ni tanto como hay aquí. Cualquiera diría que Barcelona es la nueva capital del cristianismo.

Vana ilusión, adivina pronto. La mayoría de las personas que están ahora en la catedral están aquí por cualquier motivo, menos por la devoción. De ahí que griten, hagan fotos, hablen por el teléfono móvil o discutan entre ellos, incluso durante el Ángelus, cuyo rezo el sacerdote tuvo que interrumpir dos veces para pedir silencio a la concurrencia. Por supuesto, sin mucho resultado. Aunque parte de la responsabilidad la tiene el propio cabildo. Su afán de recaudación, que le ha llevado a poner a la izquierda de la puerta un mostrador en el que venden de todo, desde postales a lotería de Navidad (ésta ya agotada desde hace días), y cuya actividad no para ni siquiera cuando hay actos religiosos, hace que mucha gente se comporte como acostumbra a hacer en cualquier comercio. Que es, en el fondo, lo que parece esta catedral, habida cuenta de los carteles que señalan todos los precios de lo que aquí se ofrece: iluminar una vela, un euro; visitas guiadas, cinco; hojas parroquiales, uno; patrocinar una piedra, diez...

—¿Qué es eso de patrocinar una piedra? —le pregunta el viajero, sorprendido, a uno de los vigilantes que intentan inútilmente que la gente se comporte como debe.

—Es una campaña para recaudar dinero para la rehabilitación de la catedral. Usted patrocina una piedra y con su dinero restauran ésta. Y, si quiere dos piedras, dos, o tres, o las que desee.

—¿Y cómo sé yo que es la mía?

—Eso ya no le sé decir —contesta el vigilante, encogiéndose de hombros, mientras prosigue con su peculiar trabajo.

El viajero sigue con el suyo, que es el de visitar el templo. Aunque, durante unos minutos, no puede quitarse de la cabeza el llamativo asunto de la piedra. La verdad —piensa, mirando el cartel— es que a los barceloneses, a la hora de vender, imaginación no les falta precisamente.

Al que tampoco le faltó imaginación fue al constructor de esta catedral dividida en tres naves, como la antigua, con un crucero muy corto y una girola espectacular. En el centro de la nave principal, el coro sigue ocupando su sitio de privilegio a pesar de los cambios litúrgicos y, frente a él, la cripta y el presbiterio se reparten el corazón del ábside; una debajo del otro, como corresponde a su disposición. Luego, está el claustro, de gran factura, y tanto en éste como en el templo un rosario de capillas, algunas de gran tamaño y todas de una singular riqueza. No en vano el arzobispado de Barcelona era hasta hace pocos años la segunda diócesis en población del mundo después de la de Milán.

Así que el viajero duda por dónde empezar a mirar el templo. Máxime teniendo en cuenta la gran cantidad de gente que deambula por todo él. Al final, decide hacerlo por las capillas, que son tantas que le llevarán un rato.

Las de las dos naves laterales son ya sólo casi veinte; diecisiete, para ser exactos, una de ellas mayor que las demás. Se trata de la capilla del Santísimo Sacramento, la primera de la nave de la Epístola, más conocida por los barceloneses como la del Santo Cristo de Lepanto, por exhibirse en ella el Cristo que presidía la nave capitana de la flota mandada por Juan de Austria en la batalla contra los turcos del mismo nombre. Se trata de un Cristo gótico renegrido al que los barceloneses tienen una particular devoción. La misma que profesan a otro ocupante de la capilla, el obispo barcelonés San Olegario, cuyo cuerpo momificado se guarda en el camarín que oculta su magnífico sarcófago, obra mixta de autores catalanes (la efigie yacente es gótica, pero la urna es de inspiración barroca). Lástima que no se le pueda ver, pues las puertas de acceso al camarín están cerradas.

—Es que la gente no respeta nada —le confía al viajero la señora que se ocupa de cuidar de la capilla. Se llama doña Crescencia y es burgalesa, pero lleva en Barcelona media vida—. Hasta las flores del altar roban —se queja con amargura, poniendo otras.

La siguiente capilla de la nave, dedicada a San Cosme y San Damián, guarda también varias obras de arte; en concreto, un retablo gótico obra del gran Bernat Martorell, una pintura atribuida a Lluís Dalmau, el gran pintor valenciano del siglo XV, y un sepulcro, el de la sufragadora de la capilla, Sancha Ximenis de Cabrera, realizado en alabastro por Pere Oller, el autor del retablo de la catedral de Vic. Las que le siguen, en cambio, son más vulgares, excepción hecha de dos de ellas, la de San Raimundo de Peñafort, con el sepulcro de éste, otra magnífica labra gótica con escenas de la vida del santo en miniatura, y la de San Paciano, otro obispo barcelonés que alcanzó los honores de la santidad y cuya biografía cuenta un gran retablo barroco. Por lo que respecta a las de la nave opuesta, el viajero se queda con un par de ellas: la del Rosario, por su retablo también barroco, todo un derroche de pan de oro, y la de San Marcos, por su curiosidad: es la capilla de los zapateros. Cerca está la de los estereros, obviamente con menor devoción en estos tiempos.

    El rezo del Ángelus le interrumpe cuando se disponía ya a visitar las capillas de la girola. En el altar mayor, un sacerdote ha empezado aquél, sin que la mayoría de los turistas se haya enterado siquiera. Es por eso por lo que se ve obligado a pedir silencio unas cuantas veces, sin que tampoco sirva de mucho su petición. Se hayan enterado o no, los turistas siguen a lo suyo, haciendo fotos, prendiendo velas, hablando por el móvil o con sus compañeros, con lo que el rezo del Ángelus se alarga más de la cuenta ante la dificultad del cura para hacerse oír. Y eso que hay megafonía, que, si no, no se habría enterado nadie.

    Así que el final del Ángelus coincide prácticamente con el del horario al público. A partir de ahora y hasta las cinco, el que quiera ver el templo tendrá que pagar entrada.

    —¿Cómo es eso? —le pregunta el viajero al vigilante que le contó antes lo de la piedra. El chico viene echando a los turistas, cumpliendo con su obligación.

    —Ahora se cierra la catedral. Pero a la una se vuelve a abrir para el que quiera verla pagando.

    —No entiendo nada —dice el viajero.

    —De todos modos, si no quiere pagar los cuatro euros, a las cinco, la vuelven a abrir al público.

    —Me consuela —dice el viajero, sonriendo.

    En la puerta, algunas personas están más solivantadas. No se explican toda esta complicación de tener que salir para volver a entrar, ni comprenden que haya que pagar por ello.

    —¡Esto es una vergüenza! —grita un hombre que acababa de llegar y que, al minuto de entrar, le echaron.

—¡Peseteros! —grita otro.

Doña Ana Valderrama, sevillana afincada desde niña en Cataluña, no grita, pero se queja. Dice que, con estas cosas, la gente pierde la religiosidad.

—¿Usted es muy religiosa? —le pregunta el viajero, por ver si ya la ha perdido.

—Yo sí —le responde ella—. Y tengo un hermano cura... Pero es honrado, no como éstos.

La encargada de la puerta argumenta, mientras tanto, que, así, el que quiera puede ver la catedral, mientras que, de la otra manera, estaría cerrada hasta las cinco, que es lo que pasaba antes.

—¡Pues que la cierren! —grita el que llegó ya tarde.

Poco a poco, la gente se dispersa —eso sí, sin dejar de protestar— y la escalinata recobra el orden, con apenas diez personas esperando, entre ellas el viajero, cómo no. Es el momento en que la encargada les deja volver a entrar.

—Cuatro euros —dice, cobrándoles el billete.

—Tenga, pero que sepa que yo pienso lo mismo que los que se han ido —le confiesa el viajero, dándole sus cuatro euros. La mujer se encoge de hombros, como si ella no tuviera nada que ver en todo este asunto.

La ventaja de este asunto, que alguna había de tener, es que ahora la catedral está vacía completamente. Tan sólo, junto a la puerta, los diez que acaban de entrar rompen la calma del edificio, que parece más grande todavía visto así. El viajero, por si acaso, se apresta a seguir mirándolo, no sea que no le dé tiempo en dos horas.

El viajero se ha puesto ese plazo para poder llegar a Can Culleretes, un restaurante que ya conoce de otras visitas a la ciudad, antes de que se lo cierren. Can Culleretes es tan antiguo que su cocina cierra a la hora, llegue quien llegue y caiga quien caiga. En eso es como una catedral, sólo que allí se come y en ésta sólo se sueña.

Que se lo pregunten, si no, al autor de este fabuloso coro —piensa el viajero, llegando a él— cuya verja acaban de abrir y cuya sillería adornada por los escudos de la Orden del

Toisón de Oro ocultan misericordias con todo tipo de motivos, la mayoría de ellos poco sagrados. O al del órgano, esa fantasía sonora colgada de la pared sobre la puerta llamada de San Ivo y que cuenta ya casi cinco siglos. O, en fin, a los del altar mayor, con su mesa apoyada sobre dos grandes columnas, dicen que del siglo VI, su cátedra de alabastro y su cruz presidencial. Aunque el sueño mejor de todos, con permiso de los anteriores, fue sin duda el del artífice de ese maravilloso sarcófago que se esconde en el silencio de la cripta y que guarda los restos de Santa Eulalia, la santa barcelonesa a la que está dedicada la catedral. Obra de Lupo di Francesco, un escultor italiano, comparte espacio con el primitivo (éste del siglo IX) y es una pieza gótica funeraria comparable a cualquiera de las que pueda haber en Europa.

El recorrido llega al deambulatorio, donde otras diez capillas completan el repertorio catedralicio, al margen de las que hay en el claustro. Todas son interesantes, pero el viajero se detiene solamente en dos de ellas: la de la Merced, la patrona de la ciudad, que es, por ello, una de las más hermosas (tiene un retablo barroco que es una auténtica maravilla), y la de San Benito, en ésta para admirar el retablo de la Transfiguración del Señor, obra también de Bernat Martorell, y que es el mejor de la catedral. No es que las otras no lo merezcan; es que el viajero no tiene tiempo para detenerse en todas.

El claustro, cuya soledad contrasta con el bullicio que había en él hace una hora, le recibe con su fuente rumorosa y con el Nacimiento que era la causa de su animación. Está en el centro, entre los parterres, vigilado solamente en este instante por los patos que viven en el jardín o que pertenecen a aquél, quién sabe. Se asustan de la presencia del viajero, que pasa cerca de ellos contemplando estas góticas crujías pensadas para la meditación, pero que acogen también entre sus arcadas otro rosario de capillas, todas llenas de retablos y de imágenes. ¡Qué agotamiento!, piensa el viajero, dejándolas para luego.

Lo que ahora quiere el viajero es subir a los terrados, algo que sólo está permitido a los turistas y hasta las cinco. Se sube en un ascensor cuya base está en otra capilla, la de las Ánimas del Purgatorio, que antes lo fue de los Inocentes por venerarse en ella, según parece, unas reliquias atribuidas a éstos y en cuyo honor se celebraban, según dicen, ceremonias presididas por un niño vestido de *bisbetó* (obispito), en el arranque del lado izquierdo de la girola.

—¿Es seguro? —le pregunta el viajero al ascensorista, tanta es su claustrofobia.

—Segurísimo —dice éste, que es argentino, por el acento—. Tenga en cuenta que ya tiene siete siglos —bromea, abriendo la puerta.

—O sea, que es románico... —le responde el viajero también en broma, entrando en el ascensor.

El ascensor funciona, a pesar de su vetustez (que no es tanta como parecía por fuera), y en seguida el viajero se encuentra en los terrados que cubren todas las cubiertas del templo catedralicio. La vista que hay desde ellos es digna de ser gozada. A la luz, que allí es más fuerte, se unen las perspectivas de la ciudad, que se extiende en todas las direcciones, incluso más allá de las montañas de Collserola, que la protegen por el oeste. Solamente por el este el mar le impide avanzar, aunque los diques del puerto y algunos barcos de recreo se adentren también en él.

La vista es maravillosa. Con la catedral en un primer plano (los campanarios arriba, casi sobre la cabeza, y el claustro, abajo, como un gran foso), la ciudad muestra todas sus alturas y todas sus perspectivas arquitectónicas y urbanísticas; racionalistas en el ensanche y en el trazado de los barrios nuevos y medievales en la parte antigua. Y todo ello con un ruido de fondo, el de su pulsión vital, que semeja el de una colmena en plena actividad recolectora. Hasta el sol hace que pueda pensarse eso, aunque el viento que sopla en las alturas lo desmienta.

—¿Qué? ¿Mereció la pena? —sonríe el ascensorista cuando el viajero vuelve hacia el ascensor.

—La vista sí; el ascensor ya menos.

Can Culleretes, a tres manzanas de la catedral, en pleno corazón del barrio antiguo, sigue siendo la casa de comidas honrada y concurridísima que el viajero ya conocía de otras estancias en Barcelona. Fundada en 1786, presume de ser la más antigua de la ciudad y ello, junto con su larga carta y la amplitud de sus comedores, que se comunican unos con otros a través de largos pasillos, hace que siempre esté llena, tanto de barceloneses como de forasteros. El viajero, a pesar de ello, encuentra una mesa libre; un lugar junto a la puerta que le permite ver, mientras come, el movimiento del restaurante y el de la calle a través de aquélla. ¡Qué actividad!, piensa, mirando a los camareros que van y vienen continuamente atendiendo a los clientes, que son muchos, y a los que aún siguen entrando en él.

—¿Podemos comer aún?

—Un momento —les contestan.

El viajero le pregunta al que le sirve por la razón del nombre del restaurante.

—Pues no lo sé —le responde él.

Al cabo de unos minutos, vuelve, no obstante, solícito y le dice que la dueña le ha contado que es porque aquí se empezaron a usar cucharillas (*culleretes* en catalán), cuando aún no se conocían en muchos sitios de Barcelona.

—¿Y con qué removían el café? —le pregunta el viajero, sorbiendo un trago del suyo.

—Con las soperas, supongo yo —contesta el camarero, volviendo a la cocina.

Las calles que rodean la plaza de San Jaime, la principal de la parte vieja de Barcelona, están tan llenas de gente que apenas se puede andar. Todo el mundo va y viene de un sitio a otro, comprando o haciendo negocios o mirando simplemente la ciudad. Ciertamente, hay más gente en Barcelona que en todo el resto de Cataluña.

En la plaza, hay un Nacimiento; un pesebre de tamaño natural con todos los personajes que suelen incluir éstos, incluido el autóctono *caganet*. La gente se aglomera en torno a él, comentando sus detalles, aunque otros prefieren admirar los edificios que le otorgan a esta plaza la condición de centro de Cataluña: a un lado, la Generalitat y, al otro, el Ayuntamiento de Barcelona. Cada uno de ellos vigilado por una policía diferente, con sus distintivos y trajes característicos, a pesar de estar frente a frente.

De vuelta a la catedral, el viajero compra en el mercadillo un *caganet* de recuerdo. La figura, que se repite en todos los puestos, es típica de Cataluña y, según la señora que se la vende, augura prosperidad. El que abona el campo prospera, dice, aunque la que prospera es ella, de tanto *caganet* como debe de vender a los turistas.

En la catedral prosperan también. En el mostrador de la entrada hay cola para comprar estampas y *souvenirs* y lo mismo sucede en los lampadarios, todos ellos encendidos al completo (a euro la vela, que es electrónica), en especial los de las capillas del Cristo de Lepanto y de San Pancracio. Ésta aún más que la del Cristo, ya que se acerca el sorteo de lotería de Navidad.

—No sólo en la lotería; San Pancracio da suerte en todo —le contesta al viajero una señora que acaba de encenderle una nueva lucecita al santo de la buena suerte.

Su compañera abunda en ese argumento:

—Mire usted: mi marido perdió el trabajo y, por su intercesión —dice, señalando al santo—, encontró otro empleo a los pocos días. ¡Y sin salir de casa! —añade, con convicción—. Le llamaron por teléfono.

—Eso sí —vuelve a intervenir la otra—, hay que tener fe en él; si no, nada.

—Y encenderle una vela —dice el viajero, mirando el lampadario que brilla como si fuera un árbol de Navidad.

—Y ponerle una ramita de perejil en casa —añade la del marido trabajador.

El resto de la catedral está tan lleno como la entrada. Como por la mañana, la gente atesta las naves, incluido el coro, que sigue abierto. La que está cerrada ahora es la puerta que da al claustro, ante cuya otra puerta —la de la calle— el viajero vio al pasar una cola kilométrica, sin duda para ver el Nacimiento. Al viajero no le sorprende lo que le dijo el chico del ascensor: que cada año visitan esta catedral tres millones de personas.

A las seis, hay una misa. En el altar mayor, aunque la trasmiten a toda la catedral a través de pantallas de televisión (una grande, en el trascoro), como si fuera un partido de fútbol. Aunque, como por la mañana, la gente sigue a lo suyo, sin hacer mucho caso de la celebración. Incluso hay quien protesta porque, mientras dura ésta, los vigilantes no dejan pasar a los turistas hacia las naves.

Entre la de las seis y la de las siete, que hay otra misa casi seguida, el viajero le echa otro vistazo a la catedral y, después, aprovecha que la segunda le pilla dentro del coro para tomar notas en su libreta sentado en uno de los bancos que hay entre la sillería. La misa es en catalán, lo que le facilita la concentración. Si ya le resulta fácil abstraerse de una misa en castellano, cuanto más no lo va a ser en un idioma que no domina.

Al terminar la misa, los vigilantes comienzan a desalojar el templo. Lo hacen con prisa, como si quisieran salir de él cuanto antes. Al viajero no le extraña, pues lleva todo el día, como ellos, aquí dentro.

—Enhorabuena —le dice al de esta mañana, que no entiende por qué le felicita.

A las ocho en punto, la catedral cierra sus puertas por fin. Las chicas del mostrador recogen la recaudación del día mientras sus compañeros van apagando las luces. Sólo quedan encendidas las velas de las capillas, aunque quizá se apaguen también con la general. Y, en ese instante, el Cristo de Lepanto, San Pancracio, San Cosme y San Damián y todos los demás santos cuyas imágenes moran en las capillas se quedarán tan a oscuras como la momia de San Olegario en su urna. Y, así, hasta que, por la mañana, un día más los alumbre. Algo que no sucede en la ciudad, cuyas luces navideñas la iluminan por completo, desde Las Ramblas hasta el paseo de Gracia, por donde el viajero sube mirando, al pasar, las casas que Gaudí y otros arquitectos levantaron en el ensanche de Barcelona para continuar la obra de sus antecesores. ¡Qué bonita es Barcelona!, piensa el viajero, mirándolas. ¡Y cómo suena su bolsa!, piensa también reparando en su gran animación.

La Cataluña obrera

Hoy, día de la Inmaculada, el viajero va a visitar dos catedrales en vez de una. Ya lo hizo en Salamanca, o en Lérida, o en Zaragoza, pero hoy las dos catedrales están en sitios distintos; una en San Feliú de Llobregat y otra en Tarrasa. Se trata de las dos diócesis nacidas de la división de la de Barcelona en tres, cosa que sucedió hace dos años, lo que las convierte en las benjaminas de Cataluña y de toda España.

San Feliú de Llobregat, al suroeste de Barcelona, es ya casi un barrio de ésta. Por la autopista se llega en quince minutos y más hoy, en que apenas hay tráfico ninguno.

El pueblo, que no es muy grande, está a la orilla del Llobregat, en una zona industrial que se prolonga hasta el mismo mar y, río arriba, varios kilómetros. El paisaje está, pues, lleno de fábricas, hoy inactivas por ser festivo, aunque las hay también ya cerradas, fruto de su obsolescencia o de su falta de competitividad. El resultado es esa amalgama de naves y de edificios característica de las barriadas obreras, no sólo de Cataluña, sino de España y de Europa entera.

El viajero, ya en San Feliú, trata de buscar la iglesia que desde hace apenas dos años es catedral también. Se imagina que estará en el centro urbano, aunque es difícil saber dónde puede quedar éste. Todas las calles son parecidas, sin nada que las personalice, y por si faltara algo, no se ve a nadie por ellas. La lluvia y la festividad del día hacen que San Feliú esté desierto.

Por fortuna, en un semáforo, el viajero encuentra a un vecino. Lleva paraguas y va con prisa, pese a lo cual se detiene a su llamada:

—Por favor, ¿la catedral?

—Ha preguntado usted al más indicado —le responde el hombre, sonriendo—. Soy el párroco —le dice en catalán.
—¡Vaya, hombre! ¡Qué casualidad! —exclama.
El cura, que no viste de cura y que es apuesto y bien parecido a pesar de ser ya mayor, le indica un campanario que asoma ligeramente por encima de las casas más cercanas.
—Ahí la tiene. Precisamente yo voy para allí —le dice. Aunque en seguida repara en que el viajero no puede entrar con el coche—. Aparque por esa calle —le indica, señalando la que sale hacia la izquierda—. Todo esto es peatonal.
—Pues nos vemos ahora, muchas gracias —le agradece el viajero la indicación.
La calle que le ha indicado el cura conduce a un descampado al otro lado del cual hay una fábrica abandonada cuya fachada parece la de un reformatorio: tiene todos los cristales rotos y el tejado a punto de caerse. Hay también varios chalés y un cuartel de Policía ante el que hay estacionados varios coches, pero que también parece desierto. El viajero aparca cerca de él. Allí estará más seguro, piensa a la vista de la soledad del sitio.
Andando por donde vino, en seguida llega a la plazoleta sobre la que se alza la iglesia cuya torre vio hace un momento. Es una iglesia moderna, sin gracia, como todo San Feliú. ¿Quién podría imaginar que es una catedral?
—Pues lo es —le dice al viajero un hombre que viene a misa con su mujer; esa que anuncian ya las campanas de la torre en este momento.
Por dentro, la catedral es tan sencilla como por fuera. Y eso que es grande y voluminosa, con tres naves como las de verdad. El viajero se acuerda de la de Albarracín y piensa que se precipitó al calificar a ésta como la más pobre del país.
—Esta iglesia tenía muchas cosas —le dice el hombre que entra con él, un señor ya muy mayor, como en seguida constata él mismo—. Pero lo quemaron todo en la guerra. Y fue gente del pueblo —dice—, no de fuera.
—¿Usted lo vio?
—Por supuesto. Tenía once años, pero me acuerdo perfectamente. Ataban las imágenes con sogas y, cuando caían

al suelo, aplaudían. ¡La política!... —exclama el hombre, con pesadumbre.

—¿Y la iglesia la quemaron?

—Entera. No quedaron más que los muros. Se lo digo porque yo trabajé como carpintero en la construcción de ésta. Yo fui carpintero siempre —dice el hombre, con orgullo.

—O sea, que está bien hecha...

—A conciencia. Ésta no se cae tan fácil.

Mientras el viajero y el hombre hablan, sigue llegando gente a la iglesia. Poca y toda ya mayor, como ocurre en todos los sitios.

—Los jóvenes no creen en nada —dice el hombre, yendo en busca de su esposa, que se ha sentado en el primer banco.

Mientras empieza la misa, el viajero le da una vuelta a la catedral. No tiene mucho que ver, salvo el edificio en sí. Y éste poco tiene que admirar también, como no sea el suelo, de gres de varios colores. Una Virgen de Montserrat, copia de la original, y un Sagrado Corazón es todo lo que la iglesia alberga, aparte de algún cuadro sin valor y del Cristo del altar. En una estancia lateral, casi otra iglesia por su tamaño, un cura espera con la luz dada a que alguien se acerque a su confesionario.

La misa da comienzo con el párroco como oficiante y no más de un cuarto de aforo. Se ve que en San Feliú la gente no es religiosa o sigue durmiendo. El viajero se fija en otros detalles: en la silla episcopal, tan fea como la iglesia, y en las estufas de gas butano que sirven para calentarla. ¡Qué contraste con la de Barcelona!

Mientras el cura dice la misa (en catalán, por supuesto), el viajero lee las notas que bajó ayer de Internet. La catedral es tan novedosa que ni siquiera tiene una guía. Según aquéllas, el pueblo, cuyas primeras noticias datan del año 1002 (un documento del monasterio de San Cugat cita la ermita de San Feliú), tiene cuarenta mil habitantes y su crecimiento tuvo lugar en los años del desarrollo industrial. La actividad textil fue su principal motor, aunque, hoy, haya decaído mucho. A cambio, San Feliú se dedica a otras actividades, principalmente la metalúrgica. De lo que no queda nada ya es de sus campos de cultivo, famosos hasta la guerra por la producción de rosas (tanto que, en ésta, el pueblo cambió de nombre, al estar prohibidos en Cataluña los religiosos, por el de Rosas de Llobregat), ni de sus antiguas villas, excepción hecha del palacio de los marqueses de Castellbell, que eran los dueños de todo el pueblo, y que hoy es propiedad municipal. ¿Dónde estará?, se pregunta el viajero, que lo único que ha visto hasta este momento son edificios modernos.

La misa continúa y el viajero sigue con la lectura. Ahora por la de una historia, la única interesante con que cuenta la de San Feliú, y que es la celebración aquí de un auto de la Inquisición contra una bruja occitana (por fortuna, la mujer salvó el pellejo), y por la relación de nombres que dan lustre a todo el pueblo; a saber: el presentador de televisión Jordi Hurtado, el grupo musical OBK y el baloncestista Juan Carlos Navarro. Todo un plantel de lujo, a lo que se ve. Menos mal que Internet concluye —casi al tiempo que el párroco la misa— con el acontecimiento más importante en la historia del lugar, que no es otro que la elección del pueblo para sede episcopal y la consagración de su iglesia parroquial de San Lorenzo en catedral con todas las letras. Junto a la puerta de entrada, cuando la misa concluye, el viajero ve la copia de la bula pontificia por la que se constituye —el 15 de julio del 2004— la diócesis de San Feliú, así como la placa que recuerda la toma de posesión del primer obispo, y único por el momento, monseñor Agustí Cortés Soriano. Junto a ellas, sobre una mesita, una Virgen con Niño de estilo gótico descabezada y partida por la mitad es todo lo que se conserva de la antigua iglesia destruida. Aunque al viajero le llaman más la atención los papeles que, junto a ésta, piden trabajo u ofrecen los servicios más dispares; por ejemplo: «Rusa formada en San Petersburgo da clases a niños y adultos». En otro, en cambio, la propia iglesia pide a sus feligreses *«per el banc d'aliments, pots de llegums, pots de tomaquet i sobres de sopa»*.

—¿Le puedo ayudar en algo? —le pregunta al viajero el párroco, acercándose hacia él ya vestido de paisano nuevamente.

—Seguro —le dice éste.

Al viajero el cura le da confianza. Desde que lo vio al llegar y, luego, durante la misa, al viajero el cura le ha parecido cercano, aparte de inteligente. Rasgos que no abundan mucho entre los de su condición.

—Estoy visitando —confiesa— todas las catedrales de Cataluña —añade—: Y ésta es una más, parece.

—Eso dicen —dice el cura, sonriendo.

—¿No lo es?

—Lo es, lo es —dice el cura—. Desde el año 2004.

—¿Con obispo?

—Con obispo, cátedra y diócesis. Lo que no tiene es cabildo. De momento, por lo menos.

—O sea, que usted es el único canónigo.

—Tampoco. Yo soy el párroco del obispo y él es el obispo mío —vuelve a sonreír el cura, que parece divertido con la curiosidad del viajero. Sin duda, no deben de venir muchos a ver esta catedral.

La conversación prosigue mientras la gente va saliendo, con el cura y el viajero cada vez más animados y cada vez más a gusto ambos. Se ve que se caen bien. Gracias a ello, el viajero se entera de muchas cosas, tanto del pueblo, cuyos vecinos son de origen andaluz principalmente (de la Alpujarra almeriense, precisa el cura, que fue allí de visita no hace mucho), como de éste (se llaman mosén Pere y lleva mucho tiempo en San Feliú), como de la elección del pueblo para sede de una nueva diócesis. Algo que, según reconoce el cura, provocó mucha polémica entre la propia Iglesia de Cataluña.

—Hubo iglesias donde tocaron a muerto cuando se dividió la diócesis de Barcelona. Muchos curas no querían. Y, en el caso concreto de San Feliú, la polémica aún fue mayor. Tarrasa, por lo menos, tenía una tradición, fue diócesis visigótica, la de Égara —le explica al viajero el cura—; pero San Feliú ni eso. Simplemente era la cabecera judicial del Bajo Llobregat, ni siquiera el pueblo más importante. Se barajaron muchas opciones, pero al final eligieron ésta. Yo creo, sinceramente, que lo mejor hubiera sido poner la sede en el monasterio de San Cugat, que fue el más poderoso de Cataluña durante siglos y está aquí cerca.

—Como le oigan sus feligreses...

—Aquí están encantados, como es lógico —sonríe nuevamente mosén Pere, que sabe más por viejo que por cura, y más lo que puedan pensar sus parroquianos.

Sobre la iglesia, también el cura tiene una opinión formada. «No es fea —dice—, tiene una cierta elegancia». Y añade, para demostrarlo:

—La planta es basilical, tiene unas dimensiones proporcionadas y el suelo, que es lo mejor, es obra del mismo decorador del Liceo de Barcelona. Ya no se hacen cosas así.

—Vista así... —dice el viajero.

—Hombre, no es la catedral de Burgos —exclama mosén Pere, sonriendo—, pero, para ser la más joven de España, no está tan mal. Tenga en cuenta que es del año 1945.

El cura se despide después de dar la vuelta a la iglesia, no sin antes preguntarle al viajero su intención. Se ha dado cuenta, porque no es tonto, de que tanto interés ha de responder a algo.

—Estoy escribiendo un libro —le confiesa éste, después de dudarlo un poco. No le gusta andar contando lo que hace a todo el mundo.

Pero mosén Pere no es todo el mundo.

—Pues que le salga bien —le desea, sin preocuparse de lo que pueda escribir en él. ¡Qué buen talante!, piensa el viajero, viéndolo irse.

Cuando el párroco se va, el viajero duda qué hacer. Es ya la una del mediodía, muy pronto para comer, pero la catedral ya está vista, piensa. Y, encima, no hay nadie en ella para seguir charlando algún rato, como no sea ese hombre que le vigila desde que entró, como si no se fiara de él. Y eso que le ha visto hablar con el mosén Pere. ¿Será el sacristán del templo?

—No, yo soy un vecino —dice.

—Y yo —le dice el viajero, a ver si se tranquiliza.

Pero ni así deja de observarlo. Mientras el viajero escribe sentado en uno de los bancos, el hombre le vigila desde lejos, sin preocuparse siquiera de disimular un poco. ¿Temerá que se vaya a llevar algo? Al final, el viajero recoge su libreta y se va sin despedirse, cansado de sentirse un sospechoso. Lo que le faltaba, piensa, mirando por última vez la iglesia, tan desnuda de ornamentos que ni siquiera podría robar una simple vela.

En la plaza, sigue lloviendo. Hay ya más gente, pero San Feliú continúa estando muerto. Tan sólo en un par de bares los vecinos animan algo el pueblo, tomando el aperitivo y charlando de sus preocupaciones. Que son las mismas de todos los lugares, sólo que aquí lo hacen en catalán.

En la Unión Coral se puede comer. Es la típica sede de una asociación coral de las que tanto abundan en Cataluña, aunque hoy apenas hay gente. Pero al viajero le importa poco. Visto lo visto, prefiere almorzar ya y seguir viaje hacia Tarrasa. ¿Qué más puede hacer aquí?

—Sólo tenemos menú del día.

—Lo que haya —dice el viajero, sin rechistar.

Cuando termina de comer, a la hora en la que deben de estar haciéndolo los demás, en la plaza de la iglesia ya no hay ni peatones. E igual sucede en el pueblo, que el viajero cruza a buen paso (ha dejado de llover, pero hace frío) en busca del descampado donde dejó su coche aparcado, cerca de la Policía. Cuando lo encuentra, mira la fábrica, iluminada ahora por el sol, que también asoma. Parece el escenario de una película de la guerra o de un documental sobre Chernóbil.

Por el Llobregat arriba, de nuevo ya en la autopista, el viajero conduce con precaución, mirando a ambos lados de ésta las poblaciones que se suceden continuamente. Todas grandes y muy industrializadas, como delatan sus muchas fábricas y chimeneas. La Barcelona industrial tiene aquí uno de sus puntos fuertes, en este valle del Llobregat cuyo curso apenas se ve, de tan poblado como está todo. Al viajero no le extraña lo que le dijo el cura de San Feliú: que, aunque la nueva diócesis es pequeña, su población alcanza casi el millón de personas.

En Martorell, la capital de la industria automovilística, el viajero gira a la derecha por una carretera comarcal que va directa a Tarrasa. Lo hace cruzando los montes que bordean la espalda de Barcelona, cuyas antenas (las de la sierra de Collserola) se ven en la lejanía. Hay también alguna que otra población, pero alejada de la carretera. Por ésta, sólo se ve alguna casa y al-

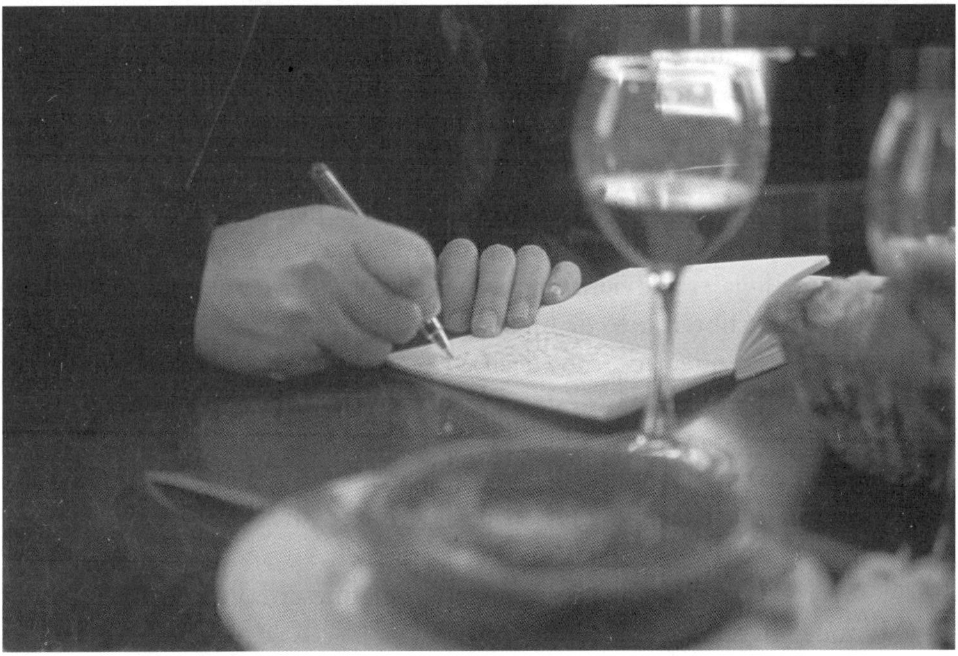

gún mesón para domingueros. Aunque con el frío que hace, hoy hay poca gente en ellos.

Por fin, a quince kilómetros, aparece Tarrasa en el horizonte. Es una ciudad enorme, mayor de lo que imaginó el viajero. Y, al fondo, a la derecha, se ve otra que debe de ser Sabadell. El viajero se para a contemplarlas. Desde la altura en la que está ahora, en el borde de los montes que ha atravesado desde Martorell, las dos ciudades parecen polvo, tal es el color de sus edificios. Especialmente los de Tarrasa, que están más cerca y se ven con más nitidez.

La ciudad es, por lo demás, informe. Su crecimiento ha sido tan grande que es difícil saber dónde está el centro y dónde empieza y acaba. El viajero, a duras penas, a base de preguntar, consigue llegar al centro, que lo es porque alguien lo ha dicho. Tiene el aspecto de cualquier barrio, sólo que con algún edificio antiguo. Eso sí, al revés que en San Feliú, aquí la gente está ahora en la calle. Y eso que el frío es cada vez más intenso, como el viajero advierte al volver a ella después de dejar su coche en el subterráneo de un aparcamiento.

Lo que nadie sabe decirle es cómo ir a la catedral. Ni siquiera saben que existe ésta, al menos los tres primeros a los que se dirige para preguntarlo.

—¿La catedral? —le dice una chica joven que, a pesar del frío que hace, lleva la barriga al aire.

—¿La catedral? —repite la amiga.

Otro, también muy joven, dice que es la primera vez que lo oye.

El tercero, por su parte, se excusa diciendo que él no va a misa.

Menos mal que unas señoras, aunque tampoco van a misa según dicen, le ponen en el camino.

—Ahí la tiene —le señalan, indicándole la iglesia que hay justo detrás de ellas.

—¿Ésa?

—Ésa, ésa —dicen ellas a la vez.

Las tres señoras son gordas y están de charla en un banco. Son andaluzas, por el acento, y tienen ganas de conversación.

—¿De dónde son?

—De Almería... Bueno, ésta de Granada —dicen—. Pero llevamos aquí muchos años.

—O sea, que ya son catalanas.

—No, nosotras somos andaluzas. Los que son catalanes son nuestros hijos.

—Y nuestros nietos —añade otra.

—Claro, claro —aprueba la anterior.

—Aquí, en Tarrasa —interviene la tercera—, catalanes-catalanes hay muy pocos. La mayoría hemos venido de fuera.

—A trabajar, supongo —dice el viajero.

—¡A ver, si no! —exclaman las tres mujeres.

—Usted tampoco es catalán —se dirige al viajero una de ellas.

—¿Se me nota?

—¡Que si se le nota dice! —se ríe la que lo ha dicho, mirando a sus compañeras. Y no añade nada más, ni bueno, ni malo, ni regular.

Pero, en seguida, saca a relucir sus fobias:

—Esto ha crecido muchísimo. Cuando yo llegué a Tarrasa hace cincuenta y cinco años, esto eran cuatro casas. Y ahora ya ve... Lo malo es que, últimamente, los que vienen son extranjeros. Rusos y moros y gente de ésa.

—¿Y qué tiene eso de malo? —le pregunta el viajero, que ya ve por dónde va.

—Pues que aquí vivíamos muy a gusto hasta que empezó a llegar esa gente.

—Pero vienen a trabajar, como ustedes.

—¡A trabajar!... A lo que vienen es a vivir del cuento —exclama la señora, muy convencida de lo que dice—. Nosotros veníamos a trabajar y trabajamos como animales. Sin robar ni pedirle a nadie. Pero estos de ahora...

—Bueno, bueno... —corta el viajero el discurso, pues ya sabe en qué terminará—. ¿Y a qué hora abren la catedral?

—A las seis, me parece —le dice la mujer—. Aunque no se lo digo fijo —añade.

El viajero mira la hora: son las cuatro y veinticinco. Así que tiene tiempo, piensa mirando la catedral, de ver un poco Tarrasa mientras espera a que abran ésta. El edificio, al menos por fuera, sí tiene trazas de catedral, aunque también lo sea desde hace poco. Un atrio de estilo gótico (cerrado ahora por una verja) y un campanario de gran altura hablan de su antigüedad, aunque el resto de la fachada, que es muy moderno, haga dudarlo a primera vista.

Tarrasa también es muy antigua según dicen (fue ya sede visigótica), pero tampoco se le nota mucho. Salvo la catedral y algún edificio aislado, el resto son muy recientes y sus calles son todas parecidas. Al viajero le recuerda a San Feliú, sólo que a mayor tamaño. Doscientas mil personas, que son las que aquí residen según le han dicho al viajero las tres señoras andaluzas, se tenían que notar.

Junto a la catedral, hay también un mercado navideño. Pequeño y casi vacío en este momento, pero con las mismas cosas que el de Barcelona. La que está más concurrida es la cafetería de enfrente, seguramente por el frío que hace fuera. El viajero acude a ella después de dar un paseo sin ver nada de interés en la ciudad. Las guías dicen que hay varias cosas (tres iglesias medievales, las de San Pedro de Tarrasa, sedes de la primitiva diócesis, una fábrica textil de 10.000 metros cuadrados que ahora alberga el museo de la Ciencia y de la Técnica, varias casas y edificios modernistas y los restos del castillo de Tarrasa, destruido en el siglo XIX), pero el viajero se dio la vuelta sin verlas, tal era el frío que hacía. Parece como si, de repente, el invierno hubiera llegado.

A las seis, como la señora dijo, abren la catedral por fin. El viajero se da cuenta porque ve encenderse las luces desde las cristaleras de la cafetería. Las luces de la catedral, junto con las del mercadillo de Navidad, aceleran la llegada de una noche que no asusta, pese al frío, a los vecinos. Al contrario, ahora hay muchos por la calle, paseando y viendo comercios o contemplando los puestos del mercadillo, en los que la animación ha ido creciendo a medida que la tarde iba pasando.

—¿Me cobras? —llama el viajero a la camarera que le sirvió el café hace ya un rato y que es ecuatoriana o peruana por su aspecto; o sea, uno de los extranjeros que han venido a vivir del cuento a Tarrasa.

—Voy —le responde ella, que no da abasto a atender las mesas.

En el atrio de la catedral, que lo componen tres arcos góticos, hay ya gente haciendo cola para ver la exposición de Nacimientos que, al parecer, se muestra en su parte baja. Se accede a ella por sendas escalerillas, una de entrada y otra de salida, situadas a cada extremo del pórtico. En medio, sobre la puerta, varios carteles anuncian la exposición junto con el horario de misas de la catedral, que es también basílica —del Santo Espíritu— o lo fue hasta el 2004, año de su consagración como catedral. Por lo que el horario dice, hay una misa a las siete.

Por dentro, la catedral está en penumbra del todo. Solamente algunas luces iluminan el altar, allá, a lo lejos, y una capilla a la derecha, así como el mostrador en el que un hombre contrahecho vende libros y folletos a la entrada. Contrahecho... ¿y retrasado? Entre que habla de un modo extraño y lo hace en catalán, el viajero no entiende nada de lo que dice, por más que se esfuerza en ello. El hombre también se esfuerza (en hacerse entender por él), pero sin resultado alguno. Al final, el viajero lo único que saca en limpio es que el folleto que le interesa, que está sólo en catalán, es un obsequio de la parroquia.

Con ayuda de él, recorre la catedral, intentando verla en la oscuridad. A pesar de ésta, se advierte su planta gótica, que recuerda mucho a la de Solsona. Al margen de las tres naves, una capilla gigante (la que está más iluminada, porque se expone en ella el Santísimo) resultado de la unión de dos o tres y otras varias más pequeñas componen el edificio, junto con el presbiterio, claro. Lo que no tiene es crucero, ni, por lo que parece, claustro. Lo cual no merma su gran encanto y más después de ver la de San Feliú.

A cambio, a ésta le une, además de la fecha de su consagración (que también recuerda una placa, ésta en el atrio, en un lateral), la carencia casi total de obras de valor, puesto que también fue saqueada en la guerra. Tan sólo un grupo escultórico de estilo renacentista del que destaca un Cristo yacente tan imponente como conmovedor (y que, según el folleto, fue restaurado después de aquélla, pues también sufrió los saqueos) habla de lo que sin duda hubo y que se perdió para siempre en ésta, como en otros muchos templos del país. La inexpresividad del Cristo, que contrasta con la aflicción del resto de las figuras: tres hombres y cuatro mujeres, una de ellas la Virgen, que velan su cuerpo yerto, produce tal emoción que justificaría por ella sola una visita a esta catedral.

El resto es muy anodino: imágenes y cuadros hechos para rellenar los huecos, la mayoría de ellos sin demasiada gracia. Y lo único digno de verse, que, según proclama el folleto, es la decoración del ábside (hecha también después de la guerra para sustituir al retablo barroco que había, quemado durante ésta), está sumido en la oscuridad. Hasta que enciendan las luces para la misa, el viajero no podrá verlo. Y para la misa queda aún casi una hora.

Entre que ésta comienza y no, el viajero decide ir a ver los Nacimientos. Lo hace saliendo otra vez al pórtico y poniéndose en la cola, que ahora es ya bastante larga. Padres con niños, sobre todo, esperan pacientemente a descender por la escalerilla para ver los dioramas que componen la exposición de pesebres de todos los estilos y facturas que, al parecer, permanece aquí todo el año, pero que, ahora, en la Navidad, es, como es lógico, más visitada. Bajo cada uno de ellos, un cartel dice el nombre de su autor, cosa que debe de enorgullecer a los artesanos. Puesto a quedarse con uno y después de mirarlos todos, el viajero elegiría el que representa el portal de Belén, pero, en lugar de sobre su paisaje típico, sobre un fondo de los Pirineos. No hay *caganet,* pero es catalán.

Cuando regresa a la catedral, la nave principal ya está encendida. Su espléndida arquitectura resalta en toda su majestuosidad y, en ella, el ábside, que es hermosísimo. De estilo gótico, como la iglesia, una decena de nervios corona su gran altura (24 metros, dice el folleto) y, bajo ellos, una espectacular panoplia de imágenes policromadas y otras pintadas al fresco atrae todas las miradas. Obra del arquitecto Lluís Bonet, del escultor Enric Monjo y del pintor Antoni Vila Arrufat, el retablo fue hecho entre 1940 y 1949 y es, según dice el folleto, uno de los más valiosos del arte religioso nacional hecho después de la guerra.

Desde más cerca, el viajero mira las distintas partes: en lo más alto, San Pedro, presidiendo todo el conjunto; bajo él, el Espíritu Santo, el titular de la catedral, en el centro de un círculo de rayos; bajo el Espíritu Santo, la Virgen, rodeada de ángeles pintados y de piedra, y, más abajo, los doce apóstoles componen la representación; representación que se complementa con la sillería del coro, que envuelve el altar mayor y su baldaquino, formado éste por cuatro grandes columnas que sostienen, a su vez, cuatro figuras doradas y tres coronas también de oro. Resplandeciente y lleno de brillos, el presbiterio semeja un sueño surgido de la oscuridad.

De la oscuridad también, pero de la de la sacristía, surge la imagen del sacerdote que se dispone a oficiar la misa que empieza ahora y a la que espera ya mucha gente. Mientras el viajero miraba el presbiterio, la iglesia se ha ido llenando y ahora apenas quedan sitios en los bancos. Al viajero, sin embargo, esto no le importa mucho. Después de haber asistido, entre ayer y hoy, a tres misas, no tiene mucho interés en escuchar otra. Antes, por el contrario, está deseando ya regresar a Barcelona y darse un baño caliente que le resarza del frío que hoy ha pasado.

Y que seguirá pasando. Afuera, en el propio atrio, una ráfaga de viento le recibe, confirmándole que el invierno ya ha llegado a Cataluña. Pese a ello, la gente anda por la calle como cualquier viernes por la noche. El mercadillo está abarrotado y, desde él hasta el aparcamiento donde dejó su coche cuando llegó, el viajero se cruza con familias que pasean y con pandillas de chicos que se preparan para ir de fiesta. Tarrasa entera, a pesar del frío, celebra el fin de semana y la Navidad que llega.

Y lo mismo sucede en todos los pueblos que el viajero cruza por la autopista hacia Barcelona, todos llenos de luces navideñas y engalanados para la ocasión. La Cataluña obrera, como la otra, celebra ya por anticipado la llegada de un Mesías en el que ya poca gente cree, pero que permite al mundo hacerse la ilusión de que es feliz.

Tarragona para turistas

Barcelona, nueve de la mañana. El frío ha ido en aumento y el viento, que el viajero ha oído toda la noche desde su habitación en un cuarto piso, ha dejado su huella por las aceras: papeles, motos caídas, incluso ramas desprendidas de los árboles son sus efectos más perceptibles junto con las hojas muertas amontonadas por las esquinas. Ciertamente, el invierno ya está aquí.

El frío intenso y el viento acompañarán al viajero todo este día, primero por la autopista que lleva hacia Tarragona y en la que un choque en cadena, fruto posiblemente del viento, a la altura de Castelldefels, le retendrá cerca de una hora, y, luego, ya en Tarragona, adonde llega pasadas las once, una hora más tarde de lo que tenía previsto. Por el camino, las poblaciones del Bajo Llobregat, primero, y del Penedés, después, han ido quedando en la lejanía, adormecidas aún por el frío de esta mañana de sábado que tampoco invita mucho a madrugar.

En Tarragona, la gente tampoco se ha levantado aún. Solamente algunos vecinos deambulan ahora por sus calles, unos comprando el pan o el periódico y otros sin nada que hacer. Camino de la catedral, cuya mole se divisa allá, en lo alto, sobre el cerro que domina la ciudad, los vecinos dejan paso a los turistas que suben pesadamente hacia ella intentando resguardarse del frío tras sus bufandas. Suerte que tiene el viajero de poder subir en coche hasta las mismas puertas de la seo.

Y aparcarlo, que no es fácil. Lo hace delante de ella, junto a otro grupo de coches, todos ellos relucientes y muy limpios. La razón es —descubrirá el viajero en seguida— que se trata de invitados a una boda que se va a celebrar en la catedral ahora. Una boda, a juzgar por los coches de los invitados, de primera categoría.

El viajero se queda observando el cuadro. Frente a la fachada de la catedral, que no responde a lo que se espera de ella, teniendo en cuenta su antigüedad y su condición de sede del cardenal primado de Cataluña (aunque la portada es gótica, el resto está inacabado), los invitados a la boda conversan en corrillos intentando al mismo tiempo protegerse del frío y del fuerte viento, especialmente las mujeres, algunas de las cuales lucen vestidos sin mangas y pamelas de vuelos imposibles. Cerca de ellos, los turistas hacen sus fotografías, alguno, posiblemente, cogiendo a aquéllos como modelos. El viajero mira la catedral. La ha visto un poco al llegar y le ha parecido inmensa, pero, vista desde esta perspectiva (la de la plaza a la que se abre), parece un templo de pueblo.

Por fin, abren la puerta principal y los invitados pueden refugiarse en su interior, cosa que hacen sin ningún impedimento por parte de la mujer que acaba de abrir la puerta. Justo al revés que el viajero, al que ésta le corta en seco.

—No se puede pasar —le dice.

El viajero se queda desconcertado.

—Sólo pueden entrar los de la boda.

—¿Y si yo vengo a la boda?

—Usted no viene a la boda —le dice la mujer, dejando pasar a otros.

—¿Y usted cómo lo sabe?

—Porque lo sé —le responde ella.

El viajero está anonadado. Por lo visto, aquí sólo entran los que la mujer decide, sin dar más explicaciones. Otro turista se acerca y también le sucede igual.

—O sea —dice el viajero—, que para entrar aquí hay que casarse.

—No necesariamente —responde la mujer, más molesta cada vez por su insistencia—. Los turistas pueden entrar por el lateral.

—O sea, pagando —dice el viajero, que ya ha entendido la situación.

—Tampoco es tanto —le dice la mujer, encogiéndose de hombros, como el viajero ya ha visto hacer a muchos antes que a ella—. Son tres euros —anticipa— y puede ver el museo.

El viajero mira a su alrededor. Está en medio de la puerta viendo cómo todos entran sin ningún inconveniente, excepto él y unos pocos más. Algunos invitados, no obstante ello, apuran sus cigarrillos antes de entrar o definitivamente esperan a que hagan su aparición los novios. Deben de ser de buena familia, a juzgar por su impedimenta.

—¿Quién se casa?

—Una pareja de aquí —le dice la cancerbera, sin dar más explicaciones.

En la taquilla de las entradas, que está en un lateral del propio templo al que se llega a través de un callejón, le dan todas las que pide, sin embargo. La entrada cuesta tres euros y da derecho a ver el museo, el claustro y la catedral. Eso sí, hasta las dos, que es la hora a la que cierran.

—¿Y por la tarde?

—Cerramos —dice la chica de la taquilla.

El viajero mira la hora, sobresaltado. Son ya cerca de las doce, lo que quiere decir que apenas tiene dos horas para ver la catedral. Y es una catedral enorme, como ha visto nuevamente cuando venía por el callejón.

Lo primero que encuentra, al lado mismo de la taquilla, es el museo catedralicio. Es una sala rectangular, antiguo comedor de los canónigos, en la que se pueden ver todavía algunas piedras de la edificación romana que ocupó este lugar antes que la catedral. De ella y de las muchas otras que salpican Tarragona (no en vano la ciudad fue la capital de una provincia romana, la llamada Tarraconense) se muestran restos en las vitrinas, junto con obras religiosas y artísticas de la diócesis. A destacar, entre aquéllos, varias ánforas y estelas funerarias, un sarcófago del siglo III con las imágenes de Apolo y de las Musas, diversos restos arquitectónicos y un montón de epigrafía y de cerámica (hay también un arco árabe procedente, según parece, de la Medina Azahara cordobesa que a saber cuándo y cómo llegó aquí), y, entre las obras religiosas, diversas tablas e imágenes, la mayoría de ellas correspondientes a los siglos XVI y posteriores. Aunque lo mejor de todo es la puerta con ventanas perteneciente al templo romano que ocupó este lugar hace casi veinte siglos y que se puede ver todavía al final del antiguo refectorio canonjil.

El claustro, espectacular, se abre al salir del museo. Grandioso y lleno de luz, contrasta con la oscuridad de éste, pese a su iluminación eléctrica. Tiene en su centro, además, aparte de un par de fuentes, unos cuantos naranjos y un ciprés, aquéllos llenos de fruto ahora, lo que le da el aspecto de un gran jardín señorial, más que de un claustro cerrado al público; aspecto que subraya la gran cantidad de gente —turistas todos ellos, por supuesto, que han pasado por taquilla antes de entrar— que deambula por él tomando el sol (aquí más fuerte por la carencia casi de viento, cortado éste por las crujías, de gran altura) o contemplando la arboladura del campanario y de las cúpulas y arbotantes del gran conjunto catedralicio. De piedra ocre y envejecida, éste brilla bajo el sol como un gran sueño surgido de entre las ramas igual que los capiteles y los arcos románicos del claustro.

A toda prisa (quiere verlo todo pronto, no vaya a ser que se quede a medias), el viajero recorre el hermoso espacio intentando apresar en su retina la belleza de estas crujías que componen grandes arcos de descarga (seis por cada una de ellas) en cada uno de los cuales se abren dos rosas caladas y tres arcos más pequeños separados por columnas paralelas y gemelas. Sobre éstas, un bosque de capiteles rivaliza con el otro —el del jardín—, si no en verdor, que es de piedra, sí en imaginación. En su rápido paso ante ellos, el viajero ve monstruos, figuras bíblicas, dibujos vegetales y geométricos, animales fantásticos, árboles fabulosos... Pero no encuentra el más peculiar de todos, el de las ratas que entierran a un gato que se finge muerto para caer por sorpresa sobre ellas que recomiendan todas las guías junto con los que representan la historia de Abraham o la de Caín y Abel o el de la mujer dormida cuyo sueño vigila un servidor. Cuando se encuentra mirando éste, las campanas de la torre comienzan a repicar y el viajero se apresura a entrar en la catedral sin detenerse apenas frente a la puerta que la une con el claustro y que es otra maravilla, según advierte al pasar por ella. Ya tendrá tiempo de verla luego, decide, cuando termine la boda que, a juzgar por el repique de campanas, comienza en este momento.

En efecto, cuando atraviesa la puerta, cuyo paso nadie le impide, pues ha pagado la entrada, ve, aparte de la gran fábrica (impresionante, espectacular, a tono con el edificio), a todos los invitados ocupando los bancos delanteros (hay tantos que se necesitaría el doble para ocupar todos los que hay) y a los novios y padrinos de pie frente al altar, en el que ya ha empezado la ceremonia. Ceremonia que no impide —menos mal— que los turistas puedan seguir admirando el templo, cosa que hacen como si fueran autómatas, pues van oyendo sus audioguías, como en Gerona.

La boda se desarrolla según el ritual sabido y concluye, cómo no, con el sí solemne de los novios, momento que inmortalizan los flashes de los fotógrafos y subraya la música del órgano (un órgano monumental, como todo, al parecer, en este templo), y, luego ya, cuando termina por fin la misa, con todos los rituales de rigor en estos casos; a saber: la firma de los testigos y los padrinos (cosa que hacen sobre el altar), las fotografías por grupos, los besos, las felicitaciones, la salida de los invitados y, finalmente, la de los novios, que hacen del brazo, como Dios manda, a los acordes del órgano y recorriendo la alfombra roja extendida para la ocasión. El viajero lo ve todo desde cerca, incluida la salida de los novios, pues, al ser un simple turista, ha permanecido dentro, por lo que quizá aparezca en alguna foto de las muchas que les hacen a la puerta bajo la lluvia de arroz y pétalos que les arrojan los invitados cuando aparecen, lo que, de ser así, llevará a más de uno, cuando las vea, a grandes cavilaciones para determinar quién es ese que aparece tras los novios y que nadie sabe quién es.

La vigilante cierra las puertas (ésta sí le reconoce: sonríe al verle de nuevo) y el murmullo de la boda se diluye al otro lado, devolviendo la catedral a su gran quietud, trastocada brevemente mientras se celebraba aquélla. Solamente los turistas, todos siguiendo sus audioguías, continúan desfilando por las naves siguiendo el mismo camino y deteniéndose en los mismos sitios.

El viajero también tiene su audioguía, aparte de las escritas, que son las que más le gustan, y con su ayuda reemprende la visita a este gran templo cuyas enormes dimensiones se le antojan cada vez más infinitas. Por mucho que se dé prisa, piensa, no alcanzará a verla entera, al menos como merece.

Así que, a uña de caballo (la campana de la torre da la una cuando empieza), recorre las tres naves vislumbrando, más que viendo, las capillas que, en número considerable y de grandes proporciones todas ellas, jalonan este edificio que, como el claustro, es de transición entre el románico y el primer gótico, ese que tanto gusta al viajero por su belleza y primitivismo. La audioguía dice que mide más de 100 metros y que su altura es de 36, por una anchura máxima de 52 y pico (en el crucero, lógicamente), lo que da una idea de la empresa a la que aquél se enfrenta en este momento.

Las capillas son fabulosas. Hasta veinte cuenta al pasar, ayudado por la iluminación eléctrica y por la natural que arrojan los rosetones que presiden la fachada principal y los dos brazos del crucero; todas con su peculiaridad y con su joya artística o religiosa. Como es tarde, el viajero se limita a tomar nota solamente en su libreta de las que más llaman su atención, que no quiere decir que sean las mejores. Al contrario, muchas veces él se fija en las que no reparan las guías.

Las dos de las absidiolas son las que más encarecen éstas. Y con razón, sin duda ninguna. Encastradas en los ábsides románicos que flanquean al principal, que es mayor, las dos son recomendables tanto por su arquitectura como por lo que contienen; especialmente la de la izquierda, dedicada a la Virgen, pero popularmente conocida como de los Sastres por haber tenido éstos su cofradía en ella durante siglos, y que es la capilla gótica más suntuosa de todo el templo. Construida en el siglo XIV en ese estilo, es un conjunto monumental de impresionante belleza tanto por su composición artística (sobre un friso conopial y una galería calada, un conjunto de esculturas y vitrales sostienen la ojival bóveda) como por las pinturas y el retablito que adornan su exento espacio; éste del 1368, de alabastro, obra del Maestro Aloi —el autor de las tumbas reales de Poblet—, y aquéllas, también del siglo XIV, rodeando a la urna con el osario del arzobispo Pedro de Clasquerí, bajo cuyo episcopado se construyó la capilla. La de la nave de la derecha, dedicada a San Olegario, es más pobre (apenas guarda la imagen de éste, tallada en el XVIII por Bonifaz; los retablos desaparecieron todos), pero conserva unos capiteles del siglo XII que suplen cualquier carencia.

De las naves laterales, el viajero anota varias capillas, aunque podría apuntarlas todas; tan bellas son y tan suntuosas y tan distintas unas de otras. Comenzando por la nave de la izquierda, deja nota en su libreta de la de la Inmaculada, toda una explosión barroca, de las de San Fructuoso y San Juan, neoclásicas, obras del arquitecto Pedro Blay (la de San Fructuoso con el sepulcro y la cripta funeraria del arzobispo Antolín López Peláez y de su sucesor, el cardenal Vidal y Barraquer), y la del Santo Sepulcro, en la pared del antiguo coro, con un interesante grupo de tallas renacentistas: San Juan, Santa Magdalena, las Marías, San José de Arimatea y Nicodemus, que rodean a la figura de Cristo, que yace en un sarcófago romano, toda una maravilla en piedra, y, ya en la nave de la derecha, la del Baptisterio, la primera por los pies, con otra pieza romana —una bañera, según parece— a modo de pila, la de la titular de la catedral, Santa Tecla, que guarda un brazo de la santa y que fue la última gran obra realizada en este templo (es neoclásica, del XVIII), la de la Presentación, que fue la primera (en sus muros pueden verse todavía algunos arcos y trazos góticos), y, en la pared exterior del coro, unas pinturas murales del mismo estilo descubiertas en una reciente restauración y que representan a Santa Elena y la invención de la Santa Cruz, así como una tallita de San Hipólito con mucho encanto procedente lo más seguro de algún retablo desaparecido. Finalmente, en el crucero, el viajero anota otras dos capillas: una en el brazo derecho, gótica y de triple hueco, presidida por la talla del Cristo de la Salud, también gótica, y otra, espectacular, en el otro brazo (que ocupa casi completamente), la del Sacramento, con una bóveda neoclásica y un sagrario con seis bronces representando escenas de la Pasión a cual más impresionante.

Pero lo mejor está por llegar. El viajero, emocionado, pero angustiado a la vez por el poco tiempo del que dispone, se acerca al altar mayor sin sospechar lo que en él le espera. Cuando lo ve, se angustia todavía más. Le queda apenas media hora y lo que en el altar descubre le gustaría poder disfrutarlo durante horas. Se trata del más fascinante conjunto que posiblemente haya visto hasta ahora.

Ya sólo el altar en sí merecería pararse un rato. De mármol blanco, labrado, es, al decir de las guías, el primitivo de la catedral, esto es, del siglo XIII, y el que desde entonces ha presidido, por ello mismo, todas las misas que aquí se han dicho, desde la de la consagración del templo hasta la boda que acaba de terminar hace media hora; aunque desde hace tiempo, parece, apenas si se utiliza, precisamente para preservarlo. Esculpido con delicadeza, su frontal narra la vida de Santa Tecla, cuyo brazo guardó durante siglos hasta que lo trasladaron a la nueva capilla construida para venerar a ésta.

El retablo mayor, de Pere Joan, uno de los artistas más prestigiosos y cotizados de Cataluña en su época, constituye otra maravilla comparable a la que esculpiría también, y por encargo del mismo hombre, el arzobispo Dalmau de Mur, para la Seo de Zaragoza. Sustituto del retablo original, del que sólo se tienen noticias documentales, fue inaugurado el año 1451 y cuenta, como el altar, la vida de Santa Tecla en varias escenas (su martirio en la hoguera, la santa entre los leones, en un estanque de reptiles, enfrentada a un par de toros, su glorificación final) con una expresividad y una vivacidad estética que hacen que el alabastro parezca una materia maleable y sin secretos. Todo ello, unido a la composición del cuadro y a la ligera policromía que aún conservan las figuras, convierte este retablo en una especie de libro abierto cuya majestuosidad realzan los pináculos góticos que lo coronan y la imagen de la Virgen con el Niño que lo preside, también hecha en alabastro como él.

De alabastro, pero más antigua (del 1331), es la tercera pieza del altar mayor y la, al decir de los entendidos, verdadera joya de la catedral. Se trata de un sepulcro encastrado en la pared en medio de un arcosolio y sostenido por dos leones en el que reposan los restos del arzobispo Juan de Aragón, un hijo del rey Jaime II que fue patriarca de Alejandría, además de arzobispo de Tarragona, y cuya imagen yacente es tan realista que parece el propio cuerpo del difunto en vez de su representación en mármol. Especialmente su rostro muestra tal vitalidad que parece imposible que sea de piedra y que no vaya a recobrar un día la vida. El viajero al menos así lo piensa mientras lo mira sobrecogido por su serenidad.

Pero la serenidad que le sobra al muerto (o a su representación en mármol) le falta a él en este momento. Los minutos van pasando inexorables y la hora del cierre se aproxima y todavía le faltan por ver, además del coro, la sacristía y otras dependencias, entre las que se encuentra la del tesoro. Apurado por la hora, renuncia a ver el primero (ya lo vio ligeramente en sus idas y venidas cerca de él mientras se celebraba la boda) y, por una de las puertas laterales del retablo (en cuyo envés se halla el sagrario, contemporáneo de éste y tal vez del mismo autor), accede a la sacristía, donde varios turistas japoneses contemplan los tapices que la cubren, todos de espectacular factura, y el torturado Cristo que la preside antes de pasar en fila a la habitación contigua, que es la que guarda el tesoro. Expuesto en tres armarios, es lo que queda de la riqueza que la catedral llegó a acumular, pero que las sucesivas guerras mermaron hasta reducirla a esto: dos cruces de oro y piedras preciosas (una del siglo XIV), un relicario hecho con esmaltes también de la misma época y diversas piezas litúrgicas, éstas ya de menor valor. Lo mejor de la habitación es el artesonado, de clara influencia árabe y vivos colores, que se conserva casi como cuando lo pusieron.

—Del XIV —le confirma al viajero el vigilante, que ya empieza a recoger sus pertenencias para irse.

Al viajero, ya en el claustro, le da tiempo todavía a ver la puerta por la que antes accedió a la catedral y que apenas se detuvo a contemplar, pese a que le pareció muy bella (lo es, sin duda ninguna: bajo tres arcos cilíndricos, un tímpano majestuoso muestra la imagen del Pantocrátor mientras que los capiteles de las columnas, excepcionales, contemporáneos de los del claustro, cuentan escenas del Evangelio con un primitivismo excepcional), y a atisbar desde fuera las capillas que hay repartidas por las crujías buscando la que guarda la imagen más querida y venerada por los tarraconenses, la llamada Madre de Dios del Claustro. Aunque, ahora, para verla, tendrán que sacar entrada como todos esos turistas que aprovechan los últimos segundos para tomar el sol entre los naranjos, en lugar de admirar los capiteles. Se ve que ya están cansados de tanto arte y tan concentrado.

La campana da las dos, anunciando que el tiempo se ha terminado. Los vigilantes hacen su aparición y los turistas empiezan a desfilar, como si fueran vacas de ordeño, en dirección a la puerta por la que entraron después de pagar el correspondiente *ticket* (así, en inglés, es como figura en él, quizá para parecer más cosmopolitas). Ya en la puerta, la mujer que le impidió el acceso por la puerta principal sonríe al viajero al reconocerlo:

—¿Qué? ¿A que merecía la pena pagar la entrada?

—Sí. Pero no me parece justo.

La mujer se encoge de hombros como antes hizo cuando le impidió el acceso, mientras sus compañeros observan al viajero, sorprendidos, se ve, por su afirmación.

—La catedral es de todos, no de los curas —les dice éste, antes de salir.

En la ciudad antigua de Tarragona hay ahora una gran animación. Aunque el frío sigue siendo muy intenso y el viento sopla como cuando llegó el viajero, los tarraconenses disfrutan del día de fiesta visitando los bares de la zona antes de ir a comer a sus casas o —los que son de fuera— a algún restaurante. La calle Mayor, que es la que nace frente a la plaza de la catedral y desciende hacia la Tarragona nueva siguiendo el mismo trazado de la principal arteria de la ciudad romana (en el solar de la catedral estaba la acrópolis y esta calle la comunicaba con los restantes puntos de la ciudad, que partía en dos), está llena de ellos, destinados sobre todo a los turistas. Al viajero le disgustan estos sitios (prefiere los de verdad), pero, como tiene frío y está agotado tras haber visto la catedral en un tiempo récord, elige uno de ellos (un italiano, para estar a tono: ¿no era ésta una ciudad romana?) y se sienta a comer y a descansar antes de seguir mirando los monumentos y las ruinas que de aquélla aún conserva Tarragona y que los letreros indican en todas las esquinas. Principalmente el circo y el anfiteatro, que son los dos monumentos más visitados de la ciudad.

La Tarragona romana, que ocupó prácticamente la misma geografía y extensión que ocuparía luego la medieval (al contrario que la Tarragona nueva, que se extiende a lo largo de la costa y, por el interior, hacia sus antiguos campos), aflora por todas partes, aun a pesar de los edificios y de las nuevas plazas y construcciones que levantaron sobre su emplazamiento. Así, la plaza del Fórum no es sino el antiguo foro (la gran plaza de la representación política), del mismo modo que la de la Font ocupa la arena de lo que fuera el circo. Incluso la Rambla Vella, la primera gran avenida que se trazó en la ciudad moderna (la otra es la Rambla Nova), coincide exactamente con el perímetro de la muralla sur de Tarraco. Así que, a poco que uno se fije, encontrará restos de ésta en cada rincón.

El viajero lo hace protegiéndose del frío, que la digestión aumenta, acompañado apenas por algún turista que, como él, visita la ciudad aprovechando el puente de la Inmaculada (los vecinos están todos en sus casas). Primero, se acerca al circo, descubierto sólo recientemente, pese a que se sabía de su existencia, y cuya cabecera ha sido rescatada para que los tarraconenses y los turistas puedan imaginar desde ella lo que falta por descubrir aún y, con el Mediterráneo al fondo (el viajero lo ve por primera vez; hasta ahora se lo impedían los edificios), recrear los espectáculos que aquí tenían lugar, desde las luchas de fieras a las carreras ecuestres, y, luego, al anfiteatro, mucho mejor conservado que el circo, al estar ya fuera de la ciudad romana. De hecho, está en plena playa, con el mar como telón de fondo.

La vista es excepcional. Desde el jardín en que desemboca la Rambla Vella, el anfiteatro aparece como una concha de piedra al lado del mar. Como sus constructores aprovecharon el desnivel del terreno, según era la costumbre en aquel tiempo, para hacer parte de las gradas, se puede ver por completo antes de bajar a él, cosa que se hace directamente cruzando el parque. Solamente una alambrada y una pequeña garita, regentada por un chico minusválido, detienen a los turistas, aunque hoy solamente para decirles que la entrada es gratuita por ser fiesta.

—¡Vaya, hombre! —se alegra el pobre viajero, cansado ya de pagar en todos los sitios.

Aunque lo habría hecho, de todos modos. La construcción está tan entera, su emplazamiento es tan fabuloso, con el Mediterráneo al fondo y la ciudad detrás, como un decorado, que habría sido un pecado no pisar estas gradas milenarias en las que los romanos se sentaron hace siglos para asistir a las representaciones que aquí se hacían, no sólo de teatro, sino de espectáculos de todo tipo, incluidas las luchas de gladiadores y de animales. Lo recuerda, en el centro de la arena, la planta de una basílica visigótica que la primitiva Iglesia erigió en memoria de los cristianos que allí perdieron la vida comidos por los leones y que sustituyó más tarde una románica cuyos muros en ruinas pueden verse todavía claramente. Algo que, a decir verdad, al viajero le molesta, pues, sentado en lo alto del graderío, mientras escucha el mar detrás de él y siente el último sol, que ya comienza a ponerse detrás del hotel Tarraco (un horroroso edificio de los sesenta, precursor seguramente del boom turístico en la ciudad), se ha transportado a la época en la que sucedía aquello, cuando la ciudad que ve era muy distinta y no tenía en lo alto una catedral, sino un templo dedicado al dios Apolo.

El sol se pone por fin y en el anfiteatro va quedando menos gente, la mayoría de ella mirando al mar desde el graderío. El frío sigue en aumento y el viento, que lo acrecienta, invita a soñar otras estaciones, esas en las que el sol calienta y este lugar debe de ser todo un hervidero.

—Muchas gracias —se despide el viajero del minusválido de la garita.

—De nada —le dice éste, como si él no tuviera nada que ver en la invitación.

Cae la tarde sobre la Tarragona antigua. Son las seis, pero ya oscurece en estas viejas calles que trepan por la colina en cuyo alto se alza su catedral, que es el único edificio que todavía ilumina el sol. Como desde hace ocho siglos, asiste al final del día contemplando la ciudad que la erigió y, al fondo, el mar y la extensa costa por la que siguen los trenes y carreteras hacia Valencia. El viajero, mientras sube, va mirándola atraído por sus líneas, limpias como el horizonte, mas no por ello menos reales, lo que no le impide admirar también los palacios y casonas de la Tarragona vieja, esa que creció debajo, como la romana al pie de su gran acrópolis, tras su recuperación después de siglos perdida a raíz de la incursión de los árabes en el territorio. Aunque menos conocidas, hay construcciones góticas de gran valor.

De nuevo en la catedral, el viajero se detiene frente a ella como si la viera por primera vez. Y es que antes, con la boda, apenas si se fijó un poco en su fachada, más allá de advertir que estaba inconclusa. Lo está, en efecto (le faltan las dos torres, por ejemplo), pero el portal es tan bello como el interior o el claustro. Bajo un rosetón enorme que ocupa toda la parte alta (ésta de piedra distinta, lo que hace suponer que es posterior), una ampulosa arquivolta enmarca el tímpano, triangular, que representa el Juicio Final, pero de manera extraña. En lugar de, como hacen otros, situar a los justos a la derecha del Creador y los condenados en el lado izquierdo, aquí los justos están debajo, saliendo de sus sepulcros, y los condenados debajo de éstos, caminando hacia la boca del infierno. A ambos lados de la puerta, apóstoles y profetas reciben al que se acerca, mientras que la que le saluda desde el parteluz central es una imagen de la Virgen, gótica como las otras y de una majestad inigualable. Aunque, esta mañana, el viajero sólo viera a la mujer que le impidió el acceso a la catedral con los de la boda.

Las dos puertas laterales, más pequeñas (y más antiguas también: son de concepción románica), merecen también una contemplación pausada. Una, la de la izquierda, por su relieve de la Epifanía, otra maravilla en piedra (y van..., suspira el viajero), y la otra, más sencilla, no tanto por ella misma como por el sepulcro paleocristiano que hay incrustado encima de ella. Labrado profusamente, muestra diversas escenas (la curación milagrosa de dos ciegos, la del paralítico en una piscina, la en-

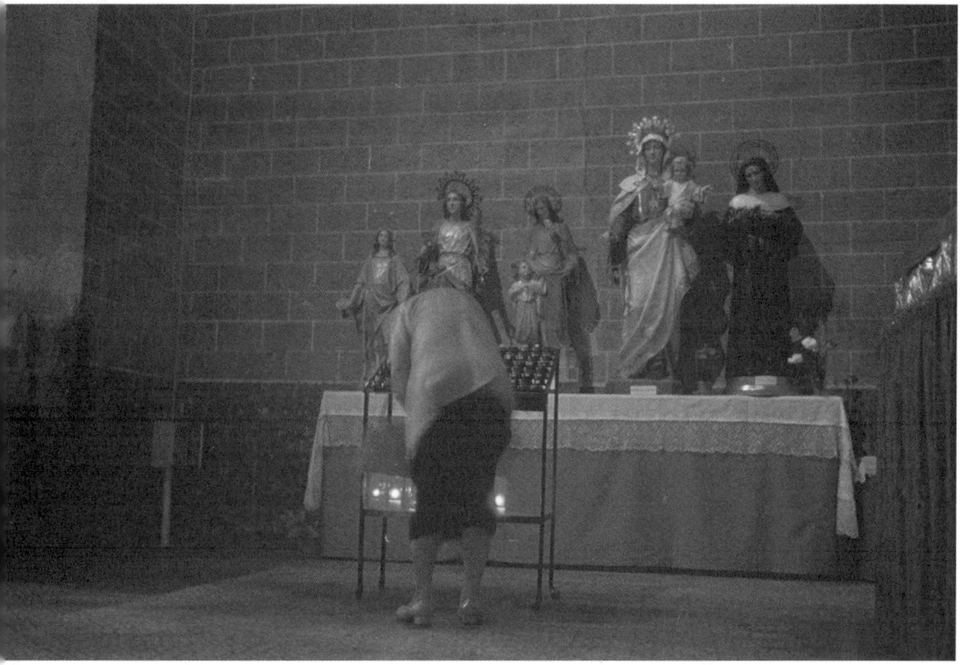

trada de Jesucristo en Jerusalén) tan minuciosamente talladas que parecen obra de orfebrería.

El milagro continúa alrededor de la catedral, que el viajero rodea lentamente mientras la última luz del día se desvanece. Bajo ella, la catedral parece hacerlo también, enrojecida por el atardecer y acunada solamente por los ruidos que llegan desde la ciudad, abajo, y por el motor de un coche que sube con dificultad. Es la hora de los pájaros, de los cipreses que se cimbrean contra los muros, de los seminaristas que vuelven al Seminario (ese grandioso edificio que oculta la catedral tras su enorme fábrica), de los juegos de los niños que aprovechan estas plazas y jardines solitarios para desarrollar todas sus fantasías. La de hoy, según ve el viajero, hacer de ciegos y lazarillos alternativamente entre ellos. ¿Cuál habrá sido el que dio la idea?

De nuevo ante la fachada, el viajero mira hacia el campanario. Es tan alto que se ve desde cualquier extremo de la ciudad. Desde aquí impresiona menos, quizá por su robustez: de remate octogonal, parece, como la fachada, acabado prematuramente. Lo que no impide que las campanas se oigan a todas horas desde varios kilómetros a la redonda, lo mismo hoy que hace ocho siglos. Ahora mismo, por ejemplo, que dan las siete con parsimonia.

—¿Las siete ya? —se pregunta alguien en el bar que ocupa la parte baja del edificio que alza sus muros justo en la esquina; un bar que no tiene nombre o, al menos, el viajero no lo ha visto.

—¿Me pone un café con ron? —pide éste al que le atiende, dando por concluido el día de hoy.

Aunque aún le quedan muchos kilómetros. Los que le separan de la población del delta donde su familia tiene una casa de vacaciones en la que piensa dormir esta noche. Allí, oyendo a los flamencos y a los patos, se olvidará del frío que hoy ha pasado y de los muchos kilómetros que lleva hechos en estos días por Cataluña.

El vergel de Tortosa

Ni los flamencos ni los patos. Ni siquiera las campanas de la iglesia, que está cerca, tocando a misa porque es domingo. Al viajero, en Amposta, al día siguiente, le despierta el rugido de las motos que van y vienen continuamente de un sitio a otro con los tubos de escape a todo meter. Es algo muy común en este pueblo, como ya sabe por experiencia.

La mañana en el delta está ennubarrada. Y el viento, que aquí no es raro, bate las calles y los jardines con más fuerza, si cabe, que otros días. Definitivamente, este puente de la Inmaculada no será recordado por su amabilidad.

Camino de Tortosa, sin embargo, la apacibilidad del campo contrarresta esa impresión dentro del coche. La carretera, aunque transitada, sigue siendo muy estrecha y, en torno a ella, los árboles y el río Ebro, a la derecha, recuerdan el gran vergel que es todo esto en verano, e incluso ahora, que ya es invierno. Ahora, los campos de arroz están baldíos y sin plantar, pero, a cambio, los naranjos, los limoneros y los olivos están cuajados de fruto. Sin alcanzar la explosión de la primavera o la exuberancia agrícola del otoño, el valle del río Ebro, ya cerca de su desembocadura, sigue siendo el paraíso que encontraron los fenicios y todos los demás pueblos que por aquí pasaron después de ellos.

Tortosa, la capital, aunque ha crecido bastante, continúa, pese a ello, haciendo honor a esa situación. Corazón de un episcopado añejo (y enorme: ocupa parte de Tarragona y de Castellón) y de la llamada quinta provincia de Cataluña (esa provincia soñada que se correspondería, si un día existiera, con la actual comarca del Bajo Ebro), sus habitantes siguen viviendo en su mayor parte del campo y la agricultura, cuya riqueza se advierte en los edificios. Partida por el río en dos mitades que varios puentes unen y resaltan a la vez, la ciudad participa de la modernidad de hoy y de la antigüedad de sus orígenes romanos. Éstos, más perceptibles, lógicamente, en la margen izquierda del río Ebro, donde surgió la ciudad en torno a un puerto ya inexistente (desplazado hoy hacia el sur por la evolución del delta), sobre una de las colinas que dominan el río por esa orilla. Se trata de la colina en la que se alza, rodeado por un perímetro de murallas, el castillo de la Zuda, de construcción musulmana como su nombre bien manifiesta (*zuda* es pozo en lengua árabe), pero que antes fue castro ibérico y fuerte militar romano, como más tarde sería también un castillo templario medieval, polvorín en la guerra de la Independencia y hasta cuartel general del ejército de la República durante la legendaria batalla del Ebro, en la guerra civil española del 36. Bajo él, en descenso hacia la orilla, se apiña la Tortosa medieval, un núcleo de piedra y teja tan vetusto como abigarrado en el que se oculta, más que mostrarse, el edificio de su catedral. El viajero ya la ha visto varias veces y por eso sabe su emplazamiento.

Desde el aparcamiento en el que dejó su coche (junto al mercado, al lado del río, que hoy baja muy rizado por el viento) hasta llegar a ella, el viajero atraviesa, pues, parte de la Tortosa vieja, de aspecto muy degradado y habitada en su mayoría por inmigrantes y por gitanos (los tortosinos viven en los barrios nuevos). Como es domingo, además, y los comercios están cerrados, las calles sólo se ven transitadas por grupos de árabes y africanos que entretienen la mañana apostados en los porches, conversando entre ellos y tomando el poco sol que consigue abrirse paso entre los edificios. Cualquiera diría que esta ciudad no es sede de un obispado cristiano.

Pero lo es. Desde el 1151, año en que se reinstauró la diócesis tras ser reconquistada la ciudad en el 1148 por el conde catalán Ramón Berenguer IV a los árabes. Lo que quiere decir que había existido ya antes de la llegada de éstos, pese a que no se conserven muchos datos sobre ella.

La primera catedral se consagró, bajo la advocación de Santa María, algunos años después, en presencia del rey Alfonso II de Aragón y su esposa doña Sancha, y era románica, lógicamente, por lo que sería sustituida poco después, como en tantas ciudades españolas y europeas, cuando llegó la moda del gótico, por la actual, si bien el Renacimiento influiría también en ella, al prolongarse sus obras durante siglos. Dicen las crónicas que la piedra, de las canteras de Flix y Ascó, río arriba, fue traída hasta Tortosa en barcazas por el Ebro y que en su construcción trabajaron millares de tortosinos y de personas llegadas de otros lugares.

Estos datos, sin embargo, el viajero los desconoce cuando llega junto a ella después de dejar atrás el Palacio Episcopal y alguna que otra casona de aspecto noble. Al estar todo cerrado por ser fiesta, no ha podido proveerse de una guía que le cuente los avatares y los secretos de este edificio cuyos muros tiene ya frente a sus ojos, en concreto los del mediodía. Que es por donde se accede a él, por una puerta, la de la Olivera, de composición barroca y que, al parecer, debe su nombre a un olivo que había en este lugar.

La puerta no da al templo, sino al claustro, algo que el viajero sabe, por lo que no le coge por sorpresa, como la primera vez. No deja de ser una entrada insólita, pero agradable, qué duda cabe, por el silencio y la paz del sitio, que antecede a la oscuridad del templo. Quizá por ello los tortosinos se demoran en él antes de entrar, como ahora estos que llegan con el viajero, seguramente para asistir a la misa que ya anuncian las campanas de la torre, y por eso los mendigos se disputan el lugar junto a la puerta, al final de la crujía que lleva directa a ella.

—¡Una limosna, por el amor de Dios!

La de hoy es una mendiga; una gitana todavía joven que posiblemente viva aquí cerca. Quizá ha sido la primera en llegar a coger el sitio.

Pero el viajero todavía no tiene intención de entrar en la catedral. Prefiere, antes de ello, contemplar las crujías y el jardín, que es muy pequeño, y entretenerse mirando las inscripciones que se suceden por las paredes, la mayoría de ellas ininteligibles (solamente, esta noche, ya en Amposta, después de volver a casa, podrá saber lo que dicen gracias a la colaboración de una guía que le venderá un canónigo y enterarse, por ejemplo, que una dice —en hebreo, en griego y en latín— que la joven judía a la que alude, «Meliosa, hija de Judá y María», falleció a los veinticuatro años, o que otra rememora a un estudiante muerto «por estudiar demasiado»). Hay también algún sepulcro y algún escudo empotrado y hasta un reloj de sol, éste ya sobre la crujía del norte, en la pared de la catedral que mira el claustro por encima de ella. El viajero, sin embargo, donde más tiempo se detiene es, ya cerca de la puerta, ante los sucesivos paneles que ofrecen diversos datos sobre la situación actual de la diócesis de Tortosa. Aparte de los económicos y de su organización por zonas, el que más llama su atención es el que cuenta que apenas hay seis seminaristas y ciento catorce curas, treinta y cuatro de ellos ya jubilados. ¡Qué porvenir!, piensa el viajero, dirigiéndose hacia la puerta.

—¡Una limosna, para que puedan comer mis hijos! —cambia ahora su estribillo la gitana, por ver si así le convence.

La catedral contrasta con la luminosidad de fuera. Grandiosa, aunque no excesiva, sus naves se abren paso en la semioscuridad, que aumenta, curiosamente, en la zona del altar mayor. Por contra, en un lateral (el que comunica el claustro), una mancha de luz, casi al final, señala la capilla en la que se celebra ahora una misa, por lo que el viajero oye. Y por lo que ve, también. Aunque la mayoría están dentro, hay personas que la siguen desde fuera, quizá por falta de sitio.

Donde no falta es en las tres naves. Vacías completamente, ven llegar al viajero silenciosas, como si no hubieran despertado aún. Y lo mismo ocurre con las capillas, una por cada columna, excepción hecha de aquella en la que están diciendo la misa, que es la mayor de la catedral. El viajero lo sabe porque ya la ha visto otras veces, como sabe que en ella se rinde culto a la imagen más venerada de todas: la famosa Virgen de la Cinta, a la que está encomendado el templo.

Aun así, merece la pena verlas. Aun sin luz y casi a oscuras, tanto las naves como las capillas emocionan por su armonía, que es fruto de su disposición. Sin crucero y sin coro que las interrumpa, las tres naves se prolongan hasta el fondo, dando una sensación de profundidad que la altura de la fábrica acentúa, mientras que las capillas siguen a las menores incluso por la girola que forman éstas detrás del ábside; una girola que se entrevé a través de los arcos de éste y que se adivina hermosa, dada su condición semicircular. Por último, el presbiterio, elevado levemente sobre el suelo, muestra un altar y un retablo que, aunque pequeños para el espacio del que disponen, dominan la perspectiva de la nave principal hasta el final. Lástima que no puedan verse como cuando el altar mayor está iluminado.

Pese a ello, el viajero da una vuelta en torno a él. Mientras sigue la misa en la capilla, el viajero se entretiene en intentar atisbar las otras, todas cerradas por rejas, antes de acercarse a ver el retablo del altar, que ya conoce. Es una pieza maravillosa, un tríptico bizantino policromado sobre un fondo azul y presidido por una Virgen tan bella o más que la de la Cinta. Según le dijo un canónigo otra vez que estuvo aquí, se trata del que ya estaba en la catedral románica.

Pero, ahora, apenas se ve. Sumido en la oscuridad y protegido por un cordón que impide a los que se acercan subir al altar mayor, el retablo apenas es una mancha, como la mayoría de los de la catedral. Y ni siquiera existe la posibilidad, como ocurre en muchas de éstas, de iluminarlo pagando un euro. Tan sólo cabe esperar la suerte de que una misa o la voluntad divina se dignen a hacerlo en algún momento.

Mientras considera esto, el viajero ve aparecer a un cura por la puerta más cercana a donde está. Es un cura ya mayor, pero de buena planta y porte elegante. Lógicamente, el viajero no duda en dirigirse a él:

—Buenos días.

—Buenos días.

—¿Usted tiene que ver algo con la catedral?

—Soy el párroco —dice el cura, encogiéndose de hombros, como queriendo decir con ello que no sabe si eso será suficiente—. Si puedo ayudarle en algo... —se ofrece, con amabilidad.

—Busco una guía de la catedral —se apresura a contarle el viajero, animado por la oportunidad—. Hoy está todo cerrado —se justifica, como si el cura no lo supiera.

Éste piensa antes de decir:

—Quizá haya alguna en la sacristía... Pero está en catalán —advierte.

—No se preocupe —dice el viajero, siguiéndole por la puerta por la que acababa de salir aquél.

La voluntad divina, o la providencia, o como quiera que se le llame a la buena suerte, se ha cruzado nuevamente en el camino del viajero, esta vez en la persona de don Salvador Ballester, el párroco, que lo es, afirma, a petición del señor obispo, ante la falta de sacerdotes que hay en la diócesis, pues ya está jubilado por la edad, y no porque le consiga la guía que anda buscando (que, al revés, no encuentra en ningún cajón, por más que rebusca en todos), sino porque él mismo es la mejor guía, ya que lo sabe todo de la catedral. No en vano lleva en ella medio siglo, según dice, y algunos años más en Tortosa, a cuyo Seminario llegó a estudiar con apenas once años desde su pueblo de Castellón, cuyo nombre parece que aluda a él mismo: Alquerías del Niño Perdido. Lo cual, unido a su amabilidad y a su dicción perfecta y de tonos graves, hace que su compañía sea la mejor posible que el viajero podía haber encontrado.

—Pues lo siento, no hay ninguna —se excusa don Salvador después de buscar la guía inútilmente por los cajones.

—No se preocupe —dice el viajero, que está mirando la lista de curas muertos grabada en mármol en la pared.

—¡La guerra! —exclama don Salvador, contemplando también él la relación.

—¿Cuántos mataron?

—Más de trescientos. Fue la diócesis de España con mayor número de sacerdotes muertos.

La sacristía es renacentista. Y, aparte de la relación de curas asesinados durante la guerra (a la que don Salvador, prudente, hace una alusión abstracta: «Fue una barbaridad», afirma), guarda, entre otros objetos, el tesoro de la catedral que sobrevivió a aquélla. De lo que desapareció, el párroco lamenta especialmente la pérdida del cáliz y la patena del Papa Luna, que habían venido desde Peñíscola, y el relicario mayor de la Virgen de la Cinta, con el trozo más grande de la reliquia que le da el nombre.

—Por suerte —dice—, una decisión de un obispo que fue muy criticada en su momento, pues mandó dividir la cinta en dos con el fin de que siempre hubiera una parte de ella en la catedral (entonces se sacaba todavía para amparar con ella a las parturientas), permitió que, al menos, se conservara uno de los dos trozos, que es el que ahora está en la capilla y el que se envía al Palacio Real, a Madrid, cuando una reina queda en estado.

—¿Y eso? —le pregunta el viajero, que no comprende.

—Cuando una reina queda en estado —le explica don Salvador, con la prosopopeya del que lo sabe todo—, se le envía la reliquia para que la proteja durante el embarazo. Es una tradición que viene de muy antiguo.

—Entonces —dice el viajero, al que le encantan estas tradiciones—, la habrán llevado ahora, cuando quedó embarazada Letizia...

—No —le corrige el párroco—. La princesa Letizia no es reina aún. La cinta sólo se traslada cuando la embarazada es reina.

—¡Ah! —cae el viajero en la cuenta.

Ya fuera de la sacristía, la conversación prosigue, ahora sobre otras cuestiones. El cura no tiene prisa (o, si la tiene, lo disimula) y el viajero está encantado de disfrutar de su compañía, así como de sus conocimientos, que son inmensos. Gracias a ellos, se entera, por ejemplo, de que, en uno de los retablos de la girola, el dedicado a San Cosme y a San Damián, que es barroco, el personaje que asiste a la muerte de San José sin ser visto no es otro que Jesucristo, algo insólito en la iconografía evangélica, o de que el que está en el centro, de espléndido colorido y factura gótica, es de la escuela barcelonesa de Jaime Huguet y se le conoce como de la Transfiguración por la escena que se cuenta en su tabla principal. Pero lo mejor de todo es que don Salvador posee la facultad de encender las luces sin que nadie le llame la atención, lo que permite al viajero ver la catedral con luz y no intuyéndola, como hasta ahora.

El recorrido termina en la capilla de la Virgen de la Cinta, donde ha acabado la misa y donde el compañero de don Salvador que la ha celebrado, también de edad como él, está intentando arreglar un cable que, al parecer, no funciona bien.

—Parece que hay un contacto —le dice a don Salvador.

Don Salvador se interesa por la avería sin dejar de explicarle al viajero lo que están viendo. Es una capilla enorme, de mármoles relucientes.

—Como verá, hay tres mármoles distintos: el marrón, que es del país, el blanco, que es de Carrara, y el negro, que es de Génova... Por cierto, no sé si sabe que hay quien dice que Colón era de aquí, de un barrio de la ciudad que se llama Génova —aprovecha don Salvador para introducir el dato.

Ése y cuantos se le ocurren. El párroco lo sabe todo de esta preciosa capilla que ocupa, según parece, el lugar de la catedral románica y en la que, según quiere la leyenda, tuvo lugar el prodigio que la medieval Tortosa vivió una noche de marzo del año 1178. Esa noche, según cuentan, en este mismo lugar, se le apareció la Virgen a un sacerdote que aquí se hallaba rezando y, en prueba de que fue cierto, dejó sobre el altar la cinta que ceñía su vestido y que ella misma, según le dijo, había tejido con sus manos. Desde entonces, esa cinta es la que se venera aquí, si bien que ya no completa, como al viajero le explicó antes don Salvador.

—¿Y de qué material es? —pregunta aquél, con curiosidad.

—No está claro —dice el párroco, echando hacia atrás la cara como hace siempre antes de empezar a hablar—. Se ha analizado ya un par de veces, pero los investigadores no se ponen de acuerdo en la composición.

—¿No es de oro?

—No, no es de oro —sonríe el párroco, divertido, pues esperaba ya esa pregunta.

La que parece de oro es la capilla en este momento. Los mármoles y los bronces destellan bajo las lámparas envolviendo el relicario en el que la cinta duerme esperando a que una reina de España quede en estado y la vuelvan a llevar lejos de aquí. Hace ya tiempo que eso no ocurre y tampoco se saca ya de la catedral para bendecir con ella a las tortosinas que se enfrentan a un embarazo difícil, como también se hizo durante siglos. La desaparición de uno de los trozos ha llevado al cabildo a extremar las precauciones, consciente de que esta cinta es más que un trozo de tela, al margen de su composición.

La capilla es también más que una capilla. Barroca, de gran tamaño, está cubierta por grandes frescos y es, al decir de don Salvador, la mejor de su estilo en Cataluña. Verdad o no, lo cierto es que deslumbra al que la ve por primera vez, incluso al que ya la ha visto, como es el caso del viajero. Las bóvedas, el retablo (de mármol como toda ella), las lámparas y los frescos, todo parece pensado por un espíritu fabuloso, un espíritu divino o, cuando menos, sobrenatural. Especialmente las pinturas, que el párroco atribuye a su paisano Dionisio Vidal, uno de los mejores pintores del XVIII, y que representan, como es normal, escenas relacionadas con la aparición de la Virgen en este mismo lugar, así como otras relacionadas con los milagros hechos por su intercesión; el más curioso de todos, el sucedido en Villar de Cañas, un pueblecito de la provincia de Cuenca cuyas campanas, se cuenta, tocaron solas al paso de la cinta camino de Madrid.

—Eso está documentado —dice el cura, que cree, por supuesto, en la naturaleza sagrada de la tela, pese a que los investigadores no se pongan de acuerdo sobre su composición.

—Seguro —dice el viajero, que no quiere ni puede contradecirle.

Don Salvador se tiene que ir. Es ya cerca de la una y a la una y media cierra la catedral. Y antes, afirma, tiene que resolver varias cosas, que no todo va a ser estar de conversación, sonríe. El viajero, agradecido, le acompaña hasta la puerta de una capilla delantera, la que antecede a la sacristía, que es la que, al parecer, se usa en el culto diario de la catedral. Se trata de una sala neoclásica mayor aún que la de la Cinta, pero bastante sosa y desangelada. Los cuadros de las paredes y el boceto de un retablo dedicado a los santos tortosinos (cuatro en total, hasta este momento) no contribuyen precisamente a mejorar su nivel artístico, por más que así lo pretenda don Salvador.

—Pues muchísimas gracias —se despide el viajero en este punto, advirtiéndole de que se volverán a ver.

—Yo por aquí estaré —le responde el cura—. Mientras el obispo no me retire...

—No. Me refiero a hoy —le dice el viajero.

—¡Ah! Pensaba que se refería a otro día... —dice el cura, comprendiendo. Y, con las mismas, desaparece por una puerta que hay dentro de la capilla, dejando al viajero solo.

¿Qué hacer ahora?, piensa éste regresando a la girola y, a través de ésta, a la nave principal. Después de haberlas visto con luz (y a la luz de las explicaciones de una de las personas que sin duda más sabe de ellas), ahora la catedral se le antoja un sitio muerto y sin interés. Así que lo mejor, piensa, quizá sea salir fuera y dejar para la tarde el resto de la visita, aunque aún quede media hora para el cierre. Al fin y al cabo, es domingo y Tortosa también tiene su interés.

Tortosa y sus alrededores. Porque no sólo la ciudad vieja, con su castillo en lo alto del caserío y sus calles y palacios medievales rodeándolo, merece ser recorrida, sino también la orilla del Ebro, con sus puentes y paseos que se prolongan junto con el río incluso fuera de los barrios nuevos. Al fondo, en el otro lado, las montañas de Gandesa, donde se libró hace años la peor batalla de la guerra, rememoran todavía unas imágenes que forman parte de la memoria histórica de Cataluña: los puentes hechos con barcazas, los bombardeos de la aviación, las columnas de humo en un horizonte que, durante varias semanas, convirtió este paraíso en un infierno que aún recuerdan con pavor los tortosinos. Y, con más que dudoso gusto, el monolito alzado en mitad del río por los vencedores cuando terminó la guerra con la ferralla recuperada del fondo de éste. El viajero lo ve desde el castillo y, luego ya, desde los diversos puentes y no puede menos que desear que se lo lleve el río, tan feo es y tan omnipresente en el paisaje de Tortosa. Menos mal que, más arriba, el río vuelve a su soledad fluvial, acompañado sólo por pueblecitos de agricultores que cultivan sus campos con primor, ayudados por el agua de los canales que nacen en el azud de Xerta, una presa construida por los árabes y modernizada luego por la Real Compañía de Navegación del Ebro, junto a cuyos edificios y barracones abandonados un restaurante espera al viajero, su preferido siempre que viene por esta zona. Se trata de una casa de comidas familiar abierta en uno de aquéllos y en la que encuentran su mejor versión las verduras y las hortalizas que cultivan en los pueblos de la zona. Todo ello aderezado con la sabiduría de la cocinera y con las salsas típicas de la región y envuelto por el rumor del río, que en el azud detiene su marcha y desvía parte de sus aguas hacia los dos canales que le acompañarán ya hasta su desembocadura al final del delta. ¡Qué mejor sitio para celebrar el final de un viaje que dura ya nueve días!

Aunque el viaje aún no ha terminado. Después de los *calçots* y las alcachofas, después de las costillas a la brasa y el café, al viajero aún le espera un epílogo en Tortosa, ahora sin la compañía de don Salvador, pero con sus explicaciones de esta mañana como referencia. Gracias a ellas (y a la iluminación que, por fortuna, ahora rescata la catedral de la oscuridad; se ve que, como ya es total, han decidido encender las luces), las capillas cobran toda su vitalidad, e igual sucede con las imágenes. Sobre todo el retablo principal, una auténtica obra de orfebrería, más que un retablo al uso, con sus figuras policromadas formando escenas del Evangelio (la Anunciación de María, el Anuncio a los pastores, la Adoración de los Reyes Magos, la Crucifixión de Cristo...) bajo un conjunto de doseletes y de pináculos relucientes que resaltan todavía más el azul del fondo y todo ello presidido por la imagen de la Virgen con el Niño, éste con el Espíritu Santo en las manos (una paloma, para los no creyentes). Como dijo don Salvador este mediodía, ya sólo él merecería un viaje a Tortosa.

El de la Transfiguración también lo merece, aunque no llegue a la altura del de la Virgen. Aunque oculto en la girola, sus tablas son tan hermosas que destaca sobre el resto, incluso sobre el barroco que está a su lado, ese en el que Jesucristo asiste a la muerte de San José, una obra también de gran valor. El colorido, las formas, la iconografía que narra (aparte de la Transfiguración de Cristo, hay varias escenas bíblicas junto a representaciones de santos y de profetas) hacen de él otra maravilla, más perceptible aún tras su reciente, parece, restauración.

El resto de las capillas, ahora que se pueden ver, también esconden algunas cosas interesantes, si no para justificar un viaje a Tortosa, sí al menos para ser vistas, una vez que se está ya aquí. Así, por ejemplo, el altar barroco de la de San José, el rococó de la del Rosario (ésta conserva también un bello sepulcro gótico, el del benefactor de la catedral Juan Gerona) o el gótico florido de la del Santo Sepulcro, en la girola, con un Cristo yacente y un Calvario superpuestos, y, por supuesto, la pila bautismal del Papa Luna, traída desde Peñíscola junto con el cáliz y la patena que alguien se llevó en la guerra y que, afortunadamente, al ser más pesada, no corrió la misma suerte y continúa sirviendo de recipiente para el bautismo de los niños de Tortosa a los que traen aquí a cristianar; aunque lo mejor de todo, después de ver todas las capillas, es el conjunto de la de la Cinta, que por algo es la más visitada. Ahora mismo, por ejemplo, una docena de personas reza o medita en sus bancos.

Poco a poco, la noche ha caído en la catedral. A las seis y media, en diciembre, Tortosa es ya un montón de luces entre las que destacan las del castillo y las de los edificios que dan al río. El viajero no lo ve, pero lo sabe, como sabe que a esta hora las calles se animan ligeramente, aunque haga frío, como hace hoy. En la catedral ocurre lo mismo. La gente empieza a acudir para asistir a la misa que se celebra a las siete todos los días y con la que se termina el culto y la actividad hasta el día siguiente. Es la misa que llaman de los canónigos, pues asisten todos ellos, y se celebra en la capilla del Sagrario, esa en la que al mediodía el viajero se despidió de don Salvador. Unas estufas de butano la calientan ya hace rato para que, cuando la gente llegue, esté templada y acogedora.

La misa empieza a las siete en punto, con la presencia de seis canónigos, que deben de ser todos los que hay (la escasez de sacerdotes en la diócesis no da para mucho más). Uno de ellos, muy delgado, acompaña al órgano los oficios, que dirige don Salvador con su voz potente en su calidad de párroco, aunque él no es canónigo propiamente; al menos, eso le dijo al viajero cuando éste se interesó por su condición. En fin, cosas de la organización eclesiástica que sólo a la Iglesia importan y que a la gente que ahora está en misa le dan lo mismo, cuanto más a un viajero que ha venido por otros intereses. Los de registrar la vida de una catedral que, como todas las del país, languidece sin remisión.

Y no es extraño que eso suceda. El panorama es tan deprimente (con una media entre los presentes, no sólo entre los canónigos, de más de sesenta años y una falta de entusiasmo en todos ellos que hace pensar en un rito absurdo) que al viajero no le extraña que la gente dé la espalda a estos lugares, incluso siendo, como es el caso, el resultado de muchos siglos de imaginación y esfuerzo.

—¿Aún sigue interesado en esa guía? —le pregunta don Salvador después de la misa, cuando el viajero se acerca a él para despedirse. Ya todos los asistentes se han ido yendo, excepto los canónigos, que siguen dentro.

—Sí —le dice el viajero.

—Pues él se la puede dar —le presenta el párroco a uno de ellos.

—Yo se la doy, pero me tiene que a acompañar a casa... —le dice el aludido, un canónigo mayor, con cierto aire de vagabundo, a pesar de su traje negro.

El viajero le acompaña, primero junto a los otros, que salen todos en grupo (don Salvador va detrás, cerrando las puertas), y, luego ya, los dos solos, cuando los otros se desperdigan después de dejar el claustro, cosa que hacen por otra puerta, la que da al Palacio Episcopal (la de la Olivera ya está cerrada), a través de las callejas que suben hacia el castillo y en las que apenas se ve ya gente. Y la poca gente que se ve no ofrece mucha confianza precisamente.

En una esquina, el cura se para y le dice al viajero que le espere, que en seguida vuelve con la guía. Éste obedece, lógicamente, y se queda esperando donde le ha dicho sin entender muy bien el motivo por el que no puede acompañarle más.

¿Será que vive ya cerca? En cualquier caso, al viajero le entra la sensación, a medida que los minutos pasan sin que el cura regrese, como le ha dicho, de estar allí buscando algo prohibido y no una simple guía de la catedral. Sobre todo viendo cómo le mira la gente, que no parece tranquila con su presencia en aquel lugar.

Por fin, reaparece el cura, pero ahora subido en una motocicleta. Con el casco, el viajero no lo reconoce hasta que se para al lado.

—Tenga —le dice, cogiendo un libro del portabultos.

El viajero mira la portada. *Tortosa monumental,* dice sobre una foto de la ciudad. Es una foto ya antigua, como la propia guía, a lo que parece.

—Son doce euros —dice el cura.

El viajero busca en sus bolsillos. Pensaba que era un regalo, pero ahora advierte que no es así.

—Muchas gracias —le dice al cura, a pesar de ello.

—De nada —responde éste, alejándose en la moto sin aguardar más explicaciones. A la luz de las farolas, nadie diría que es un canónigo, y menos con el casco puesto.

Pero lo era. Don Antonio Ripollés Amela, *Canonge,* lee el viajero ya junto al río, deduciendo que el autor de la guía es él, aunque no incluya una foto suya.

Curiosa forma, piensa, de despedir este viaje por una tierra que deja en él una sensación extraña: la misma que siempre siente cuando la visita por cualquier motivo. ¿Será que Cataluña es otro país?

Este libro
se terminó de imprimir
en los Talleres Gráficos
de Dedalo Offset, S. L.,
Pinto, Madrid (España)
en el mes de mayo de 2008

«El paisaje es memoria.»

Relato de un viaje por el Curueño, «el solitario y verde río que atraviesa en vertical el corazón de la montaña leonesa», *El río del olvido* es también una descripción de un mundo que agonizaba cuando el viajero se echó al camino.

A través de una prosa bella e intimista, Julio Llamazares nos muestra la fascinación de un paisaje que es a la vez espejo de su memoria, al tiempo que nos descubre unos personajes tan sorprendentes como irrepetibles.

El río del olvido es, además, una magnífica reflexión sobre lo que significa el viaje: esa experiencia personal que se hace colectiva al relatarla.

Tiempo de turbulencias.

En el último cuarto del siglo XX, en España se produjeron el final de la dictadura, la llegada de la democracia, el despertar al mundo y a la libertad, y nacieron y se abandonaron algunos sueños... En medio de esas turbulencias, Carlos y sus amigos, un grupo de artistas y escritores que, como tantos a lo largo de la historia, llegaron a Madrid buscando el triunfo, pasan de la inocencia a la madurez, de la juventud al éxito o al fracaso, y encuentran que ni el éxito ni el fracaso son como ellos se habían imaginado.

Crónica generacional, *El cielo de Madrid* es también una reflexión sobre la búsqueda de la felicidad que para el protagonista y sus amigos simbolizan el cielo de la ciudad y el que hay pintado en el techo del bar en que se reúnen todas las noches. Julio Llamazares regresa a la novela con esta historia que parece más soñada que real, como la ciudad que su protagonista pinta mientras la vive.

Alfaguara es un sello editorial del Grupo Santillana

www.alfaguara.com

Argentina
Avda. Leandro N. Alem, 720
C 1001 AAP Buenos Aires
Tel. (54 114) 119 50 00
Fax (54 114) 912 74 40

Bolivia
Avda. Arce, 2333
La Paz
Tel. (591 2) 44 11 22
Fax (591 2) 44 22 08

Chile
Dr. Aníbal Ariztía, 1444
Providencia
Santiago de Chile
Tel. (56 2) 384 30 00
Fax (56 2) 384 30 60

Colombia
Calle 80, 10-23
Bogotá
Tel. (57 1) 635 12 00
Fax (57 1) 236 93 82

Costa Rica
La Uruca
Del Edificio de Aviación Civil 200 m al Oeste
San José de Costa Rica
Tel. (506) 220 42 42 y 220 47 70
Fax (506) 220 13 20

Ecuador
Avda. Eloy Alfaro, 33-3470 y Avda. 6
de Diciembre
Quito
Tel. (593 2) 244 66 56 y 244 21 54
Fax (593 2) 244 87 91

El Salvador
Siemens, 51
Zona Industrial Santa Elena
Antiguo Cuscatlan - La Libertad
Tel. (503) 2 505 89 y 2 289 89 20
Fax (503) 2 278 60 66

España
Torrelaguna, 60
28043 Madrid
Tel. (34 91) 744 90 60
Fax (34 91) 744 92 24

Estados Unidos
2105 N.W. 86th Avenue
Doral, F.L. 33122
Tel. (1 305) 591 95 22 y 591 22 32
Fax (1 305) 591 91 45

Guatemala
7ª Avda. 11-11
Zona 9
Guatemala C.A.
Tel. (502) 24 29 43 00
Fax (502) 24 29 43 43

Honduras
Colonia Tepeyac Contigua a Banco Cuscatlan
Boulevard Juan Pablo, frente al Templo
Adventista 7º Día, Casa 1626
Tegucigalpa
Tel. (504) 239 98 84

México
Avda. Universidad, 767
Colonia del Valle
03100 México D.F.
Tel. (52 5) 554 20 75 30
Fax (52 5) 556 01 10 67

Panamá
Avda. Juan Pablo II, nº 15. Apartado Postal
863199, zona 7. Urbanización Industrial
La Locería - Ciudad de Panamá
Tel. (507) 260 09 45

Paraguay
Avda. Venezuela, 276,
entre Mariscal López y España
Asunción
Tel./fax (595 21) 213 294 y 214 983

Perú
Avda. Primavera 2160
Surco
Lima 33
Tel. (51 1) 313 4000
Fax (51 1) 313 4001

Puerto Rico
Avda. Roosevelt, 1506
Guaynabo 00968
Puerto Rico
Tel. (1 787) 781 98 00
Fax (1 787) 782 61 49

República Dominicana
Juan Sánchez Ramírez, 9
Gazcue
Santo Domingo R.D.
Tel. (1809) 682 13 82 y 221 08 70
Fax (1809) 689 10 22

Uruguay
Constitución, 1889
11800 Montevideo
Tel. (598 2) 402 73 42 y 402 72 71
Fax (598 2) 401 51 86

Venezuela
Avda. Rómulo Gallegos
Edificio Zulia, 1º - Sector Monte Cristo
Boleita Norte
Caracas
Tel. (58 212) 235 30 33
Fax (58 212) 239 10 51